21वीं शताब्दी में भारत-यूरोपीय संघ संबंधों की उपादेयता

21वीं शताब्दी में भारत-यूरोपीय संघ संबंधों की उपादेयता

चेतना

अर्जुन पब्लिशिंग हाउस

21वीं शताब्दी में भारत-यूरोपीय संघ संबंधों की उपादेयता

प्रथम संस्करण : 2018

ISBN 978-81-8330-682-9

प्रकाशक:
अर्जुन पब्लिशिंग हाऊस
4831/24, गोविन्द लेन
अन्सारी रोड, दरिया गंज,
नई दिल्ली-110002
फोन : 23272541, 23242541
ई-मेल : arjunbooks2001@gmail.com

टाइपसैटर :
सान्या कम्प्यूटर्स
दिल्ली

प्रिन्टर्स:
डिवाईन डिजीटल प्रेस
दिल्ली

प्राक्कथन

यूरोपीय संघ 28 संप्रभु सदस्य देशों का अत्यन्त प्रभावी क्षेत्रीय संगठन है इस संगठन को क्षेत्रीय, आर्थिक व राजनीतिक सहयोग का अग्रणी संगठन माना जाता है। यूरोपीय देशों के साथ भारत के संबंध प्राचीनकाल से ही रहे हैं। आधुनिक काल में भारत व यूरोपीय देशों के संबंध उपनिवेशवाद व साम्राज्यवाद की परिधि में स्थापित हुए हैं। प्रमुख यूरोपीय देशों जैसे– पुर्तगाल, हॉलैण्ड, फ्रांस तथा इंग्लैण्ड ने भारत में अपने उपनिवेश स्थापित करने का प्रयास किया लेकिन पुर्तगाल तथा फ्रांस को आंशिक रूप में तथा ब्रिटेन को पूर्ण रूप से उपनिवेश स्थापित करने में सफलता प्राप्त हुई। यूरोपीय यूनियन के राजनयिक व आर्थिक संबंध स्थापित करने वाले प्रारंभिक विकासशील देशों में भारत भी एक था। भारत को कई विकास परियोजनाओं में यूरोपीय संघ का सक्रिय सहयोग प्राप्त हुआ है। इनमें ग्रामीण क्षेत्रों में निर्धनता निवारण, पर्यावरण पुनर्वास, कृषि, उद्योग, प्राथमिक शिक्षा तथा स्वास्थ्य रक्षा संबंधी परियोजना शामिल हैं।

यूरोप के देश आर्थिक विकास में विश्व के अन्य देशों की तुलना में सदैव आगे रहे हैं लेकिन इन देशों के आर्थिक एकीकरण के परिणामस्वरूप यूरोपीय संघ को वर्तमान में एक स्वतंत्र वैधानिक स्वरूप प्राप्त हो गया है तथा उसे एक सामूहिक आर्थिक ब्लॉक के रूप में देखा जाता है। इसी आधार पर यूरोपीय संघ ने विभिन्न देशों के साथ स्वतंत्र कूटनीतिक संबंध स्थापित किए हैं तथा उसे विश्व की महत्वपूर्ण संस्थाओं जैसे संयुक्त राष्ट्र संघ, विश्व व्यापार संगठन, जी–8 तथा जी–20 आदि में स्वतंत्र प्रतिनिधित्व भी प्राप्त है। अमरीका व चीन क्रमशः यूरोपीय संघ के सबसे बड़े प्रथम व दूसरे व्यापारिक साझीदार हैं। विश्व के कुल व्यापार में यूरोपीय संघ का हिस्सा 20 प्रतिशत है। यदि यूरोपीय संघ को एक अलग अस्तित्व के रूप में लिया जाए तो इसकी जनसंख्या चीन और भारत के बाद विश्व की तीसरी बड़ी जनसंख्या होगी। विकासशील और गरीब देशों को दी जाने वाली सरकारी विकास सहायता की दृष्टि से यूरोपीय संघ की महत्वपूर्ण भूमिका है।

21वीं सदी में भारत दुनिया के सामने बड़ी आर्थिक शक्ति के रूप में उभरा है। भारत में अप्रैल, 2000 से सितम्बर, 2016 तक 300 अरब अमरीकी डॉलर का प्रत्यक्ष विदेशी निवेश आया है। इससे परिलक्षित होता है कि भारत वैश्विक आर्थिक

संकट के बीच सुरक्षित निवेश स्थल के रुप में उभरा है। भारत के वर्तमान प्रधानमंत्री नरेन्द्र मोदी भी विभिन्न देशों की यात्रा कर निवेश हेतु भारत में आमंत्रित किया। इस संदर्भ में यूरोपीय देशों की भी महत्वपूर्ण व्यापारिक भागीदारी है। वर्तमान में राजनीतिक मुद्दों के संदर्भ में भारत व यूरोपीय संघ के मध्य प्रमुख क्षेत्र हैं– आंतकवाद के विरुद्ध लड़ाई, आणविक शस्त्रों का अप्रसार, आपदा प्रबंधन, जलवायु परिवर्तन, सुरक्षा विशेषकर समुद्री डकैती से समुद्री व्यापार मार्गों की सुरक्षा, शांति स्थापना तथा दक्षिणी एशिया के कुछ क्षेत्रीय मामले।

भारत व यूरोपीय संघ के बीच उत्तर शीतयुद्ध काल में विशेषकर गत एक दशक में दोनों के अहम आर्थिक, राजनीतिक व सामरिक हितों में मजबूती आई है पारस्परिक संबंधों में आए इस बदलाव का मुख्य कारण भारत की उदारीकरण की नीति, यूरोपीय संघ का पुनर्गठन, भारत–अमरीका संबंधों में सुधार, शीतयुद्ध का अंत तथा वैश्वीकरण की प्रक्रिया आदि हैं आर्थिक दृष्टि से भारत व यूरोपीय संघ के संबंध अधिक महत्वपूर्ण हैं क्योंकि यूरोपीय संघ एक संगठन के रूप में भारत का सबसे बड़ा व्यापारिक साझीदार है। राजनीतिक मामलों में समान दृष्टिकोण होते हुए भी कतिपय वैश्विक मामलों में दोनों के मध्य मतभेद भी है क्योंकि भारत इन मामलों में विकासशील देशों का पक्ष प्रस्तुत करता है। चीन की उभरती हुई आर्थिक व सैनिक शक्ति अफगानिस्तान में आतंकवाद की समस्या आदि कुछ ऐसे मुद्दे हैं जिनके कारण भविष्य में अमरीका व यूरोपीय संघ देानों के साथ ही भारत के संबंध अधिक गतिशील व व्यापक होने की संभावना है।

भारत व यूरोपीय संघ 21वीं सदी के प्रारम्भ में अपने आर्थिक, राजनीतिक व सांस्कृतिक संबंधों को प्रगाढ़ बनाने हेतु सन् 2000 से 2016 तक प्रतिवर्ष शिखर सम्मेलनों का आयोजन भी कर रहे हैं जिसके माध्यम से भारत का वैश्विक मंचों पर जैसे सुरक्षा परिषद में भारत की स्थायी सदस्यता, परमाणु क्लबों– NSG, MTCR ऑस्ट्रेलिया समूह, वासेनार व्यवस्था, WTO, G-8, G-20 आदि में प्रबल समर्थन प्राप्त हुआ। जैसा कि विदित है कि भारत ने अपनी परमाणु ऊर्जा आवश्यकताओं की पूर्ति हेतु यूरोपीय संघ के परमाणु ऊर्जा सम्पन्न देशों से असैन्य सहयोग समझौता भी किया है जिसके द्वारा भारत अपनी ऊर्जा आवश्यकताओं की पूर्ति कर सके। भारत अपनी भावी ऊर्जा जरूरतों व सीमित परम्परागत ऊर्जा स्त्रोतों को ध्यान में रखते हुए परमाणु ऊर्जा व्यापार कर रहा है।

गत वर्षों में यूरोपीय संघ में यूरोजोन संकट छाया हुआ था। वर्तमान में यूरोजोन सदस्यों की संख्या 19 है जो अपनी साझा मुद्रा व वीजा प्रणाली को अपनाते हैं। ब्रिटेन यूरोपीय संघ से जून, 2016 में अलग हो चुका है वर्तमान में भारत के

यूरोपीय संघ व यूरोपीय संघ के सदस्य देशों से द्विपक्षीय बहुपक्षीय संबंध प्रगाढ़ व मधुर हो रहे हैं। इसी के परिणामस्वरूप आज भारत को अपनी बहुप्रतीक्षित इच्छा MTCR की सदस्यता मिली तथा सुरक्षा परिषद् की स्थायी सदस्यता व NSG हेतु वैश्विक मंच पर भारत प्रबल समर्थन जुटाने में प्रयासरत है। इस प्रकार से हम कह सकते हैं कि भारत-यूरोपीय संघ संबंध विकास के एक नए आयाम की तरफ बढ़ रहे है।

बदलते वैश्विक परिदृश्य में अपनी राजनीतिक प्रासंगिकता हासिल करने में नए सिरे से जुटा यूरोपीय संघ भारत को निर्विवाद तौर पर अपना एक अहम् रणनीतिक साझेदार देश मान रहा है। विश्व पटल पर भारत की मजबूत हो रही छवि की वजह से यूरोपीय संघ भी हर तरह से भारत के साथ आर्थिक व राजनीतिक संबंधों को नया आयाम देने में जुटा हुआ है। यही कारण है कि यूरोपीय संघ भारत के साथ दक्षिण एशियाई समेत अन्य देशों में विकास परियोजना चलाने का इच्छुक है।

आभार

मेरा यह पुनीत कर्तव्य है कि मैं उन सभी के प्रति आभार व्यक्त करूं जिन्होंने मुझे प्रत्यक्ष व परोक्ष रूप से शोधकार्य में सहायता एवं परामर्श दिया।

सर्वप्रथम मैं इस शोधकार्य के लिए मेरे शोध निर्देशक प्रोफेसर गिरधारी सिंह कुम्पावत, राजनीति विज्ञान विभागाध्यक्ष, सामाजिक विज्ञान एवं मानविकी, महाविद्यालय, मोहनलाल सुखाड़िया विश्वविद्यालय, उदयपुर के प्रति मैं हृदय व तहदिल से आदर व सम्मान प्रकट करती हूँ, जिन्होंने मुझे इस विषय पर शोध कार्य करने की प्रेरणा दी और समय-समय पर उचित मार्गदर्शन एवं प्रोत्साहन दिया। उनके विशाल ज्ञान भण्डार से जुड़ी प्रखर कल्पना एवं अनुभव शक्ति भाषा और भाव से पृष्ठों को सजीव करती है। इसके साथ ही प्रोफेसर संजय लोढ़ा, राजनीति विज्ञान विभाग, सामाजिक विज्ञान एवं मानविकी महाविद्यालय, मोहनलाल सुखाड़िया विश्वविद्यालय, उदयपुर, प्रोफेसर सी.आर. सुथार, लोक प्रशासन विभागाध्यक्ष, प्रोफेसर सुरेन्द्र सिंह कटारिया, लोक प्रशासन विभाग एवं पूर्व प्रोफेसर जैनब बानू व अरूण चतुर्वेदी, राजनीति विज्ञान विभाग, मोहनलाल सुखाड़िया विश्वविद्यालय, उदयपुर का आभार प्रकट करती हूँ जिन्होंने प्रस्तुत शोध कार्य को करने में समय-समय पर मार्गदर्शन दिया।

मैं केन्द्रीय पुस्तकालय मोहनलाल सुखाड़िया विश्वविद्यालय, उदयपुर सामाजिक विज्ञान एवं मानविकी महाविद्यालय पुस्तकालय, उदयपुर, सेवा मंदिर पुस्तकालय, फतेहपुरा, उदयपुर, सरस्वती पुस्तकालय, गुलाबबाग, उदयपुर, माणिक्य लाल वर्मा आदिम जाति शोध संस्थान केन्द्र, उदयपुर, बाबू शोभाराम राजकीय कला एवं विधि महाविद्यालय पुस्तकालय, अलवर, श्री कल्याण राजकीय स्नातकोत्तर महाविद्यालय पुस्तकालय, सीकर के समस्त अधिकारियों एवं कर्मचारियों के प्रति आभार व्यक्त करती हूँ, जिन्होंने शोध से संबंधित मूल दस्तावेजों पत्र-पत्रिकाओं व जर्नलस का अध्ययन करने की सुविधा प्रदान की।

इस पावन अवसर पर मैं कर्तव्यपरायण, आत्मविश्वासी, स्वावलम्बन एवं स्वाभिमान के प्रतीक मेरे पूज्य पिताजी प्राचार्य श्री बनवारी लाल नेहरा एवं पीयूष स्त्रोत सी बहने वाली स्नेह व ममतामयी माता श्रीमती रामप्यारी देवी जिनके वरदहस्त मेरे प्रति रहा, जिनकी आशीर्वाद, प्रेरणा एवं प्रोत्साहन ने मुझे सम्बल प्रदान किया एवं प्रस्तुत कार्य पूर्ण करने की अदम शक्ति एवं साहस प्रदान किया। उनके

प्रति मैं हृदय से सदैव ऋणी एवं नतमस्तक रहूँगी। इस अवसर पर अपनी पूज्य नानीजी श्रीमती सोनी देवी व पूज्य नानाजी स्वर्गीय श्री नोपाराम फगेड़िया के प्रति श्रद्धा सुमन अर्पित करती हूँ जिनकी उत्साहपूर्वक प्रेरणा व प्रोत्साहन मुझे हमेशा प्रेरित करता रहेगा। मैं अपने मामाजी डॉ. मदन सिंह फगेड़िया (शिशु रोग विशेषज्ञ), मामीजी श्रीमती सौभाग्य फगेड़िया (व्याख्याता), मौसा-मौसीजी, श्याम सुन्दर गेना, पूजा गेना, ताऊजी-ताईजी श्री राजेन्द्र प्रसाद, श्रीमती सोनी देवी, श्री गोवर्धन सिंह, श्रीमती तुलसी देवी के प्रति कृतज्ञता प्रकट करती हूँ जिनका आशीर्वाद मेरी अमूल्य निधि है।

मैं अपने पूजनीय ससुर श्री मीरसिंह, सास श्रीमती सुशीला देवी, मौसा-मौसीजी श्री जगदीश प्रसाद (व्याख्याता) श्रीमती शान्ति देवी का तहदिल से कृतज्ञता व्यक्त करती हूँ जिनका प्रेरणामय परामर्श एवं प्रोत्साहन ने शोधकार्य को गति प्रदान की। मैं अपने जीवनसाथी डॉ. पदम सिंह का भी सधन्यवाद आभार व्यक्त करती हूँ जिनका समर्पित भाव, उत्साह, धैर्य एवं सहयोग ने इस शोधकार्य को पूरा करने में गंभीर व तीव्र प्रेरणामयी सहयोग प्रदान किया। इसके साथ ही मैं अपने भाई डॉ. राहुल नेहरा व बहन निवेदिता (फैशन डिजाइनर) तथा अपने ननद-ननदोई गीता, शान्तनु प्रसाद (MES), सरिता, रोहित, इंजीनियर (MES) की भी आभारी हूँ जिन्होंने मुझे प्रोत्साहित किया और उचित समय पर सहयोग भी प्रदान किया।

मैं सबसे ज्यादा आभारी अपने बेटे सानिध्य के प्रति हूँ जिसकी अपनी बाल सुलभ चेष्टाओं से मुझे सदैव आनंदित व प्रफुल्लित किया तथा मेरे बोझिल क्षणों व श्रम की व्यथा को कम करने में मेरी मदद की। यदि मैं अपनी मित्र मंडली के प्रति आभार व्यक्त नहीं करूंगी तो यह कृतघ्नता होगी। अतः मैं डॉ. गरिमा, डॉ. सुरभि, डॉ. शिल्पा, डॉ. कपिला, डॉ. कंवरराज सुथार, महिपाल, हंसराज रणवां, दिनेश, सुमन नेहरा, डैजी, मानव, ज्योति, संगीता आदि को धन्यवाद ज्ञापित करती हूँ क्योंकि उनके विद्वतापूर्ण परामर्श, सानिध्य एवं सहयोग के अभाव में यह शोध कार्य समय पर पूरा करना संभव नहीं था।

मैं ओमप्रकाश तेली (विनायक कम्प्यूटर्स) के प्रति भी अपना आभार व्यक्त करती हूँ जिन्होंने अपने कौशल एवं परिश्रम से मेरे इस शोध कार्य को शीघ्र टंकण कार्य सम्पादित कर मुझे इस शोध कार्य में सहयोग प्रदान किया। मानव से भूल होना स्वाभाविक है इसलिए मेरे इस शोध प्रबंध में अगर कही भाषा, भाव या तथ्यों में न्यूनताएं परिलक्षित हों, तो वे मेरी अपनी हैं। इसके लिए पाठकगण मुझे क्षमा करें। इसी आशा के साथ।

चेतना

विषय-सूची

1 परिचय

प्रस्तावना

यूरोपीय संघ, विश्व का सबसे बड़ा क्षेत्रीय संगठन है। इसे यूरोपीय आर्थिक समुदाय के नाम से भी जाना जाता है। यह एक आर्थिक संगठन से कहीं ज्यादा राजनैतिक एकीकरण की ओर अग्रसर है। जिसमें सदस्य देशों ने सामूहिक संस्थाओं के गठन पर सहमति जताकर अपनी सार्वभौमिकता के कुछ अंश उसे सौंप दिए हैं ताकि संयुक्त हितों आर्थिक व राजनीतिक एकीकरण के विशेष मामलों पर प्रजातांत्रिक रूप से उच्च स्तरीय निर्णय लिए जा सकें। तीन अलग–अलग संधियों के, 1950 के दशक से हस्ताक्षरित होने के बाद इसके एकीकरण की प्रक्रिया प्रारंभ हुई। वे संधियां हैं : यूरोपियन कोल एण्ड स्टील कम्युनिटी संधि (ई.सी.एस.सी), यूरोपीय एटोमिक एनर्जी कम्यूनिटी संधि (यूरेटम) और यूरोपियन इकॉनामिक कम्यूनिटी संधि (EEC) वर्ष 1967 में ये तीनों ECSC, EAEC, EEC संयुक्त रूप से यूरोपियन कम्यूनिटीज के रूप में जानी जाने लगी।[1]

यूरोप में तीव्र गति से आर्थिक और राजनीतिक परिवर्तन हो रहे हैं। द्वितीय विश्व युद्ध के बाद विभाजित यूरोप एकीकरण की दिशा में बढ़ रहा है। आज यूरोपीय एकीकरण में यूरोपीय संघ या यूरोपीय साझा बाजार की महत्वपूर्ण भूमिका दृष्टिगोचर हो रही है। वर्तमान में यूरोपीय संघ (European Union) में सदस्य देशों की संख्या 28 है। शीत युद्ध की समाप्ति के बाद पश्चिमी और पूर्वी यूरोप का विभाजन अर्थशून्य हो गया है। बर्लिन की दीवार का गिराना, जर्मनी का एकीकरण, पूर्वी यूरोप से साम्यवाद का अवसान, सोवियत संघ का विघटन, युगोस्लाविया एवं चेकोस्लाविया का विभाजन, मैस्ट्रिच संधि, कोसोवो पर नाटो की बमबारी, आदि ऐसी घटनाएं हैं जिन्होंने पिछले वर्षों में यूरोप के बारे में हमारी सोच को बदल डाला है।[2]

19वीं शताब्दी की विश्व राजनीति में यूरोप की महती भूमिका थी। प्रथम विश्व युद्ध के शुरू होने तक सभी महान शक्तियाँ यूरोपियन थी। उनकी आर्थिक शक्ति, सैनिक उत्कर्ष तथा राजनीतिक प्रभाव ने दुनिया में वर्चस्व स्थापित किया था। प्रथम

विश्व युद्ध (1914–19) के परिणामों ने इस शक्ति संरचना को एक झटका दिया, शक्तिशाली राज्यों की विश्वव्यापी भूमिका को गम्भीर रूप से आहत किया। दो विश्व युद्धों के बीच जर्मनी और इटली जैसे देश अपने पुराने गौरव को प्राप्त करने के लिए हिटलर और मुसोलिनी के नेतृत्व में सदैव संघर्षरत रहे। द्वितीय महायुद्ध की शुरुआत के समय ब्रिटेन, फ्रांस, जर्मनी और सोवियत संघ निःसंदेह महाशक्तियाँ थी और इटली भी मुसोलिनी के नेतृत्व में महाशक्ति की भूमिका अदा करने के लिए प्रयत्नशील था। लेकिन 6 वर्ष तक लगातार चलने वाले द्वितीय महायुद्ध ने इसका रूप ही बदल दिया। महायुद्ध में यूरोप को काफी जन–धन की हानि उठानी पड़ी उसका अनुमान लगाना कठिन है। कहा जाता है कि इस युद्ध में यूरोप के एक करोड़ सैनिकों और दो करोड़ से भी अधिक नागरिकों को अपने जीवन से हाथ धोना पड़ा। अनुमानतः 30 ये 40 अरब रुपये के मूल्य की सम्पत्ति नष्ट हो गयी। युद्ध की उखाड़–पछाड़ में कई देशों की सीमाएं बदल गयी। युद्ध व्यय के भार से अनेक राज्यों की कमर टेढ़ी हो गयी और कई राज्यों की शक्ति का तो पूरी तरह स्खलन हो गया। पुराना शक्ति संतुलन बिखर गया। जर्मनी पद दलित और विभाजित हो गया, फ्रांस सर्वनाश के गहर में फस गया, इटली की कमर टूट गयी, ब्रिटेन को अपने अस्तित्व के लिए संघर्ष करने पर विवश होना पड़ा। केवल सोवियत संघ ही ऐसा राष्ट्र था जो बर्बाद होकर भी युद्ध द्वारा सबसे अधिक लाभान्वित हुआ। बहुत से नए प्रदेशों पर उसका अधिकार हो चुका था और उसकी सीमा पर स्थित अनेक राज्य उसकी साम्यवादी व्यवस्था के घेरे में आ गए थे। शक्तिशाली जर्मनी को पीछे धकेल देने के कारण सोवियत संघ का आत्मविश्वास दृढ़ हो गया था। सोवियत संघ को छोड़कर अन्य यूरोपीय राज्य दूसरे या तीसरे नम्बर की शक्ति बनकर रह गए थे। सोवियत संघ को छोड़कर समस्त यूरोप कमजोर हो गया था। एरिक फिशर ने इस संदर्भ में कहा है कि "यूरोप का समय बीत चुका है।" सन् 1944 में यूरोप की स्थिति का आंकलन करते हुए विलियन टी.आर. फाक्स ने लिखा था कि "पुराने विश्व का नेतृत्व करने वाले यूरोप का नए समस्याग्रस्त यूरोप में परिवर्तन हमारे समय की अन्तर्राष्ट्रीय राजनीति का केन्द्रीय तथ्य है।"[3]

यूरोपीय संघ (EU) 28 सदस्य देशों का प्रभावी क्षेत्रीय संगठन है। क्षेत्रीय आर्थिक सहयोग की दिशा में यूरोपीय यूनियन आज मार्गदर्शक के रूप में माना जाता है। वस्तुतः यूरोपियन यूनियन की दिशा में पहला कदम पेरिस की सन्धि (1951) थी, जिसके तहत 1951 में बेल्जियम, फ्रांस, पश्चिमी जर्मनी, नीदरलैण्ड, इटली, लग्जेमबर्ग आदि द्वारा 'यूरोपियन कोयला एवं इस्पात समुदाय' (ECSC) की स्थापना हुई। वर्ष 1957 में रोम की संधि के परिणामस्वरूप यूरोपियन आर्थिक समुदाय (EEC) की स्थापना की गई।

यूरोपियन यूनियन का वर्तमान रूप नीदरलैण्ड के मैस्ट्रिच नगर में दिसम्बर, 1991 में हुई मैस्ट्रिच सन्धि के फलस्वरूप अस्तित्व में आया। इस सन्धि में एकल मुद्रा, एकल संसद, एकल न्यायपालिका, एकल रक्षा एवं एक विदेश नीति की बात की गई। वस्तुतः यूरोपियन यूनियन के माध्यम से यूरोप को राजनीतिक एवं आर्थिक एकीकरण पर बल दिया गया।[4]

यूरोपीय संघ विश्व का सबसे बड़ा क्षेत्रीय संगठन है। भारत के यूरोपीय संघ के साथ सम्बन्ध इसके पूर्व से यूरोपियन आर्थिक समुदाय के समय से ही मधुर रहे हैं। भारत ने यूरोपीय संघ, जो मैस्ट्रिच सन्धि के फलस्वरूप अस्तित्व में आया था के साथ 1992 में भारत ने ई.यू. व्यापार मंच की स्थापना की थी। विश्व के प्रमुख क्षेत्रीय आर्थिक संगठन से व्यापार और निवेश प्राप्त करने के लिए भारत ने यूरोपीय संघ के साथ सम्बन्ध बढ़ाने को विशेष बल दिया। इसके साथ यूरोपीय संघ ने भी निम्न कारणों से भारत में रुचि दिखाई–

1. भारत विश्व की प्रमुख अर्थव्यवस्था है।
2. यूरोपीय संघ के लिए भारत एक अच्छा निवेश स्थल है।
3. भारतीय बाजार यूरोपीय संघ के उत्पादों के अनुकूल है।
4. यूरोपीय संघ आसियान व सार्क के साथ सम्बन्धों की स्थापना के लिए भारत को महत्वपूर्ण मानता है।

भारत–यूरोपीय संघ के मध्य प्रथम शिखर सम्मेलन लिस्बन (पुर्तगाल) में 28 जून 2000 को हुआ। अब तक भारत-यूरोपीय संघ के मध्य 13 शिखर सम्मेलन हो चुके हैं। 12वां शिखर सम्मेलन 10 फरवरी 2012 को नई दिल्ली भारत में हुआ। इन सम्मेलनों के माध्यम से भारत-यूरोपीय संघ सम्बन्धों को बल मिला है और इससे भारत–यूरोपीय संघ सम्बन्धों में मूलभूत परिवर्तन हुआ। भारत यूरोपीय संघ के मध्य सहयोग के प्रमुख क्षेत्र निम्नलिखित हैं[5] –

1. आर्थिक एवं व्यापारिक क्षेत्र।
2. अन्तर्राष्ट्रीय शांति और सुरक्षा को बढ़ावा देने सम्बन्धी अपनी प्रतिबद्धता।
3. यूरोपीय संघ और भारत दोनों ही मानव अधिकारों व मौलिक स्वतन्त्रताओं का सम्मान करने, संरक्षण करने और बढ़ावा देने तथा अच्छे शासन को प्रोत्साहित करने के लिए प्रतिबद्ध है।
4. भारत–यूरोपीय संघ नाभिकीय ऊर्जा क्षेत्र में सहयोग, निःशस्त्रीकरण और

अप्रसार के लिए वचनबद्ध देशों के अग्रदर्शी दृष्टिकोण के माध्यम से शांतिपूर्ण प्रयोगों में सहयोग।

5. आतंकवाद उन्मूलन जो अन्तर्राष्ट्रीय शांति एवं सुरक्षा के लिए सबसे गंभीर चुनौतियों में से एक है, के संकट का सामना करने में भारत-यूरोपीय संघ एक साथ है।
6. अंतरिक्ष क्षेत्र में सहयोग करने तथा जलवायु परिवर्तन से निपटने और स्थायी एवं टिकाऊ विकास की कुंजी के रूप में ऊर्जा सुरक्षा को बढ़ावा देने में उच्च प्राथमिक सहयोग।
7. गैर–परम्परागत ऊर्जा स्त्रोतों में सहयोग, इस संदर्भ में EU ने भारत के असैन्य परमाणु समझौते के प्रति सकारात्मक रुख दर्शाया है।
8. शिक्षा एवं संस्कृति में सहयोग।
9. पर्यावरण संरक्षण में सहयोग तथा नई अन्तर्राष्ट्रीय अर्थव्यवस्था की स्थापना में सहयोग।
10. संयुक्त राष्ट्र संघ में सुधार और बहुराष्ट्रीय विश्व के निर्माण में सहयोग।

भारत-यूरोपीय संघ के मध्य द्वन्द्व के प्रमुख मुद्दे

1. व्यापारिक बाधाएं तथा भारत यूरोपीय संघ के व्यापारिक संबंध में EU द्वारा लगातार बढ़ती हुई पूर्व शांति शर्तें विशेष तौर पर मानदण्ड तथा व्यापार संरक्षण के नाम पर आरोपित बाधाओं से दोनों देशों के बीच निर्यात प्रोत्साहन को उचित गति नहीं मिल सकी है।
2. विश्व व्यापार संगठन (WTO) में मतभेद।
3. NPT तथा CTBT संबंधी मतभेद।
4. टैक्सटाइल, इलेक्ट्रॉनिक्स, रसायन हर्बल उपचार तथा स्टील जैसे क्षेत्र में EU द्वारा भारतीय उत्पादों पर लगाए जाने वाले Anty Dumping Tax से भारत चिन्तित है।

भारत यूरोपीय संघ दोनों ही लोकतांत्रिक परम्पराओं तथा मानव अधिकारों के प्रबल पक्षधर एवं पोषक हैं। दोनों ही आतंकवाद के उन्मूलन तथा विश्वशांति हेतु प्रयासरत हैं। संघ के अनेक सदस्य देशों से भारत के विभिन्न पक्षीय मैत्री तथा सहयोग के संबंध हैं। इस संघ के प्रमुख उद्देश्य सदस्य देशों के मध्य व्यापार में

एकरूपता लाना तथा आर्थिक विकास के गतिरोध को दूर करके द्रुतगामी विकास करना। इस संघ का मुख्यालस ब्रुसेल्स (बेल्जियम) में स्थित है। एक बड़े समूह के रूप में यूरोपीय संघ वैश्विक स्तर पर किस प्रकार की भूमिका निभायेगा ये तो भविष्य के गर्त में छुपा है लेकिन इतना तय है कि इस नए एकीकरण ने संयुक्त राज्य अमेरिका जैसी महाशक्ति तथा भारत, चीन, ब्राजील, अर्जेन्टाइना, इण्डोनेशिया, मलेशिया जैसे विकासशील देशों के समक्ष एक नई चुनौती पेश कर दी है।[6]

भारत–यूरोपीय संघ ने व्यापार तथा राजनीतिक शिखर सम्मेलन में आतंकवाद, संयुक्त राष्ट्र, आईएमएफ और डब्ल्यूटीओ सरीखी अन्तर्राष्ट्रीय संस्थाओं में सुधार की जरूरत पर बल दिया। उनका स्पष्ट मत है कि संयुक्त राष्ट्र, विश्व बैंक तथा आईएमएफ जैसी संस्थाओं के नियम और कानून लगभग 50 वर्ष पुराने हो चुके हैं, इसलिए बदलती परिस्थितियों के अनुरूप उनमें बदलाव लाया जाए। ताकि वे अपनी प्रासंगिकता सिद्ध कर सकें। उल्लेखनीय है कि भारत तथा यूरोपीय संघ विश्व की नई बहुध्रुवीय व्यवस्था के आधार स्तम्भ रहे हैं, इसलिए दोनों को वैश्वीकरण से उत्पन्न चुनौतियों के साथ ही आतंकवाद, परमाणु प्रसार कार्यक्रम ऊर्जा और पर्यावरण पर मिलजुलकर कार्य करने की नितान्त आवश्यकता है। फिनलैण्ड ने भारत की तेजी से उभरती अर्थव्यवस्था का उल्लेख करते हुए सुरक्षा परिषद में भारत की स्थाई सदस्यता की वकालत की और ऊर्जा आवश्यकता की पूर्ति हेतु परमाणु ऊर्जा के अलावा पवन, सौर, लघुपन बिजली क्षेत्र में सहयोग की आवश्यकता रेखांकित की। फिनलैण्ड चूँकि ठंडा प्रदेश है, जहाँ ऊर्जा की खपत अधिक है। इसलिए उसने हाइड्रोपॉवर से न्यूक्लीयर ऊर्जा में कदम रखते हुए अपनी ऊर्जा की आवश्यकता की पूर्ति में महत्वपूर्ण कदम उठाया है। भारत में भी ऊर्जा की बहुत माँग है। इसलिए ऊर्जा के क्षेत्र में फिनलैण्ड के अनुभवों का लाभ उठाया जा सकता है।

भारतीय प्रधानमंत्री ने यूरोपीय संघ के प्रमुख व्यापारियों को भारत में निवेश हेतु आमंत्रित करते हुए उनके लिए भारत को एक सुरक्षित तथा लाभदायक गंतव्य स्थल बताया। भारत यूरोपीय संघ से उस समय से जुड़ा है जब इसे 'यूरोपीय इकोनोमिक कमीशन' नाम से जाना जाता था और भारत उन प्रमुख देशों में शुमार है जिसने यूरोपीय संघ से राजनयिक सम्बन्ध कायम किए हैं। यूरोपीय संघ 28 सदस्य राष्ट्रों का कस्टम यूनियन है जिसके गठन की पहल प्रारम्भ में 1957 की ''ट्रीट्री ऑफ रोम'' पर फ्रांस, पश्चिमी जर्मनी, इटली, नीदरलैण्ड, बेल्जियम तथा लक्जेमबर्ग देशों द्वारा हस्ताक्षर करके की गई थी और जिसका उद्देश्य पश्चिमी यूरोप की आर्थिक मजबूती और वहाँ सुधार करना था।[7]

1999 में 11 सदस्य देशों ने एकल मुद्रा अपनाकर आर्थिक दिशा में महत्वपूर्ण उपलब्धि हासिल की है। इससे निश्चित तौर पर पूँजी, सेवा तथा लोगों का मुक्त प्रवाह सुगम हो पाया है। ईयू राजनीतिक तथा आर्थिक दोनों ही दृष्टियों से एक मुख्य शक्ति है। ईयू विश्व का सबसे बड़ा कृषि वस्तुओं का आयातक है और इस संबंध में उसे विकासशील देशों का योगदान मिलता है। अमरीका ईयू का सबसे बड़ा व्यापारिक भागीदार है। भारत और यूरोपीय संघ के बीच व्यापार वर्ष 2005 में 40 बिलियन यूरो डॉलर तक पहुँच गया। इस प्रकार वह भारत का सबसे बड़ा व्यापारिक तथा सामरिक साझीदार है। इस बीच यूरोप में भारतीय कम्पनियों का दबदबा बढ़ा है। सितम्बर 2006 के बीच भारतीय कम्पनियों ने 112 यूरोपीय कम्पनियों का अधिग्रहण किया और इस पर तकरीबन 7 अरब डॉलर खर्च किए। जर्मनी ईयू की सबसे बड़ी अर्थव्यवस्था का प्रतिनिधित्व करता है और ईयू के बजट में उसका 40 प्रतिशत अंशदान है।[8]

यूरोपीय संघ में भारत की यह निकटता भविष्य में अमरीकी विकल्प और चीन के बढ़ते प्रभाव तथा उससे उत्पन्न चुनौतियों का मुकाबला करने में भी सक्षम होगी। भारत और यूरोपीय संघ के सम्बन्धों में 1994 में आपसी सहयोग के करार के बाद लगातार प्रगति हुई। उसके बाद 1996 में भी यूरोपीय संघ तथा भारत के बीच बढ़ती भागीदारी पर विचार-विमर्श किया गया। भारत और यूरोपीय संघ महत्वपूर्ण व्यापार एवं निवेश समझौते की बाधाएं हल कर अपने आर्थिक सम्बन्धों के विस्तार करने पर सहमत हो गए हैं। भारत व यूरोपीय संघ मुक्त व्यापार समझौते को लेकर बातचीत कर रहे हैं जो संबंधों को आगे बढ़ाने, द्विपक्षीय कारोबार में बढोत्तरी में सक्षम है। इस समझौते से यूरोपीय संघ और भारत का आपसी व्यापार बढ़कर करीब 100 अरब यूरो हो जाने की संभावना है। 10-12 अप्रैल 2013 को भारतीय प्रधानमंत्री डॉ. मनमोहन सिंह ने यूरोपीय संघ के एक प्रमुख देश जर्मनी की तीन दिवसीय यात्रा कर 6 महत्वपूर्ण समझौते किए। भारत-जर्मनी ने भारत-यूरोपीय संघ मुक्त व्यापार और निवेश समझौता जल्द पूरा करने पर सहमति जताई। भारत में ग्रीन एनर्जी के लिए जर्मनी ने 7000 करोड़ रुपये देने का आश्वासन भारत को दिया।[9]

भारत यूरोपीय संघ के लिए नौवां सबसे महत्वपूर्ण व्यापारिक साझेदार है। वर्ष 2009 में आर्थिक मंदी के कारण आई आपसी व्यापार में कमी के बाद वर्ष 2010 में इसमें काफी वृद्धि दर्ज की गई। वहीं भारत के लिए यूरोपीय संघ सबसे बड़ा व्यापारिक साझेदार है। वर्ष 2010 में यूरोपीय संघ के साथ भारत का कुल व्यापार 70 अरब डॉलर था। इस प्रकार आर्थिक एवं राजनीतिक दृष्टि से यह एक सुदृढ़ यूरोप शक्ति के नए केन्द्र के रूप में स्थापित होकर, संयुक्त राज्य अमरीका की

वर्चस्ववादी महत्त्वाकांक्षाओं की पूर्ति की राह में रोड़ा बन जाता है। आज यूरोपियन यूनियन की मुद्रा यूरो अमरीकी डॉलर को चुनौती दे रही है। यूनियन विश्व के सबसे बड़े व्यापार ब्लॉक के रूप में उभर कर इस क्षेत्र में अमरीका के लिए समस्या पैदा कर रहा है तथा एकीकृत यूरोपियन यूनियन का राजनीतिक प्रभाव अमरीका के एकध्रुवीय विश्व के स्वप्न को भंग कर सकता है।[10]

21वीं शताब्दी में भारत यूरोपीय संघ आर्थिक व्यापारिक क्षेत्र में सहयोग के साथ-साथ, आतंकवाद उन्मूलन, अंतरिक्ष क्षेत्र, परमाणु ऊर्जा, गैर परम्परागत ऊर्जा, शिक्षा एवं संस्कृति आदि में सहयोग कर रहे हैं। भारत-यूरोपीय संघ दोनों मिलकर यू.एन.ओ. का लोकतन्त्रीकरण और विश्व को बहुध्रुवीय बनाने में महत्त्वपूर्ण भूमिका निभा सकते हैं। भारत–यूरोपीय संघ के बढ़ते सम्बन्ध ASEM, ASEAN-EU, AU-EU शिखर बैठकों को बढ़ावा देकर विकसित एवं विकासशील देशों में वार्ता को बढ़ावा देकर न्याय व समानता पर आधारित नई अन्तर्राष्ट्रीय अर्थव्यवस्था की स्थापना का मार्ग प्रशस्त कर सकते हैं। यूरोप में सोवियत संघ का अवसान जितनी बड़ी घटना है, यूरोपीय संघ का उद्भव भी उतनी ही बड़ी करामात है। यूरोप की साझी मुद्रा यूरो के उदय से यूरोप का केवल व्यापार ही सुदृढ़ नहीं होगा बल्कि यूरोप विश्व का एक बड़ा पूँजी बाजार बनकर अंतर्राष्ट्रीय पटल पर एक नई शक्ति के रूप में अपनी उपस्थिति दर्ज करेगा। मेस्ट्रिच घोषणा में राजनीतिक संघ, साझी विदेश नीति, साझी प्रतिरक्षा व संयुक्त यूरोपीय संसद को भी प्रारूपित किया गया है जो भारत-यूरोपीय संघ सम्बन्धों को नया आयाम प्रदान करने में सक्षम होगी[11]?

पूर्व शोध साहित्य की समीक्षा (Review of Work Already Done on the Subject)

जैन, आर. के. (2002) द्वारा सम्पादित पुस्तक 'India and the European Union in the 21st century'[12] में उल्लेख किया गया है कि 21वीं सदी में भारत व यूरोपीय संघ के मध्य पारस्परिक आर्थिक, राजनीतिक तथा व्यापारिक संबंध प्रगाढ़ हुए हैं। भारत व यूरोपीय संघ दोनों ही लोकतांत्रिक परम्पराओं, मानव अधिकारों के प्रबल पक्षधर तथा आतंकवाद के उन्मूलन हेतु प्रयासरत व विश्व शांति के पक्षधर हैं। लेखक ने प्रस्तुत पुस्तक में भारत व यूरोपीय संघ के मध्य प्राचीनकाल से लेकर वर्तमान 21वीं शताब्दी तक के संबंधों का उल्लेख किया है। इसके अन्तर्गत भारत-यूरोपीय संघ शिखर सम्मेलनों का भी वर्णन किया गया है। साथ ही भारत व यूरोपीय संघ के मध्य वैश्विक स्तर पर आए परिवर्तनों व मधुरता का उल्लेख किया है।

सचदेवा, गुलशन (2014) द्वारा सम्पादित ग्रन्थ 'India-Eu and Afganistan Challenges'[13] में भारत के यूरोपीय संघ देशों के साथ राजनीतिक, आर्थिक व व्यापारिक संबंधों का उल्लेख करते हुए भारत व ईयू के समक्ष प्रमुख चुनौतियों का वर्णन किया गया है। लेखक ने बताया है कि भारत तथा यूरोपीय संघ विश्व की नई बहुध्रुवीय व्यवस्था के आधार स्तम्भ हैं। दोनों को वैश्वीकरण से उत्पन्न चुनौतियों के साथ ही आतंकवाद, परमाणु प्रसार कार्यक्रम, ऊर्जा और पर्यावरण पर मिल-जुलकर कार्य करने की नितान्त आवश्यकता है। भारत ने यूरोपीय संघ के व्यापारियों को भारत में निवेश करने हेतु आमंत्रित किया है तथा उनके लिए भारत को एक सुरक्षित व लाभदायक गंतव्य स्थल बताया है। भारत व यूरोपीय संघ के बीच प्रमुख मुद्दे– आतंकवाद का मुकाबला करने में सहयोग, अफगानिस्तान और पाकिस्तान की स्थिति, परमाणु अप्रसार, निःशस्त्रीकरण, जलवायु परिवर्तन, वैश्विक आर्थिक शासन में G-20 की भूमिका आदि हैं। लेखक ने अंत में भारत व यूरोपीय संघ के मध्य मुक्त व्यापार समझौते का भी उल्लेख किया है।

पर्ल, लुईस, साखुजा विजय (2012) ने अपने ग्रन्थ 'The EU-India Partnership : Time to Go Stratigic'[14] में सामयिक समय में भारत व यूरोपीय संघ के बीच बढते सहयोग व दोस्ती को उजागर किया है। 2009 में भारत-यूरोपीय संघ ने संयुक्त रूप से वार्षिक भारत-यूरोपीय संघ फॉर्म की शुरुआत की जिसके माध्यम से बहुपक्षीय मुद्दों पर बातचीत करके आपसी मुद्दों को सुलझाया जाता है। लेखक ने यह भी वर्णित किया है कि ईयू भारत में निवेश करने वाला तथा विदेशी कम्पनियों द्वारा निवेश करने की पसन्दीदा जगह के तौर पर उभर रहा है। यूरोपीय संघ भारत को चीन से भी ज्यादा महत्व दे रहा है। साथ ही यूरोपीय संघ भारत को संघ की सदस्यता देने का भी इच्छुक है। यदि ऐसा होता है तो भारत के संबंध ईयू के साथ और अधिक मजबूत हो जाएंगे तथा भविष्य में दोनों आने वाली चुनौतियों का मिल-जुलकर सुदृढता से सामना कर सकेंगे।

बावा, उम्मा सलमा (2006) द्वारा सम्पादित पुस्तक 'India-Europe and Changing Dimensions of Security'[15] में लेखिका ने 21वीं शताब्दी में परिवर्तित सुरक्षा के मुद्दों का वर्णन किया है जिसमें बताया गया है कि आज भारत एक परमाणु शक्ति सम्पन्न, आर्थिक शक्ति, तथा आतंकवाद से निपटने हेतु नवीनतम साधनों का प्रयोग कर रहा है। विश्व के प्रमुख शक्ति सम्पन्न देश जिसके अन्तर्गत ईयू देश भी भारत से आर्थिक व राजनीतिक सम्बन्ध स्थापित करना चाहते हैं। लेखक ने वर्णन करते हुए लिखा है कि भारत वर्तमान समय में एक उभरती हुई शक्ति है और यहाँ विकास की काफी सम्भावनाएं हैं। इस कारण यूरोपीय संघ के प्रमुख देश जर्मनी, फ्रांस, इटली, ब्रिटेन, ऑस्ट्रिया, नीदरलैण्ड आदि देश भारत से साझा आर्थिक

व राजनीतिक संबंध स्थापित कर रहे हैं। इस प्रकार से दोनों के मध्य परिवर्तित स्थिति में साझा सुरक्षा इंतजाम पर सहमति बनी है। इससे दोनों ही निकट सम्पर्क स्थापित कर रहे हैं।

त्रिपाठी, धन्जय (2011) द्वारा सम्पादित ग्रंथ 'Department Role of the European Union in South Asia'[16] में लेखक ने यूरोपीय संघ व दक्षिण एशिया के प्रमुख देशों के आर्थिक विकास व उन्नति के पहलुओं का उल्लेख किया तथा यह बताया कि दक्षिण एशिया के देश किन समस्याओं व चुनौतियों का सामना कर रहे हैं जिसका सीधा प्रभाव उनके विकास पर पड़ा है। भारत-यूरोपीय संघ के लिए 9वां सबसे महत्वपूर्ण व्यापारिक साझेदार है। यूरोपीय संघ विश्व की प्रमुख अर्थव्यवस्थाओं में से एक है तथा भारत की उदारीकृत अर्थव्यवस्थाओं से दोनों में सहयोग की व्यापक संभावना है। लेखक ने आगे वर्णित किया है कि यूरोप में भारत का सबसे बड़ा व्यापारिक भागीदार जर्मनी है तथा विश्व का 5वां सबसे बड़ा व्यापारिक भागीदार है। उल्लेखनीय है कि दक्षिण एशिया के प्रमुख देशों में भारत पहला देश है जिसने द्वितीय विश्व युद्व के बाद जर्मन संघीय गणराज्य को मान्यता दी।

सूद, चन्द्रशेखर व बहुगुणा, निरंजना (1997) ने अपनी पुस्तक 'अन्तर्राष्ट्रीय राजनीति'[17] में बताया कि यूरोपीय संघ किसी एक संधि का परिणाम नहीं है। इसकी प्रक्रिया द्वितीय विश्व युद्व के बाद यूरोप के बिखर जाने से शुरू हुई। बिखरे यूरोप के एकीकरण का प्रयास किया गया और अनेक संधि व समझौतों के परिणामस्वरूप वर्तमान स्वरूप सामने आये। लेखक ने बेनेलक्स संघ, ब्रूसेल्स समझौता, यूरोपीय आर्थिक समुदाय, बगदाद समझौता, यूरोपीय कोयला तथा इस्पात समुदाय आदि का विस्तारपूर्वक वर्णन किया है तथा यूरोपीय संघ के साथ भारत के बनते बिगड़ते रिश्तों का भी वर्णन किया है। लेखक ने अपनी पुस्तक में यह भी वर्णन किया है कि यूरोपीय संघ का वर्तमान स्वरूप मैस्ट्रिच संधि (1992) के बाद सामने आया है। यूरोपीय देशों की एकल मुद्रा यूरो है।

कोर्बेट रिचार्ड, शक्लेटन माइकल (2011) द्वारा सम्पादित पुस्तक 'The European Parliament'[18] में यूरोपीय संसद सदस्यों की निर्वाचन प्रक्रिया, संगठन, तथा उसके कार्य करने के तरीके का विस्तृत रूप से वर्णन किया है। प्रस्तुत पुस्तक 18 अध्यायों में विभाजित है। प्रत्येक अध्याय में एक-एक विषय वस्तु पर प्रकाश डाला गया है। पुस्तक में लेखक ने यूरोपीय संघ के एक प्रमुख अंग यूरोपीय संसद का निर्वाचन, कार्यकाल, राजनीतिक दल, नेतृत्व संरचना, संसदीय समिति आदि का वर्णन विस्तृत रूप में किया गया है तथा यूरोपियन संसद का अन्य अंगों के प्रति प्रमुख उत्तरदायित्व व जिम्मेदारियों को बताया गया है।

खन्ना, वी.एन. (2004) द्वारा सम्पादित ग्रन्थ 'अन्तर्राष्ट्रीय संबंध'[19] में यूरोपीय संघ की उत्पत्ति, विकास, प्रमुख अंग, यूरोपीय मुद्रा तथा यूरोपीय संघ की प्रमुख संस्थाओं व एजेन्सियों का उल्लेख किया गया है। लेखक ने इस पुस्तक में यह बताने का प्रयास किया है कि यूरोपीय संघ के प्रमुख उद्देश्य व उसकी अपेक्षाएं क्या हैं? इसके अतिरिक्त यह भी बताया है कि भारत के यूरोपीय संघ के साथ किस प्रकार के संबंध रहे हैं। सन् 2000 से वर्तमान समय तक दोनों के पारस्परिक सहयोग के मुद्दे अन्तर्राष्ट्रीय स्तर पर एक समान रहे हैं। जैसे– आतंकवाद, जलवायु, पर्यावरण प्रदूषण, मानव अधिकार आदि। यूरोपीय संघ भी दक्षिण एशिया में अन्य देशों की तुलना में भारत को अधिक महत्व देता है। इस कारण से दोनों के मध्य संबंध घनिष्ठ हो रहे हैं। लेखक ने यह भी वर्णन किया है कि 21वीं शताब्दी में दोनों के मध्य व्यापारिक गतिरोध को समाप्त कर उदारीकृत अर्थव्यवस्था को अपनाया जा रहा है।

वाजपेयी, अरूणोदय (2012) द्वारा सम्पादित ग्रन्थ 'समकालीन विश्व एवं भारत : प्रमुख मुद्दे एवं चुनौतियां'[20] में लेखक ने यूरोपीय एकीकरण व यूरोपीय संघ की उत्पत्ति का वर्णन करते हुए यूरोपीय एकीकरण की प्रक्रिया का क्रमबद्ध ढंग से वर्णन किया है। साथ ही यूरोपीय एकीकरण से संबंधित प्रमुख संधि ब्रूसेल्स संधि, पेरिस संधि, रोम संधि, एम्सटर्डम संधि, लिस्बन संधि, शेन्जेन समझौता, नीस संधि आदि का विस्तृत वर्णन किया है तथा यूरोपीय संघ के प्रमुख अंगों का पारस्परिक संबंध तथा कार्य प्रणाली को बताया है। लेखक ने यह भी वर्णन किया है कि यूरोपीय संघ एक नई आर्थिक शक्ति है तथा इसकी वैश्विक परिदृश्य में अहम् भूमिका है तथा भारत-यूरोपीय संघ संबंधों को प्राचीन काल से वर्तमान समय तक का बहुत ही सूक्ष्म व सटीक वर्णन किया है। इसके अतिरिक्त भारत के यूरोपीय संघ के साथ द्विपक्षीय आर्थिक, राजनीतिक तथा व्यापारिक संबंधों का वर्णन किया है।

आउटर जैन एण्ड फिलिप (2013) ने अपनी पुस्तक 'Some Critical Issues in Eu-India Free Trade Agreement Negotiations'[21] में पांच अध्याय दिए हैं। जिसमें पश्चिमी देशों, सामान्य यूरोपीय संघ व भारत संबंधों के बारे में बताया गया है। इसमें FTA वार्ता, यूरोप व भारत व्यापार हितों, श्रम मानकों व बौद्धिक संपदा संरक्षण, जेनेटिक दवाओं, रियायती कृषि और डेयरी क्षेत्र, कुशल व्यापार वार्ता और पारदर्शिता आदि का विश्लेषणात्मक अध्ययन किया गया है। लेखक ने वर्णन किया है कि भारत और यूरोपीय संघ वैश्विक मुद्दों की विस्तृत श्रृंखला में स्वाभाविक सहयोगी हैं। दोनों के संबंध 1960 के दशक में प्रारम्भ हुए। 1990 के दशक के बाद से दोनों के सहयोग में वृद्धि हुई और 2000 से शिखर सम्मेलनों के आयोजन से

आपसी रिश्तों में अधिक मजबूती आई। भारत और यूरोपीय संघ आर्थिक, राजनीतिक व सभी प्रकार के संबंधों को मजबूत करने का प्रयास कर रहे हैं। इस हेतु वे बौद्धिक सम्पदा अधिकारों, व्यापार, रक्षा उपकरणों, तकनीकी बाधाओं, स्वच्छता, सीमा शुल्क आदि को द्विपक्षीय वार्ता द्वारा सुलझाने का प्रयास कर रहे हैं। इसके साथ ही लेखक ने यह भी बताया कि भारत-यूरोपीय संघ मुक्त व्यापार समझौते द्वारा व्यापार व निवेश की बाधाएं मिटाकर द्विपक्षीय रिश्तों को अधिक विस्तार देंगे।

आसोपा, शील.के. (1980) द्वारा लिखित पुस्तक 'अन्तर्राष्ट्रीय विधि'[22] के अन्तर्गत क्षेत्रीय सहयोग की संस्था 'यूरोपीय आर्थिक समुदाय संघ के उदय व विकास क्रम को बतलाया गया है। द्वितीय महायुद्ध के बाद यूरोप के आर्थिक पुनर्निर्माण तथा विकास के लिए अमरीका द्वारा प्रस्तावित मार्शल योजना का पूरा फायदा उठाने तथा उसका सहयोग करने के उद्देश्य से यूरोपीय आर्थिक सहयोग संघ की स्थापना 1948 में की गयी तथा इसके विकास क्रम को बताते हुए लेखक ने यूरोपीय कोयला एवं इस्पात संघ, यूरोपीय आर्थिक समुदाय, यूरोपीय परमाणु ऊर्जा संघ, यूरोपीय साझा बाजार का वर्णन किया है तथा इसके प्रमुख अंगों व संस्थाओं की कार्यप्रणाली बताई गई है। लेखक ने इस पुस्तक के अन्तर्गत भारत के यूरोपीय आर्थिक समुदाय के साथ प्रारम्भिक दौर में किस प्रकार के संबंध रहे, उसका भी वर्णन किया है।

चतुर्वेदी आर.के. (2006)[23] द्वारा सम्पादित ग्रन्थ 'राष्ट्रीय और अन्तर्राष्ट्रीय संगठन' में विश्व के प्रमुख अन्तर्राष्ट्रीय व भारत के प्रमुख राष्ट्रीय संगठनों का उल्लेख किया गया है। जिसमें प्रमुख रूप से यूरोपीय संघ, संयुक्त राष्ट्र संघ, गुटनिरपेक्षता, सार्क, आसियान ग्रुप-8 आदि संगठनों का सूक्ष्म विवेचन किया गया है। यूरोपीय संघ द्वारा 1 जनवरी 1999 में एकल मुद्रा 'यूरो' के अपनाने तथा यूरोपीय संघ के 28 देशों के भारत के साथ होने वाले व्यापारिक राजनैतिक व आर्थिक सम्बन्धों का वर्तमान व विश्व परिदृश्य में भावी महता को बतलाया गया है। यूरोपीय संघ के सदस्य देश विश्व के स्वतंत्र तथा प्रभुत्व सम्पन्न राष्ट्र होते हैं। यह संगठन आपसी सहयोग पर आधारित होता है।

दीक्षित जे.एन. (2001) द्वारा सम्पादित ग्रन्थ ''भारतीय विदेश नीति''[24] में भारत व यूरोपियन संघ के प्रमुख देशों के मध्य हो रहे राजनीतिक, आर्थिक व व्यापारिक सम्बन्धों का विश्लेषण किया गया। यूरोपीय संघ के देशों ने भारत को विश्व राजनीति में उभरती हुए शक्ति के रूप में माना है। भारत व यूरोपीय संघ के देश आज आतंकवाद, पर्यावरण प्रदूषण, जलवायु तथा परमाणु ऊर्जा के क्षेत्र में एकमत होने पर बल देते हैं।

दत्त, वी.पी. (2003)[25] द्वारा सम्पादित ग्रन्थ 'बदलती दुनिया में भारत की विदेश नीति' में भारत के स्वतंत्र होने से वर्तमान समय तक के आर्थिक एवं राजनैतिक सम्बन्धों की विवेचना यूरोपीय संघ के साथ की गई है। जिसमें भारत यूरोपीय संघ के प्रारम्भिक सदस्य देशों से लेकर वर्तमान 28 देशों के साथ सम्बन्धों का जिक्र किया गया है। आज भारत व यूरोपीय संघ के देशों के लिए दोनों के पारस्परिक आयात-निर्यात के सम्बन्धों को लेकर रुचि बनी हुई है। दोनों अपने पारस्परिक हितों को ध्यान में रखकर सम्बन्धों पर बल दे रहे हैं।

गुप्ता, के.आर. (2009)[26] द्वारा सम्पादित ग्रन्थ 'इण्डियाज इन्टरनेशनल रिलेशन' में भारत व विश्व के प्रमुख देशों के साथ सम्बंधों को बताया गया है। जिसमें प्रमुख रूप से भारत के यूरोपीय संघ के साथ राजनीतिक, आर्थिक, व्यापारिक, विज्ञान और तकनीकी सम्बन्धों का आलेख किया गया है। भारत के यूरोपीय यूनियन के साथ 2000 से नियमित रूप से प्रतिवर्ष होने वाली शिखर बैठकों का उल्लेख किया है। इन शिखर बैठकों के परिणामस्वरूप भारत-यूरोपीय संघ सम्बधों में आए परिवर्तन, उद्देश्य व लक्ष्यों की विवेचना की गई है। आज यूरोपीय संघ ने यह संकल्प कर रखा है कि वे संयुक्त राज्य अमेरिका के समान संयुक्त राज्य यूरोप जैसी इकाई का निर्माण करेगा।

घई यू. आर. (2010)[27] द्वारा सम्पादित पुस्तक 'अन्तर्राष्ट्रीय राजनीति : सिद्धान्त और व्यवहार' में भारत–यूरोपीय संघ (EU) सम्बन्धों को विभिन्न काल खण्डों में रुचिकर विषय के रूप में उल्लेख किया गया है। भारत की यूरोपीय संघ के देशों से रुचि व यूरोपीय संघ की भारत में रुचि के विषयों का तुलनात्मक विश्लेषण करते हुए वर्तमान समय में दोनों में पारस्परिक राजनीतिक व आर्थिक सम्बन्धों का वर्णन किया गया है। भारत-ईयू के सम्बन्धों को देखकर विश्व राजनीति में भारत के महत्त्व को अंकित किया गया है जिससे विश्व के अन्य क्षेत्रीय व अन्तर्राष्ट्रीय संगठन भारत में रुचि लेने लगे हैं।

Hardacre, Alen (2011) द्वारा सम्पादित पुस्तक 'How The EU Institutions Work and India'[28] में यूरोपियन संघ की संसद, आयोग, और ईयू के प्रमुख अंगों का अध्ययन किया गया है। जिसमें यूरोपीय संघ के देशों व विश्व के अन्य प्रमुख देशों के मध्य होने वाले सम्बन्धों व कार्य प्रणाली पर प्रकाश डाला गया है। इसके साथ ही यूरोपीय संघ की निर्णय निर्माण शक्ति का अध्ययन किया गया है।

नरूला बी.सी. (2009)[29] द्वारा प्रकाशित ग्रन्थ 'अन्तर्राष्टीय संगठन' में विश्व में राष्ट्रीय एवं अन्तर्राष्ट्रीय संगठनों की उत्पत्ति के कारण, उद्देश्य एवं कार्यों

को सुसंगठित रूप से विवेचित किया गया है। उन्हीं संगठनों में एक प्रमुख अन्तर्राष्ट्रीय संगठन यूरोपीय संघ है उसका स्पष्टीकरण किया गया है। इस ई.यू. संगठन का भारत के आर्थिक एवं राजनीतिक सम्बन्धों व भारत यूरोपीय संघ शिखर सम्मेलनों को तार्किक रूप से विश्लेषित किया गया है तथा दोनों के पारस्परिक रुचि के विषयों व मुद्दों को बताया गया है।

नेमा, जी.पी. व त्रिपाठी, डी.सी. (2006)[30] द्वारा सम्पादित ग्रन्थ 'भारत एवं विश्व' में भारत द्वारा यूरोपीय संघ को होने वाले आयात निर्यात के व्यापारिक सम्बन्धों पर प्रकाश डाला गया है। इसमें भारत यूरोपीय यूनियन के मध्य होने वाले प्रतिवर्ष वार्षिक सम्मेलन का वर्णन करते हुए चौथे व छठे भारत यूरोपीय संघ सम्मेलन का गठन व सूक्ष्म विश्लेषण किया गया है। जिसमें बताया गया है कि यूरोपीय यूनियन भारत का अकेला सबसे बड़ा व्यापारिक साझेदार है। जिसमें भारत कुल आयात का 25 प्रतिशत आयात करता है।

पंत, पुष्पेश (2008)[31] द्वारा सम्पादित ग्रन्थ '21वीं शताब्दी में अन्तर्राष्ट्रीय सम्बन्ध' में भारत–यूरोपीय संघ देशों के सम्बन्धों का प्राचीनकाल से लेकर वर्तमान समय तक का वर्णन किया गया है। जिसमें यूरोपीय संघ से भारत के सम्बन्ध प्राचीन काल से ही आर्थिक, राजनीतिक तथा व्यापारिक क्षेत्र में बताये गये हैं। भारत को बाजार में अपने प्रवेश के लिए तो यूरोपीय समुदाय हमेशा तैयार ही नहीं, अपितु उतावला भी दिखाई देता है। इस कारण भारत यूरोपीय संघ सम्बन्धों का अध्ययन बदलते विश्व परिदृश्य में करना आवश्यक हो जाता है।

शर्मा, प्रभुदत्त (2003)[32] द्वारा प्रकाशित पुस्तक 'विदेश नीतियां : सिद्धान्त और व्यवहार' में भारत व यूरोपीय संघ के पूर्वी व पश्चिमी देशों के साथ सम्बन्धों को विश्लेषित किया गया है। जिसमें भारत के यूरोपीय संघ के साथ घनिष्ठ मित्रता के पूर्ण सम्बन्धों की व्याख्या की गई है। इन राष्ट्रों के साथ भारत के रक्षा, व्यापारिक, तकनीकी और वैज्ञानिक सम्बन्ध रहे हैं। इन राष्ट्रों ने भारत-पाक युद्धों तथा कश्मीर के मामले मे सदैव भारत का ही समर्थन किया है। 1990 के बाद इन राष्ट्रों में साम्यवाद के पतन की प्रक्रिया प्रारम्भ हुई तथा बहुदलीय लोकतांत्रिक व्यवस्था का अभ्युदय हुआ है। भारत के इन राष्ट्रों के साथ आज भी मधुर सम्बन्ध का उल्लेख किया गया है।

वर्मा, दीनानाथ (2009)[33] द्वारा सम्पादित ग्रन्थ 'अन्तर्राष्ट्रीय सम्बन्ध' में भारत यूरोपीय संघ शिखर सम्मेलन के बारे में उल्लेख करते हुए दोनों के मध्य होने वाले वार्षिक शिखर सम्मेलन तथा मुक्त व्यापार समझौते के बारे में सूक्ष्म विवेचन किया गया है। जिसमें उल्लेख किया गया कि यूरोपीय संघ के साथ भारत जैसे

विकासशील देशों के व्यापार पर यूरो का क्या प्रभाव पडेगा। साथ ही, अमेरिकी डॉलर से सम्बद्ध आरक्षित मुद्रा भण्डार की अवधारणा में नयी मुद्रा से क्या परिवर्तन आएगा।

यादव आर.एस. (2005)[34] द्वारा सम्पादित पुस्तक 'भारत की विदेश नीतिः एक विश्लेषण' गें भारत-यूरोपीय संघ सम्बन्धों को विविध चरणों के रूप में विवेचित किया गया है। इसमें भारत के यूरोपीय देशों से सम्बन्ध उपनिवेशवादी व साम्राज्यवादी काल से ढांचागत रूप में किया गया है। भारत-यूरोपीय आर्थिक समुदाय के सम्बन्धों को परस्पर अनदेखी का युग (1958-61), नये रिश्तों की तलाश का युग (1962-73) तथा नवीन शुरुआत का युग (1973-1991) के रूप में विश्लेषित किया गया इसके उपरांत यूरोपीय संघ के उद्भव विकास सम्बन्धों को, पारस्परिक हितों को, ध्यान में रखकर व्यापारिक, आर्थिक, राजनीतिक सम्बन्धों के रूप में किया गया।

Research Gaps Identified in the Proposed Field of Investigation

21वीं शताब्दी में अन्तर्राष्ट्रीय सम्बन्धों में यूरोपीय संघ एक व्यापक तथा दृढ़ क्षेत्रीय संगठन के रूप में, अत्यन्त महत्वपूर्ण कर्ता के रूप में कार्य कर रहा है। वर्तमान समय तक भारत व यूरोपियन देशों के साथ सम्बन्धों पर अनेक शोधकर्ताओं के शोध कार्य सम्पन्न हुए तथा अनेक पुस्तकें व लेख प्रकाशित हो चुके हैं। परन्तु ''भारत-यूरोपीय संघ सम्बन्धों'' पर बहुत कम कार्य किया गया है। इसमें भी भारत व यूरोपीय संघ देशों के मध्य NPT-CTBT तथा भारत द्वारा पोकरण परमाणु परीक्षण के संदर्भ में बनते-बिगड़ते रिश्तों को उजागर किया गया है। 28 सदस्यीय यूरोपीय संघ ने अभूतपूर्व आर्थिक, सामाजिक, सांस्कृतिक विकास एवं एकीकरण प्राप्त किया। प्रारम्भ में यह संघ एक आर्थिक एकीकरण पर बल देता था लेकिन आजकल यह यूरोपीय संघ अब तक ''सामाजिक राजनीतिक संघ'' बनने का प्रयास कर रहा है। अतः 21वीं शताब्दी में भारत का यूरोपीय संघ (EU) से सम्बन्धों पर समग्र एवं सूक्ष्म अध्ययन करने के लिए प्रस्तावित शोध एक नवीन प्रयास होगा। इस शोध द्वारा भारत व यूरोपीय संघ के मध्य 2000 से हो रही वार्षिक शिखर बैठकें तथा पारस्परिक मुक्त आर्थिक व्यापारिक सम्बन्धों का क्रियान्वयन तथा भारत यूरोपीय संघ परिप्रेक्ष्य में क्रियान्वयन के मार्ग में आने वाली कठिनाइयों तथा उपलब्धियों को उजागर किया जाएगा। जो भावी शोध कर्ताओं के लिए दिशा निर्धारण करने में मददगार साबित होगी। एक बड़े राजनीतिक व आर्थिक समूह के रूप में यूरोपीय संघ वैश्विक स्तर पर किस प्रकार की भूमिका निभाएगा यह तो भविष्य के गर्त में छुपा है लेकिन इतना तय है कि इस नए एकीकरण से अमेरिका जैसी शक्ति के समक्ष एक नई चुनौती तो होगी। जो भावी शोध कर्ताओं के लिए महत्वपूर्ण मुद्दा रहेगा।

OBJECTIVES (उद्देश्य)

1. 21वीं शताब्दी में भारत-यूरोपीय संघ सम्बन्ध एकध्रुवीय विश्व राजनीति में अमेरिका को चुनौती देकर बहुध्रुवीय विश्व का मार्ग प्रशस्त करने में सक्षम हो रहा है।

2. यूरोपीय संघ (EU) 28 सदस्य देशों का प्रभावी क्षेत्रीय संगठन है। क्षेत्रीय आर्थिक सहयोग की दिशा में इसे आज मार्गदर्शक माना जाता है। यूरोपीय संघ में मैस्ट्रिच संधि के परिणामस्वरूप एकल मुद्रा, एकल संसद, एकल न्यायपालिका, एकल रक्षा एवं विदेश नीति की बात की गई।

3. विश्व के प्रमुख क्षेत्रीय आर्थिक संगठन से व्यापार और निवेश प्राप्त करने के लिए भारत ने यूरोपीय संघ के साथ सम्बन्ध बढ़ाने को विशेष बल दिया है। यूरोपीय संघ के लिए भी भारत एक अच्छा निवेश स्थल और भारतीय बाजार EU के उत्पादों के अनुकूल है।

4. भारत की वर्तमान आर्थिक व राजनीतिक स्थिति भी निरन्तर विकसित हो रही है। भारत की साख भी उज्जवल है। इसे आर्थिक और राजनीतिक सुधार तथा अर्थ नीति भी विश्व के विभिन्न देशों को पूंजी निवेश हेतु निरन्तर आकर्षित कर रही है। जिससे भारत यूरोपीय संघ सम्बन्ध रुचि का विषय बनता जा रहा है।

5. यूरोपीय संघ के देशों की यह महत्वाकांक्षा है कि वे 'संयुक्त राज्य अमेरिका' के समान 'संयुक्त राज्य यूरोप' जैसी किसी प्रमुख इकाई का गठन करने में भारत की भागीदारी को आवश्यक मानते हैं।

8. MAJOR HYPOTHESIS (प्राकल्पना)

1. भारत-यूरोपीय संघ दोनों मिलकर संयुक्त राष्ट्र संघ का लोकतन्त्रीकरण और विश्व को बहुध्रुवीय बनाने में महत्वपूर्ण भूमिका निभा सकते हैं।

2. भारत-यूरोपीय संघ सतत विकास व परमाणु निशस्त्रीकरण के लक्ष्यों पर बल देकर अन्तर्राष्ट्रीय सम्बन्धों को उच्च स्तर तक ले जा सकने में सक्षम होंगे।

3. यूरोपीय संघ के साथ भारत के राजनैतिक, आर्थिक व व्यापारिक सम्बन्ध निकट भविष्य में अमेरिका के विकल्प, चीन के बढ़ते प्रभाव तथा उससे उत्पन्न चुनौतियों का मुकाबला करने में सक्षम होंगे।

शोध पद्धति (Material and Methods)

प्रस्तुत शोध पुस्तकालयी अध्ययन विधि व द्वितीयक आंकड़ों पर आधारित है। इस हेतु पूर्व में प्रकाशित प्रतिवेदनों, सरकारी दस्तावेजों, शोध प्रतिवेदनों, लेखों, पत्र-पत्रिकाओं, समाचार-पत्रों, इन्टरनेट एवं उपलब्ध साहित्य का सूक्ष्म अध्ययन एवं विश्लेषण किया गया है। आवश्यकता पड़ने पर विषय विशेषज्ञों (विदेश मंत्रालय से जुड़े पदाधिकारी, पत्रकार, राजनेता, कूटनीतिज्ञ तथा विभिन्न दलों के विदेश नीति विशेषज्ञों) से सम्पर्क साधकर अनसुलझे प्रश्नों को सुलझाने का प्रयास किया गया है। शोध प्रविधियों में अनुसंधानात्मक अध्ययन एवं समस्याओं का वैज्ञानिक ढंग से अध्ययन किया गया है ताकि 21वीं शताब्दी में भारत-यूरोपीय संघ संबंधों की उपादेयता का व्यवस्थित व उद्देश्यमूलक विवेचन किया जा सके। प्रस्तुत शोध ग्रन्थ में भारत व यूरोपीय संघ के मध्य आर्थिक, राजनीतिक, व्यापारिक व सामरिक संबंधों का विवेचन किया गया है तथा 21वीं शताब्दी में दोनों के मध्य विवादास्पद मुद्दों को रेखांकित कर ऐतिहासिक, वर्णनात्मक एवं विश्लेषणात्मक विधि द्वारा हल करने का प्रयास किया गया है। इस विश्लेषणात्मक आधारभूत ढांचे के परिवेश में कुछ प्रश्न उठाए गए हैं जिनका उत्तर देने का प्रयास शोध ग्रन्थ के विभिन्न अध्यायों में किया गया है।

शोध में तथ्यों के संकलन, वर्गीकरण एवं विश्लेषण में सांख्यिकीय आरेख एवं मानचित्रीय विधियों का प्रयोग किया गया है। भारत-यूरोपीय संघ संबंधों में केन्द्रीय एवं विकेन्द्रीकरण के अध्ययन हेतु प्रमाणात्मक व गुणात्मक तकनीकी का उपयोग किया गया है। दोनों के मध्य में विशेष अध्ययन देखने के लिए चरों के बीच संबंध को व्यवस्थित करने में सह संबंध विश्लेषण का प्रयोग किया गया है। शोध प्रबंध से संबंधित समाचार पत्रों व वेबसाइटों का गहनता से अध्ययन किया गया है। इस शोध में द्वितीयक आंकड़ों के माध्यम से 21वीं शताब्दी में भारत-यूरोपीय संघ संबंधों का सजीव व सूक्ष्म चित्रण किया गया है।

अध्याय योजना :- किसी भी शोध कार्य को व्यवस्थित रूप देने तथा क्रमबद्धता प्रदान करने के लिए अध्याय योजना अत्यन्त आवश्यक होती है ताकि पाठक की रुचि विषय-वस्तु को पढ़ने एवं समझने में निरन्तरता बनी रहे क्योंकि किसी भी अध्येता की उत्सुकता, जिज्ञासा एवं प्रेरणा शोध की विषय सूची को देखकर बनती है। इसी मंतव्य से अभिप्रेरित होकर प्रस्तुत शोध कार्य की अध्याय योजना को इस प्रकार से विभक्त किया गया है –

अध्याय प्रथम : परिचयात्मक :- इस अध्याय में प्रस्तुत शोध से संबंधी प्रस्तावना, शोध का महत्व, पूर्व शोध साहित्य का मूल्यांकन, शोध समस्या एवं

उद्देश्य, शोध से संबंधित प्रमुख उपकल्पना, शोध विधि व पद्धति, अध्ययन क्षेत्र, शोध अन्तराल तथा अध्ययन योजना की व्याख्या की गई है।

अध्याय द्वितीय : यूरोपीय संघ का उद्भव, विकास एवं वर्तमान स्थिति : एक सिंहावलोकन :– इस अध्याय में यूरोपीय संघ के उद्भव, विकास तथा उसकी वर्तमान वस्तु स्थिति का रेखांकन किया गया है। इसी के अन्तर्गत यूरोपीय संघ के सदस्य देशों का तिथिवार विवरण व सारणी दी गई है। प्रस्तुत शोध के अन्तर्गत क्रमबद्ध ढंग से यूरोपीय संघ के विकास क्रम को विश्लेषित करते हुए उससे संबंधित प्रमुख संधियों व समझौतों का विस्तृत रूप से वर्णन किया गया है जोकि यूरोपीय संघ के उद्भव व विकास क्रम को अंकित करती है जिनमें इससे संबंधित प्रमुख संधियां हैं– ब्रूसेल्स संधि, पेरिस संधि, रोम संधि, यूरोपियन कोल एण्ड स्टील कम्यूनिटी, शेन्जेन समझौता व क्षेत्र, सिंगल यूरोपीय एक्ट, मैस्ट्रिच संधि, एम्सटर्डम संधि, नीस संधि तथा लिस्बन संधि आदि का उल्लेख किया गया है। प्रस्तुत अध्याय के अन्तर्गत ही यूरोपीय संघ की कार्य प्रणाली को सही ढंग से संचालित करने हेतु इसके प्रमुख अंगों एवं एजेन्सियों का अंकन किया गया है। यूरोपियन संघ के प्रमुख अंग हैं– यूरोपीय आयोग, यूरोपीय परिषद, यूरोपीय संसद, यूरोपीय संघ मंत्रिपरिषद, यूरोपीय समुदाय न्यायालय, यूरोपीय लेखा परीक्षण न्यायालय आदि हैं। इसके अतिरिक्त यूरोपीय संघ से संबंधित अन्य प्रमुख एजेन्सियां भी हैं। अध्याय के अन्तर्गत यूरोपीय संघ के एक प्रमुख अंग यूरोपीय संसद का विस्तृत रूप से वर्णन किया गया है जिसमें यूरोपीय संसद की निर्वाचन प्रणाली, सदस्यों का कार्यकाल, संसद की सदस्य संख्या तथा सदस्य देशों में सांसदों की संख्या व सन् 1979 से लेकर वर्तमान समय तक हुए संसदीय चुनावों का वर्णन एवं सन् 2014 में हुए 8वें संसदीय चुनाव का विस्तृत वर्णन किया गया है। यूरोपीय संघ के लिए 2005 में एक संविधान बनाने के लिए हुए जनमत संग्रह के बारे में भी बताया गया है लेकिन यह संविधान पूर्ण रूप से लागू नहीं हो सका।

अध्याय तृतीय : भारत–यूरोपीय संघ के मध्य राजनीतिक व आर्थिक संबंध :– प्रस्तुत अध्याय के अन्तर्गत भारत व यूरोपीय संघ के मध्य प्राचीनकाल से लेकर वर्तमान 21वीं शताब्दी तक के राजनीतिक, आर्थिक व सांस्कृतिक संबंधों का वर्णन किया गया है। भारत के प्राचीनकाल में यूरोपीय संघ के देशों में प्रमुख रूप से पुर्तगाल, डच, ब्रिटेन, फ्रांस, आयरलैण्ड, यूनान आदि देशों से किस प्रकार के संबंध रहे तथा यूरोपीय देशों के भारत में आगमन के बारे में बताया गया है। जैसा कि विदित है कि भारत में सर्वप्रथम आगमन पुर्तगालियों का रहा तथा इसके पश्चात् डच, अंग्रेज व फ्रांसीसीयों का आगमन हुआ। उस समय इन यूरोपीय

देशों का भारत में आगमन व्यापारिक संबंध स्थापित कर अपूर्व धन वैभव कमाना था। लेकिन धीरे–धीरे ये यूरोपीय देशों के व्यापारी भारत में शासन सत्ता में भागीदारी लेने लगे। इसी का प्रतिफल था कि अंग्रेजों ने भारत पर 200 वर्षों तक कूटनीतिक ढंग से शासन किया। लेकिन जब भारत स्वतन्त्र हो गया तो उसके बाद भी भारत-यूरोपीय संघ के देशों से सम्पर्क सूत्र रहा है। स्वतन्त्रता से 21वीं शताब्दी के आगमन तक भारत व यूरोपीय संघ के मध्य द्विपक्षीय व बहुपक्षीय आर्थिक, राजनीतिक, व्यापारिक, सांस्कृतिक सम्पर्क रहे। इसी परिप्रेक्ष्य में भारत भी 21वीं सदी के आरम्भ से यूरोपीय संघ के देशों से घनिष्ठ व मधुरतापूर्ण संबंध स्थापित करने हेतु प्रयासरत है।

सन् 2000 से वर्तमान समय तक भारत यूरोपीय संघ से आर्थिक, राजनीतिक व व्यापारिक संबंध घनिष्ठ करने हेतु शिखर सम्मेलनों का आयोजन कर रहा है। अब तक दोनों के बीच 13 शिखर सम्मेलन हो चुके हैं। यूरोपीय संघ के भारत में निवेश करने वाले प्रमुख देश हैं जैसे– जर्मनी, ब्रिटेन, फ्रांस, डेनमार्क, स्पेन, आयरलैण्ड, नीदरलैण्ड आदि। भारत का इन देशों से आयात निर्यात भी काफी होता है।

अध्याय चतुर्थ : भारत–यूरोपीय संघ के मध्य परमाणु ऊर्जा व्यापार :– इस अध्याय में भारत के परमाणु ऊर्जा कार्यक्रम, प्रतिष्ठान, एवं परमाणु संयंत्रों की स्थापना, परमाणु ऊर्जा विभाग के अधीन प्रमुख संस्थाएं, परमाणु रिएक्टर की संरचना, भारत के प्रमुख शोध संयंत्र जैसे अप्सरा, सायरस, जरलीना, पूर्णिमा, कामिनी आदि भारत के प्रमुख परमाणु ऊर्जा केन्द्र का वर्णन किया गया है। इसके अतिरिक्त रिएक्टरों से परमाणु ऊर्जा प्राप्त करने की विधि, यूरेनियम खनन, संवर्धन, परमाणु रिएक्टरों का उपयोग, विश्व में यूरेनियम के भण्डार के मुख्य भागीदार देश, परमाणु संयंत्रों से प्राप्त लाभ–हानि तथा 2008 से 2016 तक भारत के साथ हुआ परमाणु ऊर्जा व्यापार जिसके अन्तर्गत यूरोपीय संघ के देश व गैर यूरोपीय संघ के देशों का वर्णन किया गया है जिनमें प्रमुख देश हैं– फ्रांस, ब्रिटेन, अमरीका, रूस, कजाकिस्तान, नामीबिया, मंगोलिया, अर्जेन्टीना, दक्षिण कोरिया, कनाडा, ऑस्ट्रेलिया तथा जापान प्रमुख हैं। इसी अध्याय के अन्तर्गत भारत द्वारा प्रथम व द्वितीय परमाणु परीक्षण किए जाने के पश्चात् यूरोपीय संघ के देशों तथा गैर यूरोपीय संघ के देशों द्वारा भारत के पक्ष–विपक्ष में की गयी क्रिया–प्रतिक्रिया का विस्तृत वर्णन किया गया है।

अध्याय पंचम : विश्व मंच व भारत–यूरोपीय संघ संबंध :– इस अध्याय के अन्तर्गत विश्व मंच पर भारत–यूरोपीय संघ संबंधों का विस्तृत वर्णन किया गया है। इन वैश्विक मंचों पर जिनमें भारत की अहम् भूमिका है जैसे कि– सुरक्षा

परिषद, NSG, MTCR, वासेनार व्यवस्था, आस्ट्रेलियन समूह, WTO, G-7, G-20, NATO तथा विश्व जलवायु परिवर्तन शिखर सम्मेलनों का वर्णन किया गया है। इन वैश्विक व क्षेत्रीय संगठनों में भारत की क्या भूमिका है तथा ये वैश्विक परिदृश्य पर भारत को कितनी अहमियत तथा महत्व प्रदान करते हैं, का वर्णन इन वैश्विक व क्षेत्रीय संगठनों के माध्यम से दिखलाया गया है। आज भारत भी दक्षिण एशिया की उभरती हुई शक्ति है इस कारण से इन वैश्विक व क्षेत्रीय संगठनों द्वारा भारत को महत्व दिया जा रहा है। हाल में भारत को वैश्विक मंच MTCR का सदस्य चीन से पहले 35वें सदस्य के रूप में बनाया गया है। चीन व कुछ देशों के विरोध के कारण भारत को NSG की सदस्यता नहीं मिल सकी। इसके लिए भारत प्रयासरत है तथा इस हेतु वैश्विक समर्थन जुटा रहा है। भारत द्वारा सुरक्षा परिषद के लोकतांत्रीकरण तथा G-4 के सदस्यों को सुरक्षा परिषद में स्थायी सदस्यता दिए जाने हेतु विश्व जनमत जुटाने हेतु विश्व परिदृश्य पर प्रयास किया जा रहा है।

अध्याय षष्ठम : यूरोजोन संकट व भारत :– प्रस्तुत अध्याय में यूरोजोन क्षेत्र, यूरोजोन सदस्य देशों की संख्या तथा यूरोजोन में उत्पन्न संकट के बारे में विस्तृत रूप से वर्णन किया गया है। इसके साथ ही यूरोजोन में शामिल होने हेतु प्रमुख शर्तों का उल्लेख किया है। जो भी सदस्य देश यूरोजोन में शामिल होना चाहते हैं उनके लिए कुछ शर्तों का प्रावधान बताया गया है। यूरोजोन में उत्पन्न संकटों से निपटने हेतु यूरोपीय संघ द्वारा किए गए कार्य भी बताए गए हैं। इस अध्याय के अन्तर्गत ही ग्रीक आर्थिक संकट व उसे दिए गए राहत पैकेज, यूक्रेन संकट तथा रूस और यूरोपीय संघ से ब्रेग्जिट होने वाले ब्रिटेन संकट का विस्तृत वर्णन व विश्लेषण किया गया है। साथ ही यह भी बताया गया है कि यूरोजोन क्या है, ब्रेग्जिट क्या है, तथा यूरोजोन के सदस्य देशों की साझा मुद्रा क्या है, का विस्तृत रूप से विश्लेषण प्रस्तुत किया गया है। प्रस्तुत अध्याय के अन्तर्गत ही यूरोपीय संघ के 28 सदस्य देशों के संगठन से ब्रिटेन के बाहर होने के प्रमुख कारणों व उस पर पड़ने वाले प्रभावों का अंकन किया है तथा वैश्विक स्तर पर ब्रिटेन के यूरोपीय संघ से अलग होने पर उस पर पड़ने वाले प्रभावों को भी बताया गया है तथा ब्रेग्जिट का भारत पर पड़ने वाले प्रभाव को भी विश्लेषित किया गया है। यूक्रेन संकट तथा क्रीमिया का रूस में विलय का विश्लेषणात्मक अध्ययन करते हुए रूस पर पड़ने वाले अन्तर्राष्ट्रीय दबाव ने ईयू–रूस टकराव को नए शीतयुद्ध की आहट के रूप में वर्णन किया गया है।

अध्याय सप्तम : निष्कर्ष व सुझाव :– इस अध्याय में प्रस्तुत शोध का सारांश स्पष्ट किया गया है जिसके अन्तर्गत 21वीं शताब्दी में भारत–यूरोपीय संघ

सम्बन्धों की उपादेयताः एक विश्लेषणात्मक अध्ययन का वर्णन किया गया है। भारत–यूरोपीय संघ संबंधों से भारत की छवि वैश्विक परिदृश्य पर मजबूत बनी है। इससे सुरक्षा परिषद की स्थायी सदस्यता की दावेदारी भी मजबूत हुई है और अन्तर्राष्ट्रीय मंचों पर भारत को समर्थन मिला है।

सन्दर्भ–सूची

1. 'यूरोपीय यूनियन : लिस्बन संधि' सिविल सर्विसेज टाइम्स, फरवरी, 2008, पृ. 6।
2. वाजपेयी, अरूणोदय, 'भारत और यूरोपीय संघ' वर्ल्ड फॉक्स, फरवरी, 2013, पृ. 47।
3. रामजादा, मधुमोद के., 'यूरोपीय संघ में भारत की भूमिका', प्रतियोगिता पत्रिका, सितम्बर, 2004, पृ. 26।
4. आसोपा, शील के., 'अन्तर्राष्ट्रीय विधि' राजस्थान हिन्दी ग्रन्थ अकादमी, जयपुर, 1980, पृ. 503।
5. घई, यू. आर, 'अन्तर्राष्ट्रीय राजनीति : सिद्धान्त और व्यवहार', न्यू एकेडेमिक पब्लिशिंग कम्पनी, जलन्धर, 2013, पृ. 185।
6. दुबे, रमेश, 'यूरोजोन में बढ़ती मुसीबतें', अरिहन्त समसामयिकी, सितम्बर, 2011, पृ. 61।
7. पाण्डे, गिरीश चन्द्र, 'भारत तथा यूरोपीय संघ के बीच बढ़ते व्यापारिक संबंध', प्रतियोगिता दर्पण, फरवरी, 2007, पृ. 1238।
8. न्यूज एजेन्सी, दिल्ली, 'यूरोपीय संघ और भारत शिखर सम्मेलन', द हिन्दू, 11 दिसम्बर, 2010, पृ. 4।
9. राज, विवेक एस., 'भारत–यूरोपीय संघ संबंध' सिविल सर्विसेज टाइम्स, जून, 2015, पृ. 6–7।
10. खन्ना वी.एन., 'अन्तर्राष्ट्रीय संबंध', विकास पब्लिसिंग हाउस, नोएडा, 2014, पृ. 560–61।
11. पंत, पुष्पेश, '21वीं शताब्दी में अन्तर्राष्ट्रीय संबंध', मेक्ग्रा हिल एज्यूकेशन इण्डिया प्राइवेट लिमिटेड, नई दिल्ली, 2014, पृ. VII 103–104।
12. जैन, आर.के., "India and the European Union in the 21st century" Publisher, New Delhi, 2002.

13. सचदेवा, गुलशन, 'India-EU and Afghanistan challenges', Routledge Publisher, New Delhi, 2014.

14. पार्ल–लुइस, साखुजा विजय, 'The EU-India Partnership: Time to Go Strategic', Atlantic Publisher & Distributors, New Delhi, 2012.

15. बावा, उम्मा सलमा, 'India-Europe and Changing Dimensions of Security', Radiant Publisher, New Delhi, 2006

16. त्रिपाठी, धन्जय, 'Department Role of the European Union in South Asia', V/J Books India, Pvt. Ltd., 2011.

17. सूद चन्द्रशेखर, बहुगुणा निरंजना, 'अन्तर्राष्ट्रीय राजनीति', राधा पब्लिकेशन, नई दिल्ली, 1997।

18. कोर्बेट रिचार्ड, शक्लेटन माइकल, 'The European Parliament', John Harper Publishing, UK, 2011.

19. खन्ना, वी.एन., 'अन्तर्राष्ट्रीय संबंध', विकास पब्लिशिंग हाउस, नोएडा, 2014।

20. वाजपेयी, अरूणोदय, 'समकालीन विश्व एवं भारतः प्रमुख मुद्दे एवं चुनौतियां', डार्लिंग किंडरस्ले (इण्डिया) प्रा. लि., पियर्सन एजुकेशन, नई दिल्ली, 2012।

21. वाउटर जैन एण्ड फिलिप, 'Some Critical Issue in Eu-India Free Trade Agreement Negotiations', Radient Publisher, New Delhi, 2013.

22. आसोपा, शील के. 'अन्तर्राष्ट्रीय विधि', राजस्थान हिन्दी ग्रन्थ अकादमी, जयपुर, 1980।

23. चतुर्वेदी, आर.के., 'राष्ट्रीय और अन्तर्राष्ट्रीय संगठन', अरिहन्त पब्लिकेशन्स (इण्डिया) प्रा. लि., मेरठ (उ.प्र.), 2007।

24. दीक्षित, जे.एन., 'भारतीय विदेश नीति', प्रभात पब्लिकेशन्स, नई दिल्ली, 2001।

25. दत्त, वी.पी., 'बदलती दुनिया में भारत की विदेश नीति', नेशनल बुक ट्रस्ट, दिल्ली, 2012।

26. गुप्ता, के.आर., 'इण्डियाज इण्टरनेशनल रिलेशन्स', एटलांटिक पब्लिशर्स एण्ड डिस्ट्रीब्यूटर, नई दिल्ली, 2009।

27. घई. यू. आर., 'अन्तर्राष्ट्रीय राजनीतिः सिद्धान्त और व्यवहार', न्यू एकेडेमिक पब्लिशिंग कम्पनी, माई हीरा गेट, जलन्धर, 2013।

28. Hardacre, Alen, 'How the EU Institutions Work and India', John Harper Publishing, U.K., 2011.

29. नरूला, बी.सी. 'अन्तर्राष्ट्रीय संगठन', अजफ्रन पब्लिशिंग हाउस, दरियागंज, नई दिल्ली, 2009।

30. नेमा, जी.पी. व त्रिपाठी, डी.सी., 'भारत एवं विश्व', अजफ्रन पब्लिशिंग हाउस, दरियागंज, नई दिल्ली, 2006।

31. पंत, पुष्पेश, '21वीं शताब्दी में अन्तर्राष्ट्रीय संबंध', मेक्ग्रा हिल एजुकेशन प्रा. लि., नई दिल्ली, 2010।

32. शर्मा, प्रभुदत्त, विदेश नीतियांः सिद्धान्त और व्यवहार, कॉलेज बुक डिपो, जयपुर, 2010।

33. वर्मा, दीनानाथ, 'अन्तर्राष्ट्रीय संबंध', ज्ञानदा प्रकाशन, अंसारी रोड, नई दिल्ली, 2009।

34. यादव, आर.एस., 'भारत की विदेश नीति : एक विश्लेषण', किताब महल, इलाहाबाद।

2 यूरोपीय संघ का उद्‌भव, विकास एवं वर्तमान स्वरूप

यूरोप महाद्वीप एशिया के पश्चिम में और अफ्रीका के उत्तर की ओर स्थित है। वास्तव में यूरोप और एशिया एक विशाल भू-भाग है जिसे 'यूरेशिया' कहते हैं। यूरोप के उत्तर में उत्तरी ध्रुव महासागर, दक्षिण में भूमध्य सागर और काला सागर, पश्चिम में अटलांटिक महासागर है। तट की लगभग लम्बाई 38,000 किलोमीटर तथा यूरोपीय महाद्वीप का कुल क्षेत्रफल लगभग 97,00,000 वर्ग किलोमीटर है। यह महाद्वीप आस्ट्रेलिया को छोड़कर शेष सभी महाद्वीपों से छोटा है। आकार में भारत से यह केवल तीन गुना बड़ा है, परन्तु धन-सम्पत्ति, व्यापार, शिक्षा और सामाजिक व आर्थिक उन्नति की दृष्टि से विश्व में प्रथम स्थान पर है। इसका अधिकांश भाग समशीतोष्ण कटिबन्ध में है। तट बहुत ही कटावदार है, जिसमें अनेक बन्दरगाहें हैं। खनिज पदार्थ बहुत मिलते हैं, अतः बड़े उद्योगों में बहुत उन्नति हुई है। जलवायु बहुत उत्तम और परिश्रय के अनुकूल है। धरती उपजाऊ है। इन्हीं सब कारणों से यूरोप के निवासियों ने प्रत्येक क्षेत्र में उन्नति की है और संसार की खोज करके अपना राज्य तथा सभ्यता दूर-दूर तक फैलाई। रूस यूरोप महाद्वीप का सबसे बड़ा देश है जो यूरोप तथा एशिया दोनों महाद्वीपों में फैला हुआ है।[1]

वैचारिक दृष्टि से यूरोपीय महाद्वीप एक विशिष्ट संस्कृति और सभ्यता का अद्‌भुत संगम है तथा जीवन का एक विशिष्ट प्रकार है। इसी कारण यूरोपीय एकीकरण की विचारधारा के समर्थक कहते हैं कि नस्ल, भाषा और राजनीतिक विविधताओं के बावजूद यूरोप एक है। यूरोप एक सभ्यता है, एक भौगोलिक इकाई और विचार है। इसे पश्चिमी सभ्यता का हृदय स्थल कहा जाता है। क्योंकि यहूदीवाद-यूनानी-रोमन-ईसाई परम्पराओं का अभ्युदय व विकास यहीं पर हुआ था और जिसका प्रसार यूरोप की सीमाओं से बहुत आगे नई दुनिया, आस्ट्रेलिया तथा न्यूजीलैण्ड तक हुआ था। मानव सभ्यता के आधुनिक इतिहास में एशिया और अफ्रीका पर यूरोप का प्रभाव अनवरत छाया रहा है। भौगोलिक दृष्टि से, जैसा कि 'जनरल चार्ल्स डिगाल' ने कहा था कि "अटलाण्टिक से यूराल तक यूरोप की सीमाओं का विस्तार पाया जाता है।" यूरोप महाद्वीप का क्षेत्रफल 97,00,000 वर्ग कि.

मी. है। और यूरोप की एशिया सहित जनसंख्या 72,63,00,000 से अधिक है। राजनीतिक दृष्टि से महाद्वीप में वर्तमान समय तक 49 राष्ट्र राज्य हैं। जिसमें अनेक लघु राज्य अण्डोरा, मोनाको, सेनमेरिनों तथा वेटिकन सिटी जैसे राज्य भी शामिल हैं। सबसे अधिक जनसंख्या वाले तथा प्रभावशाली राज्यों में रूस, जर्मनी, यूनाइटेड किंगडम, फ्रांस, इटली, यूक्रेन तथा कजाखिस्तान है। यूरोप के प्रमुख भौगोलिक क्षेत्रों में पूर्वी यूरोप, रूसी गणराज्य, पौलेण्ड, बेलारूस, लाटविया, लिथुआनिया; दक्षिण-पूर्वी यूरोप-रूमानिया, हंगरी, अल्वानिया, बुल्गारिया, ग्रीस तथा टर्की; केन्द्रीय यूरोप-जर्मनी, चेक गणराज्य, स्लोवाकिया, आस्ट्रिया, स्विटजरलैण्ड तथा लिक्टेनस्टेन; पश्चिम यूरोप-फ्रांस, बेल्जियम, नीदरलैण्ड, लक्जमबर्ग तथा मोनाको; स्केण्डेनेवियन देश–नार्वे, स्वीडन, डेनमार्क तथा फिनलैण्ड तथा ब्रिटिश टापू–इंग्लैण्ड, उत्तरी आयरलैण्ड, आयरिश गणराज्य है। कतिपय, टापू जैसे आइसलैण्ड, माल्टा तथा साइप्रस को भी भौगोलिक और राजनीतिक कारणों से यूरोप के साथ सम्बद्ध माना जाता है।

अन्तर्राष्ट्रीय स्तर पर 19वीं शताब्दी की विश्व राजनीति में यूरोप की महत्वपूर्ण भूमिका थी। प्रथम विश्व-युद्ध के शुरू होने तक सभी महान शक्तियां यूरोपियन थी। उनकी आर्थिक शक्ति, सैनिक उत्कर्ष तथा राजनीतिक प्रभाव ने दुनिया में वर्चस्व स्थापित किया था। प्रथम विश्व-युद्ध (1914-1919) के परिणामों ने इस शक्ति संरचना को एक झटका दिया, शक्तिशाली राज्यों की विश्वव्यापी भूमिका को गम्भीर रूप से आहत किया। दो विश्व युद्धों के बीच (1919-1939) जर्मनी और इटली जैसे देश अपने पुराने गौरव को प्राप्त करने के लिए हिटलर और मुसोलिनी के नेतृत्व में सदैव संघर्षरत रहे। द्वितीय महायुद्ध की शुरुआत के समय ब्रिटेन, फ्रांस, जर्मनी और सोवियत संघ निस्सन्देह महाशक्तियां थी और इटली भी मुसोलिनी के नेतृत्व में महाशक्ति की भूमिका अदा करने के लिए प्रयत्नशील था। लेकिन छः वर्ष तक लगातार चलने वाले द्वितीय महायुद्ध ने इसका रूप ही बदल दिया। महायुद्ध में यूरोप को जनधन की जो हानि उठानी पड़ी उसका अनुमान लगाना कठिन है। कहा जाता है कि इस युद्ध में यूरोप के एक करोड़ सैनिकों और दो करोड़ से अधिक नागरिकों को अपने जीवन से हाथ धोना पड़ा। अनुमानतः 30-40 अरब रुपये के मूल्य की सम्पत्ति नष्ट हो गयी। युद्ध की उखाड़-पछाड़ में कई देशों की सीमाएं बदल गयी। युद्ध व्यय के भार से अनेक राज्यों की कमर टेढी हो गयी और कई राज्यों की शक्ति का पूरी तरह ह्रास हो गया। पुराना शक्ति सन्तुलन बिखर गया। जर्मनी पददलित और विभाजित हो गया। फ्रांस सर्वनाश के भंवर में फंस गया, इटली की कमर टूट गयी, ब्रिटेन को अपने अस्तित्व के लिए संघर्ष करने पर विवश होना पड़ा। केवल सोवियत संघ ही ऐसा राष्ट्र था जो बर्बाद होकर भी युद्ध द्वारा सबसे

अधिक लाभान्वित हुआ। बहुत से नए प्रदेशों पर उसका अधिकार हो चुका था। और उसकी सीमा पर स्थित अनेक राज्य उसकी साम्यवादी व्यवस्था के घेरे में आ गये थे। शक्तिशाली जर्मनी को पीछे धकेल देने के कारण सोवियत संघ का आत्मविश्वास मजबूत हो गया था। सोवियत संघ को छोड़कर अन्य यूरोपीय राज्य दूसरे या तीसरे नम्बर की शक्ति बनकर रह गये थे। सोवियत संघ को छोड़कर समस्त यूरोप इतना कमजोर हो गया था कि एरिक फिशर के शब्दों में ''यूरोप का समय बीत चुका है।'' सन् 1944 में यूरोप की स्थिति का आंकलन करते हुए विलियम टी.आर. फाक्स ने लिखा था कि ''पुराने विश्व का नेतृत्व करने वाले यूरोप का नए समस्याग्रस्त यूरोप में परिवर्तन हमारे समय की अन्तर्राष्ट्रीय राजनीति का केन्द्रीय तथ्य है।''[2]

द्वितीय विश्व युद्ध के बाद यूरोप के अनेक नेता 'यूरोप के सवालों' को लेकर परेशान रहे। क्या यूरोप को अपनी पुरानी दुश्मनियों को फिर से शुरू करना चाहिए या अन्तर्राष्ट्रीय सम्बन्धों में सकारात्मक योगदान करने वाले सिद्धान्तों और संस्थाओं के आधार पर उसे अपने सम्बन्धों को नये सिरे से बनाना चाहिए? दूसरे विश्वयुद्ध ने उन अनेक मान्यताओं और व्यवस्थाओं को ध्वस्त कर दिया जिसके आधार पर यूरोपीय देशों के आपसी सम्बन्ध बने थे। 1945 तक यूरोपीय देशों ने अपनी अर्थव्यवस्था की बर्बादी तो झेली ही, उन मान्यताओं और व्यवस्थाओं को ध्वस्त होते भी देखा जिन पर यूरोप खड़ा हुआ था। 1945 के बाद यूरोप के देशों में मेल-मिलाप को शीतयुद्ध से भी मदद मिली। अमेरिका ने यूरोप की अर्थव्यवस्था के पुनर्गठन के लिए जबरदस्त मदद की। इसे मार्शल योजना के नाम से जाना जाता है। अमेरिका ने 'नाटो' के तहत एक सामुहिक सुरक्षा व्यवस्था को जन्म दिया। मार्शल योजना के तहत ही 1948 में यूरोपीय आर्थिक सहयोग संगठन की स्थापना की गई। जिसके माध्यम से पश्चिमी यूरोप के देशों को आर्थिक मदद दी गई यह एक ऐसा मंच बन गया जिसके माध्यम से पश्चिमी यूरोप के देशों ने व्यापार और आर्थिक मामलों में एक दूसरे की मदद शुरू की। 1949 में गठित यूरोपीय परिषद राजनैतिक सहयोग के मामले में एक अगला कदम साबित हुआ। यूरोप के पूंजीवादी देशों की अर्थव्यवस्था के आपसी एकीकरण की प्रक्रिया चरणबद्ध ढंग से आगे बढ़ी और इसके परिणामस्वरूप 1957 में 'यूरोपियन इकॉनामिक्स कम्यूनिटी' का गठन हुआ यूरोपियन पार्लियामेंट के गठन के बाद इस प्रक्रिया ने राजनीतिक स्वरूप प्राप्त कर लिया।

यूरोप में अन्तर-सरकारी स्तर पर आर्थिक सहयोग की संस्थाओं का युद्धोत्तर काल में तेजी से विकास हुआ इसमें 'कोयला व इस्पात संघ' तथा परमाणु ऊर्जा संघ (यूरेटोम) काफी महत्वपूर्ण है। द्वितीय महायुद्ध के बाद यूरोप के आर्थिक पुनर्निर्माण तथा विकास के लिए अमेरिका द्वारा प्रस्तावित मार्शल योजना (1947) का

पूरा फायदा उठाने तथा उसके साथ सहयोग करने के उद्देश्य से यूरोपीय आर्थिक सहयोग संघ (OEEC) की 16 अप्रैल 1948 में स्थापना की गई थी। यद्यपि अमेरिका स्वयं इस संघ में शामिल नहीं था लेकिन अमेरिका के नेतृत्व में यूरोपीय राज्यों में एकता की भावना जाग्रत हुई और वे अन्य क्षेत्रों में भी सहयोग के लिए सम्भावनाएं खोजने लगे। यूरोपीय आर्थिक सहयोग संघ का कार्य सदस्य राज्यों के आर्थिक विकास का सर्वेक्षण करना, नये क्षेत्रों में विकास की सम्भावनाओं पर प्रकाश डालना, प्रगति का मूल्यांकन करना तथा मार्शल योजना के अन्तर्गत प्रयुक्त कार्यक्रमों का मूल्यांकन व समीक्षा करना था यूरोपीय आर्थिक सहयोग संघ (OEEC) के कार्यों को सफल बनाने व सहयोग को मजबूत करने के लिए यूरोपीय भुगतान संघ (16 अक्तूबर 1948) की भी स्थापना की गई। इसने एक व्यवसाय व व्यापार संहिता तैयार की जिसके द्वारा व्यापार के सन्तुलन को ठीक रखने के लिए कदम उठाये गये। यह संघ और संस्थाएं काफी हद तक राष्ट्रोपरि शक्तियों का प्रयोग करते हैं। यूरोपीय आर्थिक सहयोग संघ व भुगतान संघ की स्थापना 'यूरोपीय पुनर्निर्माण कार्यक्रम' के अन्तर्गत की गई थी। पुनर्निर्माण के साथ–साथ इन संस्थाओं ने यूरोप के राज्यों के बीच एकीकरण के लिए वातावरण तैयार किया तथा एक दूसरे की समस्याओं को क्षेत्रीय सहयोग के सन्दर्भ में समझने में मदद की। अमेरिका द्वारा प्रस्तावित शुमां योजना (1950) ने भी एकीकरण का मार्ग प्रशस्त किया। यूरोपीय कोयला व इस्पात संघ, यूरोपीय आर्थिक समुदाय, तथा यूरोपीय परमाणु ऊर्जा संघ की स्थापना शूमां योजना की क्रियान्विति के दौरान हुई।[3]

यूरोपीय संघ की उत्पत्ति सम्बन्धी प्रमुख प्रावधान

21वीं शताब्दी व वर्तमान अन्तर्राष्ट्रीय सम्बन्धों में यूरोपीय संघ एक व्यापक तथा दृढ़ क्षेत्रीय संगठन तथा अत्यन्त महत्वपूर्ण कर्ता के रूप में कार्य कर रहा है। वर्तमान में इस संगठन में 28 सदस्य देश हैं। यूरोपीय संघ ने अभूतपूर्व आर्थिक, सामाजिक, सांस्कृतिक विकास एवं एकीकरण प्राप्त किया है तथा आजकल यह राजनीतिक एकीकरण की ओर अग्रसर होने का प्रयास कर रहा है और विकास की ओर तीव्र गति से बढ़ रहा है। यूरोपीय संघ ने एक यूरोपीय संविधान की रचना की है। जिसे कि सदस्य देशों द्वारा स्वीकृत किये जाने पर मतभेद है। यूरोपीय संघ एक सन्धि पर आधारित क्षेत्रीय संगठन है जिसने अपने जीवन के छः दशकों से कुछ अधिक के समय में अभूतपूर्व आपसी एकता, एकीकरण, विकास तथा सहयोग के उद्देश्यों को प्राप्त किया है।

द्वितीय विश्व युद्ध (1939–1945) के पश्चात् जब यूरोपीय देशों ने अपनी सामाजिक–आर्थिक व्यवस्थाओं के पुनर्निर्माण की गम्भीर आवश्यकता अनुभव की तथा

सहयोग और समकक्ष सदस्यता के माध्यम से शान्तिपूर्व एकीकरण की दिशा में 1851 ई. में शान्तिवादी 'विक्टर हयूगो' का प्रथम प्रस्ताव आया तो उनमें से छः राज्यों बेल्जियम, नीदरलैण्ड, लक्समबर्ग, फ्रांस, इटली तथा पश्चिमी जर्मनी ने आपसी क्षेत्रीय सहयोग करने का निर्णय लिया। इसके नेताओं ने सन्धियों के आरम्भ में कुछ क्षेत्र में यूरोपीय एकीकरण की प्रक्रिया को अपना लिया। ये छः देश Inner-six के नाम से लोकप्रिय हुए। इन देशों ने साझे रूप में अपनी प्रभुसत्ताओं का प्रयोग कर सर्वप्रथम कोयले तथा इस्पात के उत्पादन, व्यापार, परमाणु ऊर्जा तथा आर्थिक सम्बन्धों के क्षेत्रों में आपसी सहयोग द्वारा साझे निर्णय तथा प्रयास प्रारम्भ कर दिये। इससे यूरोपीय एकीकरण की प्रक्रिया आरम्भ हुई तथा तीन यूरोपीय समुदाय यूरोपियन कोल एण्ड स्टील कम्यूनिटी सन्धि, यूरोपीय एटामिक एनर्जी कम्यूनिटी सन्धि तथा यूरोपियन इकॉनामिक कम्यूनिटी सन्धि इस यूरोपीय एकीकरण प्रक्रिया के उपकरण बन कर कार्य करने लगे। वर्ष 1967 तक ये तीनों ECSC, EAEC तथा EEC पृथक-पृथक अपने क्षेत्र में कार्य करते रहे लेकिन साझी नीतियों और उपक्रमों के साथ विकसित होते रहे, यद्यपि कुछ गैर-निर्णय निर्माण संस्थाएं साझी थी। वर्ष 1967 के बाद परिवर्तन व संशोधनवादी नीतियों के कारण ये तीनों संस्थाएं ECSC, EAEC तथा EEC संयुक्त रूप से यूरोपियन कम्यूनिटीज के रूप में जानी जाने लगी। यूरोपीय संघ के विकास की प्रारम्भिक सन्धि 18 अप्रैल 1951 की सन्धि है। जिसे 'पेरिस सन्धि' के नाम से भी जानते हैं। यह अथक प्रयास फ्रांस के तत्कालीन विदेश मंत्री रॉबर्ट शूमैन का 9 मार्च 1950 के प्रस्ताव का परिणाम था इसमें एक संयुक्त यूरोप का प्रस्ताव रखा गया। इस प्रस्ताव को 'शूमैन घोषणा' के नाम से जाना जाता है। इस प्रकार यह सन्धि 25 जुलाई 1952 को कार्यान्वित हुई है।[4]

इन तीनों समुदाय ECSC, EAEC तथा EEC के सदस्यों ने साझी नीतियों तथा प्रयासों द्वारा इन क्षेत्रों के विकास, उत्पादन तथा व्यापार को व्यवस्थित ढंग से विकसित करने के लिए दृढता से कार्य करना प्रारम्भ कर दिया। आरम्भ में इन देशों ने आर्थिक एकीकरण के साथ-साथ सैनिक और राजनीतिक क्षेत्रों में भी एकीकरण करने के लिए प्रयास किए, परन्तु बाद में जब सैनिक और राजनीतिक क्षेत्रों में सफलता प्राप्त न की जा सकी तो यह निर्णय लिया गया कि आर्थिक एकीकरण तथा सहयोग पर ही ध्यान केन्द्रित किया जाए लेकिन वर्तमान गत एक-दो दशक (1990 से वर्तमान समय तक) इस यूरोपीय संघ ने अपने यूरोपीय संघ के सदस्य 28 देशों, यूरोपीय महाद्वीप के शेष देशों तथा विश्व के अन्य प्रमुख विकसित व उभरती हुई शक्तियों से राजनीतिक, सैनिक, ऊर्जा, संचार, विज्ञान व तकनीकी तथा वैश्विक ज्वलन्त समस्याओं के क्षेत्र में पारस्परिक सहयोग पर अपना ध्यान केन्द्रित किया

है। इससे पहले जून 1955 में यह निर्णय भी लिया गया कि यूरोपीय साझा समुदाय राष्ट्रीय बाजारों का एकीकरण करेगा।

कोपेनहैगेन क्राइटेरिया– इसका प्रतिपादन 1993 में हुआ। इस क्राइटेरिया में यूरोपीय संघ की सदस्यता उन सभी यूरोपीय देशों के लिए खोलने का निर्णय लिया गया जो (I) स्थिर लोकतन्त्रीय सरकार, विधि का शासन, मानवाधिकारों के सम्बन्ध में उत्तम व्यवहार तथा अल्प संख्यकों के प्रति आदर व सम्मान का भाव रखता हो। (II) यूरोपीय संघ का सदस्य बनने वाले देशों के लिए यह भी आवश्यक निर्धारित किया गया कि एक कार्यकारी बाजार अर्थव्यवस्था और प्रतिस्पर्द्धात्मक दबाव को झेलने की क्षमता रखता हो। (III) सदस्य देश बनने के इच्छुक देशों के लिए यूरोपीय संघ के नियमों और नीतियों के अनुपालन की क्षमता, ईयू के उत्तरदायित्वों को पूर्ण रूप से निभाने के लिए तैयार तथा इसके कानूनों की पालना के प्रति प्रतिबद्ध होना चाहिए।[5]

यूरोपीय समुदाय के मूल प्रारम्भिक छः सदस्य देश–बेल्जियम, नीदरलैण्ड लक्समबर्ग, फ्रांस, इटली तथा पश्चिमी जर्मनी 'शूमैन घोषणा पत्र' के तहत पेरिस में हुई सन्धि 18 अप्रैल, 1951 में हस्ताक्षर होने के फलस्वरूप अस्तित्व में आये। जिसका प्रारम्भिक नाम 'यूरोपियन कोल एण्ड स्टील कम्यूनिटी' (ECSC) के नाम से नामकरण हुआ। पहले पूर्ण कस्टम यूनियन मूलतः यूरोपियन इकोनामिक कम्यूनिटी के नाम से जाना जाता था। इसकी स्थापना रोम सन्धि द्वारा 25 मार्च, 1957 में हुई और 1 जनवरी, 1958 को लागू हुई।

25 मार्च, 1957 की 'रोम सन्धि' आज भी प्रभावी है हालांकि इसमें बहुत से संशोधन किये गये है। 1958 में यूरोपियन कोल एण्ड स्टील कम्यूनिटी के सदस्य यूरोपियन इकोनॉमिक कम्यूनिटी की स्थापना करते है। यह EEC बाद में चलकर यूरोपियन कम्यूनिटी हो जाता है। विशेष रूप से 11 दिसम्बर, 1991 को नीदरलैण्ड के मैस्ट्रिच नगर में 12 सदस्यीय यूरोपीय समुदाय ने यूरोपीय मौद्रिक संघ के अनुबंधन पर सभी सदस्य देशों के हस्ताक्षर प्राप्त कर लिए जिसके तहत इन देशों में समान मुद्रा यूरो का चलन होगा। साथ ही इस 'मैस्ट्रिच सन्धि' के प्रावधानों के तहत सबसे बडा परिवर्तन जो हुआ वह यह कि यूरोपियन कम्यूनिटी को परिवर्तित कर 'यूरोपीय संघ' के नाम से इसकी स्थापना की। आज 'यूरोपीय समुदाय' 'यूरोपीय संघ' के नाम से सर्वाधिक व्यापक क्षेत्रीय संगठन के रूप में विश्व राजनीति व संगठनों में जाना जाता है। आज इस संगठन में सदस्य देशों की संख्या 28 है।[6]

यूरोपीय संघ का प्रथम विस्तार 1 जनवरी, 1971 को हुआ जब 7 डेनमार्क, 8.

आयरलैण्ड और 9. यूनाइटेड किंगडम, इसमें शामिल हुए। नार्वे ने सन्धि पर हस्ताक्षर किए थे लेकिन विलय के बिल पर राष्ट्रीय जनमत संग्रह में नकारात्मक मत आने पर यह विफल हो गया। 1 जनवरी, 1981 में 10. ग्रीस, 1 जनवरी, 1986 में 11. स्पेन व 12. पुर्तगाल, 1 जनवरी, 1995 में 13. आस्ट्रिया 14. फिनलैण्ड 15. स्वीडन यूरोपीय संघ में शामिल हुए। 1 मई, 2004 में 10 देश – 16 साइप्रस, 17 चेक गणराज्य, 18. एस्टोनिया 19. हंगरी, 20. लाटविया, 21. लिथुआनिया, 22 माल्टा, 23 पोलैण्ड, 24. स्लोवाकिया और 25. स्लोवेनिया ईयू में शामिल हुए। इसके बाद 1 जनवरी, 2007 में 26. बुल्गारिया, 27 रोमानिया तथा 1 जुलाई, 2013 को 28. क्रोएशिया यूरोपीय संघ में शामिल हुए। इस प्रकार इसके कुल सदस्य देशों की संख्या 28 हो गई है। आगे उम्मीद की जा सकती है कि इसमें और देश शामिल होकर इसका आगे भी विस्तार जारी रहेगा।

आज यूरोपीय संघ एक व्यापक, 28 सदस्यीय क्षेत्रीय आर्थिक व राजनीति संगठन है। जिसका अपनी स्थापना से लेकर आज तक एक शानदार सफलता का इतिहास रहा है। इसके द्वारा यूरोपीय देशों ने अभूतपूर्व आर्थिक विकास किया तथा यूरोप विश्व के एक दृढ और सक्रिय शक्तिशाली केन्द्र के रूप में उभरा है। तथा आज भी विकसित हो रहा है। आर्थिक एकीकरण तथा साझे आर्थिक प्रयास, व्यापारिक नीतियों, निर्णयों तथा प्रोग्रामों के द्वारा यूरोपीय संघ ने एक अद्वितीय प्रगति और विकास किया है। आज यूरोपीय संघ के सदस्यों की एक साझी मुद्रा यूरो है, साझी बैंकिंग प्रणाली है, साझी नागरिकता की स्थिति विद्यमान है तथा साझी संगठित और कार्य-कुशल संस्थाओं द्वारा विकास करने की योग्यता एवं क्षमता है। इसकी सफलता ने अन्य देशों को भी अपने साझे विकास के लिए क्षेत्रीय आर्थिक सहयोग की संगठित प्रक्रियाओं को अपनाने के पक्ष में प्रभावित किया है।[7]

प्रो. फ्लोरिस्की के शब्दों में "यूरोप के देशों ने यह अनुभव किया कि अब प्रश्न यह नहीं है कि इस या उस राज्य की जमीन की सुरक्षा की जाए या राष्ट्रीय प्रतिरक्षा योजना में सामंजस्य स्थापित किया जाये। सभी मूल विषय जैसे–सशस्त्र सेनाओं की सम्भाल, पूर्ति का प्रबन्ध, युद्ध सामग्री तथा शस्त्र कारखानों का छितराव, यातायात का सामंजस्य आदि को यूरोपीय दृष्टिकोण से हल किया जाना चाहिए, न कि राष्ट्रीय दृष्टिकोण से।"

रोम सन्धि–1957 के राजनीतिक आधार और प्रभाव के होते हुए भी कुछ लोग यह अनुभव करते हैं कि आर्थिक समुदाय शुद्ध आर्थिक ही है। इसका उद्देश्य आर्थिक संघ का निर्माण है जिसके द्वारा सभी सदस्य देशों में रहन-सहन के स्तर में वृद्धि की जा सकती है। इस यूरोपीय समुदाय की यह महत्वाकांक्षा थी कि 1992 तक पूरा

पश्चिमी यूरोप एक एकात्मक बाजार के रूप में विकसित होगा। राष्ट्रों की वर्तमान सीमाओं को आर्थिक विपणन की दृष्टि से समाप्त कर दिया जाएगा। संयुक्त राज्य अमेरिका की तर्ज पर यूरोपीय साक्षा बाजार को एक सीमा तक मुक्त एकात्मक बाजार के रूप में परिणत कर दिया जाएगा। 'डैन्यू' के शब्दों में ''सामान्य दृष्टि से यह एक आर्थिक सन्धि है लेकिन इसका राजनीतिक पहलू अधिक प्रभावशाली है।'' हेलिस्टाइन के शब्दों में ''यूरोपीय समुदाय तीन अवस्था वाले राकेट से करते है जिसमे पहली अवस्था तटकर संघ, दूसरी अवस्था आर्थिक संघ और तीसरी अवस्था राजनीतिक संघ की है।'' इस सन्दर्भ में यह कहना तर्कसंगत ही होगा कि राजनीतिक आधार तथा आर्थिक लाभों के कारण समुदाय की स्थापना को प्रोत्साहन मिला। 24 मार्च, 1957 को यूरोपीय आर्थिक समुदाय की सन्धि पर रोम में हस्ताक्षर हुए और 1 जनवरी, 1958 से यह सन्धि लागू की गयी। रोम सन्धि के प्रमुख प्रावधान इस प्रकार हैं[8]–

रोम सन्धि के प्रमुख उद्देश्यः– सन्धि के अनुच्छेद–3 में समुदाय के उद्देश्य एक साझा बाजार के निर्माण के माध्यम से तथा आर्थिक नीतियों में समानता के द्वारा पूरे समुदाय में आर्थिक क्रियाओं का समरस विकास, सतत् और सन्तुलित प्रसार, बढ़ता हुआ स्थायित्व तथा रहन सहन के स्तर में तीव्र वृद्धि और सदस्य देशों में निकट के सम्बध स्थापित करना है। 'दि फैक्टस' के अनुसार समुदाय के उद्देश्य निम्न हैं–

1. उन सभी विवादों को जिन्होंने यूरोप को विभाजित कर रखा था, सदैव के लिए समाप्त कर देना।
2. यूरोप की प्रतिष्ठा को स्थापित करने और आर्थिक शक्ति तथा सांस्कृतिक परम्परा के अनुकूल भूमिका अदा करना।
3. संयुक्त कार्यवाही के द्वारा यूरोप के लोगों के कार्य करने की स्थिति और रहन–सहन के स्तर में सुधार।
4. अव्यवहारिक और पुराने व्यवधानों को जिनके फलस्वरूप यूरोप छोटे–छोटे बाजारों में विभाजित था को समाप्त करना।
5. तकनीक विकास के साथ बड़े पैमाने के उत्पादन को अधिकांश उद्योगों में लागू करना।
6. एक भावी यूरोप को संयुक्त राष्ट्र का आधार प्रस्तुत करना।

रोम सन्धि के तहत EEC के प्रमुख कार्य :– सन्धि के अनुच्छेद–3 में

यूरोपीय आर्थिक समुदाय (EEC) के कार्यों का उल्लेख किया गया है। इसके अनुसार सन्धि की शर्तों और समयावधि के अन्तर्गत निम्न प्रमुख कार्य हैं–

1. सदस्य देशों में वस्तुओं के आयात एवं निर्यात से तटकर शुल्क और मात्रात्मक प्रतिबन्धों को समाप्त करना। इनके अतिरिक्त अन्य व्यवधानों को भी समाप्त करना।
2. गैर-सदस्यों के प्रति एक सामान्य तटकर तथा एक सामान्य व्यापारिक नीति अपनाना।
3. सदस्य देशों के अन्तर्गत व्यक्ति, सेवा एवं पूंजी की गतिशीलता सम्बन्धी कठिनाई और व्यवधानों को समाप्त करना।
4. एक ऐसी व्यवस्था का निर्माण करना जिसके कारण साझा बाजार में स्पर्द्धा का स्वरूप विकृत न हो।
5. एक सामान्य यातायात नीति को अपनाना।
6. एक सामान्य कृषि नीति को अपनाना।
7. उन व्यवस्थाओं को अपनाना जिनके द्वारा सदस्यों की आर्थिक नीतियों में समन्वय हो सके तथा भुगतान असन्तुलन को दूर किया जा सके।

सन्धि में यह प्रावधान था कि समुदाय की स्थापना के 12 से 15 वर्षों में सदस्य राज्यों के मध्य व्यापार को तटकर व सीमा शुल्क मुक्त कर दिया जाएगा। यह उद्देश्य मात्र साढ़े दस वर्ष में एक जुलाई, 1968 को प्राप्त कर लिया गया। ब्रिटेन, आयरलैण्ड व डेनमार्क के सन्दर्भ में यह उद्देश्य 1 जुलाई, 1977 से पूर्व 5 वर्ष में प्राप्त किया गया इसी प्रकार समुदाय के तीनों नवीन सदस्यों के पारस्परिक व्यापार एवं समुदाय के पुराने सदस्यों के साथ उनके व्यापार को तटकर एवं सीमा शुल्क से मुक्त किया जा चुका है। 1 अप्रैल, 1993 से वैदेशिक व्यापार में समुदाय के समस्त सदस्य तटकर एवं सीमा शुल्क की समान दरें प्रयोग करने लगे। तटकर एवं सीमा शुल्क के सम्बन्ध में नीतिगत एकरूपकता सुनिश्चित करने हेतु अन्तर्राष्ट्रीय वार्ताओं में समुदाय एक इकाई के रूप में कार्य करते हुए एक ही प्रतिनिधि भेजता है।[9]

EEC के प्रमुख अंग :– सन्धि के अनुच्छेद 4 के अनुसार यूरोपीय आर्थिक समुदाय के प्रमुख अंग हैं– महासभा, यूरोपीय परिषद, यूरोपीय आयोग, तथा यूरोपीय न्यायालय आदि जो यूरोपीय कोयला एवं इस्पात समुदाय के समकक्ष अंगों से मेल रखते हैं। इसमें कोयला और इस्पात समुदाय, परमाणु ऊर्जा समुदाय तथा आर्थिक

समुदाय के प्रतिनिधि सम्मिलित हैं। समुदाय का सर्वाधिक सशक्त अंग यूरोपीय परिषद है जो समस्त महत्वपूर्ण व नीतिगत निर्णय लेने हेतु प्राधिकृत है। यूरोपीय परिषद में सभी सदस्य देशों के एक-एक प्रतिनिधि रहते हैं। प्रत्येक समुदाय सदस्य सरकार अपने प्रतिनिधि की नियुक्ति करती है। यह समुदाय का मुख्य कार्यकारी अंग है और सदस्य देशों की आर्थिक नीतियों में समन्वय करता है। यूरोपीय आर्थिक समुदाय के कार्यकारी तंत्र में एक आर्थिक व सामाजिक समिति अनेक विशिष्ट समितियां, एक यूरोपीय निवेश बैंक, यूरोपीय सामाजिक नीति तथा विदेशों व बाह्य क्षेत्रों के विकास हेतु निधि सम्मिलित है। इसके अतिरिक्त विभिन्न स्वतन्त्र अन्तर यूरोपीय अभिकरण या तो यूरोपीय समुदाय में विलीनीकृत हो चुके है या फिर इससे निकटतापूर्वक सहयोगी सम्बन्ध बनाये हुए है। यूरोपीय आयोग, समुदाय का सबसे महत्वपूर्ण प्रशासकीय अंग है। यूरोपीय न्यायालय के 28 सदस्य होते हैं जो सन्धि की व्याख्या करते हैं।

इस प्रकार रोम संधि ही वह संधि थी, जिसने औपचारिक रूप से यूरोपीय आर्थिक समुदाय की स्थापना की। 25 मार्च, 1957 को बेल्जियम, फ्रांस, इटली, लक्जेमबर्ग, नीदरलैण्ड और पश्चिमी जर्मनी ने इस संधि पर हस्ताक्षर किए थे। 1993 में ऑस्ट्रिया संधि के द्वारा इकोनॉमिक शब्द को हटाकर इसे यूरोपियन कम्यूनिटी बनाया गया तथा जिसका सर्वाधिक प्रचलित नाम यूरोपीय संघ (EU) के नाम से जाना गया।

यूरोपियन कोयला तथा इस्पात समुदाय-1951 (European Coal and Steel Community–ECSC)

पश्चिमी यूरोप के आर्थिक एकीकरण तथा एक संयुक्त यूरोप की धारणा को व्यावहारिक रूप देने की दिशा में एक महत्वपूर्ण व प्रथम कदम 'शूमां योजना' (शूमैन योजना) थी। 9 मार्च, 1950 को फ्रांस के विदेश मंत्री 'रॉबर्ट शूमैन' ने एक प्रस्ताव में एक संयुक्त यूरोप का प्रस्ताव रखा। पामर व परकिन्स के विचार से यह एक ऐसी आर्थिक योजना थी जिसका उदेश्य राजनीतिक था। यह बेनीलेक्स देशों, फ्रांस इटली और पश्चिमी जर्मनी के कोयले तथा इस्पात के सम्पूर्ण उत्पादन को एक संयुक्त उच्च सत्ता के अधीन रखकर एक अधिराष्ट्रीय राजनीतिक संस्था का निर्माण करने की योजना थी ताकि फ्रांस-जर्मनी प्रश्न और यूरोप की आधारभूत समस्याओं का हल खोजा जा सके। इसका लक्ष्य यूरोप के लिए एक संघीय संसद का निर्माण करना था।

द्वितीय विश्व युद्ध की समाप्ति पर यूरोप में यह विचार लोकप्रिय होने लगा

कि भावी विश्व में यूरोप की सशक्त व सार्थक भूमिका तभी सम्भव है जब यूरोप की समस्त शक्तियां, सभी क्षेत्रीय संसाधन का विकास एवं प्रयोग सहयोग रूप से करे। इस सन्दर्भ में दो भिन्न विचार उभर कर सामने आये। एक ओर यह मत व्यक्त किया गया कि राष्ट्रीय सम्प्रभुता को रक्षित करते हुए अन्तर शासकीय सम्वर्धन किया जाए, दूसरी ओर यह सुझाव दिया गया कि यूरोप का एक संघीय स्वरूप प्रदान करते हुए धीरे-धीरे इसे एकीकृत कर दिया जाये। प्रथम मत के प्रमुख पक्षधरों में ब्रिटेन तथा द्वितीय मत के पक्षधरों में फ्रांस सम्मिलित थे। दोनों ही दृष्टिकोणों में विरोधाभास इतना था कि पारस्परिक समझौते की कोई सम्भावना दृष्टिगोचर नहीं होती थी। ऐसे में 'बेनिलेक्स संघ' से प्रेरणा लेकर फ्रांस के तत्कालीन विदेश मंत्री रॉबर्ट शूमैन (शूमां) ने 1950 में यूरोपीय पुनर्निर्माण हेतु कोयले व इस्पात के जो आधार स्तम्भ हैं उसके सहयोग हेतु एक योजना प्रस्तावित की। अतः ब्रिटेन व उसके सहयोगियों ने इसके प्रावधानों को राष्ट्रीय सम्प्रभुता का परिसीमांक मानते हुए इसके प्रति उदासीनता ही प्रदर्शित की। इसके विपरीत बेनिलेक्स राज्यों, फ्रांस, जर्मनी व इटली जो पूर्व से ही संघवाद के समर्थक थे ने इसका स्वागत करते हुए इसे अपनाने का निर्णय लिया।

20 जून, 1950 में बेल्जियम, नीदरलैण्ड, लक्जेमबर्ग, फ्रांस, इटली तथा पश्चिमी जर्मनी के प्रतिनिधि, फ्रांसीसी विदेश मंत्री रॉबर्ट शूमैन के उस प्रस्ताव पर विचार करने के लिए फ्रांस की राजधानी पेरिस में एकत्रित हुए जिसमें कहा गया था कि– ''फ्रांस व जर्मनी के 'कोयले व इस्पात' के उत्पादन को नियन्त्रित करने के लिए एक पृथक अधिकरण बनाया जाये जिसमें अन्य देशों को भी सम्मिलित होने की स्वतत्रता हो और इसे संयुक्त संघ राज्यों के अधीन रखा जाए''। इस उद्देश्य की पूर्ति हेतु 6 राज्यों ने 20 जून, 1950 को वार्ता करना शुरू कर दी। 9–10 महीनों तक यह बातचीत व पत्र व्यवहार का दौर चलता रहा इसके उपरान्त 18 अप्रैल 1951 को इन देशों बेल्जियम, नीदरलैण्ड, लक्जेमबर्ग, फ्रांस, इटली, पश्चिम जर्मनी के विदेश मंत्रियों ने इस सन्धि के मसौदे पर हस्ताक्षर किये जिसे ''पेरिस सन्धि-1951'' के नाम से भी जाना जाता है। जिसके अन्तर्गत एक उच्च राष्ट्रीय अधिकरण के अधीन ''यूरोपीय कोयला व इस्पात समुदाय'' की स्थापना 10 अगस्त, 1952 को हुई। समाचार पत्रों में इस प्रस्ताव को शूमां योजना का नाम दिया गया। यह 'पेरिस सन्धि' 25 जुलाई, 1952 को कार्यान्वित हुई। इस समुदाय की कार्यपालिका शक्तियां एक उच्च सत्ता में सन्निहित की गयी इस उच्च सत्ता ने 10 अगस्त, 1952 से काम करना प्रारम्भ किया और विधिवत अस्तित्व में आ गया।[10]

इस 'पेरिस सन्धि 18 अप्रैल, 1951' द्वारा यह व्यवस्था की गयी कि पश्चिमी

जर्मनी व फ्रांस के कुल कोयले व इस्पात के क्षेत्रों में सदस्यों के मध्य अस्वस्थ स्पर्धा को समाप्त करने का प्रयत्न भी किया गया। इन संसाधनों को समुदाय के भीतर सरलतापूर्वक उपलब्ध कराने के लिए इन वस्तुओं का एक सामुदायिक साझा बाजार स्थापित किया गया तथा इन्हें विभिन्न राष्ट्रीय शुल्कों एवं तट कर से भी व्यापक रूप से मुक्त कर दिया गया। इस सन्धि द्वारा स्थापित कार्यों का निर्वहन इसके चार शक्तिशाली अंगों को सौंपा गया। ये अंग इस प्रकार हैं–

प्रथमः– एक उच्च सत्ता जिसे परामर्श देने हेतु एक परामर्श दात्री समिति की व्यवस्था है।

द्वितीयः– सामान्य सभा जिसमें समस्त सदस्य राज्यों को समान प्रतिनिधित्व प्राप्त है।

तृतीयः– मंत्रियों की परिषद जिसमें समस्त सदस्यों का प्रतिनिधित्व उनके एक–एक सक्षम मन्त्री द्वारा किया जाता है।

चतुर्थः– न्यायालय, जो सन्धि से सम्बन्धित विवादों के निस्तारण के कार्य करता है।

इस प्रकार इनमें उच्च सत्ता की शक्तियां अत्यधिक व्यापक हैं इसे निजी क्षेत्र में हो रहे कोयला उत्खनन एवं इस्पात उत्पादन पर कर लगाने, अपने आदेशों की अवहेलना हेतु जुर्माना लगाने तथा ऋण लेने व देने का अधिकार प्राप्त है। सदस्य राज्य आवश्यकता पड़ने पर उच्च सत्ता के आदेशों को पालित कराने हेतु अपने पुलिस तंत्र का प्रयोग करने हेतु प्रतिबद्ध है। 1967 में इस संगठन के सन्धि जनित कार्यों को यूरोपीय आयोग को हस्तान्तरित कर दिया गया। उच्च राष्ट्रीय अधिकरण के अधीन 'यूरोपीय कोयला व इस्पात समुदाय' की स्थापना की गई। यह 'पेरिस सन्धि-1951' पचास वर्षों के लिए थी और इसमें आयात-निर्यात कर, आर्थिक सहायता तथा सन्धि में भाग लेने वाले देशों के बीच विद्यमान अन्य बाधाएं, परम्पराओं को हटाकर एक साझा बाजार बनाने की व्यवस्था भी थी। सोवियत संघ ने इस योजना को पश्चिमी जर्मनी की सैनिक उद्योग-शक्ति की पुनर्स्थापना करने के लिए फ्रांस द्वारा उठाया गया कदम बताकर इसकी कटु आलोचना की।

10 अगस्त, 1952 को 9 व्यक्तियों की एक उच्च सत्ता ने योजना क्रियान्वयन के लिए अपना पद संभाल लिया ज्याँ मोने इस उच्च सत्ता के प्रथम अध्यक्ष बने। 'शूमां योजना' में भाग लेने वाले सदस्य राष्ट्रों द्वारा अगले वर्ष ही कुछ ऐसे महत्वपूर्ण कदम उठाये गये जिनके कारण न केवल समुदाय को ही ठोस आधार प्रदान किया

गया, अपितु यूरोपीय एकता की सम्भावनाओं को भी बल मिला। तात्कालिक आर्थिक लक्ष्यों को प्राप्त करने की दृष्टि से यूरोपीय कोयला व इस्पात समुदाय अत्यधिक सफल रहा। लेकिन इसे सच्चे अर्थों में एक 'अधिराष्ट्रीय संगठन' नहीं कहा जा सकता। हाँ इसे "यूरोप की एकता की दिशा में किया जाने वाला नवीन प्रयोग" माना जा सकता था।

इस उच्च सत्ता की रचना 9 सदस्यों द्वारा होती है। उच्च सत्ता के अतिरिक्त इसमें एक मन्त्रिपरिषद की भी व्यवस्था की गयी है। इस परिषद का काम यह देखना है कि कहीं उच्च सत्ता के निर्णय सदस्य राज्यों की आर्थिक नीतियों के प्रतिकूल तो नहीं हैं इन दो अंगों के अलावा समुदाय की एक असेम्बली भी होती है जिसकी सदस्य संख्या 78 होती है और जिसमें सदस्य राज्यों की संसदों के प्रतिनिधियों को स्थान दिया जाता है। इसका उद्देश्य कोयले और इस्पात के लिए एक मण्डी का बनाना, इसके सम्बंध में आयात और निर्यात करों को तथा राजकीय सहायता को बन्द करना, व्यापारिक बाधाओं और एकाधिकारवादी तथा भेदभाव करने वाले मूल्यों को हटाना है। इस संगठन के सम्बध में यह दावा किया गया है कि इसने फ्रांस और जर्मनी की आर्थिक व्यवस्था का एकीकरण करके उनकी शताब्दियों पुरानी शत्रुता का उन्मूलन कर दिया है। पेडल फोर्ड के शब्दों में 10 फरवरी, 1953 का दिन जब रूसी क्षेत्र का कोयला जर्मनी से फ्रांस की सीमाओं से लोरेन की इस्पात मिलों में बिना चुंगी के जाने लगा, एक अविस्मरणीय और यूरोपीय प्रादेशिक आर्थिक सहयोग का एक अभूतपूर्व दिवस कहा जाएगा। इस समुदाय ने यूरोप के आर्थिक एकीकरण में विशेष भाग लिया है तथा इस्पात के उत्पादन में विशेष सफलता प्राप्त की है।

इस संगठन ने आर्थिक क्षेत्र में सार्थक अन्तर यूरोपीय संघ को जन्म दिया। साथ ही इसने बिस्मार्क के समय से निरन्तर चले आ रहे फ्रांस-जर्मन तनाव एवं घातक वैमनस्य का उन्मूलन कर इन दोनों राष्ट्रों के मध्य सृजनात्मक आर्थिक सहयोग सम्भव बनाया। इस संगठन के तत्वाधान में तकनीकी व आर्थिक सहयोग के परिणामस्वरूप यूरोपीय राज्य अपने कोयले व इस्पात उत्पादन में व्यापक वृद्धि करके आर्थिक पुनर्निर्माण के पथ पर गतिशीलतापूर्वक अग्रसर हुए। संगठन की इस सफलता को देखकर प्रारम्भ में इससे पृथक बने रहे ब्रिटेन ने भी 1961 में इसमें सम्मिलित होने का प्रयत्न किया परन्तु तत्कालीन फ्रांसीसी राष्ट्रपति जनरल दि गोल के विरोध के परिणामस्वरूप उसका यह प्रयास असफल रहा अतः यूरोपीय कोयला एवं इस्पात समुदाय (ECSC) मात्र 6 यूरोपीय राज्यों का संगठन होने पर भी यूरोप में भावी आर्थिक सहयोग हेतु एक स्वस्थ एवं उपयुक्त प्रतिमान सिद्ध हुआ।[11]

यूरोपीय परमाणु ऊर्जा समुदाय-(यूरेटम) 1957 (European Atomic Energy Community-EAEC)

यूरोप के एकीकरण की सम्भावनाओं पर गहन विचार करने के लिए और सदस्य राष्ट्रों के बीच आर्थिक संगठन को दृढ़ बनाने के उद्देश्य से 20 मई, 1955 को बेनीलेक्स देशों ने फ्रांस, इटली और पश्चिमी जर्मनी की सरकारों के पास कुछ औपचारिक प्रस्ताव भेजे। इन प्रस्तावों पर विचार करने के लिए छः देशों के विदेश मंत्री 2 से 4 जून, 1955 तक सिसली के निकट मैसीना में एकत्रित हुए तथा उन्होंने प्रस्तावों के क्रियान्वयन के लिए सदस्य राष्ट्रों के प्रतिनिधियों की एक समिति बनाई। बेल्जियम के विदेश मंत्री स्पॉक इसके प्रमुख नियुक्त हुए। मार्च 1956 में प्रकाशित समिति की रिपोर्ट बाद में वार्ता का आधार बनी। 'मैसीना' की बैठक में भाग लेने वाले विदेश मंत्रियों ने फरवरी 1957 में यूरोपीय साझा बाजार और यूरोपीय परमाणु ऊर्जा समुदाय की स्थापना के सम्बन्ध में सन्धियों का प्रारूप तैयार किया। 25 मार्च, 1957 को रोम में उपर्युक्त सन्धियों पर हस्ताक्षर हुए जिसे 'रोम सन्धि'–1957' के नाम से जाना गया जिसके फलस्वरूप यूरोपीय साझा बाजार और यूरोपीय परमाणु ऊर्जा समुदाय का जन्म हुआ।

'यूरोपीय व आणविक शक्ति समुदाय' का निर्माण 25 मार्च, 1957 में इटली की राजधानी रोम में हुई सन्धि के अनुसार 1 जनवरी, 1958 में लागू किया गया। इस 'रोम सन्धि' का उद्देश्य यूरोप के छः राज्यों, बेल्जियम, नीदरलैण्ड, लक्जेमबर्ग, फ्रांस, इटली व पश्चिमी जर्मनी में शान्तिपूर्ण प्रयोजनों एवं आणविक ऊर्जा के विकास के लिए सामान्य प्रयत्न करना है। जुलाई 1962 में ग्रेट ब्रिटेन ने इसका सदस्य बनने का आवेदनपत्र दिया था किन्तु इसे अस्वीकार कर दिया गया था। यूरोपीय आर्थिक समुदाय की संस्थाओं द्वारा ही यूरेटम (EAEC) के कार्यों का नियन्त्रण होता है। परन्तु इसके कार्यकारी अधिकार मन्त्रिपरिषद द्वारा निर्मित एक आयोग में निहित हैं। जिसको 20 सदस्यों की एक तकनीकी और वैज्ञानिक समिति तथा 101 सदस्यों की एक आर्थिक सामाजिक समिति परामर्श देती है। सारे ही प्रमुख निर्णय मन्त्रिपरिषद द्वारा लिए जाते हैं। परिषद में प्रत्येक देश का एक मंत्री सदस्य है।[12]

25 मार्च, 1957 को यूरोपीय कोयला एवं इस्पात समुदाय के सदस्यों ने पारस्परिक सहयोग सम्वर्धन की दिशा में एक और महत्वपूर्ण कदम उठाया। इस दिन से छः देशों का अणु ऊर्जा क्षेत्र में सहयोग हेतु एक नवीन संगठन स्थापित किया। इस नवीन संगठन को 'यूरोपीय परमाणु ऊर्जा समुदाय' अथवा 'यूरेटम' के नाम से जाना गया। 'यूरेटम' ने 1 जनवरी, 1958 को विधिवत कार्य करना प्रारम्भ

कर दिया। सन्धि की व्यवस्थाओं के अनुसार यूरेटम का ध्येय अणु शक्ति को सदस्य राज्यों में औद्योगिक एवं घरेलू प्रयोग हेतु ऊर्जा के एक महत्वपूर्ण स्त्रोत के रूप में विकसित करना था। इस ध्येय की प्राप्ति हेतु इस संगठन को व्यापक अधिकार प्रदान किये गये। सदस्य राज्यों की सीमापर्यन्त स्थित आणविक खनिज एवं विखण्डनीय सामग्री भण्डारों को इसके अधिकार में सौंप दिया गया। इस प्रकार यूरेटम के माध्यम से आणविक सामग्री का एक साझा बाजार स्थापित किया गया। साथ ही यूरेटम को यह अधिकार दिया गया कि वह आणविक सामग्री का सदस्यों के मध्य सन्तुलित वितरण करे। इसके अतिरिक्त यूरेटम शोध कार्यक्रम संचालित करता है तकनीकी ज्ञान का प्रसार करता है, शासकीय एवं अशासकीय क्षेत्र में परमाणु विज्ञान शोध को प्रोत्साहन देता है, परमाणु शोध केन्द्रों एवं विश्वविद्यालय स्तरीय परमाणु तकनीकी प्रशिक्षण केन्द्रों की स्थापना एवं रखरखाव करता है। यूरेटम अपना कार्य विभिन्न अंगों के माध्यम से करता है ये अंग इस प्रकार हैं–

प्रथम :– एक परिषद जिसमें प्रत्येक सदस्य का एक–एक प्रतिनिधि सम्मिलित है।

द्वितीय :– सामान्य सभा जिसमें सभी राज्य मिलकर नीतिगत प्रश्नों पर विचार करते हैं।

तृतीय :– एक पांच सदस्यीय समिति जो तकनीकी प्रश्नों पर विचार करती है।

चतुर्थ :– एक न्यायालय जो सन्धि से सम्बन्धित विवादों का निस्तारण करता है। इसके अतिरिक्त संगठन का एक परमाणु अभिकरण है, एक संयुक्त नाभिकीय शोध केन्द्र है तथा एक शक्तिशाली वैज्ञानिक एवं तकनीकी समिति है। संगठन ने परमाणु ऊर्जा के शान्तिपूर्ण प्रयोग के क्षेत्र में उल्लेखनीय कार्य किया है। यद्यपि यह एक समिति यूरोपीय संगठन है तो भी अर्जेन्टाइना, ब्राजील, ब्रिटेन, कनाडा तथा संयुक्त राज्य अमेरिका इससे निकटतापूर्वक सम्बन्धित रहे हैं।

ईयू के विस्तार से संबंधित प्रमुख चरण

यूरोपीय संघ मुख्यतः यूरोप में स्थित 28 देशों का एक राजनीतिक एवं आर्थिक मंच है। इसका उद्देश्य समग्र यूरोपीय आर्थिक, राजनीतिक हितों का बेहतर प्रबन्ध करना है जिसमें आपस में प्रशासनिक साझेदारी होती है जो संघ के कई या सभी राष्ट्रों पर लागू होती है। यूरोपीय संघ का राजनीतिक केन्द्र बूसेल्स, लक्जेमबर्ग एवं स्ट्रेस्बर्ग में है। इसकी 23 अधिकारिक भाषाएं हैं। इसका राष्ट्रवाक्य 'यूनिटी इन

डाइवर्सिटी' तथा राष्ट्रगान 'ओड टू जॉय' है। यूरोपीय संघ संयुक्त राज्य अमरीका के संघ जैसा नहीं है। इसका स्वरूप अधिराष्ट्रीय एवं अन्तर्सरकारी है। इसके सदस्य देशों ने सामूहिक संस्थाओं के गठन पर सहमति जताकर अपनी सार्वभौमिकता के कुछ अंश उसे सौंप दिए हैं ताकि संयुक्त हितों के विशेष मामलों पर प्रजातांत्रिक रूप से उच्च स्तरीय निर्णय लिए जा सकें। 1950 के दशक से हस्ताक्षरित होने के बाद इस एकीकरण की प्रक्रिया प्रारम्भ हुई। ये संधियां हैं यूरोपियन कोल एण्ड स्टील कम्यूनिटी, यूरोपीय एटोमिक एनर्जी कम्यूनिटी सन्धि और यूरोपीय इकॉनामिक कम्यूनिटी संधि (EEC) ये तीनों संधियां ECSC, EAEC, EEC संयुक्त रूप से यूरोपियन कम्यूनिटी के रूप में जानी जाने लगी। सहयोग और समकक्ष सदस्यता के माध्यम से शांतिपूर्ण एकीकरण की दिशा में आए प्रथम प्रस्तावों में वर्ष 1851 में शांतिवादी विक्टर ह्यूगो का प्रस्ताव आया था। 9 मार्च, 1950 में फ्रांस के विदेश मंत्री रॉबर्ट शूमैन ने एक संयुक्त यूरोप का प्रस्ताव रखा। इस प्रस्ताव को शूमैन घोषणा का नाम दिया गया। यूरोपीय संघ से संबंधित सबसे प्रारम्भिक संधि ट्रीटी ऑफ पेरिस, 1951 थी जो 1952 में प्रभाव में आई जिसने यूरोपियन कोल एण्ड स्टील कम्यूनिटी की स्थापना 6 यूरोपीय देशों बेनेलेक्स कण्ट्रीज के बीच सम्पन्न की। ये देश हैं (1) बेल्जियम, (2) नीदरलैण्ड, (3) लक्जेमबर्ग, (4) फ्रांस, (5) इटली, (6) पश्चिमी जर्मनी। पहला पूर्ण कस्टम यूनियन मूलतः यूरोपियन इकोनॉमिक कम्यूनिटी (EEC) के नाम से जाना जाता था। इसकी स्थापना रोम संधि द्वारा 1957 में हुई और 1 जनवरी, 1958 को लागू हुई। 1957 की रोम संधि आज भी यूरोपीय संघ में प्रभावी है। हालांकि इसके बहुत से संशोधन हुए हैं। खासकर मैस्ट्रिच संधि, 1992 द्वारा जिसने पहली बार यूरोपीय यूनियन के नाम से इसकी स्थापना हुई।[13]

विस्तार का पहला चरणः– 1 जनवरी, 1973 को (7) डेनमार्क (8) आयरलैण्ड और (9) ब्रिटेन, (U.K.), ईसी में शामिल हुए (नार्वे ने संधि पर हस्ताक्षर किए थे लेकिन विलय के बिल पर राष्ट्रीय जनमत संग्रह में नकारात्मक मत आने से यह विफल हो गया।

विस्तार का द्वितीय चरणः– 1 जनवरी, 1981 को (10) ग्रीस (यूनान) ईसी में शामिल हुआ।

विस्तार का तृतीय चरणः– 1 जनवरी, 1986 को (11) पुर्तगाल और (12) स्पेन ईसी में शामिल हुए। 3 अक्तूबर, 1950 में एकीकृत जर्मनी के अलग होने के चलते पूर्वी जर्मन डेमोक्रेटिक रिपब्लिक ईसी का अंग बन गया। 1 नवम्बर, 1993 में ऑस्ट्रिया संधि प्रभाव में आई जिसके फलस्वरूप यूरोपीय समुदाय (ईसी) यूरोपीय यूनियन के रूप में औपचारिक रूप से जाना गया।

विस्तार का चतुर्थ चरण – 1 जनवरी, 1995 में (13) ऑस्ट्रिया, (14) फिनलैण्ड और, (15) स्वीडन यूरोपियन यूनियन में शामिल हुए।

विस्तार का पंचम चरणः– 1 मई, 2004 को यूरोपीय संघ का सबसे बड़ा विस्तार हुआ। इस चरण में 10 यूरोपीय देश एक साथ शामिल हुए। ये देश हैं (16) साइप्रस, (17) चेक गणराज्य, (18) एस्टोनिया, (19) हंगरी, (20) लाटविया, (21) लिथुआनिया, (22) माल्टा, (23) पौलैण्ड, (24) स्लोवाकिया, (25) स्लोवेनिया।

विस्तार का षष्ठम चरणः– 1 जनवरी, 2007 को (26) बुल्गारिया और, (27) रोमानिया यूरोपीय संघ में शामिल हुए।

विस्तार का सप्तम चरणः– लम्बे संघर्ष के बाद 1 जुलाई, 2013 को यूरोपीय संघ का 28वां देश क्रोएशिया बना।[14]

जुलाई, 2016 को ब्रिटेन में हुए जनमत संग्रह के बाद आए परिणाम से ब्रिटेन यूरोपीय संघ से अलग होने वाला प्रथम देश बन गया है। हालांकि यूरोपीय संघ से अलग होने में इसे 2 साल का समय लगेगा यह 2018 तक यूरोपीय संघ से पूर्ण रूप से यूरोपीय संघ के अनुच्छेद 50 के तहत अलग हो जाएगा। इस प्रकार वर्तमान में यूरोपीय संघ के सदस्यों की संख्या ब्रिटेन के अलग होने पर 27 रह जाएगी। दूसरी तरफ यूरोपीय संघ में शामिल होने के लिए लालायित तुर्की जैसे देश यूरोपीय संघ पर वादा खिलाफी के विरुद्ध चेतावनी देते हुए वहां के राष्ट्रपति रेशिप तैयब एर्दोगन ने कहा कि ''या तो हमें यूरोपीय संघ में शामिल करो, वरना शरणार्थी यूरोपीय संघ में घुसा दूँगा।''[15]

तालिका संख्या : 2.1
यूरोपीय संघ में शामिल सदस्य देशों की सूची

क्र. सं.	*देश का नाम*	*ईयू का सदस्य बना*
(1)	*(2)*	*(3)*
1.	बेल्जियम	25 मार्च, 1957
2.	नीदरलैण्ड	25 मार्च, 1957
3.	लक्जेमबर्ग	25 मार्च, 1957
4.	फ्रांस	25 मार्च, 1957
5.	इटली	25 मार्च, 1957
6.	पश्चिमी जर्मनी	25 मार्च, 1957

(Contd...)

(Contd...)

(1)	*(2)*	*(3)*
7.	डेनमार्क	1 जनवरी, 1973
8.	आयरलैण्ड	1 जनवरी, 1973
9.	यूनाइटेड किंगडम	1 जनवरी, 1973
10.	ग्रीस	1 जनवरी, 1981
11.	पुर्तगाल	1 जनवरी, 1986
12.	स्पेन	1 जनवरी, 1986
13.	आस्ट्रिया	1 जनवरी, 1995
14.	फिनलैण्ड	1 जनवरी, 1995
15.	स्वीडन	1 जनवरी, 1995
16.	साइप्रस	1 मई, 2004
17.	चेक गणराज्य	1 मई, 2004
18.	एस्टोनिया	1 मई, 2004
19.	हंगरी	1 मई, 2004
20.	लाटविया	1 मई, 2004
21.	लिथुआनिया	1 मई, 2004
22.	माल्टा	1 मई, 2004
23.	पोलैण्ड	1 मई, 2004
24.	स्लोवाकिया	1 मई, 2004
25.	स्लोवेनिया	1 मई, 2004
26.	बुल्गारिया	1 जनवरी, 2004
27.	रोमानिया	1 जनवरी, 2007
28.	क्रोएशिया	1 जुलाई, 2013

यूरोपीय संघ से संबंधित प्रमुख संधियां

ब्रूसेल्स संधि, 1948 (Treaty of Brussels-1948)

सोवियत संघ-अमरीका के बीच शीतयुद्ध के प्रादुर्भाव, जिसमें यूरोप एक बड़ा केन्द्र था, ने पश्चिमी यूरोपीय राष्ट्रों को यूरोप की सुरक्षा के लिए ठोस कदम उठाने पर बाध्य कर दिया। यह संधि 17 मार्च, 1948 को बेल्जियम, फ्रांस, लक्जेमबर्ग,

मानचित्र संख्या 2.1
यूरोपीय संघ का मानचित्र

नीदरलैण्ड और यूनाइटेड किंगडम नामक पांच राज्यों के मध्य हस्ताक्षरित की गई थी। इसका मुख्य उद्देश्य पूर्व में ब्रिटेन व फ्रांस के मध्य सुरक्षा से संबंधित समझौते डनकिर्क संधि, 1947 ने 1954 में पेरिस सम्मेलन को एक आधार प्रदान किया जिसके द्वारा वेस्टर्न यूरोपियन यूनियन (WEU) की स्थापना की गई थी। वास्तव में ब्रूसेल्स संधि ने साम्यवादी खतरों से निपटने हेतु यूरोपीय राष्ट्रों में सामूहिक सुरक्षा के सिद्धांत को मजबूती प्रदान की थी। 17 मार्च, 1948 को पांच राज्यों के समूह के प्रतिनिधियों ने, जिन्हें 'ब्रूसेल्स शक्तियों' के नाम से जाना जाता था, मिलकर आर्थिक, सामाजिक तथा सांस्कृतिक सहयोग एवं सामूहिक आत्मरक्षा की एक 50 वर्षीय संधि पर हस्ताक्षर किए। इसने एक राज्य पर आक्रमण सब राज्यों पर आक्रमण होता है तथा सभी द्वारा मिलकर इसका सामना करना होगा, के सिद्धान्त पर सामूहिक सुरक्षा प्रदान की। इनके प्रयत्नों में सामंजस्य स्थापित करने के लिए सदस्य राज्यों के विदेश मंत्रियों की एक सलाहकार परिषद बनाई गई। इस परिषद के अन्तर्गत एक स्थायी प्रतिरक्षा संगठन कायम किया गया जिसका मुख्यालय फोन्टेबलीन बनाया गया।[16]

ब्रूसेल्स संधि की धारा 4 में कहा गया है कि इस पर हस्ताक्षर करने वालों में से किसी देश पर यदि यूरोप में सैनिक आक्रमण होता है तो अन्य देश संयुक्त राष्ट्र संघ के चार्टर की धारा 51 के अनुसार अपनी सम्पूर्ण सैनिक तथा अन्य सहायता आक्रमण का शिकार बने देश को प्रदान करेंगे। ब्रूसेल्स संधि का सर्वोच्च अंग एक परामर्शदात्री परिषद है जो पांचों सदस्य राज्यों के विदेश मंत्रियों से मिलकर बनी है। इस सुरक्षा संगठन के दो अंग हैं उच्चतर निर्देशन तथा कमाण्ड संगठन। आर्थिक कार्यों के नियोजन के लिए एक वित्त तथा अर्थ समिति है। 1954 के पेरिस के समझौते से पश्चिमी जर्मनी और इटली भी इसमें सम्मिलित हो गये और इस संगठन का नया नाम 'पश्चिमी यूरोपीय संघ' **(Western European Union WEU)** रखा गया। इस संधि का मुख्य ध्येय नागरिकों के मूलभूत अधिकारों में विश्वास की पुष्टि, संयुक्त राष्ट्र के आदर्शों का पालन तथा जनतंत्र एवं स्वतंत्रता को स्थायी बनाए रखने की दिशा में प्रयत्न करना था।[17]

पेरिस की संधि, 1951 (Treaty of Paris, 1951)

पेरिस की संधि ही वह संधि थी, जिसने औपचारिक रूप से यूरोपियन कोल एण्ड स्टील कम्यूनिटी को स्थापित किया था। यह संधि 18 अप्रैल, 1951 को फ्रांस, पश्चिमी जर्मनी, इटली और तीन बेनेलेक्स राष्ट्रों (बेल्जियम, नीदरलैण्ड, लक्जेमबर्ग) के मध्य हुई थी। और इसने जिस प्रमुख समुदाय का निर्माण किया, वही कालान्तर में यूरोपीय संघ का भाग बना।

लंदन एवं पेरिस कान्फ्रेंस अथवा संशोधित ब्रूसेल्स संधि, 1954 तब आयोजित की गई थी, जब यूरोपियन डिफेन्स कम्यूनिटी का सोवियत संघ से निपटने हेतु दिया गया एक प्रस्ताव असफल हो गया। इस प्रस्ताव में साम्यवादी सोवियत संघ से गैर-साम्यवादी राष्ट्रों की सुरक्षा हेतु एक पश्चिमी यूरोपीय सैन्य बल की स्थापना को नाटो ने जर्मनी के प्रवेश से अधिक वरीयता दी गई। स्पष्ट है कि यह संधि पश्चिमी जर्मनी की पूर्व स्थिति (प्रस्थिति) पर हुई थी जिसके पक्षकार अथवा हस्ताक्षरकर्ता फ्रांस, यूनाइटेड किंगडम, लक्जेमबर्ग, बेल्जियम, नीदरलैण्ड, पश्चिमी जर्मनी, इटली, कनाडा और संयुक्त राज्य अमरीका थे।[18]

विलय संधि अथवा ब्रूसेल्स संधि, 1965 (Merger Treaty, 1965)

यह एक ऐसी यूरोपीय संधि थी जिसने यूरोपीय कोल एण्ड स्टील कम्यूनिटी, 1951 और यूरोपीय इकोनॉमिक कम्यूनिटी (EEC) के कार्यपालिका निकायों को आपस में मिलाकर एकल संस्थागत संरचनाओं का निर्माण किया। यह संधि 1 जुलाई, 1967 को प्रभाव में आई। इसने निर्धारित किया कि यूरोपीय आर्थिक समुदाय के आयोग और इसकी परिषद 'यूरोपीय आणविक ऊर्जा समुदाय' के आयोग और परिषद के साथ-साथ यूरोपीय कोल एण्ड स्टील अथॉरिटी के परिषद व उच्च प्राधिकार को प्रतिस्थापित करे।

शेन्जेन समझौता (Schengen Agreement, 1985)

यूरोपीय संघ के देशों के मध्य इस सामूहिक क्षेत्र संधि पर सहमति हेतु बैठक व हस्ताक्षर यूरोपीय संघ के सदस्य देश लक्जेमबर्ग के शेन्जेन शहर (Schengen city) में होने के कारण इस संधि का नाम शेन्जेन क्षेत्र संधि पड़ा। यूरोपीय संघ के 25 देशों का एक ऐसा समूह है जो अपने नागरिकों को सदस्य देशों में बिना किसी सीमा नियंत्रण के आवागमन की स्वतंत्रता प्रदान करते हैं। यह एकल राष्ट्र की तरह संचालित होता है। शेन्जेन क्षेत्र में यूरोपीय संघ के 28 देशों में से 25 देश शामिल है जिन्होंने लक्जेमबर्ग के शेन्जेन शहर में 14 जून, 1985 को हस्ताक्षर किए। इस पर यूरोपीय आर्थिक समुदाय के 10 में से 5 सदस्य राष्ट्रों ने हस्ताक्षर किए थे। ये पांच मूल हस्ताक्षरकर्त्ता देश– बेल्जियम, लक्जेमबर्ग, नीदरलैण्ड, फ्रांस और जर्मनी थे। शेन्जेन क्षेत्र अन्तर्राष्ट्रीय यात्रा के लिए काफी हद तक एक एकल राष्ट्र की तरह संचालित होता है जहाँ इस क्षेत्र के अंदर आने वाले या फिर बाहर जाने वाले लोगों के लिए तो सीमा नियंत्रण होता है लेकिन यहाँ कोई आंतरिक सीमा नियंत्रण नहीं है। सदस्य राष्ट्रों के बीच शेन्जेन संधि के तहत पासपोर्ट (VISA) नियंत्रण भी समाप्त

कर दिया गया। और ईयू की अनेक आंतरिक सीमाओं पर सीमाकर समाप्त कर दिया जिससे ईयू नागरिकों को रहने, यात्रा करने, काम करने और निवेश करने के मामलों में बहुत हद तक तरलता का एकल दायरा प्राप्त हो गया।[19]

वर्तमान में इस शेन्जेन क्षेत्र की जनसंख्या 40 करोड़ से अधिक है और 43 लाख 12 हजार 99 वर्ग कि.मी. (16,64,911 वर्ग मील) का क्षेत्र इसके अंतर्गत आता है। शेन्जेन नियमों (Schengen Rules) को 1999 में एम्स्टर्डम समझौते द्वारा यूरोपीय संघ (EU) कानून में शामिल कर लिया गया। हालांकि, इस क्षेत्र में अधिकारिक तौर पर तीन गैर–यूरोपीय संघ राष्ट्र–आइसलैण्ड, नार्वे, स्विट्जरलैण्ड शामिल हैं और वास्तविक तौर पर तीन सूक्ष्म यूरोपीय राष्ट्र मोनाको, सैन मैरिनो और वेटिकन सिटी भी शामिल हैं। यूरोपीय संघ के दो सदस्यों आयरलैण्ड और ब्रिटेन को छोड़कर बाकी सभी सदस्य राष्ट्रों को शेन्जेन लागू करने की आवश्यकता है और बुल्गारिया, साइप्रस तथा रोमानिया को छोड़कर सभी ने इसे पहले से ही लागू कर लिया है। शेन्जेन नियमों को लागू करने के तहत एक शेन्जेन राष्ट्र को अन्य शेन्जेन सदस्यों के साथ सीमा पर नियन्त्रण को समाप्त करना और साथ ही गैर सदस्य राज्यों के साथ सीमा पर नियन्त्रण को मजबूत बनाना शामिल है। इन नियमों में प्रमुख रूप से शामिल हैं–

1. लोगों के अस्थायी प्रवेश पर आम नीति के प्रावधान (शेन्जेन वीजा सहित)
2. बाह्य सीमा नियंत्रण को सुसंगत करना
3. पार–सीमा पुलिस और
4. न्यायिक सहयोग

इसमें या तो एक पासपोर्ट की या यूरोपीय संघ स्वीकृत राष्ट्र पहचान पत्र की आवश्यकता, हवाई अड्डों, होटलों पर या पुलिस के सामने अपनी पहचान सिद्ध करने के लिए पड़ती है और यह राष्ट्रीय नियमों पर निर्भर करता है व देशों के बीच बदलता रहता है। कभी-कभी शेन्जेन देशों के बीच नियमित सीमा नियंत्रण लागू किया जाता है।[20]

शेंजेन क्षेत्र का इतिहास तथा सदस्यता

शेंजेन क्षेत्र 26 मार्च, 1995 को अस्तित्व में आया जब शेंजेन समझौते को इसे लागू करने वाले सम्मेलन के साथ 5 मूल हस्ताक्षरकर्त्ता के यहाँ 14 जून, 1985 को कार्यान्वित किया गया। 5 मूल हस्ताक्षरकर्त्ता बेल्जियम, नीदरलैण्ड, लक्जेमबर्ग,

फ्रांस, जर्मनी थे तथा इसके साथ ही पुर्तगाल व स्पेन भी शामिल हुए। ऑस्ट्रिया और इटली इसमें 1997 के दौरान शामिल हुए। एम्स्टर्डम संधि के साथ यह समझौता 1999 में यूरोपीय संघ के अक्विस कम्यूनटेयर का हिस्सा बन गया। इसमें 2000 में ग्रीस के विलय के बाद नॉर्दिक पासपोर्ट संघ में शामिल देशों–डेनमार्क, फिनलैण्ड स्वीडन और साथ ही साथ गैर यूरोपीय संघ के देशों आइसलैण्ड और नॉर्वे ने 2001 में अनुगमन किया। इस क्षेत्र में सन् 2005 में चेक गणराज्य, एस्टोनिया, हंगरी, लाटविया, लिथुआनिया, माल्टा, पोलैंड, स्लोवाकिया, और स्लोवेनिया शामिल हुए जिन्होंने तीन साल पहले ही खुद को यूरोपीय संघ में 2004 में शामिल किया था। 12 दिसम्बर, 2008 को स्विट्‌जरलैण्ड, शेन्जेन क्षेत्र का नवीनतम सदस्य बन गया (और यह तीसरा गैर यूरोपीय संघ सदस्य है)।

वर्तमान में शेन्जेन क्षेत्र 25 राष्ट्रों से निर्मित है जिनमें तीन को छोड़कर शेष सभी यूरोपीय संघ के सदस्य हैं। गैर–यूरोपीय संघ के सदस्यों में से दो आइसलैण्ड व नॉर्वे नॉर्डिक पासपोर्ट यूनियन का हिस्सा है और अधिकारिक तौर पर इन्हें ऐसे राष्ट्र के रूप में वर्गीकृत किया है जो यूरोपीय संघ की शेन्जेन गतिविधियों के साथ जुड़े रहे हैं। तीसरा राष्ट्र स्विट्‌जरलैण्ड को बाद में 2008 में उसी तरीके से भाग लेने की अनुमति दी गई। वास्तविक रूप से शेन्जेन क्षेत्र में कई छोटे राज्य भी शामिल हैं जो शेन्जेन देशों के साथ मुक्त या अर्ध–मुक्त सीमा बनाए रखते हैं। शेन्जेन नियमों को पूरी तरह से लागू करने से पहले प्रत्येक राष्ट्र का चार क्षेत्रों में मूल्यांकन किया जाता है – 1. वायु सीमा, 2. वीजा, 3. पुलिस सहयोग, 4. व्यक्तिगत डेटा संरक्षण। इस मूल्यांकन प्रक्रिया के तहत एक प्रश्नावली होती है और मूल्यांकन के अधीन देश में यूरोपीय संघ के विशेष चयनित संस्थाओं और कार्यस्थलों का दौरा करते हैं शेंजेन क्षेत्र में शामिल सदस्य देशों का विवरण इस प्रकार से है।[21]

साइप्रस जो 2004 में यूरोपीय संघ में शामिल हो गया, उसने शेन्जेन समझौते पर हस्ताक्षर किए थे लेकिन कार्यान्वयन को साइप्रस विवाद की वजह से कम से कम 2010 तक विलम्बित किया गया। साइप्रस के विदेश मामलों के मंत्री जिओर्गोस सिलीकास के अनुसार "शेन्जेन के आधार पर सख्त और पूर्ण नियंत्रण दैनिक आधार पर तुर्की साइप्रस के लिए एक बड़ी हलचल पैदा करेगा और यह स्पष्ट नहीं है कि क्या यह नियंत्रण विवाद के समाधान से पहले संभव है।" रोमानिया और बुल्गारिया, जो 2007 में यूरोपीय संघ में शामिल हुए थे शुरू में इनका मार्च, 2011 में शामिल होना निर्धारित था लेकिन दिसम्बर, 2010 में फ्रेंच अधिकारी लौरेंट वौक्विएज ने कहा कि बाल्कन केन्द्रों राज्यों के प्रवेश में देरी होगी। लिक्टेस्टीन, जिसकी शेन्जेन में शामिल होने से पहले स्विट्‌जरलैण्ड के साथ सिर्फ मुक्त सीमा थी उसके भी शेन्जेन क्षेत्र में शामिल होने की उम्मीद है।

मानचित्र संख्या 2.2
शेन्जेन क्षेत्र का मानचित्र

शेन्जेन क्षेत्र के बाहर शेन्जेन राष्ट्रों के प्रदेश

सदस्य राज्यों के प्रदेशों में कुछ ऐसे हैं, जिन्हे शेन्जेन समझौते से बाहर रखा गया है और इनमें से अधिकांश यूरोप के बाहर हैं या यूरोप में दूरस्थ द्वीप हैं। ये प्रमुख प्रदेश निम्न हैं[22] –

1. फ्रांसीसी प्रदेश :– फ्रेंच गुयाना, ग्वाडेलोप, मार्टीनिक और रियूनियन के फ्रेंच विदेशी विभाग और सेंट बार्थेलेमी और सेन्ट मार्टिन यूरोपीय संघ का हिस्सा हैं लेकिन शेन्जेन क्षेत्र का हिस्सा नहीं हैं। यूरोपीय संघ की गतिविधि की स्वतंत्रता के प्रावधान लागू होते हैं लेकिन प्रत्येक क्षेत्र विभिन्न वीजा व्यवस्था संचालित करता है। जबकि एक प्रदेश में वैध वीजा अन्य सभी के लिए मान्य होगा। वीजा छूट की सूची भिन्न है। फ्रांस के भी कई प्रदेश हैं जो न तो यूरोपीय संघ के हिस्से हैं और

न ही शेन्जेन क्षेत्र में हैं फ्रेंच पोलीनेशिया, फ्रेंच सदर्न एण्ड अंटार्कटिका लैंड्स मैयर, न्यू कैलेडोनिया, सेंट पियरे और मिकेलॉन, वालिस और फ्यूचूना आदि।

2. डच प्रदेश :– नीदरलैण्ड्स का केवल यूरोपीय प्रदेश शेन्जेन क्षेत्र का हिस्सा है। 6 डच प्रदेश क्षेत्र से बाहर हैं। इन प्रदेशों में से तीन–बोनेयर, सिंट युस्टेटीअस और सबा नीदरलैण्ड के भीतर विशेष नगरपालिका है। अन्य तीन–अरूबा, कुराकाओं और सिंटमार्टेन नीदरलैण्ड राज्य के भीतर स्वायत्त देश हैं। सभी द्वीप, विदेशी देश और प्रदेश की अपनी स्थिति बनाए रखते हैं और इस तरह वे यूरोपीय संघ का हिस्सा नहीं हैं। नीदरलैण्ड के यूरोपीय भाग से इन छह प्रदेशों में भिन्न बीजा प्रणाली है। और इन द्वीपों और शेन्जेन क्षेत्र के बीच यात्रा करने वाले यात्री व्यवस्थित पहचान जांच के अधीन होते हैं।

3. नार्वेजियन प्रदेश :– स्वालबार्ड, नार्वे का हिस्सा है और अन्तर्राष्ट्रीय कानून के तहत विशेष स्थिति में है। यह शेन्जेन क्षेत्र का हिस्सा नहीं है। स्वालबार्ड के लिए वहाँ प्रवेश, निवास या काम करने के लिए कोई बीजा शासन अस्तित्व में नहीं है। हालांकि शेन्जेन क्षेत्र से यात्रा किए बिना स्वालबार्ड जाना कठिन है यद्यपि रूस से चार्टर्ड उड़ानें उपलब्ध हैं।

डेनिश प्रदेश :– फरो आइलैंड्स और ग्रीनलैण्ड, न तो यूरोपीय संघ का हिस्सा है और न ही शेन्जेन क्षेत्र का, हालांकि फरो आइलैण्ड्स नॉर्डिक पासपोर्ट यूनियन का हिस्सा है। डेनमार्क के लिए वीसा स्वतः फरो द्वीप और ग्रीनलैण्ड में मान्य नहीं है। एक पासपोर्ट या एक स्वीकार्य पहचान कार्ड लाया जाना चाहिए और इसकी जरूरत हवाई अड्डे पर आगमन जांच करने के लिए और बोर्डिंग के समय पड़ती है।

बाहर रहने वाले यूरोपीय संघ सदस्य

आयरलैण्ड और यूनाइटेड किंगडम ही ऐसे यूरोपीय संघ के सदस्य थे जिन्होंने, 2004 के विस्तारीकरण से पहले शेन्जेन समझौते पर हस्ताक्षर नहीं किए थे। दोनों देश अपने बीच खुली भूमि सीमा के साथ एक आम यात्रा क्षेत्र रखते हैं। ब्रिटेन ने शेगेन संधि के पासपोर्ट नियंत्रण से संबंधित तत्वों में शामिल होने से मना कर दिया तथा यह तर्क दिया कि एक द्वीप के लिए अवैध आव्रजन को रोकने के लिए अन्य उपायों की तुलना में सीमा नियंत्रण एक बेहतर और कम दखल वाले तरीके हैं जैसे कि पहचान पत्र, निवास परमिट और पुलिस के साथ पंजीकरण जो उन देशों के लिए उचित है जहाँ वृहद और पारगम्य भूमि सीमा है। आयरलैण्ड ब्रिटेन के इस विचार

से सहमत नहीं है कि सीमा जांच के बिना मुक्त आवाजाही केवल यूरोपीय संघ के नागरिकों के लिए लागू करना चाहिए लेकिन उसने शेन्जेन संधि पर हस्ताक्षर नहीं किए क्योंकि यह आयरलैण्ड के हित में नहीं होगा कि कोई ऐसी परिस्थिति हो जहाँ ब्रिटेन के साथ सामान्य यात्रा क्षेत्र समाप्त हो और आयरलैण्ड अपने यहाँ से ब्रिटेन की आवाजाही पर निकास और प्रवेश पर नियंत्रण लगाए।

जब शेन्जेन को एम्स्टर्डम संधि द्वारा यूरोपीय संघ में सम्मिलित कर लिया गया तो ब्रिटेन और आयरलैण्ड ने संधि के उस हिस्से से स्वयं को बाहर कर लिया जिसमें यूरोपीय संघ कानून में शेन्जेन नियमों को शामिल किया जाना था। प्रासंगिक प्रोटोकोल के तहत आयरलैण्ड और यूके अपनी इच्छा से शेन्जेन क्षेत्र में हिस्सा लेने के लिए अनुरोध कर सकते हैं। लेकिन यह शेन्जेन राष्ट्रों के अनुमोदन के अधीन है। ब्रिटेन ने शेन्जेन अक्विस (शेन्जेन क्षेत्र) के कुछ प्रावधानों में भाग लेने के लिए औपचारिक रूप से अनुरोध किया– शीर्षक III पुलिस सुरक्षा और न्यायिक सहयोग से संबंधित 1999 में और यह अनुरोध यूरोपीय संघ परिषद द्वारा 29 मई, 2000 को अनुमोदित किया गया। सहयोग के पूर्व अनुमोदित क्षेत्रों में ब्रिटेन की औपचारिक भागीदारी को 2004 के परिषद् के निर्णय के बाद प्रभावी किया गया जो 1 जनवरी, 2005 को अस्तित्व में आया। इसके विपरीत आयरलैण्ड शुरू में शेन्जेन क्षेत्रों में 2002 में भाग लेने के लिए एक औपचारिक अनुरोध प्रस्तुत किया जिसे यूरोपीय संघ परिषद् द्वारा अनुमोदित किया गया। फैसला अभी तक लागू नहीं किया गया है।

राज्य	*क्षेत्र*	*अनुरोध तारीख*	*क्रियान्वयन*	*विशेष*
आयरलैण्ड	70,273	28 फरवरी, 2002	लागू नहीं	
यूके	2,44,820	20 मई, 1999	22 दिसम्बर, 2004	क्राउन निर्भरता

यूरोपीय सूक्ष्म राज्यों की स्थिति

ये सूक्ष्म राज्य, शेन्जेन समझौते के सदस्य नहीं हैं और वे शेन्जेन वीजा जारी नहीं कर सकते। तथापि अन्य शेन्जेन सदस्यों के साथ खुली सीमाएं हैं और इसे शेन्जेन क्षेत्र के अंदर वास्तविक माना जा सकता है। वे आव्रजन संबंधी कोई खतरा उत्पन्न नहीं करते हैं क्योंकि वहां केवल शेन्जेन क्षेत्र के माध्यम से प्रवेश किया जा सकता है। उनमें से किसी के भी पास हवाई अड्डे नहीं हैं। हालांकि सभी के पास हेलीपोर्ट हैं।

तालिका संख्या : 2.2

यूरोपीय सूक्ष्म राज्यों की सूची

राष्ट्र	*स्थिति*	*इस वर्ष में*
अण्डोरा	गैर सदस्य	
लिकटेंस्टीन	भावी सदस्य कार्यान्वयन तारीख अनुसमर्थन के उपरणों के बयान से लंबित है।	
मोनाको	शेन्जेन क्षेत्र के भीतर एरिया शेन्जेन आवश्यकताएं फ्रांस द्वारा प्रशासित	26 मार्च, 1995
सेन मैरिनों	वास्तविक सदस्य	28 अक्तूबर, 1997
वैटिकन सिटी	वास्तविक सदस्य	26 अक्तूबर, 1997

1. अण्डोरा :– अण्डोरा की सीमा पर नियंत्रण फ्रांस और स्पेन दोनों के साथ है। यूरोपीय संघ के देशों के नागरिकों को अण्डोरा में प्रवेश करने के लिए या तो अपने राष्ट्रीय पहचान पत्र या पासपोर्ट की आवश्यकता होती है जबकि किसी अन्य को एक पासपोर्ट या समकक्ष की आवश्यकता है। उन यात्रियों को जिन्हें शेन्जेन क्षेत्र में प्रवेश करने के लिए वीजा की जरूरत है उन्हें अण्डोरा जाने के लिए एकाधिक प्रविष्टि वीजा की आवश्यकता होती है क्योंकि अण्डोरा में प्रवेश करने का मतलब है शेन्जेन क्षेत्र छोड़ना।

2. लिकटेंस्टीन :– लिकटेंस्टीन ने 28 फरवरी, 2008 को यूरोपीय संघ के साथ शेन्जेन समझौते पर हस्ताक्षर किए और 1 नवम्बर, 2009 को शेन्जेन क्षेत्र में शामिल होने की योजना बनाई। लिकटेंस्टीन ने विदेशी निवासियों को निःशुल्क वीजा देने की भी व्यवस्था की। इसके विपरीत शानवाल्ड–टिसिस पर ऑस्ट्रिया के साथ सीमा पार करने में लिकटेंस्टीन प्रभावी रूप से बाह्य स्विस जांच चौकी के रूप में कार्य करता है। हालांकि लिकटेंस्टीन में कोई हवाई अड्डा नहीं है वहाँ बेल्जर्स में एक छोटा हेलीपोर्ट है। 15 फरवरी, 2011 को यूरोपीय संसद ने लिकटेंस्टीन प्रोटोकोल के निष्कर्ष के लिए सहमति दे दी और शेन्जेन क्षेत्र में लिकटेंस्टीन के एकीकरण के लिए अपना आशीर्वाद प्रदान किया। इसकी आवश्यकता लिस्बन संधि के अन्तर्गत एक प्रक्रियात्मक बदलाव के कारण हुई जो यूरोपीय संसद जैसे प्रोटोकोल को अपनाने की बात करता है।

3. मोनाको :– मोनाको की फ्रांस के साथ एक मुक्त सीमा है शेन्जेन कानून इस रूप में लागू होते हैं जैसे कि वे फ्रांस का एक हिस्सा है और फ्रांस के अधिकारी मोनाको बंदरगाह पर जांच करते हैं।

4. सैन मैरिनों :– सैन मैरिनों की इटली के साथ एक मुक्त सीमा है हालांकि कुछ यादृच्छिक जांच काराबिजियरी, गुआर्डिया डी फिनान्जा और सैन मैटिनों के गुआर्डिया डी रोक्का के यहां आयोजित होती है।

5. वैटिकन सिटी :– वैटिकन सिटी की इटली के साथ एक मुक्त सीमा है इस माइक्रो स्टेट ने सूचना साझा करने और शेन्जेन सूचना प्रणाली में शामिल अन्य ऐसी ही गतिविधियों के नजदीकी सहयोग के लिए शेन्जेन समझौते में शामिल होने के प्रति रुचि दिखाई है।[23]

आन्तरिक सीमाओं का विनियमन

शेंजेन समझौते के कार्यान्वयन से पहले, पश्चिमी यूरोप की अधिकांश सीमाओं पर गश्त होती थी। जिसका नेटवर्क विशाल महाद्वीप तक फैला हुआ था ताकि देश की यात्रा करने के लिए इच्छुक लोगों की पहचान और जांच की जा सके। वीजा आवश्यकता भी विविध थी और वीजा के धारणकर्ता के लिए यह आवश्यक नहीं था कि वह एक यूरोपीय देश से दूसरे की यात्रा करने के लिए दूसरा वीजा बनवाये। शेंजेन नियमों के कार्यान्वयन के बाद से सदस्य देशों के बीच सीमा चौकियों को हटा दिया गया है। शेन्जेन सीमा संहिता के तहत यह आवश्यक है कि सीमाओं पर स्वतन्त्र आवागमन और आन्तरिक प्रवाह के लिए बाधाओं को दूर किया जाए। इस प्रकार सड़क, रेल और हवाई यात्रियों को अब शेन्जेन क्षेत्र में स्वतंत्रता प्राप्त है। शेन्जेन देश एक ऐसी सूची भी रखते हैं जिसके तहत वीजा से मुक्त नागरिकों का ब्यौरा होता है और एक शेन्जेन राज्य द्वारा जारी वीजा पूरे शेन्जेन क्षेत्र भर में मान्य है। इस प्रकार आन्तरिक सीमाओं का विनियमन निम्न क्षेत्र में क्रियान्वित किया जाता है।[24]

1. आंतरिक सीमा नियन्त्रण की अस्थाई रूप से पुनः शुरुआत
2. शेन्जेन राज्यों के बीच या एक ही शेन्जेन देश में हवाई यात्रा करते समय, कुछ एयरलाइन्स पहचान का अनुरोध करती हैं।
3. होटल और अन्य स्थानों पर आई. डी. की जांच
4. सीमा शुल्क नियन्त्रण

ब्राह्य सीमा नियंत्रण का विनियमन

शेन्जेन के तहत आवश्यक है कि सदस्य देश इस क्षेत्र में आने और यहां से जाने वाले लोगों पर सख्त जांच लागू करे। ये जांच नियम यूरोपीय संघ की फ्रंटेक्स

एजेन्सी द्वारा सहयोग प्राप्त है और सामान्य नियमों के अधीन है शेन्जेन बॉर्डर कोड में विस्तृत रूप से सीमा नियन्त्रण, निगरानी का वितरण और शर्तों के तहत अनुमति का प्रावधान दिया गया है। शेन्जेन क्षेत्र के अन्तर्गत व्यक्तियों को आंतरिक व बाह्य-क्षेत्र में आने-जाने के लिए बाहरी पहचान के लिए एक न्यूनतम जांच के अधीन रखा गया है। यात्रियों की पात्रता जांच शेन्जेन क्षेत्र में प्रवेश के लिए भी प्रासंगिक है और उनकी जाँच करना भी आवश्यक है। वह बाह्य नियंत्रण, सड़कों, बॉर्डर, जहाज के आवागमन, बाह्य सीमा नियंत्रण बंदरगाहों तथा हवाई अड्डों पर भी जांच की जा सकती है। इसके अन्तर्गत निम्नलिखित क्षेत्रों का नियंत्रण किया जाता है।[25]

1. तीसरे देश के नागरिकों के लिए प्रवेश की शर्तें
2. रहने के अधिकार के क्षेत्र में नियंत्रण का प्रावधान
3. शेन्जेन वीजा प्रणाली
4. आवास शीर्षक के धारकों की आंतरिक गतिविधि के संदर्भ में
5. आंतरिक गतिविधि और निवास कार्ड के क्षेत्र में
6. बाहरी सीमाओं पर स्थानीय सीमा यातायात क्षेत्र
7. क्रोएशिया के लिए प्रवेश पर विशेष व्यवस्था
8. पश्चिमी बाल्कन राज्य

पुलिस सहयोग के विषय में शेन्जेन नियम

1. प्रशासनिक सहायता – अनु. 39
2. पार सीमा अवलोकन – अनु. 40
3. त्वरित पीछा – अनु. 41
4. जिम्मेदारी और अधिकार – अनु. 42-43
5. सम्पर्क अधिकारी – अनु. 47
6. भावी द्विपक्षीय उपाय – अनु. 39 (5)

शेन्जेन क्षेत्र में न्यायिक सहयोग

1. प्रत्यक्ष कानूनी सहायता अनु. 49-69
2. मादक औषधि – अध्याय – 6 अनु. 70-76
3. आग्नेयास्त्र और गोला बारूद – अध्याय–7 अनु. 77-91

शेन्जेन नियमों का कानूनी आधार

इसके निम्न तीन आधार :

1. यूरोपीय संघ की संधियों में प्रावधान :– यूरोपीय संघ की संधियों में शेन्जेन के लिए कानूनी आधार एम्स्टर्डम संधि के अनुच्छेद 2, बिन्दु 15 के माध्यम से यूरोपीय समुदाय को स्थापित करने वाली संधि में डाला गया है। इससे संधि में एक नये नाम का शीर्षक डाला गया है "बीजा, शरण, आप्रवास और लोगों की स्वतंत्र आवाजाही से संबंधित नीतियां"[26] और यह वर्तमान में चतुर्थ शीर्षक है इसमें अनुच्छेद 61-69 शामिल हैं। यह लिस्बन संधि शीर्षक में लेख के प्रावधान को काफी संशोधित करती है। शीर्षक को पुनर्निर्मित किया "स्वतंत्रता, सुरक्षा और न्याय का क्षेत्र" और उसे पांच अध्याय में विभाजित करती है जिसे "सामान्य प्रावधान", "सीमा जांच, शरण और आव्रजन पर नीति" "नागरिक मामलों में न्यायिक सहयोग", "आपराधिक मामलों में न्यायिक सहयोग" और "पुलिस सहयोग" कहा जाता है।[27]

2. दो शेन्जेन समझौते :– दो समझौते जिन्हें आम तौर पर शेन्जेन समझौता कहा जाता है

1. बेनेलेक्स इकोनोमिक यूनियन, जर्मन संघीय गणराज्य और फ्रांस गणराज्य के बीच अपनी साझा सीमाओं पर जांच के क्रमिक उन्मूलन का 1985 का समझौता, जिसे शेन्जेन समझौता भी कहा जाता है, जिसने निजी वाहनों की दृश्य निगरानी जो सीमा पर बिना रुके, सीमा को कम गति से पार करती है। वे व्यक्ति जिन्हें आंतरिक सीमाओं पर विशेष आवश्यकताओं को पूरा नहीं करना पड़ता, उदाहरण के लिए वीजा आवश्यकताएं।
2. 1990 के आम सीमाओं के समझौते को लागू करने के 14 कन्वेन्शन शेन्जेन समझौता किया गया।

   ये दो समझौते शेन्जेन क्षेत्र के सरकारी जर्नल में प्रकाशित किए गए।

3. यूरोपीय संघ विनिमय

सिंगल यूरोपीय एक्ट, 1986 (Single European Act, 1986)

यह अधिनियम रोम की संधि, 1957 का सर्वप्रमुख एवं सर्वप्रथम पुनरावलोकन था। इस अधिनियम ने यूरोपीय समुदाय के समक्ष यह लक्ष्य निर्धारित किया कि 31 दिसम्बर, 1992 तक एक एकल बाजार (single market) की स्थापना करे। इस अधिनियम ने यूरोपीय पॉलिटिकल कॉपरेशन को लेखबद्ध किया। जो कि यूरोपीय

संघ के कॉमन फॉरेन एण्ड सिक्योरिटी पॉलिसी का उत्तरवर्ती था। इस अधिनियम पर हस्ताक्षर 17 फरवरी, 1986 को लक्जेमबर्ग में हुआ था। 1 जुलाई, 1987 को यह डिलार्स कमीशन (Delors Commissions) के अंतर्गत प्रभाव में आया। इस एक्ट के द्वारा यूरोपीय संघ का झंडा भी वजूद में आया। सिंगल यूरोपीय एक्ट (SEA) के प्रमुख तत्वों में सन्निहित था – सांस्थानिक सुधार और शोध, विकास, पर्यावरणीय और सामूहिक विदेश नीति के क्षेत्र में यूरोपीय कम्यूनिटी की शक्तियों का विस्तार करना।[28]

मैस्ट्रिच संधि, 1992 (Treaty of Maastrich - 1992)

मैस्ट्रिच संधि, जिसे औपचारिक रूप से ट्रीटी ऑन यूरोपियन यूनियन (Treaty on European Union) कहते हैं, पर हस्ताक्षर 7 फरवरी, 1992 को यूरो समुदाय के सदस्यों द्वारा यूरोपीय संघ के एक प्रमुख देश नीदरलैण्ड के मैस्ट्रिच नगर में किया गया। 12 यूरोपीय देशों ने इस संधि पर हस्ताक्षर कर यूरोपीय संघ को वास्तविक स्वरूप प्रदान करने में प्रमुख भूमिका निभाई 19-10 दिसम्बर, 1991 को यूरोपीय परिषद् ने इस संधि का प्रारूप निर्मित किया। डिलार्स कमीशन की सिफारिशों के दौरान 1 नवम्बर, 1993 को मैस्ट्रिच संधि के प्रभावी होने पर यूरोपीय यूनियन का गठन हुआ। संधि के अनुसार 1 जनवरी, 1994 को 'स्वतंत्र यूरोपीय मुद्रा संस्थान' की स्थापना की गई। संयुक्त यूरोपीय मुद्रा यूरो (मैस्ट्रिच) संधि के प्रभाव स्वरूप निर्मित के चलन तथा संचालन पर नियन्त्रण रखने के लिए जून, 1998 में फ्रेंकफर्ट (जर्मनी) में 'यूरोपीय सेन्ट्रल बैंक' की स्थापना की गई। बैंक के प्रथम अध्यक्ष के रूप में नीदरलैण्ड के बिन ड्यूसेन बर्ग की नियुक्ति की गई। 1 जनवरी, 2002 से यूरो का चलन प्रारम्भ हुआ तथा यूरो मुद्रा 12 यूरो क्षेत्रों की मुद्रा हो गई। इस संधि द्वारा स्पष्ट किया गया है कि येरोपीय संघ के 3 आधारभूत स्तम्भ हैं। प्रथम यूरोपीय समुदाय, द्वितीय, कॉमन फॉरेन एण्ड सिक्योरिटी पॉलिसी, तीसरा जस्टिस एण्ड होम अफेयर्स।[29]

20वीं शताब्दी के अंतिम दशक ने निश्चय ही एक युगान्तकारी संक्रमण को रेखांकित किया है। इस दौरान यूरोप के इतिहास व भूगोल निर्णायक करवट लेने लगे। सोवियत संघ के अवसान के साथ यूरोपीय संघ उद्भव की प्रक्रिया में परिलक्षित हुआ। 11 दिसम्बर, 1991 को नीदरलैण्ड के मैस्ट्रिच नगर में 12 सदस्यीय यूरोपीय समुदाय ने यूरोपीय मौद्रिक संघ के अनुबन्धन पर सभी सदस्य देशों के हस्ताक्षर प्राप्त कर लिए जिसके तहत इन देशों में समान मुद्रा का चलन हुआ। साथ ही इस संधि में यह प्रावधान भी किया गया कि सदस्य देश एक समान श्रमिक कानून लागू करेंगे और संधि में घनिष्ठ सहयोग के लिए यूरोपीय संघ की स्थापना का

प्रावधान है। 12 यूरोपीय देशों के 32 करोड़ लोगों को एक आर्थिक, राजनीतिक एवं सैन्य ब्लॉक में एकत्रित करने तथा अंतर्राष्ट्रीय साधनों में अधिक दृढ़ एवं संयुक्त आवाज देने में सक्षम एक सम्पूर्ण रूपरेखा थी। मैस्ट्रिच संधि में निम्नलिखित प्रावधान हैं।[30]

1. **मौद्रिक संघ :–** यूरोपीय समुदाय 1 जनवरी, 1994 तक यूरोपीय मुद्रा संस्थान का सृजन करेगा तथा यूरोपीय मुद्रा संस्थान 1999 तक स्थापित कर दिए जाने वाले एक केन्द्रीय बैंक का अग्रगामी होगा जो यूरोपीय समुदाय की एक ही मुद्रा को जारी करेगा।

2. **राजनीतिक संघ –** यूरोपीय समुदाय सामान्य निर्देश तथा सुरक्षा नीतियां बनाएगा एवं उनका पालन करेगा। यदि सभी पक्ष किसी संयुक्त कार्यवाही पर मतदान करने के लिए सहमत हों तो ठीक है अन्यथा सभी निर्णय सर्वसम्मति द्वारा लिए जाएंगे। रक्षा संबंधी मुद्दे विचार हेतु पश्चिमी यूरोपीय संघ (WEO) को सौंप दिए जाएंगे। यूरोपीय समुदाय के सदस्य 1996 में राजनीतिक सहयोग की समीक्षा करेंगे तथा पश्चिमी यूरोपीय संघ (WEO) को यूरोपीय कम्यूनिटी (EC) की रक्षा शाखा में रूपान्तरित करने का निर्णय ले सकते हैं तथा एक सामान्य नीति की रचना कर सकते हैं।

3. **सहयोग एवं नीति–निर्धारण के नए क्षेत्र :–** यूरोपीय कम्यूनिटी की बैठकों में सर्वसम्मत मतदान के प्रावधान का स्थान बहुमत द्वारा ले लिया जाएगा। यूरोपीय समुदाय शिक्षा, जनस्वास्थ्य, संस्कृति उपभोक्ता संरक्षण, उद्योग, अनुसंधान एवं विकास, पर्यावरण, सामाजिक मामलों तथा विकास सहयोग जैसे क्षेत्रों में अपने प्रभाव का विस्तार कर सकता है। यूरोपीय समुदाय केवल उस स्थिति में निर्णय लेगा जब उसके निर्णय यूरोपीय समुदाय के केवल एक सदस्य देश द्वारा लिए गए निर्णयों से अधिक प्रभावशाली होंगे।

4. **यूरोपीय संसद एवं कार्यकारी आयोग :–** यूरोपीय समुदाय की सभा यूरोपीय संसद में 512 सदस्य होंगे जो वर्तमान में 751 हो चुके हैं। यूरोपीय समुदाय कार्यकारी आयोग की नियुक्ति के संबंध में इससे परामर्श लिया जाएगा। अंतर्राष्ट्रीय व्यापार, वातावरण, शिक्षा, स्वास्थ्य तथा उपभोक्ता संरक्षण जैसे विषय में इसका अधिकार क्षेत्र सीमित होगा।[31]

यूरोपीय समुदाय की नागरिकता (Citizenship of European Community)

यूरोपीय समुदाय के नागरिक यदि अपने देश की अपेक्षा किसी यूरोपीय समुदाय के

देश में रहते होंगे तो उन्हें स्थानीय चुनावों में मतदान करने या चुनाव लड़ने का अधिकार होगा। सन् 1993 के बाद यूरोपीय समुदाय के नागरिक यूरोपीय समुदाय से बाहर किसी भी देश में यूरोपीय समुदाय के दूतावास से राजनीतिक सहायता प्राप्त कर सकेंगे।

मैस्ट्रिच संधि यूरोप की एकता को बढ़ाने तथा इसे अपरिहार्य और अटल बनाने के लिए की गयी थी। एक मुद्रा, एक बैंकिंग व्यवस्था, संयुक्त परामर्श व कार्यकारी के लिए तंत्र, मौद्रिक एवं राजनीतिक संघ, यूरोपीय एवं समुदाय की सामान्य नागरिकता, यूरोपीय संसद तथा यूरोपीय समुदाय कार्यकारी आयोग जैसी प्रतिनिधि संस्थाएं यूरोप के संयुक्त राज्य अर्थात् यूरोपीय समुदाय (EC) को एक यूरोपीय महासंघ बनाने के लिए गठित की गई ताकि यह अंतर्राष्ट्रीय संबंधों में एक इकाई के रूप में कार्य करने में समर्थ हो। ब्रिटेन को छोड़कर यूरोपीय समुदाय के अन्य सभी सदस्यों (अर्थात् यूरोप के 11 देशों) ने जनमत संग्रह द्वारा मैस्ट्रिच संधि को स्वीकृति दे दी है। ब्रिटेन ने इस संबंध में छूट प्राप्त कर रखी है और वर्तमान समय में जून, 2016 को हुए जनमत संग्रह के बाद ब्रिटेन यूरोपीय संघ से भी बाहर हो गया है। मैस्ट्रिच संधि के प्रावधानों को लागू करने की प्रक्रिया काफी कुशलता और व्यापक रूप से चल रही है। आने वाले वर्षों में यूरोपीय संघ का अधिक एकीकृत होना निश्चित है यूरोपीय समुदाय को अब यूरोपीय संघ के रूप में जाना जाने लगा है तथा अब यह राजनीतिक एकता की ओर अग्रसर है। इसी कारण इसे अब यूरोपीय संघ (European Union) कहा जाना ज्यादा उचित है। वर्तमान में यूरोपीय संघ के 19 देशों ने यूरो मुद्रा को अपना रखा है।[32]

मैस्ट्रिच संधि को ट्रीटी ऑफ यूरोपियन यूनियन EU के नाम से भी जाना जाता है। मैस्ट्रिच संधि के अनुच्छेद 49 के अनुसार कोई भी यूरोपीय देश जो यूरोपीय संघ के सिद्धांतों का सम्मान करता है, ईयू में शामिल होने के लिए आवेदन कर सकता है। मैस्ट्रिच ने इकोनॉमिक एण्ड मॉनिटरी यूनियन (EMU) की प्राप्ति के लिए एक ब्लू प्रिंट प्रस्तावित किया और नई कॉमन फॉरेन एण्ड सिक्योरिटी पॉलिसी (CFSP) के माध्यम से संघ के अन्तर्निहित राजनीतिक आयाम को विकसित किया और न्यायिक तथा नीतिगत मामलों में सहयोग का विस्तार किया।

एम्सटर्डम संधि, 1997 (Amesterdam Treaty, 1997)

यूरोपीय संघ का एक शिखर सम्मेलन जून, 1997 में एम्सटर्डम में हुआ इसमें नेताओं ने यूरोपीय संघ की संरचनाओं में कुछ संशोधनों की आवश्यकताओं को स्वीकार किया। शिखर सम्मेलन में संवैधानिक सुधारों पर 15 माह तक चले विचार-विमर्शों

का समापन किया गया। इन सुधारों का उद्देश्य पूर्वी यूरोप से एक दर्जन नए सदस्य लेने की तैयारी करना था। एम्सटर्डम संधि ने यूरोपीय यूनियन संधि में संशोधन किया और इस पर 2 अक्तूबर, 1997 को हस्ताक्षर किए गए और यह 1 मई, 1999 को प्रभावी हुई। इस संधि ने मैस्ट्रिच संधि, 1992 में कुछ महत्त्वपूर्ण परिवर्तन किए। इस संधि ने नागरिकता, व्यक्ति के अधिकारों, यूरोपीय संसद की शक्तियों के विस्तार के माध्यम से लोकतंत्र की अधिकाधिक उपलब्धि, रोजगार, व्यवसाय पर एक नया शीर्षक, स्वतंत्रता, सुरक्षा, व न्याय का एक समुदाय क्षेत्र, कॉमन फॉरेन एण्ड सिक्योरिटी पॉलिसी की शुरुआत तथा संस्थागत सुधार आदि पर अत्यधिक बल दिया गया। मेसना (सिसली) में लम्बे समय तक चली वार्ता (2 जून, 1995) के उपरान्त 18 जून, 1997 को एम्सटर्डम संधि सम्पन्न की गई थी।[33]

जनसंख्या को अधिक वास्तविक ढंग से प्रतिबिम्बित करने के संबंध में यूरोपीय संघ की नीति नियामक मंत्रिपरिषद् में मतों के पुनर्मूल्यांकन के मुद्दे पर असहमति थी। यह मुद्दा उस गुट के लिए महत्त्वपूर्ण था जिसकी जनसंख्या 10 से 20 वर्षों में दुगुनी हो जाने की अपेक्षा थी। अधिकतर क्षेत्रों में नीति का निर्धारण सर्वसम्मत मत द्वारा होना था। यह एक ऐसी नीति थी जो एक देश के असहमत होने पर पूरी व्यवस्था को पंगु बना सकती थी। इस मुद्दे से निपटने के काम को तब तक के लिए स्थगित कर दिया गया जब तक यूरोपीय संघ का विस्तार कर इसमें कम से कम दो नए सदस्य शामिल न कर लिए जाएं। यूरोपीय संघ ने आयोग को नया रूप देने का काम भी स्थगित कर दिया। लक्जेमबर्ग (बेल्जियम) तथा आस्ट्रिया जैसे छोटे देशों ने 20 सदस्यीय आयोग में अपने प्रतिनिधि रखे जाने के लिए संघर्ष किया। इसके नेता इस बात पर सहमत होते हुए फिलहाल यथास्थिति रखने के लिए सहमत हो गए। पांच बड़े सदस्य देश इंग्लैण्ड, फ्रांस, जर्मनी, इटली तथा स्पेन अपनी एक अतिरिक्त सीट छोड़ देंगे। इसके पश्चात् ही मतों के पुनर्मूल्यांकन पर निर्णय लिया जाना था। नेताओं के समक्ष मतदान के मुद्दे के अतिरिक्त सबसे बड़ा मुद्दा रक्षा नीति को समन्वित करने का था। विदेश नीति पर चर्चा में जर्मनी ने मजबूत सुरक्षा के तत्त्व की मांग की तो ब्रिटेन ने भय जताया कि समान यूरोपीय सुरक्षा नीति से उत्तरी अटलांटिक संधि संगठन का महत्त्व कम हो जाएगा आयरलैण्ड, ऑस्ट्रिया, स्वीडन तथा फिनलैण्ड जैसे निष्पक्ष देशों ने ईयू में पश्चिमी यूरोपीय संघ के विलय का विरोध किया।[34]

नीस संधि, 2001 (Treaty of Nice, 2001)

यूरोपीय संघ के 15 सदस्य राष्ट्रों के राष्ट्राध्यक्षों और सरकारों के प्रमुखों की यूरोपीय समिति का शिखर सम्मेलन फ्रांस स्थित नीस में 4 दिन के वार्तालाप के बाद 11

दिसम्बर, 2000 को समाप्त हुआ। यूरोपीय संघ के इतिहास में यह अब तक का सबसे विशाल शिखर सम्मेलन था। 2001 में नीस संधि पर हस्ताक्षर किए गए और 1 फरवरी, 2003 को यह संधि प्रभावी हुई। इसने मैस्ट्रिच संधि, 1992 व रोम संधि, 1957 में संशोधन किया। नीस संधि ने यूरोपीय संघ के संस्थागत संरचना में सुधार किया ताकि इसका पूर्वी विस्तार संभव हो सके। 7 जून, 2001 में आयरिश मतदाताओं ने एक जनमत संग्रह के माध्यम से नीस संधि का विरोध किया। नीस शिखर वार्ता का एक लक्ष्य था 'मत शक्ति का युक्तिसंगत पुनर्निर्धारण तथा मतदान प्रक्रिया का सरलीकरण हो। जर्मनी को जनसंख्या आधारित मत शक्ति प्राप्त नहीं हुई। फ्रांस इसमें सबसे बड़ी बाधा बना जिसने इस बात पर जोर दिया कि फ्रांस और जर्मनी के मध्य एक प्रतीकात्मक क्षमता बनाई रखी जानी चाहिए। इस समय यूरोपीय संघ का मुख्यालय ब्रूसेल्स (बेल्जियम) में है।[35]

यूरोपीय संघ के लिए एक संविधान–2005

संयुक्त राष्ट्र (UNO) व विश्व के अन्य लिखित संविधान वाले देशों की तर्ज पर यूरोपीय संघ ने भी अपना एक लिखित संविधान बनाने का विचार किया। यूरोपीय संघ के इस प्रस्तावित संविधान में 460 अनुच्छेद हैं तथा इसको यूरोपीय संसद के दोहरे बहुमत 55 प्रतिशत से अधिक यूरोपीय संघ के राज्यों की स्वीकृति आवश्यक है जो कि यूरोपीय संघ की जनसंख्या के 65 प्रतिशत से अधिक का प्रतिनिधित्व करते हैं जो उनके द्वारा स्वीकार किया गया। इस संविधान के अन्तर्गत यह व्यवस्था की गई कि इसमें शामिल 45 प्रतिशत नीति-निर्माण क्षेत्रों के संबंध में ही प्रत्येक सदस्य राज्य को वीटो शक्ति प्राप्त होगी। ऐसे विषयों में आर्थिक नीति, सुरक्षा तथा विदेशी मामलों को शामिल किया गया, शेष विषयों पर यूरोपीय संघ निर्धारित प्रक्रिया के द्वारा बन्धनकारी नीति-निर्णय कर सकता था जिनको सभी राज्यों द्वारा लागू किया जाना अनिवार्य होना था।[36]

25 सदस्यीय यूरोपीय संघ (EU) के प्रथम संविधान के मसौदे पर यूरोप के राजनेताओं ने 29 अक्तूबर, 2004 को हस्ताक्षर कर दिए। 2003-2004 में 28 माह की लम्बी बार्ता के पश्चात् स्वीकार किया गया इस संविधान पर हस्ताक्षर रोम के कैपिटोलाइन हिल स्थित उसी ऐतिहासिक कैपिटाल हाल में हस्ताक्षर किए जहां यूरोपीय समुदाय की स्थापना सम्बंधी संधि पर 1957 में 6 देशों (जर्मनी फ्रांस, इटली, नीदरलैण्डस, बेल्जियम व लक्जेमबर्ग) ने हस्ताक्षर किए थे। हस्ताक्षर करने वाले यूरोपीय नेताओं में ब्रिटिश प्रधानमंत्री टोनी ब्लेयर, फ्रांसीसी राष्ट्रपति जैक शिराक, जर्मन चांसलर गेरहार्ड श्रोएडर, बेल्जियम प्रधानमंत्री गुई वेट होस्टॉड व पुर्तगाली प्रधानमंत्री पेडों सांताना आदि शामिल थे। यूरोपीय संघ द्वारा स्वीकार किए गए पहले

ही संविधान में 732 सदस्यीय यूरोपीय संसद को अधिक अधिकार प्रदान किए गए हैं। संविधान को सदस्य राष्ट्रों की संसदों के अनुमोदन के पश्चात् 2007 तक लागू करने की योजना थी। संघ के 25 सदस्य देशों में से 9 सदस्य राष्ट्र इसके अनुमोदन के लिए जनमत संग्रह कराने की घोषणा कर चुके हैं। संघ के 25 सदस्य देश हैं– आस्ट्रिया, बेल्जियम, डेनमार्क, फ्रांस, फिनलैण्ड, जर्मनी, ग्रीस, आयरलैण्ड, इटली, लक्जेमबर्ग, नीदरलैण्ड, पुर्तगाल, स्पेन, स्वीडन, यूनाइटेड किंगडम, लाटविया, लिथुआनिया, एस्टोनिया, पोलैण्ड, हंगरी, चैक गणराज्य, स्लोबाकिया, स्लोवेनिया माल्टा व साइप्रस।[37]

संविधान पर हस्ताक्षर के लिए रोम में आयोजित समारोह में तत्कालीन अध्यक्ष जोस मैन्युएल बारोसो के नेतृत्व वाले यूरोपीय आयोग (EC) में इटली के रोम्को बट्टीग्लिओने का न्याय आयुक्त के रूप में मनोनयन विवाद का मुद्दा बना रहा। समलैंगिक सम्बन्धों के विरोध में एक वक्तव्य देकर विवादित हुए इटली के इस परम्परावादी रोमन कैथोलिक नेता के मनोनयन का 732 सदस्यीय यूरोपीय संसद के अनेक सदस्यों ने विरोध किया है। 732 सदस्यीय यूरोपीय संसद ने 12 जनवरी, 2005 के दिन भारी सहमति से यूरोपीय संघ के लिए एक संविधान स्वीकार करने का निर्णय लिया तथा संघ के सदस्यों के पास इस संविधान की पुष्टि के लिए भेजा गया। इस संविधान को स्वीकार करते समय यूरोपीय संसद ने यह इच्छा प्रकट की कि सदस्य देशों की सरकारों को अपने लोगों को इस संविधान के प्रति जागरूक बनाना चाहिए। ताकि इसको यूरोपीय संघ के नागरिकों का समर्थन प्राप्त हो सके। एक साझी विदेश नीति के लिए यूरोपीय संघ का एक विदेश मंत्री होना था तथा एक व्यक्ति को यूरोपीय संघ का राष्ट्रपति निर्वाचित किया जाना था।

ऐसे निर्वाचित राष्ट्रपति का कार्यकाल ढाई वर्ष होना था। इस व्यवस्था ने विद्यमान व्यवस्था, जिसके अधीन प्रत्येक सदस्य देश बारी-बारी 6 मास के लिए यूरोपीय संघ के प्रधान के रूप में कार्य करता है उसका स्थान लेना था। इस संविधान के द्वारा सभी सदस्य राज्यों के लिए एक साझी नियम पुस्तक निर्मित की गई तथा इसने विद्यमान अलग-अलग सन्धियों का स्थान लेना था। यूरोपीय संघ के इस प्रस्तावित संविधान ने यह स्पष्ट दिखलाया कि सामाजिक-आर्थिक-एकीकरण के पश्चात् यह संगठन राजनीतिक एकीकरण के पक्ष में अग्रसर हो रहा था। यूरोपीय संघ के कुछ देशों ने इस संविधान को स्वीकार भी किया था। फ्रांस में इस संविधान पर जनमत संग्रह 29 मई, 2005 को करवाया गया परन्तु फ्रांस के लोगों ने काफी बहुमत से इस संविधान की पुष्टि करने से इन्कार कर दिया। इससे यूरोपीय संघ के राजनीतिक एकीकरण की प्रक्रिया को काफी धक्का लगा। कुछ विद्वानों ने तो

इसे यूरोपीय एकीकरण की प्रक्रिया पर आघात बतलाया, परन्तु ऐसे दबावों तथा नकारात्मक तत्वों से निपटने की योग्यता यूरोपीय संघ के पास है और यह प्रगति करता रहेगा। राष्ट्र-राज्य के परे नये यूरोप का उदय अभी बाकी है। यूरोपीय संविधान को यूरोप की बड़ी ताकतें खारिज कर चुकी हैं। यूरोपीय समुदाय का इस्तेमाल यही बड़ी ताकतें और अमेरिका अपने राष्ट्रहित साधन के लिए बखूबी धूर्तता के साथ कर रहे है।[38]

यूरोपीय संघ का संविधान तथा लिस्बन सन्धि–2009

यूरोपीय संघ के 27 राष्ट्रों में अन्तिम राष्ट्र चैक गणराज्य द्वारा अनुमोदन के पश्चात् लिस्बन सन्धि (Treaty of Lisbon) नाम से चर्चित यूरोपीय संघ सम्बंधी सन्धि दिसम्बर 2009 से लागू हो गई। 27 सदस्यीय यूरोपीय संघ (EU) की निर्णय लेने की प्रक्रिया में सुधार के लिए 13 दिसम्बर 2007 को पुर्तगाल के लिस्बन में स्वीकार की गई। यूरोपीय संघ सुधार सन्धि (European Union Reform Treaty) नाम से चर्चित यह सन्धि यूरोपीय संघ के उस नए प्रस्तावित संविधान के स्थान पर लाई गई थी जिसे 2005 में फ्रांस व नीदरलैण्ड में जनमत संग्रह में खारिज कर दिया गया। इस सन्धि को जनवरी 2009 से ही लागू किया जाना था किन्तु संघ के सभी 27 राष्ट्रों में अनुमोदन न हो पाने के कारण इसका कार्यान्वयन विलम्बित हुआ 1 सितम्बर, 2009 में पोलैण्ड के अनुमोदन के पश्चात् चैक गणराज्य ही एकमात्र ऐसा देश रह गया था जिसका अनुमोदन अभी शेष था। चैक गणराज्य में इस सन्धि के विरुद्ध एक याचिका संवैधानिक अदालत में लम्बित होने के कारण वहां इसका अनुमोदन भी लम्बित था। अदालत द्वारा यह याचिका 3 नवम्बर, 2009 को खारिज कर दिये जाने के कुछ घण्टों के भीतर ही चैक गणराज्य के राष्ट्रपति वाक्लाव क्लॉस ने इस सन्धि पर हस्ताक्षर कर दिये थे।

लिस्बन सन्धि में यूरोपीय संघ की 6-6 माह की चक्रीय अध्यक्षता के स्थान पर ढाई-ढाई वर्ष के लिए अध्यक्ष के चुनाव का प्रावधान किया गया है। साथ ही विदेश नीति के मामले में भी अपेक्षाकृत अधिक शक्तियाँ प्राप्त विदेश मंत्री का प्रावधान इसमें किया गया है। इसी प्रावधान के तहत बेल्जियम के प्रधानमंत्री हरमन रोम्पुइ को यूरोपीय संघ का अध्यक्ष व ब्रिटेन की कैथरीन एशटन को विदेशी मामलों की प्रमुख तथा बाद में नवम्बर माह में ही सर्वसम्मति से चुना गया है। यूरोपीय संघ के अध्यक्ष पद हेतु ब्रिटेन के पूर्व प्रधानमंत्री टोनी ब्लेयर भी प्रबल उम्मीदवार थे किन्तु सर्वसम्मति रोम्पुइ के पक्ष में बनी इस सन्धि के कुछ प्रावधान बाद में लागू किये गये।[39]

यूरोपीय संघ का संविधान एवं फ्रांस में जनमत संग्रह

फ्रांस में यूरोपीय संघ के संविधान को अपनाए जाने के लिए वहाँ 29 मई, 2005 में जनमत संग्रह कराया गया यूरोप की सम्पूर्ण राजनीतिक एकता के मार्ग में एक बड़ा अवरोध 29 मई, 2005 में उस समय उत्पन्न हुआ जब यूरोपीय संघ के संविधान को फ्रांस की जनता ने ठुकरा दिया, यूरोपीय संघ पहले ही संविधान के अनुमोदन के लिए जनमत संग्रह वहाँ 29 मई, 2005 को कराया गया जिसमें 70 प्रतिशत मतदाताओं ने अपने मत की अभिव्यक्ति द्वारा संविधान का अनुमोदन कराने के लिए तत्कालीन राष्ट्रपति जैक शिराक के तमाम प्रयासों को नकारते हुए 55 प्रतिशत मतदाताओं ने संविधान को ठुकराने के लिए मत दिया जबकि 45 प्रतिशत मत ही इसके पक्ष में पड़े। जनमत संग्रह के इस परिणाम के पश्चात् राष्ट्रपति जैक शिराक ने जीन पियरे रेफरिन को प्रधानमंत्री पद से हटा दिया तथा उनके मंत्रिमंडल में गृहमंत्री रहे डॉमनिक डी विलेपिन को नया प्रधानमंत्री 31 मई, 2005 को नियुक्त किया। फ्रांस की यूरोपीय संघ में प्रमुख भूमिका है वहाँ की जनता द्वारा संघ के संविधान को अस्वीकार किए जाने पर यूरोपीय संघ के इतिहास की सबसे कठिन घड़ी यूरोपीय राजनीतिज्ञों ने माना है तथापि संविधान के पुष्टिकरण की प्रक्रिया जारी रखने की बात यूरोपीय संघ के मौजूदा अध्यक्ष लक्जेमबर्ग के प्रधानमंत्री जीन क्लाउड जंकर ने कही। यूरोपीय संघ के 25 राष्ट्रों में से 9 राष्ट्र मई, 2005 तक इस संविधान का अनुमोदन कर चुके थे। यूरोपीय संघ के संविधान को लागू करने के लिए संघ के सभी सदस्य राष्ट्रों द्वारा इसका अनुमोदन आवश्यक है।[40]

'यूरोपीय संविधान–2005' पर फ्रांस में जनमत संग्रह

तालिका संख्या : 2.3

यूरोपीय संघ के संविधान के लिए फ्रांस में हुए जनमत संग्रह की सूची

Choice	*Votes*	%
No	15449,508	54.67
Yes	12,808,270	45.33
Valid votes	28,257778	97.48
Invalid votes	730522	2.52
Total voters	28.988,300	100
Registered voters and turnout	41,789202	67.37

Source : French Minister of the interior.

यूरोपीय संघ का संविधान एवं नीदरलैण्ड में जनमत संग्रह

फ्रांसीसी जनता द्वारा यूरोपीय संघ के प्रथम संविधान को ठुकराए जाने के पश्चात् ही नीदरलैण्ड की जनता ने भी इस संविधान को अस्वीकार किया। संविधान के अनुमोदन के लिए नीदरलैण्ड में जनमत संग्रह 1 जून, 2005 को कराया गया। 62.8 प्रतिशत मतदाताओं ने नीदरलैण्ड में इस जनमत संग्रह में अपने मताधिकार का प्रयोग किया। इसमें 38.2 प्रतिशत मतदाताओं ने ही यूरोपीय संघ के संविधान के अनुमोदन के पक्ष में मत दिया तथा 61.8 प्रतिशत मतदाताओं ने इस संविधान को अस्वीकार किया। फ्रांस के पश्चात् नीदरलैण्ड में भी नकारे जाने से यूरोपीय संघ के इस संविधान के भविष्य पर प्रश्नचिन्ह लग गया। फ्रांस व नीदरलैण्ड में यूरोपीय संघ के संविधान को अस्वीकार किए जाने के बाद ब्रिटेन में इस संबंध में होने वाले प्रस्तावित जनमत संग्रह को उस समय स्थगित कर दिया गया। यूरोपीय संघ के सभी 25 सदस्य देशों में संघ के संविधान के अनुमोदन के लिए प्रक्रिया एक समान नहीं है कुछ देशों में जनमत संग्रह के जरिए इसका अनुमोदन होना है तो कुछ में संसद ही इसके लिए अधिकृत है। जून, 2005 के अंत तक यूरोपीय संघ के 10 सदस्य देश इसके संविधान का अनुमोदन कर चुके थे।[41]

तालिका संख्या : 2.4

यूरोपीय संघ के संविधान के लिए नीदरलैण्ड में हुए जनमत संग्रह की सूची

Results	*votes*	*%*
For	2940730	38.46%
Against	4705685	61.54%
Valid votes	7646415	99.24%
Invalid votes	58781	0.76%
Total voters	7705,196	100%
Eligible to votes	12,172,740	63.3%

(A) यूरोपीय संविधान का अनुमोदन करने वाले देश[42]

1. लिथुआनिया की संसद द्वारा – 11 नवम्बर, 2004
2. हंगरी की संसद द्वारा – 20 दिसम्बर, 2004
3. स्लोवेनिया की संसद द्वारा – 1 फरवरी, 2005
4. स्पेन में जनमत संग्रह द्वारा – 20 फरवरी, 2005

5. इटली की संसद द्वारा – 6 अप्रैल, 2005
6. ग्रीस की संसद द्वारा – 19 अप्रैल, 2005
7. स्लोवाकिया की संसद द्वारा – 11 मई, 2005
8. ऑस्ट्रिया की संसद द्वारा – 25 मई, 2005
9. जर्मनी की संसद द्वारा– 12 मई, व 27 मई, 2005
10. लाटविया की संसद द्वारा – 1 जून, 2005

(B) यूरोपीय संघ के वे देश जिन्होंने यूरोपीय संघ के संविधान को अपनाने पर कोई निर्णय नहीं लिया है :

1. लक्जेमबर्ग में जनमत संग्रह 10 जुलाई, 2005 को किया जाना था।
2. डेनमार्क में जनमत संग्रह 27 सितम्बर, 2005
3. पुर्तगाल में जनमत संग्रह दिसम्बर, 2005
4. बेल्जियम की संसद द्वारा अनुमोदन जून, 2005
5. एस्टोनिया की ससंद द्वारा जून, 2005
6. साइप्रस की संसद द्वारा जून, 2005
7. माल्टा की संसद द्वारा जुलाई, 2005
8. फिनलैण्ड की संसद द्वारा पतझड़, 2005
9. स्वीडन की संसद द्वारा दिसम्बर, 2005
10. चेक गणराज्य में जनमत संग्रह 2006 के मध्य तक
11. ब्रिटेन में जनमत संग्रह की तिथि ही निर्धारित नहीं की गई
12. आयरलैण्ड में जनमत संग्रह की तिथि निर्धारित नहीं की गई
13. पोलैण्ड ने कोई निर्णय ही नहीं लिया।

(C) यूरोपीय संघ के वे देश जिन्होंने संविधान को अस्वीकार कर दिया :

1. फ्रांस ने जनमत संग्रह द्वारा अस्वीकार किया – 29 मई, 2005
2. नीदरलैण्ड में जनमत संग्रह द्वारा अस्वीकार किया – 1 जून, 2005

लिस्बन संधि (Treaty of Lisbon, 2007)

यूरोपीय संघ का अभ्युदय 1957 में रोम की संधि द्वारा यूरोपीय आर्थिक परिषद के माध्यम से 6 यूरोपीय देशों की आर्थिक भागीदारी से हुआ था। 1993 में मैस्ट्रिच संधि द्वारा इसके आधुनिक वैधानिक स्वरूप की नींव रखी गई। 13 दिसम्बर, 2007 में पुर्तगाल की राजधानी लिस्बन में इस संधि पर हस्ताक्षर हुए जिसके द्वारा इसमें और व्यापक सुधारों की प्रक्रिया 1 जनवरी, 2008 से शुरू की गई। यह संधि मौलिक व वैधानिक रूप से 1 दिसम्बर, 2009 से प्रभाव में आई। लिस्बन संधि द्वारा मैस्ट्रिच संधि (1993) तथा रोम संधि (1958) में काफी सुधार किया गया। मैस्ट्रिच संधि को यूरोपीय संघ की संधि के रूप में जाना गया व रोम संधि को यूरोपीय समुदाय की स्थापना संधि के रूप में जाना गया (लिस्बन में रोम संधि को यूरोपीय संघ की कार्यात्मक संधि (TTEU) के रूप में दूसरा नाम दिया गया। लिस्बन संधि, 2007 एक ऐसा अंतर्राष्ट्रीय समझौता था जो यूरोपीय संघ के राजनीतिक एकीकरण संघ के निर्णय निर्माण प्रक्रिया को अधिक सहभागिता मूलक, प्रतिनिधित्वमूलक, लोकतांत्रिक बनाने के लक्ष्य से प्रेरित था। यह संधि 1 दिसम्बर, 2009 को प्रभाव में आई। यूरोपीय यूनियन की अध्यक्षता को चक्रीय आधार प्रदान करना और 6 माह तक अध्यक्षता का प्रावधान करना लिस्बन संधि की प्रमुख प्राथमिकता थी। लिस्बन संधि का मुख्य उद्देश्य यूरोपीय संघ की चालू वर्तमान कार्यप्रणाली में सुधार करना मुख्य उद्देश्य था। इसमें किसी पूर्व संधि को समाप्त करने का लक्ष्य न होकर सुधार करना था।[43]

लिस्बन के ऐतिहासिक जेरोनिमस मोनास्ट्री में इस सुधार संधि पर हस्ताक्षर किए गए। इस संधि द्वारा वर्तमान यूरोपीय संघ और यूरोपीय कौंसिल संधियों में संशोधन लाए गए। इस संधि ने उन संधियों का स्थान नहीं लिया है। योजनानुसार इस संधि के प्रावधान 2009 में नए सुधार के रूप में लागू हुए। उल्लेखनीय है कि वर्ष 2005 में फ्रांस और नीदरलैण्ड में जनमत संग्रह के दौरान संविधान अस्वीकृत कर दिया गया था चूंकि इस संविधान के लिए सभी सदस्यों का समर्थन जरूरी था इसलिए इसे छोड़ दिया गया और जुलाई, 2007 में यूरोपीय कौंसिल एक नए फ्रेमवर्क पर सहमत हुई जिसे बाद में प्रारूपित किया गया और इंटर गवर्नमेंटल कांफ्रेंस (आई.जी.सी.) में इस पर सहमति कायम हुई।

1997 में आस्ट्रिय संधि का स्थान एम्सटर्डम संधि ने ले लिया जिसके बाद विदेश नीति एवं लोकतंत्र संबंधी नीतियों में व्यापक परिवर्तन हुए। एम्सटर्डम के पश्चात् 2001 में नीस की संधि आई जिससे रोम व मैस्ट्रिच में हुई संधियों में सुधार किया गया जिससे पूर्व में संघ के विस्तार का मार्ग प्रशस्त हुआ। 2002 में यूरों को 12 सदस्य राष्ट्रों का ओर जुड़ाव हुआ जो ज्यादातर पूर्वी यूरोप के देश थे। 2007

के प्रारम्भ में रोमानिया एवं बुल्गारिया ने यूरोपीय संघ की सदस्यता ग्रहण की और स्लोवानिया ने यूरो को अपनाया। 1 जनवरी, 2008 को माल्टा एवं साइप्रस ने भी यूरोपीय संघ में प्रवेश लिया। यूरोपीय संघ के गठन के लिए 2004 में रोम में एक संधि पर हस्ताक्षर किए गए जिसका उद्देश्य पिछली सभी संधियों को नकारकर एकीकृत कर एकल दस्तावेज तैयार करना था लेकिन ऐसा कभी संभव नहीं हो सका क्योंकि इस उद्देश्य के लिए कराए गए जनमत सर्वेक्षण में फ्रांसीसी एवं डच मतदाताओं ने इसे नकार दिया। 2007 में एक बार फिर लिस्बन समझौता हुआ जिसमें पिछली संधियों को बगैर नकारे हुए उनमें सुधार किए गए जनवरी, 2009 में इस संधि के प्रावधानों को पूरी तरह लागू कर दिया गया। लिस्बन संधि के प्रावधानों को लागू करने में कड़ी बाधाओं का सामना करना पड़ा लेकिन अन्ततः इसे लागू किया गया। इसके तीन प्रमुख प्रावधान निम्न हैं[44] –

1. यूरोपीय संघ का एक नया अध्यक्ष होगा
2. विदेशी मामलों का एक नया उच्च प्रतिनिधि होगा
3. यूरोपीय संघ के अधिकांश फैसले सर्वसम्मति के बजाय बहुमत से होंगे।

यूरोपीय संघ में लिस्बन संधि का विरोध करने वाले लोगों का कहना था कि संधि यूरोप को एक संघीय व्यवस्था में बांध देती। विश्लेषकों का मानना है कि आयरलैण्ड में दूसरी बार जनमत संग्रह में लिस्बन संधि को हरी झंडी दिए जाने के पीछे एक कारण वैश्विक मंदी रहा है। साथ ही पहले जनमत संग्रह के बाद यूरोपीय संघ ने यह गारंटी दी थी कि इस संधि से आयरलैण्ड की स्वायत्तता को आंच नहीं आएगी जिसमें आयरलैण्ड की कर प्रणाली, सैन्य निष्पक्षता और गर्भपात जैसे सामाजिक मुद्दे शामिल हैं। इस संधि का विरोध आयरलैण्ड, पोलैण्ड, चेक गणराज्य आदि देशों ने किया। लेकिन आयरलैण्ड में ही जनमत संग्रह द्वारा निर्णय हुआ।

लिस्बन संधि ने एम्सटर्डम संधि, 1997 द्वारा जारी प्रक्रिया को सम्पन्न करने और नीस संधि, 2001 द्वारा संघ की क्षमता और लोकतांत्रिक सत्ता की अभिवृद्धि करने के कार्य को जारी रखने का उद्देश्य लिया। जैसा कि लिस्बन संधि, 2007 द्वारा संशोधित संधि ने मूलभूत अधिकारों के ईयू चार्टर का संदर्भ प्रदान किया और इस दस्तावेज को कानूनी रूप से बाध्यकारी बनाया। इस प्रकार यूरोपीय संघ की संधि, यूरोपीय संघ के कामकाज की संधि और मूल अधिकारों के चार्टर को एक समान कानूनी वैधता दी गई और संयुक्त रूप से यूरोपीय संघ के कानूनी आधार का गठन किया गया। हालांकि चार्टर की पाठ्य सामग्री कहीं दिखाई नहीं देती यहां तक कि

परिशिष्ट में भी नहीं। यूनाइटेड किंगडम ने इस बात की लिखित गारण्टी सुनिश्चित की कि यूरोपीय न्यायालय चार्टर का इस्तेमाल ब्रिटेन के श्रम कानूनों या अन्य कानूनों को परिवर्तन करने के लिए नहीं किया जा सकता जो सामाजिक अधिकारों से समव्यवहार करते हैं। हालांकि विशेषज्ञों की इस पर राय में भिन्नता है कि यह किस प्रकार प्रभावी होंगे। पौलेण्ड ने चार्टर से विकल्प छांटने में विजय हासिल की क्योंकि इसने परिवार संबंधी मामलों और नैतिकता जैसे गर्भपात पर नियंत्रण बनाए रखने पर बल दिया। यह सुनिश्चित करने के क्रम में कि यूरोपीय संघ विस्तारित सदस्यता के साथ दक्षतापूर्वक निरन्तर कार्य कर सके। नीस संधि 1 फरवरी, 2003 ने इसके आकार को निर्धारित करने और ईयू संस्थानों की प्रक्रिया संबंधी नियमों को तय किया।[45]

2001 में ईयू को लेकर शिखर बैठक में एक घोषणा जारी की गई जिसे यूरोप के भविष्य के लिए ईयू की संधियों के पुनर्गठन एवं सरलीकरण पर अभिसमय कहा गया और प्रश्न उठाया गया कि क्या इसका अंतिम परिणाम एक संविधान का निर्माण होगा। अभिसमय ने फरवरी, 2002 में कार्य करना प्रारम्भ कर दिया। और इसके गठन के ड्राफ्ट में अक्तूबर, 2004 में हस्ताक्षर किए गए इसने सभी सदस्य देशों को इसके लागू होने की नियत तारीख 1 नवम्बर, 2006 से पूर्व थी को संसदीय मत या राष्ट्रीय जनमत संग्रह द्वारा इसकी पुष्टि हेतु दो वर्ष का समय दिया। फ्रांस व नीदरलैण्ड ने कहा कि 2005 के जनमत संग्रह के अनुरूप बिना किसी महत्वपूर्ण परिवर्तन के वे संवैधानिक संधि को स्वीकार करने में असक्षम होंगे। यूनाइटेड किंगडम ने भी संयत संशोधित संधि पर जोर दिया। जिसकी ईयू की पूर्व की संधियों की तरह संसदीय मत के जरिए पुष्टि की जा सके। यह पुष्टिकरण की प्रक्रिया अत्यन्त कठोर अवनति थी। जून, 2007 में यूरोपीय परिषद एक राजनीतिक समझौता करने और इसे एक वैधानिक रूप देने के लिए एक अंतर्सरकारी कांफ्रेंस के लिए संक्षिप्त एवं स्पष्ट जनादेश पर सहमत हुए। यह समझौता सुधार संधि के तौर पर जाना जाता है। बाद में इस संधि को लिस्बन संधि के नाम से जाना गया। क्योंकि यह पुर्तगाल के लिस्बन नामक स्थान पर हस्ताक्षरित किया गया था। जिसे फिर से पुष्टिकरण के लिए लाया गया। ईयू नियमों के तहत सभी 28 राज्यों को इसके अस्तित्व में आने से पूर्व इसकी पुष्टि करनी होती है।

अक्तूबर, 2009 में आइरिस जनमत संग्रह ने संधि का अनुमोदन किया (पिछले निरस्त को पलटते हुए) और अंतिम अनिच्छुक पृष्टांकन के लिए रास्ता साफ किया। चेक गणराज्य ने जल्दी ही इस पर हस्ताक्षर कर दिए संधि का क्रियान्वयन 1 दिसम्बर, 2009 से प्रारम्भ हुआ जबकि लिस्बन संधि में संविधान द्वारा लागू कई

बदलाव मौजूद थे। मुख्य अंतर यह था कि जहां संविधान ईयू की सभी पूर्व संधियों को प्रतिस्थापित करने का प्रयास कर एकदम नई शुरुआत करने की बात करता है वहीं नई संधि, ईयू संधि (मैस्ट्रिच, 1993) को संशोधित कर यूरोपियन कम्यूनिटी (रोम) को स्थापित करती है। इस प्रक्रिया में टीईसी का नाम परिवर्तित कर 'ट्रीटी ऑन द फक्शनिंग ऑफ द यूरोपियन यूनियन' कर दिया गया। लिस्बन संधि को इस प्रकार से 'यूरोपीय संघ सुधार संधि' नाम से भी जाना गया।[46]

लिस्बन संधि, 2007 (यूरोपीय संघ सुधार संधि)

यूरोपीय संघ की निर्णय प्रक्रिया में सुधार हेतु एक महत्त्वपूर्ण संधि (लिस्बन संधि) पर हस्ताक्षर सदस्य राष्ट्रों ने लिस्बन में किए। लिस्बन संधि चार वर्ष पहले यानि 2005 में यूरोपीय संघ के लिए प्रस्तावित उस संविधान के मसौदे का बदला हुआ रूप है जिसे मंजूरी नहीं मिल सकी थी। लिस्बन संधि के समर्थकों का कहना है कि इस संधि से यूरोपीय संघ और बेहतर तरीके से काम कर सकेगा और अन्तर्राष्ट्रीय मामलों में उसका प्रभाव बढ़ेगा।

इस संधि ने फ्रांस व नीदरलैण्ड के विरोध के बाद रद्द हो गये ईयू के संविधान की जगह ली। नीति निर्माण के 50 से ज्यादा क्षेत्रों में प्रस्तावित संधि सदस्य देशों के वीटो के अधिकार को समाप्त कर देगा। पुलिस और न्यायिक सहयोग का मसला भी इसमें शामिल है। इस संधि का जर्मनी, फ्रांस और पौलेण्ड ने सर्वप्रथम अनुमोदन किया तथा सर्वाधिक विवाद के रूप में ब्रिटेन, नीदरलैण्ड और डेनमार्क की संसद में हुआ तथा एकमत आयरलैण्ड में इस संधि के मुद्दे पर जनमत संग्रह हुआ।

लिस्बन संधि, 2007 द्वारा निम्नलिखित पांच विषय यूरोपीय संघ के एकमात्र क्षेत्राधिकार में रखे गए[47]

1. कस्टम यूनियन का संचालन
2. आंतरिक बाजारों के लिए प्रतियोगिता संबंधी नियमों का निर्धारण
3. सदस्य राष्ट्रों की मौद्रिक नीति
4. सामान्य मत्स्य पालन नीति तथा समुद्री जैविक संसाधनों का संरक्षक
5. सामान्य व्यापारिक नीति

इसके अतिरिक्त कुछ ऐसे विषय हैं जिन पर यूरोपीय संघ का क्षेत्राधिकार सदस्य राष्ट्रों के साथ-साथ संचालित होता है। 1 दिसम्बर, 2009 से लिस्बन संधि के प्रवृत्त होने से ईयू के कई पहलुओं में परिवर्तन हुआ विशेष रूप से इसने यूरोपीय

संघ के वैधानिक ढांचे में परिवर्तन किए। ईयू के तीन स्तम्भों का विलय कर एकमात्र वैधानिक संगठन बनाया। साथ ही यूरोपीय परिषद का एक स्थायी अध्यक्ष बनाया।

एक अधिक स्थायी और सुस्पष्ट फ्रेमवर्क

लिस्बन संधि के प्रावधानों के अनुसार यूरोपीय कौंसिल का अध्यक्ष ढाई वर्षों की अवधि के लिए चुना जाएगा। कमीशन के अध्यक्ष का निर्वाचन और यूरोपीय निर्वाचनों के बीच एक कड़ी होगी। भविष्य में यूरोपीय संसद के संगठन और छोटे आकार के आयोग के लिए नई व्यवस्थाएं हैं साथ ही बढ़ते सहयोग और वित्तीय व्यवस्थाओं के लिए नियम बनाए गए। एक ऐसा यूरोप बनेगा जिसमें अधिकार और मूल्य, स्वतंत्रता, एकता और सुरक्षा, संघ के मूल्यों की बढ़ोतरी, यूरोपीय प्राथमिक कानूनों में मौलिक अधिकारों के चार्टर का प्रवेश, नई एकता।

संधि के प्रमुख प्रावधान[48]

1. यूरोपीय संघ में 6-6 माह की चक्रीय क्रमानुसार अध्यक्षता के स्थान पर ढाई-ढाई वर्ष के कार्यकाल वाले अध्यक्ष का प्रावधान किया गया।

2. यूरोपीय संसद में सर्वसम्मति से पारित होने की आवश्यकता वाले मुद्दों की संख्या घटाई गई। इससे सदस्य राष्ट्रों द्वारा अपेक्षाकृत कम मुद्दों पर वीटो किया जा सकेगा।

3. यूरोपीय संसद के आकार को छोटा करते हुए सदस्य राष्ट्रों के मतों का आवंटन इन राष्ट्रों की जनसंख्या के आधार पर किया जाएगा। जिससे छोटे राष्ट्रों को इससे कोई नुकसान न हो इसके लिए इस प्रावधान को 2014 के बाद ही लागू किया जाएगा। जैसा कि विदित है जून, 2014 में यूरोपीय संघ की संसद के लिए हुए चुनाव में सीटों का आवंटन इस लिस्बन संधि के प्रावधान के तहत ही लागू किया गया। सन् 2014 में यूरोपीय संघ की संसद का 8वां निर्वाचन हुआ। यूरोपीय संघ की संसद का प्रथम चुनाव 1979 में हुआ था।

4. इस संधि द्वारा सदस्य राष्ट्रों की कॉमन विदेश नीति एवं सुरक्षा नीति सुनिश्चित करने के लिए विदेशी मामलों के प्रमुख का पद अधिक मजबूत किया गया। विदेश मामलों का एक नया उच्च प्रतिनिधि बनाने का प्रावधान किया गया।

5. एक विदेश नीति प्रमुख भी होगा जो बड़े बजट को हजारों राजदूतों और

अधिकारियों को नियंत्रित करेगा और एक स्थायी ईयू अध्यक्ष पांच वर्षों के लिए नियुक्त होगा।

6. यूरोपीय संघ की कार्यकारिणी यूरोपीय आयोग के सदस्यों की संख्या 27 से घटाकर 17 करने का प्रस्ताव नई संधि में किया गया। आयोग के सदस्यों का चुनाव 5-5 वर्ष के कार्यकाल हेतु चक्र क्रमानुसार किया जाएगा।

7. संधि में मौलिक अधिकार, मानवाधिकार एवं विधिक अधिकारों के यूरोपीय चार्टर का प्रावधान भी किया गया। ब्रिटेन एवं पोलैण्ड ने इस चार्टर को बाध्यकारी बनाने से इन्कार किया।

8. इसमें एक ईयू झंडे या राष्ट्रगान के प्रसंग को भी समाप्त कर दिया गया जिससे एक संघीय यूरोप की स्थापना की ओर बढ़ते कदम के रूप में एक सूरों सेप्टिक भय उत्पन्न कर रखा था।

लिस्बन संधि 'चार स्वतंत्रताओं' और यूरोपीय नागरिकों की राजनीतिक, आर्थिक तथा सामाजिक स्वतंत्रता को कायम रखती है और उन्हें लागू करती है। लिस्बन स्ट्रैटेजी के तहत वर्ष 2000 में संभावित वृद्धि और नियोजन को बल प्रदान करने के लिए आर्थिक सुधारों के प्रसंग में लिस्बन संधि को अंगीकार किया गया। इस बार पुनर्विचार तथा विवेचन हुआ जिसमें तीन बातों को प्राथमिकता दी गई 1. ज्ञान और शोध, 2. ईयू को निवेश और काम करने के लिए आकर्षक स्थान बनाना तथा 3. अधिक और अच्छी नौकरियों की व्यवस्था करना।[49]

यूरोपीय संघ की संरचना एवं प्रमुख संस्थाएं

ईयू के संगठनात्मक ढांचे में वर्तमान समय में मुख्य रूप से 7 संस्थाएं हैं जो उसके उद्देश्यों व लक्ष्यों को व्यावहारिक रूप देने के लिए कार्यरत हैं। इसके संगठनात्मक ढांचे में यूरोपीय आयोग, यूरोपीय परिषद, यूरोपीय संघ की मंत्रिपरिषद्, यूरोपीय संसद, यूरोपीय संघ का न्यायालय, यूरोपीय केन्द्रीय बैंक, यूरोपीय लेखा परीक्षक न्यायालय तथा अनेक सलाहकारी और परामर्शदाता निकाय तथा एजेन्सियां सम्मिलित हैं।

यूरोपीय आयोग (European Commission)

यूरोपीय संघ का एक प्रमुख अंग यूरोपीय आयोग है। सही अर्थों में यूरोपीय आयोग ही ईयू की कार्यपालिका है। सैद्धांतिक अर्थों में आयोग यूरोपीय संघ का सामूहिक

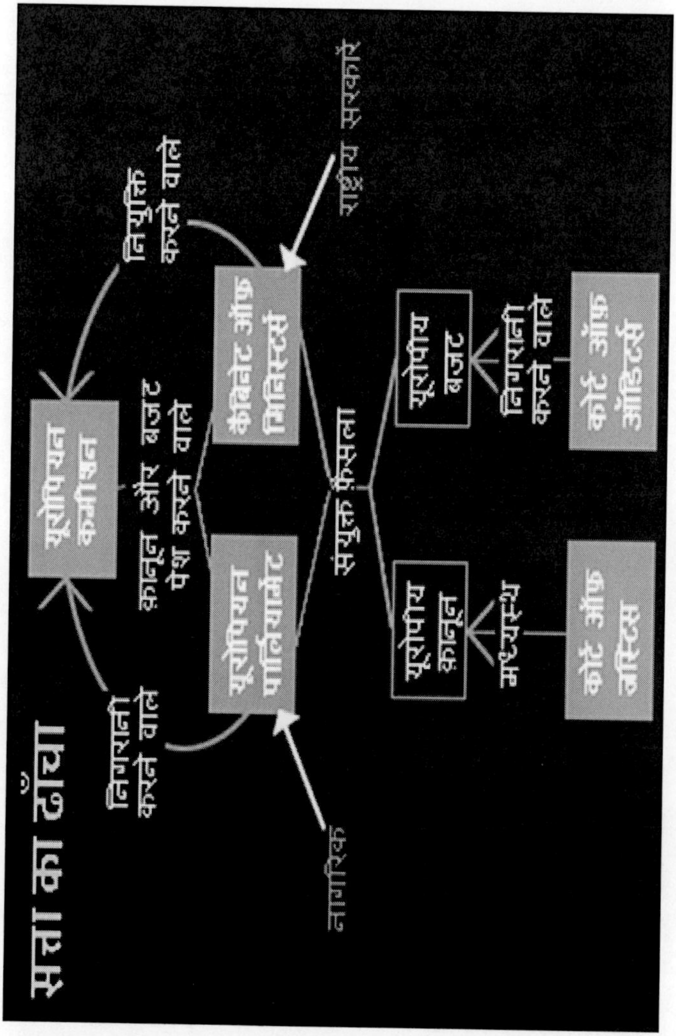

मानचित्र संख्या 2.3
यूरोपीय संघ की सत्ता का ढांचा

प्रतिनिधित्व करता है। इसका मुख्यालय ब्रूसेल्स (बेल्जियम) में है। इसका मुख्य कार्य सहयोग के लिए कानूनी उपायों का मसौदा तैयार करना तथा यूरोपीय संघ की रोजमर्रा की कार्यवाहियों का संचालन करना है। यूरोपीय आयोग में प्रत्येक सदस्य देश से एक प्रतिनिधि होता है जिसे आयुक्त कहा जाता है। आयोग के सदस्य अपने देश के हितों की बजाय एक सामूहिक संस्था के रूप में कार्य करते हैं। आयोग में कुल 28 सदस्य (आयुक्त) होते हैं जिनकी नियुक्ति सदस्य देशों के द्वारा 5 वर्षों के लिए होती है। प्रत्येक कमिश्नर को किसी विशिष्ट क्षेत्र का कार्य सौंप दिया जाता है। मैस्ट्रिच संधि, 1992 के तहत किसी ईयू सदस्य देश के 2 से अधिक कमिश्नर नियुक्त नहीं हो सकते हैं और प्रत्येक सदस्य देश का कम से कम एक कमिश्नर अवश्य होना चाहिए। यूरोपीय संघ का सदस्य देश सबसे पहले आयोग के अध्यक्ष का मनोनयन करते हैं और फिर अध्यक्ष से परामर्श करके अन्य कमिश्नरों का चुनाव करते हैं। अध्यक्ष और कमिश्नरों की नियुक्तियों को यूरोपीय संसद का अनुमोदन प्राप्त होना अनिवार्य है तथा ये नियुक्तियां अंतिम रूप से सदस्य देशों के सामूहिक समझौते (Common Accord) के द्वारा होती हैं। कमिश्नर अपने कार्यों में पूर्णरूप से स्वतंत्र होते हैं तथा उन्हें किसी राष्ट्रीय सरकार के निर्देशन में कार्य करने से स्पष्ट रूप से मना किया जाता है। आयोग में निर्णय बहुमत के आधार पर लिए जाते हैं तथा यह सामूहिक रूप से यूरोपीय संसद के प्रति जवाबदेह होता है। इसकी नियुक्ति 5 वर्ष के लिए की जाती है लेकिन किसी भी समय संसद आयोग को बर्खास्त कर सकती है। आयोग की सहायता के लिए 23 महानिदेशकों और एक बड़े अधिकारी तंत्र का प्रावधान किया गया है। इसकी अधिकारिक भाषाएं डेनिश, डच, इंग्लिस, फिनिशि, फ्रेंच, जर्मन, यूनानी, इटालवी, पुर्तगाली, स्पेनिश और स्वीडिश हैं।[50]

यूरोपीय आयोग में अध्यक्ष जिस भी सदस्य देश से होता है उस देश से अलग से किसी आयुक्त की नियुक्ति नहीं की जाती। यह संस्था सामूहिक आधार पर कार्य करती है। यूरोपीय आयोग का दूसरा महत्त्वपूर्ण पदाधिकारी सुरक्षा तथा विदेशी मामलों के लिए संघ का उच्च प्रतिनिधि होता है तथा यही यूरोपीय आयोग का पदेन उपाध्यक्ष होता है। यूरोपीय आयोग यूरोपीय संघ के अधिशासी अंग के रूप में कार्य करता है तथा संगठन के दैनिक प्रशासन के लिए उत्तरदायी है। इसे मंत्रिपरिषद् के समक्ष किसी कार्यवाही के लिए प्रस्ताव रखने और मंत्रिपरिषद् के निर्णयों को क्रियान्वित करने के अधिकार प्राप्त है। यदि कोई संस्था या देश ईयू के एक अंग के रूप में अपने उत्तरदायित्व को मिलाने में असफल रहता है तो आयोग उसके विरुद्ध यूरोपीय न्यायालय में मामला दर्ज कर सकता है। लिस्बन संधि, 2007 के अनुसार इसके चार मुख्य कार्य हैं।[51]

1. यूरोपीय संघ के कानूनों के प्रस्ताव तैयार कर उन्हें यूरोपीय संसद को प्रेषित करना तथा संसद के कानूनों के प्रस्ताव तैयार कर उन्हें यूरोपीय संसद को प्रेषित करना तथा संसद और काउंसिल के समक्ष विधि निर्माण के लिए प्रस्ताव रखना। प्रस्तावित विधि निर्माण अवश्य ही संघ और नागरिकों के हितों की सुरक्षा से संबंध होना चाहिए न कि किसी विशेष देश या उद्योग से।
2. यूरोपीय संघ की नीतियां तथा बजट को क्रियान्वित करना तथा उनका प्रबन्ध करना। कॉर्ट ऑफ ऑडिटर की देखरेख में व्यय पक्ष का प्रबन्धन और पर्यवेक्षण करने के लिए आयोग उत्तरदायी है।
3. यूरोपीय संघ के न्यायालय के साथ मिलकर यूरोपीय कानूनों को लागू करना यूरोपीय आयोग संधियों के संरक्षक के रूप में कार्य करता है। यह कानूनी कार्यवाही कर सकता है और व्यक्तियों, कम्पनियों या सदस्य देशों के विरुद्ध कार्यवाही कर सकता है और व्यक्तियों, कम्पनियों या सदस्य देशों के विरुद्ध कार्यवाही प्रारम्भ करने के लिए यूरोपीय कोर्ट ऑफ जस्टिस के पास उसे अग्र प्रसारित कर सकता है यदि उनके द्वारा ईयू नियमों का उल्लंघन किया गया है।
4. अंतर्राष्ट्रीय स्तर पर यूरोपीय संघ का दूसरे देशों के साथ प्रतिनिधित्व करना ईयू और अन्य देशों के बीच समझौता वार्ता चलाना और सम्पूर्ण विश्व में आयोग की अधिकारिक उपस्थिति के रूप में शिष्टमण्डल भेजना।

यूरोपीय परिषद (European Council)

यूरोपीय परिषद को यूरोपीय संघ की सर्वोच्च राजनीतिक सत्ता कहा जाता है यूरोपीय परिषद् सदस्य देशों के राष्ट्राध्यक्षों, शासनाध्यक्षों को एक मंच पर लाती है। यूरोपीय परिषद की बैठक को सामान्यतया यूरोपीय शिखर सम्मेलन के नाम से जाना जाता है। परिषद यूरोपीय संघ के लिए प्राथमिकताओं का निर्धारण करती है। इसे राजनीतिक दिशा देती है तथा इसके विकास के लिए प्रेरणा प्रदान करती है। यह वैदेशिक मामले, सुरक्षा, न्याय और आंतरिक विषयों के संबंध में सामूहिक नीतियां तैयार करती है। रोम और पेरिस की संधियों में यूरोपीय परिषद के गठन पर विचार नहीं किया गया। इस परिषद के गठन को SEA में औपचारिक रूप दिया गया। यूरोपीय परिषद और यूरोपीय संघ की मंत्रिपरिषद् संयुक्त रूप से यूरोपीय संघ प्रणाली के अन्तर्गत अन्तर्सरकारवाद का प्रतिनिधित्व करती है। यूरोपीय परिषद की वर्ष में कम से कम 4 बैठकें होती हैं तथा इसकी अध्यक्षता 6 महीनों के लिए निर्धारित

मानचित्र संख्या 2.4
यूरोपीय संघ के वर्तमान अध्यक्ष व सदस्य

रहती है। यह वर्ष में एक बार संघ की प्रगति का ब्यौरा यूरोपीय संसद में प्रस्तुत करती है। यूरोपीय परिषद संघ को निर्देश देती है तथा एक सामूहिक संस्था के रूप में महत्त्वपूर्ण दस्तावेजों जैसे अन्तर्राष्ट्रीय समझौतों व संधियों का अनुमोदन करती है। यूरोपीय परिषद नेतृत्व की भूमिका में संघ के विभिन्न सदस्यों अथवा उसकी संस्थाओं में मध्य विवादों तथा अन्य राजनीतिक संकटों का समाधान करती है। यूरोपीय परिषद् का अध्यक्ष एक महत्वपूर्ण पदाधिकारी होता है तथा परिषद् की बैठकों के अंतराल में भी वह परिषद् की ओर से कार्यों का निष्पादन करता है।

यूरोपीय परिषद् यूरोपीय संघ के सदस्य राज्यों अथवा सरकारों के सर्वप्रमुख नेताओं से बनती है। इसमें यूरोपीय कमीशन के अध्यक्ष तथा यूरोपीय संसद के अध्यक्ष को भी शामिल किया जाता है। यह परिषद प्राथमिकताओं का निर्धारण, राजनीतिक दिशाओं को तय करना, संघ के विकास को प्रेरणा देने जैसे कार्य करती है। वर्तमान में यूरोपीय परिषद का अध्यक्ष डोनाल्ड टस्क है।[52]

यूरोपीय संघ की परिषद (Council of the European Union)

यह सदस्य राज्यों के विदेश मंत्रियों की संस्था है जिसमें परिषद् के सदस्य देश सीधे-सीधे अपने राज्य के राष्ट्रहितों का प्रतिनिधित्व करते हैं इसकी अध्यक्षता हर वर्ष दो बार (6 माह में) बदलती रहती है। इसका मुख्यालय बेल्जियम की राजधानी ब्रूसेल्स में है। इसके सभी निर्णय निर्विरोध या उचित बहुमत के आधार पर लिए जाते हैं। सदस्य देशों के मतों की संख्या का निर्धारण एक निश्चित भारित प्रणाली के आधार पर किया जाता है। अप्रैल, जून और अक्तूबर माह को छोड़कर यूरोपीय संघ की मंत्रिपरिषद् की प्रत्येक मासिक बैठक ब्रूसेल्स में होती है। अप्रैल, जून और अक्तूबर माह में मंत्रिपरिषद् की बैठक लक्जेमबर्ग में होती है।

'यूरोपीय संघ की परिषद्' तथा 'यूरोपीय परिषद्' दोनों ही यूरोपीय संघ (European Union) की अलग-अलग संस्थाएं हैं और इन्हें एक मानने का भ्रम नहीं होना चाहिए। यूरोपीय परिषद् को यूरोपीय संघ की सर्वोच्च राजनीतिक सत्ता कहा जाता है जबकि यूरोपीय संघ की परिषद् संघ का अर्ध विधायी अंग है तथा इसे संघ की परिषद् भी कहा जाता है। यूरोपीय संघ की परिषद् में सदस्य राष्ट्रों के मंत्रिगण इसके सदस्य होते हैं। यह यूरोपीय संसद के साथ मिलकर विधायी कार्यों का निष्पादन करती है। यह यूरोपीय संघ की आधी संसद की तरह सैद्धांतिक आधार पर यूरोपीय संघ के सदस्य देशों का प्रतिनिधित्व करती है। विचारणीय विषयों के अनुसार परिषद् का गठन किया जाता है तथा तदानुसार उसकी बैठकें सम्पन्न होती हैं। अपनी विधायी शक्तियों के अतिरिक्त यह परिषद् सामान्य विदेश एवं सुरक्षा नीति के संबंध में कार्यपालिका के दायित्वों का निर्वाह भी करती है।

यूरोपीय संघ की मंत्रिपरिषद् यूरोपीय संघ का सर्वोच्च निर्णयकारी निकाय है। यह 28 सदस्य देशों के विदेश मंत्रियों से बनी होती तथा ईयू के सामूहिक दृष्टिकोण के विपरीत प्रत्येक सदस्य देश के राष्ट्रीय हितों का प्रतिनिधित्व करती है। मंत्रिपरिषद् के माध्यम से ही सदस्य देश एक दूसरे की राष्ट्रीय नीतियों में समन्वय स्थापित करते हैं तथा आपसी एवं अन्य संस्थाओं के साथ उत्पन्न मतभेदों को दूर करते हैं। यूरोपीय संघ की मंत्रिपरिषद् यूरोपीय संघ के बजट प्रस्तावों तथा विधानों को तैयार करने में संसद के साथ तथा नीतियों के क्रियान्वयन में यूरोपीय आयोग के साथ घनिष्ठ सम्पर्क बनाकर रखती है। कुछ विशेष नीतियों से जुड़े विषयों पर विचार करने के लिए विशिष्ट परिषदों जैसे कृषि परिषद् का गठन किया गया है। यूरोपीय काउंसिल के 6 प्रमुख उत्तरदायित्व हैं।[53]

1. यूरोपीय विधियों को स्वीकृत करना तथा यूरोपीय संसद के साथ संयुक्त रूप से विभिन्न नीति क्षेत्रों में यूरोपीय विधियों को अंगीकृत करना।
2. सदस्य देशों की विस्तृत आर्थिक नीतियों के बीच समन्वय स्थापित करना।
3. अन्य देशों का अंतर्राष्ट्रीय संगठनों और ईयू के बीच अंतर्राष्ट्रीय समझौते का परिचालन करना।
4. यूरोपीय संसद के साथ संयुक्त रूप से ईयू बजट को स्वीकृति प्रदान करना।
5. यूरोपीय काउंसिल द्वारा निर्धारित निर्देशों के अनुरूप ईयू की सामूहिक विदेश तथा रक्षा नीतियों को विकसित करना।
6. आपराधिक मामलों में राष्ट्रीय न्यायालयों और पुलिस बल के बीच सहयोग-पूर्ण सामंजस्य स्थापित करना।

यूरोपीय संसद (European Parliament)

यूरोपीय संसद यूरोपीय संघ की प्रतिनिधि सभा है। वर्तमान में इसके सदस्यों की कुल संख्या 751 है। जिनका चुनाव 5 वर्षों के लिए होता है। सभी ईयू देशों के नागरिक अपने दत्तक निवास देश में मत देने या चुनाव लड़ने के अधिकारी होते हैं। प्रत्येक महीने में स्ट्रासबर्ग में संसद की पूर्ण बैठक होती है तथा संसदीय समितियों की बैठक ब्रूसेल्स में होती है। 1 मई, 1999 को लागू हुई एम्सटर्डम संधि तथा मैस्ट्रिच संधि, 1993 के पश्चात् यूरोपीय संसद के अधिकारों में बढ़ोतरी हुई। आज इसे व्यापक विधायी अधिकार प्राप्त हैं जैसे – ईयू के विशाल बजट का विश्लेषण करने का अधिकार तथा कुछ निश्चित आंतरिक विषयों पर विधान बनाने के संबंध में

मंत्रिपरिषद् के साथ सह निर्णय का अधिकार। यूरोपीय परिषद् से यह आशा भी की जाती है कि वह विदेश व सुरक्षा नीतियों की वर्तमान स्थिति के सम्बन्ध में संसद के समक्ष रिपोर्ट प्रस्तुत करें। यूरोपीय आयोग के गठन में संसद को व्यापक अधिकार प्राप्त हैं। यूरोपीय संसद पूरे यूरोपीय आयोग को बर्खास्त भी कर सकती है। यूरोपीय संसद को ब्रूसेल्स में स्थापित किया गया है जिसके वर्तमान अध्यक्ष मार्टिन शुल्ज हैं। यूरोपीय संसद के अध्यक्ष का कार्यकाल ढाई वर्ष होता है।

यूरोपीय संसद का निर्वाचन प्रति पांच साल बाद राष्ट्रीय स्तर पर सदस्य देशों के नागरिकों द्वारा किया जाता है। यह निर्वाचन समानुपातिक प्रतिनिधित्व की प्रणाली के आधार पर होता है। प्रत्येक सदस्य देश के लिए यूरोपीय संसद में सीटें आवंटित होती हैं यद्यपि यूरोपीय संसद के सदस्यों का निर्वाचन राष्ट्रीय आधार पर होता है तथापि वे राष्ट्रीयता के आधार पर नहीं बल्कि एक राजनीतिक दलों के समूह के आधार पर कार्य करते हैं। यह यूरोपीय संघ का विधायी अंग है। चूंकि यह अपनी विधायी शक्तियों के यूरोपीय संघ की परिषद् के साथ मिलकर प्रयोग करती है। अतः इसे अर्ध विधायी संस्था भी कहा जाता है। संसद का मुख्य कार्य यूरोपीय संघ के अधिकार क्षेत्र में आने वाले विषयों के बारे में कानूनों का निर्माण व समयानुसार उनका संशोधन करना है। लिस्बन संधि के प्रावधानों के अनुसार, यूरोपीय संसद के तीन मुख्य कार्य बताए गए हैं।[54]

1. यूरोपीय संघ की परिषद् के साथ मिलकर यूरोपीय संघ के कानूनों का निर्माण करना।
2. यूरोपीय संघ की सभी संस्थाओं का लोकतांत्रिक पर्यवेक्षण करना तथा
3. यूरोपीय संघ की परिषद् के साथ मिलकर यूरोपीय संघ के वार्षिक बजट को पारित करना। वैचारिक दृष्टि से यूरोपीय संसद यूरोपीय संघ के सदस्य देशों की जनता का प्रतिनिधित्व करती है।

यूरोपीय संघ की प्रथम संसद का निर्वाचन 1979 में हुआ तथा 23 से 25 मई, 2014 को संसद का आठवां निर्वाचन हुआ। वर्तमान में इसके सदस्यों की संख्या 751 है।

यूरोपीय संघ का न्यायालय (European Court of Justice)

यूरोपीय संघ के न्यायालय में 28 न्यायाधीश और 9 महाधिवक्ता होते हैं। इसका मुख्यालय लक्जेमबर्ग में है। यूरोपीय संघ की सात संस्थाओं में यूरोपीय संघ का कोर्ट एक प्रमुख संस्थान है। इस संस्थान के संरचनात्मक दृष्टिकोण से तीन निकाय

होते हैं – 1 हाई स्कूल कोर्ट 2. ट्रिब्यूनल 3. विशेष अधिकरण। इस न्यायालय के प्रमुख कार्य हैं – यूरोपीय संघ संधियों और विवादों की व्याख्या करना तथा सदस्य देशों के घरेलू न्यायालयों द्वारा निर्दिष्ट प्रासंगिक कानूनी पहलुओं तथा संधियों के क्रियान्वयन से उठे विवादों में निर्णय प्रेषित करना। इसके निर्णय सभी देशों पर समान रूप से लागू होते हैं। इस न्यायालय की स्थापना 1989 में की गई। प्रथम दृष्टांत यूरोपीय समुदाय के प्रतियोगिता नियमों के अन्तर्गत दर्ज मामलों तथा समुदाय के अधिकारियों द्वारा उठाए गए मामलों की जांच करना है। इस न्यायालय में प्रत्येक सदस्य देश से एक न्यायाधीश होता है जिसकी नियुक्ति यूरोपीय संघ के सदस्य देशों की सरकार के बीच संयुक्त समझौते के आधार पर होती है। इनका कार्यकाल 6 वर्ष का होता है। कोर्ट ऑफ जस्टिज को उसके भारी-भरकम मालों के बोझ को कम करने के लिए और नागरिकों को बेहतर न्यायिक सुरक्षा प्रदान करने के लिए एक कोर्ट ऑफ फर्स्ट इन्सटैंस का गठन 1989 में किया गया। यह यूरोपीय विधि के शासन को स्थापित रखता है। वर्ष 1952 में यूरोपीय कम्यूनिटीज के यूरोपीय कोर्ट ऑफ जस्टिस (ECJ) की स्थापना ईसीएससी संधि के प्रावधान के अधीन की गई। यह यूरोपीय संघ के उच्चतम न्यायालय की तरह कार्य करता है।[55]

यूरोपीय केन्द्रीय बैंक (European Central Bank)

यूरोपीय संघ का अपना एक केन्द्रीय बैंक है, जो यूरोपीय संघ की मौद्रिक नीति तैयार करता है तथा उसका प्रशासन भी करता है। यूरोपीय केन्द्रीय बैंक प्रणाली में 28 राष्ट्रीय केन्द्रीय बैंक तथा यूरोपीय केन्द्रीय बैंक (ECB) सम्मिलित हैं। इसका प्रमुख कार्य है – सदस्य देशों की मौद्रिक नीति की व्याख्या और क्रियान्वयन, विदेशी मुद्रा विनियम का संचालन, सम्मिलित सदस्य देशों की अधिकारिक विदेशी मुद्रा निधि का धारण और उसका प्रबन्धन, भुगतान प्रणाली के सरल संचालन को प्रोत्साहन, क्रेडिट संस्थाओं के विवेकपूर्ण पर्यवेक्षण से जुड़े योग्य प्राधिकरणों की नीतियों को सहयोग तथा वित्तीय प्रणाली की स्थिरता। यह अपने कार्यों का सम्पादन शासकीय परिषद तथा कार्यकारी बोर्ड के माध्यम से करता है। इसका मुख्यालय फ्रेंकफर्ट (जर्मनी) में है।[56]

यूरोपीय केन्द्रीय बैंक अपने सदस्य देशों की आर्थिक स्थिति सुदृढ़ करने हेतु कमजोर आर्थिक स्थिति वाले तथा जिनकी सकल घरेलू उत्पाद (GDP) दर कम है, उन देशों को यह आर्थिक सहायता (बेलआउट पैकेज) प्रदान करता है। यूरोपीय संघ के द्वारा अब तक आर्थिक रूप से हुए दिवालिया देशों को बेलआउट पैकेज प्रदान किए गए जिनमें प्रमुख देश साइप्रस, हंगरी, ग्रीक, स्पेन आदि देशों को दिया गया है। यूरोपीय संघ अपने सदस्य देशों को यह आर्थिक सहायता देने का मुख्य

उद्‌देश्य यूरोपीय संघ को आर्थिक, राजनीतिक व वैश्विक क्षेत्र में एकीकरण स्थापित कर अमरीकी डॉलर को चुनौती देना है। जो यूरोपीय संघ का सदस्य देश समय पर ऋण चुकता नहीं कर पाता है उसे विशेष बेलआउट पैकेज दिया जाता है।

यूरोपीय लेखा परीक्षकों का कोर्ट (European Court of Auditor)

28 सदस्यों से बना यह न्यायालय ईयू की समस्त आम और व्यय सम्बंधी लेखाओं की जांच करने के लिए उत्तरदायी होता है। इसकी स्थापना 1975 में की गई तथा यह 1977 से प्रभावी हुआ। यूरोपीय लेखा परीक्षक न्यायालय का मुख्यालय लक्जेमबर्ग में है। इसे मैस्ट्रिच संधि द्वारा 1993 में पूर्व यूरोपीय संघ संस्था का दर्जा मिला। यह संघ की वित्तीय गतिविधियों का लेखा परीक्षण करना है और संघ के बजट को प्रमाणित करता है। यह वित्तीय मामलों में यूरोपीय संघ की एक महत्वपूर्ण संस्था है। इसके कई महत्वपूर्ण कार्य हैं[57] –

1. यह सुनिश्चित करता है कि यूरोपीय संघ के बजट का समुचित लेखा तैयार किया जाए।
2. यह यूरोपीय संघ के लेखों की विश्वसनीयता को सुनिश्चित करता है
3. यह यूरोपीय संघ में होने वाले वित्तीय कार्य व्यवहार की वैधता और अनियमितता को सुनिश्चित करता है। लेखा परीक्षक कोर्ट प्रत्येक वित्तीय वर्ष में यूरोपीय परिषद और यूरोपीय संसद को अपनी लेखा परीक्षण रिपोर्ट प्रस्तुत करता है। इस रिपोर्ट के आधार पर यूरोपीय संसद बजट के विभिन्न आवंटनों का अनुमोदन करता है।
4. यह वित्तीय कानूनों से संबंधित प्रस्ताव प्रस्तुत करता है तथा वित्तीय जालसाजी को रोकने का सुझाव भी देता है।

यूरोपीय संघ की अन्य एजेन्सियाँ

1. सलाहकारी और परामर्शी निकाय : इसके अन्तर्गत तीन मुख्य सलाहकार समितियाँ इस प्रकार हैं– आर्थिक और सामाजिक समिति, ईसीएससी परामर्श समिति और क्षेत्रीय समिति। आर्थिक और सामाजिक समिति की स्थापना एक परामर्शकारी निकाय के रूप में 1958 में हुई। इसमें तीन प्रकार के प्रतिनिधि सम्मिलित होते हैं– नियोजन संगठनों के प्रतिनिधि, श्रमिक संघों के प्रतिनिधि और विशेष क्षेत्रों जैसे– कृषक उपभोक्ता आदि के प्रतिनिधि। यह समिति प्रभावों के संबंध में सलाह देती है। ईसीएससी परामर्श समिति में कोयला और इस्पात उद्योग से जुड़े अनेक समूहों के प्रतिनिधि सम्मिलित होते हैं जैसे– उत्पादक, श्रमिक, उपभोक्ता और

व्यापारी। यूरोपीय परिषद् द्वारा नियुक्त यह समिति कोयला एवं इस्पात नीतियों के संबंध में यूरोपीय आयोग को सलाह देती है। क्षेत्रीय समिति में ऐसे सदस्य होते हैं जो क्षेत्रीय और स्थानीय निकायों का प्रतिनिधित्व करते हैं। यह समिति शिक्षा, संस्कृति, लोक स्वास्थ्य पर यूरोपीय नेटवर्कों तथा आर्थिक एवं सामाजिक सामंजस्य जैसे विषयों पर सलाह देती है।[58]

2. **यूरोपीय निवेश बैंक** : इस बैंक की स्थापना रोम संधि के अंतर्गत 1958 में हुई। इसके मुख्य उद्देश्य हैं– पूंजी परियोजना के वित्तीय पोषण के द्वारा क्षेत्रीय विकास में तेजी लाना, उपक्रमों में आधुनिकीकरण और परिवर्तन लाना तथा नई गतिविधियों को विकसित करना।

3. **यूरोपीय समुदाय सांख्यिकी कार्यालय (यूरोस्टेट)** : यह कार्यालय सदस्य देशों के सांख्यिकीय आंकड़े एकत्रित और प्रकाशित करता है।

4. **यूरोपोल** : इसकी स्थापना 1994 में हुई। यह यूरोपीय संघ के देशों के मध्य आपराधिक सूचनाओं के आदान-प्रदान के लिए एक चैनल का कार्य करता है।

5. **यूरोपियन ओम्बुडसमैन** : यूरोपियन ओम्बुडसमैन को 1995 में प्रारम्भ किया गया। इसका उद्देश्य यूरोपीय संघ की समस्त संस्थाओं के कुप्रबन्धन तथा भ्रष्टाचार से संबंधित जन शिकायतों को सुनना तथा उनका निवारण करना इस संस्था के वर्तमान अध्यक्ष निकीफोरस डायकण्डोरस (यूनान) हैं इसका मुख्यालय स्ट्रासबर्ग (फ्रांस) में है।

6. **यूरोपियन इन्वेस्टमेंट बैंक** : इसकी स्थापना रोम की संधि द्वारा 1958 में की गई थी। इसका प्रमुख उद्देश्य यूरोपीय एकीकरण हेतु वित्तीय एवं पूंजीगत विनियोग को मजबूत करना है। यह बैंक विश्व पूंजी बाजार से वित्त की व्यवस्था करता है। इस बैंक में यूरोपीय संघ के सभी देश सदस्य हैं। यह एक स्वायत्त संस्था है जो बोर्ड ऑफ गवर्नर्स के माध्यम से संचालित होता है। इसके वर्तमान अध्यक्ष फिलिप मायस्टेड (बेल्जियम) हैं।

7. **यूरोपीय डाटा प्रोटेक्शन सुपरवाइजर** : यह संस्था यूरोपीय संघ के लोगों के व्यक्तिगत डाटा की गुप्तता को संरक्षण देता है तथा यूरोपीय संघ के सदस्य देशों का डाटा तैयार करता है।

यूरोपीय संसद के चुनाव–2014
(European Parliament Election 2014)

आठवां यूरोपीय संसदीय चुनाव 22–25 मई, 2014 को चार चरणों में सम्पन्न हुआ। यूरोपीय संघ (EU) की संसद में इस बार औसत मतदान 43.1 प्रतिशत रहा जो वर्ष

2009 के यूरोपीय संसद के चुनावों से मात्र 0.1 प्रतिशत अधिक रहा है। लिस्बन सन्धि के प्रावधानों के तहत यूरोपीय संसद प्रथम बार 'यूरोपीय आयोग' के अध्यक्ष का चुनाव यूरोपीय परिषद् द्वारा लाये गए एक प्रस्ताव के आधार पर करती है जो प्रथम बार इस प्रावधान को लिस्बन सन्धि के द्वारा लागू किया गया।

तालिका संख्या : 2.5

8वीं यूरोपीय संसद की निर्वाचन तिथि[59] (Election Day)

22 मई, 2014	*25 मई, 2014*		
1. नीदरलैण्ड	1. आस्ट्रिया	8. फिनलैण्ड	15. लक्जेमबर्ग
2. यू.के.	2. बेल्जियम	9. फ्रांस	16. पोलैण्ड
23 मई, 2014	3. बुल्गारिया	10. जर्मनी	17. पुर्तगाल
1. आयरलैण्ड	4. क्रोशिया	11. ग्रीक	18. रोमानिया
2. चेक गणराज्य	5. साइप्रस	12. हंगरी	19. स्लोवेनिया
24 मई, 2014	6. डेनमार्क	13. इटली	20. स्पेन
1. लाटविया	7. एस्टोनिया	14. लिथुआनिया	21. स्वीडन
2. माल्टा			

यूरोपीय संघ के देशों में मतदान की न्यूनतम उम्र

यूरोपीय संघ के 18 देशों में मतदान की न्यूनतम उम्र 18 वर्ष है। ये प्रमुख देश निम्न हैं–

1. यू.के.
2. डेनमार्क
3. क्रोशिया
4. फ्रांस
5. हंगरी
6. लक्जेमबर्ग
7. माल्टा
8. नीदरलैण्ड
9. ऑस्ट्रिया

10. स्लोवेनिया
11. फिनलैण्ड
12. स्वीडन
13. पुर्तगाल
14. जर्मनी
15. स्पेन

यूरोपीय संघ के 10 देशों में मतदान की आयु 21 वर्ष है ज़ो निम्न देश हैं–

1. बेल्जियम
2. बुल्गारिया
3. चेक गणराज्य
4. आयरलैण्ड
5. साइप्रस
6. लाटविया
7. लिथुआनिया
8. पोलैण्ड
9. स्लोवाकिया
10. एस्टोनिया

यूरोपीय संघ के वे देश जिनमें मतदान की न्यूनतम आयू 23 वर्ष है वे निम्न हैं– रोमानिया। यूरोपीय संघ के वे देश जहां मतदान की न्यूनतम आयू 25 वर्ष है वे निम्न प्रकार हैं– यूनान तथा इटली।

यूरोपीय संसद की निर्वाचन प्रक्रिया व कार्यकाल

यूरोपीय संसद का प्रथम चुनाव 1979 में सीधी निर्वाचन प्रक्रिया द्वारा शुरू हुआ उससे पहले तक अलग-अलग देशों के सांसद ही यूरोपीय संसद का भी हिस्सा बनते थे। यूरोपीय संसद के इतिहास में 22-25 मई, 2014 में यह आठवां चुनाव था। इसका अगला चुनाव 2019 में आयोजित किया जाएगा।

यूरोपीय संसद का कार्यकाल 5 वर्ष का होता है। प्रति 5 वर्ष बाद इसके चुनाव सम्पन्न होते हैं। सदस्य देशों में चुनाव की अपनी-अपनी विधि है। यूरोपीय संघ के चार देशों – बेल्जियम, साइप्रस, ग्रीक और लक्जेमबर्ग में वोट देना अनिवार्य है।

हालांकि कुल मिलाकर अब पहले की तुलना में कम वोट पड़ रहे हैं। यूरोपीय संसद के प्रथम चुनाव 1979 में 63 फीसदी वोट पड़े जबकि 2014 के चुनाव में औसत मतदान 43.1 प्रतिशत रहा। यूरोपीय संसद के सदस्यों का चुनाव राष्ट्रीय निर्वाचन पद्धति के अनुसार होता है। लेकिन ये निर्वाचन प्रक्रिया निश्चित सामान्य प्रावधान के तहत यूरोपीय संघ द्वारा स्थापित नियमों द्वारा आनुपातिक प्रतिनिधित्व के द्वारा होती है। जैसे सामान्य नियम के तहत मतदाता अपना मत राजनीतिक पार्टी, व्यक्तिगत उम्मीदवार या दोनों आधार पर मत देता है। सामान्यतः यूरोपीय यूनियन में मतदान की तीन प्रक्रियाओं को अपनाया जाता है।[60]

1. बंद सूची प्रणाली
2. एकल संक्रमणीय प्रणाली
3. सामान्य बहुमत प्रणाली

यूरोपीय संघ की निर्वाचन प्रक्रिया का संबंध सरकार निर्वाचित सदस्य तथा मतदाताओं से संबंधित होती है। यूरोपीय संसद के सदस्यों (MEPs) के चुनाव के लिए कोई एक समान वोटिंग प्रणाली नहीं है। बल्कि प्रत्येक सदस्य देश किसी भी प्रणाली का चयन करने के लिए स्वतंत्र है। यूरोपीय संघ के चार देशों में अनिवार्य मतदान– 1. बेल्जियम 2. ग्रीक 3. साइप्रस 4. लक्जेमबर्ग

तालिका संख्या : 2.6

यूरोपीय संसद के अब तक के चुनाव[61]

क्र.स.	*वर्ष*	*MEPs सदस्य संख्या*
प्रथम चुनाव	7–10 जून, 1979	410
द्वितीय चुनाव	14–17 जून, 1984	434
तृतीय चुनाव	11–14 जून, 1989	518
चतुर्थ चुनाव	9–12 जून, 1994	567
पंचम चुनाव	10–13 जून, 1999	626
षष्ठम् चुनाव	10–13 जून, 2004	732
सप्तम् चुनाव	4–7 जून, 2009	736
अष्ठम चुनाव	22–25 मई, 2014	751
नवां चुनाव	2019	–

तालिका संख्या : 2.7

यूरोपीय संघ की 8वें संसदीय चुनावों में सदस्य देशों की सीटों का विवरण[62]

क्र.स.	*देश*	*सीट*	*क्र.स.*	*देश*	*सीट*
1.	जर्मनी	96	2.	बुल्गारिया	17
3.	फ्रांस	74	4.	फिनलैण्ड	13
5.	यूके	73	6.	डेनमार्क	13
7.	इटली	73	8.	स्लोवाकिया	13
9.	स्पेन	54	10.	क्रोशिया	11
11.	पोलैण्ड	51	12.	आयरलैण्ड	11
13.	रोमानिया	32	14.	लिथुआनिया	11
15.	नीदरलैण्ड	26	16.	लाटविया	8
17.	बेल्जियम	21	18.	स्लोवेनिया	8
19.	चेक गणराज्य	21	20.	साइप्रस	6
21.	ग्रीक	21	22.	एस्टोनिया	6
23.	हंगरी	21	24.	लक्जेमबर्ग	6
25.	पुर्तगाल	21	26.	माल्टा	6
27.	स्वीडन	20	28.	ऑस्ट्रिया	18
				कुल सीटें	751

यूरोपीय संघ के सांसद

वर्तमान समय में 8वीं यूरोपीय संसद के कुल सदस्यों की संख्या 751 निर्धारित कर रखी है। यूरोपीय संघ की सदस्यों की सीटें कितनी होगी, इसका निर्धारण वहां की आबादी के हिसाब से यूरोपीय संघ निर्धारित करता है। यूरोपीय संघ में सीटों के निर्धारण का आधार लिस्बन संधि (Treaty of Lisbon 2009) के प्रावधान पर किया जाता है। लिस्बन संधि के तहत किसी देश की संसद सदस्यों की न्यूनतम संख्या 6 और अधिकतम संख्या 96 रखने का प्रावधान किया गया। लिस्बन संधि 2009 के कुछ प्रावधान प्रथम बार यूरोपीय संघ में 8वें संसदीय चुनाव 2014 में लागू किए गए हैं। यूरोपीय संसद में सीटों का आवंटन अधोगामी समानता के सिद्धान्त के आधार पर किया जाता है। अधिक जनसंख्या वाले देशों में छोटे देशों की तुलना में अधिक सीटें हैं लिस्बन संधि 2009 के अनुसार वर्ष 2014 के चुनाव के लिए MEPs की संख्या माल्टा, लक्जेमबर्ग, साइप्रस और एस्टोनिया के लिए न्यूनतम 6 सीटें और

जर्मनी के लिए अधिकतम 96 सीटें निर्धारित की गई हैं। 1 दिसम्बर, 2009 के प्रभावी लिस्बन संधि के अनुसार यूरोपीय संसद, यूरोपीय आयोग के अध्यक्ष का चुनाव यूरोपीय परिषद द्वारा लाए गए एक प्रस्ताव के आधार पर करती है। ये प्रावधान 2014 के चुनाव में पहली बार लागू किए गए हैं।[63]

8वीं यूरोपीय संसद की प्रमुख पार्टियाँ

यूरोपीय संघ की 8वीं संसद के 751 सदस्यों का निर्वाचन 8 प्रमुख पार्टियों के बीच 22-25 मई, 2014 को सम्पन्न हुआ। ये प्रमुख पार्टियां निम्नलिखित हैं[64]–

1. EPP (European People's Party) नेता – मेनफ्रेड वेबर
2. S & D (Alliance of Socialists and Democrats) नेता – गैनी पिट्टेला
3. ECR (European Conservative and Reformists) नेता – सैय्यद कमाल
4. ALDE (Alliance of Libard and Democrats for European Party) नेता – गुई वरहोफस्टड
5. EVL-NGL (European United Left-Norolic Greent Left) नेता – गेब्रिल जिम्मर
6. Green – Party (EFA – European Free Alliance) नेता – फिलिप लम्बाई, रेबेका हार्म्स
7. EFDD (Europe of Freedom and Democracy) नेता – निगल फार्गे, डेविड बोरेली

यूरोपीय संसद में पार्टियां देशों के हिसाब से नहीं विचारधाराओं के हिसाब से बंटी हुई हैं। यूरोपीय पीपुल्स पार्टी (EPP) रूढ़िवादी विचारधारा की है इसके बाद है समाजवादी पार्टी सोशलिस्ट एण्ड डेमोक्रेटस (S & D) उदारवादी पार्टी (ALD) ग्रीन पार्टी, वामपंथी पार्टी (GUE/NGL) छोटी पार्टियों में ECR और EFD शामिल हैं। उग्र दक्षिणपंथी भी एक नई पार्टी बनाने पर विचार कर रहे हैं। 22-25 मई, 2014 में यूरोपीय संसद के लिए हुए चुनाव में दक्षिणपंथी पार्टियों और यूरो विरोधी पार्टियों को व्यापक समर्थन मिला है जिसे फ्रांस के तत्कालीन प्रधानमंत्री मानुएल वाल्स ने राजनीतिक भूकम्प की संज्ञा दी थी। फ्रांस में फ्रेंच नेशनल फ्रंट और ब्रिटेन में यूके इंडिपेंडेंस पार्टी ने जीत दर्ज की है ये दोनों पार्टियां यूरोपीय संघ की विरोधी हैं। डेनमार्क में सत्ताधारी दल यूरोपीय संघ विरोधी दल से हार गया। ग्रीस और स्पेन

में सत्ताधारी दलों के मुकाबले वामपंथी दलों का प्रदर्शन बेहतर रहा। चुनाव परिणाम से यह निष्कर्ष निकलता है कि यूरोपीय संघ की ताकत कम करने और इसे खत्म करने की मांग करने वालों की ताकत में वृद्धि हुई है।

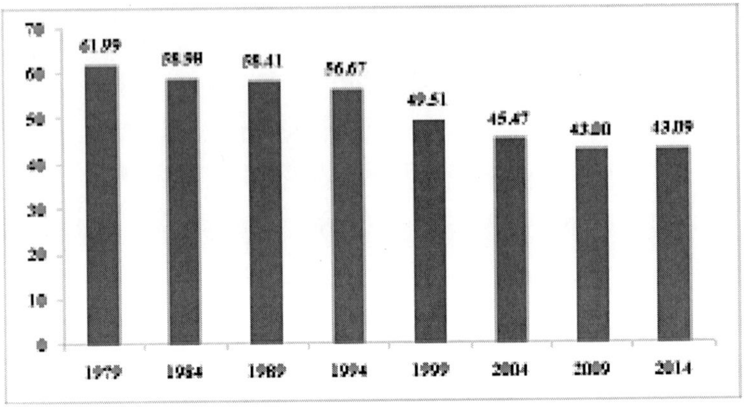

मानचित्र संख्या 2.5

यूरोपीय संसद के चुनावों में मतदान प्रतिशत (प्रथम से आठवीं संसद तक 1979-2014)[65]

यूरोपीय संसदीय चुनाव, 2014

यूरोपीय संसद के चुनाव 2014 में 28 सदस्य देशों ने 751 सीटें के लिए चुनावों में भाग लिया। 751 सीटों में से बहुमत के लिए आवश्यक 376 सीटें प्राप्त करना था। इन चुनावों में बहुमत प्राप्त सत्ता पार्टी की कुल सीटें 472 थी जिनमें सत्तावादी पार्टियां EPP- 216 सीटें, S & D 187 सीटें, ALDE - 69 सीटें थी और विरोधी पार्टियों की सीटें ECR 73 सीटें, GUE – NGL – 52 सीटें, Greens- EFA - 50 सीटें, EFDD - 45 सीटें, ENF – 39 सीटें, Non Inscrits 17 सीटें तथा तीन सीटें खाली रही।[66]

यूरोपीय संसद के चुनावों के लिए यूरोपीय संघ के 28 सदस्य देशों में मत डाले गये। यह चुनाव ग्रेट ब्रिटेन और जिब्राल्टर सहित 11 क्षेत्रीय निर्वाचन क्षेत्रों हेतु यूरोपीय संसद (MEPs) के 751 सदस्यों के चुनाव के लिए आयोजत किया गया। 25 मई, 2014 को यूरोपीय संघ के 8वें चुनाव सम्पन्न हुए जिसका औसत मतदान 43.09 प्रतिशत रहा जो गत 2009 के चुनाव से मात्र 0.9 प्रतिशत अधिक रहा। यूरोपीय चुनाव में यूरोपीय संघ (EU) के 28 सदस्य देशों में मत डाले गए। यूनाइटेड किंगडम में निगेल फारगे के नेतृत्व में एंटी ईयू एवं एंटी इमीग्रेशन यूनाइटेड

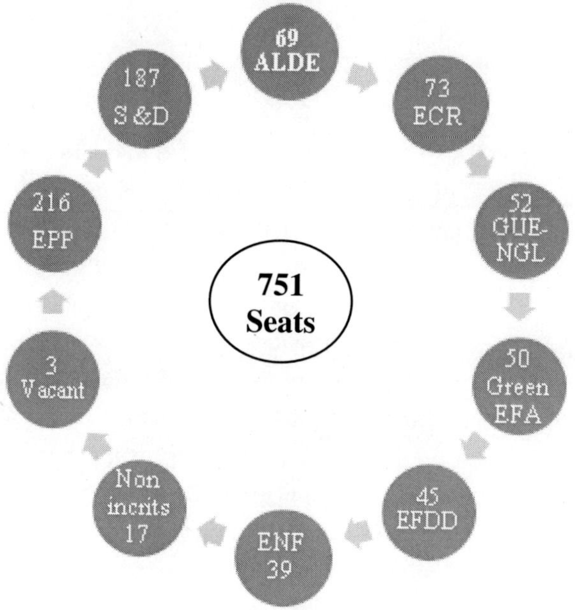

मानचित्र संख्या 2.6

यूरोपीय संघ की संसद के चुनाव 2014 में विभिन्न पार्टियों को मिली सीटों का विवरण

किंगडम इंडिपेडेंस पार्टी (यूकेआईपी) ने मतदान के 27.5 मतों के साथ भारी जीत दर्ज की। इस पार्टी ने ब्रिटेन के यूरोपीय संसद में 73 में से 24 सीटें प्राप्त की। लेबर पार्टी 25.4 प्रतिशत मतों एवं 20 यूरोपीय संसद सदस्यों के साथ दूसरे स्थान पर रही। कंजरवेटिव पार्टी को केवल 24 प्रतिशत मत एवं सिर्फ 19 संसद सदस्यों से संतोष करना पड़ा। ग्रीन पार्टी को 7.87 प्रतिशत मत एवं 3 सीटें प्राप्त हुई। स्कॉटिश नेशनल पार्टी को 2.46 प्रतिशत मत और 2 सीटें मिली तो लिबरल डेमाक्रेट का प्रदर्शन सबसे खराब रहा और उनको केवल 6.87 प्रतिशत मत और सिर्फ एक सीट प्राप्त हुई।

फ्रांस और जर्मनी दोनों के यूरोसेप्टिक मतों में वृद्धि देखी गई। फ्रांस में मरीन ली पेन की दक्षिणपंथी फ्रंट नेशनल पार्टी ने विजय प्राप्त की वहीं जर्मनी में क्रिश्चियन डेमोक्रेट्स हालांकि प्रमुख पार्टी रही लेकिन उसे पिछली बार से कम सीटें प्राप्त हुई वहीं यूरोपीय संघ विरोधियों को सफलता मिली फ्रांस से यूरोपीय संघ की

संसद से 74 सीटों पर निर्वाचन किया गया तथा जर्मनी से सर्वाधिक 76 सीटों पर निर्वाचन किया गया। डेनमार्क में डेनिस पीपुल पार्टी ने सर्वाधिक 4 सीटें प्राप्त की तथा उसने 27 प्रतिशत मत प्राप्त करके अपने संसद सदस्यों की संख्या 2 से बढ़ाकर 4 पहुंचा दी।

स्पेन में सतारूढ़ पार्टी ने विपक्षी सोशलिस्ट पार्टी से बहुत थोड़े अन्तर से जीत हासिल की उसने जहां 54 में से 16 सीटों पर विजय प्राप्त की वहीं सोशलिस्ट पार्टी ने 14 सीटों पर विजय प्राप्त की। ग्रीस में एलेक्सिस सिप्रास के नेतृत्व वाली सिरिजा पार्टी विजयी दल के रूप में उभरी। उसने 27.2 प्रतिशत मत प्राप्त किए और कुल 21 सीटों में से 6 सीटें प्राप्त की, वही न्यू डेमोक्रेसी पार्टी को 26.5 प्रतिशत मत प्राप्त हुए तथा 5 सीटें प्राप्त की। केन्द्रीय दक्षिणपंथी यूरोपीय पीपुल्स पार्टी ने अधिकतर सीटों पर विजय प्राप्त की लेकिन वह बहुमत से काफी पीछे है। डेनमार्क, फ्रांस और ग्रेट ब्रिटेन में दक्षिणपंथी समूहों जो यूरोपीय संघ का विरोध कर रहे थे, ने लगभग 1/4 सीटें प्राप्त की। यूरोपीय संसद के लिए चुनाव प्रत्येक 5 वर्ष में वयस्क मताधिकार से होते हैं। 1979 से यूरोपीय संसद के लिए 751 यूरोपीय संसद सदस्य (MEPs) सीधे चुने जाते हैं। प्रत्येक सदस्य देश को यूरोपीय संसद के सदस्यों की एक निश्चित संख्या को चुनने का अधिकार है।[67]

संदर्भ सूची

1. कौशल, बीबासिंह, 'राष्ट्रीय स्कूल एटलस', इण्डियन बुक डिपो (मैप हाउस), दिल्ली, 2010, पृ. 138
2. फड़िया, बी. एल., 'अंतर्राष्ट्रीय संबंध', साहित्य भवन पब्लिकेशन, आगरा, 2009, पृ. 176
3. सूद, चन्द्रशेखर व एन. बहुगुणा, 'अंतर्राष्ट्रीय राजनीति', अर्जुन पब्लिकेशन हाउस, नई दिल्ली, 1997, पृ. 401
4. 'यूरोपियन यूनियनः लिस्बन संधि', सिविल सर्विसेज टाइम्स, फरवरी 2008, पृ. 61
5. यूरोपीय संघ https://m. facebook. com? permalink
6. वाजपेयी, अरूणोदय, 'समकालीन विश्व एवं भारत : प्रमुख मुद्दे एवं चुनौतियां', पियर्सन पब्लिकेशन, दिल्ली, 2012, पृ. 155-156
7. सूद, चन्द्रशेखर व एन. बहुगुणा, 'अंतर्राष्ट्रीय राजनीति', अर्जुन पब्लिकेशन हाउस, नई दिल्ली, 1997, पृ. 360
8. यूरोपीय संघ विकिपीडिया https:// hi wikipedia org/s/2mu
9. पूर्वोक्त
10. फड़िया, बी. एल., 'अंतर्राष्ट्रीय संबंध', साहित्य भवन पब्लिकेशन, आगरा, 2009, पृ. 181

11. घई, यू. आर. एण्ड के.के, अंतर्राष्ट्रीय राजनीतिः सिद्धांत और व्यवहार, न्यू एकेडेमिक पब्लिशिंग कम्पनी, जलन्धर, 2013
12. 'इण्डिया एण्ड यूरोपियन यूनियन' वर्ल्ड फॉकस, नई दिल्ली, फरवरी, 2013, पृ. 34
13. 'यूरोपियन यूनियनः लिस्बन संधि', सिविल सर्विसेज टाइम्स, फरवरी, 2008, पृ. 61
14. पूर्वोक्त
15. पत्रिका न्यूज नेटवर्क, अंकारा, 'यूरोपियन संघ में शामिल करो वरना शरणार्थी घुसा दूंगा', राजस्थान पत्रिका, 28 नवंबर, 2016, पृ. 6
16. घई, यू. आर. एण्ड के. के. 'अंतर्राष्ट्रीय राजनीतिः सिद्धांत एवं व्यवहार', न्यू एकेडेमिक पब्लिशिंग कम्पनी, जलन्धर, 2013, पृ. 184
17. फड़िया, बी. एल. एण्ड कुलदीप, 'अंतर्राष्ट्रीय संबंध', साहित्य भवन पब्लिकेशन, आगरा, 2015, पृ. 126
18. यूरोपीय संघ विकिपीडिया https:// hi. m-. wikipedia org> wiki< ;wjks
19. भाटी, महेन्द्रसिंह, 'यूरोपीय संघ' प्रतियोगिता दर्पण, नवम्बर, 2014, पृ. 280–290
20. शेन्जेन क्षेत्र– विकिपीडिया https:// hi. m. wikipedia. org< wiki 'ksUtsu
21. "Eurostat population estimati" यूरोस्टेट, 2010–01–01 अभिगमन तिथि 2010–01–08
22. "Grosser schritt in Richtung schengen" Volksblati, 2011-02-15
23. शेन्जेन प्रोटोकॉल के अनुच्छेद 4 (प्रोटोकॉल न.19) और न्याय यूरोपीय न्यायालय के मामले में निर्णय C-77/05 और C-137/05 यूनाइटेड किंगडम ट काउंसिल
24. "Border checks are back" timesofmelta.com. अभिगमन तिथि : 2010.5.09
25. Consolidated. verison of the Common Consular Instructions on Visas for the Diplomatic Missions and consular Posts (English esa) (PDF) 1 मई, 2003 अभिगमन तिथिः 25 नवम्बर, 2007
26. SLC शीर्षक III पुलिस और सुरक्षा (arts 39-91) अध्याय 6, (70-76 arts) पर 'नारकोटिक ड्रग्स'
27. "Press release: New Tools for an Integrated European Border Management Strategy" (English में) 13 फरवरी, 2008 अभिगमन तिथिः 3 मार्च, 2008
28. 'यूरोपियन यूनियनः लिस्बन संधि' सिविल सर्विसेज टाइम्स, फरवरी, 2008, पृ. 62
29. यूरोपीय संघ (European Union Facebook) https://m. facebook.com> permalink
30. घई, यू. आर एण्ड के. के., 'अन्तर्राष्ट्रीय राजनीतिः सिद्धांत एवं व्यवहार', न्यू एकेडेमिक पब्लिशिंग कम्पनी, जलन्धर, 2013, पृ. 191
31. पूर्वोक्त, पृ. 192

32. यूरोपीय संघ https:// m.facebook,.com<permalink)
33. घई, यू. आर. एण्ड के. के. 'अंतर्राष्ट्रीय राजनीतिः सिद्धांत एवं व्यवहार', न्यू एकेडेमिक पब्लिशिंग कम्पनी, जलन्धर, 2013, पृ. 192
34. यूरोपीय संघ https:// m.facebook,.com<permalink)
35. घई, यू. आर. 'अन्तर्राष्ट्रीय राजनीति' : सिद्धान्त और व्यवहार' न्यू एकेडेमिक पब्लिशिंग कम्पनी, माई हीरा गेट, जलन्घर, 2013, पृ. B 194
36. सिंह, डॉ. साधना, 'यूरोपीय संघ के ऐतिहासिक संविधान पर हस्ताक्षर प्रतियोगिता दर्पण',, दिसम्बर, 2004, पृ. B 831
37. पंत, पुष्पेश '21वीं शताब्दी में अंतर्राष्ट्रीय संबंध' मेग्रो हिल एज्युकेशन (इण्डिया) प्राइवेट लिमिटेड, नई दिल्ली, 2014 पृ. VII 103
38. अन्तर्राष्ट्रीय घटनाक्रम 'यूरोपीय संघ संबंध व लिस्बन संधि' प्रतियोगिता दर्पण, जनवरी, 2010, पृ. B 1014
39. http:// en.m.wikipedia.org.>french 2005
40. www. cfr.org>france>european union
41. http:// search japantimes co-jp/cgibin/eo 20041004 af. htm/
42. Treaty of Lisbon-wikipedia, the free encyclopedia http://en. wikipedia-org/wiki/Treaty- of Lisbon
43. 'यूरोपियन यूनियन : लिस्बन संधि', सिविल सर्विसेज टाइम्स, फरवरी, 2008, पृ. 60–61
44. यूरोपीय संघ–विकिपीडिया https://hi m.wikipedia.org>wiki ;wjks
45. लिस्बन संधि फिर मुश्किल में / दुनिया / Dw.com m.dw.com लिस्बन–संधि–फिर म.
46. यूरोपीय संघ European union-EU-Vivace panorama www. vivacpanorama. com<european u.
47. पूर्वोक्त
48. 'यूरोपियन यूनियन : लिस्बन संधि', सिविल सर्विसेज टाइम्स, फरवरी, 2008, पृ. 62–63
49. वाजपेयी, अरूणोदय, 'समकालीन विश्व एवं भारत' प्रमुख मुद्दे और चुनौतियाँ, पियर्सन पब्लिकेशन, दिल्ली, 2012, पृ 159
50. पूर्वोक्त पृ. 159
51. European Commission. www.google.poster_junckerte_rizontalhd.pdf.
52. यूरोपीय संघ europeanunion-ev-vivace panorama. www.vivacepanorama. com>european-4.........

53. यूरोपियन यूनियन : लिस्बन संधि : सिविल सर्विसेज टाइम्स, फरवरी, 2008, पृ. 63
54. यूरोपीय संघ – विकिपीडिया https://hi.m.wikipedia.orgM<wiki यूरो
55. वाजपेयी, अरूणोदय, समकालीन विश्व एवं भारत : प्रमुख मुद्‌दे एवं चुनौतियां, पियर्सन पब्लिकेशन, दिल्ली, 2012, पृ. 160
56. European Union–Wikipedia, the free encyclopedia http://en.wikipedia.org/wiki/european_union
57. घई, यू.आर. एण्ड के.के, 'अंतर्राष्ट्रीय राजनीति : सिद्धान्त तथा व्यवहार, न्यू एकेडेमिक पब्लिशिंग कम्पनी, माई हीरा गेट, जलन्धर 2013, पृ. 189
58. यूरोपियन यूनियन : लिस्बन संधि, सिविल सर्विसेज टाइम्स, फरवरी, 2008, पृ. 64
59. 2014 European elections : National rules, 2014 (www.europerl, europa.eu>eplibrary)
60. 2014 European elections : National rules, 2014 (www.europerl, europa.eu>eplibrary)
61. Jump up http://www.euractiv.com/section/eu-dlections-2014/its.official-last-eu-election-had-lowest-ever-tumount 307773
62. Composition of the European parliament with a view to the 2014 elections europa.eu. 13 march 2013.
63. Jump up stearms. Jonatham (15 January, 2014) "EU Election may be tense as extremision groups, Barroso warns" Bloombers news, retrieved 20 Jan. 2014
64. European Parliamant (www.europarl. europa.cu)
65. Turnout Parliament (www.europarl. europa.eu)
66. European Parliament : welcome europarl.europa.eu
67. Jumb up "2014 Eurupean Parliament election turnout was lowest ever revised data shows" retrieved 2014-08-05

3 भारत-यूरोपीय संघ के मध्य राजनीतिक व आर्थिक सम्बन्ध

यूरोपीय देशों के साथ भारत के संबंध प्राचीनकाल से ही रहे हैं। आधुनिक काल में भारत और यूरोपीय देशों के संबंध उपनिवेशवाद और साम्राज्यवाद की परिधि में स्थापित हुए हैं। प्रमुख यूरोपीय देशों जैसे– पुर्तगाल, हॉलैण्ड, फ्रांस तथा इंग्लैण्ड ने भारत में अपने उपनिवेश स्थापित करने का प्रयास किया लेकिन पुर्तगाल तथा फ्रांस को आंशिक रूप में तथा ब्रिटेन को पूर्ण रूप से उपनिवेश स्थापित करने में सफलता प्राप्त हुई। भारत में सबसे पहले पुर्तगालियों ने 1510 में गोवा में अपना उपनिवेश स्थापित किया। इसी प्रकार फ्रांस ने पांडिचेरी में उपनिवेशवाद की स्थापना की। भारत का शेष हिस्सा ब्रिटेन के उपनिवेशवादी शासन के अधीन था उपनिवेशवादी युग में भारत व यूरोपीय देशों के साथ जो राजनीतिक, आर्थिक संबंध स्थापित हुए, वे पराधीनता व शोषण के संबंध थे लेकिन इसका एक सकारात्मक पहलू यह है कि भारत को इस काल में विश्व की अर्थव्यवस्था से घनिष्ठ रूप से जुड़ने का अवसर मिला। भारत की आजादी के बाद इन नकारात्मक संबंधों ने भारत के साथ यूरोपीय देशों के संबंधों को व्यावहारिक स्तर पर अधिक प्रभावित नहीं किया। इस कारण आजादी के बाद भी भारत ब्रिटेन द्वारा उपनिवेशवादी काल में गठित कॉमनवेल्थ संगठन का सदस्य बना रहा आजादी के बाद भारत ने यूरोप के अन्य देशों फ्रांस, जर्मनी, इटली, बेल्जियम, यूके, नीदरलैण्ड, आदि के साथ घनिष्ठ संबंधों को महत्त्व दिया दूसरी तरफ चूंकि भारत एक विकासशील देश था अतः इसके विकास में यूरोपीय देशों की विकास सहायता का महत्वपूर्ण योगदान रहा है। इसमें स्कैण्डेनेवियन देशों जैसे– डेनमार्क, स्वीडन तथा नॉर्वे का योगदान उल्लेखनीय है इसके बावजूद शीतयुद्ध काल में भारत और यूरोपीय देशों के बीच राजनीतिक मुद्दों को लेकर कई मतभेद रहे हैं इसका प्रमुख कारण यह था कि आजादी के बाद भारत ने गुटनिरपेक्षता की नीति का अनुसरण किया जो उपनिवेशवाद, साम्राज्यवाद, नव उपनिवेशवाद, रंगभेद नीति की विरोधी थी तथा पूंजीवादी वैश्विक अर्थव्यवस्था के स्थान पर समानता पर आधारित नई अर्थव्यवस्था की स्थापना की पक्षधर थी। अतः स्वभाविक तौर पर यूरोपीय देशों ने गुटनिरपेक्षता के सिद्धांत को अपने राजनीतिक और आर्थिक

हितों के विरुद्ध पाया। 1970 के दशक से भारत की गुटनिरपेक्ष नीति का झुकाव सोवियत संघ की तरफ हुआ, जिसे यूरोपीय देशों ने पसन्द नहीं किया। यही स्थिति शीतयुद्ध की समाप्ति तक चलती रही।

एक संगठन के रूप में यूरोपीय समुदाय के साथ भारत के संबंधों की शुरुआत 1960 के दशक में शुरू हुई। जब भारत ने 1963 में यूरोपीय समुदाय के साथ कूटनीतिक संबंध स्थापित किए जो सीमित व्यापार तथा यूरोपीय समुदाय से विकास सहायता प्राप्त करने तक सीमित थे। इन दोनों के बीच रिश्तों को मजबूत करने का मौका शीतयुद्ध की समाप्ति के बाद आया। 1990 के दशक में सोवियत संघ के विघटन, नव उदारवादी सिद्धांतों से प्रेरित वैश्वीकरण तथा निजीकरण की प्रवृत्तियां, भारत द्वारा आर्थिक उदारीकरण की नीति को अपनाया जाना आदि तत्वों का समेकित प्रभाव यह हुआ कि दोनों के मध्य संबंधों को नए सिरे से निर्धारित करने की आवश्यकता हुई। 1994 से भारत और यूरोपीय संघ ने एक सहयोग समझौते पर हस्ताक्षर किए जिसके अन्तर्गत द्विपक्षीय संबंधों का विस्तार, आर्थिक व व्यापार संबंधों के बाहर किया जाना था। लेकिन 1998 में भारत ने जब दूसरा परमाणु परीक्षण किया तो अमरीका सहित अन्य यूरोपीय देशों ने भारत पर आर्थिक व राजनीतिक प्रतिबन्ध लगा दिए। इसके कारण 1990 के दशक में प्रारम्भ हुए सहयोग की प्रक्रिया धीमी पड़ गई लेकिन इसके तीन वर्ष बाद ही अमेरिका ने भारत के विरुद्ध लगाए आर्थिक व राजनीतिक प्रतिबन्धों को समाप्त कर दिया तथा दोनों ने एक कदम आगे बढ़कर आणविक ऊर्जा के क्षेत्र में शांतिपूर्ण ऊर्जा सहयोग की प्रक्रिया प्रारम्भ की। इस बदलाव के प्रभाव वैश्विक परिप्रेक्ष्य में भारत तथा यूरोपीय संघ के रिश्तों पर सकारात्मक रूप से परिलक्षित हुए। वर्ष 2003 में यूरोपीय संघ ने पहली बार 'यूरोपीय सुरक्षा रणनीति का एक दस्तावेज तैयार किया जिसमें भारत के बढ़ते हुए रणनीतिक महत्व को पहली बार स्वीकार किया गया तथा भारत के साथ रणनीतिक संबंधों के विकास की वकालत की गई। आज भारत दक्षिण एशिया में एक उभरती हुई वैश्विक शक्ति है जिसकी वैश्विक मंचों पर भी भागीदारी को यूरोपीय संघ के देशों तथा अमेरिका आदि देशों ने भी स्वीकार कर लिया है।[1]

भारत में यूरोपियों का आगमन तथा उनसे संबंध

अत्यन्त प्राचीनकाल से ही पश्चिमी देशों के साथ भारत के व्यापारिक संबंध रहे हैं। मध्ययुग की यूरोपीय मंडियों में भारतीय माल की भारी मांग थी। 15वीं शताब्दी के पूर्व यह व्यापार तीन मार्गों द्वारा सम्पन्न होता था—

1. प्रथम मार्ग मध्य एशिया की आक्सस नदी के किनारे होता हुआ कैस्पियन सागर और काला सागर तक जाता था।

2. दूसरा मार्ग सीरिया होता हुआ भूमध्य सागर तक तथा
3. तीसरा मार्ग हिन्द महासागर और लाल सागर होता हुआ मिस्र तक और वहां से भूमध्य सागर पार यूरोपीय देशों तक जाता था।

लेकिन 15वीं शताब्दी में भारत और यूरोप के इन प्रत्यक्ष व्यापारिक संबंधों पर आघात पहुंचा। पश्चिमी एशिया, पूर्वी यूरोप तथा मिस्र पर तुर्कों ने अधिकार जमा लिया। तुर्क साम्राज्य के प्रबल होने पर प्राचीन व्यापारिक मार्गों द्वारा यूरोपीय देशों का भारत से व्यापार प्रायः बंद हो गया। अब भारत से यूरोप के समाज व्यापार अरब व्यापारियों के जरिए होने लगे। इससे यूरोप को भारत का व्यापारिक माल मिलना दुर्लभ हो गया। अतः यूरोप के निवासियों में भारत के साथ व्यापार करने के लिए नवीन मार्गों का पता लगाने की प्रबल उत्कंठा उत्पन्न हुई।

इस कार्य में पुर्तगाली लोगों ने मार्गदर्शन का काम किया। समुद्री मार्गों की नवीन खोजों का श्रेय उन्हें ही प्राप्त है। पुर्तगाली राजकुमार हेनरी (1393-1460) जो साहसी होने के कारण सर्वसाधारण में 'नौवाहक हेनरी' के नाम से प्रसिद्ध है, ने इस संबंध में बहुत कुछ कार्य किया। उसने नाविकों को वैज्ञानिक रीति से प्रशिक्षित करने तथा उन्हें जल-भ्रमणकला में सिद्धहस्त बनाने के लिए एक स्कूल की स्थापना की। जो भी लोग नौचालन के कार्य में लगे उन सबको उसने प्रोत्साहन दिया। उसके निरन्तर प्रयत्नों के परिणामस्वरूप पुर्तगाली लगभग सम्पूर्ण अफ्रीका के समुद्र तट का ज्ञान प्राप्त करने में सफल हुए। हेनरी का विश्वास था कि अफ्रीका महाद्वीप की परिक्रमा करके भारत पहुंचा जा सकता है। उसके प्रोत्साहन के फलस्वरूप पुर्तगाली नाविक 1434-1435 में बोजाडोर अन्तरीप की परिक्रमा कर आए और 1460 के पूर्व ही बड़े अंतरीप के द्वीपों तक पहुंच गए। 1471 में पुर्तगाली नाविकों ने विषुवत रेखा को पार किया और 1484 में वे कांगो नदी तक पहुंच गए इससे उत्साहित होकर पुर्तगाली नाविक बार्थोलोम्यू डियाज ने 1486 में अफ्रीका महाद्वीप के दक्षिणी छोर तक एक यात्रा की और उत्तमाशा अंतरीप का पता लगा लिया। इसके पश्चात् पुर्तगाल के राजा जॉन द्वितीय ने कोविल्हम और पेवियन को मिस्र के मार्ग से हिन्द महासागर का ज्ञान प्राप्त करने के लिए भेजा, कोविल्हम यात्रा करता हुआ भारत के मालाबार तट तक पहुंच गया और वहां से अरब पार करके दक्षिणी अफ्रीका के पूर्वी तट पर जा पहुंचा। कोविल्हम की सामुद्रिक यात्रा की इस सफलता ने वास्कोडिगामा के मार्ग को प्रशस्त कर दिया। उसकी इस खोज से प्रोत्साहित होकर 8 जुलाई, 1497 को वास्कोडिगामा ने पुर्तगाल से भारत की यात्रा की डियाज वाले मार्ग का अनुसरण करते हुए 'कैप ऑफ गुड होप' को पार किया तथा मोजाम्बिक पहुंचा। एक भारतीय नाविक ने उसका पथ-प्रदर्शन किया जिसके परिणामस्वरूप 17 मई, 1498 को वह

भारत के पश्चिमी तट पर स्थित कालीकट की बंदरगाह पर जा पहुंचा। वहां पर कालीकट के राजा जमोरी ने वास्कोडिगामा का हार्दिक स्वागत किया।

भारत के लिए यूरोप में यूरोपीय संघ से एक सामुद्रिक मार्ग खोज निकालना एक युगान्तकारी घटना थी। इसके फलस्वरूप यूरोप तथा नये भारत के मध्य सामुद्रिक मार्ग द्वारा प्रत्यक्ष व्यापारिक संबंध कायम हो गया उसी समय से भारत और समस्त पूर्वी जगत पर यूरोप का प्रभाव प्रारम्भ हुआ। मध्य युग की यह एक महत्वपूर्ण घटना थी। डॉडवेल ने ठीक ही लिखा है कि "संभवतः मध्य युग की अन्य किसी भी घटना का सभ्य संसार पर इतना गहरा प्रभाव नहीं पड़ा जितना कि भारत जाने के समुद्री मार्ग खुलने का।"[2]

इस घटना ने भारत और यूरोप के संबंधों में एक नए अध्याय की सृष्टि की इस घटना ने यूरोपियों को पहले भारत में व्यापारियों के रूप में उसके बाद उपनिवेश बसाने के रूप में तथा अन्ततः साम्राज्य संस्थापक के रूप में आगमन कराया। इस प्रकार से भारत में यूरोपीय देशों के आगमन की शुरुआत होती है। सर्वप्रथम भारत में यूरोपीय संघ के प्रमुख देश पुर्तगाल से व्यापारिक संबंध व आगमन की शुरुआत होती है।

भारत में पुर्तगालियों का आगमन व उनसे व्यापारिक संबंध

वास्कोडिगामा पुर्तगाल का निवासी था। उसका महान् सामुद्रिक अभियान पुर्तगाल के राजा के संरक्षण में हुआ था। अतएव भारत पहुंचने वाले यूरोपियों में पुर्तगालियों का स्थान सर्वप्रथम आता है। कालीकट के राजा जमोरी ने वास्कोडिगामा का स्वागत किया। पुर्तगालियों की प्रार्थना पर जमोरी ने उन्हें अपने राज्य में रहने और व्यापार करने की इजाजत दे दी। इसके उपरान्त पुर्तगालियों का आना-जाना बढ़ता गया लेकिन अरब वालों को वास्कोडिगामा का भारत आना तनिक भी अच्छा नहीं लगा। वे पुर्तगालियों का विरोध करते रहे। इस विरोध के बावजूद पुर्तगाली कालीकट, कोचीन, कन्नौर में अपने व्यापार केन्द्र स्थापित करने में सफल हुए। कछ दिनों के बाद उन्होंने अपनी कालीकट की कोठी की किलाबंदी कर ली। सम्पूर्ण 16वीं शताब्दी में पुर्तगाली ही भारत के व्यापार और सत्ता के लिए प्रयत्न करने वाले एकमात्र यूरोपीय थे इसका एक कारण था पोप एलेक्जेण्डर छठे ने 1492 में एक आज्ञापत्र के द्वारा पूर्वी समुद्रों में पुर्तगाल को व्यापार करने के लिए एकाधिपत्य दे दिया था। इस आज्ञा के विरुद्ध कार्य करने का साहस यूरोप का कोई भी ईसाई राज्य नहीं कर सकता था। बाद में पोप जुलियस द्वितीय ने 1506 में तथा पोप लुई 10वें ने 1514 में इस आज्ञा पत्र को दोहरा दिया था। इस कारण 16वीं शताब्दी में केवल पुर्तगाली

ही भारत आए। इस बीच यूरोप में धर्म-सुधार आंदोलन की लहर उठी और पोप की सत्ता कमजोर पड़ गयी। अब उसकी आज्ञा का उल्लंघन करना कोई कठिन कार्य नहीं रह गया। अतः दूसरी यूरोपीय जातियां भी भारत में प्रवेश करने लगी। डच, अंग्रेज और फ्रांसीसी क्रमशः भारत आने लगे।

यूरोपियों के भारत आगमन का उद्देश्य भारत में एक श्रेष्ठ सभ्यता का प्रचार करना था। यह कथन सर्वथा सत्य है कि बाद के दिनों में यूरोप की शक्तिशाली विचारधारा और सभ्यता ने भारत को बहुत प्रभावित किया परन्तु इस आधार पर यह नहीं कहा जा सकता कि यूरोपियों का आरम्भिक उद्देश्य किसी सभ्यता का प्रचार-प्रसार करना था। वे भारत में केवल व्यापार और धन की लालसा में आए। वस्तुतः उस समय तक सारी दुनिया के बाजारों में भारत के बने हुए सूक्ष्म और अद्‌भुत पदार्थ ही दिखाई पड़ते थे। उच्चकोटि के सूती और रेशमी कपड़े, बर्तन, जेवर, और अन्य तरह के पदार्थ भारत से विदेशों में भेजे जाते थे। विश्व भर के व्यापारियों के लिए उस समय का भारत वर्ष आकर्षण का केन्द्र बना हुआ था। भारत का यह धन-वैभव ही यूरोपवासियों को हमारे देश की ओर खींचकर लाया था। उस समय यूरोप में भारत का नाम अतुल धन-सम्पत्ति के लिए विख्यात था। उधर से आने वाले आतताइयों की लूट और मुगलबादशाहों के दरबार की भड़कीली शान की कहानियां मध्य एशिया से होकर यूरोप में पहुंचती रहती थी। जिससे यूरोप के लोग भारत तक पहुंचने और उसकी अपार दौलत के हिस्सेदार बनने के लिए लालायित रहते थे। विशेषकर गरम मसालों की प्राप्ति की लालसा ने यूरोपीय व्यापारियों को भारत पहुंचने के लिए बाध्य किया। इस कारण भारत को उन्होंने अपना व्यापारिक केन्द्र बना लिया। बाद में भारत की राजनीतिक दुर्बलता के कारण इन यूरोपीय जातियों ने यह भी अनुभव किया कि भारत के शासकों और एक-दूसरे के बचने के लिए भी उन्हें केवल अपनी ही शक्ति पर निर्भर रहना होगा। इस कारण इन यूरोपीय जातियों में व्यापारिक प्रतिस्पर्द्धा के साथ-साथ राजनीतिक प्रतिस्पर्द्धा भी प्रारम्भ हुई।[3]

पुर्तगाली राज्य की स्थापना :- वास्कोडिगामा के कालीकट बंदरगाह पर पहुंचने के बाद पुर्तगालियों ने पूर्वी व्यापार के लिए व्यापारिक कोठियां (स्थान) स्थापित की। इसको लेकर अरबों से संघर्ष हो गया। ऐसी दशा में भारत से शांतिपूर्ण व्यापार की संभावना नष्ट हो गयी। 1500 ई. में पेड्रो अलवरे कब्राल को भारत की पुर्तगाली बस्तियों का गवर्नर बनाया गया। वह पुर्तगाल की राजधानी लिस्बन से 13 जहाजों का एक जहाजी बेड़ा लेकर चला। पेड्रो अलवरे ने अरब सागर पर पुर्तगाली प्रभुत्व जमाने के उद्देश्य से अरब व्यापारियों के जहाज लूटे। उसके इस कार्य से कालीकट का राजा जमोईन पुर्तगालियों से चिढ़ गया और अरब व्यापारियों ने

कालीकट स्थित पुर्तगालियों की कोठी लूटकर नष्ट कर डाली। इस पर पुर्तगालियों ने कालीकट के राजा जमोरिन के शत्रु कोचीन के राजा से संधि कर ली और वहां अपना सुदृढ़ दुर्ग तैयार करवाया। एक वर्ष के निरन्तर युद्धों तथा अरब वालों के साथ संघर्ष करके वह 1501 में पुर्तगाल वापस लौट गया। उसके बाद डी नोवा भारत आया और उसने भी अरबों तथा जमोरिन के जहाजों को लूटा तथा नष्ट किया। 1502 में वास्कोडिगामा दूसरी बार भारत आया और उसने इस बार मालाबार तट की कुछ अन्य बंदरगाहों में भी अपनी कोठियां बनाई।

1509 में भारत में पुर्तगाली अधिकृत प्रदेशों पर शासन करने के लिए अल्बुकर्क नामक एक व्यक्ति को गवर्नर नियुक्त किया गया। वह प्रथम पुर्तगाली था जिसने पूर्व में साम्राज्य स्थापना का विचार किया। अल्बुकर्क एक महान् व्यक्ति और विजेता था। उसको भारतीय पुर्तगाली साम्राज्य का वास्तविक संस्थापक कहा जाता है वह भारतीय शासकों को आपस में लड़ाकर संघर्ष करवाने में माहिर था। 1510 में उसने गोवा पर विजय प्राप्त करके उसे पुर्तगाली साम्राज्य का प्रधान कार्यालय बना लिया। मलक्का में पुर्तगाली कारखाना खुला जो कि पुर्तगालियों के लिए पूर्व के व्यापार का महान केन्द्र बन गया। अल्बुकर्क ने अरबों के व्यापार का प्रमुख केन्द्र उर्मुज द्वीप पर भी विजय प्राप्त की तथा द्वीप की सुरक्षा के लिए किलेबंदी की। उर्मुज फारस की खाड़ी के व्यापार की कुंजी था। लगभग 100-125 वर्षों के अंदर पुर्तगालियों ने भारतीय व्यापार से खूब लाभ कमाया। साथ ही अपनी व्यापारिक बस्तियों में उन्होंने राजनीतिक संगठन कायम किया।[4]

अल्बुकर्क के पश्चात् उसके उत्तराधिकारियों के समय से पुर्तगालियों की शक्ति का निरन्तर एवं उत्तरोतर विकास होता चला गया तथा उनके पूर्वी साम्राज्य में काफी वृद्धि हुई। पुर्तगालियों ने चटगांव, सूरत, दमन, बसीन और सालसिट, बम्बई, चोल, दाभोल, गोआ, कन्नूर, कालीकट, कोच्चीन, कोलम्बो, नागपट्टम, सेन्ट टाम, मछलीपट्टम, हुगली आदि स्थानों पर व्यापारिक साम्राज्य स्थापित किया। पुर्तगालियों की शक्ति और व्यापार का विस्तार दिन-प्रतिदिन होता गया। समुद्र पर उनका व्यापार तथा एकाधिकार बना रहा। भारतीय शासक उन्हें व्यापारी ही समझते रहे। इस कारण उनकी ओर कोई विशेष ध्यान नहीं दिया। तथा भारत के किसी भी शासक ने उनका विरोध नहीं किया। पुर्तगालियों द्वारा लंका का विकास किया गया क्योंकि वह पूर्व में पुर्तगालियों के अधिकृत स्थानों में सबसे धनी एवं महत्वपूर्ण स्थानों में से एक था। पुर्तगालियों के हृदय में धर्म प्रचार की भावना प्रबल रूप से विद्यमान थी। भारत का जो भी हिस्सा उनके सम्पर्क में आया, वहाँ के हिन्दू और मुसलमान वाशिन्दों को बलात् ईसाई बनाना प्रारम्भ किया। पुर्तगालियों का अरब सागर, हिन्द

महासागर तथा चीन के पूर्वी व्यापार पर लगभग एक शताब्दी तक अधिकार बना रहा। यद्यपि यूरोपीय जातियों में पुर्तगाली सबसे प्रथम थे जिनका भारतीय व्यापार पर अधिकार हो गया था। पुर्तगालियों के बाद ही भारत में डचों, अंग्रेजों और फ्रांसीसियों का आगमन हुआ।

भारत में डचों का आगमन तथा उनसे व्यापारिक संबंध

लगभग एक शताब्दी तक पुर्तगालियों का भारत, पूर्वी द्वीप समूह और चीन के पूर्वी व्यापार पर एकाधिकार बना रहा जिससे पुर्तगाल धन-वैभव और ऐश्वर्य में अद्भुत रूप से उन्नति कर गया। पुर्तगाल की राजधानी लिस्बन यूरोपीय देशों के लिए तेल, चंदन, हाथीदांत की कलात्मक वस्तुएं, पूर्वी द्वीप समूह के मसालों, चीन के रेशम, भारतीय मलमल आदि का भण्डार बन गया। पुर्तगालियों की इस आश्चर्यजनक समृद्धि ने ही डचों को पूर्वी देशों की ओर आकर्षित किया। अतएव पुर्तगालियों को देखकर अन्य यूरोपीय देशों के व्यापारियों ने भारतीय व्यापार के लिए कम्पनियां स्थापित की। 16वीं शताब्दी के अन्त में हॉलैण्ड के डच व्यापारी भी भारत पहुंच गए। हॉलैण्ड के डच व्यापारी पुर्तगालियों के बाद में भारत पहंचे। कार्नीलियस हूटमैन नामक एक डच व्यापारी ने 1595 में पूर्वी द्वीप समूह की यात्रा प्रारम्भ की और वहाँ पहुंच करके वहां के शासक से संधि कर व्यापार करना शुरू कर दिया। डच लोगों ने भारत में भी प्रवेश करना शुरू किया। पुर्तगाली शक्ति भारत के पश्चिमी तट पर अधिक सुदृढ़ थी। अतः डचों का प्रसार भारत के पूर्वी तट पर तथा लंका में हुआ। उन्होंने गुजरात के कोरोमंडल किनारे पर और निचली गंगा की घाटी में घुसकर बंगाल, बिहार और उड़ीसा में कारखाने एवं बस्तियां कायम की। पुलीकट, सूरत, चिनसरा, कासिमबाजार, बरानगर, पटना, बालासोर, नागपट्टनम और कोच्चीन में अपनी प्रमुख बस्तियां और कारखाने स्थापित किए। इस प्रकार पुर्तगाली शक्ति को नष्ट-भ्रष्ट करके डचों ने 17वीं शताब्दी के पूर्व के व्यापार पर एक आधिपत्य स्थापित किया। डच लोग भारत से मसाले का व्यापार करते थे। 1609 में मसाले के द्वीपों में स्थित दक्षिण द्वीप अम्बोमना को उन्होंने पुर्तगालियों से छीन लिया। यह द्वीप लवंग के उत्पादन के लिए बहुत प्रसिद्ध था। धीरे-धीरे 1639 में डचों ने गोवा पर, 1641 में मलाया प्रायद्वीप पर 1652 में उत्तरकाशा अंतरीप पर, आधिपत्य स्थापित कर भारत से व्यापारिक संबंध स्थापित किया।[5]

भारत में अंग्रेजों का आगमन व उनसे व्यापारिक संबंध

पुर्तगाली व डचों से प्रेरित होकर अंग्रेजों में भी भारत से व्यापारिक संबंध स्थापित करने की तीव्र इच्छा हुई। 1578 में सर फ्रैन्सिस ड्रेक नामक एक अंग्रेज नाविक ने

लिस्बन जाने वाले एक पुर्तगाली जहाज को लूट लिया। इसी लूट के माल से उन्हें कुछ नक्शे मिले जिनसे अंग्रेजों को पहली बार भारत के जलमार्गों का कुछ पता चला। सितम्बर, 1599 में लार्ड मेयर की अध्यक्षता में एक प्रस्ताव स्वीकृत हुआ जिससे भारत के साथ सीधा व्यापार करने के लिए एक संस्था बनाने का निश्चय किया गया और तुरन्त ही 'दि गवर्नर एण्ड कम्पनी ऑफ मर्चेण्ट्स ऑफ लन्दन ट्रेडिंग इन टू दी ईस्ट इण्डिया' के नाम से ईस्ट इण्डिया कम्पनी की स्थापना हो गई 31 दिसम्बर, 1600 को महारानी एलिजाबेथ ने पूर्वी देशों के साथ व्यापार करने वाली इस कम्पनी को अधिकार-पत्र प्रदान कर दिया। स्थापना के समय ईस्ट इण्डिया कम्पनी को साहसी लोगों की मंडली कहा गया था। जिसके सदस्य लूट के लिए निकले थे और जो धन कमाने के लिए झूठ बेईमानी और फरेब करने में जरा भी संकोच नहीं करते थे। कम्पनी के मालिकों ने प्रारम्भ में ही निश्चय कर लिया था कि कम्पनी की नौकरी में किसी शरीफ व्यक्ति को नहीं रखेंगे। इस तरह लंदन में एक ऐसा गुट कायम हुआ जिसके सदस्य सच-झूठ, ईमानदारी-बेईमानी तथा न्याय-अन्याय का ख्याल नहीं रखते थे। भारत के अगले 250 वर्षों का इतिहास इन्हीं कार्यवाहियों का इतिहास है।[6]

1608 में हेक्टर नामक पहला अंग्रेजी जहाज सूरत के बंदरगाह पर आकर लगा। जहाज का कप्तान हॉकिन्स पहला अंग्रेज था जिसने समुद्र के रास्ते से आकर भारत की भूमि पर कदम रखा। अंग्रेज हमारे देश में व्यापार करने आए थे। व्यापार से धन कमाने का काम उस समय हमारे देश में छोटा काम समझा जाता था और प्राचीनकाल से ही यह कार्य एक विशेष वर्ग पर छोड़ दिया गया था। इस प्रकार से अंग्रेज लोग भारत के सम्पूर्ण व्यापार पर छा गए। और व्यापार की आड़ में राजनीतिक कुचक्र शुरू कर दिया और व्यापार के साथ-साथ शासन सत्ता में भागीदार होने लगे। इस बीच अपने व्यापारिक संबंधों को लेकर पुर्तगालियों व अंग्रेजों के बीच तथा डचों व अंग्रेजों के बीच गंभीर संघर्ष हुआ। और भारत के प्रमुख व्यापारिक केन्द्रों पर अंग्रेजों ने आधिपत्य स्थापित कर लिया और यहीं से भारत और ब्रिटेन के व्यापारिक संबंधों की शुरुआत हुई जो आज तक जारी है।[7]

भारत में फ्रांसीसियों का आगमन व उनसे व्यापारिक संबंध

भारत में फ्रांसीसियों का आगमन पुर्तगाली, डचों, अंग्रेजों के बाद हुआ। इसके अनेक कारण थे। फ्रांस की दूर तक विस्तृत भू-सीमा के कारण वहाँ सम्राटों की महाद्वीपीय नीति के प्रति विशेष अभिरुचि रहती थी तथा वे महाद्वीपों पर ही अपने हित साधने में संलग्न रहते थे। अतः फ्रांसीसी सम्राट तथा उनकी प्रजा सामुद्रिक शक्ति के पक्ष में न होकर अपनी भू-सीमा को सुरक्षित रखने में अधिक व्यस्त रही। लेकिन अधिक

दिनों तक पूर्वी देशों के व्यापार के लोभ को फ्रांसीसी भी नहीं रोक सके। अन्य यूरोपीय देशों की तरह फ्रांसीसियों ने भी पूर्वी व्यापार से होने वाले अपार लाभों को देखते हुए 1611 में अपनी व्यापारिक कम्पनी की स्थापना की। यह कम्पनी कुछ ही दिनों में सफल हो गयी। अंत में लुई 14वें ने फ्रांसीसी ईस्ट इण्डिया कम्पनी की स्थापना की। इस कम्पनी ने भारत से व्यापार करने, उपनिवेश स्थापित करने, ईसाई धर्म का प्रचार करने तथा देशी शासकों के साथ संधि समझौता करने का अधिकार प्रदान किया गया। इस कम्पनी ने 1668 में सूरत, 1669 में मछलीपट्टम, 1673 में पांडिचेरी, 1691 में चंद्रनगर, 1725 में माही तथा 1739 में कारीकल में अपनी व्यापारिक कोठियां स्थापित की। फ्रांसीसी लोग पूर्वी व्यापार में बहुत देर से प्रविष्ट हुए। उस समय तक भारत में अंग्रेजों का पैर अच्छी तरह जम चुका था। इसलिए उन्हें अधिक सफलता प्राप्त नहीं हो सकी। अब भारत तथा पूर्वी द्वीप समूह से व्यापार करने वाली केवल दो ही शक्तियां शेष रह गयी थी। वे फ्रांस व इंग्लैण्ड की कम्पनियां थी। इन दोनों कम्पनियों में पारस्परिक संघर्ष छिड़ना स्वाभाविक था। अतः अपनी शक्ति दृढ़ करने के लिए उन्होंने किलेबंदी तथा सेना रखना शुरू कर दिया था। दोनों कम्पनियां भारत की राजनीति में रुचि रखने लगी थी। भारतीय राजनीतिक दुरावस्था से लाभ उठाकर इन कम्पनियों ने भारतीय राजनीति में हस्तक्षेप करने का निश्चय किया। इस तरह दोनों कम्पनियों के बीच महान् प्रतिद्वन्द्विता शुरू हुई जिसका अंत भारत में अंग्रेजी राज्य की स्थापना से हुआ।[8]

21वीं सदी में भारत-जर्मनी संबंध

भारत 1951 में युद्ध पश्चात् जर्मनी के साथ युद्ध की स्थिति समाप्त करने वालों और जर्मनी संघीय गणराज्य को मान्यता देने वाले पहले राज्यों में से एक है। लोकतंत्र के साझे मूल्यों तथा कानून के शासन पर आधारित संबंध 1990 में भारत के आर्थिक उदारीकरण तथा शीतयुद्ध समाप्त हो जाने के बाद काफी सुदृढ़ हुए हैं। पिछले दशक में, भारत और जर्मनी के बीच आर्थिक एवं राजनीतिक दोनों तरह की अंतः क्रिया में काफी वृद्धि हुई है। आज जर्मनी द्विपक्षीय एवं वैश्विक दोनों संदर्भों में भारत के सबसे महत्वपूर्ण साझेदारों में से एक है।

द्विपक्षीय संबंध के क्रम को 1956 एवं 1960 में प्रधानमंत्री जवाहरलाल नेहरू की जर्मनी की दो यात्राओं द्वारा स्थापित किया गया। नियमित रूप से द्विपक्षीय आदान-प्रदान होते हैं जिसमें सर्वोच्च स्तर पर होने वाले आदान-प्रदान भी शामिल हैं। हाल के वर्षों में दोनों पक्षों की ओर से उच्च स्तर पर नियमित रूप से यात्राएं हुई हैं। पूर्व प्रधानमंत्री डा. मनमोहनसिंह ने 2006, 2010 और 2013 में जर्मनी का दौरा किया। हनोवर मेस्से 2015 में साझेदार देश के रूप में भारत की भागीदारी के

अवसर पर माननीय प्रधानमंत्री श्री नरेन्द्र मोदी ने 12-14 अप्रैल, 2015 के दौरान जर्मनी का अधिकारिक दौरा किया। माननीय विदेश मंत्री श्रीमती सुषमा स्वराज ने 25-27 जून, 2015 के दौरान जर्मनी का अधिकारिक दौरा किया। जर्मनी की ओर से, जर्मनी के राष्ट्रपति जोखिम गाउक ने फरवरी, 2014 में भारत का राजकीय दौरा किया। चांसलर एंजिला मर्केल ने 2007, 2011 में भारत का दौरा किया और फिर 4 से 6 अक्तूबर, 2015 के दौरान तीसरे अंतर सरकारी परामर्श के लिए भारत का दौरा किया। उनके साथ चार केबिनेट मंत्री, तीन संसदीय राज्य सचिव और एक उच्च स्तरीय कारोबारी शिष्टमंडल आया था। इस यात्रा के दौरान कुल 18 द्विपक्षीय एम ओ यू एवं करारों पर हस्ताक्षर किए गए जिसमें सुरक्षा सहयोग, विमानन सुरक्षा, आपदा प्रबंधन एवं कौशल विकास जैसे क्षेत्रों में सहयोग करार शामिल है।

2001 से भारत और जर्मनी के बीच एक सामरिक साझेदारी है जिसे अंतर सरकारी परामर्श (आई जी सी) के तीन चक्रों के माध्यम से और सुदृढ़ किया गया है। अंतर सरकारी आयोग की पहली बैठक मई, 2011 में नई दिल्ली में हुई थी, अंतर सरकारी आयोग की दूसरी बैठक अप्रैल, 2013 में बर्लिन में हुई थी और अंतर सरकारी आयोग की तीसरी बैठक नई दिल्ली में 5 अक्तूबर, 2015 को हुई। आपसी रुचि के द्विपक्षीय एवं वैश्विक मुद्दों पर चर्चा करने के लिए दोनों देशों के बीच अनेक संस्थानिक व्यवस्थाएं हैं जैसे कि सामरिक वार्ता, विदेश कार्यालय परामर्श, औद्योगिक एवं आर्थिक सहयोग पर संयुक्त आयोग, उच्च प्रौद्योगिकी साझेदारी समूह, उच्च रक्षा समिति और आतंकवाद की खिलाफत पर संयुक्त कार्य समूह, भारत-जर्मन ऊर्जा मंच, भारत-जर्मन पर्यावरण मंच, भारत-जर्मनी परामर्श समूह आदि। भारत और जर्मनी जी 4 की रूपरेखा के अंदर संयुक्त राष्ट्र सुरक्षा परिषद के विस्तार के मुद्दों जैसे कि पूर्वी एशिया, मध्य एशिया, यू. एस. मुद्दे, निःशस्त्रीकरण एवं अप्रसार आदि पर नियमित रूप से परामर्श करते हैं। दोनों पक्षों के बीच पहली नीति आयोजना वार्ता 23 फरवरी, 2015 को नई दिल्ली में हुई है।[9]

दोनों देशों के संसद सदस्यों के बीच नियमित रूप से अंतःक्रियाएं होती हैं। 1971 में, बुंदेसटाग (जर्मन संसद) में स्थापित भारत-जर्मनी संसदीय समूह ने दोनों देशों के बीच संपर्कों को सुदृढ़ करने में योगदान दिया है। सीडीयू से संसद सदस्य श्री राल्फ ब्रिंखौस की अध्यक्षता में 18वें बुंदेसटाग में एक 16 सदस्यीय भारत-जर्मनी संसदीय मैत्री समूह का गठन किया गया है। श्री ब्रिंखौस के नेतृत्व में संसद सदस्यों के एक समूह ने फरवरी, 2015 में भारत का दौरा किया। बुंडेसटाग की वाइस प्रेसीडेंट सुश्री क्लौडिया रोथ ने मार्च, 2015 में भारत का दौरा किया। दोनों पक्षों के अनेक अन्य संसद सदस्यों ने हाल की अवधि में एक दूसरे के देशों की यात्राएं की हैं।

रक्षा के क्षेत्र में 2006 में द्विपक्षीय रक्षा सहयोग करार पर हस्ताक्षर किया गया जो वार्षिक परामर्श की रूपरेखा प्रदान करता है। रक्षा सचिव के स्तर पर उच्च रक्षा समिति (एच डी सी) की बैठकें हर साल नई दिल्ली एवं बर्लिन में वैकल्पिक तौर पर होती हैं। एच डी सी की 7वीं बैठक का आयोजन जुलाई, 2014 में नई दिल्ली में हुआ। नौसेना प्रमुख एडमिरल आर के धवन ने 7 से 10 जुलाई, 2014 के दौरान जर्मनी का आधिकारिक दौरा किया। दोनों पक्षों ने मई, 2015 में जर्मनी की रक्षा मंत्री सुश्री उर्सुला बोन दर लेयन की भारत की यात्रा के दौरान रक्षा सहयोग पर विस्तार से चर्चा की। उन्होंने प्रधानमंत्री से मुलाकात की तथा रक्षा मंत्री श्री मनोहर पर्रिकर के साथ बैठक की।

दोनों देशों के कुछ राज्यों और शहरों ने आपस में जुड़वां व्यवस्थाएं की हैं। 2007 से कर्नाटक और बावरिया (जर्मनी) के बीच सिस्टर राज्य व्यवस्था है। इसी तरह मुम्बई और स्टुटगार्ट (जर्मनी) 1968 से सिस्टर सिटी हैं। जनवरी, 2015 में महाराष्ट्र और बाडेन-बुर्रमबर्ग (जर्मनी) ने सिस्टर राज्य संबंध स्थापित करने के लिए एक एम ओ यू पर हस्ताक्षर किए हैं।[10]

भारत-जर्मनी के बीच आर्थिक एवं वाणिज्यिक संबंध

भारत और जर्मनी के बीच आर्थिक एवं वाणिज्यिक संबंध 16वीं शताब्दी के पूर्वार्द्ध से ही चले आ रहे हैं जब ऑगसवर्ग और नुरेमबर्ग से जर्मनी की व्यापार कम्पनियों ने अफ्रीका के आसपास एक नए समुद्री मार्ग का विकास किया जब वे बहुमूल्य पत्थरों एवं मसालों की तलाश में समुद्री यात्रा कर रहे थे। इसके पश्चात् 16वीं एवं 18वीं शताब्दियों में भारत तथा एशिया के अन्य देशों के साथ व्यापार करने के उद्देश्य से अनेक जर्मन कंपनियां स्थापित की गई। सीमेंस के संस्थापक वर्नर वॉन सिमेंस ने कोलकाता एवं लंदन के बीच टेलीफोन लाइन बिछाए जाने के कार्य का निजी तौर पर पर्यवेक्षण किया था जो 1870 में पूरी हुई थी। एशिया में बायेर की पहली पूर्णतः स्वामित्व वाली सहायक कम्पनी ''फारबेन फैब्रिकेन बायेर एण्ड कम्पनी लिमिटेड'' का गठन 1896 में मुंबई में हुआ था।

पिछले वर्षों में आर्थिक संबंधों में काफी विस्तार हुआ है। जर्मनी यूरोप में भारत का सबसे बड़ा व्यापारी साझेदार है। जर्मनी भारत के शीर्ष 10 वैश्विक व्यापार साझेदारों में लगातार बना हुआ है। तथापि, विभिन्न घरेलू एवं अंतर्राष्ट्रीय कारकों की वजह से पिछले कुछ वर्षों से द्विपक्षीय व्यापार का प्रवाह ठहर गया है। 2014 के दौरान द्विपक्षीय व्यापार का मूल्य 15.96 विलियन यूरो था। जर्मनी के कुल व्यापार में लगभग 1 प्रतिशत की भागीदारी के साथ 2014 के दौरान जर्मनी के वैश्विक

व्यापार में भारत 25वें स्थान पर था। जनवरी से अक्तूबर, 2015 की अवधि के लिए कुल व्यापार 14.6 मिलियन यूरो था।

गारमेंट एवं टैक्सटाइल उत्पाद, रासायनिक उत्पाद, चमड़ा एवं चमड़े से बने माल, लोहा एवं इस्पात, मेटल गुड्स, इलेक्ट्रानिक कंपोनेंट, इलेक्ट्रिकल कंपोनेंट उत्पाद तथा आटो कंपोनेंट ऐसे प्रमुख आइटम हैं जिनका भारत से जर्मनी को निर्यात किया जाता है। जर्मनी से भारत में आयात की जाने वाली वस्तुओं में विद्युत उत्पादन के उपकरण, आटो कंपोनेंट, कंपलीट फेब्रिकेशन प्लांट, बेयरिंग, गियर उपकरण, मीजरमेंट एवं कंट्रोल उपकरण, प्राथमिक रासायनिक उत्पाद, सिंथेटिक सामग्री, मशीन टूल, एयरक्राफ्ट तथा लोहा एवं स्टील शीट आदि शामिल हैं।

वर्ष 2000 से जर्मनी भारत में 8वां सबसे बड़ा विदेशी प्रत्यक्ष निवेशक है। 1991 से जून, 2015 की अवधि के दौरान भारत में जर्मनी से विदेशी प्रत्यक्ष निवेश हुआ है। उसका मूल्य 8.86 बिलियन अमरीकी डॉलर आंका गया है। भारत में 2014 में जर्मन एफ डी आई 1.15 बिलियन अमरीकी डॉलर के आसपास था। 1600 से अधिक भारत-जर्मनी साझेदारियां तथा 600 से अधिक भारत-जर्मनी संयुक्त उद्यम प्रचलन में है। भारत में जर्मनी का निवेश मुख्य रूप से परिवहन, विद्युत उपकरण, मेटलर्जिकल उद्योगों, सेवा क्षेत्र (विशेष रूप से बीमा), रसायन, निर्माण गतिविधि, व्यापार एवं आटोमोबाइल जैसे क्षेत्रों में है। जर्मनी की अधिकांश बड़ी कम्पनियां भारतीय बाजार में पहले ही पदार्पण कर चुकी हैं। जर्मनी की आटोमोबाइल क्षेत्र की दिग्गज कंपनियों जैसे कि डैमलर, वोल्क्सवैगन, बी एम डब्ल्यू, और ऑडी ने भारत में विनिर्माण सुविधाएं असेम्बली प्लांट स्थापित किए हैं। जर्मनी की अन्य प्रमुख कम्पनियों जिनका भारत में प्रचलन उल्लेखनीय है, में सीमेंस, थाइसेन क्रुप्प, बोस्क, बेयर, बी ए एस एफ, एस ए पी, ड्यूटसक बैंक, मेट्रो, लुफ्धांसा, मर्क म्यूनिक रे आदि शामिल हैं। इसके अलावा बड़ी कंपनियां, जर्मनी मध्यम उद्यम (मिटलस्टैंड) की भारत में गहरी रुचि प्रदर्शित कर रहे हैं। भारत में जर्मन कंपनियों के लिए एक फास्ट ट्रैक सिस्टम स्थापित करने के लिए अंतर सरकारी आयोग की तीसरी बैठक के दौरान एक संयुक्त घोषणा की गई।[11]

जर्मनी में अनेक महत्वपूर्ण ट्रेड फेयर का आयोजन होता है जिसमें भारतीय कम्पनियां अपने उत्पादों एवं प्रौद्योगिकी का प्रचार-प्रसार करने के लिए नियमित रूप से भाग लेती हैं। भारत हनोवर मेस्से, 2015 में साझेदार देश था। वर्ष 2001 में स्थापित भारत-जर्मनी गोलमेज (जी आई आर टी.-GIRT जारा) का उद्देश्य भारत के बारे में सूचना का प्रसार करना और भारत-जर्मनी व्यवसाय संबंधों को सुगम बनाना है। जर्मनी में जी आई आर टी के 14 अध्याय हैं जो नियमित 'स्टैमटिस्च'

बैठकों के माध्यम से भारत-जर्मनी व्यवसाय के अलावा सांस्कृतिक संबंधों को बढ़ावा देने के काम में लगे हुए हैं।

पिछले कुछ वर्षों में जर्मनी में भारतीय निवेश में भी उल्लेखनीय वृद्धि देखने को मिली है। भारतीय कारपोरेट संस्थाओं ने जर्मनी में 6 बिलियन अमरीकी डॉलर से अधिक धनराशि का निवेश किया है। जर्मनी में 200 से अधिक भारतीय कम्पनियां प्रचालन कर रही हैं। आई टी, आटोमोटिव, फार्मा तथा बायोटेक जैसे क्षेत्रों में भारतीय कंपनियों ने अधिक निवेश किया है। जर्मन बाजार में भारतीय साफ्टवेयर कम्पनियों की पैठ बढ़ रही है तथा इनफोसिस, विप्रो तथा टी सी एस जैसे प्रमुख भारतीय साफ्टवेयर प्रदाताओं ने जर्मनी में अपना प्रचालन शुरू किया है। भारत फोर्ज लिमिटेड, रैनबैक्सी, पिरामल, सामटेल, हेक्सावेयर टेक्नोलाजीज, एन आई आई टी, ग्रेफाइट इंडिया लिमिटेड, हिंदुजा ग्रुप, डा. रेड्डी लैबोरेटरीज, बायोकान, हिन्दुस्तान नेशन ग्लास, महिन्द्रा जैसी कम्पनियों तथा अन्यों ने या तो जर्मनी कम्पनियों का अधिग्रहण कर लिया है अथवा अपनी स्वयं की सहायक कंपनियां आरंभ की हैं।

भारत-जर्मनी विज्ञान एवं प्रौद्योगिकी सहयोग की शुरुआत 1971 एवं 1974 में अंतर सरकार विज्ञान एवं प्रौद्योगिकी सहयोग करार पर हस्ताक्षर के साथ हुई। आज विज्ञान एवं प्रौद्योगिकी सहयोग के लिए जर्मनी भारत का दूसरा सबसे महत्वपूर्ण वैश्विक साझेदार है। दोनों देशों के विश्वविद्यालयों के बीच 150 से अधिक संयुक्त विज्ञान एवं प्रौद्योगिकी अनुसंधान परियोजनाएं तथा 70 प्रत्यक्ष साझेदारियां हैं। भारत की वैज्ञानिक संस्थाओं की जर्मनी की प्रमुख आर एंड डी संस्थाओं के साथ घनिष्ठ साझेदारी है जिसमें मैक्स प्लांक सोसायटी, फ्राउनहोफर लैबोरेटरीज तथा अलेक्जेंडर वॉन हमबोल्ड्ट फाउंडेशन शामिल हैं। प्रत्येक पक्ष से 1 मिलियन यूरो के वार्षिक अंशदान के साथ संयुक्त रूप से वित्त पोषित भारत-जर्मनी विज्ञान एवं प्रौद्योगिकी केन्द्र का गठन 2008 में नई दिल्ली में हुआ। प्रत्येक पक्ष द्वारा 4 मिलियन यूरो के वार्षिक अंशदान के साथ अंतर सरकारी आयोग की तीसरी बैठक में इस केन्द्र के कार्यकाल को 2022 तक के लिए बढ़ा दिया गया है। भारत ने जर्मनी में प्रमुख विज्ञान परियोजनाओं में निवेश किया है। जैसे कि डर्म्सटड में एंटी प्रोटन एण्ड आयन रिसर्च सुविधा तथा उन्नत सामग्री एवं पार्टिकल फिजिक्स में प्रयोग के लिए डच इलेक्ट्रानन सिंक्रोट्रान (डी ई एस वाई)।[12]

जर्मनी कई दशकों से एक महत्वपूर्ण विकास सहयोग साझेदार भी रहा है। 1958 में सहयोग आरम्भ होने के बाद से कुल द्विपक्षीय तकनीकी एवं वित्तीय सहयोग की राशि 12 बिलियन यूरो है। विकास सहयोग के तहत ऊर्जा, संपोषणीय आर्थिक विकास तथा प्राकृतिक संसाधनों का प्रबंधन एवं पर्यावरण प्राथमिकता के क्षेत्र हैं।

जर्मनी से वितीय सहायता मुख्य रूप से उदार ऋण, संयुक्त ऋण और अनुदान के रूप में प्रदान की गई है जो के एफ डब्ल्यू, जर्मनी सरकार के विकास बैंक के माध्यम से आती है। तकनीकी सहायता जी आई जेड-जर्मन सरकार की विकास एजेंसी के माध्यम से प्रदान की जाती है। अंतर सरकारी आयोग की तीसरी बैठक में भारत-जर्मनी और ऊर्जा साझेदारी के संबंध में विकास सहयोग के लिए एक एम ओ यू पर हस्ताक्षर किए गए जिसके तहत जर्मनी अगले पांच वर्षों में 1 विलियन यूरो का रियायती ऋण प्रदान करेगा।

भारत-जर्मनी के बीच सांस्कृतिक संबंध

भारत और जर्मनी के बीच शैक्षिक एवं सांस्कृतिक आदान-प्रदान की लम्बी परम्परा है। मैक्समूलर भारत-यूरोपीय भाषाओं के पहले विद्वान थे जिन्होंने उपनिषदों एवं ऋग्वेद का अनुवाद किया और प्रकाशित किया।

भारतीय नृत्य, संगीत तथा साहित्य और विशेष रूप से मोशन पिक्चर एवं टीवी उद्योग, बॉलीवुड में रुचि बढ़ रही है। न केवल प्रतिष्ठित बर्लिन अंतर्राष्ट्रीय फिल्म महोत्सव में अपितु पूरे जर्मनी में अन्य महोत्सवों में भी भारतीय फिल्मों एवं कलाकारों की नियमित रूप से भागीदारी होती है। यहां बॉलीवुड फिल्मों को नियमित रूप से रिलीज किया जाता है तथा टेलीविजन के नेटवर्कों पर डब किए गए वर्जन का प्रसारण किया जाता है। जर्मनी में भारतीय पकवान बहुत लोकप्रिय हैं। चांसलर मर्केल ने सद्भाव के प्रदर्शन के रूप में अंतर सरकारी आयोग की तीसरी बैठक में माननीय प्रधानमंत्री को दुर्गा-महिषासुरमर्दनी की चुराई गई मूर्ति सौंपी।[13]

वर्ष 1994 में बर्लिन में भारतीय सांस्कृतिक संबंध परिषद (ICCR) द्वारा स्थापित टैगोर केन्द्र नृत्य, संगीत, साहित्यिक कार्यक्रम, फिल्म, वार्ता, सेमिनार एवं प्रदर्शनी का बड़े पैमाने पर आयोजन करके भारतीय विरासत एवं इसकी संस्कृति की विविधता को दर्शाने के लिए नियमित रूप से कार्यक्रमों का आयोजन करता है। इसने 21 जून, 2015 को अंतर्राष्ट्रीय योग दिवस की पूर्व संध्या पर बर्लिन के ऐतिहासिक ब्रांडेनबर्ग गेट पर योग कार्यक्रम का आयोजन किया। दोनों देशों के लोगों को एक मंच पर लाकर और जर्मनी के लोगों में आधुनिक भारत के बारे में सूचना का प्रसार कर डच-इंडिश गेसेलशाफ्ट (इंडो-जर्मन सोसाइटी) परस्पर सांस्कृतिक सूझबूझ बढ़ाने का काम कर रहा है। जर्मनी में इस सोसायटी की 33 स्वतंत्र संस्थाएं हैं जिनके लगभग 3500 सदस्य हैं जो विभिन्न सामाजिक-सांस्कृतिक गतिविधियों में लगे हुए हैं।[14]

भारतीय दर्शन एवं भाषाओं में रुचि की वजह से 1818 में बोन विश्वविद्यालय

में पहले इंडोलॉजी चेयर का गठन किया गया। भारत सरकार ने जर्मनी के विश्वविद्यालयों में भारतीय अध्ययनों के अनेक रोटेटिंग चेयर को वित्त पोषित किया है। आज की तिथि तक जर्मनी के विभिन्न विश्वविद्यालयों में 30 रोटेटिंग चेयर हैं। इसके अलावा, आई सी सी आर जर्मनी में दीर्घ एवं अल्प दोनों अवधि के भारतीय अध्ययन के चेयर की सहायता करता है। 2015 में आईसीसीआर ने जर्मनी में दो अल्पावधिक चेयर का गठन किया ह्यूम्बोट विश्वविद्यालय, बर्लिन में और हनोवर के लिबनिज विश्वविद्यालय जर्मनी के संस्कृत विद्वान तथा इंडोलोजिस्ट डा. अन्नेट स्मीडशेन को 2015 में भारत सरकार द्वारा पद्मश्री पुरस्कार प्रदान किया गया।

लगभग 12000 भारतीय छात्र जर्मनी में विभिन्न पाठ्यक्रमों की पढ़ाई कर रहे हैं, जबकि 800 के आसपास जर्मन छात्र भारत में पढ़ाई कर रहे हैं या अपनी इंटर्नशिप कर रहे हैं। भारत के अनेक छात्र जर्मन विश्वविद्यालयों में इंजीनियरिंग एवं प्रबन्धन पाठ्यक्रमों की पढ़ाई करने का विकल्प चुन रहे हैं। जर्मनी की कुछ कम्पनियां जर्मन विश्वविद्यालयों में स्नातकोत्तर पाठ्यक्रम करने के लिए भारतीय छात्रों के लिए छात्रवृत्तियों की भी पेशकश कर रही हैं जर्मनी शैक्षिक विनिमय सेवा (DAAD) संयुक्त अनुसंधान, प्रशिक्षण तथा युवा वैज्ञानिकों, शोध छात्रों के आदान-प्रदान को सुगम बनाती है। सहयोग के नए एवं नवाचारी क्षेत्रों के द्वार खोलकर अंतर सरकारी आयोग की तीसरी बैठक में DAAD और UGC के बीच उच्च शिक्षा में भारत-जर्मनी साझेदारी पर हस्ताक्षर किए गए। दोनों पक्ष इस प्रयास के लिए 2016 से 2020 तक चार वर्ष की अवधि के लिए 3.5 मिलियन यूरो का वित्त पोषण करेंगे। इसके अलावा केन्द्रीय आयुर्वेद एवं सिद्धा अनुसंधान परिषद घुटने के आस्टियो आर्थ-राइटिस पर चैरिटी मेडिकल यूनिवर्सिटी, बर्लिन द्वारा आयुर्वेद में अनुसंधान के लिए सहायता प्रदान कर रही है, जो यूरोप में आयुर्वेद के प्रयोग के लिए पहला व्यवस्थागत नैदानिक परीक्षण है।[15]

जर्मनी में भारतीय समुदाय

जर्मन सरकार के आंकड़ों के अनुसार जर्मनी में भारतीय मूल के व्यक्तियों की संख्या 1,43,000 के आसपास है जिसमें भारतीय एवं जर्मन दोनों पासपोर्ट धारक शामिल हैं। भारतीय डायसपोरा में मुख्य रूप से टेक्नोक्रेट्स, कारोबारी/व्यापारी तथा नर्से शामिल हैं। कारोबार/सांस्कृतिक मोर्चे पर अनेक भारतीय संगठन और संघ सक्रिय हैं जो जनदर स्तर पर भारत और जर्मनी के बीच संबंधों को सुदृढ़ कर रहे हैं।

भारत-फ्रांस संबंध : 21वीं सदी में

भारत व फ्रांस के संबंध निरन्तरता एवं परिवर्तन के प्रतीक हैं। इंग्लैण्ड की ही भांति

मानचित्र संख्या : 3.1

जर्मनी से भारत के व्यापार का आरेख

फ्रांस भी भारत में एक उपनिवेशिक शक्ति रहा है, परन्तु इंग्लैण्ड से भिन्न वर्तमान 21वीं सदी में फ्रांस ने भारत के साथ आधुनिकीकरण के दौर में व्यापार, अर्थव्यवस्था, तकनीकी सहायता, विज्ञान एवं प्रौद्योगिकी, परमाणु एवं रक्षा क्षेत्रों में नवीन सहयोग विकसित किए हैं। भारत-फ्रांस अपने द्विपक्षीय संबंधों को मजबूत करने हेतु सन् 2000 से समय-समय पर एक-दूसरे देश की यात्राएं करते हैं तथा पारस्परिक आर्थिक, राजनीतिक तथा व्यापारिक संबंधों को सुदृढ़ बनाते हैं इसी कड़ी में फ्रांस के राष्ट्रपति अब तक पांच बार गणतंत्र दिवस समारोह में मुख्य अतिथि के रूप में शामिल हो चुके हैं– 1976 में फ्रांसीसी प्रधानमंत्री जैक शिराक, 1980 में राष्ट्रपति वलेरी गिस्कार्ड, 1998 में राष्ट्रपति जेक शिराक, 2008 में राष्ट्रपति निकोलस सरकोजी, तथा 2016 में भारत के 67वें गणतंत्र दिवस पर राष्ट्रपति फ्रांस्वा ओलांद मुख्य अतिथि के रूप में शामिल हुए हैं। इसी तरह भारत द्वारा भी अपने राजनीतिक संबंधों को स्थापित करने हेतु राष्ट्राध्यक्ष व शासनाध्यक्षों द्वारा फ्रांस की यात्रा की जाती रही है। इस प्रकार फ्रांस ऐसा देश बन गया जिसे भारत ने सर्वाधिक बार गणतंत्र समारोह में मुख्य अतिथि के रूप में आमंत्रित किया। दोनों देशों के बीच मौजूदा मैत्री और विश्वास के मद्देनजर ही भारत ने फ्रांस सैन्य टुकड़ी की गणतंत्र दिवस परेड में भागीदारी सुनिश्चित की।[16]

21वीं सदी में दोनों देश महत्त्वपूर्ण क्षेत्रीय और वैश्विक मुद्दों पर न केवल समान विचार रखते हैं बल्कि सामरिक और सुरक्षा मसलों पर एक-दूसरे से निरन्तर निकट संबंध भी रखते हैं। संयुक्त राष्ट्र में शीघ्र सुधार और इसकी स्थायी और अस्थायी सदस्यता में विस्तार के लिए भी दोनों देशों की समान विचारधारा है ताकि इसे समसामयिकी विश्व के अनुरूप बेहतर प्रतिनिधिक बनाया जा सके। फ्रांस ने भारत की सुरक्षा परिषद में स्थायी सदस्यता का भी समर्थन किया। इसी परिप्रेक्ष्य में 22 जनवरी, 2016 को संयुक्त राष्ट्र मुद्दों पर हुई रचनात्मक द्विपक्षीय बातचीत का भी स्वागत किया गया। फ्रांस वैश्विक अप्रसार तथा निर्यात नियंत्रण व्यवस्था को मजबूती प्रदान करने के लिए इस दिशा में एक साथ कार्य करने और भारत को न्यूक्लियर सप्लायर ग्रुप (NSG), मिसाइल टेक्नोलॉजी कन्ट्रोल रिजीम (MTCR) ऑस्ट्रेलिया ग्रुप और वेसेनार अरेन्जमेंट जैसे बहुपक्षीय निर्यात नियंत्रण व्यवस्थाओं में सदस्यता देने का पक्षधर है। दोनों देशों ने भारत को NSG में 2016 तक सदस्यता प्रदान करने की प्रतिबद्धता भी व्यक्त की। हाल में भारत को MTCR की सदस्यता तो प्राप्त हो गयी है लेकिन चीन के विरोध के कारण NSG की सदस्यता 2016 के अंत तक प्राप्त नहीं हो सकी है।[17]

तुलनात्मक दृष्टि से इंग्लैण्ड, जर्मनी, बेल्जियम व इटली को छोड़कर यूरोपीय संघ के देशों में फ्रांस भारत से सहयोग करने वाला पांचवां महत्त्वपूर्ण देश है। दोनों देशों के विदेश मंत्रियों की जब 21वीं सदी के प्रारम्भ में दिसम्बर, 2001 में नई दिल्ली में बैठक हुई तब तय किया गया कि दोनों देश समय-समय पर परस्पर सलाह करके दोनों के द्विपक्षीय व्यापार में आने वाले व्यवधानों को दूर करेंगे। व्यापारिक सहयोग को और बढ़ायेंगे तथा द्विपक्षीय व्यापार की पूर्ण संभावनाओं को विकसित करेंगे। इसी का परिणाम है कि सन् 2001 में फ्रांस ने भारत में 15486.1 राशि का निवेश किया फ्रांस विश्व की पांचवीं विशाल अर्थव्यवस्था है और G-7 का एक महत्त्वपूर्ण सदस्य भी है। इसकी उन्नत प्रौद्योगिकी इसे नागर विमानन, अंतरिक्ष, खाद्य प्रसंस्करण, परिवहन, रेल और कृषि अनुसंधान जैसे क्षेत्रों में अग्रणी बनाती है। भारत-फ्रांस द्विपक्षीय व्यापार में समय के साथ वृद्धि हो रही है तथा वर्ष 2013 में यह 7.08 अरब यूरो हो गया। हालांकि 2012 के मुकाबले इसमें 10.5 प्रतिशत की कमी दर्ज की गई। वैसे दोनों देशों ने वर्ष 2008 में 12 अरब यूरो का व्यापार लक्ष्य रखा था जिसे अभी पूरा नहीं किया जा सका है। यूरोपीय संघ के साथ मुक्त व्यापार होने पर ऐसा संभव हो सकता है। फ्रांस भारत के साथ यूरोपीय संघ के देशों में व्यापारिक भागीदारी की सूची में जर्मनी, ब्रिटेन, बेल्जियम, और नीदरलैण्ड के बाद पांचवें स्थान पर है।[18]

फ्रांस-भारत निवेश :- फ्रांस, भारत का 9वां विशालतम निवेशक है। अप्रैल, 2000 से 2012 के दौरान फ्रांस का भारत में कुल निवेश 3.01 बिलियन अमरीकी डॉलर का रहा था जो कुल निवेश अर्न्तप्रवाह के 2 प्रतिशत का प्रतिनिधित्व करता है। भारत में फ्रांस के साथ अनुमोदित तकनीकी एवं वित्तीय संयुक्त उद्यमों की संख्या 952 है। वर्तमान 2016 में फ्रांस ने भारत में 4.5 बिलियन अमरीकी डॉलर का निवेश किया है जिसके अन्तर्गत भारत फ्रांस से 36 विमानों की कीमत 59 हजार करोड़ की डील भी शामिल है। वर्ष 2013 में भारत फ्रांस में 13वां विशालतम निवेशक था फ्रांस में लगभग 43 भारतीय समूह कार्यरत हैं जिन्होंने सूचना प्रौद्योगिकी, औषध उत्पाद, प्लास्टिक उद्योग, लोह कार्य इत्यादि में निवेश के द्वारा अपनी उपस्थिति दर्ज कराई है। भारतीय कम्पनियों द्वारा फ्रांस में आठ हजार से अधिक रोजगारों का सृजन किया है।

परमाणु ऊर्जा व रक्षा सहयोग :- भारत व फ्रांस के संबंधों की शुरुआत 1998 में हुई। यह हमारे परम्परागत मैत्रीपूर्ण वास्तविक संबंधों की पराकाष्ठा थी जहाँ राष्ट्राध्यक्ष एवं शासनाध्यक्ष स्तर की यात्राओं के नियमित आदान-प्रदान होते रहते थे। और वाणिज्यिक आदान-प्रदान में वृद्धि हो रही है। इसी परिप्रेक्ष्य में रक्षा, परमाणु और अंतरिक्ष आदि जैसे क्षेत्र शामिल हैं। आईएईए से परमाणु ऊर्जा के संदर्भ में भारत को मान्यता मिलने के बाद फ्रांस 21वीं सदी में ऐसा पहला देश है जिसके साथ भारत ने सितम्बर, 2008 को परमाणु असैन्य सहयोग समझौता किया। परमाणु ऊर्जा सहयोग के साथ भारत को शुरू करने के लिए सक्षम बनाए जाने के बाद फ्रांस प्रथम देश था जिसके साथ भारत ने परमाणु ऊर्जा पर समझौते में प्रवेश किया। भारत और फ्रांस दोनों देशों ने अपनी औद्योगिक कम्पनियों को जैतापुर (महाराष्ट्र) के 6 परमाणु ऊर्जा रिएक्टर यूनिटों के निर्माण हेतु 2016 के अंत तक तकनीकी वाणिज्यिक परामर्शों को पूरा करने के लिए प्रोत्साहित किया ताकि भारत के 'मेक इन इंडिया' पहल की दिशा में भी आगे बढ़ा जा सके।

भारत-फ्रांस का प्रमुख रणनीतिक और सामरिक साझेदार है भारत फ्रांस का बहुत अच्छा दोस्त है। भारत के फ्रांस के साथ रक्षा संबंध काफी पुराने हैं। भारत के फ्रांस के साथ कई रक्षा समझौते हो चुके हैं। भारत ने फ्रांस से मिराज विमान खरीदे हैं। भारत द्वारा अपनी नौसेना की ताकत को बढ़ाने के लिए फ्रांस की एक कम्पनी के साथ 6 स्कोर्पियन पनडुब्बी के निर्माण का कार्य चल रहा है जो 2020 तक भारतीय नौसेना में शामिल किया जाना है। यह कई तरह के टारपीडो से लैस है। भारत व फ्रांस के आपसी रिश्ते इस सहयोग से मजबूत होंगे इसी परिप्रेक्ष्य में प्रधानमंत्री नरेन्द्र मोदी ने गहन विचार-विमर्श के बाद फ्रांस से 36 विमान खरीदने

की हरी झण्डी 2016 में दी इस डील की कीमत 59 हजार करोड़ है। इन 36 राफेल विमानों की सप्लाई भारत को 2019 में होनी प्रारम्भ हो जाएगी तथा 2022 तक इन विमानों की पूरी खेप भारत को मिल जाएगी। यह डील भारत व फ्रांस के रक्षा संबंधों को 21वीं शताब्दी के द्वितीय दशक में नई ऊँचाइयों पर ले जाएगी।[19]

21वीं सदी में भारत–ब्रिटेन संबंध :– भारत व इंग्लैण्ड परस्पर 200 वर्षों के औपनिवेशिक ऐतिहासिक संबंधों का प्रतिनिधित्व करते हैं। भारत के ब्रिटेन के साथ प्राचीनकाल से लेकर वर्तमान 21वीं शताब्दी तक पारस्परिक आर्थिक, राजनीतिक, सांस्कृतिक तथा व्यापारिक संबंध रहे हैं। आज भारत ब्रिटेन में तीसरा बड़ा निवेशक तथा दूसरा सबसे बड़ा अंतर्राष्ट्रीय 'जॉब क्रिएटर' है। इसी परिप्रेक्ष्य में G-20 देशों से ब्रिटेन भारत में सबसे बड़ा निवेशक है। जहाँ तक भारत–ब्रिटेन द्विपक्षीय व्यापार का प्रश्न है ब्रिटेन अब भारत का विश्व में दूसरा सबसे बड़ा व्यापारिक सहयोगी है। इसके साथ-साथ यह यूरोपीय संघ के देशों में भारत का सबसे अधिक व्यापार करने वाला देश बन गया है। दूसरी ओर भारत-ब्रिटेन के राजनीतिक संबंधों में भी तीव्र गति से सुधार हो रहा है। इसी परिप्रेक्ष्य में दोनों देशों के राष्ट्राध्यक्ष व शासनाध्यक्ष एक-दूसरे देश की यात्रा कर आपसी मतभेद भुलाकर मधुर संबंध स्थापित कर रहे हैं। इसी कड़ी में 21वीं शताब्दी के दौर में टोनी ब्लेयर ने अक्तूबर, 2001 व जनवरी, 2002 में भारत की यात्रा की। भारत की ओर से नवम्बर, 2001 में प्रधानमंत्री अटल बिहारी वाजपेयी ने इंग्लैण्ड की यात्रा की और जून, 2003 में भारत के उप प्रधानमंत्री ने इंग्लैण्ड की यात्रा की।[20]

ब्रिटेन के पूर्व प्रधानमंत्री डेविड केमरून ने जुलाई, 2010, फरवरी, 2013 व नवम्बर, 2015 में तीन बार भारत की यात्रा की। दूसरी ओर सन् 2006 में तत्कालीन भारतीय प्रधानमंत्री डॉ. मनमोहनसिंह व 12–14 नवम्बर, 2015 में प्रधानमंत्री नरेन्द्र मोदी ने ब्रिटेन की यात्रा की। सन् 2009 में भारतीय राष्ट्रपति प्रतिभा देवीसिंह पाटिल ने भी ब्रिटेन की यात्रा कर पारस्परिक संबंधों को नया आयाम दिया। यूरोपीय संघ से ब्रिटेन के अलग होने पर ब्रिटेन द्वारा भारत के साथ अपने पारस्परिक संबंधों को नया आयाम देने हेतु ब्रिटेन की नव नियुक्त प्रधानमंत्री थेरेसा मे ने 6–8 नवम्बर, 2016 को तीन दिवसीय भारत यात्रा की। इस यात्रा के दौरान भारत को अपना सर्वाधिक महत्वपूर्ण व निकटस्थ मित्र तथा विश्व की एक प्रमुख शक्ति ब्रिटिश प्रधानमंत्री ने बताया–[21]

21वीं सदी के द्वितीय दशक में 12–14 नवम्बर, 2015 के दौरान प्रधानमंत्री नरेन्द्र मोदी ने ब्रिटेन की यात्रा की। यह किसी भारतीय प्रधानमंत्री की लगभग एक दशक बाद पहली द्विपक्षीय यात्रा और मोदी की पहली ब्रिटेन यात्रा है। इस यात्रा

में मोदी ने ब्रिटिश निवेशकों को आकर्षित करने हेतु मेक इन इंडिया जैसी पहल का उल्लेख किया। विनिर्माण पर जोर देने एवं विभिन्न क्षेत्रों में FDI की अनुमति देने की बात कही और भारत की 2015 के राजकोषीय वर्ष 7.5 प्रतिशत की विकास दर के मौजूद रहने का उल्लेख किया। ब्रिटेन और भारत दोनों एक-दूसरे के लिए निवेश के लिहाज से बहुत अहम् हैं। भारत में ब्रिटेन सबसे बड़ा यूरोपीय निवेशक है। इसी तरह भारत का भी यूरोप में सबसे ज्यादा ब्रिटेन में निवेश है। भारत-ब्रिटेन ने अपने द्विपक्षीय सहयोग को सुदृढ़ करने हेतु अप्रैल, 2000 में नई दिल्ली में 'इण्डिया-यूके राउण्ड टेबल' का प्रारम्भ किया। इसका भी प्रमुख उद्देश्य भारत-ब्रिटेन के बीच जारी सहयोग को बढ़ाने हेतु नए उपायों की खोज करना है। इस प्रकार से 21वीं सदी में भारत-ब्रिटेन संबंधों को निम्न 5 बिंदुओं में समझ सकते हैं।[22]

1. आर्थिक क्षेत्र :– ब्रिटेन भारत में प्रत्यक्ष विदेशी निवेश करने वाला तीसरा सबसे बड़ा देश है जबकि भारत भी ब्रिटेन में नई परियोजना शुरू करने के मामले में तीसरा सबसे बड़ा देश है। भारत से पहले केवल अमरीका व फ्रांस ही हैं। भारत के लिए ब्रिटेन एक महत्त्वपूर्ण आयातक देश है। हालांकि यह भारत को बहुत बड़ी मात्रा में निर्यात भी करता रहा है। लेकिन हाल के दिनों में इसमें कमी आई है। ब्रिटेन की अर्थव्यवस्था में भारत की कम्पनियों की अहम् भूमिका है। भारतीयों की 800 से ज्यादा कम्पनियों ने ब्रिटेन में एक लाख से ज्यादा लोगों को रोजगार दिया है। केवल टाटा ग्रुप की कम्पनियों ने ब्रिटेन में 65 हजार लोगों को रोजगार दिया है। विश्व बैंक के आंकड़ों के आधार पर 2013 के 'द गार्डियन' अखबार की एक रिपोर्ट के अनुसार करीब 3.9 अरब डॉलर रकम ब्रिटेन से भारत आई थी।

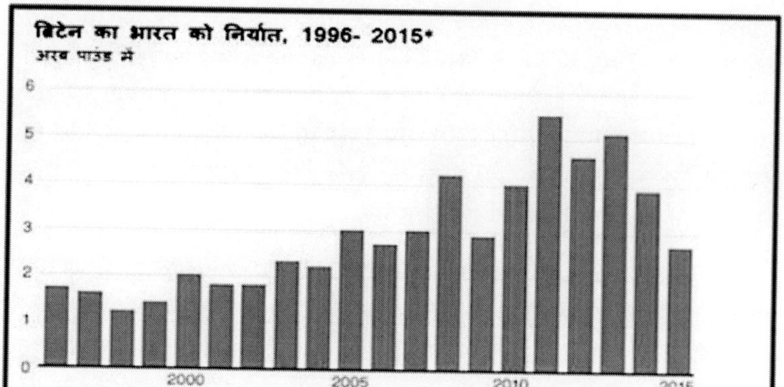

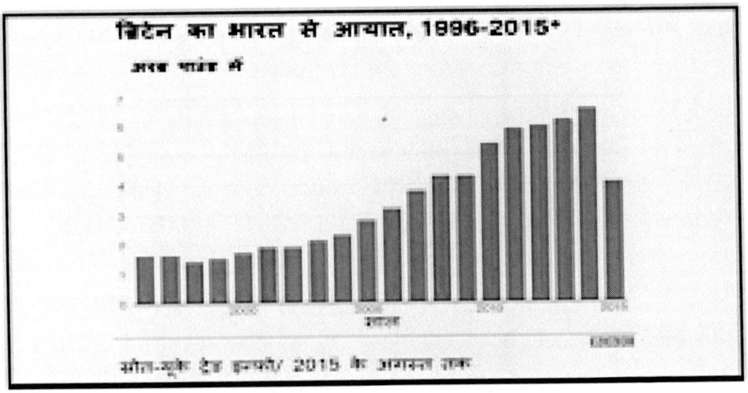

मानचित्र संख्या : 3.2

ब्रिटेन का भारत को आयात-निर्यात

2. शिक्षा :– भारत के 21 हजार से ज्यादा छात्र ब्रिटेन में पढ़ाई कर रहे हैं। हालांकि भारत के युवाओं में अमरीका, ऑस्ट्रेलिया और जर्मनी में पढ़ाई, नौकरी या निवेश करने का चलन बढ़ा है। विज्ञान के क्षेत्र में 'न्यूटन भाभा फण्ड' जैसी नई पहल से शोध के क्षेत्र में द्विपक्षीय संबंध मजबूत होंगे। तकनीकी क्षेत्र में चार विषयों उच्च शिक्षा नवोन्मेष एवं उद्यमिता, डिजायन तथा बौद्धिक सम्पदा, अधिकारों पर सम्मेलन इण्डिया यूके तकनीकी सम्मेलन में शामिल हैं।

3. अंतर्राष्ट्रीय स्तर पर ब्रिटेन की स्थिति :– भारत ने 1990 के दशक में आर्थिक उदारीकरण अपनाया था। उसके बाद ब्रिटेन को भारत के साथ अपने व्यापारिक संबंधों को बचाने के लिए कड़ी चुनौती का सामना करना पड़ा है। 15 साल पहले तक ब्रिटेन भारत का तीसरा बड़ा व्यापारिक सहयोगी था लेकिन अब वह 12वें नम्बर पर पहुंच गया है। प्रधानमंत्री मोदी ने अपने 18 महीने के कार्यकाल में 27 से ज्यादा देशों की यात्रा की है। इसमें आपसी संबंधों को बेहतर करने के साथ ही नए व्यापारिक समझौते भी हुए हैं। भारत की 'लुक ईस्ट पॉलिसी' ने भी भारत, चीन और कोरिया जैसे देशों का महत्व बढ़ाया है।

4. सांस्कृतिक संबंध :– भारत और ब्रिटेन के बीच 200 साल से भी अधिक पुराना संबंध है। दोनों ही देश सांस्कृतिक संस्थानों और अंग्रेजी माध्यम से जुड़े हैं। दोनों देशों के आपसी संबंधों को मजबूत रखने में ब्रिटेन में रहने वाले करीब 15 लाख प्रवासी भारतीयों की अहम् भूमिका है। ये प्रवासी भारतीय न केवल ब्रिटेन और भारत के बीच पुल का काम कर रहे हैं बल्कि इन्होंने भारत की संस्कृति से ब्रिटेन

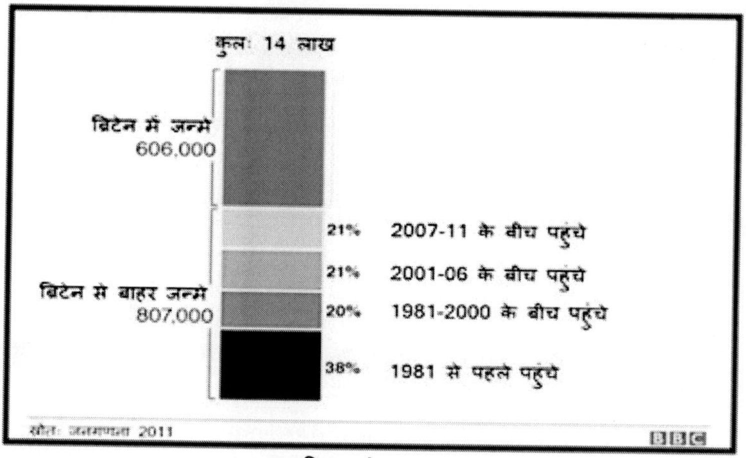

मानचित्र संख्या : 3.3

इंग्लैंड और वेल्स में रहने वाले एन.आर.आई की सूची

स्त्रोत जनगणना 2011—BBC News

को सम्पन्न भी किया है। इसी परिप्रेक्ष्य में भारत व ब्रिटेन के प्रधानमंत्रियों ने 2017 में भारतीय स्वतंत्रता की 70वीं वर्षगांठ के अवसर पर भारत–ब्रिटेन के प्रगाढ़ सांस्कृतिक संबंधों को मनाने के लिए ब्रिटेन भारत संस्कृति वर्ष मनाने का निर्णय लिया है। इससे पहले भी सन् 1995 व 1982 में भारत महोत्सव का आयोजन किया जा चुका है।[23]

5. प्रवासी भारतीयों की भूमिका :– प्रवासी भारतीय ब्रिटेन के हर क्षेत्र में मौजूद हैं। अब चाहे वो व्यापार, राजनीति, खेल का क्षेत्र हो या कोई और। इन्होंने सबमें एक मुकाम हासिल किया है। एक खास बात यह भी है कि ब्रिटेन ने आपसी संबंधों को बेहतर करने के लिए ज्यादातर प्रवासी भारतीयों को ही सामने रखा है। ब्रितानी काउंसिल के हाल के सर्वेक्षण के मुताबिक भारत के मध्यम वर्ग के युवाओं से कहा गया कि दुनिया की 15 बड़ी अर्थव्यवस्थाओं को चुने तो उन्हें अमरीका के बाद ब्रिटेन सबसे आकर्षक लगा। जाहिर है शिक्षा और संस्कृति भारत और ब्रिटेन के भावी द्विपक्षीय संबंधों को मजबूत बनाए रख सकता है।

अतः 21वीं सदी के भारत–ब्रिटेन के बीच सन् 2014–15 के दौरान द्विपक्षीय व्यापार 14.33 अरब डॉलर का था तथा इन आंकड़ों के साथ ब्रिटेन–भारत का 18वां बड़ा व्यापारिक साझेदार देश था। अप्रैल, 2000 से सितम्बर, 2015 के दौरान भारत में ब्रिटिश निवेश 22.56 अरब डॉलर रहा है तथा इन आंकड़ों के साथ मॉरीशस व

सिंगापुर के पश्चात् ब्रिटेन भारत में तीसरा बड़ा निवेशक राष्ट्र है। चालू वर्ष 2016 में भारत की आर्थिक वृद्धि दर 7.3 प्रतिशत है। विश्व की बड़ी अर्थव्यवस्थाओं में भारतीय अर्थव्यवस्था अब सबसे तेजी से बढ़ने वाली अर्थव्यवस्था है। इसी कारण आज विश्व के अधिकांश विकसित व यूरोपीय संघ के ब्रिटेन सहित अधिकांश देश भारत से पारस्परिक द्विपक्षीय संबंध स्थापित करना चाह रहे हैं।

भारत-इटली संबंध

भारत का यूरोपीय संघ के सभी 28 राज्यों के साथ एक जैसे व्यापारिक व राजनीतिक संबंध नहीं हैं। भारत के दोतरफा व्यापार में लगभग तीन-चौथाई भाग चार प्रमुख देशों इंग्लैण्ड, जर्मनी, बेल्जियम तथा इटली का होता है भारत और इटली के संबंध उतार-चढ़ाव वाले रहे हैं जिनमें प्रमुख मुद्दे हैं– कॉफी क्लब के माध्यम से भारत की सुरक्षा परिषद में स्थायी सदस्यता का विरोध, NSG का मुद्दा, बोफोर्स तोप घोटाला, अगस्ता वेस्टलैण्ड हेलीकॉप्टर समझौते का रद्द होना तथा सन् 2012 में इटली के दो नौ सैनिकों द्वारा दो भारतीय मछुआरों की हत्या आदि। वर्ष 2012 में एक समुद्री तेल टैंकर 'एनरिका लेक्सी' पर सवार दो इतालवी नौसैनिकों को दो भारतीय मछुआरों को गोली मारने के मामले में गिरफ्तार किया गया था। उन्होंने मछुआरों को गलती से समुद्री डाकू समझ लिया था। इन दो में से एक मरीन स्वास्थ्य संबंधी समस्याओं की वजह से इटली लौट चुका है जबकि भारत सरकार ने दूसरे सल्वातोर गिराने के देश छोड़ने पर रोक लगा रखी है। वह अभी दिल्ली स्थित इतालवी दूतावास में रह रहा है। इस मामले की वजह से भारत और इटली के बीच काफी खटास आ गई थी। हालांकि इस मामाले को 2016 में सुलझा लिया गया है। भारत-इटली के मध्य 2014-15 में अगस्ता वेस्टलैण्ड हेलीकॉप्टर के सौदे के रद्द होने पर भी दोनों के मध्य कटुता उत्पन्न हुई है।

भारत की यात्रा पर आए इटली के प्रधानमंत्री रोमानो प्रोदी ने कहा कि, "अपने द्विपक्षीय व्यापार को बढ़ावा देने के लिए सभी उपलब्ध कटु अवसरों को भुनाना चाहिए। वर्ष 2004-05 में दोनों देशों के बीच सिर्फ 4 अरब 30 करोड़ डॉलर का व्यापार हुआ जो विश्व व्यापार के एक फीसदी से भी कम है 2012-13 में यूरोपीय संघ के देशों में इटली ने भारत से 12 प्रतिशत आयात किया है। प्रधानमंत्री रोमानो ने इस अवसर पर भारतीय कम्पनियों को इटली में कारोबार शुरू करने का न्यौता दिया और कहा कि वो उन्हें हर संभव मदद करेंगे। यूरोपीय संघ और इटली दोनों के लिए भारत पहला साझेदार है जिनसे मजबूत आर्थिक संबंध बनाने में हम सहज महसूस करते हैं। इटली के व्यापार मंत्री बोनिनो ने कहा कि इटली के पास भारतीय कम्पनियों को देने के लिए बहुत कुछ है। इटली में चमड़ा, कपड़ा और खाद क्षेत्रों

में तकनीक और डिजाइन का फायदा भारत को मिल सकता है। विदेश मंत्री सुषमा स्वराज ने इटली की यात्रा कर वहाँ के विदेशी मंत्री पॉओलों जेंटिलोनी से मुलाकात की और आतंकवाद से निपटने में आपसी सहयोग पर चर्चा की तथा द्विपक्षीय विरोध मुद्दों को सुलझाने को कहा।[24]

भारत-चेक गणराज्य संबंध

भारत और चेक गणराज्य ने संस्कृति, शिक्षा, ज्ञान क्षेत्र में सहयोग, पारस्परिक निवेश को प्रोत्साहन एवं संरक्षण, विदेशी कार्यालय परामर्श पर प्रोटोकोल, एयर सर्विसेज एग्रीमेन्ट तथा दोहरा कराधान परिहार समझौते पर सहमति व्यक्त की है। चेक गणराज्य के राष्ट्रपति संयुक्त राष्ट्र सुरक्षा परिषद में स्थायी सीट पाने की भारत की मांग का समर्थन करता है और दोनों देश अंतरिक्ष, सूचना प्रौद्योगिकी तथा रक्षा के क्षेत्र में पारस्परिक सहयोग करने के लिए सहमत हैं। दोनों के द्विपक्षीय संबंध आज मधुर हैं।

भारत-डेनमार्क संबंध

भारत-डेनमार्क संबंध उतार-चढ़ाव पूर्ण रहे हैं। डेनमार्क द्वारा भारत के नाभिकीय परीक्षण का विरोध किया गया था लेकिन उसके बाद दोनों के आपसी संबंधों में आए दुराव को दूर कर लिया गया और दोनों देश पर्यावरण तथा जैव प्रौद्योगिकी, परमाणु ऊर्जा, जलवायु परिवर्तन, आतंकवाद आदि मुद्दों पर एकमत हैं। भारत और डेनमार्क का ऊर्जा क्षेत्र में घनिष्ठ संबंध है और दोनों के राजनीतिक और आर्थिक संबंध सतत दृढ़ हो रहे हैं।[25]

भारत-फिनलैण्ड संबंध

भारत एवं फिनलैण्ड ने द्विपक्षीय व्यापार के स्तर में वृद्धि लाने का प्रस्ताव किया है। 2003-04 में दोनों के मध्य 380 मिलियन डॉलर का व्यापार हुआ। दोनों ने अपने द्विपक्षीय व बहुपक्षीय व्यापार प्रणाली के प्रति प्रतिबद्धता जाहिर की है। फिनलैण्ड में भारतीय निर्यात को बढावा देने वाली वस्तुएं निम्नलिखित हैं– ग्रेनाइट, संगमरमर, एवं टाईल्स, फल तथा सब्जियां। इस प्रकार से वर्तमान समय में दोनों के व्यापारिक व राजनीतिक संबंध प्रगाढ़ हो रहे हैं।

भारत-आयरलैण्ड संबंध

भारत के आयरलैण्ड से संबंध सदा मैत्रीपूर्ण रहे हैं। इन संबंधों की शुरुआत स्वतंत्रता संघर्ष के समय से हो गयी थी और बाद में भी यह संबंध निरन्तर प्रगाढ़ होते रहे

हैं। भारत व आयरलैण्ड सांस्कृतिक, वैज्ञानिक व प्रौद्योगिकी के सहयोग पर एकमत हैं तथा विज्ञान व तकनीकी मुद्दों पर सहयोग के लिए भारत ने इण्डियन नेशनल साइन्स एकेडमी तथा आयरलैण्ड के साइन्स फाउण्डेशन के बीच एक समझौता ज्ञापन पर हस्ताक्षर किए हैं। इसके अलावा 21वीं सदी में दोनों देश सॉफ्टवेयर सेवाओं, इंजीनियरिंग, स्वास्थ्य, खाद्य निर्माण तथा उपभोक्ता वस्तुओं के संबंध में अवसरों की तलाश कर रहे हैं।

भारत-लक्जेमबर्ग संबंध

लक्जेमबर्ग के साथ भारत के मधुर व प्रगाढ़ संबंध रहे हैं। दोनों के बीच कोई प्रमुख राजनीतिक मुद्दा नहीं है। लक्जेमबर्ग संयुक्त राष्ट्र सुरक्षा परिषद में भारत की स्थायी सदस्यता का समर्थन करता है तथा आतंकवाद, जलवायु परिवर्तन तथा वैश्विक मंचों पर भारत की दावेदारी का समर्थन करता है।[26]

भारत-यूरोपीय संघ शिखर सम्मेलन : एक विवरण

भारत के यूरोपीय संघ के 28 देशों के साथ प्राचीनकाल से ही घनिष्ठ संबंध रहे हैं इसी परिप्रेक्ष्य में यूरोपीय संघ के देशों के साथ भारत के राजनीतिक, सामाजिक, आर्थिक, सांस्कृतिक तथा व्यापारिक संबंध दिन-प्रतिदिन बढ़ते जा रहे हैं। भारत के यूरोपीय संघ के साथ आज तकनीकी, प्रौद्योगिकी, विज्ञान, शिक्षा, परमाणु ऊर्जा, जलवायु परिवर्तन तथा पर्यावरण जैसे मुद्दों पर पारस्परिक सहयोग व समझौते किए जा रहे हैं। इन्हीं मुद्दों को ध्यान में रखते हुए तथा पारस्परिक संबंधों को प्रगाढ़ बनाने के लिए भारत व यूरोपियन संघ के देशों ने 21वीं शताब्दी में 2000 से पारस्परिक शिखर सम्मेलनों का आयोजन शुरू किया है जिससे भारत व यूरोपियन देश अधिकाधिक लाभ अर्जित कर सके तथा अन्तर्राष्ट्रीय मुद्दों को आसानी से हल कर सके। अब तक भारत व यूरोपीय संघ के मध्य 13 शिखर सम्मेलन हो चुके हैं इससे दोनों के मध्य आर्थिक व राजनीतिक संबंधों में काफी कुछ विकास हुआ है।

प्रथम भारत-यूरोपीय संघ शिखर सम्मेलन, 2000

प्रथम भारत-यूरोपीय संघ शिखर सम्मेलन 28 जून, 2000 को लिस्बन (पुर्तगाल) में आयोजित किया गया। इस सम्मेलन में यूरोपीय संघ का प्रतिनिधित्व पुर्तगाल के प्रधानमंत्री ऐंटोनिया गुटेरस ने यूरोपीय परिषद् के अध्यक्ष, विदेश और सुरक्षा नीति के सचिव जेवियर सोलन तथा यूरोपीय आयोग के अध्यक्ष रोमानो प्रोदी ने किया। भारत की तरफ से प्रधानमंत्री अटल बिहारी वाजपेयी ने किया। यह सम्मेलन भारत-यूरोपीय संबंधों के लिए महत्वपूर्ण उपलब्धि थी।

तालिका संख्या 3.1

भारत-यूरोपीय संघ के शिखर सम्मेलन[27]

क्र.सं	*तिथि*	*स्थान*	*देश*
1.	28 जून, 2000	लिस्बन	पुर्तगाल
2.	23 नवम्बर, 2001	दिल्ली	भारत
3.	9 अक्तूबर, 2002	कोपेनहेगन	डेनमार्क
4.	29 नवम्बर, 2003	दिल्ली	भारत
5.	8 नवम्बर, 2004	हेग	नीदरलैण्ड
6.	7 सितम्बर, 2005	नई दिल्ली	भारत
7.	13 अक्तूबर, 2006	हेलसिंकी	फिनलैण्ड
8.	30 नवम्बर, 2007	नई दिल्ली	भारत
9.	29 सितम्बर, 2008	मार्सेली	फ्रांस
10.	6 नवम्बर, 2009	नई दिल्ली	भारत
11.	10 दिसम्बर, 2010	ब्रूसेल्स	बेल्जियम
12.	10 फरवरी, 2012	नई दिल्ली	भारत
13.	30 मार्च, 2016	ब्रूसेल्स	बेल्जियम

इस शिखर सम्मेलन में भारत व यूरोपीय संघ के मध्य मानव अधिकार, आतंकवाद, सुरक्षा, जलवायु व पर्यावरण के मुद्दों पर पारस्परिक सहमति बनी। दोनों ही अपने व्यापार व आर्थिक संबंधों को आगे बढ़ाने पर सहमत हुए। जिसके अन्तर्गत यूरोपीय संघ के देशों में जर्मनी भारत में सर्वाधिक निवेश करने वाला देश है इसके बाद इटली, फ्रांस, ब्रिटेन, स्वीडन, स्पेन, फिनलैण्ड तथा नीदरलैण्ड हैं भारत व यूरोपीय संघ के देश अपने द्विपक्षीय संबंधों को मजबूत करने के लिए पारस्परिक व्यापार को बढ़ाने के लिए इस सम्मेलन में सहमत हुए और आवश्यक वस्तुओं के आयात-निर्यात करने पर बल दिया। भारत के लिए 28 देशों का यूरोपीय संघ विशालतम व्यापारिक भागीदार है। दोनों ही सूचना और प्रौद्योगिकी शिक्षा, संचार, परमाणु ऊर्जा सहयोग करने पर सहमत हुए।[28]

दूसरा भारत-यूरोपीय संघ शिखर सम्मेलन, 2001

दूसरा भारत-यूरोपीय संघ शिखर सम्मेलन नई दिल्ली में 23 नवम्बर, 2001 को आयोजित किया गया। इस सम्मेलन में भारत का प्रतिनिधित्व प्रधानमंत्री अटल बिहारी वाजपेयी ने किया। इसके अतिरिक्त सम्मेलन में विदेश मंत्री जसवन्त सिंह,

मानव संसाधन विकास मंत्री मुरली मनोहर जोशी, वाणिज्य व उद्योग मंत्री मुरासोली मारन ने भाग लिया। यूरोपीय संघ की ओर से इस सम्मेलन में बेल्जियम के प्रधानमंत्री गुई वेरहोफस्टाइट ने यूरोपीय परिषद के अध्यक्ष के रूप में, यूरोपीय कमीशन के अध्यक्ष रोमानो प्रोदी ने भाग लिया।

इस शिखर सम्मेलन में यूरोपीय संघ ने भारत से अपने द्विपक्षीय संबंधों को मजबूत करने हेतु विज्ञान व तकनीकी के क्षेत्र में 200 मिलियन यूरो की सहायता प्रदान की तथा आतंकवाद से निपटने हेतु गम्भीर द्विपक्षीय सहयोग करने पर बल दिया। अपने पारस्परिक द्विपक्षीय सहयोग को मजबूत करने हेतु शिखर सम्मेलन के अलावा विदेश मंत्रीय स्तर पर प्रतिवर्ष बातचीत व सहयोग करने पर सहमत हुए। पारस्परिक व्यापार में आने वाली द्विपक्षीय बाधाओं को दूर करने के लिए उदारीकरण पर भी बल दिया। इस हेतु FTA के नियमों को उदार किया गया तथा द्विपक्षीय व्यापार, शिक्षा, विज्ञान व तकनीकी, पर्यावरण, जलवायु आदि के सहयोग हेतु बल दिया गया।[29]

तीसरा भारत-यूरोपीय संघ शिखर सम्मेलन, 2002

कोपेनहेगन (डेनमार्क) में 10 अक्तूबर, 2002 को तीसरा भारत यूरोपीय संघ शिखर सम्मेलन आयोजित किया गया। इस सम्मेलन में भारत का प्रतिनिधित्व प्रधानमंत्री अटल बिहारी वाजपेयी, विदेश मंत्री यशवन्त सिन्हा, विनिवेश मंत्री अरूण शौरी ने किया। यूरोपीय संघ की ओर से डेनमार्क के प्रधानमंत्री आन्द्रे फोग रासमुसैन ने यूरोपीय परिषद के रूप में विदेश और सुरक्षा नीति मंत्री जेनियर सोलाना, यूरोपीय आयोग के अध्यक्ष के रूप में रोमानो प्रोदी, डेनमार्क के विदेश मामलों के मंत्री पेर स्टिग मोलर ने भाग लिया।

इस शिखर सम्मलेन के दौरान पारस्परिक द्विपक्षीय शांति, तथा टिकाऊ विकास पर बल दिया और प्रमुख चुनौतियों जैसे– जलवायु, आतंकवाद, जैविक हमले, परमाणु अप्रसार, मुद्दों पर एकमत हुए। परमाणु ऊर्जा का शांतिपूर्ण क्षेत्र में प्रयोग करने पर बल दिया तथा विश्व में परमाणु हथियारों की प्रतिस्पर्द्धा को रोकने और आतंकवाद की समस्या से निपटने हेतु एक समझौता ज्ञापन जारी किया और अपने द्विपक्षीय व्यापार निवेश को बढ़ाने हेतु एक सहमति पत्र जारी किया।[30]

चौथा भारत-यूरोपीय संघ शिखर सम्मेलन, 2003

चौथा भारत-यूरोपीय संघ शिखर सम्मेलन 29 नवम्बर, 2003 को नई दिल्ली (भारत) में आयोजित किया गया। इस सम्मेलन में भारतीय प्रधानमंत्री अटल बिहारी वाजपेयी,

विदेश मंत्री यशवन्त सिन्हा ने भाग लिया। यूरोपीय संघ की ओर से यूरोपीय परिषद के अध्यक्ष इटली के विदेश मंत्री श्रीमती मारघेरिटा बोनीवर, यूरोपीय आयोग के अध्यक्ष रोमानो प्रोदी, और विदेश और सुरक्षा नीति सचिव जेवियर सोलाना ने प्रतिनिधित्व किया। यह सम्मेलन काफी सफल रहा। इस सम्मेलन में सहयोग के बहुत से सकारात्क बिन्दु अंकित किए गए।

इस शिखर सम्मेलन में व्यापार और निवेश कार्यक्रम पर हस्ताक्षर किए और विज्ञान, तकनीकी तथा औद्योगिक विकास करने पर बल दिया गया। इस दौरान ही अपने व्यापार व सांस्कृतिक संबंधों को दृढ़ बनाने के लिए सहमति पत्र जारी किया और दृढ़ निश्चय किया कि वे अपने व्यापार व आर्थिक सम्बन्ध भविष्य में मजबूत बनाएंगे और निवेश से संबंधित बाधाओं को द्विपक्षीय सहमति के आधार पर दूर करेंगे। इस दौरान भारत ने यूरोपीय संघ के देशों से मजबूत संबंध स्थापित किए।[31]

पांचवा भारत-यूरोपीय संघ शिखर सम्मेलन, 2004

यूरोपीय संघ के साथ भारत की पांचवीं शिखर वार्ता 8 नवम्बर, 2004 को नीदरलैण्ड के हेग में सम्पन्न हुई। यह वार्ता मूलतः अक्तूबर को होने वाली थी, किन्तु किन्हीं कारणों से इसे स्थगित कर दिया गया था। हेग वार्ता में भाग लेने के लिए प्रधानमंत्री डॉ. मनमोहनसिंह 7 नवम्बर को नई दिल्ली से रवाना हुए। विदेशमंत्री नटवरसिंह व वाणिज्य मंत्री कमलनाथ के अतिरिक्त वरिष्ठ अधिकारियों का एक दल इस शिखर वार्ता के लिए उनके साथ हेग गया। यूरोपीय संघ की ओर से नीदरलैण्ड्स के प्रधानमंत्री व यूरोपीय परिषद् के अध्यक्ष जान पीटर बालकेडे व यूरोपीय आयोग के अध्यक्ष रोमानो प्रोदी ने इस शिखर वार्ता में भाग लिया। यूरोपीय संघ व भारत के बीच आर्थिक साझेदारी सुदृढ़ करने के अतिरिक्त आतंकवाद, सीमा पार से होने वाले अपराधों व नशीले पदार्थों के अवैध व्यापार पर रोक लगाने, पर्यावरण संरक्षण और सहस्त्राब्दी विकास लक्ष्यों की प्राप्ति हेतु सहयोग जैसे विषयों पर चर्चा इस शिखर वार्ता में हुई। वार्ता के पश्चात् जारी 34 सूत्रीय संयुक्त घोषणा पत्र में जिन मुद्दों पर सहमति व्यक्त की गई, उनमें 'सामरिक भागीदारी' के लिए कार्य योजना का निर्धारण मुख्य है। संयुक्त राज्य अमरीका, रूस, जापान, कनाडा व चीन के पश्चात् भारत यूरोपीय संघ के साथ सामरिक भागीदारी वाला छठा देश होगा। पारस्परिक सहयेाग सम्बर्द्धन के लिए दोनों पक्षों की संसदों, राजनीतिक दलों, श्रम संघों, व्यापार संगठनों एवं विश्वविद्यालयों आदि में पारस्परिक आदान-प्रदान करने व इनकी आपसी बैठकें नियमित रूप से आयोजित करने की सहमति दोनों पक्षों ने इसमें व्यक्त की।[32] निःशस्त्रीकरण व नाभिकीय अप्रसार के मुद्दों पर वार्ता प्रारम्भ

करने को भी सहमति इसमें व्यक्त की गई। 'एरास्मुस मुंडुस' के तहत विशेष भारतोन्मुखी छात्रवृति योजना के तहत यूरोपीय संघ व भारत के मध्य विद्यार्थियों की आवाजाही को सुदृढ़ बनाने को इसमें कहा गया है। ऑटोमोटिव इंजीनियरिंग, जेनोमिक्स, लाइफ साइंसेज व नैनों टेक्नोलॉजी के क्षेत्रों में संयुक्त वर्कशॉप्स का आयोजन, ऊर्जा क्षेत्र में संयुक्त उपक्रमों हेतु पैनल का गठन तथा पारस्परिक हित के पर्यावरणीय मुद्दों के लिए 'यूरोपीय संघ भारत पर्यावरण मंच' (EU-India Environrment Forum) का गठन आदि के मुद्दे संयुक्त घोषणा पत्र के अन्य बिन्दुओं में शामिल हैं। संयुक्त राष्ट्रसंघ व इसके प्रमुख निकायों में प्रतिनिधित्व को बेहतर बनाने, इनमें पारदर्शिता लाने तथा इन्हें अधिक प्रभावपूर्ण बनाने के लिए इनमें सुधार के लिए चल रही मौजूदा प्रक्रिया के प्रति अपना समर्थन भारत एवं यूरोपीय संघ ने किया। घोषणा पत्र में यूरोपीय संघ ने डॉ. मनमोहनसिंह के नेतृत्व वाली संयुक्त प्रगतिशील गठबंधन (UPA) सरकार द्वारा न्यूनतम साझा कार्यक्रम के तहत प्रारम्भ की गई नीतियों का स्वागत किया। सतत विकास, निवेश एवं रोजगार के लिए आर्थिक सुधारों के प्रति भारत की प्रतिबद्धता के घोषणा पत्र में सराहना की गई। 10 पृष्ठों के घोषणा पत्र के अनुसार भारत एवं यूरोपीय संघ एक नए संयुक्त राजनीतिक घोषणा पत्र को तैयार करने को सहमत हुए हैं। विभिन्न क्षेत्रों में महत्वपूर्ण साझेदारी तथा संयुक्त राजनीतिक घोषणा पत्र को छठी शिखर बैठक में स्वीकृत कराने की दिशा में दोनों पक्ष काम करने को सहमत हुए। छठी शिखर बैठक का 2005 में नई दिल्ली में आयोजन होना था। यूरोपीय संघ के साथ पांचवीं शिखर वार्ता के अगले दिन 9 नवम्बर, 2004 को वाणिज्यिक शिखर वार्ता में भारतीय उद्योग महासंघ (CII) व भारतीय वाणिज्य एवं उद्योग परिमंडल (FICCI) के प्रतिनिधि उपस्थित थे। इस सम्मेलन में बहुराष्ट्रीय कम्पनियों को डॉ. मनमोहनसिंह ने आश्वस्त किया कि अगले बजट में भारत करों में और सुधार करेगा तथा सीमा शुल्क को कम करके 'आसियान' के स्तर पर लाया जाएगा ताकि भारतीय बाजार को निवेशानुकूल बनाया जा सके। पेट्रोलियम क्षेत्र की कम्पनियों को उन्होंने आश्वासन दिया कि स्वदेशी कम्पनियों के अनुरूप ही उनके विनियमन के लिए एक स्वतंत्र पेट्रोलियम नियामक प्राधिकरण (PRA) का गठन भारत द्वारा किया जाएगा। दो दिन के हेग प्रवास के दौरान डॉ. मनमोहनसिंह महारानी बीट्रिक्स से मिलने शाही महल भी गए।[33]

छठा भारत-यूरोपीय संघ शिखर-सम्मेलन, 2005

भारत व यूरोपीय संघ (EU) के मध्य छठी वार्षिक शिखर वार्ता 7 सितम्बर, 2005 को नई दिल्ली में सम्पन्न हुई। ब्रिटिश प्रधानमंत्री टोनी ब्लेयर (यूरोपीय संघ की तत्कालीन अध्यक्षता ब्रिटेन के पास होने के नाते), यूरोपीय आयोग (EC) के अध्यक्ष

जोस मैनुएल बरोस, विदेशी मामलों व सुरक्षा संबंधी मामलों के लिए यूरोपीय संघ के प्रतिनिधि जेवियर सोलाना, विदेशी मामलों के लिए यूरोपीय आयुक्त सुश्री बेनिटा फरेरो-वाल्डनर तथा व्यापार आयुक्त पीटर मंडेल्सन इस शिखर वार्ता के लिए बीजिंग होते हुए नई दिल्ली आए थे। यूरोपीय संघ के मौजूदा अध्यक्ष होने के नाते इस वार्ता में यूरोपीय संघ का नेतृत्व ब्रिटिश प्रधानमंत्री टोनी ब्लेयर ने किया। दो माह के भीतर ब्रिटिश प्रधानमंत्री के साथ डॉ. मनमोहनसिंह की यह दूसरी मुलाकात थी। इससे पूर्व जी-8 की बैठक में भाग लेने के लिए डॉ. मनमोहनसिंह जुलाई, 2005 में ब्रिटेन गए। भारत-यूरोपीय संघ छठी शिखर वार्ता में भारतीय प्रधानमंत्री डॉ. मनमोहनसिंह ने व्यापार में गैर प्रशुल्कीय अवरोध खड़े करने पर यूरोपीय संघ को आड़े हाथों लिया जबकि यूरोपीय संघ के अध्यक्ष टोनी ब्लेयर ने यह स्पष्ट किया कि विदेशी निवेश आकर्षित करने के लिए भारत को अपनी अर्थव्यवस्था का और उदारीकरण करना होगा। रणनीतिक भागीदारी को आगे बढ़ाते हुए भारत व यूरोपीय संघ ने आतंकवाद के विरुद्ध संयुक्त रूप से संघर्षरत रहने का संकल्प लिया। दोनों पक्षों ने इस बात पर सहमति व्यक्त की कि 7 जुलाई, 2005 को लंदन में हुए आतंकी हमलों से एक बार पुनः यह साबित हो गया है कि सभ्य समाज में आतंकवाद के लिए कोई स्थान नहीं है। बैठक में स्वीकार की गई संयुक्त कार्य योजना में नौ बिन्दुओं में सुरक्षा के मुद्दे पर बातचीत जारी रखने, वित्तीय स्त्रोतों पर पाबन्दी के जरिए आतंकवाद के विरुद्ध साझा जंग को और तेज करने तथा एक उच्चस्तरीय व्यापार समूह स्थापित करने के मुद्दे शामिल थे। इसके अतिरिक्त गैलीलियो उपग्रह नेविगेशन प्रणाली में भारत को शामिल करने के लिए एक फ्रेमवर्क समझौता सम्पन्न करने को सहमति यूरोपीय पक्ष ने व्यक्त की। चीन व इजरायल के बाद भारत इसमें तीसरा गैर यूरोपीय देश है। गैलीलियो उपग्रह संचार प्रणाली का हिस्सा बनने से देश में मोबाइल फोन सेवा की तरह एक नई तकनीकी क्रांति के युग का सूत्रपात होगा। यूरोपीय संघ के सूत्रों के अनुसार यह प्रणाली मोटर वाहनों के लिए दिशा-निर्देश की इलेक्ट्रॉनिक मैप पद्धति मुहैया कराने के साथ-साथ बचाव कार्यों में बेहतर कारगर सिद्ध होगी। ऊर्जा क्षेत्र में सहयेाग के लिए सहमति व्यक्त करते हुए यूरोपीय संघ ने इंटरनेशनल थर्मोन्यूक्लियर एक्सपेरीमेंट रिएक्टर (ITER) न्यूक्लियर फ्यूजन परियोजना में भारत की सदस्यता हेतु समर्थन प्रदान करने को सहमति भी प्रदान की।[34] यूरोपीय संघ शिखर बैठक के पश्चात् ब्रिटेन के साथ भारत की शिखर वार्ता 8 सितम्बर, 2005 को उदयपुर में उदय विलास होटल में हुई। दोनों नेताओं के बीच यह द्विपक्षीय वार्ता मूलतः शिमला में मसोवरा में होनी थी, किन्तु घने कोहरे के कारण अंतिम समय में आयोजन स्थल में परिवर्तन किया गया। विभिन्न मुद्दों पर हुई इस बातचीत में आतंकवाद, पर्यावरण, वैश्वीकरण, प्रबन्धन एवं

संयुक्त राष्ट्र मामले मुख्य बिन्दु थे। नागरिक उपयोग के लिए नाभिकीय ऊर्जा व हाइड्रोकार्बन के क्षेत्र में सहयोग बढ़ाने पर भी चर्चा इस बैठक में हुई। बातचीत के बाद हस्ताक्षरित समझौतों में ऊर्जा नीति पर समझौता, हवाई सेवाओं के विस्तार हेतु समझौता, फिल्मों के सहनिर्माण हेतु समझौता तथा बौद्धिक सम्पदा अधिकारों पर समझौता शामिल था।

बातचीत में दोनों पक्ष पारस्परिक व्यापार एवं निवेश सम्वर्द्धन के लिए भी सहमत हुए। भारतीय प्रधानमंत्री डॉ. मनमोहनसिंह ने बताया कि भारत प्रतिवर्ष 10-15 अरब डॉलर विदेशी प्रत्यक्ष निवेश (FDI) आकर्षित करने के लिए प्रतिबद्ध है तथा इसके लिए वह ब्रिटेन व अन्य समान विचारधारा वाले देशों के साथ मिलकर काम करने का इच्छुक है।[35]

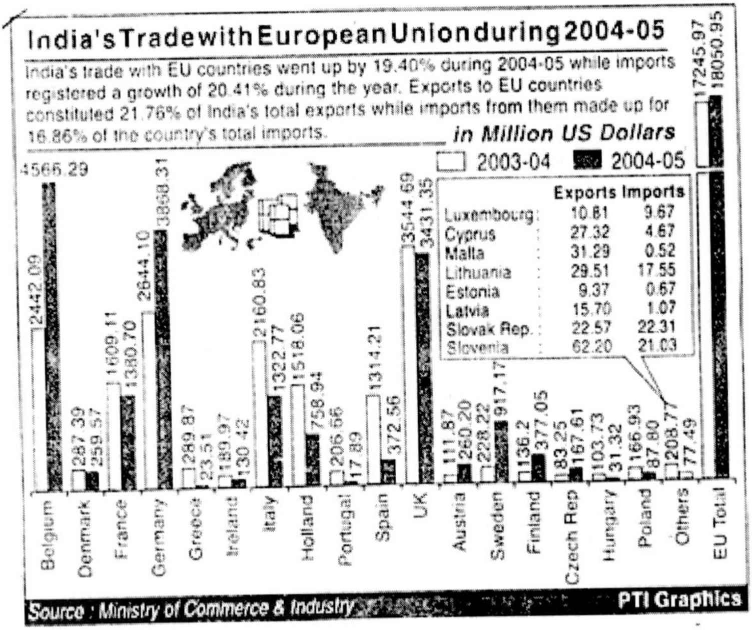

एक विवरण : 2004-2005 में भारत यूरोपीय-संघ के मध्य व्यापार

मानचित्र संख्या : 3.4

भारत-यूरोपीय संघ के मध्य व्यापार (2004-05)

सातवां भारत-यूरोपीय संघ शिखर सम्मेलन, 2006

भारत-यूरोपीय संघ की सातवीं शिखर बैठक हेलसिंकी (फिनलैण्ड) में 13 अक्तूबर 2006 को हुई। प्रधानमंत्री डॉ. मनमोहनसिंह ब्रिटेन व फिनलैण्ड की 6 दिन की यात्रा के लिए 9 अक्तूबर 2006 को ही नई दिल्ली से रवाना हुए। ब्रिटेन की उनकी यह यात्रा जहाँ द्विपक्षीय संबंधों को मजबूत बनाने के सिलसिले में थी, वहीं फिनलैण्ड की उनकी यात्रा का मुख्य उद्देश्य भारत–यूरोपीय संघ शिखर बैठक में भाग लेने का था। भारत एवं यूरोपीय संघ के मध्य ये सातवीं बैठक थी। किसी भारतीय प्रधानमंत्री की 20 वर्ष के अंतराल के पश्चात् फिनलैण्ड की यह यात्रा थी। वैसे भी भारत द्वारा फिनलैण्ड को विशेष महत्व दिया जा रहा था। इसका आकलन इस बात से किया जा सकता है कि फिनलैण्ड उन पहले आठ राष्ट्रों में शामिल है जिनके साथ दोहरी नागरिकता का प्रावधान करने की प्रक्रिया भारत ने प्रारम्भ की। फिनलैण्ड की राजधानी हेलसिंकी में तीन दिन के प्रवास के दौरान यूरोपीय संघ के साथ शिखर वार्ता के साथ-साथ द्विपक्षीय मुद्दों पर भी बातचीत डॉ. मनमोहन सिंह ने की। 12 अक्तूबर, 2006 को सम्पन्न इस बातचीत के बाद संयुक्त संवाददाता सम्मलेन में फिनलैण्ड के प्रधानमंत्री मति वानहैनेन ने भारत की सुरक्षा परिषद की स्थायी सदस्यता की दावेदारी का स्पष्ट समर्थन करते हुए कहा कि उनकी सरकार ने इसके लिए औपचारिक फैसला कर लिया है।[36]

आतंकवाद को वैश्विक चुनौती बताते हुए इसके विरुद्ध लड़ाई में भारत को हर संभव सहयोग का आश्वासन उन्होंने दिया, किन्तु भारत अमरीका परमाणु समझौते को यूरोपीय संघ के समझौते का वायदा उन्होंने यह कहकर नहीं किया कि इस मामले में संघ द्वारा सामूहिक स्तर पर निर्णय किया जाएगा। भारत की ऊर्जा संबंधी जरूरतों को महसूस करते हुए फिनलैण्ड के प्रधानमंत्री ने कहा कि भारत को जैव ऊर्जा की दिशा में ध्यान देना चाहिए। 12 अक्तूबर, 2006 को ही ईयू भारत व्यापार शिखर बैठक में यूरोपीय कम्पनियों को भारत में निवेश के लिए प्रधानमंत्री मनमोहनसिंह ने प्रोत्साहित किया। भारत में 8 प्रतिशत से अधिक विकास दर का हवाला देते हुए उन्होंने कहा कि अगले पांच वर्षों में भारत में आधारिक संरचना (Infra-Structure) क्षेत्र में 320 अरब डॉलर के निवेश की आवश्यकता है तथा यूरोपीय कम्पनियाँ इस अवसर का लाभ उठा सकती हैं। प्रधानमंत्री ने कहा कि भारत में यूरोप की कम्पनियां अपनी पूंजी पर 13 प्रतिशत तक लाभ कमा रही हैं, जबकि उनका विश्व औसत 6 प्रतिशत ही है। 13 अक्तूबर, 2006 को भारत ईयू शिखर बैठक में भारतीय प्रधानमंत्री मनमोहनसिंह के साथ फिनलैण्ड (यूरोपीय संघ के तत्कालीन अध्यक्ष) के प्रधानमंत्री मति वानहैनेन व यूरोपीय आयोग के अध्यक्ष जोस मैनुएल

बरोसो के अतिरिक्त यूरोपीय संघ के विदेश नीति प्रमुख जेवियर सोलाना उपस्थित थे। इस बातचीत में दोनों पक्षों ने न केवल विश्व व्यापार संगठन (WTO) की अवरुद्ध वार्ता को शीघ्रातिशीघ्र पुनः प्रारम्भ करने की साझा कोशिशों के लिए सहमति प्रदान की, बल्कि WTO की मौजूदा शर्तों से आगे बढ़कर एक व्यापक व्यापार एवं निवेश समझौते सम्पन्न करने के लिए प्रतिबद्धता व्यक्त की। यह समझौता वार्ता एक वर्ष में पूरी करने का प्रयास करने को दोनों पक्ष सहमत हुए। फिनलैण्ड के प्रधानमत्री वानहैनेन, यूरोपीय आयोग के अध्यक्ष जोस मैनुएल बरोसो व भारतीय प्रधानमंत्री डॉ. मनमोहनसिंह ने बैठक के बाद संयुक्त संवाददाता सम्मलेन में इस प्रस्तावित समझौते को अति महत्त्वपूर्ण बताया।

भारतीय वाणिज्यमंत्री कमलनाथ ने बाद में इसे 'डब्ल्यूटीओ प्लस' की तरह का समझौता करार दिया है। भारत व यूरोपीय संघ की शिखर वार्ता के बाद जारी संयुक्त वक्तव्य में आतंकवाद के सभी रूपों की निन्दा की गई। यूरोपीय संघ को सार्क में विशेष दर्जा दिलाने में भारत ने बहुत मदद की इसको भी संयुक्त वक्तव्य में स्वीकारा गया। नई दिल्ली में 1 अप्रैल, 2007 को प्रस्तावित सार्क सम्मेलन में यूरोपीय संघ ने पहली बार पर्यवेक्षक के रूप में हिस्सा लिया। यूरोपीय संघ ने आयुर्वेद को भी स्वीकारने का फैसला किया। भविष्य में आयुर्वेदिक दवाएं यूरोप में भी बिकने लगी। इसके लिए यूरोपियन आयोग की एक टीम ने उसी वर्ष भारत आकर आयुर्वेद प्रणाली का अध्ययन किया। यूरोपीय संघ की रुचि भारत से अधिक संख्या में विद्यार्थी आकर्षित करने में भी थी। इसके परिप्रेक्ष्य में नवम्बर, 2006 में नई दिल्ली में पहला यूरोपियन यूनियन-इंडिया हायर एजुकेशन फेयर हुआ। यूरोपीय संघ की नेवीगेशन प्रणाली गैलीलियो परियोजना में भारत को पूर्ण सदस्यता के मसले पर मतभेद शिखर वार्ता के दौरान दूर नहीं हो सके। भारतीय प्रधानमंत्री मनमोहनसिंह ने यद्यपि आशा व्यक्त की कि यूरोपीय संघ इसे जल्द ही मंजूरी प्रदान करेगा।[37]

आठवां भारत-यूरोपीय संघ शिखर सम्मेलन, 2007

आठवीं भारत-यूरोपीय संघ शिखर बैठक नई दिल्ली में 30 नवम्बर, 2007 को हुई। भारत गणतंत्र का प्रतिनिधित्व प्रधानमंत्री डा. मनमोहन सिंह, विदेश मंत्री श्री प्रणव मुखर्जी, वाणिज्य एवं उद्योग मंत्री श्री कमलनाथ और राष्ट्रीय सुरक्षा सलाहकार श्री एम.के. नारायणन ने किया। यूरोपीय संघ का प्रतिनिधित्व यूरोपीय परिषद् के अध्यक्ष की अपनी हैसियत से पुर्तगाल के प्रधानमंत्री श्री जोस सोक्रैटेस, यूरोपीय आयोग के अध्यक्ष श्री जोस मैनुएल बरौसो, यूरोपीय व्यापार आयुक्त श्रीपीटर

मोडेलसन और पुर्तगाल के विदेशी मामले और सहयोग राज्य मंत्री श्री जोआब गोम्स क्राबिन्हों ने किया।

निम्नलिखित संदेश संयुक्त रूप से जारी किया गया–

1. भारत की स्वतंत्रता के 60वें वर्ष में और रोम की संधि की50 वीं वर्षगांठ पर विश्व के दो सबसे बड़े लोकतंत्र और बहु–ध्रुवीय विश्व में वैश्विक खिलाड़ी के रूप में भारत–यूरोपीय संघ ने नवम्बर, 2004 में हेग में आरम्भ की गई सामरिक साझेदारी के प्रति अपनी प्रतिबद्धता रेखांकित की। उन्होंने फिर से पुष्टि की कि सामरिक साझेदारी लोकतंत्र, मौलिक स्वतंत्रताओं (धार्मिक स्वतंत्रता सहित), बहुलवाद, कानून का शासन, मानवाधिकारों का सम्मान और वैश्विक चुनौतियों के कारगर ढंग से निपटने के उपाय के रूप में अंतर्राष्ट्रीय राजनीतिक वास्तुशिल्प में बहुपक्षवाद जैसे मूल्यों में परस्पर विश्वास से संभव होता है। उन्होंने सामरिक साझेदारी को और सुदृढ़ करने तथा शांति, सुरक्षा और सबके लिए स्थाई विकास के निमित्त वैश्विक स्तर पर सहयोग करने के लिए दृढ़ निश्चय व्यक्त किया।

2. भारत–यूरोपीय संघ ने 2007–2010 के लिए भारत के निमित्त देश रणनीति कागजात पर समझौता ज्ञापन हस्ताक्षरित किए जाने का स्वागत किया, जो 260 मिलियन यूरो के कुल बजट से सहस्त्राब्दि विकास लक्ष्य प्राप्त करने और भारत–यूरोपीय संघ संयुक्त कार्य योजना लागू करने के लिए भारत के प्रयासों की सहायता करेगा।

3. दोनों पक्षों ने सितम्बर, 2005 में नई दिल्ली में 6वीं भारत–यूरोपीय संघ शिखर बैठक में अपनाई गई संयुक्त कार्य योजना की समीक्षा की, इसके क्रियान्वयन में हुई प्रगति का स्वागत किया और इस दिशा में आगे और तरक्की होने की आशा व्यक्त की। दोनों पक्ष 2008 में संयुक्त कार्य योजना का समग्र आकलन करेंगे और इस अवसर पर भारत–यूरोपीय संघ संबंधों की समग्र रूपरेखा को और स्तरोन्नत करने के उपायों का आकलन करेंगे।[38]

4. उन्होंने ग्रीन हाउस गैस उत्सर्जन की कटौती एवं नवाचार, स्वच्छ विकास और जलवायु परिवर्तन पर अनुसंधान और ऊर्जा सुरक्षा एवं स्थायी ऊर्जा आपूर्ति के संवर्धन के क्षेत्र में विद्यमान द्विपक्षीय सहयोग कार्यक्रम को मजबूत करने पर बल दिया। नेताओं ने दोनों सामरिक साझेदारों के बीच

और भारत एवं यूरोपीय संघ के अलग-अलग सदस्य देशों के बीच विभिन्न स्तरों पर गहन वार्ता होने पर संतोष व्यक्त किया। नेताओं ने यूरोपीय संसद में भारत के साथ संबंध के लिए शिष्टमंडल के गठन का स्वागत किया। उन्होंने सहमति व्यक्त की कि यूरोपीय संघ के साथ संबंध के लिए भारतीय सांसद चौगुटा के सृजन से दोनों पक्षों से सांसदों के बीच अन्योन्यक्रिया को प्रोत्साहन मिलेगा। नेताओं ने व्यापारियों, व्यावसायिकों और सरकारी शिष्टमंडल के सदस्यों के साथ-साथ शोधकर्ताओं, वैज्ञानिकों, छात्रों, शिक्षाविदों और सभ्य समाज के प्रतिनिधियों के लिए भारत और यूरोपीय संघ के सदस्य देशों के बीच जन-दर-जन संपर्क बढ़ाते रहने की आवश्यकता को भी रेखांकित किया।

5. भारत और यूरोपीय संघ ने नियम आधारित बहुपक्षीय व्यापार प्रणाली तथा और अधिक द्विपक्षीय व्यापार संबंधों के प्रति अपनी प्रतिबद्धता की फिर से पुष्टि की। दोहा विकास कार्य सूची (डीडीए) का सफल एवं समय पर परिणाम आना बहुपक्षीय व्यापार वार्ताओं के सिलसिले में दोनों पक्षों की सर्वोच्च व्यापार नीति की प्राथमिकता है। दोनों पक्ष वार्ता के सभी क्षेत्रों में व्यापक, संतुलित और महत्त्वाकांक्षी परिणाम के माध्यम से दोहा विकास कार्य सूची वार्ता की सफलता सुनिश्चित करने के लिए साथ मिलकर कार्य करने के लिए दृढ़ संकल्प हैं दोनों पक्ष इस बात पर सहमत हुए कि दोहा मंत्री स्तरीय घोषणा के विकास अधिदेश का अवश्य सम्मान होना चाहिए और वार्ता के अधीन रूपात्मकताओं के साथ-साथ अंतिम परिणाम में भी यह प्रतिबंधित होना चाहिए। वार्ताओं की सफल निष्पत्ति से एक ऐसा परिणाम निकलना चाहिए जिससे बाजार एक-दूसरे के लिए खुल जाएं और विकास में योगदान पहुंचे।

6. नेताओं ने नोट किया कि भारत और यूरोपीय संघ के बीच द्विपक्षीय व्यापार तेजी से बढ़ रहा है और द्विपक्षीय आर्थिक संबंधों में मजबूती को प्रतिबंधित करता है। दोनों पक्षों ने पिछली शिखर बैठक में विस्तृत व्यापार और निवेश करार करने की दिशा में कार्य करने के निमित्त किए गए निर्णय के बाद उच्च स्तरीय व्यापार समूह द्वारा किए गए कार्य का भी जायजा लिया। भारत और यूरोपीय संघ ने भारत-यूरोपीय संघ व्यापार और निवेश करार पर वार्ता के पहले कुछ दौरों में हुई प्रगति का स्वागत किया तथा वार्ता और गहन करने की प्रतिबद्धता की फिर से पुष्टि की।

7. दोनों पक्षों ने राजनीतिक वार्ता के साथ-साथ भारत-यूरोपीय संघ व्यापार

शिखर बैठक के आयोजन का स्वागत किया जिसने दोनों पक्षों के मुख्य व्यापार रहनुमाओं के बीच उपयोगी एवं रचनात्मक अन्योन्यक्रिया का अवसर प्रदान किया। भारतीय पक्ष ने ऊर्जा, पर्यावरण, स्वच्छ विकास और जलवायु परिवर्तन जैसे विशिष्ट क्षेत्रों में निजी और सार्वजनिक साझेदारियों को बढ़ावा देने के उद्देश्य से भारत में यूरोपीय व्यवसाय और प्रौद्योगिकी केन्द्र स्थापित करने संबंधी प्रस्ताव का स्वागत किया।

8. नेताओं ने अन्तर्राष्ट्रीय शांति और सुरक्षा को बढ़ावा देने संबंधी अपनी प्रतिबद्धता दोहराई। इस संदर्भ में, नेताओं ने निःशस्त्रीकरण एवं अप्रसार तथा आपसी सरोकार के द्विपक्षीय मुद्दों सहित सुरक्षा संबंधी मुद्दों पर विचारों के आदान-प्रदान के लिए भारत-यूरोपीय संघ सुरक्षा वार्ता, जिसके दूसरे दौर की बैठक मई, 2007 में बर्लिन में हुई थी, को काफी महत्वपूर्ण माना।

9. कारगर बहुपक्षवाद की महती आवश्यकता और नियम आधारित अंतर्राष्ट्रीय व्यवसाय के प्रति अपनी प्रतिबद्धता पर बल देते हुए नेताओं ने मानवाधिकार विकास और पर्यावरण सहित वैश्विक महत्व के मुद्दों से निपटने के लिए संयुक्त राष्ट्र संघ में तथा अंतर्राष्ट्रीय मंचों पर सहयोग संबंधी अपनी प्रतिबद्धता की फिर पुष्टि की। शिखर बैठक में सशक्त, कारगर और दक्ष संयुक्त संगठन के महत्व को रेखांकित किया गया और नेताओं ने संयुक्त राष्ट्र संघ में व्यापक सुधार की आवश्यकता को भी स्वीकार किया।

10. दोनों पक्ष संयुक्त राष्ट्र मानवाधिकार परिषद के भीतर सहयोग प्रवर्तित करने और द्विपक्षीय एवं बहुपक्षीय दोनों ही संदर्भों में मानवाधिकारों पर अपनी वार्ता में बढ़ोतरी करने के लिए प्रतिबद्ध हैं। यूरोपीय संघ और भारत दोनों ही मानवाधिकारों व मौलिक स्वतंत्रताओं का सम्मान करने, संरक्षण करने और बढ़ावा देने तथा अच्छे शासन को प्रोत्साहित करने के लिए प्रतिबद्ध हैं। शिखर बैठक के नेताओं ने नरसंहार, युद्ध अपराध और मानवता के खिलाफ अपराध के दोषियों के लिए दंडमुक्ति समाप्त करने के महत्त्व पर बल दिया।[39]

11. भारत और यूरोपीय संघ ने निःशस्त्रीकरण तथा व्यापार विनाश के हथियारों के प्रसार और उनके सुपुर्दगी तंत्रों को विफल करने के लिए साझेदार के रूप में साथ मिलकर कार्य करने में अपने साझे हित की फिर से पुष्टि की। वे व्यापक विनाश के हथियारों और उनके सुपुर्दगी तंत्रों के प्रसार, खासकर आतंकवादियों और गैर जिम्मेदार तत्वों के हाथों में उनके पड़

जाने के जोखिम को महत्वपूर्ण समकालीन चुनौती के रूप में मानते हैं। इस संबंध में वे संयुक्त राष्ट्र सुरक्षा परिषद संकल्प 1540 में यथा उल्लिखित कारगर निर्यात नियंत्रण उपायों का राष्ट्रीय क्रियान्वयन सहित अप्रसार और निःशस्त्रीकरण संबंधी अपने दायित्वों का सभी राष्ट्रों द्वारा पूर्ण अनुपालन के महत्व पर बल देते हैं। भारत और यूरोपीय संघ निःशस्त्रीकरण और अप्रसार के लिए वचनबद्ध देशों के अग्रदर्शी दृष्टिकोणों के माध्यम से शांतिपूर्ण प्रयोगों में सहयोग परिरक्षित और संवर्धित करते हुए व्यापक विनाश के हथियारों एवं उनके सुपुर्दगी तंत्रों का प्रसार रोकने के लिए वैश्विक प्रयास साझेदार के रूप में योगदान करने हेतु तैयार हैं।

12. नेताओं ने इस बात पर बल दिया कि मध्य-पूर्व-पश्चिम एशिया में व्यापक, न्यायोचित और टिकाऊ शांति एवं स्थिरता प्राप्त करने के उद्देश्य से इस क्षेत्र के लिए व्यापक शांति योजना को बढ़ावा देना अंतर्राष्ट्रीय समुदाय के लिए अत्यन्त आवश्यक है उन्होंने संयुक्त राष्ट्र सुरक्षा परिषद् संकल्पों, रोडमैप, अरब लीग संकल्प (बेरूत 2002) सहित विद्यमान करारों के आधार पर वार्ता के माध्यम से इजरायल फिलीस्तीन विवाद के समाधान के लिए अपने समर्थन की फिर से पुष्टि की। नेताओं ने लेबनान की स्थिति पर चर्चा की तथा संयुक्त राष्ट्र सुरक्षा परिषद् संकल्प 1701 और प्रवलित यूएनआईएफआईएल के पूर्ण क्रियान्वयन का समर्थन किया। उन्होंने शांति एवं स्थिरता बनाए रखने तथा अतिवाद पर अंकुश लगाने के लिए लेबनान की सरकार के प्रयासों का समर्थन किया। नेताओं ने हालिया अंतर्राष्ट्रीय बैठक के लिए अपना समर्थन व्यक्त किया, जिससे उनको अरब इजरायल विवाद के व्यापक समर्थन में मदद मिलने की उम्मीद है।

13. अफ्रीका के स्थाई विकास में सहायता करने के लिए शामिल लोगों के लिए निष्पक्ष आधार पर विश्व अर्थव्यवस्था में अफ्रीका के एकीकरण को बढ़ावा देने के लिए नेताओं ने दोनों पक्षों के महत्वपूर्ण प्रयासों को स्वीकार किया। साथ ही भारत एवं यूरोपीय संघ लोकतांत्रिक कांगो गणतंत्र, इथोपिया और इरीट्रिया सहित अफ्रीका में शांति बहाली से संबंधित क्रियाकलापों में अपनी भागीदारी के महत्व को स्वीकार करते हैं।

14. नेताओं ने म्यांमार की ताजा स्थिति पर चर्चा की और इस बात पर सहमत हुए कि राष्ट्रीय मेलमिलाप और राजनीतिक सुधार की प्रक्रिया समावेशी विस्तृत होनी चाहिए तथा तेजी से आगे बढ़नी चाहिए।

15. भारत और यूरोपीय संघ ने आशा व्यक्त की कि पाकिस्तान में जल्दी ही स्थिरता और लोकतंत्र की बहाली होगी।

16. भारत और यूरोपीय संघ ने संप्रभु, लोकतांत्रिक और बहुलवादी अफगानिस्तान के लिए अपना दृढ़ समर्थन व्यक्त किया। उन्होंने अफगानिस्तान संधि के भीतर कार्य करते हुए अफगानिस्तान के पुनर्निर्माण व स्थिरीकरण में अफगान सरकार की सहायता करने की अपनी स्थाई प्रतिबद्धता की फिर से पुष्टि की।

17. नेताओं ने नेपाल में चुनाव स्थागित होने पर घोर निराशा व्यक्त की शांति प्रक्रिया के बने रहने के लिए जल्दी चुनाव का होना और जनता से जनादेश आवश्यक है।[40]

- भारत ने 1 से 4 अप्रैल तक नई दिल्ली में आयोजित 14वीं सार्क शिखर बैठक में प्रेक्षक के रूप में यूरोपीय संघ की भागीदारी का स्वागत किया। दोनों पक्षों ने आशा व्यक्त की कि इससे सार्क और यूरोपीय संघ के बीच सहयोग में और वृद्धि होगी।

- यूरोपीय संघ ने एएसईएम (AESM) में भारत की भागीदारी का स्वागत किया तथा यूरोपीय संघ व एशिया को जोड़ने वाली वार्ता और सहयोग की एएसईएम की प्रक्रिया के ढांचे में भारत के समावेश के प्रति अपना समर्थन दोहराया।

- आतंकवाद जो अंतर्राष्ट्रीय शांति एवं सुरक्षा के लिए सबसे गंभीर चुनौतियों में से एक है, के संकट का सामना मिल-जुलकर करने पर दोनों पक्षों ने सहमति प्रकट की।

- भारत और यूरोपीय संघ दोनों ही जलवायु परिवर्तन से निपटने और स्थाई एवं टिकाऊ विकास की कुंजी के रूप में ऊर्जा सुरक्षा को बढ़ावा देने को उच्च प्राथमिकता देते हैं। ऊर्जा भारत और यूरोपीय संघ के बीच वर्तमान और भावी नीति वार्ता और व्यावहारिक सहयोग का एक महत्त्वपूर्ण क्षेत्र है। दोनों पक्षों ने भारत-यूरोपीय संघ ऊर्जा पैनल के बहुमूल्य योगदान को नोट किया, जिसकी तीसरी बैठक जून, 2007 में ब्रूसेल्स में हुई। परिवर्धित उत्पाद दक्षता, कार्बन सीमितता और नियंत्रण सहित खनन उन्मुख और अभिसरण प्रौद्योगिकी पर बल देते हुए कोयला संबंधी कार्य समूह के कार्य क्षेत्र का दायरा बढ़ाने पर वे सहमत हुए।

- भारत और यूरोपीय संघ आईटीआर करार को अनुपूरित करने के लिए फ्यूजन ऊर्जा अनुसंधान के क्षेत्र में यूराटोम और भारत के बीच द्विपक्षीय करार स्थापित करने की दिशा में चर्चा शुरू करने के लिए सहमत हुए।
- दोनों पक्षों ने जलवायु परिवर्तन पर संयुक्त राष्ट्र रूपरेखा अभिसमय और क्योटो प्रोटोकॉल के प्रति अपनी प्रतिबद्धता दोहराई।
- स्थाई रूप से जैव विविधता खत्म होने और वनों का संरक्षण सहित वैश्विक पर्यावरणीय चुनौतियों पर द्विपक्षीय सहयोग के महत्व को याद करते हुए, नेता जैव विविधता संबंधी अभिसमय सदस्य सम्मेलन, 2008 के लिए धीरे-धीरे सहयोग बढ़ाने पर सहमत हुए।[41]
- भारत और यूरोपीय संघ ने यूरोपीय निवेश बैंक द्वारा अपने नए एशिया ऋण अधिदेश के तहत और विशेष रूप से ऊर्जा स्थायित्व और जलवायु परिवर्तन उपशमन के क्षेत्रों में इंस्ट्रूमेंट समर्थन परियोजनाओं के वित्तपोषण के संदर्भ में ऋण आधारित परियोजना निधियन स्थापित करने के लिए भारत में उठाए गए कदमों का स्वागत किया। उन्होंने विशिष्ट निवेश परियोजनाओं के लिए निधियन स्थापित करने की दिशा में कार्य करने के लिए यूरोपीय निवेश बैंक और भारत में इसके संगत समकक्षों के बीच घनिष्ठ सहयोग को प्रोत्साहित किया।
- अपनी-अपनी ज्ञान आधारित अर्थव्यवस्थाओं की दिशा में अपने प्रयासों विज्ञान एवं प्रौद्योगिकी की महत्त्वपूर्ण भूमिका को स्वीकार करते हुए नेताओं ने 7-8 फरवरी, 2007 को आयोजित भारत यूरोपीय संघ मंत्री स्तरीय विज्ञान सम्मेलन के परिणामों पर संतोष व्यक्त किया। इसकी महत्वपूर्ण सिफारिशों में निम्नलिखित शामिल हैं- नवाचार प्रणालियों की नेटवर्किंग के लिए संयुक्त गांठ की स्थापना, उन्नत अनुसंधान के लिए संयुक्त अवसंरचना सृजन की दिशा में प्रयास और विज्ञान और प्रौद्योगिकी सहयोग बढ़ाने के लिए सुडौल कार्यक्रम हेतु निधयन प्रणाली।
- स्वस्थ विकास और भारत एवं यूरोपीय संघ के बीच दो तरफा व्यापार, पर्यटन, अनुसंधान और छात्र विनिमय एवं व्यवसाय के क्षेत्र में मौजूदा संभावनाओं को देखते हुए नेताओं ने आदान-प्रदान को और बढ़ाने

तथा सुदृढ़ करने के लिए परिवहन संपर्क मजबूत करने के महत्व को स्वीकार किया।

- नेताओं ने भारत और यूरोपीय संघ के बीच समुद्री परिवहन करार के लिए वार्ता की स्थिति का जायजा लिया तथा यथाशीघ्र परस्पर लाभप्रद करार करने के विचार से वार्ता प्रक्रिया को जारी रखने के प्रति अपना समर्थन व्यक्त किया।
- नेताओं ने नवम्बर, 2006 में हस्ताक्षरित समझौता ज्ञापन के आधार पर रोजगार और सामाजिक नीति के क्षेत्र में भारत-यूरोपीय संघ वार्ता और सहयोग के सुदृढीकरण का स्वागत किया। उन्होंने भारत से यूरोपीय संघ की पहली त्रिपक्षीय यात्रा की और 17-18 सितम्बर, 2007 को लिस्बन में रोजगार और सामाजिक नीति पर आयोजित दूसरे भारत-यूरोपीय संघ सम्मेलन का भी स्वागत किया और सामाजिक साझेदारों की भागीदारी के महत्व को उजागर किया।
- नेताओं ने यूरोपीय आयोग और यूरोपीय औषधि एजेंसी के विशेषज्ञों द्वारा किए गए अध्ययन दौरों पर संतोष व्यक्त किया जिसने भेषज क्षेत्र में वर्तमान विनियामक वार्ता आगे बढ़ाने के निमित्त आयुर्वेद पद्धति की बेहतर समझ हासिल करने में योगदान किया है।
- नेताओं ने भारत-यूरोपीय संघ आर्थिक सहयोग के विस्तृत संदर्भ में नियमित स्थूल आर्थिक वार्ता की स्थापना पर संतोष व्यक्त किया जिसकी पहली बैठक 12 जुलाई, 2007 को नई दिल्ली में हुई।
- नेताओं ने संस्कृति के क्षेत्र में सहयोग और बढ़ाने के लिए अपना समर्थन व्यक्त किया जिसमें भारतीय सांस्कृतिक संबंध परिषद (ICCR) और यूरोपीय संघ राष्ट्रीय संस्कृति संस्थान (EUNIC) जैसे संगठनों की गतिविधियों में वृद्धि शामिल है। दोनों पक्षों ने शैक्षिक सहयोग के महत्व पर बल दिया और इस संदर्भ में इरासमुस मुडुंस कार्यक्रम के तहत विनिमय को बहुत मूल्यवान बताया। दोनों पक्षों ने सांस्कृतिक विविधता के परिरक्षण और संवर्धन के प्रति गहरी प्रतिबद्धता व्यक्त की और सांस्कृतिक अभिव्यक्तियों की विविधता के संरक्षण और संवर्धन पर यूनेस्को अभिसमय के समर्थन का स्वागत किया।[42]

नौवां भारत-यूरोपीय संघ शिखर सम्मेलन, 2008

नौवां भारत-यूरोपीय संघ शिखर सम्मेलन 29 सितम्बर, 2008 को फ्रांस के मार्सोली नामक स्थान पर आयोजित किया गया। इस सम्मेलन में यूरोपीय संघ के अध्यक्ष निकोलस सरकोजी के साथ-साथ यूरोपीय आयोग के अध्यक्ष जोस मैनुएल बारोसो भी इस वार्ता के लिए मार्सोली (फ्रांस) में उपस्थित हुए। भारत की ओर से इस सम्मेलन का प्रतिनिधित्व प्रधानमंत्री डॉ. मनमोहनसिंह, वाणिज्य मंत्री श्री कमलनाथ और एम के नारायण ने किया। इस सम्मेलन में निम्नलिखित मुद्दों पर गम्भीर वार्ता व सहमति पत्र जारी किए गए।[43]

1. **व्यापार एवं आर्थिक सहयोग :–** इस सम्मेलन में भारत-यूरोप व्यापार एवं आर्थिक सहयोग बढ़ाने के लिए विभिन्न आयामों पर चर्चा हुई। शिखर बैठक के साथ-साथ भारत यूरोप के उद्यमियों का व्यापारिक शिखर सम्मेलन भी सम्पन्न हुआ जहां दोनों देशों की कम्पनियों ने वाणिज्यिक समझौते सम्पन्न किए।

   इस सम्मेलन में भारत-यूरोप द्विपक्षीय व्यापार को 2013 तक दोगुना कर 100 अरब यूरो करने का लक्ष्य शिखर वार्ता में निर्धारित किया गया। इसके लिए यूरोपीय देशों में पेशेवरों व अन्य कारोबारियों के आसान प्रवेश हेतु वीजा नियमों में उदारता लाने को भारत ने आवश्यक बताया। इस दिशा में पेशेवरों के लिए की जा रही 'ब्ल्यू कार्ड' पहल का उल्लेख यूरोपीय आयोग के अध्यक्ष मैनुएल बारोसो ने किया। शिखर वार्ता में व्यापारिक संबंधों को घनिष्ठ बनाने पर अत्यधिक बल दिया गया।

2. **भारत-यूरोपीय संघ के मध्य असैन्य परमाणु समझौता :–** इस शिखर सम्मेलन में यूरोपीय संघ के प्रमुख देश फ्रांस से भारत का बहुप्रतीक्षित परमाणु असैन्य समझौते पर भी हस्ताक्षर हुए। फ्रांस पहला देश है जिसने भारत को NSG से सहमति मिलते ही असैन्य सहयोग समझौते पर हस्ताक्षर किए। भारत और यूरोपीय संघ के प्रमुख देश फ्रांस से 30 सितम्बर, 2008 को पेरिस में इस समझौते पर हस्ताक्षर हुए। इस समझौते पर हस्ताक्षर करने वालों में भारत की ओर से परमाणु ऊर्जा आयोग के अध्यक्ष अनिल काकोडकर और फ्रांस की ओर से विदेश मंत्री बर्नार्ड काउचर ने भारतीय प्रधानमंत्री डॉ. मनमोहनसिंह व फ्रांसीसी राष्ट्रपति निकोलस सरकोजी की उपस्थिति में हस्ताक्षर किए। इस समझौते द्वारा भारत के 34 साल पुराने वनवास का अंत हुआ और परमाणु ऊर्जा को बल मिला।

3. **द्विपक्षीय संबंधों को नया आयाम :–** भारतीय प्रधानमंत्री मनमोहनसिंह का उद्देश्य संयुक्त राष्ट्र संघ की महासभा के 63वें वार्षिक सत्र को सम्बोधित करने व फ्रांस में भारत-यूरोप 9वीं शिखर वार्ता में भाग लेने के साथ-साथ अमरीका व फ्रांस के साथ द्विपक्षीय संबंधों को नए आयाम प्रदान करना था। इसी परिप्रेक्ष्य में दोनों देशों के राष्ट्रपतियों के साथ द्विपक्षीय वार्ताएं उन्होंने अपनी इस यात्रा के दौरान सम्पन्न की। न्यूयॉर्क प्रवास के दौरान चीनी प्रधानमंत्री वेन जियाबाओं, पाकिस्तान के राष्ट्रपति आसिफ अली जरदारी व ब्रिटिश प्रधानमंत्री गॉर्डन ब्राउन के साथ अनौपचारिक बैठकें भी की। इस शिखर सम्मेलन में ही जलवायु परिवर्तन, खाद्य सुरक्षा, अमरीकी वित्तीय संकट एवं पाकिस्तान, ईरान व अफगानिस्तान के मुद्दे शामिल थे।

4. **शिक्षा, प्रौद्योगिकी विज्ञान पर पारस्परिक सहमति :–** इस सम्मेलन में जारी संयुक्त वक्तव्य में कहा गया कि इंटरनेशनल थर्मोन्यूक्लियर एक्सपेरीमेंट रिएक्टर (ITER) के फ्रेमवर्क में पारस्परिक सहयोग को प्राथमिकता प्रदान करने की दोनों पक्षों में सहमति बनी तथा इस दिशा में यूरेटोम व भारत के बीच द्विपक्षीय समझौता वार्ता प्रगति पर है। ईरान के परमाणु कार्यक्रम पर संयुक्त वक्तव्य में चिन्ता व्यक्त की गई। सम्मेलन में दोनों देशों के मध्य पारस्परिक सहमति शिक्षा, विज्ञान व प्रौद्योगिकी पर भी बनी।

5. **शांति और सुरक्षा पर संयुक्त वक्तव्य :–** इस सम्मेलन के दौरान ईरान, उत्तर कोरिया, पाकिस्तान, लीबिया आदि के परमाणु कार्यक्रम पर संयुक्त वक्तव्य में चिंता व्यक्त की गई इसमें कहा गया कि भारत व यूरोप अंतर्राष्ट्रीय शांति व सुरक्षा के लिए प्रतिबद्ध हैं। पाकिस्तान व अफगानिस्तान में शांति व्यवस्था की खराब हो रही स्थिति पर चिंता व्यक्त करते हुए अफगानिस्तान में स्थिरता के लिए इसे मदद जारी रखने की सहमति भी इसमें व्यक्त की गई।

दसवीं भारत-यूरोपीय संघ शिखर बैठक, 2009

भारत व यूरोपीय संघ के मध्य 10वीं शिखर वार्ता नई दिल्ली में 6 नवम्बर, 2009 को सम्पन्न हुई। इस शिखर वार्ता के लिए स्वीडन के प्रधानमंत्री फ्रेड्रिक रेनफेल्ड जो वर्तमान में यूरोपीय संघ के अध्यक्ष भी हैं, संघ के उच्चस्तरीय शिष्टमंडल के साथ 5 नवम्बर, 2009 को नई दिल्ली पहुंचे। यूरोपीय आयोग के अध्यक्ष जोस मैनुएल

दुराओ बरोसो इस शिखर वार्ता में भाग लेने के लिए 6 नवम्बर, 2009 को अलग से नई दिल्ली पहुंचे थे। 6 नवम्बर, 2009 को सम्पन्न शिखर वार्ता में दोनों पक्षों ने द्विपक्षीय व्यापार को बढ़ावा देने के लिए विभिन्न उपायों पर विचार किया। भारत व यूरोपीय संघ के द्विपक्षीय व्यापार, जो 2008-09 में 80 अरब डॉलर के स्तर पर रहा था, को 2012-13 तक 200 अरब डॉलर के स्तर तक पहुँचाने के लिए स्वतंत्र व्यापार समझौते की दिशा के मार्ग की कठिनाइयों पर चर्चा की गई। 26 नवम्बर, 2008 को मुम्बई में हुए आतंकी हमले की यूरोपीय संघ ने निन्दा की तथा हमले के अपराधियों के विरुद्ध कानूनी कार्यवाही पर जोर दिया। पाकिस्तान व अफगानिस्तान की स्थिति पर भी चर्चा इस वार्ता में हुई। आतंकवाद से संबंधित मामलों में यूरोपोल व भारतीय सुरक्षा एजेंसियों के बीच सूचनाओं के त्वरित आदान-प्रदान के लिए समझौते की दिशा में भी प्रगति द्विपक्षीय शिखर वार्ता में हुई। नाभिकीय क्षेत्र में सहयोग के एक समझौते पर हस्ताक्षर द्विपक्षीय वार्ता के पश्चात् किए गए। भारत के परमाणु ऊर्जा आयोग के अध्यक्ष अनिल काकोडकर व यूरोप के 'एक्सटर्नल रिजेशंस' कमिश्नर बेनिता फरेरो-वाल्डनर द्वारा हस्ताक्षरित इस समझौते में असैन्य उपयोग के लिए न्यूक्लियर फ्यूजन रिसर्च में दोनों पक्षों द्वारा सहयोग करने की बात की गई। बहुराष्ट्रीय इंटरनेशनल थर्मोन्यूक्लियर एक्सपेरीमेंटल रिसर्च (ITER) परियोजना से और आगे के विकास के लिए किया गया यह समझौता विज्ञान और प्रौद्योगिकी के क्षेत्र में अति महत्वपूर्ण बताया गया। स्वीडन के प्रधानमंत्री रेनफेल्ड ने नई दिल्ली में भारत-यूरोपीय संघ शिखर वार्ता से इतर भारत स्वीडन के द्विपक्षीय संबंधों पर भी वार्ता की। नई दिल्ली में ही भारतीय प्रधानमंत्री मनमोहनसिंह व स्वीडिश प्रधानमंत्री फ्रेड्रिक रेनफेल्ड के बीच हैदराबाद हाउस में 7 नवम्बर को वार्ता हुई। इसके पश्चात् भारत व स्वीडन के बीच सुरक्षा तथा पर्यावरण संरक्षण के क्षेत्र में सहयोग के दो सहमति पत्रों पर हस्ताक्षर भी किए गए।[44]

11वाँ भारत-यूरोपीय संघ शिखर सम्मेलन, 2010

11वाँ भारत-यूरोपीय संघ शिखर सम्मेलन 10 दिसम्बर, 2010 को बेल्जियम के शहर ब्रूसेल्स में हुआ। इसमें शामिल होने के लिए भारतीय प्रधानमंत्री डॉ. मनमोहनसिंह ब्रूसेल्स गए। यह सम्मेलन कई कारणों से महत्वपूर्ण था। दोनों पक्षों को 2011 के बसंत तक एक मुक्त व्यापार समझौते की उम्मीद थी। यूरोपीय संघ भारत के सबसे बड़े व्यापारिक साझीदारों में से एक है। 2009 में माल और सेवा क्षेत्र में दोतरफा व्यापार 69 बिलियन यूरो तक पहुंच गया था। 27 राष्ट्रों का यूरोपीय संघ भारत के लिए एक बड़ा निवेशक था। 2007 से काम कर रहे ब्रॉड आधार पर व्यापार और निवेश करार का मकसद था कि दो पक्षों के बीच में सबसे ज्यादा व्यापार होने वाले

उत्पादों पर शुल्क को खत्म किया जाए। संभावना जताई गई कि इस प्रयास से द्विपक्षीय व्यापार 10 बिलियन यूरो तक भी पहुंच सकता है लेकिन वार्ताएं यूरोपीय संघ के इस आग्रह के कारण लड़खड़ा गई कि वे व्यापार और निवेश में सतत विकास के मुद्दे पर सख्त मानव अधिकार, खासतौर पर श्रम अधिकारों और पर्यावरण मानकों की बात कर रहे थे। भारत ने इसका विरोध किया। यूरोपीय संघ ने इशारा किया था कि वह समझौते के रास्ते में इस शर्त को आड़े नहीं आने देगा, लेकिन यह भारत के स्वयं के लिए हित में था कि वह घरेलू व्यापार, उद्योग और कर्मचारियों के हितों के लिए पर्याप्त सुरक्षा सुनिश्चित करने की व्यवस्था करे।[45] साथ ही दोनों पक्षों ने दो प्रमुख परेशानियों पर भी विचार किया। पहली समस्या भारत में बनी जेनेटिक दवाओं के बौद्धिक संपदा अधिकार से संबंधित है और दूसरी समस्या यूरोपीय यूनियन के सदस्य देशों में भारतीय पेशेवरों की स्वतंत्र आवाजाही को लेकर है। इन दोनों भारतीय चिंताओं का हल करना एक संतोषजनक व्यापार समझौते के लिए बहुत महत्वपूर्ण था।

लिस्बन संधि के अस्तित्व में आने के बाद यूरोपीय संघ और भारत का यह पहला शिखर सम्मेलन था। दूसरे उपायों के अलावा संधि का मकसद वैश्विक मामलों में यूरोपीय संघ का प्रभाव बढ़ाना था इसी के तहत अब यूरोपीय संघ भारत के साथ सिर्फ व्यापारिक संबंध ही नहीं रखना चाहता था बल्कि वह अपने संबंधों को नए आयाम देना चाहता था। राजनीतिक और सामरिक महत्व पर भी वह भारत को नजरअंदाज नहीं कर सकता था। आतंकवाद का मुकाबला करने में सहयोग, अफगानिस्तान और पाकिस्तान की स्थिति, परमाणु अप्रसार, निःशस्त्रीकरण, जलवायु परिवर्तन, वैश्विक आर्थिक शासन में जी-20 की भूमिका और शांतिपूर्ण परमाणु ऊर्जा के विकास में सहयोग पर प्रस्तावित यूरोपीय यूनियन-भारत समझौता, इन सब विषयों पर शिखर वार्ता में चर्चा की गई। यूरोपीय संघ ने भारत के कश्मीर पर अपने नजरिए पर भी दृढ़ता दिखाने के संकेत दिए।

भारत का यूरोपीय संघ के साथ 2004–05 से 2010–11 में निर्यात का बदलता हुआ स्वरूप इस प्रकार है–

12वाँ भारत-यूरोपीय संघ शिखर सम्मेलन, 2012

12वाँ भारत-यूरोपीय संघ शिखर सम्मेलन 10 फरवरी, 2012 को नई दिल्ली (भारत) में आयोजित हुआ। सम्मेलन में यूरोपीय आयोग के अध्यक्ष जोस मैनुएल बारोसो व यूरोपीय परिषद के अध्यक्ष हरमन वाम रोमप्यू तथा भारत की ओर से भारतीय प्रधानमंत्री डॉ. मनमोहन सिंह ने भाग लिया। इस सम्मेलन में यूरोपीय व्यापार संघ

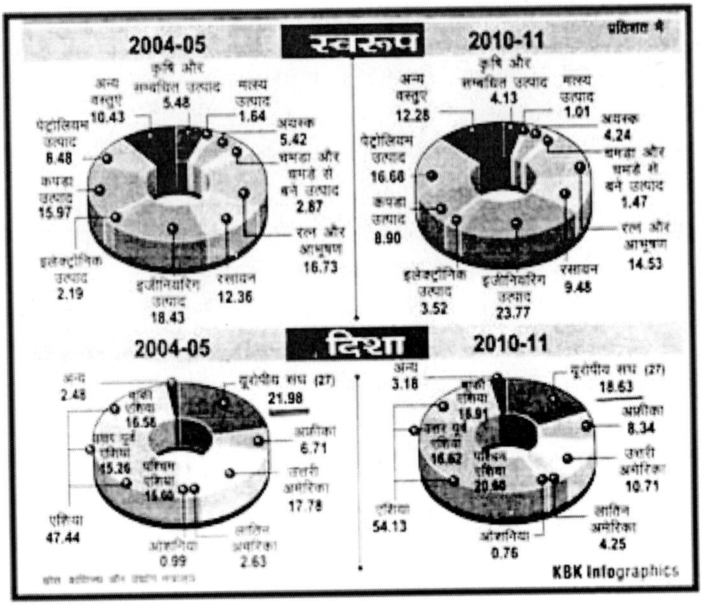

मानचित्र संख्या : 3.5

भारत का निर्यात : बदलता स्वरूप और दिशा

के कमिश्नर कारेल डी गुच्टे ने भी प्रतिनिधित्व किया। इस सम्मेलन के प्रमुख वार्ता के बिन्दु निम्नलिखित हैं[46]–

1. **द्विपक्षीय मुद्दे :–** इस सम्मेलन में भारत-यूरोपीय आर्थिक सहयोग को केन्द्रित करते हुए विशेष रूप से स्वतंत्र व्यापारिक मुद्दों पर बल दिया गया और साथ ही साथ ऊर्जा के क्षेत्र में द्विपक्षीय सहयोग करने को कहा गया ऊर्जा सहयोग पर एक संयुक्त वक्तव्य जारी किया गया और शोध व गुणवतापूर्ण अनुसंधान के नए क्षेत्रों पर ध्यान केन्द्रित किया गया। द्विपक्षीय मुद्दों में इस दौरान आतंकवाद, साइबर सुरक्षा, जैविक हमले सम्बन्धित विद्वानों की एक बैठक बुलाई गई। अंतिम रूप से इस शिखर सम्मेलन के घोषणा पत्र में सूचना व प्रौद्योगिकी मामलों पर समझ विकसित करने पर बल दिया गया।

2. **क्षेत्रीय मुद्दे :–** इस सम्मेलन के दौरान भारत व यूरोपीय विद्वानों द्वारा भारत के पड़ौसी देशों पर ध्यान आकृष्ट किया गया जिनमें प्रमुख पाकिस्तान व अफगानिस्तान के विकास के मुद्दों तथा उत्तरी अफ्रीका व

मध्य-पूर्व एशिया के विकास की बात की गई। इस सम्मेलन में ईरान का परमाणु कार्यक्रम भी प्रमुख एजेण्डा था।

3. **भारत-यूरोपीय संघ राजनीतिक सहयोग :–** इस शिखर सम्मेलन में भारत-यूरोपीय संघ ने आतंकवाद, परमाणु अप्रसार सुरक्षा, जलवायु परिवर्तन के विरुद्ध परस्पर आम सहमति व सहयोग व्यक्त किया विशेषकर सोमालिया तट पर एकमत व्यक्त किया। दक्षिणी एशिया क्षेत्र में शांति बनाए रखने हेतु पारस्परिक सहयोग करने को सहमत हुए। मानवाधिकारों के संदर्भ में भी दोनों वार्ता पर सहमत हुए।

4. **व्यापारिक संबंध :–** भारत-यूरोपीय व्यापारिक संबंध गत वर्षों से उन्नति की ओर अग्रसर है। 2010 में यूरोपीय यूनियन की व्यापारिक साझेदारी में भारत का 8वां स्थान है। 2002 में भारत का स्थान यूरोपीय व्यापारिक सूची में 15वां था। भारत यूरोपीय संघ से वस्तु व सेवा क्षेत्र में 2010 में लगभग 86 अरब डॉलर का व्यापार किया। 2010-11 के मध्य भारत का द्विपक्षीय व्यापार 20 प्रतिशत बढ़ा। भारत ने 19 प्रतिशत यूरोपीय देशों को निर्यात किया और 14 प्रतिशत यूरोपीय संघ से आयात किया। यूरोपीय संघ भारत में सर्वाधिक निवेश करता है। भारत व यूरोपीय संघ के मध्य 2007 से वस्तु व सेवा के क्षेत्र में तथा मुक्त व्यापार क्षेत्र में तीव्र प्रतिस्पर्द्धा है। इस वार्ता के दौरान भारत व यूरोपीय संघ के मध्य वार्षिक सम्मेलन कृषि, व्यापार, औद्योगिक नीति की बाधाओं को दूर करने के लिए सम्मेलन आयोजित किए जाते हैं।

5. **जलवायु परिवर्तन और ऊर्जा :–** भारत और यूरोपीय संघ ने 2008 में "स्वच्छ विकास और जलवायु परिवर्तन" पर संयुक्त कार्यक्रम घोषित किया। यूरोपीय संघ ने भारत के उन्नत, स्थायी वृद्धि के प्रयासों पर सहयोग किया।

इस सम्मेलन के दौरान स्वच्छ ऊर्जा, कुशलता, पुनर्नवीनीकरण ऊर्जा विशेष रूप से सौर ऊर्जा के बढ़ावे पर निश्चिता व्यक्त की गई और परमाणु ऊर्जा के सुरक्षित प्रयोग पर बल दिया गया।

6. **विज्ञान और प्रौद्योगिकी :–** भारत व यूरोपीय संघ ने विज्ञान और तकनीकी के क्षेत्र में साझा रणनीति जारी की और इस क्षेत्र में भारत व यूरोपीय संघ द्वारा साझा रणनीति, 2001 को विस्तृत किया गया। दोनों के मध्य स्वास्थ्य, पर्यावरण, खाद्य, कृषि, जैव तकनीकी, सूचना तकनीकी के

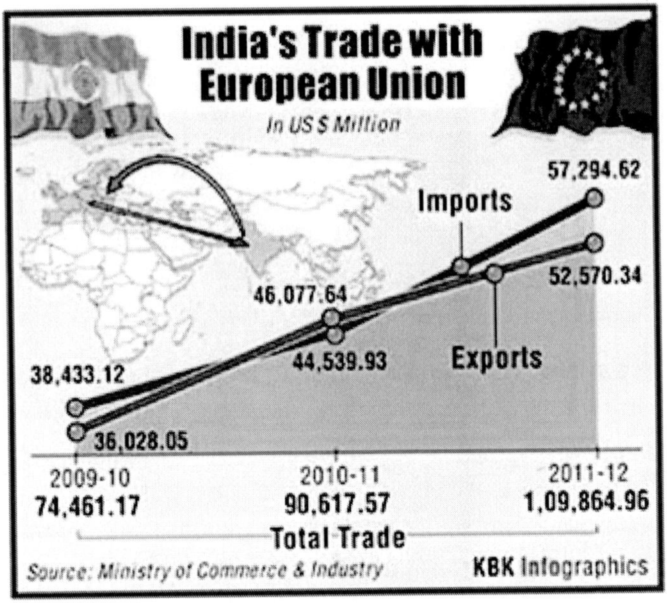

मानचित्र संख्या : 3.6

भारत का यूरोपीय संघ के साथ व्यापार (2011-12)

क्षेत्र में सहयोग बढ़ाने को कहा गया तथा सोलर ऊर्जा व शोध के क्षेत्र में प्रत्येक की तरफ से 9 अरब यूरो का सहयोग देने को कहा गया।[47]

13वाँ भारत-यूरोपीय संघ शिखर सम्मेलन

भारत व यूरोपीय संघ 12वें शिखर सम्मेलन के बाद 13वाँ शिखर सम्मेलन 4 वर्षों के लंबे अंतराल के पश्चात् 30 मार्च, 2016 को बेल्जियम की राजधानी ब्रूसेल्स में सम्पन्न हुआ। 12वाँ सम्मेलन 2012 में सम्पन्न हुआ जिसके बाद दोनों के मध्य कुछ मतभेद उभरे जिनमें प्रमुख मतभेद के मुद्दे इटली के नौसैनिकों पर भारत में मुकदमा, यूरोप में भारत की 700 दवाओं के निर्यात पर रोक, भारत में मानवाधिकार की स्थिति पर यूरोपीय देशों में चिंता तथा सन् 2014 में यूरोपीय संघ ने भारत से निर्यात किए जाने वाले आमों पर पाबंदी लगा दी थी 13वें शिखर सम्मेलन में भारत का प्रतिनिधित्व प्रधानमंत्री नरेन्द्र मोदी द्वारा यूरोपीय यूनियन का प्रतिनिधित्व यूरोपीय काउंसिल के अध्यक्ष डोनाल्ड टास्क तथा यूरोपीय कमीशन जीन के अध्यक्ष जीन क्लाउड जंकर द्वारा किया गया। दोनों पक्षों ने 22 मार्च, 2016 को ब्रूसेल्स में हुए आतंकवादी हमले की तीव्र भर्त्सना की तथा आतंकवाद के विरुद्ध लड़ाई में एकजुट

रहने का संकल्प किया। सम्मेलन के अंत में 41 बिन्दुओं वाला संयुक्त वक्तव्य जारी किया गया।[48]

भारत के लिए यह महत्वपूर्ण है कि वह इस वैश्विक आर्थिक ताकत से जुड़ा हुआ है जो विश्व में सबसे बड़ी अर्थव्यवस्था है तथा जिसकी 18 ट्रिलियन अमरीकी डॉलर की GDP है साथ ही यह विश्व व्यापार में 16 प्रतिशत की भागीदारी के साथ वस्तुओं और सेवाओं के संदर्भ में विश्व का सबसे बड़ा निर्यातक और आयातक भी है। यूरोपीय संघ भारत में प्रत्यक्ष विदेशी निवेश का भी प्रमुख स्त्रोत है। यूरोपीय संघ से 69 अरब अमरीकी डॉलर का निवेश आता है जो कुल FDI का 26 प्रतिशत है। उन्नत विज्ञान और प्रौद्योगिकी का भी सबसे बड़ा भंडार यूरोपीय संघ में है जिसकी भारत को बड़ी जरूरत है। यूरोपीय संघ की वैश्विक भूमिका का आकलन इस रूप में किया जा सकता है कि संयुक्त राष्ट्र सुरक्षा परिषद के पांच स्थायी सदस्यों में से दो सदस्य यानि फ्रांस, ब्रिटेन यूरोपीय संघ से हैं। जी-7 के चार देश यूरोपीय संघ से हैं ब्रिटेन, फ्रांस, इटली, जर्मनी, यूरोपीय संघ जी-7 और जी-20 की बैठकों में बराबर भाग लेता है। WTO में भी इसका दखल है। मानवाधिकार, जलवायु परिवर्तन, खाद्य सुरक्षा, स्वास्थ्य जैसे कई बुनियादी मुद्दों पर इसकी अग्रणी भूमिका है। वैश्विक मापदण्डों और उद्योग मानकों की स्थापना में भी इसका योगदान है। यह निःसंदेह भारत के लिए गौरव की बात है कि आज यूरोपीय संघ के साथ भारत ने 30 से अधिक संस्थागत डायलॉग (वार्ता) की व्यवस्था की है। इस संदर्भ में भारत-यूरोपीय संघ के मध्य 2005 से 2014 तक का आयात निर्यात का एक विवरण इस दण्डारेख से स्पष्ट किया जा सकता है-

13वें शिखर सम्मेलन की वार्ता के मुख्य बिन्दु

1. **भारत-यूरोपीय संघ के मध्य सामरिक भागीदारी :-** यूरोपीय संघ भारत की सामरिक भागीदारी को अधिक ठोस रूप देने के लिए वैश्विक भागीदारी और विश्व की सबसे बड़ी लोकतांत्रिक व्यवस्थाओं के रूप में उपस्थित नेताओं ने साझा मूल्यों और सिद्धांतों के आधार पर इस भागीदारी की मजबूती पर जोर दिया। वैश्विक शांति, सुरक्षा और समृद्धि के निर्माण में अपनी गहरी रुचि की पुष्टि करते हुए परमाणु अप्रसार और निःशस्त्रीकरण पर जोर दिया। इस हेतु नेताओं ने 2020 के लिए यूरोपीय संघ भारत कार्य योजना (EU-India Agnda for Action 2020) को स्वीकार करते हुए आगामी 5 वर्षों के लिए इस सामरिक भागीदारी हेतु ठोस रोडमैप तैयार करने की प्रतिबद्धता व्यक्त की। भारत के ''सबका साथ सबका विकास'' की पहल का स्वागत किया। इस पहल से दोनों पक्षों के लोगों और

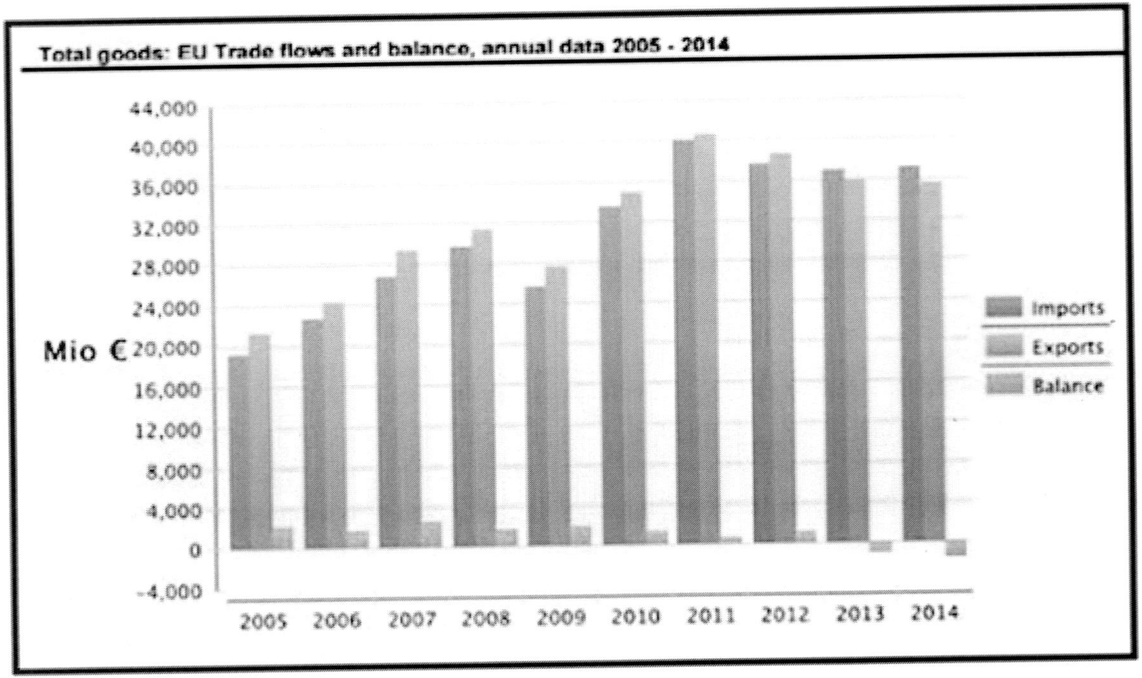

मानचित्र संख्या : 3.7

भारत का यूरोपीय संघ के साथ आयात-निर्यात (2005-14)

कारोबारियों के मध्य पारस्परिक रूप से लाभप्रद सहयोग के नए अवसरों के सृजन की आशा व्यक्त की गई यूरोपीय संघ-भारत व्यापक आधार वाले व्यापार और निवेश समझौते को शीघ्र प्रभावी बनाने के लिए दोनों पक्षों ने अपनी चर्चाओ को जारी रखने का संकल्प भी व्यक्त किया। सभी नेताओं ने यूरोपीय निवेश बैंक के भारत में पर्यावरणीय दृष्टि से टिकाऊ सामाजिक और आर्थिक विकास हेतु महत्त्वपूर्ण आधारभूत अवसंरचना में दीर्घकालिक निवेश को सहायता प्रदान करने की प्रतिबद्धता का भी स्वागत किया। यूपी के लखनऊ शहर में पहली मेट्रोलाइन के निर्माण की भागीदारी के तौर पर कुल 450 मिलियन यूरो के ऋण प्रदान करने का स्वागत किया गया जिसके पहले भाग यानि 200 मिलियन यूरो उपलब्ध कराने हेतु ईआईबी और भारत सरकार के बीच हस्ताक्षर किए गए।

2. **विदेश नीति, मानवाधिकार तथा सुरक्षा क्षेत्र में सहयोग :–** दोनों पक्षों ने बहुपक्षीय मंचों पर आर्थिक व सामाजिक मुद्दों पर सहयोग बढ़ाने की आवश्यकता पर बल दिया। दोनों ने मानवाधिकारों के संरक्षण तथा नारी समानता के मुद्दों पर सहयोग के महत्त्व को रेखांकित किया। भारत तथा यूरोपीय यूनियन ने आतंकवाद के विरुद्ध प्रत्येक प्रकार के सहयोग पर बल देते हुए इस संबंध में 2010 में जारी संयुक्त घोषणा का नवीनीकरण किया। इसके साथ ही साइबर सुरक्षा, समुद्री डकैती आदि सुरक्षा क्षेत्रों में सहयोग के विस्तार पर सहमति व्यक्त की गई। दोनों पक्ष इस बात से सहमत थे कि इटली के नौसैनिकों के कानूनी विवाद को मध्यस्थता के माध्यम से निबटाया जाएगा। इसके साथ ही दोनों पक्षों ने सीरिया की समस्या के राजनीतिक समाधान, यूक्रेन की समस्या का कूटनीतिक समाधान, अफगानिस्तान में शांति एवं स्थिरता की बहाली भूकम्प के बाद नेपाल के पुनर्निर्माण, उत्तरी कोरिया के परमाणु कार्यक्रम की रोक आदि का समर्थन किया। दोनों ने एशिया-यूरोप मीटिंग को एशिया तथा यूरोप के बीच बहुआयामी सहयोग का एक महत्वपूर्ण मंच माना।

3. **आर्थिक व व्यापारिक सहयोग द्वारा विकास व रोजगार :–** दोनों पक्षों ने एक पारदर्शी तथा नियम आधारित निवेश व व्यापार परिवेश के महत्व को रेखांकित किया। भारत के मेक इन इण्डिया कार्यक्रम के आलोक में यूरोपीय यूनियन के सदस्य देशों द्वारा भारत में निवेश को बढ़ावा दिया जाएगा। दोनों ने स्वीकार किया कि सेवा क्षेत्र में व्यापार

विकासशील देशों के विकास के लिए आवश्यक हो गया है। दोनों ने जीवन्त विकास के लिए पर्यावरण की चुनौतियों का समाधान करने, सूचना तकनीकी, आणविक ऊर्जा, नगरीय विकास, कौशल विकास आदि के क्षेत्र में सहयोग बढ़ाने पर सहमति व्यक्त की। शोध व तकनीकी में सहयोग बढ़ाने के लिए भारत-यूरोपीय संघ विज्ञान व तकनीकी सहयोग समझौते को 2020 तक बढ़ाने का निर्णय लिया गया।[49]

4. **भावी पीढ़ियों के लिए वैश्विक सम्पन्नता :–** भारत तथा यूरोपीय संघ दोनों ने स्वीकार किया कि जी-20 समूह विश्व के टिकाऊ तथा संतुलित विकास में महत्त्वपूर्ण भूमिका निभा रहा है दोनों पक्षों ने 2015 में अगले 15 वर्षों तक के लिए संयुक्त राष्ट्र संघ द्वारा स्वीकृत जीवन्त विकास लक्ष्यों का स्वागत किया।

5. **सामरिक साझेदारी में नागरिकों की भागीदारी :–** सामरिक साझेदारी को मजबूत बनाने में नागरिकों की भूमिका के महत्व को रेखांकित करते हुए दोनों पक्षों ने दोनों की जनता के बीच सम्पर्क बढ़ाने तथा सांस्कृतिक व शैक्षणिक क्षेत्र में सहयोग बढ़ाने पर बल दिया।

6. **मध्य एशिया में शांति :–** मध्य एशिया की स्थिति पर गम्भीर चिन्ता व्यक्त करते हुए दोनों पक्षों ने संयुक्त राष्ट्र के तत्वाधान में हो रही सीरिया वार्ता की सफलता की कामना की मध्य पूर्व शांति प्रक्रिया के संबंध में दोनों पक्षों ने सभी पक्षकारों से यथासंभव शांति स्थापना और हिंसा को बढ़ने से रोकने का आग्रह करते हुए व्यापक शांति आधारित द्विराष्ट्र समाधान पर बल दिया जैसी कि संयुक्त राष्ट्र सुरक्षा परिषद के संगत प्रावधानों, क्वार्टेट रोडमैप और अरब शांति पहल में व्यवस्था है। अफ्रीका के संबंध में भी दोनों पक्षों ने अपने परामर्शों और सहयोग को बढ़ाने की प्रतिबद्धता दिखाई है ताकि अफ्रीकी क्षमताओं और विकास प्रक्रियाओं के संबंध में ठोस वातावरण का निर्माण हो। संयुक्त वक्तव्य में सभी पक्षकारों द्वारा संयुक्त राष्ट्र परिषद के प्रस्ताव 2202 (2015) के अनुसार मिन्स्क समझौते के पूर्ण कार्यान्वयन के जरिए पूर्वी यूक्रेन के मौजूदा संघर्ष के राजनयिक समाधान को ठोस समर्थन देने की बात भी कही गई।

7. **पर्यावरणीय चुनौतियों का समाधान :–** पर्यावरणीय चुनौतियों के समाधान और मिल-जुलकर कार्य करने की अपनी प्रतिबद्धता दोहराते हुए उन्होंने आगामी यूरोपीय संघ के निधि घोषित संसाधन क्षमता पहल परियोजना 'स्वच्छ भारत', 'स्वच्छ गंगा' जैसे महत्वपूर्ण कार्यक्रमों का

स्वागत किया। इस संदर्भ में यूरोपीय संघ और भारत ने भारत-यूरोपीय संघ जल भागीदारी पर संयुक्त घोषणा और यूरोपीय संघ भारत आईसीटी वार्ता और आईसीटी कारोबारी वार्ता के सफल आयोजन का स्वागत किया।

8. **नागरिकों की सहभागिता बढ़ाने पर जोर :–** नागरिकों की सहभागिता बढ़ाने पर जोर देते हुए यूरोपीय संघ और भारत ने एक-दूसरे के नागरिकों के बीच सम्पर्कों की महता पर प्रकाश डाला है और प्रवासन और गतिशीलता पर समान एजेंडे की स्थापना का स्वागत किया। इसके अतिरिक्त यूरोपीय संघ के अकादमिक, युवा और अनुसंधानकर्ता गतिशीलता कार्यक्रमों सांस्कृतिक विरासत एवं शैक्षणिक सहयोग के क्षेत्र में सहयोग बढ़ाने पर भी सहमति बनी। यूरोपीय और भारतीय सांसदों के बीच पारस्परिक विचार-विमर्श में और घनिष्ठता लाने और लोकसभा द्वारा यूरोपीय संघ मैत्री समूह की स्थापना का भी स्वागत किया गया। साथ ही उन्होंने यूरोपीय संघ और भारतीय सिविल सोसाइटी संगठनों, थिंक टैंकों और स्थानीय प्राधिकारियों के बीच विचारों के आदान-प्रदान के महत्व को भी स्वीकार किया और उन्हें नियमित तौर पर मिलते रहने को प्रोत्साहित किया।

9. **अन्य क्षेत्रों में सहयोग :–** भारत के डिजिटल इंडिया और यूरोपीय संघ के डिजिटल सिंगल मार्केट के मध्य साइबर सुरक्षा, आईसीटी मानकीकरण, इंटरनेट गवर्नेस अनुसंधान और नवोन्मेष में सहयोग के जरिए सम्पर्क बढ़ाने को भी प्रोत्साहन देने पर जोर दिया। दोनों पक्षों ने 2016 में वैश्विक संचार 5 जी नेटवर्क के आगामी पीढ़ी के लिए संयुक्त घोषणा पत्र को अंतिम रूप देने की संभावना का भी स्वागत किया दोनों पक्षों ने भारत-यूरोपीय संघ विज्ञान और प्रौद्योगिकी सहयोग समझौते की अवधि 2020 तक बढ़ाने का स्वागत किया, जिससे उनकी सामाजिक और आर्थिक गतिविधि के वाहक बतौर अनुसंधान और नवोन्मेष के प्रति साझी वचनबद्धता की पुष्टि होती है साथ ही संयुक्त रूप से अनुसंधान और नवोन्मेष परियोजनाओं के वित्तपोषण हेतु मैकेनिज्म की स्थापना का भी स्वागत किया। परमाणु ऊर्जा के शांतिपूर्ण उपयोग में अनुसंधान और विकास सहयोग के संबंध में यूरेटॉम-भारत समझौते के संबंध में वार्ता में हुई प्रगति का स्वागत किया गया और इसके शीघ्र प्रभावी होने की आशा व्यक्त की गई। शहरी विकास पर यूरोपीय-संघ-भारत के सहयोग का

स्वागत किया गया। इसमें यूरोपीय संघ के वर्ल्ड सिरीज प्रोग्राम और यूरोपीय संघ मुम्बई भागीदारी शामिल है दोनों पक्ष यूरोपीय संघ के कमेटी ऑफ द रीजन्स के सहयोग से शहरी विकास डायलॉग प्रारम्भ करने और एक शहरी फोरम के आयोजन पर भी सहमत हुए। यह वार्ता फार्मास्यूटिकल्स, व्यापार और उद्योग संबंधी मुद्दों, कृषि, मत्स्यकी, खाद्य और पशु खाद्य सुरक्षा जैसे विभिन्न मुद्दों से संबंधित है।

इस शिखर सम्मेलन का सर्वाधिक महत्व इस बात में है कि गत चार वर्षों से भारत व यूरोपीय संघ के संबंधों में जो ठहराव आ गया था, उसे पुनः गति प्राप्त हो सकेगी। वर्तमान में दोनों पक्षों की प्राथमिकता यह है कि वे प्रस्तावित मुक्त व्यापार समझौते की तकनीकी जटिलताओं को दूर कर आर्थिक साझेदारी को ठोस आधार प्रदान करें। आतंकवाद भी दोनों के मध्य, व्यापक सहयोग को आगे बढ़ाने का अवसर प्रदान कर रहा है।[50]

भारत-यूरोपीय संघ के मध्य व्यापारिक भागीदारी

एक वैश्वीकृत दुनिया में मुक्त व्यापार समझौतों (FTA), वरीयता व्यापार समझौतों (PTA), व्यापक आर्थिक सहयोग समझौतों (CECA) और व्यापक आर्थिक भागीदारी समझौतों (CEDA) पर समयबद्ध हस्ताक्षर करना और उन्हें लागू करना प्रगति और विकास के लिए जरूरी है लेकिन आर्थिक एकीकरण की इन प्रक्रियाओं और चरणों

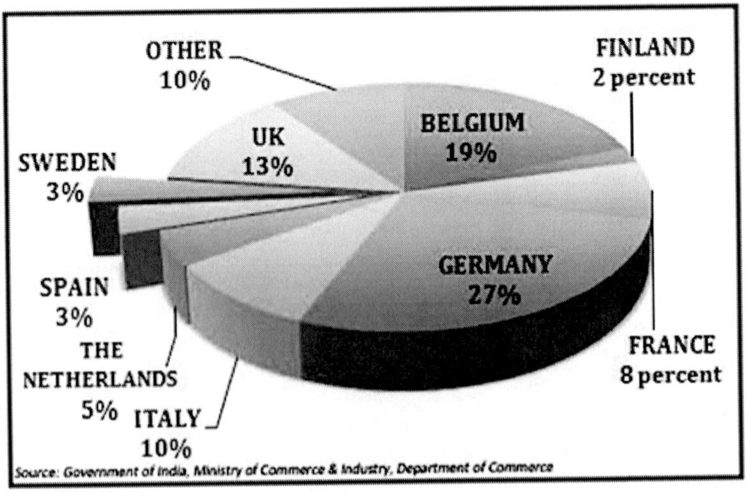

मानचित्र संख्या : 3.8

भारत के कुल निर्यात में यूरोपीय देशों का हिस्सा

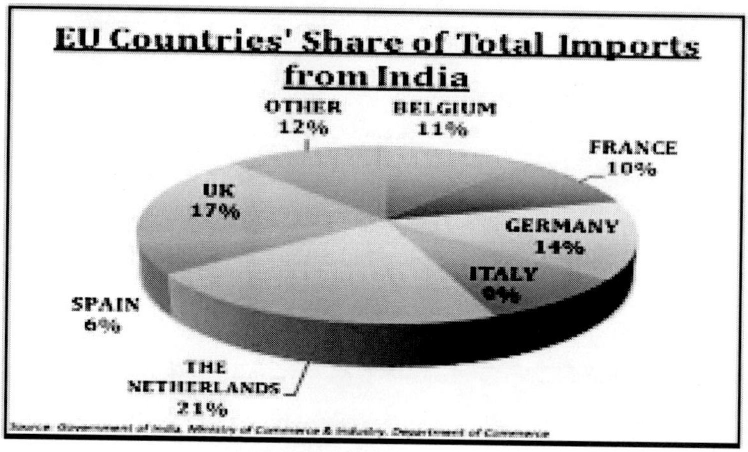

मानचित्र संख्या : 3.9

भारत के कुल आयात में यूरोपीय देशों का हिस्सा

का या तो देरी से या असंतोषजनक ढंग से कार्यान्वित होना लगभग तय होता है। इसी संदर्भ में यूरोपीय संघ और भारत के बीच एक मुक्त व्यापार समझौते की आर्थिक संभावनाओं को प्रबल किया गया है। इस FTA के लिए वार्ताएं जून, 2007 में शुरू हुई हैं जो अभी तक कार्यान्वित नहीं हो पाई हैं। भारत और यूरोपीय संघ के मध्य FTA से संबंधित कुछ बाधाएं हैं। भारत दुनिया की सबसे तेजी से उभरती अर्थव्यवस्थाओं में से एक प्रमुख है तथा दुनिया की सबसे बड़ी अर्थव्यवस्था 'यूरोपीय संघ' के बीच एक विशाल साझेदारी को यह मुक्त व्यापार समझौता कहीं अधिक ऊंचाई तक ले जा सकता है यदि भारत और यूरोपीय संघ के मध्य में कुछ FTA संबंधी बाधाएं दूर हो जाएं।

भारत और 28 देशों के यूरोपीय संघ के बीच मुक्त व्यापार समझौते अधिकारिक तौर पर 'व्यापक व्यापार एवं निवेश समझौता' (BTIA) पर वार्ताओं को जून, 2007 में शुरू किया गया था लेकिन दोनों पक्षों के बीच महत्वपूर्ण मुद्दों पर मतभेदों के रहते इन वार्ताओं में बाधाओं का सामना करना पड़ रहा है। वर्ष 2013 में आयोजित अंतिम दौर सहित BTI पर 15 दौर की वार्ताओं का आयोजन हो चुका है। वर्ष 2016 तक लगभग 20 वार्ताएं हो चुकी हैं। मई, 2013 में दोनों पक्ष डाटा सुरक्षा और वीजा उदारीकरण से संबंधित मामलों सहित महत्त्वपूर्ण मुद्दों पर मतभेद को मिटाने में नाकाम रहे। ध्यातव्य है कि भारत ऐसे राष्ट्रों में शामिल है जिन्हें यूरोपीय संघ डाटा के लिए सुरक्षित नहीं मानता है। यूरोपीय संघ का कानून यह प्रावधान करता है कि

'डाटा सुरक्षित' के रूप में गैर प्रमाणित देशों के साथ आउटसोर्सिंग कारोबार करने वाले यूरोपीय देशों को कड़े संविदात्मक दायित्वों का पालन करना होगा। यह प्रावधान परिचालन लागत को बढ़ा देता है और प्रतिस्पर्द्धात्मकता को प्रभावित करता है।

यूरोपीय संघ के अलावा कनाडा, नीदरलैण्ड, ऑस्ट्रेलिया और इजरायल ने भी संबंधित द्विपक्षीय व्यापार समझौतों पर वार्ताओं को पुनः प्रारम्भ करने या उन्हें अंतिम रूप देने के लिए भारत सरकार से आग्रह किया है। वाणिज्य एवं उद्योग मंत्री निर्मला सीतारमन ने कहा कि भारत यूरोपीय संघ के साथ व्यापार समझौते के लिए लंबे समय से अटकी पड़ी बातचीत को शुरू करने को लेकर गम्भीर है। उन्होंने दोनों पक्षों के मुख्य वार्ताकारों की बैठक के लिए 28 देशों के समूह से सम्पर्क किया।[51]

भारत यूरोपीय संघ के मध्य गतिरोध के प्रमुख मुद्दे

1. भारत की बालश्रम और पर्यावरण कानूनों जैसे गैर व्यापारिक मुद्दों पर बात करने में कोई रुचि नहीं है।
2. यूरोपीय संघ ने भारत के हितों जिनमें सेवाओं पर पारस्परिक मान्यता, समझौते तथा वस्तुओं पर कड़े परीक्षणों से परहेज शामिल है, पर अनिच्छा दिखाई है।
3. संवेदनशील वस्तुओं जैसे कृषि व औद्योगिक वस्तुओं की सूची जिन्हें व्यापार से बाहर रखा जाना चाहिए, पर भी दोनों में मतभेद है।
4. वास्तव में लिस्बन संधि के लागू होने के साथ FTA वार्ताओं के शीर्घ निष्कर्ष निकालने की संभावनाएं और कम हो जाएंगी क्योंकि नए समझौते के अधीन यूरोपीय संसद जो कि व्यापार सौदों को मानवाधिकार के मुद्दों से जोड़ने में सर्वाधिक उत्सुक संस्था है, को अधिक अधिकार प्राप्त होंगे।
5. बौद्धिक सम्पदा अधिकारों आई टी सेवाओं के लिए डाटा सुरक्षा से संबंधित जटिल मुद्दे सुलझते नहीं दिख रहे हैं।
6. यूरोपीय संघ ने यूरोपीय वाहनों, ऑटो कलपुर्जों तथा वाहनों व स्प्रिटों से शुल्क को हटाने तथा भारी टैरिफ रियायत की माँग की।

यूरोपीय संघ का कहना है कि भारत आने वाली कारों पर प्रशुल्क 10 प्रतिशत से भी कम है जबकि यूरोप से भारत आने वाली कारों पर भारत लगभग 130 प्रतिशत प्रशुल्क लगाता है। अन्य बातों के साथ इस मुद्दे का भी व्यावहारिक हल निकलना चाहिए।[52]

मुक्त व्यापार क्षेत्र क्या है?

मुक्त व्यापार क्षेत्र को परिवर्तित कर मुक्त व्यापार संधि का सृजन हुआ। विश्व के दो राष्ट्रों के बीच व्यापार को अधिक उदार बनाने के लिए मुक्त व्यापार संधि की जाती है। इसके तहत एक-दूसरे के यहाँ से आयात-निर्यात होने वाली वस्तुओं पर सीमा शुल्क, सब्सिडी नियामक कानूनी, ड्यूटी कोटा और कर को सरल बनाया जाता है। इस संधि से दो देशों में उत्पादन लागत बाकी के देशों की तुलना में काफी सस्ती होती है। 16वीं शताब्दी में पहली बार इंग्लैण्ड और यूरोप के देशों के बीच मुक्त व्यापार संधि की आवश्यकता महसूस हुई थी। आज दुनियाभर के कई देश मुक्त व्यापार संधि कर रहे हैं। यह समझौता वैश्विक मुक्त बाजार के एकीकरण में मिल का पत्थर सिद्ध हो रहा है। इन समझौतों से वहां की सरकार को उदारीकरण, निजीकरण और वैश्वीकरण में मदद मिलती है। सरल शब्दों में यह कारोबार पर सभी प्रतिबंधों को हटा देता है। इसीलिए भारत व यूरोपीय संघ FTA पर जोर दे रहे हैं।[53]

भारत और यूरोपीय संघ सालों से मुक्त व्यापार समझौते पर बात कर रहे हैं यदि इस समझौते को लागू किया जाता है तो दोनों पक्षों के बीच व्यापार करों से जुड़ी बाधाओं को कम किया जा सकता है लेकिन इस तरह के समझौते से भारत में सस्ती दवाइयां बनाने वाली कम्पनियों को नुकसान होगा। 2008 में जो दवाइयां अंतर्राष्ट्रीय सहायता संगठनों ने खरीदी थी उनमें से 20 फीसदी भारत से ली गयी हैं इसलिए भारत को गरीबों की फार्मेसी तक का नाम दिया गया है। भारत व यूरोपीय संघ के मध्य 2005 से 2015 तक के व्यापार आंकड़ों व आयात-निर्यात को निम्न तालिका द्वारा दर्शाया गया है।

मुक्त व्यापार समझौते पर हस्ताक्षर से आर्थिक अवसरों की वृद्धि, रोजगार सृजन और संवृद्धि की दृष्टि से भारतीय अर्थव्यवस्था के लिए बहुत कुछ किया जा सकता है। यह एक मित्रवत वीजा व्यवस्था के माध्यम से लोगों, पेशेनरों, व्यापारियों, छात्रों, नागरिकों और पर्यटकों की आवाजाही को सुविधाजनक बनाने में प्रोत्साहक होता है। समझौते में द्विपक्षीय व्यापार को 2016 तक दोगुना बढ़ाकर 100 अरब डॉलर से 300 अरब डॉलर करने की क्षमता है। यूरोपीय बाजार परिधान निर्यात में एक महत्त्वपूर्ण भूमिका निभाता है तथा यूरोप को निर्यात में वृद्धि से 'मेक इन इंडिया' की संकल्पना को पूरा करने के साथ ही घरेलू बाजार में और अधिक रोजगार पैदा करने में प्रत्येक मदद मिलेगी। यूरोपीय संघ की अर्थव्यवस्था अपने सकल घरेलू उत्पाद की दृष्टि से अब अमरीका की तुलना में बढ़ी है। 2013 में यूरोपीय संघ की जीडीपी 13,52,90,996 लाख यूरो रही है। मात्र 7 प्रतिशत जनसंख्या के साथ शेष

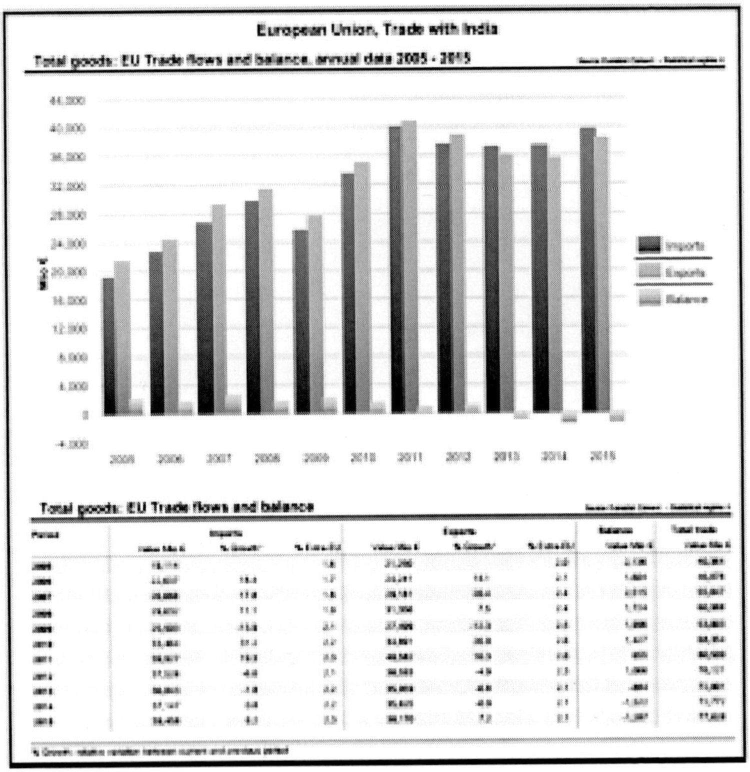

मानचित्र संख्या : 3.10

यूरोपीय संघ का भारत के साथ आयात-निर्यात (2005-15)

विश्व के साथ यूरोपीय संघ का व्यापार वैश्विक निर्यात व आयात का लगभग 20 प्रतिशत है। दूसरी ओर भारत में 1.2 अरब से अधिक लोग हैं जो कि मानव समाज का 17.5 प्रतिशत है। भारत को यूरोपीय संघ द्वारा प्रदत्त अवसरों, क्षमताओं का प्रयोग करने की जरूरत है। भारत हालांकि अमरीका, कनाडा, जापान, चीन, रूस के साथ यूरोपीय संघ के 6 रणनीतिक भागीदारों में से एक है। लेकिन भारत और यूरोपीय संघ के बीच वास्तविक संबंध अभी संतोषजनक स्तर से दूर हैं। भारत की अपनी 'लिंक वेस्ट' कूटनीति को सुदृढ़ करने तथा यूरोपीय संघ के साथ संबंधों को बढ़ावा देने के प्रयास में भारतीय प्रधानमंत्री ने दो शक्तिशाली देशों फ्रांस व जर्मनी का दौरा किया। भारत का दृढ़ विश्वास है कि अपनी 'एक्ट ईस्ट' तथा 'लिक वेस्ट नीति' द्वारा भारत में एक विनिर्माण केन्द्र के रूप में पूर्व व पश्चिम की मध्य भूमि बनने की क्षमता

तालिका संख्या 3.2

यूरोपीय संघ का भारत के साथ व्यापार (2011–15)

European Commission | Directorate-General for Trade

European Union, Trade with India

Trade flows by SITC section 2011 - 2015

Source Eurostat Comext - Statistical regime 4

	Imports Value Mio €				Exports Value Mio €			
	2012	2013	2014	2015	2012	2013	2014	2015
Total	37,528	36,843	37,147	39,458	38,593	35,959	35,625	38,170
0 Food and live animals	2,371	2,382	2,655	2,817	207	179	210	303
1 Beverages and tobacco	161	166	170	201	105	115	146	157
2 Crude materials, inedible, except fuels	1,034	915	938	1,007	2,528	1,752	2,017	1,935
3 Mineral fuels, lubricants and related materials	5,066	4,963	2,847	2,133	340	241	292	342
4 Animal and vegetable oils, fats and waxes	213	215	205	246	50	36	39	121
5 Chemicals and related prod, n.e.s.	5,295	5,640	5,756	6,430	4,464	4,375	4,734	5,053
6 Manufactured goods classified chiefly by material	8,463	8,493	9,349	9,687	12,401	12,553	11,966	11,506
7 Machinery and transport equipment	6,363	5,765	5,918	6,589	14,716	13,110	12,557	14,518
8 Miscellaneous manufactured articles	7,972	8,057	9,049	10,053	2,674	2,619	2,603	2,890
9 Commodities and transactions n.c.e.	451	131	123	125	302	392	398	425
Other	138	116	136	169	805	585	663	920

Trade flows by SITC product grouping 2011 - 2015

Source Eurostat Comext - Statistical regime 4

SITC Rev. 3 Product Groups	Imports Value Mio €				Exports Value Mio €			
	2012	2013	2014	2015	2012	2013	2014	2015
Total	37,528	36,843	37,147	39,458	38,593	35,959	35,625	38,170
Primary products	9,019	8,765	6,909	6,573	4,402	4,498	4,454	4,786
- Agricultural products (Food (incl. Fish) & Raw Materials)	3,411	3,391	3,662	3,936	1,028	935	1,037	1,227
- - Food	2,858	2,905	3,183	3,410	363	331	396	583
- - - of which Fish	625	635	674	916	3	4	7	8
- - Raw materials	553	485	479	526	666	603	640	644
- Fuels and mining products	5,608	5,375	3,247	2,637	3,374	3,563	3,417	3,558
- - Ores and other minerals	368	287	306	335	1,862	1,149	1,375	1,289
- - Fuels	5,066	4,963	2,847	2,133	340	241	292	342
- - - of which Petroleum and petroleum products	5,063	4,943	2,847	2,128	161	196	186	205
- - Non ferrous metals	174	125	94	169	1,171	2,174	1,749	1,927
Manufactures	27,914	27,825	29,974	32,581	33,074	30,466	30,095	32,021
- Iron and steel	1,566	1,691	1,871	1,775	1,461	1,025	984	1,071
- Chemicals	5,295	5,640	5,756	6,430	4,464	4,375	4,734	5,053
- - of which Pharmaceuticals	1,272	1,287	1,342	1,543	666	642	771	815
- Other semi-manufactures	4,590	4,498	5,093	5,322	9,550	9,158	9,039	8,285
- Machinery and transport equipment	6,363	5,765	5,918	6,589	14,716	13,110	12,557	14,518
- - Office and telecommunication equipment	1,059	645	487	376	1,212	1,135	1,172	1,558
- - - Electronic data processing and office equipment	118	70	92	99	370	349	381	463
- - - Telecommunications equipment	865	486	263	191	636	596	629	887
- - - Integrated circuits and electronic components	75	89	131	86	206	191	162	208
- - Transport equipment	2,270	2,195	2,046	2,161	3,602	3,338	3,043	3,478
- - - of which Automotive products	1,624	1,665	1,261	1,375	1,312	1,178	1,084	1,330
- - Other machinery	3,034	2,925	3,385	4,052	9,697	8,557	8,279	9,415
- - - Power generating machinery	466	336	470	684	1,401	1,000	1,110	1,285
- - - Non electrical machinery	1,623	1,642	1,779	2,067	6,440	5,581	5,174	5,952
- - - Electrical machinery	945	946	1,135	1,301	1,855	1,977	1,995	2,178
- Textiles	2,133	2,179	2,291	2,421	204	191	192	221
- Clothing	4,603	4,650	5,195	5,703	60	70	75	84
- Other manufactures	3,363	3,402	3,849	4,340	2,597	2,528	2,509	2,786
- - of which Scientific and controlling instruments	204	218	259	326	1,471	1,399	1,356	1,598
Other products	456	136	128	135	312	410	413	443
Other	138	116	136	169	805	585	663	920

% Growth: relative variation between current and previous period
% Total: Share in Total: Total defined as all products
% Extra-EU: imports/exports as % of all EU partners i.e. excluding trade between EU Member States

है जो कि हमारे वृहत बाजार तथा वैश्विक निर्यात व सामान्य सर्वहित दोनों को पोषित करता है।[54]

28 सदस्यीय यूरोपीय संघ भारत का दूसरा सबसे बड़ा व्यापारिक साझीदार है। यूरोपीय संघ और भारत के बीच द्विपक्षीय व्यापार 2013-14 में 101.53 अरब डॉलर रहा। अप्रैल-दिसम्बर तक यूरोपीय देशों को आयात 36.78 अरब डॉलर

जबकि निर्यात 37.46 अरब डॉलर रहा। यूरोपीय संघ का एक प्रमुख देश फ्रांस व भारत के बीच कुल व्यापार पांच गुना बढ़कर 2001 के 2.2 अरब डॉलर से 2012 में 10.2 अरब डॉलर हो गया है लेकिन यह विकास दोनों देशों के बीच व्यापार की विशाल क्षमता को देखते हुए अत्यन्त नगण्य है। फ्रांस के महत्वपूर्ण व्यापारिक भागीदारों में से एक के रूप गें भारत की रैंकिंग 2012 में फ्रांस के भारत के वैश्विक निर्यात में 1.7 प्रतिशत योगदान की तुलना में काफी कम है। फ्रांस भारत का 14वाँ सबसे बड़ा व्यापारिक भागीदार है। फ्रांस भारत के लिए अंतर्राष्ट्रीय मुद्राकोष, विश्व बैंक, संयुक्त राष्ट्र सुरक्षा परिषद जैसे विभिन्न वैश्विक मंचों पर सहायक हो सकता है तथा परमाणु आपूर्तिकर्त्ता समूह (NSG), मिसाइल प्रौद्योगिकी नियंत्रण व्यवस्था (MTCR), ऑस्ट्रेलिया समूह (AG) एवं वासेनार व्यवस्था (WA) जैसी बहुपक्षीय निर्यात नियंत्रण व्यवस्थाओं में भारत की स्वीकार्यता में सहायक हो सकता है।

भारत और यूरोपीय संघ के बीच मुक्त व्यापार समझौते पर सभी पक्षों से समझौते की आवश्यकता है। जर्मनी यूरोपीय संघ के भारत का सबसे बड़ा व्यापारिक भागीदार है तथा 10 शीर्ष वैश्विक व्यापारिक भागीदारों में से एक है। 1991 से 2014 की अवधि के दौरान भारत में जर्मन प्रत्यक्ष विदेशी निवेश 75.7 अरब डॉलर का था। जर्मन भारत का 8वाँ सबसे बड़ा प्रत्यक्ष विदेशी निवेशक है, जर्मनी यूरोपीय संघ में भी भारत का सबसे बड़ा व्यापारिक भागीदार है वर्ष 2014 में दोनों का द्विपक्षीय व्यापार लगभग 10 अरब यूरो रहा। भारत व यूरोपीय संघ के मध्य कुल व्यापार में भागीदार देशों की हिस्सेदारी इस प्रकार से है–[55]

भारत-यूरोपीय संघ के मध्य FTA की राह में बाधक तत्व

1. यूरोपीय यूनियन पहले ही अधिकांश वस्तुओं के प्रशुल्क दर को समाप्त कर चुका है परन्तु भारत की मांग है कि ईयू अपनी सूची में कम से कम 95 प्रतिशत वस्तुओं को शामिल करे। स्पष्ट है कि ईयू ने जो स्वयं सुविधा उपलब्ध करवाई है, भारत उससे कहीं ज्यादा छूट चाहता है।

2. ईयू भारत की ईयू प्रशुल्क दर युक्त सूची में से 10 प्रतिशत और वस्तुओं को हटाने की माँग के प्रति नाखुश है जैसा कि रिपोर्ट में बताया जा रहा है कि कार और एल्कोहल दो ऐसे उत्पाद हैं जिसे ईयू ने प्रशुल्क दर युक्त सूची में बनाए रखा है और यही विवाद का विषय बना हुआ है। इसके पीछे कारण है मोटर वाहन उद्योग में अग्रणी देश जर्मनी तथा शराब निर्यातक प्रमुख देश फ्रांस के विरोध।

तालिका संख्या 3.3

यूरोपीय संघ का विश्व के साथ व्यापार

European Commission

Directorate-General for Trade

European Union, Trade with World

Total Goods: Trade flows and balance

Period	Imports Value Mio €	Imports % Growth	Exports Value Mio €	Exports % Growth	Balance Value Mio €	Balance % Growth	Total trade Value Mio €	Total trade % Growth
2005	[illegible]		[illegible]		[illegible]		[illegible]	
2006	[illegible]	[illegible]	[illegible]	[illegible]	[illegible]	[illegible]	[illegible]	[illegible]
2007	[illegible]	[illegible]	[illegible]	[illegible]	[illegible]	[illegible]	[illegible]	[illegible]
2008	[illegible]	[illegible]	[illegible]	[illegible]	[illegible]	[illegible]	[illegible]	[illegible]
2009	[illegible]	[illegible]	[illegible]	[illegible]	[illegible]	[illegible]	[illegible]	[illegible]
2010	[illegible]	[illegible]	[illegible]	[illegible]	[illegible]	[illegible]	[illegible]	[illegible]
2011	[illegible]	[illegible]	[illegible]	[illegible]	[illegible]	[illegible]	[illegible]	[illegible]
2012	[illegible]	[illegible]	[illegible]	[illegible]	[illegible]	[illegible]	[illegible]	[illegible]
2013	[illegible]	[illegible]	[illegible]	[illegible]	[illegible]		[illegible]	[illegible]
2014	[illegible]	[illegible]	[illegible]	[illegible]	[illegible]	[illegible]	[illegible]	[illegible]
2015	[illegible]	[illegible]	[illegible]	[illegible]	[illegible]	[illegible]	[illegible]	[illegible]

Total Goods: Top trading partners 2015

Imports Partner	Value Mio €	% Extra-EU	Exports Partner	Value Mio €	% Extra-EU	Total trade Partner	Value Mio €	% Extra-EU
World	[illegible]	100.0	World	[illegible]	100.0	World	[illegible]	100.0
1 China	[illegible]	[illegible]	1 USA	[illegible]	[illegible]	1 USA	[illegible]	[illegible]
2 USA	[illegible]	[illegible]	2 China	[illegible]	[illegible]	2 China	[illegible]	[illegible]
3 Russia	[illegible]	[illegible]	3 Switzerland	[illegible]	[illegible]	3 Switzerland	[illegible]	[illegible]
4 Switzerland	[illegible]	[illegible]	4 Turkey	[illegible]	[illegible]	4 Russia	[illegible]	[illegible]
5 Norway	[illegible]	[illegible]	5 Russia	[illegible]	[illegible]	5 Turkey	[illegible]	[illegible]
6 Turkey	[illegible]	[illegible]	6 Japan	[illegible]	[illegible]	6 Norway	[illegible]	[illegible]
7 Japan	[illegible]	[illegible]	7 Norway	[illegible]	[illegible]	7 Japan	[illegible]	[illegible]
8 South Korea	[illegible]	[illegible]	8 United Arab Emi...	[illegible]	[illegible]	8 South Korea	[illegible]	[illegible]
9 India	[illegible]	[illegible]	9 South Korea	[illegible]	[illegible]	9 India	[illegible]	[illegible]
9 India	[illegible]	[illegible]	11 India	[illegible]	[illegible]	9 India	[illegible]	[illegible]

Total Goods: Top product sections 2015

Rank	Imports Product	Value Mio €	% Extra-EU	Exports Product	Value Mio €	% Extra-EU
	HS Sections			HS Sections		
1	XVI Machinery and appliances	[illegible]	[illegible]	XVI Machinery and appliances	[illegible]	[illegible]
2	V Mineral products	[illegible]	[illegible]	XVII Transport equipment	[illegible]	[illegible]
3	VI Products of the chemical or allied in...	[illegible]	[illegible]	VI Products of the chemical or allied in...	[illegible]	[illegible]
4	XVII Transport equipment	[illegible]	[illegible]	XV Base metals and articles thereof	[illegible]	[illegible]
5	XI Textiles and textile articles	[illegible]	[illegible]	V Mineral products	[illegible]	[illegible]
	SITC Sections			SITC Sections		
1	7 Machinery and transport equipment	[illegible]	[illegible]	7 Machinery and transport equipment	[illegible]	[illegible]
2	3 Mineral fuels, lubricants and related...	[illegible]	[illegible]	5 Chemicals and related prod, n.e.s.	[illegible]	[illegible]
3	8 Miscellaneous manufactured articles	[illegible]	[illegible]	8 Miscellaneous manufactured articles	[illegible]	[illegible]
4	5 Chemicals and related prod, n.e.s.	[illegible]	[illegible]	6 Manufactured goods classified chiefly...	[illegible]	[illegible]
5	6 Manufactured goods classified chiefly...	[illegible]	[illegible]	3 Mineral fuels, lubricants and related...	[illegible]	[illegible]

% Extra-EU: imports/exports as % of all EU partners i.e. excluding trade between EU Member States

% Growth: relative variation between current and previous period

3. सेवा क्षेत्र संबंधी व्यापार के मामले में ईयू 'मोड 3 वर्ग' के अन्तर्गत उपलब्ध करवाना चाहता है। इस 'मोड 9 वर्ग' का प्रावधान WTO के 'जनरल एग्रीमेंट ऑन ट्रेड इन सर्विसेज' संधि में है। मोड 3 वर्ग सेवा क्षेत्र में सीमा पार निवेश संबंधी मामलों को देखता है परन्तु भारत की 'मोड 4 वर्ग' में विशेष रुचि है। इसके अलावा भारत सेवा क्षेत्र में निवेश के लिए व्यक्तियों का मुक्त सीमापारीय आवागमन चाहता है।

4. यूरोपीय संघ की मांग है कि भारत को सेवा क्षेत्रों में निवेश हेतु अनुमति प्रदान करे जैसे खुदरा व्यापारिक क्षेत्र, बैंकिंग सेवा, कानूनी सेवा, डाक एवं कोरियर सेवाएं, तथा बीमा क्षेत्र। इस संबंध में ईयू का कहना है कि भारत इन क्षेत्रों में विदेशी निवेश अवरोध उत्पन्न कर रहा है।

5. वीजा संबंधी मामले में भारत की मांग है कि यूरोपीय संघ में भारतीय प्रोफेशनल के नौकरी के मामलों में वीजा की उपलब्धता से संबंधित समस्याओं को ईयू दूर करने में सहायता प्रदान करे। भारत की इस मांग के प्रति ईयू का कहना है कि इस तरह की सुविधा प्रदान करना उसके क्षेत्राधिकार से बाहर है। वीजा संबंधी मामला प्रत्येक सदस्य यूरोपीय देशों का आंतरिक मामला है।

6. ईयू का मानना है कि भारत अभी भी संरक्षणवादी नीतियों पर चल रहा है एवं कई गैर प्रशुल्क कर बाधाओं के माध्यम से यूरोप के मालों को भारत में आने से रोकता है तथा भारत अपने घरेलू बाजार को संरक्षण प्रदान करने के लिए यूरोपीय मालों को बराबरी का दर्जा नहीं देता है। ईयू का यह भी कहना है कि ईयू द्वारा टैरिफ मुक्त आयात की मांग करने पर भारत इस मुद्दे को वीजा संबंधी मुद्दों से जोड़ते हुए अन्य प्रकार के मुद्दों को भी उठाता है। इससे परस्पर व्यापारिक समझौतों में बाधा उत्पन्न हो रही है।

7. भारत और ईयू में लागू प्रशुल्क कर की दरों में अत्यधिक अंतर पाया जा रहा है। भारत के औसत प्रशुल्क कर की दर 17 प्रतिशत के आस पास है। जबकि यूरोप में यह टैरिफ दर 2 प्रतिशत के आसपास है। मुक्त व्यापार के परिणामस्वरूप भारत के प्रशुल्कों में काफी कमी देखी जा सकती है। लगभग 90 प्रतिशत मदों पर प्रशुल्क शून्य हो सकता है जबकि ईयू को प्रशुल्क दर को 2 प्रतिशत से घटाकर शून्य प्रतिशत तक लाना होगा।

8. भारत ईयू से यह चाहता है कि इसके सर्विस प्रोफेशनल्स जैसे आर्किटैक्ट्स एवं डॉक्टर आदि की योग्यताओं को यूरोप में मान्यता प्रदान की जाए। ईयू भारत की इस मांग को पूरा करने के लिए प्रयासरत है।

9. ईयू के एमएफएन संबंधी उपबंध का स्वतः विस्तार सभी ईयू FTA के अन्तर्गत सर्वाधिक पसन्दीदा राष्ट्र उपबन्ध शामिल होते हैं। इस उपबन्ध के अन्तर्गत जैसे ही कोई देश दूसरी पार्टी को बेहतर सुविधा मुहैया

करवाता है तो स्वतः ही वे सुविधाएं यूरोपीय संघ को प्राप्त हो जाएंगी। इस प्रकार के उपबन्ध भविष्य में होने वाली व्यापारिक वार्ता विशेषकर विकासशील देशों के साथ भारत के सामरिक हितों को ठेस पहुंचा सकते हैं।

10. ईयू ने विश्व व्यापार संगठन के सिंगापुर संबंधी मुद्दों को स्वीकार कर लिया है। जबकि भारत ने इन मुद्दों को अस्वीकार कर दिया है।

यूरोपीय संघ के बाजार के कड़े गुणवत्ता मानदण्ड व मानक हैं। यूरोपीय संघ में भारतीय उत्पादों की बाजार हिस्सेदारी बढ़ाने के लिए भारतीय व्यापार और उद्योग को भी इन मापदण्डों को पूरा करने की आवश्यकता है जो भारत के लिए एक चुनौती बन गया है। अप्रैल, 2014 में 28 सदस्यीय यूरोपीय संघ ने भारत में उत्पादित अल्फांसों आमों के आयात पर अस्थायी रूप से प्रतिबंध लगा दिया था दो साल के कड़े संघर्षों के बाद यूरोपीय संघ ने 2016 में आमों पर तो यह आयात प्रतिबंध हटा दिया लेकिन कुछ सब्जियों पर अभी भी प्रतिबंध लगा हुआ है यूरोपीय संघ ने 1 मई, 2014 से चार सब्जियों अरबी, करेला, चिचिण्डा व बैंगन के आयात पर प्रतिबन्ध लगा दिया। भारत के फल और सब्जियों के कुल निर्यात का 50 प्रतिशत से अधिक यूरोपीय संघ को जाता है। ब्रिटेन इसका मुख्य गंतव्य है जिसके पश्चात् नीदरलैण्ड, जर्मनी व बेल्जियम आते हैं। इस प्रकार से 21वीं सदी में भारत-यूरोपीय संघ के मध्य कुछ मुद्दों को छोड़कर पारस्परिक द्विपक्षीय संबंध मधुर व प्रगाढ़ हुए हैं।[56]

संदर्भ-सूची

1. सिंह, रहीस, 'वैश्विक संबंध', डॉर्लिंग किंडरस्ले (इंडिया) प्रा. लि., पियर्सन एजुकेशन, नई दिल्ली, 2013, पृ. 468-469
2. वर्मा, दीनानाथ 'आधुनिक भारत', अर्जुन पब्लिशर्स हाउस, नई दिल्ली, 2009
3. सजीवा, 'यूरोपीय व्यापारिक कम्पनियों का भारत में आगमन', 25 सितम्बर, 2016 www.sansarlochan.in>europeancompa
4. भारत में यूरोपीय आगमन–विकिपीडिया https://hi.m.wikipedia.org> भारत
5. यूरोपियों का आगमन The Arrival of Vivace Panorama www.vivacepanorama.com>thearrival
6. भारत में यूरोपीय व्यापार का प्रारम्भ– भारतकोश bharat discovery.org>indi भारत में
7. भारत की खोज और यूरोपीय कंपनियों का भारत आगमन bharat 2 cu blogspot com M 2015/12co.

8. भारत में यूरोपीय व्यापारिक कम्पनियों के आगमन से m.aajtak.in भारत का इतिहास
9. 'भारत-जर्मनी संबंध' जनत्र 2016 www. facebook.com/pages/embarry-of India Berlin/147693 7653-04239,
10. तिवारी, राजीव / बर्लिन 'भारत-जर्मनी के रिश्ते होंगे और मजबूत' राजस्थान पत्रिका, 11 अप्रैल, 2013, पृ. 15
11. गौड़, ओम, बर्लिन 'भारत में ग्रीन एनर्जी के लिए जर्मनी देगा 7000 करोड़ रुपये। दैनिक भास्कर, 12 अप्रैल, पृ. 10
12. तिवारी, राजीव, 'भारत-जर्मनी में सहमति, जल्द पूरा हो मुक्त व्यापार समझौता' राजस्थान पत्रिका, 12 अप्रैल, 2013, पृ. 13
13. राज, विवेक एस, 'जर्मन चांसलर एंजेला मर्केल की भारत यात्रा', सिविल सर्विसेज टाइम्स, दिसम्बर, 2015, पृ. 33-34
14. पाण्डे, गिरीश चन्द्र, 'भारत-जर्मन संबंधों की वर्तमान स्थिति, प्रतियोगिता दर्पण, सितम्बर, 2015, पृ. 93-94
15. सिंह, अश्वनी कुमार, 'नरेन्द्र मोदी की जर्मनी, फ्रांस एवं कनाडा यात्रा', प्रतियोगिता दर्पण, अक्तूबर, 2015, पृ. 92-93
16. यादव, आर. एस., 'भारत की विदेश नीति एक विश्लेषण', किताब महल एजेन्सीज, इलाहाबाद, 2005, पृ. 379
17. 'भारत-फ्रांस संबंध', सिविल सर्विसेज क्रॉनिकल, नवम्बर, 2015, पृ. 178
18. पाण्डे, गिरीश चन्द्र, 'फ्रांस के राष्ट्रपति की भारत यात्रा', प्रतियोगिता दर्पण, जुलाई, 2016, पृ. 83
19. 'भारत-फ्रांस परमाणु व रक्षा संबंध' princedhingra/blogspot,com>2017/01
20. पाण्डेय, गिरीश चन्द्र, 'मोदी की ब्रिटेन यात्रा', प्रतियोगिता दर्पण, जून, 2016, पृ. 86
21. यादव, आर. एस, 'भारत की विदेश नीति : एक विश्लेषण', किताब महल एजेन्सीज, इलाहाबाद, 2005, पृ. 410-11
22. 'ब्रिटेन की प्रधानमंत्री थेरेसा ने की भारत की यात्रा', सिविल सर्विसेज टाइम्स', जनवरी, 2016, पृ. 22
23. 'पांच बिन्दुओं में समझे भारत-ब्रिटेन-संबंध– 21वीं सदी में www.bbc.comhindi india<2015/11
24. 'अपने नौसैनिकों की घर वापसी के लिए इटली को भारत Khabar.ndtv.com > newsworld >what'
25. शर्मा प्रभुदत, 'विदेश नीतिः सिद्धांत एवं व्यवहार,' कॉलेज बुक डिपो, जयपुर, 2010, पृ. 240
26. पूर्वोक्त, पृ. 241-42

27. अंतर्राष्ट्रीय घटनाक्रम 'प्रधानमंत्री नरेन्द्र मोदी की बेल्जियम यात्रा' प्रतियोगिता दर्पण, जून, 2016, पृ. 23
28. EU-India Summits : Lisbon, June 28, 2000 http://ec.europa.eu/common/external
29. Second EU- India Summit, New Delhi, 23 Novemer, 2001 http://ec.europa.eu/common/external relation/india
30. Gupta, K.R., 'India's International Relations' Atlantic Publishers & Distributors, 2009, पृ. 319
31. Fourth EU—India Summit, New Delhi, 29 November, 2003 http://ec.europa.eu/common/external
32. Fifth EU- India Summit, The Hague, 8 Nov, 2004 http://ec.europa.eud/common/external
33. 'भारत–यूरोपीय संघ शिखर वार्ता', प्रतियोगिता दर्पण, जनवरी, 2005 पृ. 1015
34. Sixth EU—India Summit, New Delhi, 7 Sept., 2005 http://ec.europa.eu/common/external
35. 'भारतीय–यूरोपीय संघ शिखर वार्ता', प्रतियोगिता दर्पण, नवम्बर, 2005, पृ. 654
36. Seventh EU- India Summit http://www.indembassybern.ch/Pdf
37. 'मनमोहनसिंह की भारत-यूरोप शिखर बैठक हेतु यात्रा', प्रतियोगिता दर्पण, दिसम्बर, 2006, पृ. 786
38. '8वाँ भारत-यूरोपीय संघ शिखर सम्मेलन', सिविल सर्विसेज टाइम्स, फरवरी, 2008, पृ. 7
39. Gupta, K.R. "India's International Relations", Atlantic Publishers & Distributors, New Delhi, 2009, p. 355
40. 'भारत-यूरोपीय संघ शिखर सम्मेलन', प्रतियोगिता दर्पण, फरवरी, 2008, पृ. 22
41. '8वाँ भारत-यूरोपीय संघ शिखर सम्मेलन', सिविल सर्विसेज टाइम्स, फरवरी, 2008, पृ. 9-10
42. पूर्वोक्त, पृ. 10-11
43. EU- India Summit, Marseille, 2 Sept., 2008 http://ec.europa eu/common/external
44. 'भारत-यूरोप शिखर वार्ता', प्रतियोगिता दर्पण, जनवरी, 2010, पृ. 1014
45. 'यूरोपीय संघ और भारत शिखर सम्मेलन', प्रतियोगिता दृष्टि, जनवरी, 2011, पृ. 14
46. 'भारत-यूरोपीय शिखर सम्मेलन', राजस्थान पत्रिका, 11 फरवरी, 2012, पृ. 8
47. 'इण्डो–ईयू सम्मिट', Time of India, 11 Feb., 2012, पृ. 1

48. 'मोदी की बेल्जियम यात्रा', प्रतियोगिता दर्पण, जून, 2016, पृ. 23
49. पाण्डे, गिरीश चन्द्र, '13वां भारत-यूरोपीय संघ शिखर सम्मेलन', प्रतियोगिता दर्पण, अगस्त, 2016, पृ. 83
50. 13वां भारत-यूरोपीय संघ शिखर सम्मेलन, ब्रूसेल्स में www.meagovinbilaterl documentshi
51. राज. विवेक एस. 'भारत एवं यूरोपीय संघ संबंध', सिविल सर्विसेज टाइम्स, जून, 2015, पृ. 6
52. पूर्वोक्त, पृ. 9-10
53. मुक्त व्यापार क्षेत्र-विकिपीडिया http://hi.m.wikipedia5Eo%
54. EU—India Trade Relations http://www.endelindiaorg/en/trade/tradehtm
55. EU and India Investment http//www.eudelindia.org /en/trade/investment.htm
56. राज विवेक एस. 'भारत एवं यूरोपीय संघ संबंध', सिविल सर्विसेज टाइम्स, जून, 2015, पृ. 10

4 भारत-यूरोपीय संघ के मध्य परमाणु ऊर्जा व्यापार

वर्तमान समय 'परमाणु युग' (Atomic Era) कहलाता है। परमाणु युग का प्रारम्भ 16 जुलाई, 1945 को अमेरिका द्वारा प्रथम परमाणु बम का सफल परीक्षण करके किया गया। दुनिया की 17 प्रतिशत बिजली परमाणु ऊर्जा संयंत्रों से पैदा होती है। कुछ देश बिजली के लिए परमाणु ऊर्जा पर अन्य के मुकाबले ज्यादा आश्रित हैं जिसमें भारत भी एक है। अन्तर्राष्ट्रीय परमाणु ऊर्जा एजेन्सी (IAEA) के अनुसार फ्रांस में लगभग 78 प्रतिशत बिजली आणविक स्त्रोतों से प्राप्त की जाती है। अमेरिका में लगभग 20 प्रतिशत बिजली परमाणु ऊर्जा स्त्रोतों से पैदा होती है। दुनिया भर में परमाणु ऊर्जा संयंत्रों की संख्या 435 कार्यरत हैं, 25 निर्माणाधीन और 222 प्रस्तावित रूप से विचाराधीन हैं। इस प्रकार भारत में वर्तमान समय तक 17 परमाणु रिएक्टर कार्यरत, 5 निर्माणाधीन और 8 विचाराधीन हैं। वर्तमान में भारत 4120 मेगावाट बिजली परमाणु रिएक्टरों से पैदा कर रहा है जबकि देश का कुल बिजली उत्पादन 6 लाख 35 हजार गीगावाट ऑवर है।[1]

भावी भविष्य को ध्यान में रखते हुए भविष्य की आवश्यकता है परमाणु ऊर्जा। जीवाश्म ईंधनों की दिनोंदिन कम होती जा रही मात्रा को ध्यान में रखते हुए कोयला और पेट्रालियम पर निर्भर विद्युत उत्पादन का वैकल्पिक स्त्रोत परमाणु ऊर्जा है। फिलहाल भारत में विभिन्न स्त्रोतों से 1.50 लाख मेगावाट बिजली का उत्पादन हो रहा है, जो कि मांग से काफी कम है। भारत में वर्तमान में कुल 12 प्रतिशत बिजली की कमी है। NSG द्वारा रियासत मिलने से भारत के परमाणु ऊर्जा से विद्युत बनाने के लक्ष्य 2020 तक 20 हजार मेगावाट तथा इसके 20 वर्ष बाद यानी 2040 में 65 हजार मेगावाट नाभिकीय बिजली का उत्पादन करना है। इस समय भारत अपनी ऊर्जा आवश्यकता का (2.9) 3 प्रतिशत उत्पादन करता है। परमाणु करार के बाद आशा है कि 2050 तक परमाणु रिएक्टरों से पैदा होने वाली बिजली देश में उत्पादित होने वाली कुल बिजली का 25 प्रतिशत होगी।

भारत में मौजूदा रिएक्टर यूरेनियम की कमी से अभी आधी क्षमता पर कार्य कर रहे हैं। यूरेनियम को अन्तर्राष्ट्रीय आपूर्ति प्रारम्भ होने के बाद इन रिएक्टरों को

पुनः 95 प्रतिशत प्लांट लोड फैक्टर पर चलाया जा सकता है। परमाणु ऊर्जा के प्रयोग से पेट्रोलियम ईंधन के आयात बिल में भी कमी आएगी तथा जलवायु परिवर्तन के बढ़ते खतरों का भी सामना किया जा सकेगा। अभी पेट्रोलियम आयात का बिल कुल आयातों में सबसे अधिक होता है तथा भारत की विदेशी मुद्रा का बड़ा भाग इसी को चुकाने में चला जाता है। इसके अलावा जलवायु परिवर्तन के लिए जिम्मेदार कार्बन डाईऑक्साइड व अन्य हाइड्रोकार्बन गैसों के उत्सर्जन में भी कमी आएगी। भविष्य की ऊर्जा के रूप में परमाणु ऊर्जा की सम्भावना का भविष्य भारत में काफी उज्जवल है क्योंकि देश में मौजूद थोरियम को तीसरे चरण के विकास कार्यक्रम के लिए परमाणु ऊर्जा का मुख्य स्त्रोत माना जा रहा है। थोरियम की केरल के तट पर स्थित बालू में पर्याप्त मात्रा में है तथा इसे तकनीक के पूर्ण विकास के बाद थोरियम का पूर्ण रूप से उपयोग किया जा सकेगा।[2]

भारत का परमाणु ऊर्जा कार्यक्रम एवं परमाणु संयंत्रों की स्थापना

स्वतन्त्रता के बाद 10 अगस्त, 1948 को डॉ. एच.जे. भाभा की अध्यक्षता में परमाणु ऊर्जा आयोग (Atomic Energy Commission- AEC) की स्थापना की गई जिसका उद्देश्य भारत में नाभिकीय ऊर्जा के क्षेत्र में अनुसंधान विकास तथा अनुप्रयोग कार्यों का विकास करना था। 3 अगस्त, 1954 में नाभिकीय ऊर्जा विभाग (Department of Atomic Energy- DAE) की स्थापना की गई। परमाणु ऊर्जा आयोग (AEC) अपनी नीतियों का क्रियान्वयन DAE विभाग द्वारा करता है परमाणु ऊर्जा विभाग के अधीन 5 शोध केन्द्र, 4 पब्लिक सेक्टर अण्डरटेकिंग व तीन इण्डिस्ट्रियल ऑर्गनाइजेशन हैं तथा यह 7 शोध संस्थाओं की भी सहायता करता है।

'परमाणु ऊर्जा विभाग' (DAE) नाभिकीय ऊर्जा प्रौद्योगिकी के विकास, विकिरण प्रौद्योगिकी के कृषि दवाइयों के उद्योग में प्रयोग तथा मूलभूत अनुसंधान कार्यों में जुटा है। इस विभाग के प्रमुख कार्य निम्न प्रकार से हैं–

1. स्वदेशी और अन्य प्रौद्योगिकियों के द्वारा नाभिकीय ऊर्जा की भागीदारी बढ़ाना तथा उपयुक्त ईंधन चक्र संयंत्रों से फास्ट ब्रीडर रिएक्टर और थोरियम रिएक्टर विकसित करना।

2. विकिरण समस्थानिकों के उत्पादन तथा औषधिविज्ञान, कृषि और उद्योग के क्षेत्रों में विकिरण तकनीक के उपयोग के लिए अनुसंधान रिएक्टरों का निर्माण और प्रचालन करना।

3. एक्सेलेटर लेजर आदि विकसित तकनीकों का विकास और उद्योगों को तकनीकों के हस्तान्तरण को बढ़ावा देना।

4. नाभिकीय ऊर्जा और विज्ञान के सम्बंध क्षेत्रों में आधारभूत अनुसंधान और विश्वविद्यालयों व उच्च शैक्षिक संस्थाओं के बीच आपसी सम्बंध बढ़ाने में सहयोग करना। ऐसी अनुसंधान और विकास परियोजनाओं को सहयोग करना जो विभाग के कार्यक्रमों से जुड़ी हो। इन क्षेत्रों में अन्तर्राष्ट्रीय अनुसंधान को बढ़ावा देना। राष्ट्रीय सुरक्षा में योगदान करना।

परमाणु ऊर्जा विभाग (DAE) प्रारम्भ से ही भारत में परमाणु ऊर्जा कार्यक्रम को तीन चरणों में चला रहा है–

1. प्राकृतिक यूरेनियम (U-235 तथा U- 238) ईंधन से चालित भारी जल (गुरुजल या D_2O) प्रतिकर्मी रिएक्टर (Pressuried Heavy Water Reactor PHWR), जिसमें परमाणु ऊर्जा के अतिरिक्त नव उत्पाद के रूप में प्लूटोनियम (PU-239) भी प्राप्त होता है।

2. प्लूटोनियम (PU-239) ईंधन चलित 'तीव्र प्रजनक प्रतिकर्मी' (Fast Breader Reactor) रिएक्टरों की स्थापना। इनमें थोरियम (TH-232) को यूरेनियम (U-233) तथा यूरेनियम (238) को प्लूटोनियम (PU-239) में बदला जाता है।

3. नाभिकीय फ्रास्ट ब्रीडर रिएक्टरों से उत्पादित यूरेनियम तथा प्लूटोनियम के पुनः प्रसंस्करण की प्रक्रिया को आगे बढ़ाने के लिए रिएक्टरों की स्थापना करना। इसमें थोरियम आधारित प्रतिकर्मियों (Reactors) की एक विस्तृत श्रृंखला बनाई जा सकती है। परमाणु ऊर्जा के तीसरे चरण में फास्ट ब्रीडर रिएक्टर (Fast Breader Reactor-FBR) में थोरियम से बदले गए यूरेनियम (U-233) का उपयोग किया जाएगा।[3]

परमाणु ऊर्जा विभाग (Department of Atomic Energy-DAE) के अधीनस्थ प्रमुख संस्थाएँ

(1) परमाणु अनुसंधान तथा विकास संगठन

I. भाभा परमाणु अनुसंधान केन्द्र (BARC) ट्राम्बे मुम्बई (महाराष्ट्र)

II. इन्दिरा गांधी परमाणु अनुसंधान केन्द्र (IGCAR) कलपक्कम, (तमिलनाडू)

III. सेंटर फार एडवांस टेक्नोलॉजी, इंदौर, मध्यप्रदेश

IV. वैरिएवल एनर्जी साइक्लोट्रान सेंटर कोलकाता (पश्चिमी बंगाल)

V. एटामिक मिनरल डिविजन, हैदराबाद (आंध्र प्रदेश)

(2) पब्लिक सेक्टर ऑर्गेनाइजेशन

I. न्यूक्लियर पॉवर कॉर्पोरेशन ऑफ इण्डिया लिमिटेड (NPCIL), मुम्बई (महाराष्ट्र)

II. यूरेनियम कॉर्पोरेशन ऑफ इण्डिया लिमिटेड, जादूगोडा (केरल)

III. इलेक्ट्रोनिक्स कॉर्पोरेशन ऑफ इण्डिया लिमिटेड, हैदराबाद (आन्ध्र प्रदेश)

IV. इण्डिया रेअर अर्थस लिमिटेड मुम्बई (महाराष्ट्र)

(3) पूर्ण सहायता प्राप्त संस्थान

I. टाटा इंस्टीट्यूट ऑफ फंडामेटल रिसर्च, मुम्बई (महाराष्ट्र)

II. साहा इंस्टीट्यूट ऑफ न्यूक्लियर फिजिक्स, कोलकाता (प. बंगाल)

III. इंस्टीट्यूट ऑफ न्यूक्लियर फिजिक्स, भुवनेश्वर (उड़ीसा)

IV. टाटा मेमोरियम सेंटर, मुम्बई (महाराष्ट्र)

V. इंस्टीट्यूट फॉर प्लाज्मा रिसर्च, अहमदाबाद (गुजरात)

VI. इंस्टीट्यूट ऑफ मैथमेटिकल सांइसेज, मद्रास (चैन्नई)

VII. मेहता इंस्टीट्यूट ऑफ मैथ्स एण्ड फिजिक्स, इलाहाबाद (उ.प्र.)

4. इंडस्ट्रियल ऑर्गेनाइजेशन

I. भारी जल बोर्ड (Heavy Water), मुम्बई (महाराष्ट्र)

II. नाभिकीय ईंधन कॉम्पलैक्स, हैदराबाद (आन्ध्र प्रदेश)

III. बोर्ड ऑफ रेडिएशन एण्ड आइसोटोप टेक्नोलोजी, मुम्बई (महाराष्ट्र)

इसके अलावा रावतभाटा तथा कैगा में अन्य इकाइयों की स्थापना के बारे में परमाणु ऊर्जा विभाग विचार कर रहा है।

प्रथम चरण

देश में प्राकृतिक यूरेनियम के संसाधनों और प्रौद्योगिकी ढांचे की उपलब्धता को ध्यान में रखकर पहले चरण के लिए प्रेशराइज्ड हैवी वाटर रिएक्टरों (PHWR)

का चुनाव किया गया। भारत में तारापुर परमाणु विद्युत गृह के अतिरिक्त सभी परमाणु गृहों में प्राकृतिक यूरेनियम का उपयोग किया जाता है। तारापुर में अमेरिकी तकनीकी से परिष्कृत यूरेनियम का ईंधन के रूप में तथा साधारण जल द्वारा ठण्डा किए जाने की विधि पर आधारित बायलिंग वाटर रिएक्टर (BWR) की स्थापना की गई। तारापुर संयंत्र के अतिरिक्त अन्य सभी परमाणु संयंत्र कनाडा के डिजाइन पर आधारित हैं। इसमें ईंधन के तौर पर प्राकृतिक यूरेनियम तथा मंदक के तौर पर भारी जल का प्रयोग किया जाता है। कनाडा के सहयोग से रावतभाटा (राजस्थान) में स्थापित दो रिएक्टरों ने क्रमशः 1973 और 1981 में व्यावसायिक तौर पर उत्पादन प्रारम्भ किया। कलपक्कम (तमिलनाडू) में स्वदेशी डिजाइन पर आधारित दो रिएक्टरों से 1984 व 1986 में व्यावसायिक उत्पादन प्रारम्भ हो गया। मानवीकृत तथा स्वदेशी उन्नत PHWR के डिजाइन पर आधारित दो इकाइयों वाले रिएक्टर, नरौरा (उत्तर प्रदेश) में 1991 और 1992 में प्रारम्भ किये गए। जबकि काकरापार (गुजरात) की इकाइयों में 1993 और 1995 में व्यावसायिक उत्पादन प्रारम्भ किया गया। कैगा कर्नाटक की इकाई ने सन 2000 में कार्य करना प्रारम्भ किया। प्रथम चरण में ही देश में विकसित स्वदेशी कार्यक्रमों के अतिरिक्त हल्के जल रिएक्टर प्रौद्योगिकी के आयात का ही कार्यक्रम शामिल है। इस दिशा में पहला रूस के सहयोग से तमिलनाडू के कुडमकुलम में 1000 मेगावाट की दो इकाइयों के निर्माण की योजना बनाकर उठाया गया है।

प्रथम चरण के सभी परमाणु विद्युत गृहों के लिए आवश्यक प्राकृतिक यूरेनियम ईंधन देश में ही उपलबध है और भारी जल के लिए अनेक संयंत्र लगाए जा चुके हैं। परमाणु विद्युत संयंत्रों से निकलने वाले अवशिष्ट पदार्थों के पुनः प्रसंस्करण स्वदेश में ही विकसित तकनीक के उपयोग से उपयोगी पदार्थों को अलग किया जाता है। इनमें सबसे प्रमुख है– प्लूटोनियम-239। प्लूटोनियम-239 के प्रसंस्करण के लिए मुम्बई, तारापुर व कल्पक्कम में पुनःप्रसंस्करण प्लांट लगाए गए हैं। प्लूटोनियम 239 के दो महत्वपूर्ण उपयोग हैं। 1. भारत के नाभिकीय विस्फोटों में उपयोग और दूसरा भारत नाभिकीय ऊर्जा कार्यक्रम के द्वितीय चरण में ईंधन के रूप में व्यापक उपयोग करना।

द्वितीय चरण

नाभिकीय ऊर्जा कार्यक्रम के द्वितीय चरण में विद्युत उत्पादन के लिए फास्ट ब्रीडर रिएक्टरों (FBR) का प्रयोग किया जाना है। फास्ट ब्रीडर व उससे सम्बन्धी तकनीकों के विकास के लिए 1971 में कलपक्कम में इन्दिरा गांधी परमाणु अनुसंधान केन्द्र की स्थापना की गई। इन रिएक्टरों में प्राकृतिक यूरेनियम और प्रथम चरण से प्राप्त

प्लूटोनियम 239 के मिश्रण का उपयोग ईंधन के रूप में किया जाता है। इस प्रक्रिया में इन रिएक्टरों से विद्युत उत्पादन में जितना ईंधन जलेगा उससे अधिक प्लूटोनियम या यूरेनियम 233 के रूप में ईंधन का निर्माण किया जाएगा। प्राकृतिक यूरेनियम एक अविखण्डनीय तत्व है। जिसे फास्ट ब्रीडर रिएक्टरों (FBR) के माध्यम से दूसरे चरण में विखण्डनीय बनाया जाएगा। भारत में विश्व का पहला प्रोटोटाइप फास्ट ब्रीडर रिएक्टर विकसित किया जा रहा है। जो परमाणु विज्ञान के क्षेत्र में एक नई उपलब्धि है। इस रिएक्टर से 500 मेगावाट विद्युत उत्पन्न किया जा सकता है। इसके तहत भाभा परमाणु अनुसंधान केन्द्र द्वारा स्वदेशी तकनीकी से विकसित किये जाने वाले फास्ट ब्रीडर रिएक्टर को तमिलनाडू के कलपक्कम में स्थापित किया जाएगा।

तृतीय चरण

नाभिकीय ऊर्जा कार्यक्रम के तीसरे चरण में थोरियम पर आधारित फास्ट ब्रीडर रिएक्टर (FBR) तथा प्रेशराइज्ड हैवी वाटर रिएक्टर (PHWR) के निर्माण की परिकल्पना की गई है। भारत में थोरियम के भण्डार मोनोजाइट रेत के रूप में प्रचुर मात्रा में उपलब्ध हैं। थोरियम को FBR में यूरेनियम–233 में परिवर्तन कर तीसरे चरण के तहत बनने वाले परमाणु विद्युत गृहों में ईंधन के रूप में प्रयोग किया जाएगा। कलपक्कम में स्थित प्रायोगिक कामिनी रिएक्टर में थोरियम से बने नाभिकीय ईंधन यूरेनियम 233 को प्राप्त करके सफलतापूर्वक 30 किलोवाट ऊर्जा क्षमता को प्राप्त किया गया है। कामिनी रिएक्टर में न्यूट्रॉन परावर्तक के रूप में बेरेलियम ऑक्साइड का प्रयोग किया जाता है।[4]

परमाणु रिएक्टर

1. दाबयुक्त भारी पानी वाले रिएक्टर (Pressurized Heavy Water Reactor PHWR) :– इसमें प्राकृतिक यूरेनियम को ईंधन के रूप में प्रयुक्त कर बिजली और प्लूटोनियम ईंधन का उत्पादन किया जाता है।

2. फास्ट ब्रीडर रिएक्टर (Fast Breader Reactor - FBR) :– इसमें U-238 को PT-239 में बदला जाता है और इस क्रिया के दौरान जो ऊर्जा उत्पन्न होती है। उसी से बिजली प्राप्त की जाती है। इन रिएक्टरों की खासियत यह है कि इनमें जितना ईंधन प्रयुक्त होता है उससे ज्यादा दुबारा उत्पन्न हो जाता है। फास्ट ब्रीडर रिएक्टर में श्रृंखला अभिक्रिया को तीव्र न्यूट्रोनों द्वारा जारी रखा जाता है। इसमें ताप रिएक्टरों की तुलना में प्रति विखण्डन न्यूट्रानों की अधिक संख्या का उत्सर्जन होता है। इसकी विशेषताएँ निम्न प्रकार समझी जा सकती हैं :

- ताप रिएक्टर में प्राकृतिक यूरेनियम के मात्र 1.2 प्रतिशत का ही उपयोग हो पाता है। जबकि FBR में यह 60-70 गुना अधिक होता है।
- FBR में सोडियम को शीतलक के रूप में प्रयोग किया जाता है जबकि ताप रिएक्टरों में जल का
- जल शीतलक रिएक्टरों की तुलना में FBR में रेडियोधर्मिता का उत्सर्जन कम होता है।
- FBR में प्रयुक्त ईंधन प्लूटोनियम और प्राकृतिक यूरेनियम का मिश्रित कार्बाइड होता है। कार्बाइड ईंधन उच्च घनत्व एवं ताप चालकता के कारण उच्च ब्रीडिंग अनुपात वाला होता है।

3. थोरियम रिएक्टर :– इनमें थोरियम का प्रयोग होता है। अन्य रेडियो-धर्मी तत्वों की तरह थोरियम विखण्डित नहीं होता है। इसको विखण्डनीय यूरेनियम में बदलने के लिए FBR का इस्तेमाल किया जाता है।

भारत में मुंबई के निकट ट्राम्बे में वर्तमान भाभा परमाणु अनुसंधान केन्द्र (BARC) में 4 अगस्त, 1956 को सर्वप्रथम अप्सरा नामक रिएक्टर ने काम करना शुरू किया। सन् 1960 में परमाणु भट्टी (रिएक्टर) सायरस तथा सन् 1961 में जरलीना ने कार्य शुरू किया। सन् 1957 में ट्राम्बे में परमाणु ऊर्जा प्रतिष्ठान की स्थापना की गई जिसे अब भाभा परमाणु अनुसंधान केन्द्र (BARC) कहा जाता है। नाभिकीय विखण्डन की अभिक्रियाओं में श्रृंखला अभिक्रिया को निरन्तर जारी रखने के लिए न्यूट्रॉन मदक के रूप में भारी जल (D_2O) का उत्पादन सन् 1962 से शुरू

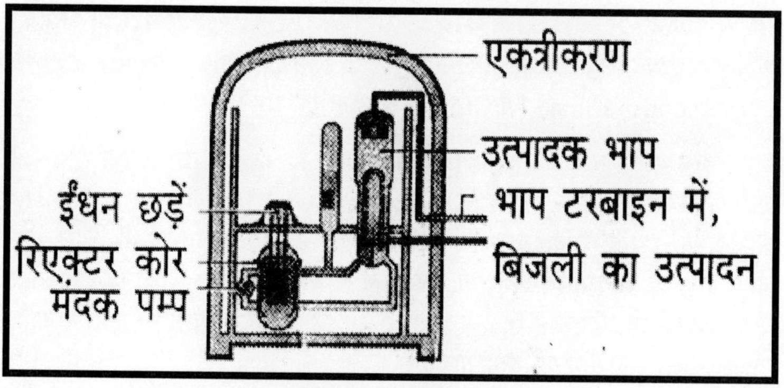

मानचित्र संख्या 4.1

परमाणु रिएक्टर की संरचना

किया गया। आज भारत गुरुजल के उत्पादन में न सिर्फ आत्मनिर्भर है बल्कि अन्य देशों को भी इसका निर्यात कर रहा है। भारत में आज 220 MHL क्षमता के दबावीकृत गुरुजल रिएक्टर (PHWR) की संख्या 8 है, जबकि 4 अन्य निर्माणाधीन हैं।

सन् 1969 में अमेरिका की सहायता से भारत में प्रथम विद्युत संयंत्र 'तारापुर विद्युत संयंत्र' का व्यावसायिक परिचालन शुरू हुआ परन्तु NPT पर हस्ताक्षर न करने तथा 1974 में भारत द्वारा किये गए परमाणु परीक्षणों के कारण अमेरिका ने संयंत्र को संवर्द्धित यूरेनियम देना बंद कर दिया। बाद में फ्रांस द्वारा यूरेनियम देने पर यह संयंत्र चालू किया गया। सन् 1972 में प्लूटोनियम ईंधन आधारित तीव्रगामी रिएक्टर 'पूर्णिमा–1' ने ट्राम्बे में कार्य शुरू किया। 18 मई, 1974 को भारत ने पोखरण (राजस्थान) में प्रथम प्लूटोनियम परमाणु बम, जिसकी क्षमता 10–20 किलोटन थी, का परीक्षण किया। इससे अमेरिका सहित अन्य परमाणु शक्ति सम्पन्न देशों ने भारत को परमाणु ईंधन, उपकरण तथा तकनीक की सप्लाई रोक दी। इससे भारत के परमाणु कार्यक्रमों को संकट के दौर से गुजरना पड़ा।

सन् 1981 में कोटा के निकट रावटभाटा, चित्तौड़गढ़ में 'राजस्थान परमाणु विद्युत संयंत्र' (RAPS) भारत के दूसरे परमाणु विद्युत संयंत्र के रूप में कार्य करना शुरू किया। सन् 1983 में परमाणु ऊर्जा नियामक बोर्ड की स्थापना की गई। मद्रास के निकट कलपक्कम में भारत के तीसरे परमाणु विद्युत संयंत्र की स्थापना 23 जुलाई, 1983 को की गई। भारत में परमाणु कार्यक्रमों के क्षेत्र में पूर्व प्रधानमंत्री स्व. इंदिरा गांधी ने ठोस, सार्थक तथा साहसिक कदम उठाया। इसी कारण उन्हें भारत की 'आयरन लेडी' के नाम से पुकारा जाता है। सन् 1984 में ट्रांबे स्थित वी.ए.आर. सी. से पूर्णिमा–II रिएक्टरों ने कार्य प्रारम्भ किया। इस 1987 में परमाणु कार्यक्रमों के विस्तार के लिए भारतीय परमाणु विद्युत निगम लिमिटेड (Nuclear Power Corporation of United-NPCL) की स्थापना की गई।

इसी बीच, फ्रांस की परमाणु ऊर्जा क्षेत्र की दिग्गज कम्पनी अरेवा ने भारतीय परमाणु ऊर्जा निगम लिमिटेड (NPCIL) से बातचीत शुरू की। दोनों ने महाराष्ट्र के जैतपुर में एक न्यूक्लियर पार्क स्थापित करने के लिए जगह भी चिन्हित कर ली। फ्रांस के राष्ट्रपति निकोलस सरकोजी ने 4–7 दिसम्बर, 2010 को भारत की यात्रा की। इसी दौरान 6 दिसम्बर, 2010 को द्विपक्षीय सहयोग के सात समझौतों पर हस्ताक्षर हुए। उनमें महाराष्ट्र में जैतपूर में 1650 मेगावाट क्षमता के दो नाभिकीय रिएक्टरों की स्थापना व इनके लिए ईंधन की आपूर्ति का समझौता हुआ। भारत के न्यूक्लियर पावर कॉर्पोरेशन ऑफ इण्डिया लिमिटेड (NPCIL) व फ्रांस की

'अरेवा' कम्पनी के बीच हस्ताक्षरित इस समझौते के तहत 25 वर्ष तक ईंधन आपूर्ति की गारंटी दी। इनमें से प्रत्येक की लागत 2 अरब डालर के करीब है।[5]

नब्बे के दशक के बाद भारत राजनीतिक अस्थिरता तथा आर्थिक संकटों के दौर से गुजरा। इसका असर भारत के नाभिकीय कार्यक्रमों के विकास पर भी पड़ा। उस समय भारत आतंकवाद, अलगाववाद, साम्प्रदायिकता, राजनीतिक अस्थिरता जैसी आन्तरिक समस्याओं से जूझ रहा था। दूसरी ओर अमेरिका सहित अन्य परमाणु परीक्षण सम्पन्न देश भारत पर लगातार परमाणु अप्रसार सन्धि (NPT) तथा व्यापक परमाणु परीक्षण निषेध सन्धि (CTBT) पर हस्ताक्षर करने का दबाव डाल रहे थे। इसके अलावा चीन व पाकिस्तान जैसे पड़ोसी देश भारत को धौंस दिखा रहे थे। भारत द्वारा क्षेत्रीय स्तर पर अपनी प्रतिष्ठा बचाने तथा अन्तर्राष्ट्रीय दबावों के मुक्त होने की परिणति 11 मई व 13 मई, 1998 को पोखरण–II परमाणु विस्फोट के रूप में आई। लेकिन इसके बावजूद भारत ने सन् 2000 में रावतभाटा परमाणु विद्युत गृह की तीसरी तथा चौथी इकाई का कार्य शुरू किया तथा इसके बाद 2 अन्य परमाणु रिएक्टरों की स्थापना की गई।[6]

केन्द्र सरकार ने राजस्थान के रावतभाटा परमाणु विद्युत गृह में 700–700 मेगावाट क्षमता के दो और नाभिकीय विद्युत रिएक्टरों को स्थापित करने की वित्तीय मंजूरी प्रदान की है। यह जानकारी केन्द्रीय योजना एवं संसदीय कार्य राज्य मंत्री वी. नारायणस्वामी ने राज्यसभा सांसद अश्कअली टाक की ओर से पूछे गए प्रश्न के जवाब में दी। रावतभाटा में वर्तमान में 6 नाभिकीय विद्युत रिएक्टर संचालित हैं, जिनकी कुल स्थापित क्षमता 1180 मेगावाट है वर्ष 2016–17 में उक्त परियोजना के पूरा होने पर रावतभाटा परमाणु विद्युत गृह की क्षमता बढ़कर 2580 मेगावाट हो जाएगी। इसी प्रकार रावतभाटा 8 रिएक्टरों वाला देश का अनुठा परमाणु बिजलीघर बन जाएगा।[7]

18 जुलाई, 2005 को भारत अमेरिका असैन्य परमाणु करार समझौता पर सहमति और 10 अक्तूबर, 2008 में इस पर हस्ताक्षर के साथ ही भारत में परमाणु ऊर्जा के विकास की सम्भावनाएं काफी बढ़ चुकी हैं। अब अमेरिका भारत को तारापुर संयंत्र (महाराष्ट्र) के लिए यूरेनियम मुहैया कराने पर राजी हो गया है। अमेरिका जानता है कि NPT पर हस्ताक्षर करने के बावजूद भारत ने परमाणु ऊर्जा का उपयोग शान्तिपूर्ण कार्यों के लिए किया है। अमेरिका आज आर्थिक संकट के दौर से गुजर रहा है, जबकि भारत को अपनी विशाल आबादी की जरूरतों को देखते हुए ऊर्जा की काफी जरूरत है। अतः अमेरिका तथा NSG देश भारत को परमाणु ईंधन तथा तकनीकी मुहैया करवाकर काफी आर्थिक लाभ अर्जित कर सकते हैं।

भारत भी इन देशों से अन्य आर्थिक लाभ अर्जित कर सकता है। भारत को इन देशों से अन्य क्षेत्रों में भी नजदीकियों बढ़ाने का मौका मिल सकता है।[8]

भारत के प्रमुख शोध रिएक्टर (संयंत्र)

परमाणु शोध विभाग अपने शोध रिएक्टर कार्यक्रम के द्वारा रेडियो आइसोटोप के उत्पादन, सम्बन्धित शोध व विकास कार्य में लगा हुआ है। अभी तक विभाग द्वारा लगाए शोध रिएक्टर निम्न हैं।

1. **अप्सरा** :– भारत में मुम्बई के निकट ट्रांबे में वर्तमान भाभा परमाणु अनुसंधान केन्द्र (BARK) में 4 अगस्त, 1956 को सर्वप्रथम अप्सरा नामक परमाणु रिएक्टर स्थापित किया गया। इसमें इनरिच्ड यूरेनियम व एल्युमिनियम मिश्र धातु का प्रयोग किया जाता है तथा इसकी क्षमता एक मेगावाट है। यह रेडियो आइसोटोपस उत्पन्न करता है।

2. **सायरस** :– ट्राम्बे (मुम्बई) में दूसरा परमाणु शोध रिएक्टर 'सायरस' को स्थापित किया गया। इस रिएक्टर की स्थापना 1961 में की गई। इस रिएक्टर में प्राकृतिक यूरेनियम धातु का प्रयोग किया जाता है। और यह 40 मेगावाट ऊर्जा उत्पन्न करने की क्षमता रखता है। 50 वर्ष पूर्व स्थापित 'सायरस' को (CIRUS- Canada India Reactor Utility Service) 31 दिसम्बर, 2010 से बन्द कर दिया गया है। कनाडा के सहयोग से 50 वर्ष पूर्व स्थापित भाभा परमाणु अनुसंधान केन्द्र में 40 मेगावाट के इस अनुसंधान ने 10 जुलाई, 2010 से बन्द कर दिया गया है। कनाडा के सहयोग से 50 वर्ष पूर्व स्थापित भाभा परमाणु अनुसंधान ने 10 जुलाई 1960 को क्रिटीकेलेटी प्राप्त की थी तथा देश के असैन्य एवं सामरिक परमाणु कार्यक्रम के विकास में इसकी महत्वपूर्ण भूमिका रही थी। देश के इस दूसरे सबसे पुराने परमाणु ऊर्जा संयंत्र की स्थापना की (स्वर्ण जयन्ती) 50वीं वर्षगांठ 18 दिसम्बर, 2010 को मनाई गई। अमेरिका के साथ किये गए असैन्य परमाणु सहयोग समझौते में की गई प्रतिबद्धता के चलते इस संयंत्र को बंद किया गया है। यह रेडियो आइसोटोपस उत्पन्न करने वाला रिएक्टर है।

3. **जरलीना** :– इस रिएक्टर को ट्राम्बे (मुम्बई) में 1961 में स्थापित किया गया। यह देश का तीसरा परमाणु शोध रिएक्टर है। इसमें प्रयुक्त किया जाने वाला धातु प्राकृतिक यूरेनियम है और यह जीरो ऊर्जा उत्पन्न करने

वाला रिएक्टर है। जरलीना परमाणु शोध रिएक्टर ने 1984 में काम करना बन्द कर दिया।

4. **पूर्णिमा–I** :– इस परमाणु शोध रिएक्टर की स्थापना ट्राम्बे (मुम्बई) में, 1972 में की गई। यह प्लूटोनियम (PU-239) ईंधन आधारित रिएक्टर है जो 30 किलोवाट ऊर्जा उत्पन्न करता है। यह जीरो ऊर्जा उत्पन्न करता है। 1984 में ट्राम्बे महाराष्ट्र स्थित 'पूर्णिमा–I' रिएक्टर सुधार कर पूर्णिमा–II ने कार्य करना शुरू किया। इसी प्रकार पूर्णिमा–III में, यूरेनियम–233 एवं एल्यूमिनियम मिश्र धातु का प्रयोग किया गया।

5. **ध्रुव** :– ट्राम्बे (मुम्बई) में 100 मेगावाट क्षमता का ध्रुव रिएक्टर विकसित किया गया। इसकी स्थापना 1985 में की गई। इसमें प्राकृतिक यूरेनियम ईंधन का प्रयोग किया जाता है। यह प्लूटोनियम उत्पन्न करता है। वर्तमान में इसे 2010 में बन्द कर दिया गया है।

6. **कामिनी** :– इस रिएक्टर की 29 अक्तूबर, 1996 में कलपक्कम (तमिलनाडू) स्थित लघु परमाणु अनुसंधान केन्द्र विद्युत शोध रिएक्टर 'कामिनी' की स्थापना की गई। कामिनी का प्रयोग अधिकतर विभिन्न पदार्थों की रेडियोग्राफी के लिए किया जाता है।[9]

भारत के प्रमुख परमाणु ऊर्जा केन्द्र

विश्व में कुल बिजली उत्पादन का 16–17 प्रतिशत हिस्सा परमाणु ऊर्जा का है। इसमें से भी 57 प्रतिशत परमाणु बिजली का उत्पादन अमेरिका, फ्रांस और जापान में होता है। वर्तमान में विश्व के 31 देशों में 437 परमाणु ऊर्जा संयंत्र कार्यरत हैं। भारत में 17 परमाणु रिएक्टर कार्यरत, 5 निर्माणाधीन एवं 8 विचाराधीन हैं। इनकी कुल स्थापित क्षमता 4120 मेगावाट है। जिसका कुल उत्पादन में भाग 2.9 (लगभग 3 प्रतिशत) है। सरकार ने 2020 तक 20 हजार मेगावाट का लक्ष्य रखा है। भारत में वर्तमान में 12 प्रतिशत बिजली की कमी है। इसके लिए भारत में उपलब्ध दुनिया का 25 प्रतिशत थोरियम अपने परमाणु कार्यक्रम को आगे बढ़ाने में सहायक होगा। भारत में प्रमुख परमाणु विद्युत संयंत्र निम्न हैं।

1. तारापुर परमाणु विद्युत संयंत्र

28 अक्तूबर, 1969 में अमेरिका की सहायता से निर्मित तारापुर परमाणु शक्ति स्टेशन (TAPS) की स्थापना की गई। यह भारत का प्रथम विद्युत संयंत्र है। इस विद्युतगृह को 30 वर्ष की अवधि के लिए आवश्यक ईंधन (संवर्धित यूरेनियम) की

आपूर्ति अमेरिका द्वारा की जानी थी किन्तु भारत द्वारा NPT पर हस्ताक्षर न करने तथा 18 मई, 1974 को परमाणु परीक्षण करने के कारण अमेरिका ने यह आपूर्ति बंद कर दी इसके बाद भारत को फ्रांस के द्वारा कुछ मात्रा में संवर्धित यूरेनियम की प्राप्ति करवाई गयी है। यह बायलिंग वाटर टाइप रिएक्टर है। जो समृद्ध यूरेनियम को ईंधन के रूप में प्रयोग करता है। यहां 160 मेगावाट क्षमता के दो रिएक्टर हैं। भारत के अन्य ऊर्जा रिएक्टरों में प्रेशराइज्ड भारी जल किस्म के रिएक्टर हैं। जो कि प्राकृतिक यूरेनियम को ईंधन के रूप में तथा गुरु जल को मंदक के रूप में प्रयोग करता है। वर्तमान में तारापुर परमाणु शक्ति की तीसरी व चौथी यूनिट के कार्यरत होने से इसकी क्षमता बढ़कर कुल 1400 मेगावाट हो गई है।

तारापुर (महाराष्ट्र)

कार्यरत (Operational) TAPS-1, LWR, 160MWE, Oct. 28, 1969
TAPS-2, LWR, 160MWE, Oct. 28, 1969
TAPS-4, PHWR, 540MWE, Sept. 12, 2005
TAPS-3, PHWR, 540 MWE, Aug. 18, 2006

2. रावतभाटा (राजस्थान) परमाणु विद्युत संयत्र (Rajasthan Atomic Power Station RAPS)

राजस्थान में कोटा के निकट चम्बल नदी पर भारत के दूसरे परमाणु विद्युत संयंत्र 'रावतभाटा' की स्थापना 16 दिसम्बर, 1973 में की गई। यह कनाडा के सहयोग से शुरू की गई और स्वदेशी तकनीकी से पूरी की गई। इसमें एक 100 MWE, दूसरी 200 MWE, एवं 220 MWE की दो इकाइयां कार्यरत हैं और 5 और 6 इकाइयां निर्माणाधीन हैं। जिनके लिए फ्रांस से यूरेनियम आयात किया गया है। 30 सितम्बर, 2008 को भारत फ्रांस असैन्य परमाणु सहयोग समझौता होने के बाद फ्रांस से 7 अप्रैल, 2009 को 60 टन फ्यूल की पहली खेप (हैदराबाद) भारत आई। यहां परिशोधन के बाद राजस्थान परमाणु बिजली घर (RPSA) की इकाई दो को आपूर्ति की जाएगी। 15 मई, 2009 को यह फ्यूल रावतभाटा पहुंचा। इस इकाई को पूर्ण क्षमता पर प्रचालन के लिए साढ़े तीन टन न्यूक्लियर फ्यूल की आवश्यकता है। इस आपूर्ति के बाद निर्माणाधीन इकाई 5 व 6 को चालू किया जाएगा। इसके बाद गत जनवरी 2010 में केन्द्र सरकार ने 700-700 मेगावाट क्षमता के दो परमाणु रिएक्टरों को वित्तीय स्वीकृति दी है। वर्तमान में 6 परमाणु विद्युत संयंत्र रावतभाटा में संचालित हैं। जिनकी कुल स्थापित क्षमता 1180 मेगावाट है। वर्ष 2016-17 तक रावतभाटा परमाणु विद्युत गृह की क्षमता बढ़कर 2580 मेगावाट हो जाएगी इस प्रकार रावतभाटा 8 रिएक्टरों वाला देश का पहला परमाणु बिजली घर होगा।

Rawatbhata Rajasthan

Operational Reactors	RAPS-1, PHWR, 100 MWE, Dec. 16, 1973 RAPS-2, PHWR, 200 MWE, Apr. 01, 1981 RAPS-3, PHWR, 220 MWE, June 01, 2000 RAPS-4, PHWR, 220 MWE, Dec. 23, 2000
Construction Reactors	RAPS-5, PHWR, 220 MWE, Nov. 24, 2009 RAPS-6, PHWR, 220 MWE, Feb., 2010 (देश का 18वां, 19वां रिएक्टर)
वित्तीय मंजूरी मिली	RAPS-7, PHWR, 700 MWE RAPS-8, PHWR, 700 MWE

3. कलपक्कम परमाणु विद्युत संयंत्र (मद्रास) तमिलनाडू (Maps)

भारत के इस तीसरे परमाणु विद्युत संयंत्र की स्थापना 23 जुलाई, 1984 में की गई। यह भारत का पहला स्वदेशी तकनीकी से डिजाइन एवं शुरू किया गया है। इस रिएक्टर का निर्माण राजस्थान परमाणु विद्युत गृह तथा कांडू (Caradian Deutestum Uranium) सिद्धान्त पर आधारित है। यहां 220 मेगावाट की दाबित भारी जल रिएक्टरों (PHWR) की दो इकाइयां हैं। 4 परमाणु रिएक्टर रूस के सहयोग से कुण्डमकुलम में 1000-1000 मेगावाट के विचाराधीन हैं।

Kalpkkam Tamilnadu

Operational Reactors	MAPS-1, PHWR, 220 MWE, Jan. 27, 1984 MAPS-2, PHWR, 220 MWE, March 21, 1986
Construction Reactors	KUDAN-1, LWR, 1000 MWE KUDAN-2, LWR, 1000 MWE KUDAN-3, LWR, 1000 MWE KUDAN-4, LWR, 1000 MWE

4. नरौरा परमाणु विद्युत संयंत्र (NAPS :- Naroora & Atomic Power Station)

यह देश का चौथा परमाणु ऊर्जा केन्द्र है। नरौरा परमाणु विद्युत संयंत्र (उत्तर प्रदेश) की प्रथम इकाई का परिचालन 1991 में शुरू हुआ और दूसरी इकाई ने 1990 में कार्य करना शुरू किया इसमें 220-220 मेगावाट क्षमता के 2 PHRW हैं। यह दिल्ली से 200 किमी दूरी पर स्थित है। इन स्टेशन ने अत्याधुनिक लक्षणों में दो स्वतंत्र,

अभिसरित तीव्र क्रियाकारी शटडाउन प्रणालियां, हाई इंटरमीडिएट एण्ड लो प्रेशर इमरजेंसी कोर कूलिंग प्रणालियां, भूकम्पीय डिजाइन तथा उपकरणों की सुरक्षा हेतु सभी क्षमताएं सम्मिलित हैं।

Naroora :- Utter Pradesh

Operational Reactors	NAPS-1, PHWR, 220 MWE, Jan. 01, 1991
	NAPS-2, PHWR, 220 MWE, July 01, 1992

5. काकरापार परमाणु विद्युत संयंत्र :– KAPS

काकरापार गुजरात के प्रसिद्ध औद्योगिक नगर सूरत में स्थित है। काकरापार परमाणु विद्युत संयंत्र की प्रथम इकाई 6 मई, 1993 में स्थापित की गई। वर्तमान में यहाँ 220 मेगावाट क्षमता की दो इकाइयां कार्यरत है। यह संयंत्र भी दाबित भारी जल (PHWR) आधारित है। इस स्टेशन के पिछले वर्षों में काफी अच्छा कार्य किया है तथा न्यूक्लियर पॉवर कारपोरेशन ऑफ इण्डिया लिमिटेड (NPCIL) को महत्वपूर्ण उपलब्धियां प्रदान करने में सहायता की है।

Kakrapar : Gujrat

Operational Reactors	KAPS-1, PHWR, 220 MWE, May 06, 1993
	KAPS-2, PHWR, 220 MWE, Sept. 01, 1995

6. कैगा परमाणु विद्युत संयंत्र (Kaiga कर्नाटक)

कैगा परमाणु ऊर्जा स्टेशन की पहली इकाई ने 16 मार्च, 2000 को कार्य करना शुरू किया। कैगा परमाणु ऊर्जा परियोजना में दो प्रेशराइज्ड गुरुजल रिएक्टर (PHWR) हैं। जिसमें से प्रत्येक की स्थापित क्षमता 220 मेगावाट है।[10]

Kaiga Karnataka

Operational Reactors	KAIGA-1, PHWR, 220 MWE, Mar. 16, 2000
	KAIGA-2, PHWR, 220 MWE, Nov. 16, 2000
	KAIGA-3, PHWR, 220 MWE, May. 6, 2007
	KAIGA-4, PHWR, 220 MWE, Nov. 28, 2010 (देश के 20वें परमाणु ऊर्जा संयंत्र से बिजली उत्पादन 28 नवम्बर, 2010 को शुरू हुआ।)

7. देश का सातवां परमाणु विद्युत संयंत्र – हरियाणा

भारतीय नाभिकीय ऊर्जा निगम लिमिटेड द्वारा प्रस्तावित परमाणु विद्युतगृह हरियाणा

के कुम्हारिया, काजलहेडी और गोरखपुर के करीब 2400 एकड़ भूमि पर स्थापित किया जाएगा। यह हरियाणा का पहला, देश का सातवां तथा सबसे बड़ा विद्युत गृह होगा। प्रस्तावित योजना के तहत 700–700 मेगावाट की क्षमता के चार बड़े-बड़े रिएक्टरों की स्थापना की जानी है। जिससे इसकी कुल क्षमता 2800 मेगावाट की होगी।

हरियाणा

Operational Reactors	1PHWR, 700 MWE
	2PHWR, 700 MWE
	3PHWR, 700 MWE
	4PHWR, 700 MWE

परमाणु ऊर्जा प्राप्त करने की विधि

जब यूरेनियम के कुछ निश्चित परमाणु चैन रिएक्शन में टूटते हैं तो ऊर्जा निकलती

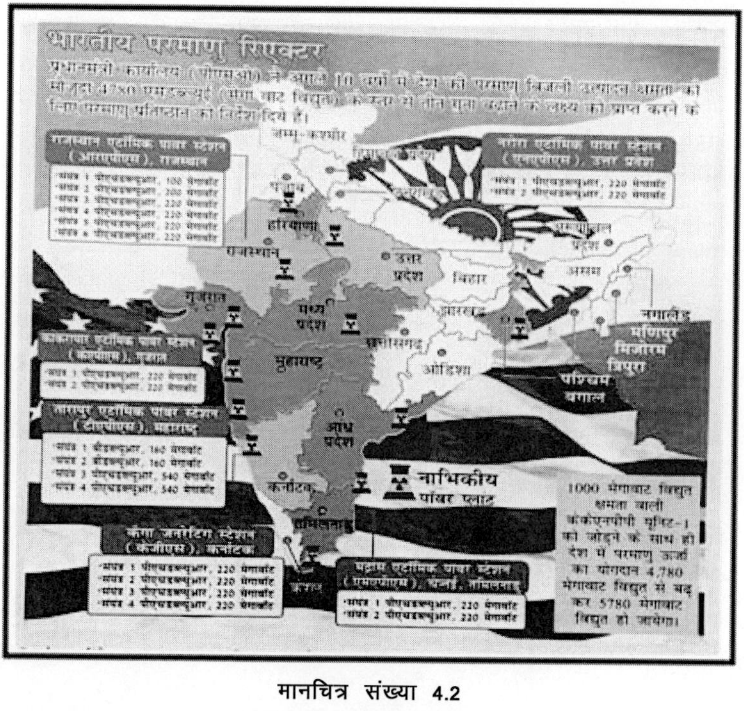

मानचित्र संख्या 4.2

भारत के परमाणु रिएक्टरों का मानचित्र

है। इसे नाभिकीय विखण्डन (Atomic Fissile) कहते हैं। परमाणु ऊर्जा केन्द्र में विखण्डन धीमे से होता है जबकि परमाणु हथियार में बहुत तेजी से होता है। जब U-235 या फिर Pt-239 के आइसोटोपस प्रयुक्त किये जाते हैं तो विखण्डन सबसे अच्छी तरह होता है। U-235 को चैन रिएक्शन में इसकी टूटने की प्रवृत्ति के कारण विखण्डनीय आइसोटॉप (Fissile Isotope) कहा जाता है। जब एक U-235 परमाणु टूटता है तो दो या तीन न्यूट्रोन निकलते हैं। ये न्यूट्रान दूसरे U-235 परमाणुओं से जाकर टकराते हैं जिससे और न्यूट्रॉन निकलते हैं। इस तरह एक चैन रिएक्शन शुरू हो जाता है और ऊर्जा निकलती है। प्राकृतिक रूप से मिलने वाले यूरेनियम के प्रत्येक 1000 परमाणुओं में U-235 के केवल 7 परमाणु होते हैं। बाकी 993 परमाणु ज्यादा घनत्व वाले U-238 के होते हैं।

यूरेनियम खनन

नागरिक और सैनिक परमाणु कार्यक्रमों के लिए यूरेनियम ही कच्चा माल होता है इसे खनन से प्राप्त किया जाता है। भारत में यूरेनियम भण्डारों का मेघालय में वाइक्यान, आन्ध्रप्रदेश में लंबापुर-येलापुर और तुम्मालपाले; झारखण्ड में तुरामिध, बागजात, कन्यालुका और मोहुलदिह, जादूगोडा; मध्यप्रदेश में बोडल और जजावल; राजस्थान में सीकर पहाडिया क्षेत्र, उदरवाटी; रोहित घाटेश्वर तथा कर्नाटक में गोगी से पता लगाया है। आन्ध्रप्रदेश में गंडी और कोप्पूनुरू में काफी यूरेनियम खनिजों

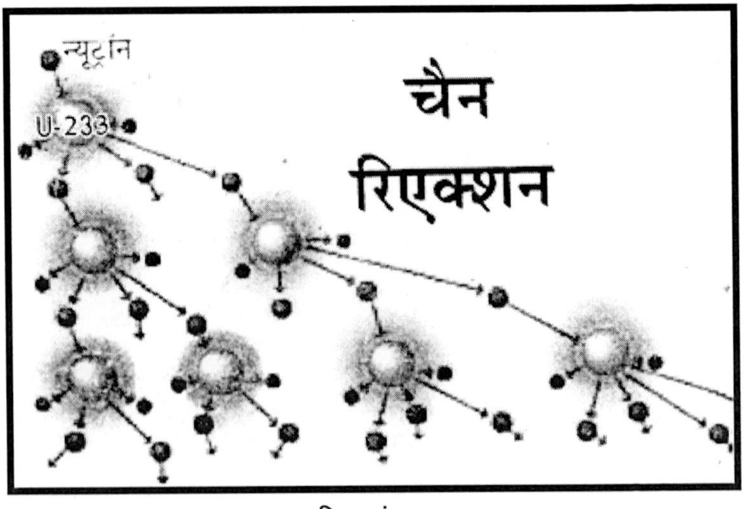

मानचित्र संख्या 4.3
चैन रिएक्शन

की पहचान हुई है और उड़ीसा के जगत सिंहपुर के तटीय इलाकों व तमिलनाडु के नमाकल जिले में भी यूरेनियम धातु मिलने की संभावना है। हैदराबाद तथा बी.ए.आर.सी. के नाभिकीय ईंधन कॉम्पलेक्स में नाभिकीय ईंधन का निर्माण किया जाता है।

यूरेनियम शुद्धिकरण प्रक्रिया

जो यूरेनियम खनन से प्राप्त होता है उसमें वह रेडियोधर्मिता नहीं होती जो परमाणु ईंधन के लिए आवश्यक होती है। इसलिए यूरेनियम के ईंधन के रूप में प्रयुक्त करने के लिए इसका शुद्धिकरण किया जाता है। खनन से प्राप्त यूरेनियम को पीस कर एक रासायनिक अभिक्रिया द्वारा शुद्ध करके दुबारा ठोस अवस्था में परिवर्तित किया जाता है। इसे 'यलो केक' (Yellow Cake) कहते हैं। यलो केक में 60-70 प्रतिशत यूरेनियम होता है। यह रेडियोधर्मी होता है।

यूरेनियम संवर्धन

अब 'यलो केक' (Yellow Cake) में उपस्थित यूरेनियम U-235 की मात्रा को, जो कि 0.7 प्रतिशत होती है, बढ़ाया जाता है। इसे ही यूरेनियम संवर्धन (Uranium enrichment) कहते हैं। ऊर्जा के लिए U-235 की मात्रा 2-3 प्रतिशत और हथियारों के लिए 90 प्रतिशत होनी आवश्यक है। संवर्धन का प्रचलित तरीका गैस सेन्ट्रीफ्यूज है, जिसमें यूरेनियम हैक्सा फ्लूओराइड गैस एक बेलनाकार चैम्बर में बड़ी तेजी से घुमायी जाती है। इसमें भारी U-238 और हल्का U-235 अलग हो जाता है। U-235 को एकत्र कर एक दूसरे सेन्ट्रीफ्यूज से गुजारा जाता है। यह प्रक्रिया कई बार दोहराई जाती है। इस प्रकार संवर्द्धित U-235 प्राप्त कर लिया जाता है।

यूरेनियम ऊर्जा

संवर्द्धित U-235 से नाभिकीय विखण्डन द्वारा परमाणु रिएक्टर में ऊर्जा हासिल की जाती है। रिएक्टर इस सिद्धान्त पर कार्य करते हैं कि नाभिकीय विखण्डन से ऊष्मा के रूप में ऊर्जा निकलती है। जिससे पानी को भाप में बदलकर टरवाइन चलाई जाती है जो बिजली पैदा करती है।

परमाणु रिएक्टरों की कार्यप्रणाली/कार्य विधि

नाभिकीय रिएक्टर या परमाणु भट्टी एक ऐसा संयंत्र है, जिसमें नाभिकीय विखण्डन की नियन्त्रित श्रृंखला अभिक्रिया के द्वारा अपार ऊर्जा उत्पन्न होती है। नाभिकीय रिएक्टर के प्रमुख भाग निम्नलिखित होते हैं–

I. **ईंधन (Fuel)** :– ईंधन रिएक्टर का प्रमुख भाग होता है। यह वही भाग है जिसका विखण्डन होता है इस कार्य के लिए सामान्यतः यूरेनियम-235 तथा प्लूटोनियम-239 का प्रयोग किया जाता है।

II. **मंदक (Moderators)** :– रिएक्टर में विखण्डन की प्रक्रिया में न्यूट्रॉन की गति कम करने के लिए मंदक का प्रयोग किया जाता है। इसके लिए प्रायः भारी जल, ग्रेफाइट तथा बेरेलियम ऑक्साइड का प्रयोग किया जाता है। भारी जल अच्छा मंदक होने के अलावा सुगमता से तथा अधिक मात्रा में प्राप्त किया जा सकता है।

III. **न्यूट्रॉन** :– ईंधन का विखण्डन करने के लिए विभिन्न ऊर्जा के न्यूट्रॉन प्रयुक्त किये जाते हैं।

IV. **शीतलक (Coolant)** :– शीतलक का कार्य विखण्डन में मुक्त हुई ऊर्जा को शोषित करना है। इसके लिए वायु, जल Co_2 या हीलियम को रिएक्टर में प्रवाहित किया जाता है। इस प्रकार ऊष्मा से भाप बनायी जाती है। जिससे टरबाइन चलाकर बिजली उत्पन्न की जाती है।

V. **परिरक्षक (Shield)** :– नाभिकीय रिएक्टर से कई प्रकार की विकिरण उत्सर्जित होती है जो रिएक्टर के समीप कार्य करने वालों को नुकसान पहुचा सकती है। इसलिए रिएक्टर के चारों और कंकरीट की मोटी-मोटी दीवार बनाई जाती है। जिन्हें परिरक्षक कहते हैं।

VI. **नियंत्रक (Controller)** :– रिएक्टर में विखण्डन की प्रक्रिया को नियन्त्रित करना भी आवश्यक है। इसके लिए रिएक्टर में कैडमियम (cd) तथा बोरान स्टील की छड़ें प्रयुक्त करते हैं। रिएक्टर की दीवार में इन छड़ों को रख कर तथा आवश्यकतानुसार अन्दर बाहर करके विखण्डन की प्रक्रिया को मंद या तीव्र किया जा सकता है।[11]

परमाणु रिएक्टर का उपयोग

(I) रेडियो आइसोटोप (समस्थानिक) का उत्पादन

रिएक्टर में अनेक तत्वों के कृत्रिम रेडियोएक्टिव आइसोटोप बनाये जाते हैं। इसके लिए तत्वों पर तीव्र न्यूट्रॉनों की बमबारी की जाती है। इन आइसोटोप का उपयोग चिकित्सा, कृषि जीव विज्ञान तथा अन्य वैज्ञानिक खोजों में किया जाता है। कोबाल्ट, आयोडीन, गंधक, फॉस्फोरस इत्यादि के आइसोटोप मनुष्यों में रोगों के उपचार में काम आते हैं। इन रेडियो एक्टिव आइसोटोप को मरीज को खिलाकर उसके शरीर

में बीमारियों का पता लगाया जाता है। रेडियोएक्टिव कोबाल्ट तथा आयोडीन कैंसर के कीटाणुओं को मारने की क्षमता रखता है। ये फलों तथा सब्जियों को सड़ने से भी बचाते हैं तथा इसके द्वारा पृथ्वी के भीतर दबे तेल ले जाने वाले पाइपों में दरारों का पता भी लगाया जाता है।

(II) विद्युत ऊर्जा का उत्पादन

नाभिकीय रिएक्टर में ईंधन की कम मात्रा से ही अपार ऊष्मा का उत्पादन किया जा सकता है। जहां 1000 वाट के थर्मल संयंत्र को चलाने के लिए 300 लाख टन कोयले की आवश्यक होती है। वहीं इतना ही विद्युत उत्पादन नाभिकीय रिएक्टर के मात्र 30 टन यूरेनियम से होता है। रिएक्टर से प्राप्त विद्युत ऊर्जा का उपयोग ट्रेनों तथा उद्योगों में किया जाता है।

(III) प्लूटोनियम (PU-239) का उत्पादन

नाभिकीय रिएक्टर में प्लूटोनियम का उत्पादन भी किया जाता है। यह यूरेनियम–235 से भी बेहतर विखण्डनीय पदार्थ है। नाभिकीय रिएक्टर में श्रृंखला अभिक्रिया के अन्तर्गत यूरेनियम 238 पर तीव्रगामी न्यूट्रॉन की बौछार करके उसे प्लूटोनियम–239 में बदला जाता है। प्लूटोनियम, नाभिकीय रिएक्टरों में यूरेनियम 235 की अपेक्षा अधिक सस्ता तथा सुलभ है। इसके अलावा प्लूटोनियम परमाणु बम बनाने में भी प्रयुक्त होता है।[12]

भारी जल उत्पादन (Heavy Water Production)

दाबित भारी जल रिएक्टर (PHWR-Pressurised Heavy Water Reactors) में भारी पानी का उपयोग मंदक और शीतलक के रूप में किया जता है। परमाणु ऊर्जा विभाग (Department of Atomic Energy-DAE) के भारी पानी बोर्ड मुम्बई (HWB-Mumbai) पर देश में भारी पानी संयंत्रों के निर्माण और उनके परिचालन का उतरदायित्व है। भारी जल प्रकृति में अत्यन्त कम मात्रा में उपलब्ध है। साधारण जल के 6000 भागों में एक भारी जल होता है। इसकी खोज सन् 1932 में 'यूरे' नामक वैज्ञानिक ने की थी। इसको दो विधियों से जल के वैद्युत अपघटन तथा जल के प्रभावी आसवन द्वारा बनाया जाता है। नाभिकीय रिएक्टरों में न्यूट्रोनों की गति कम करने के लिए उन्हें भारी जल (D_2O) में से गुजारा जाता है। अतः नाभिकीय रिएक्टरों में उसका उपयोग मंदक के रूप में होता है। इसके अलावा इसका उपयोग ट्रेसर के रूप में डयूटीरियम तथा ट्रिटियम बनाने में भी किया जाता है। भारत में भारी जल (गुरु जल) का प्रथम व्यावसायिक उत्पादन सन् 1962 में नागल (पंजाब) में शुरू हुआ। आज परमाणु ऊर्जा विभाग के भारी पानी बोर्ड (HWB) द्वारा देश भर

में 8 जल संयंत्र है। आज रावतभाटा (राजस्थान); बड़ौदा (गुजरात); तूतीकोरन (तमिलनाडु); तलचर (उड़ीसा); मानगुरु (आन्ध्रप्रदेश); थाल (महाराष्ट्र); तथा हजीरा (गुजरात) में भारी पानी के संयंत्र काम कर रहे हैं। अनुसंधान रिएक्टरों से प्राप्त कम ग्रेड वाले भारी जल के ग्रेड को बढ़ाने के लिए 1961 में ट्राम्बे में एक भारी पानी अपग्रेडिंग सुविधा की स्थापना हुई थी। निरन्तर अनुसंधान द्वारा भाभा परमाणु अनुसंधान केन्द्र वाणिज्यिक स्तर पर उपयोग के लिए भारी पानी अपग्रेडिंग प्रौद्योगिकी विकसित की है। इसके तहत निर्वात आसवन कालमों में स्वदेशी तौर पर विकसित टावर इटरनल काम में लाए जाते हैं। आज भारत ने 'भारी जल' उत्पादन में आत्मनिर्भरता हासिल कर ली है। भारत रावतभाटा (राजस्थान) स्थित केन्द्र सरकार के उपक्रम भारी पानी संयंत्र में अमेरिका को भारी पानी निर्यात कर रहा है। अमेरिका को भारी पानी भारत द्वारा 25 अगस्त, 2009 को चौथी बार निर्यात किया गया है। अमेरिका के अलावा भारत के भारी पानी की मांग साउथ कोरिया; चीन एवं अन्य देशों को भी भारी पानी निर्यात किया जाता रहा है। रावतभाटा (राज.) संयंत्र के महाप्रबन्धक ए.एन. वर्मा ने बताया कि रावतभाटा के भारी पानी की उच्च गुणवता होने के कारण अमेरिका में इसकी मांग बढ़ रही है। भारत का पानी उच्च गुणवत्ता वाला है यही कारण है कि निर्यात पर अधिक दाम मिलते हैं। ए.एन. वर्मा ने कहा कि पिछले 3 सालों से भारी पानी का रिकॉर्ड उत्पादन किया गया है। गत वर्ष उत्पादन क्षमता से 129 प्रतिशत ज्यादा भारी पानी का उत्पादन किया गया।[13]

तालिका संख्या 4.1

विश्व में यूरेनियम भण्डार के मुख्य भागीदार देश

1. आस्ट्रेलिया	24 प्रतिशत	6. नामीबिया	6 प्रतिशत
2. कजाकिस्तान	17 प्रतिशत	7. नाइजर	5 प्रतिशत
3. कनाडा	9 प्रतिशत	8. रूस	4 प्रतिशत
4. अमेरिका	7 प्रतिशत	9. भारत	1 प्रतिशत
5. दक्षिण अफ्रीका	7 प्रतिशत	10. शेष अन्य देश	14 प्रतिशत

वर्तमान स्थिति परमाणु ऊर्जा संयंत्र के सन्दर्भ में[14]

1. आज विश्व के 31 देशों में परमाणु संयंत्र कार्य कर रहे हैं।
2. विश्व में कार्यरत कुल परमाणु संयंत्रों की संख्या 438 है।
3. अमेरिका में सबसे ज्यादा लगभग 104 परमाणु संयंत्र कार्यरत हैं।
4. फ्रांस अपनी ऊर्जा जरूरत का लगभग 78 प्रतिशत परमाणु ऊर्जा से पूरा करता है।

तालिका संख्या 4.2

विश्व के प्रमुख देशों में कार्य करने वाले संयंत्रों का विवरण

S.No.	*Country*	*Nuclear Electricity Generation in Crore KWH Unit.*	*Operating Reactors 2007*	*Nuclear Electricity's share in total electricity generated*
1.	Brazil	1300	2	3.3%
2.	Canada	9540	18	16%
3.	China	5180	11	2%
4.	France	42870	59	78%
5.	Germany	15870	17	32%
6.	India	1560	17	3%
7.	Japan	29150	55	30%
8.	Pakistan	260	2	3%
9.	Russia	14430	31	16%
10.	U.K.	6920	19	18%
11.	USA	78720	104	19%
	World Total	**265800**	**438**	**16-17%**

Source : Winning Today, September 2007.

5. विश्व की कुल परमाणु ऊर्जा का 57 प्रतिशत अमेरिका, जापान और फ्रांस पैदा करते हैं।
6. भारत में 17 परमाणु संयंत्र कार्यरत, 5 परमाणु संयंत्र निर्माणाधीन और 8 परमाणु संयंत्र विचाराधीन हैं।

तालिका संख्या 4.3

संसार में कार्य करने वाले रिएक्टरों की सूची

Country	*No. of Reactors*	*Total Installed capacity Percentage of Total Production*
India	17	3.04 (2.9)
USA	104	99.21 (19.9)
France	59	63.36 (78.1)
UK	23	11.85 (19.4)
Russia	31	21.74 (15.4)
China	9	6.602 (2.2)

Source : Nuclear Energy Institute, Washigton.

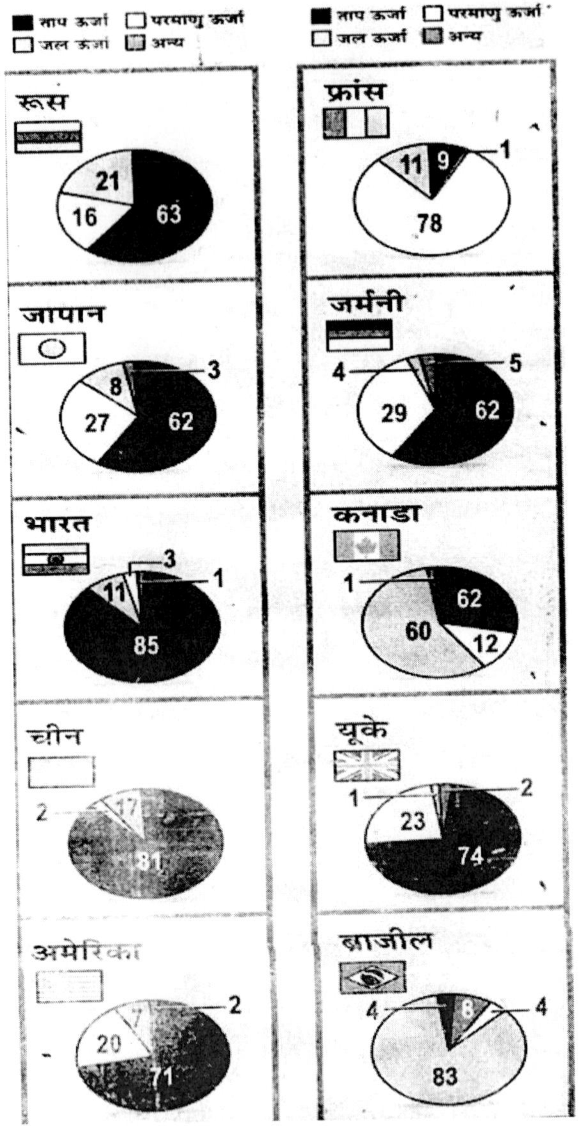

मानचित्र संख्या 4.4

परमाणु ऊर्जा किस देश में कितनी एक विवरण[15]

1. नाभिकीय पावर कॉरपोरेशन ऑफ इण्डिया लिमिटेड (NPCIL-Nuclear Power Corporation of India Ltd.) मुम्बई (महाराष्ट्र)

परमाणु ऊर्जा विभाग के अन्तर्गत भारतीय परमाणु ऊर्जा निगम लिमिटेड (NPCIL) सार्वजनिक क्षेत्र की एक कम्पनी है जिसका कार्य भारत में नाभिकीय पावर प्लांटों की रखवाली, निर्माण तथा संचालन करना है। NPCIL जो कि भारत में नाभिकीय ऊर्जा कार्यक्रम को बढ़ा रही है, उसके द्वारा 2020 तक 20,000 मेगावाट की कुल नाभिकीय ऊर्जा कार्यक्रम के क्रियान्वयन में 17 रिएक्टर हैं। जिसमें 2 बायलिंग वाटर रिएक्टर (BWR) (तारापुर) में हैं तथा 15 (Pressurised Heavy Water Reactors - PHWR) दाबित भारी जल रिएक्टर हैं। इसके अलावा PHWR रिएक्टर निर्माणाधीन हैं। जिसके अन्तर्गत तारापुर महाराष्ट्र में 540 मेगावाट क्षमता के दो PHWR, दो कैगा (कर्नाटक) व दो रावतभाटा (राजस्थान) में मिलाकर 220 मेगावाट के पावर रिएक्टर तथा (कुण्डलकुलम) तमिलनाडू में 1000 मेगावाट क्षमता के दो LWR शामिल हैं। इनकी कुल स्थापित क्षमता 4120.00 मेगावाट है, जिसका कुल उत्पादन में भाग 2.9 प्रतिशत है। NPCIL चार PHWR रिएक्टर का एवं दो हल्के जल रिएक्टर का निर्माण कर रही है, जिससे इसकी क्षमता 2008 तक 6780 मेगा इलेक्ट्रिक वाट हो गई। 11वीं योजना में आयात के आधार पर 5600 मेगावाट की कुल क्षमता के आठ स्वदेशी दाबित भारी पानी रिएक्टर और 10 हजार मेगावाट की क्षमता के 10 साधारण पानी के रिएक्टरों पर कार्य करना प्रस्तावित है।[16]

2. यूरेनियम कॉरपोरेशन ऑफ इण्डिया लिमिटेड–जादूगोड (केरल) (Urenium Corporation of India Ltd.-UCIL)

यह परमाणु ऊर्जा विभाग खदानों का एक सार्वजनिक क्षेत्र का उपक्रम है तथा देश में यूरेनियम की उत्पादन प्रक्रियाओं को देखता है यह चार खदानों तथा एक प्रसंस्करण प्लांट संचालित कर रहा है। ये सभी झारखण्ड जिले के पूर्वी सिंहभूमि में स्थित हैं। वहां पर दो अतिक्ति खदानों तथा एक प्रसंस्करण प्लांट को भी खोलने की योजना है। मेघालय में डोमीसियात में एक खदान तथा आंध्रप्रदेश के नालगोंडा जिले में एक खदान तथा एक प्रोसेसिंग प्लांट खोलने का प्रावधान भी है। प्रस्तावित खदान तथा प्रोसेसिंग प्लांट राजीव गांधी टाईगर सैंक्च्यूरी के बफर क्षेत्र सीमा के पार स्थित है। प्रोसेसिंग प्लांट एकोम्पाली जलाशय से 4 किमी दूरी पर स्थित है।

यूरेनियम अल्फा किरणों का उत्सर्जन करता है जो कि वायु में 7 सेमी. दूरी से आगे नहीं जा सकती हैं। जब कि बीटा किरणें वायु में 2 मीटर तक चल सकती हैं। गामा किरणों का प्रभाव दूरी के साथ क्षीण होता जाता है तथा 5 से 10 मीटर

के अन्दर लगभग प्रभावहीन हो जाता है। सैंकड़ों किमी दूरी तक यूरेनियम के विकिरण के फैलने का प्रश्न ही नहीं उठता। खदान से निकलने वाली रेडान गैस के सकेन्द्रण को एक खड्ड में 10 से 15 प्रतिशत तक संचित कर लिया जाएगा और इस प्रकार से उसे आगे फैलने से रोका जा सकेगा और इस पर नियन्त्रण स्थापित किया जा सकेगा। साथ ही साथ उड़ती हुई धूल को पानी के छिड़काव के साथ नियन्त्रित किया जा सकता है।[17]

3. इंदिरा गांधी परमाणु संधान केन्द्र (IGCAR) कलपक्कम (तमिलनाडू)

इसकी स्थापना 1971 में चेन्नई से 80 किमी. दक्षिण में कलपक्कम तमिलनाडू में की गई है। भाभा परमाणु अनुसंधान केन्द्र की स्थापना के पश्चात् यह परमाणु ऊर्जा विभाग द्वारा स्थापित दूसरा सबसे बड़ा केन्द्र हैं। इस केन्द्र का मुख्य उद्देश्य है– भारत में सोडियम शीतलक फास्ट ब्रीडर रिएक्टर (PBR) के विकास के लिए, वैज्ञानिक शोध तथा अत्याधुनिक अभियांत्रिकी के लिए व्यापक बहुविभाग कार्यक्रम का संचालन करना। यह भारतीय परमाणु ऊर्जा कार्यक्रम के द्वितीय चरण का हिस्सा है जिसका उद्देश्य विस्तृत थोरियम भण्डारों के उपयोग के लिए देश को तैयार करना तथा 21वीं शताब्दी में विद्युत ऊर्जा की वृहत मांग को पूरा करने के लिए साधन प्रदान करना। उद्देश्यों की प्राप्ति के लिए एक छोटी शुरुआत के रूप में 40 मेगावाट की कम क्षमता के सोडियम, शीतलक फास्ट ब्रीडर टेस्ट रिएक्टर का निर्माण किया गया है। यह फ्रांसीसी रिएक्टर RAPSODI की तकनीकी पर आधारित है। रिएक्टर ने 18 अक्तूबर, 1985 से पहली बार कार्य करना शुरू किया तथा वर्तमान में यह 105 मेगावाट क्षमता के साथ कार्य कर रहा है। यह विश्व में ऐसा पहला रिएक्टर है जो प्लूटोनियम यूरेनियम निर्यात कार्बोइड का चालान ईंधन के रूप में प्रयोग करता है।[18]

परमाणु संयंत्रों से प्राप्त ऊर्जा कितनी लाभदायक, कितनी नुकसानदेह

भारत-अमेरिका असैन्य परमाणु सहयोग समझौते के कारण पिछले पांच वर्षों से अब तक परमाणु ऊर्जा जितनी चर्चित हुई है उतना पहले कभी कोई मुद्दा नहीं हुआ। आज हर ओर इसी पर बहस जारी है। कुछ लोग इसे भावी भविष्य के लिए निहायत जरूरी संसाधन मान रहे, क्योंकि भारत की औद्योगिक विकास व्यवस्था बिजली (ऊर्जा) पर निर्भर है। तो कुछ लोगों का कहना है कि यह आखिर में मानव जाति के विनाश का कारण बनेगी। जैसा कि अब तक विश्व में तीन परमाणु दुर्घटनाएं

हो चुकी हैं। विंडस्केल (1957) ब्रिटेन, थ्री माइल द्वीप (1979) अमेरिका और चर्नोबिल (1986) सोवियत रूस (वर्तमान में यूक्रेन में स्थित है)।[19] इस बहस का परिणाम क्या निकलेगा यह तो वक्त ही बताएगा लेकिन इतना सुनिश्चित हुआ है कि भारत के सम्बन्ध अमेरिका से सहयोगपूर्ण एवं घनिष्ठ हुए हैं और विश्व स्तर पर अन्य NSG देशों से भी पारस्परिक परमाणु सहयोग की प्रतिस्पर्धा बढ़ी है। फिलहाल परमाणु ऊर्जा के लाभ व हानियों पर एक नजर डाल लेते हैं।

परमाणु ऊर्जा के लाभ

1. प्रदूषण पर नियन्त्रण

बिजली की बढ़ती मांग के कारण जीवाश्म ईंधन से विद्युत उत्पादन करने वाले संयंत्रों से होने वाला प्रदूषण खतरनाक स्तर पर पहुंच रहा है। कोयला, तेल एवं गैस को ईंधन के रूप में प्रयोग कर ताप विद्युत उत्पन्न करने वाले संयंत्रों से होने वाले प्रदूषण की अमेरिका के कुल प्रदूषण में 50 प्रतिशत से अधिक की हिस्सेदारी है। कोयला जलाने से कार्बन डाई ऑक्साइड उत्पन्न होती है, जो ओजोन परत के लिए हानिकरक है। अनेक ताप विद्यतु संयंत्रों में इस्तेमाल होने वाले कच्चे कोयले में गंधंक का अंश होता है। इसे जलाने से जो गैस उत्पन्न होती है, उनके बादलों में अवशोषित होने पर सल्फ्यूरिक अम्ल बनता है तथा यह अम्लीय वर्षा के कारण बनता है। इसके अलावा कोयले में भी रेडियोधर्मी पदार्थ होते हैं सामान्यतः कोयला जलाने वाला एक विद्युत संयंत्र समान क्षमता के एक परमाणु ऊर्जा संयंत्र से अधिक विकिरण छोड़ता है। विश्व में जीवाश्म ईंधन के कम होते स्रोतों के कारण अधिकाधिक ताप विद्युत संयंत्र अपेक्षाकृत घटिया गुणवत्ता के कोयले को ईंधन के रूप में और अधिक मात्रा में सल्फर के यौगिक पहुंच रहे हैं। एक अनुमान के अनुसार अगले 50 वर्षों में विश्व में जीवाश्म ईंधन के स्रोत पूरी तरह समाप्त हो जाएंगे। परन्तु विश्व में पर्याप्त मात्रा में यूरेनियम एवं परमाणु ऊर्जा संयंत्रों में प्रयुक्त होने वाले अन्य ईंधन जैसे थोरियम, प्लूटोनियम इत्यादि मौजूद हैं। आधुनिक ब्रीडर रिएक्टर प्रयुक्त ईंधन से अधिक परमाणु ईंधन बना सकते हैं। पृथ्वी पर उपलब्ध परमाणु ऊर्जा के ज्ञात स्त्रोत अगले लगभग 1000 वर्षों तक विश्व की ऊर्जा आवश्यकतओं की पूर्ति कर सकते हैं।

2. लम्बे समय तक भण्डारण की क्षमता

परमाणु ऊर्जा संयंत्रों को बहुत कम मात्रा में ईंधन की आवश्यकता होती है। अतः ईंधन की आपूर्ति में आने वाले संभावित व्यवधानों, जैसे, हड़ताल अथवा कोई प्राकृतिक आपदा से, परमाणु संयंत्रों के ऊर्जा उत्पादन पर अपेक्षाकृत बहुत कम

असर होता है। क्योंकि एक लम्बे समय तक जरूरत के परमाणु ईंधन का आसानी से भण्डारण किया जा सकता है। हालांकि, यूरेनियम के खनन के पश्चात् बचा हुआ अयस्क उसे क्षेत्र विशेष के लोगों के रेडान विकिरण झेलने पर विवश करता है। परन्तु रेडान विकिरण की यह मात्रा ताप विद्युत संयंत्र से उत्पन्न राख के फलस्वरूप होने वाले रेडॉन विकिरण की तुलना में कम होती है। उपलब्ध अनुमानों के अनुसार परमाणु ईंधन का प्रयोग कोयला जलाने की अपेक्षा कहीं अधिक सुरक्षित है।

3. मानव सुरक्षा में सहायक

परमाणु ऊर्जा विश्व की बढ़ती ऊर्जा आवश्यकताओं की पूर्ति का सबसे सुरक्षित विकल्प है अकेले अमेरिका में ही प्रतिवर्ष 10 हजार से 50 हजार व्यक्ति कोयले जलाने से उत्पन्न होने वाले प्रदूषण का शिकार हो जाते हैं। इसके विपरीत परमाणु ऊर्जा संयंत्र में किसी दुर्घटना या उनसे उत्पन्न विकिरण के फलस्वरूप किसी भी जानमाल की हानि होने की सम्भावना कम ही है। परमाणु संयंत्रों में अमल में लाए जाने वाले अनेकानेक सुरक्षा उपायों के फलस्वरूप परमाणु संयंत्रों में किसी दुर्घटना की सम्भावना नगण्य होती है इसी प्रकार इन संयंत्रों में प्रयुक्त तकनीक के फलस्वरूप संयंत्र के अन्दर विद्यमान विकिरण या ऊष्मा का भी वातावरण में आना लगभग असम्भव ही होता है।

सामान्यतः एक परमाणु संलयन रिएक्टर का गर्भ गृह 9 इंच से भी अधिक मोटी स्टील की चादर से घिरा होता है जिसमें अत्यन्त उच्च दाब को सहन करने की क्षमता होती है इसके बाहर कंक्रीट की एक मोटी परत होती है। यह गर्भ गृह ठोस इस्पात के एक बर्तननुमा ढांचे में बंद होता है तथा यह ढांचा लगभग चार फुट मोटी कंक्रीट की दीवारों के अन्दर स्थित होता है। यह कंक्रीट का ढांचा तीव्रतम भूकम्पों तथा तीव्र झटकों, यहां तक कि एक बड़े हवाई जहाज की टक्कर, को भी झेलने में सक्षम होता है। इसके अतिरिक्त इन संयंत्रों के अन्दर बड़ी संख्या में सेंसर लगे होते हैं जो संयंत्रों के अन्दर ताप, दाब, विकिरण एवं आर्द्रता आदि पर नजर रखते हैं। इनमें से किसी के भी एक निश्चित सीमा से अधिक बढ़ जाने की अवस्था में संयंत्र के अन्दर होने वाली चेन रिएक्शन को तत्काल पूरी तरह रोका जा सकता है।

4. परमाणु ऊर्जा अन्य विकल्पों की अपेक्षा सस्ता

आज विश्व और भारत में ऊर्जा एवं विद्युत उत्पादन की तीव्र आवश्यकता है। परमाणु ऊर्जा अन्य वैकल्पिक ऊर्जा स्रोतों से ऊर्जा उत्पादन की अपेक्षा सस्ता विकल्प है। विश्व में बढ़ती ऊर्जा मांग के मद्देनजर परमाणु ऊर्जा विकल्प को अधिकाधिक

विकसित करना आवश्यक हो गया है। अन्तर्राष्ट्रीय ऊर्जा एजेन्सी के अनुमानों के अनुसार यदि नीतियों में परिवर्तन नहीं किया गया तो 2030 तक विश्व की ऊर्जा मांग में 50 प्रतिशत से भी अधिक की वृद्धि अवश्यम्भावी है। ग्रीन हाउस गैसों के उत्सर्जन में कमी लाने में कारगर ऊर्जा के अन्य वैकल्पिक स्रोत जैसे सौर ऊर्जा; जल ऊर्जा; पवन ऊर्जा इत्यादि विश्व की न्यूनतम ऊर्जा मांग की सतत आपूर्ति में अक्षम हैं। स्थिति यह है कि उपलब्ध ऊर्जा विकल्पों में से केवल ताप विद्युत एवं परमाणु संयंत्र ही इस न्यूनतम ऊर्जा मांग की सतत आपूर्ति करने में सक्षम है इनमें से परमाणु विकल्प ही बेहतर विकल्प के रूप में उभरता है। क्योंकि ताप विद्युत उत्पादन को बढ़ाने का अर्थ होगा ग्रीन हाउस गैसों का अधिकाधिक उत्सर्जन तथा पर्यावरण पर दुष्परिणाम है।

परमाणु ऊर्जा के पक्ष में अन्य बिन्दू

1. परमाणु विखण्डन एवं परमाणु संलयन दोनों पर अधिकाधिक शोध जारी है तथा इन दोनों में ही निकट भविष्य में बड़ी तकनीकी उपलब्धियां हासिल होने की सम्भावना है।
2. बदलते वातावरण की समस्या से निपटने के लिए ग्रीन हाउस गैसों के उत्सर्जन में 60 प्रतिशत से भी अधिक की कमी लाना वांछनीय है। परमाणु ऊर्जा इस उद्देश्य की पूर्ति में अत्यन्त सहायक सिद्ध हो सकती है।
3. पिछले कुछ समय में परमाणु ऊर्जा संयंत्रों में प्रयुक्त होने वाली तकनीक का अधिकाधिक विकास हुआ है और आधुनिक परमाणु संयंत्र पहले की अपेक्षा कहीं अधिक सुरक्षित और क्षमतावान हैं।
4. स्वीडन और फ्रांस जैसे देशों में जहां परमाणु ऊर्जा देश के कुल उत्पादन का एक बहुत बड़ा हिस्सा है, के परमाणु ऊर्जा कार्यक्रम आस्ट्रेलिया, भारत एवं चीन जैसे देशों जो अपनी ऊर्जा आवश्यकताओं की पूर्ति हेतु ताप विद्युत पर निर्भर है। उसकी अपेक्षा कहीं कम कार्बन फुटप्रिंट छोड़ते हैं।[20]

परमाणु ऊर्जा की हानियाँ

1. दुर्घटना की संभावनाएं होना

विखण्डन संयंत्र में शीतलक के रूप में प्रयुक्त होने वाले भारी जल की मात्रा यदि खतरनाक सीमा तक हो जाए तो इससे ईंधन छड़ें अत्यधिक गर्म होकर पिघलने की आशंका पैदा हो जाती है। ऐसा होने पर ईंधन छड़ों के अन्दर रखी गई यूरेनियम की गोलियां बाहर आ सकती हैं जिससे तापमान में और अधिक वृद्धि हो जाएगी।

यदि इन ईंधन छड़ों का तापमान 2800 डिग्री सेल्सियस तक पहुंच जाए तो ईंधन पिघल जाएगा और एक अत्यन्त गर्म सफेद रंग के पिघले लावा के समान यह रेडियोधर्मी पदार्थ इस सबके होते हुए भी दुर्घटना की सम्भावनाओं को पूरी तरह नकारा नहीं जा सकता। थ्री-माइल द्वीप (1979) अमेरिका की दुर्घटना भी एक ऐसी ही आंशिक पिघलाव की घटना थी जिसकी वजह से संयंत्र के आन्तरिक कोर में शीतलक की आपूर्ति समय पर न होने पाई थी। इस दुर्घटना में संयंत्र का कोर पूरी तरह से नष्ट हो गया, परन्तु कई फुट मोटी कंक्रीट की परत ने इस पिघले हुए द्रव्यमान को काफी समय तक रोके रखा और इस दौरान संयंत्र के इंजीनियरों को शीतलक आपूर्ति व्यवस्था को ठीक करने के लिए पर्याप्त समय मिल गया।

1986 की चर्नोबिल (सोवियत रूस, वर्तमान यूक्रेन) दुर्घटना ने भी विध्वंसक रूप धारण कर लिया। संयंत्र के अत्यधिक तापमान एवं अग्नि से कोर के परखच्चे उड़ गए एवं बड़ी मात्रा में रेडियोधर्मी पदार्थ वातावरण में फैल गया। परिणामस्वरूप 31 लोगों की दुर्घटना स्थल पर ही मृत्यु हो गयी, जबकि 15,000 से भी ज्यादा कालान्तर में विकिरण के दुष्प्रभाव के चलते मौत के मुंह में समा गए। इसी प्रकार की एक दुर्घटना सबसे पहले ब्रिटेन में विंडस्केल नामक स्थान पर 1957 में घटित हुई थी।

2. परमाणु ऊर्जा के विकिरण का दुष्प्रभाव

विकिरण की लगभग 200 रेम की मात्रा विकिरण सम्बन्धित व्याधियां उत्पन्न कर सकती है। परन्तु तभी जब यह एक साथ इतनी मात्रा में किसी व्यक्ति विशेष को प्रभावित करे। हम में से प्रत्येक लगभग एक मिली रेम्स विकिरण प्रतिवर्ष वहन करते हैं जिसका प्रमुख स्रोत दैनिक उपयोग की कुछ वस्तुएं एवं खगोलीय विकिरण स्रोत होते हैं। यदि हम अपनी समस्त ऊर्जा आवश्यकताओं की पूर्ति हेतु पूरी तरह परमाणु ऊर्जा पर निर्भर हो जाएं तो औसतन हम में से प्रत्येक 0.2 मिली रेम्स अतिरिक्त विकिरण का सामना करेगा। हालांकि, विकिरण की यह यात्रा इतनी नहीं है, कि इससे रेडियोधर्मी विकिरण से उत्पन्न होने वाली तीन बड़ी व्याधियों (कैंसर विकिरण मूर्च्छा या जेनेटिक म्यूटेशन) का खतरा हो परन्तु इस विकिरण के दूरगामी परिणामों की सम्भावना से इंकार नहीं किया जा सकता है। रेडियोधर्मी विकिरण से सम्बन्धित एक चिन्ताजनक तथ्य यह भी है कि यह एक बार यदि वातावरण को प्रदूषित कर दे तो इसका प्रभाव बहुत लम्बे समय तक रहता है तथा जिस भी जैव सम्पदा को यह प्रभावित करता है, उसे इसके परिणाम एक लंबे समय तक भुगतने पड़ते हैं।

3. रेडियोधर्मी कचरे का दुष्प्रभाव होना

विखण्डन आधारित परमाणु ऊर्जा संयंत्र में उपयोग में लाए जाने वाले यूरेनियम-235

के विखण्डित सह उत्पाद हजारों वर्षों तक रेडियोधर्मी रह सकते हैं। इसके अतिरिक्त उपयोग में लाए जा चुके ईंधन में सदैव यूरेनियम 235 का कुछ अंश शेष रह जाता है जो भविष्य में बड़ी मात्रा में रेडियोधर्मी वातावरण में फैल सकता है। अतः इस कचरे का सही एवं सुरक्षित डिस्पोजल एक बड़ी समस्या है। विकसित राष्ट्रों ने इस कचरे को सुरक्षित रूप से फेंकने के लिए बड़ी-बड़ी भूमिगत साइटो का निर्माण किया है। परन्तु फिर भी जगह कम पड़ जाती है। इस कचरे की समुचित भण्डारण व्यवस्था का न होना भी विश्व में परमाणु ऊर्जा के विकास के मार्ग की एक बड़ी बाधा है। इस कचरे का एक स्थान से दूसरे स्थान तक परिवहन भी स्वयं में एक बड़ी समस्या है।

4. जलवायु परिवर्तन एवं ग्रीन हाऊस गैस उत्सर्जन की समस्या

विश्व भर के वैज्ञानिकों का मानना है कि पर्यावरण परिवर्तन की समस्या अब गंभीर रूप धारण कर चुकी है एवं ग्रीन हाउस गैसों के उत्सर्जन पर शीघ्रतिशीघ्र नियन्त्रण किये जाने की आवश्यकता है। परमाणु ऊर्जा संयंत्रों को स्थापित करने में बहुत अधिक समय लगता है। अतः इसे ग्रीन हाउस गैस उत्सर्जन कम करने के एक तात्कालिक उपाय के रूप में नहीं देखा जा सकता। दूसरी ओर वैकल्पिक ऊर्जा के अन्य स्त्रोत जैसे पवन ऊर्जा, जल ऊर्जा, बायोमास, जैव ऊर्जा इत्यादि इस दिशा में तत्काल रूप से प्रभावी सिद्ध हो सकते हैं। अमेरिका के सम्पूर्ण ग्रीन हाउस गैस उत्सर्जन का केवल 32 प्रतिशत ताप ऊर्जा संयंत्रों से आता है। जबकि आस्ट्रेलिया के सन्दर्भ में यह आंकड़ा 35 प्रतिशत है। अतः परमाणु ऊर्जा का ग्रीन हाउस गैसों के उत्सर्जन में कमी या पर्यावरण सन्तुलन बेहतर बनाने के एक मात्र उपाय के रूप में देखना उचित प्रतीत नहीं होता है। इसी प्रकार भारत एवं ब्राजील जैसे देशों में ग्रीन हाउस गैसों में 50 प्रतिशत से ज्यादा का योगदान अकार्बनिक गैसों का है जिस पर परमाणु ऊर्जा संयंत्रों की मदद से कोई नियन्त्रण नहीं किया जा सकता।

परमाणु ऊर्जा के विपक्ष में अन्य बिन्दू

1. परमाणु ऊर्जा सम्बन्धी तकनीकी एवं प्रौद्योगिकी में आश्चर्यजनक विकास की अवधारणा स्वयं में विवादास्पद है। बल्कि अधिकतर अनुमान इस ओर इशारा करते हैं कि आने वाले दशकों में विश्व के कुल ऊर्जा उत्पादन में परमाणु ऊर्जा की हिस्सेदारी घटेगी। उपलब्ध आकड़ों के अनुसार वर्ष 2003 में वैकल्पिक ऊर्जा स्रोतों से प्राप्त कुल ऊर्जा परमाणु ऊर्जा से अधिक थी।

2. यदि विद्युत भण्डारण की आधुनिक एवं प्रचलित तकनीक का समुचित

इस्तेमाल किया जाए तो ऊर्जा के उपरोक्त वैकल्पिक स्रोत भी न्यूनतम वांछनीय ऊर्जा की सतत् आवश्यकता सुनिश्चित कर सकते हैं। ऐसे में पर्यावरण सन्तुलन की समस्या का बिना किसी अतिरिक्त जोखिम के हल निकाला जा सकता है।

3. परमाणु ऊर्जा की वकालत न करने वाले इस बात को गम्भीरता से महसूस करते हैं कि वैकल्पिक ऊर्जा परमाणु ऊर्जा की अपेक्षा कहीं कम खर्चीली है। 'द इकोनोमिस्ट' की एक रिपोर्ट के अनुसार परमाणु ऊर्जा में और अधिक निवेश किसी भी दृष्टि से युक्तिसंगत नहीं है। क्योंकि यह अन्ततः वैकल्पिक ऊर्जा स्रोतों की अपेक्षा कहीं महंगी साबित होती है। इतिहास बताता है कि परमाणु संयंत्रों की स्थापना सदा ही अपेक्षा से अधिक महंगी साबित हुई है क्योंकि इनकी स्थापना एक बड़ी परियोजना होती है और इसके कार्यान्वयन में लगभग सदा ही कुछ व्यवधान आते रहते हैं जिसके परिणामस्वरूप न केवल उनकी निर्माण लागत अपेक्षाकृत बढ़ जाती है, बल्कि उनके व्यवहारिक रूप से उत्पादन प्रारम्भ करने तक का समय भी इतना अधिक हो जाता है कि निवेश तर्कसंगत प्रतीत नहीं होता। दूसरी ओर यदि उतना ही धन ऊर्जा के अन्य स्त्रोतों में निवेश किया जाए तो निवेश का लाभ अपेक्षाकृत कहीं ज्यादा प्राप्त किया जा सकता है।

4. निःसदेह, तकनीकी विकास के फलस्वरूप परमाणु संयंत्रों में दुर्घटनाओं की आशंका को काफी हद तक कम किया जा सकता है परन्तु बदलते वैश्विक परिदृश्य में ये संयंत्र आतंकवाद के संभावित निशाने बन कर उभरे हैं। इन संयंत्रों का न केवल सामरिक महत्व होता है अपितु परमाणु ईंधन, सामग्री एवं तकनीक प्राप्त करने के उद्देश्य से भी आतंकवादी संगठन इन संयंत्रों को निशाना बना सकते हैं। इस कारण से संयंत्र लाभदायक होने के साथ-साथ हानिकारक भी सिद्ध हो सकते हैं।[21]

असैन्य परमाणु करार एवं भारत का आर्थिक विकास

भारतीय अर्थव्यवस्था जिन परम्परागत चुनौतियों से जूझ रही है उनमें सड़कें व बन्दरगाह, बिजली की कमी, लचर कानून व्यवस्था, अपराधीकरण, प्रशासन का राजनीतिकरण, भ्रष्टाचार, बेरोजगारी, आतंकवाद, भाई-भतीजावाद एवं जलवायु परिवर्तन आदि प्रमुख हैं। लेकिन हाल के वर्षों में बिजली की कमी सबसे बड़ी चुनौती बनकर उभरी है। वर्षों से ढांचागत क्षेत्र पर काफी बल दिये जाने के बावजूद बिजली की मांग और आपूर्ति के बीच अन्तर बढ़ता जा रहा। इसकी पूर्ति के लिए हाल के

वर्षों में भारत ने अमेरिका एवं विश्व के अन्य परमाणु ऊर्जा से सम्पन्न देशों से असैन्य परमाणु सहयोग समझौता किया है। बिजली आपूर्ति की कमी के परिणामस्वरूप एक ओर नागरिक सुविधाओं और सेवाओं की बदहाली के रूप में आ रहा है और दूसरे बहुत से भारतीय उद्योग धंधे बीमार होते जा रहे हैं जो अपनी निर्धारित गति से विकास नहीं कर पा रहे हैं। इस सम्बन्ध में भारत का ऊर्जा क्षेत्र कई गम्भीर खामियों का शिकार हो रहा है। यदि इन गड़बड़ियों को शीघ्रता से दूर नहीं किया गया तो देश के जीडीपी को लेकर सरकार ने जो लक्ष्य निर्धारित किया है वह रखा का रखा ही रह जाएगा।

भारत में आर्थिक सहयोग एवं विकास

वर्तमान में भारत, अमेरिका निवेशकों की पहली पसंद बनता जा रहा है। 2009 तक भारत में अमेरिकी निवेश 7.69 बिलियन डालर के उत्साहवर्धन बिन्दु तक पहुँच चुका है। खनिज तेल, दूरसंचार, बिजली के उपकरण, कम्प्यूटर, खाद्य प्रसंस्करण और सेवाओं के क्षेत्र अमेरिकी निवेशकों का प्रमुख आकर्षण है। भारत ने सड़क निर्माण, बन्दरगाह, हवाई अड्डे निर्माण के क्षेत्र में 600 अरब डॉलर के सम्भावित अमेरिकी निवेश के आमंत्रित करने के लिए अपने कानूनों में भारी बदलाव किया है। भारत का दूर संचार क्षेत्र बीते सालों में 20 प्रतिशत वार्षिक वृद्धि के साथ अमेरिकी निवेशकों की पसंद बन चुका है। विश्व के दूसरे बड़े दूर संचार बाजार के रूप में भारत का उभार, निवेश की अपार सम्भावनाएँ छिपाए है। 2012 तक भारत में 650 लाख उपभोक्ताओं के लक्ष्य को हासिल करने के लिए 84 बिलियन डॉलर के निवेश की सम्भावनाओं के साथ यह क्षेत्र अमेरिकी पूंजी का संभावित आकर्षण बन रहा है।

भारत का विकासशील ऊर्जा बाजार भी अमेरिकी निवेशकों को आकर्षित कर रहा है। ऊर्जा क्षेत्र में पानी, बिजली, खनिज तेल, प्राकृतिक गैस और कोयला उत्पादन क्षेत्र में निवेश की असीम सम्भावनाएं हैं। 2003 में भारत ने ऊर्जा उत्पादन के क्षेत्र में निजी कंपनियों को काम करने की छूट देकर, अमेरिकी पूंजी प्रवाह को प्रोत्साहित किया है।[22]

रक्षा क्षेत्र में सहयोग

21वीं सदी में दोनों देश आतंकवाद के विश्व व्यापी प्रसार को रोकने के लिए प्रतिबद्ध हैं। 1993 में अमेरिकी पहल पर भारत व इजराइल के नए राजनीतिक सम्बन्धों से भारत अमेरिकी सैन्य सहयोग अपने नए चरण में प्रवेश कर गया है। अब भारत के लिए अमेरिका इजराइल संयुक्त प्रयासों से विकसित सैन्य उपकरण जैसे (अवाक्स) इत्यादि हासिल कर पाना आसान हो गया। भारत द्वारा रक्षा क्षेत्र में 26 प्रतिशत

विदेशी निवेश को मंजूरी दिए जाने के बाद इस क्षेत्र में दोनों देशों के बीच सहयोग का मार्ग प्रशस्त हुआ। गत दशक में दोनों देशों के बीच नियमित सैन्य अभ्यासों ने सहयोग के एक युग का शुभारम्भ किया है। इस क्षेत्र में भारत अमेरिका के बीच एक दशक से चल रहा नौसैनिक अभ्यास मालाबार एशियाई विस्तार की प्रस्तावना है। भारतीय वायु सेना तथा अमेरिका वायुसेना द्वारा 2009 में आगरा हवाई अड्डे पर 'कोप इण्डिया–2009' के नाम से किया गया। सयुक्त सैन्य अभ्यास, दोनों देशों के बीच रक्षा सहयोग का नया आयाम है। जापान के आरीनाक समुद्र तट पर आयोजित मालाबार 2009 युद्धाभ्यास में जापान को भी शामिल करना चीन की विस्तारवादी नीति को करारा जवाब है। एक अन्य समझौते के अनुसार अमेरिका भारत को 8 बोइंग P-8 विमान बेचने के प्रस्ताव को अन्तिम रूप दे रहा है। यह विमान भारत के समुद्र तटों की निगरानी करने में सक्षम होगा। भारत इस बोईंग P-8 का पहला अन्तर्राष्ट्रीय ग्राहक है और 2.1 अरब डालर का यह समझौता भारत अमेरिका के बीच अब तक का सबसे बड़ा हथियार सौदा है।

शिक्षा तथा प्रौद्योगिकी के क्षेत्र में सहयोग

2010 में भारत के मानव संसाधन मंत्री कपिल सिब्बल ने 50 साल पहले IIT कानपुर की स्थापना में अमेरिकी सहयोग को याद करते हुए, उच्च शिक्षण संस्थाओं के क्षेत्र में अमेरिकी पहल को आमंत्रित किया। उन्होंने 14 अभिनव विश्वविद्यालयों की स्थापना के भारत के संकल्प में अमेरिका से बढ़-चढ़कर भाग लेने की अपील की। दोनों देशों ने संयुक्त शैक्षिक परिषद की स्थापना पर सहमति दे दी और यह कदम दोनों देशों के शैक्षणिक सम्बन्धों को और प्रगाढ़ करेगा। 2020 तक भारत का लक्ष्य उच्च शिक्षा का सरल दाखिला अनुपात 30 प्रतिशत पहुँचाने का है। इस लक्ष्य को पाने के लिए कम से कम 700 विश्वविद्यालयों और 35000 कॉलेजों की आवश्यकता होगी। यह अमेरिकी आर्थिक निवेश के लिए बेहतर संभावना है।

भारत का परमाणु ऊर्जा व्यापार व असैन्य सहयोग समझौता

भारत को सबसे पहले सितम्बर, 1955 में कनाडा 40 मेगावाट का एक रिएक्टर देने के लिए तैयार हुआ। 'एटम्स फोर पीस' कार्यक्रम के तहत अमरीका फरवरी, 1956 में इस रिएक्टर के लिए 21 टन भारी पानी देने को तैयार हुआ। यह सायरस (कनाडा इण्डिया रिएक्टर यू. एस.) कहलाया। यह रिएक्टर वेपनग्रेड प्लूटोनियम उत्पादन करने में सक्षम था। भारत ने 18 मई, 1974 में अपना पहला परमाणु विस्फोट किया तो अमेरिका एवं कनाडा ने भारत के परमाणु कार्यक्रम को सामग्री हस्तान्तरित करना बन्द कर दी और तभी से दूसरे देशों का भारतीय परमाणु कार्यक्रम में सहयोग लगभग बन्द हो गया। भारत द्वारा 11 व 13 मई 1998 में प्रधानमंत्री अटल बिहारी

वाजपेयी के कार्यकाल के दौरान दूसरे परमाणु परीक्षण के बाद अमरीका ने भारत पर आर्थिक प्रतिबन्ध लगा दिये, 2001 में ये आर्थिक प्रतिबन्ध तो हट गए लेकिन नाभिकीय वनवास जारी है।

भारत-अमेरिका सम्बन्धों को एक नया आयाम तब मिला जब 18 जुलाई, 2005 में प्रधानमंत्री डॉ. मनमोहन सिंह ने अमेरिका यात्रा की तथा राष्ट्रपति जॉर्ज बुश से वार्तालाप का शिखर सम्मेलन किया। यह यात्रा एक ऐतिहासिक यात्रा सिद्ध हुई, क्योंकि अमेरिका ने अप्रत्यक्ष रूप से भारत को एक परमाणु शक्ति सम्पन्न राष्ट्र की मान्यता दी जब राष्ट्रपति बुश ने भारत को "उच्च परमाणु तकनीक वाले उत्तरदायी राज्य" (Responsible State with Advanced Nuclear Technology) की संज्ञा दी।[23] इस समझौते ने भारत के परमाणु कार्यक्रम को वैद्यता प्रदान की, क्योंकि इससे पूर्व, 1964 में चीन द्वारा परमाणु परीक्षण करने के पश्चात् निर्धारित किया गया कि विश्व में 1965 से पूर्व परमाणु परीक्षण करने वाले देश ही परमाणु शक्ति सम्पन्न देश हैं और ये पांचों देश अमरीका, रूस, फ्रांस, ब्रिटेन एवं चीन इस परमाणु सम्पन क्लब में अन्य देश को शामिल नहीं करना चाहते थे क्योंकि इससे विश्व में परमाणु हथियारों की होड़ उत्पन्न होगी।

भारत-अमरीका के मध्य यह समझौता करते समय भारत ने स्वीकार किया कि वह अपने नागरिक परमाणु ऊर्जा संस्थानों को 'अन्तर्राष्ट्रीय परमाणु ऊर्जा एजेन्सी' (IAEA) के निरीक्षण के लिए खोल देगा, लेकिन साथ ही यह भी घोषित हुआ कि भारत के सैनिक या सुरक्षा के साथ-साथ सम्बन्धित परमाणु संस्थाओं के सम्बन्ध में यह व्यवस्था लागू नहीं होगी और भारत अपनी राष्ट्रीय गोपनीयता बनाए रखने का अधिकारी होगा। यह भी निश्चित किया गया कि भारतीय परमाणु ऊर्जा नीति पर वे सभी नियम लागू हों जो पांचों परमाणु शक्ति सम्पन्न देशों पर लागू हो रहे हैं। इस समझौते के समय भारत ने स्पष्ट कर दिया कि उस पर NPT सन्धि पर हस्ताक्षर करने के लिए किसी प्रकार का दबाव नहीं था और न ही वह किसी ऐसे दबाव को स्वीकार करेगा।

भारत को वर्तमान समय में परमाणु ईंधन (ऊर्जा) की सख्त जरूरत है। इस कारण भारत ने परमाणु पृथक्कीकरण समझौते पर सहमति बनाई कि उसके 22 परमाणु संयंत्रों में से 14 को नागरिक परमाणु संयंत्र की श्रेणी में रखा जाएगा तथा जिनको अन्तर्राष्ट्रीय परमाणु ऊर्जा संगठन (IAEA) की निगरानी-सुरक्षा के अधीन लाया जाएगा तथा बाकी 8 परमाणु संयंत्रों का प्रयोग भारत अपने सैनिक परमाणु कार्यक्रम को संचालित करने के लिए अलग रखेगा तथा इन पर अन्तर्राष्ट्रीय परमाणु ऊर्जा संगठन की कोई भूमिका नहीं होगी।

6 सितम्बर, 2008 को जैसे ही परमाणु आपूर्तिकर्ता समूह (NSG) ने भारत को असैन्य परमाणु कारोबार की अनुमति दी तथा IAEA से सहमति मिली वैसे ही तुरन्त प्रभाव से 34 साल के भारत के एक परमाणु वनवास की समाप्ति हुई और विश्व के NSG देशों में तुरन्त भारत के साथ परमाणु कारोबार करने की पारस्परिक प्रतिस्पर्धा बढ़ गई। इसी का परिणाम है कि अमरीका से पहले फ्रांस ने भारत से परमाणु असैन्य सहयोग समझौता 30 सितम्बर, 2008 को किया।

34 साल पहले भारत द्वारा पोखरण में किए गए पहले परमाणु परीक्षण के बाद अमरीका की पहल पर **'लंदन सप्लायर्स क्लब'** का गठन किया गया था तथा 1974 से ही यह क्लब अस्तित्व में आया। इसके सदस्यों में अमरीका, सोवियत संघ, इंग्लैण्ड, फ्रांस, जर्मनी, जापान और कनाडा थे। इस क्लब का उद्देश्य भी ऐसे देशों को परमाणु प्रौद्योगिकी सामग्री और उपकरण निर्यात करने पर प्रतिबन्ध लगाना था जो अपनी परमाणु गतिविधियाँ अन्तर्राष्ट्रीय परमाणु ऊर्जा एजेन्सी की निगरानी में नहीं लाते। 'लंदन सप्लायर्स क्लब' का निशाना भी विशेष तौर से भारत ही था। जब यूरेनियम संवर्द्धन पर आधारित सद्दाम हुसैन की परमाणु प्रसार कोशिशों का खुलासा हो गया, इसी दौरान लंदन क्लब का नाम बदलकर नाभिकीय आपूर्तिकर्ता समूह NSG किया गया। 1976-77 में इसके सदस्य बढ़कर 15 हो गये चीन NSG का सदस्य 2004 में बना तथा वर्तमान में NSG के सदस्य देशों की संख्या 45 तथा अन्तर्राष्ट्रीय परमाणु ऊर्जा एजेन्सी (IAEA) की सदस्य संख्या 35 है और NSG की तर्ज पर एक अन्य संगठन आस्ट्रेलिया समूह की स्थापना की गई जिसकी नींव 1985 में रखी गई। इस संगठन में भी लगभग 40 सदस्य देश हैं।[24]

आज भारत को परमाणु ऊर्जा की अनिवार्य आवश्यकता है क्योंकि भारत के पास अन्य प्राकृतिक ऊर्जा संसाधन सीमित मात्रा में ही हैं। अतः आगामी भविष्य को ध्यान में रखकर भारत द्वारा इस प्रकार का परमाणु सम्पन्न देशों से असैन्य परमाणु सहयोग समझौते करना अपरिहार्य है क्योंकि भारत में यूरेनियम से प्राप्त ऊर्जा 3 प्रतिशत ही है और भारत 58 प्रतिशत कोयले से, 26 प्रतिशत हाइड्रो से, 10 प्रतिशत गैस से, 3 प्रतिशत सौर ऊर्जा से प्राप्त करता है और ये संसाधन भारत के पास आगामी कुछ वर्षों के लिए ही सीमित मात्रा में हैं। इस कारण भारत NSG के देशों से अपनी ऊर्जा जरूरत पूरी करने के लिए मधुर एवं पारस्परिक सहयोग सम्बन्ध स्थापित कर रहा है। भारत का प्रतिनिधि जिस देश की भी यात्रा पर शिखर सम्मेलन में या कोई अन्तर्राष्ट्रीय सम्मेलन या सभा में जाता है वहां पर भारत परमाणु ऊर्जा सम्पन्न देशों से नजदीकी सम्बन्ध बनाने की कोशिश कर रहा होता है। इस क्षेत्र में भारत के कदम दिन-प्रतिदिन आगे बढ़ रहे हैं। अब तक भारत NSG के 48 देशों

में से 13 देशों से परमाणु असैन्य सहयोग समझौता कर चुका है जिनका विवरण इस प्रकार से है–

भारत का यूरोपीय संघ व गैर-यूरोपीय संघ देशों से परमाणु-समझौता

आज विश्व के प्रमुख देशों में 435 परमाणु ऊर्जा संयंत्र संचालित हैं। इन परमाणु संयंत्रों को संचालित करने के लिए उच्च परमाणु प्रौद्योगिकी तथा यूरेनियम की आवश्यकता होती है। परमाणु ऊर्जा से प्राप्त बिजली अन्य संसाधनों की तुलना में सस्ती, किफायती तथा पर्यावरण के अनुकूल होती है। इसी उद्देश्य को ध्यान में रखते हुए भारत भी अपनी ऊर्जा आवश्यकताओं की पूर्ति परमाणु ऊर्जा के माध्यम से प्राप्त करना चाहता है क्योंकि भारत में उपलब्ध अन्य संसाधनों से प्राप्त ऊर्जा स्त्रोत सीमित एवं अल्पमात्रा में ही हैं। आज भारत में 17 परमाणु रिएक्टर कार्यरत, 5 निर्माणाधीन और 8 विचाराधीन हैं भारत अपने इन परमाणु संयंत्रों को संचालित करने और यूरेनियम की आपूर्ति हेतु अन्य देशों पर आश्रित है क्योंकि भारत में यूरेनियम खनन व मात्रा बहुत ही सीमित है इसलिए भारत अपने इन परमाणु रिएक्टरों तथा भावी परमाणु रिएक्टरों को संचालित करने के लिए यूरेनियम सम्पन्न देशों व NSG संगठन से परमाणु असैन्य सहयोग समझौता कर रहा है। भारत में वर्तमान समय में संचालित परमाणु रिएक्टरों से अपनी कुल ऊर्जा आवश्यकता का 2.9 प्रतिशत उत्पादन कर रहा है। रिएक्टरों से प्राप्त ऊर्जा भारत जैसे विकासशील देश के लिए अति आवश्यक है क्योंकि यह अन्य स्रोतों की तुलना में सस्ती, टिकाऊ और पर्यावरणानुकूल है। इसी के चलते भारत परमाणु ऊर्जा से विद्युत बनाने के लक्ष्य 2020 तक 20 हजार मेगावाट तथा इसके 20 वर्ष बाद 2040 में 65 हजार मेगावाट नाभिकीय बिजली का उत्पादन करना चाहता है परमाणु करार के बाद आशा है कि 2050 तक भारत परमाणु रिएक्टरों से पैदा होने वाली बिजली देश में उत्पादित होने वाली कुल बिजली का 25 प्रतिशत होगी।

भारत अपने इस अप्रत्याशित लक्ष्य को प्राप्त करने हेतु यूरेनियम सम्पन्न देशों तथा परमाणु क्लब के सदस्य देशों से असैन्य परमाणु सहयोग समझौता कर रहा है जिनमें प्रमुख क्लब हैं – NSG, MTCR, आस्ट्रेलिया समूह, वेसेनार व्यवस्था आदि का भारत सदस्य भी बनना चाहता है। भारत द्वारा 1974 में परमाणु परीक्षण किया गया। इसके बाद इन परमाणु क्लबों ने परमाणु व्यापार करना बंद कर दिया लेकिन जैसे ही भारत का 34 साल पुराना परमाणु वनवास सन् 2008 में खत्म हुआ उसके तुरन्त बाद से इन परमाणु (यूरेनियम) सम्पन्न देशों से असैन्य परमाणु सहयोग समझौता करना शुरू कर दिया है। अब तक भारत यूरेनियम सम्पन्न यूरोपीय संघ

के देशों तथा गैर-यूरोपीय संघ के देशों से लगभग 12 देशों से ऐसा समझौता कर चुका है जिसमें यूरोपीय संघ के प्रमुख देश हैं– फ्रांस, ब्रिटेन। गैर-यूरोपीय संघ के देश हैं– अमेरिका, कजाकिस्तान, नामीबिया, मंगोलिया, अर्जेन्टीना, कनाडा, दक्षिण कोरिया, ऑस्ट्रेलिया, जापान व रूस।

भारत-फ्रांस परमाणु ऊर्जा समझौता

कड़े संघर्षों के बाद 6 सितम्बर, 2008 को NSG द्वारा भारत को परमाणु कारोबार की छूट मिलने के बाद फ्रांस ऐसा पहला देश है जिसने भारत के साथ असैन्य परमाणु सहयोग समझौता किया। 'Cooperation Agreement between Government of Republic of India and the Government of French Republic on the Development of peaceful uses of Nuclear energy' शीर्षक वाले इस समझौते पर मार्सेली में 9वें भारत-यूरोपीय संघ शिखर वार्ता के पश्चात् 30 सितम्बर, 2008 को पेरिस (फ्रांस) के एलिसी पैलेस में हस्ताक्षर हुए। इस समझौते पर भारत की ओर से परमाणु ऊर्जा आयोग के अध्यक्ष अनिल काकोडकर व फ्रांस की ओर से विदेश मंत्री बनार्ड काउचनर ने भारतीय प्रधानमंत्री डॉ. मनमोहन सिंह व फ्रांसीसी राष्ट्रपति निकोलस सरकोजी की उपस्थिति में हस्ताक्षर किए। भारत के असैन्य परमाणु कार्यक्रम को गति देने में प्रमुख योगदान यूरोपीय संघ के प्रमुख देश फ्रांस का है। फ्रांस पहला ऐसा देश है जिसने 1974 में भारत पर लगे परमाणु प्रतिबंधों (यानि 34 साल बाद) को समाप्त कर समझौता किया है तथा भारत-यूरोपीय संघ संबंधों को उच्च गति तथा व्यापारिक संबंधों को सुदृढ़ता प्रदान की है।[25]

नाभिकीय ऊर्जा स्वच्छ एवं विश्वसनीय ऊर्जा का महत्त्वपूर्ण स्त्रोत है। नाभिकीय ऊर्जा के निर्माण में कार्बन डाईऑक्साइड का उत्सर्जन अपेक्षाकृत कम होता है जिससे वैश्विक तापन में इसका प्रयोग बहुत कम है साथ ही नाभिकीय सामग्री की प्रति इकाई के द्वारा बड़े पैमाने पर बिजली उत्पादित की जा सकती है। भारत सरकार द्वारा व्यापक स्तर पर नाभिकीय ऊर्जा को बढ़ावा देने का निर्णय लिया गया जिसके कारण बिजली की तीव्र गति से बढ़ती हुई मांग, सीमित एवं घटते प्राकृतिक संसाधन, पर्यावरण के अनुकूल एवं नाभिकीय ऊर्जा की सुरक्षित प्रकृति आदि। इसी आधार पर अक्तूबर, 2005 में भारत सरकार द्वारा 3 अन्य स्थानों के साथ ही जैतापुर (महाराष्ट्र) के रत्नागिरी जिले में परमाणु ऊर्जा संयंत्र स्थापित करने की स्वीकृति प्रदान की गई है। शांतिपूर्ण उद्देश्यों के लिए परमाणु ऊर्जा के क्षेत्र में आपसी सहयोग को बढ़ाने हेतु भारत सरकार द्वारा विभिन्न यूरोपीय संघ तथा गैर-यूरोपीय संघ देशों के साथ असैन्य परमाणु समझौते पर हस्ताक्षर किए गए जिसमें वर्ष, 2008 में भारत एवं फ्रांस के मध्य हस्ताक्षरित असैन्य परमाणु समझौता प्रमुख है। परमाणु

आपूर्ति कर्त्ता देशों के समूह (NSG) द्वारा परमाणु व्यापार संबंधी भारत के खिलाफ लगे प्रतिबंध सन् 2008 में हटाए जाने के बाद फ्रांस पहला देश था जिसके साथ भारत ने असैन्य परमाणु समझौता किया। समझौते के तहत परमाणु रिएक्टर एवं परमाणु ईंधन की आपूर्ति, परमाणु सुरक्षा, विकिरण, पर्यावरण संरक्षण और परमाणु ईंधन चक्र प्रबंन्धन में भी द्विपक्षीय सहयोग को बढ़ावा देना शामिल है। भारत सरकार द्वारा फ्रांस द्वारा प्रदत्त परमाणु ऊर्जा संयंत्र को जैतापुर में स्थापित करने की स्वीकृति प्रदान की गई। हाल ही में भारत एवं फ्रांस के मध्य 6 नाभिकीय रिएक्टरों के निर्माण के लिए संशोधित समझौता ज्ञापन पर हस्ताक्षर किए गए। 22 मार्च, 2016 को भारत एवं फ्रांस के मध्य जैतापुर (महाराष्ट्र) में 6 नाभिकीय रिएक्टरों के निर्माण के लिए संशोधित समझौता ज्ञापन भारतीय परमाणु ऊर्जा निगम (NPCIL) के साथ विचार-विमर्श के लिए फ्रांस की कम्पनी इलेक्ट्रिसिटी डी फ्रांस (EDF electricite De- France) के एक उच्च स्तरीय प्रतिनिधि मण्डल की दो दिवसीय मुंबई यात्रा की समाप्ति पर किया गया।

EDF प्रतिनिधि मंडल की यात्रा जनवरी, 2016 में फ्रांस के राष्ट्रपति फ्रांस्वा ओलांद की राजकीय यात्रा की अनुवर्ती थी। फ्रांसीसी राष्ट्रपति की यात्रा के दौरान भारत एवं फ्रांस द्वारा वर्ष, 2016 के अंत तक तकनीकी, वाणिज्यिक वार्ता के समापन के लिए एक सहयोग रोडमैप तैयार किया गया था। फ्रांस की कम्पनी EDF एवं NPCIL दोनों जैतापुर परियोजना के 'मेक इन इंडिया' पहलू पर कार्य कर रहे हैं जिसका क्रियान्वयन औद्योगिक साझेदारी और भारत-फ्रांस निर्माताओं के मध्य संयुक्त उपक्रम के माध्यम से किया जाएगा इस सम्बन्ध में दोनों पक्षों के मध्य परस्पर सहमति के आधार पर तकनीकी अधिकारों का हस्तान्तरण अधिकार शामिल होगा। इलेक्ट्रिसिटी की फ्रांस (EDF) फ्रांस की सार्वजनिक बिजली एवं आपूर्तिकर्ता है जिसे फ्रांस की सरकार द्वारा भरेवा एनपी का कार्यभार संभालने हेतु नामित किया गया है। इलेक्ट्रिसिटी डी फ्रांस (EDF) इस समय अरेवा एनपी के समर्थन के साथ जैतापुर परमाणु पार्क एवं सभी उपकरणों की आपूर्ति के लिए फ्रांसीसी पक्ष की वार्ता का नेतृत्व कर रहा है। जैतापुर परमाणु ऊर्जा परियोजना के तहत 9900 मेगावट का परमाणु ऊर्जा संयंत्र प्रस्तावित है जिनमें प्रत्येक 1650 मेगावाट के 6 यूरोपीय दाबित रिएक्टर (EPR-European Presssurised Reactors) शामिल हैं। भारत सरकार के भूकम्प जोन के मानचित्र के अनुसार जैतापुर का क्षेत्र जोन-III के अन्तर्गत आता है।[26]

भारत-फ्रांस संबंधों पर फ्रांस के राष्ट्रपति निकोलस सरकोजी ने कहा कि 21वीं सदी में शांति और सुरक्षा का एकमात्र रास्ता यही है कि एक-दूसरे के खिलाफ नहीं

बल्कि एक-दूसरे के साथ बढ़ जाएं। उन्होंने यूरोपीय संघ का उदाहरण दिया जहाँ पुराने शत्रु आपस में मिलकर कार्य करते हैं सरकोजी ने संयुक्त राष्ट्र सुरक्षा परिषद में भारत की स्थायी सदस्यता का प्रबल समर्थन किया और कहा कि एक अरब की आबादी वाले देश को संयुक्त राष्ट्र सुरक्षा परिषद के शीर्ष दायरे से बाहर रखना अनुचित है क्योंकि स्थायी सदस्यता पाना भारत का हक है। गत वर्ष 2013 में प्रधानमंत्री मोदी की फ्रांस यात्रा के दौरान साझा बयान में फ्रांस ने कहा था कि वह भारत में 2 अरब यूरो (लगभग 2.15 अरब डॉलर) का निवेश करेगा और भारत स्मार्ट शहरों के निर्माण में मदद करेगा। भारत का SITAC ग्रुप और फ्रांस के EDF एनर्जी नाबेलेस कम्पनी के बीच संयुक्त उद्यम संबंधी समझौता हुआ। इसके तहत फ्रांसीसी कम्पनी गुजरात में स्थानीय कम्पनी के नवीनीकरण ऊर्जा कारोबार में आधी हिस्सेदारी खरीदेगी। यह करार 15.5 करोड़ यूरो का है। इसके तहत 142 मेगावाट सौर बिजली उत्पादित होगी।[27]

इस प्रकार फ्रांस आने वाले समय यानि 21वीं शताब्दी में भारत में 2 विलियन यूरो का निवेश करेगा तथा फ्रांस की कम्पनियां भारत में निवेश करेंगी। फ्रांस भारत के 3 शहरों को स्मार्ट सिटी बनाएगा। इनमें नागपुर, चंडीगढ़, पुडुचेरी शामिल हैं भारत, फ्रांस से 36 राफेल जेट विमान खरीद का सौदा करेगा जो 3 साल से लंबित पड़ा है क्योंकि इन विमानों की सीधी खरीद के लिए फ्रांस की ओर से आकर्षक प्रस्ताव दिया गया था। जैतापुर में फ्रांस की कम्पनी अरेवा द्वारा स्थापित 6 परमाणु संयंत्रों से 10 हजार मेगावाट बिजली का उत्पादन होगा।

भारत और फ्रांस के मध्य परमाणु प्रौद्योगिकी संबंध

अप्रैल, 2015 में प्रधानमंत्री नरेन्द्र मोदी ने यूरोपीय देशों में सबसे पहले फ्रांस का दौरा किया। इससे पेरिस के साथ नई दिल्ली के बढ़ते मधुर रिश्तों का संकेत मिलता है। भारत ने रक्षा की खरीद के आधार को भी व्यापक बनाने का प्रयास किया और साथ ही शीतयुद्ध की अधिकांश अवधि के दौरान समान बिन्दुओं पर दोनों देशों की समान विचारधाराओं पर भी जोर दिया। फ्रांस धीरे-धीरे सभी तीनों रणनीतिक अर्थात् 1 रक्षा, 2. अंतरिक्ष, 3. परमाणु ऊर्जा क्षेत्रों में भारत को दुर्जेय प्रौद्योगिकी की आपूर्ति करने वाले देश के रूप में उभर कर सामने आया। यद्यपि पेरिस में उपमहाद्वीप में अमेरिका के प्रभाव को कम करने या उसका स्थान लेने की कोई महत्त्वाकांक्षा नहीं है फिर भी नई दिल्ली रक्षा सप्लाई, अंतरिक्ष टेक्नोलॉजी और परमाणु रिएक्टर की निर्माण योजनाओं के मामले में पेरिस को विश्वसनीय खिलाड़ी मानने लगा है। भारत के विशाल बाजार और उन्नत रणनीतिक टेक्नोलॉजी के मामले में भारत की मांग को देखते हुए फ्रांस का भी भारत के प्रति आकर्षण व प्रभाव बढ़ता ही रहा है।

भारत-फ्रांस संबंधों की गतिशीलता से एक ऐसी समानता का पता चलता है जो उन तमाम मध्य शक्तियों या देशों की विशेषता है जो अधिकांश छोटे देशों के मुकाबले कहीं अधिक शक्तिशाली हैं लेकिन महाशक्तियों के मुकाबले कमजोर हैं। कार्स्टेन होलब्राड लिखते हैं कि ऐसी समानता से लाभ उठाना आसान नहीं होता और महाशक्तियां अकसर इसका विरोध करने पर तुली रहती हैं विशेषकर परमाणु टेक्नोलॉजी के क्षेत्र में भारत-फ्रांस संबंधों के इतिहास से स्पष्ट होता है कि शीतयुद्ध से लेकर अब तक इन देशों की नजदीकियां मध्य शक्तियों की समानता का अच्छा उदाहरण तो है लेकिन अमरीका परमाणु अप्रसार के उपायों के नाम पर हमेशा ही इनका विरोध करता रहा है। कभी-कभी फ्रेंच सरकार का एक वर्ग और कभी-कभी इसका परमाणु ऊर्जा आयोग भी इसका विरोध करता रहा है। शीतयुद्ध के प्रारम्भिक दिनों में भारत की परमाणु टेक्नोलॉजी की मांग की पूर्ति फ्रांस द्वारा उस समय भी की गई थी जब ब्रिटेन और अमरीका ने युद्ध के दौरान परमाणु ऊर्जा संबंधी सूचनाओं पर रोक लगा रखी थी। जनवरी, 1950 में फ्रेंच परमाणु ऊर्जा आयोग (CEA) के तत्कालीन अध्यक्ष फ्रेडरिक जोलियट क्यूरी ने अपनी पत्नी ऐरवाइन के साथ भारत का दौरा किया था और दोनों देशों के बीच तकनीकी सहयोग का मार्ग प्रशस्त किया था जो न केवल असाधारण था बल्कि अपने आप में अभूतपूर्व भी था। मेनहैटन प्रयोजना के बाहर यह पहली द्विपक्षीय परमाणु सहयोग करार संबंधी वार्ताओं की शुरुआत थी। 17 जनवरी, 1950 को नई दिल्ली में भारतीय परमाणु ऊर्जा आयोग (AEC) की विशेष बैठक आयोजित की गई जिसमे जोलियट क्यूरी ने यूरेनियम के परिष्करण, ग्रेफाइट की रि-प्रोसेसिंग और निम्नस्तरीय पावर रिएक्टर के डिजाइन के लिए आवश्यक तकनीकी सूचनाओं को साझा करने और इसके बदले में भारत से फ्रांस को अन्य वस्तुओं (जिस पर बाद में विस्तार से खोज की जानी चाहिए) और इनके साथ-साथ थोरियम, बेरिलियम और यूरेनियम के निर्यात की पेशकश की गई।[28]

एक ऐसे समय में जब अमरीका परमाणु प्रौद्योगिकी और तत्संबंधी सूचनाओं पर भारी रोक और नियंत्रण लगाने को उत्सुक हो और यूनाइटेड किंग्डम तथा कनाडा भी यही नीति अपना रहे हों, ऐसी पेशकश अकल्पनीय थी। सन् 1951 में भारत में फ्रांस की यह पेशकश अन्ततः साकार हो गयी और दोनों देशों के बीच बेरिलियम से संचालित रिएक्टरों के अनुसंधान और निर्माण के द्विपक्षीय समझौते पर हस्ताक्षर हो गए। इस समझौते के कारण भारतीय परमाणु ऊर्जा आयोग (AEC) पहला विदेशी परमाणु ऊर्जा निकाय बन गया, जिसके साथ फ्रेंच परमाणु ऊर्जा आयोग (CEA) ने इतने बड़े पैमाने के समझौते पर हस्ताक्षर किए। यह भी दिलचस्प है कि इस अवधि के दौरान ही पेरिस और नई दिल्ली के बीच भारतीय उपमहाद्वीप

में स्थित फ्रांसीसी उपनिवेशों पर भी विवाद चल रहा था। लेकिन फिर भी भारतीय और फ्रेंच परमाणु ऊर्जा आयोग के बीच निकट सहयोग के कारण परमाणु प्रौद्योगिकी और सामग्री के क्षेत्र में मार्ग प्रशस्त होता रहा और द्विराष्ट्रीय, क्षेत्रीय विवाद ने परमाणु ऊर्जा के समझौते के मार्ग में कोई रोड़ा नहीं अटकाया।

1960 के दशक में भारत और फ्रांस दोनों देशों के बीच परमाणु संबंध और गहरे तथा घनिष्ठ हो गए और इसमें निकट राजनयिक संबंधों के कारण भी अधिक मदद मिली। भारत की प्रधानमंत्री श्रीमती इन्दिरा गांधी और फ्रांसीसी राष्ट्रपति चार्ल्स द गाल की मुलाकात मैत्रीपूर्ण रही है। यह वह समय था जब कोई भी विदेशी संगठन फ्रेंच परमाणु ऊर्जा आयोग (CEA) के साथ सहयोग करने के लिए तैयार नहीं था इसलिए फ्रेंच परमाणु ऊर्जा आयोग ने श्री सेठना और उसके सहयोगियों को इस प्रौद्योगिकीय उपलब्धि के लिए बधाई दी है। परमाणु ऊर्जा के दो मैत्रीपूर्ण संगठनों के बीच इन स्थितियों में यह आम बात है।

फ्रांस के नवनिर्वाचित राष्ट्रपति वैलरी गिस्कार डेस्टां के नेतृत्व में द एलिसी ने CEA के उल्लास में उनका साथ नहीं दिया। वह चाहते थे कि भारतीय परमाणु ऊर्जा आयोग AEC को अमरीका नेतृत्व वाले अप्रसार नीति संबंधी प्रयासों के नजदीक लाया जाए हालांकि याक शिराक के नेतृत्व वाले गॉलिस्ट गुट ने देश के भीतर इसका राजनीतिक विरोध भी किया। इसके परिणामस्वरूप PNE के बाद जहाँ एक ओर फ्रेंच परमाणु ऊर्जा आयोग (CEA) ने भारतीय परमाणु ऊर्जा आयोग को प्रोत्साहित किया वहीं द स्वे दोर्से ने यह सुनिश्चित करने के लिए भारत के साथ समझौता वार्ताएं की ताकि फ्रांस द्वारा सप्लाई की गई सामग्री और प्रौद्योगिकी का इस्तेमाल भारत द्वारा भावी परमाणु विस्फोट के लिए न किया जा सके।

सन् 1974 का परीक्षण भारत के परमाणु कार्यक्रम को बहुत भारी पड़ा न केवल कनाडा ने सन् 1976 तक परमाणु संबंधी पूरी सहायता वापस ले ली बल्कि अमरीका को भी अपने 1978 के परमाणु अप्रसार अधिनियम के कारण तारापुर (महाराष्ट्र) को तब तक अमरीका द्वारा सप्लाई किए जाने वाले ईंधन को रोकने के लिए बाध्य होना पड़ा जब तक कि भारत पूरी तरह से अन्तर्राष्ट्रीय परमाणु ऊर्जा एजेन्सी (IAEA) के सुरक्षा उपायों को स्वीकार न कर ले। कार्टर के शासन के दौरान तो तारापुर विवाद का मुद्दा ही बना रहा लेकिन रीगन के शासनकाल में नई दिल्ली के साथ गैर-अमरीकी और गैर-सोवियत ईंधन सप्लाई के जरिए मतभेदों को दूर करने के प्रयास शुरू कर दिए गए इसके परिणामस्वरूप अमरीका ने अन्ततः फ्रांस को तीसरी पार्टी के रूप में ईंधन सप्लाई करने की अनुमति दे दी। सन् 1983 में फ्रांस के स्थान पर अमरीका ने तारापुर रिएक्टर को ईंधन सप्लाई करना शुरू कर दिया। इस निर्णय

का भारतीय मीडिया ने बहुत उत्साह के साथ स्वागत किया और भारत के परमाणु ऊर्जा कार्यक्रम का साक्षी है। ऐलिसी में आयोजित इस मुलाकात से लगता है कि इंदिरा गांधी और राष्ट्रपति चार्ल्स द गाल के बीच उस समय के लगभग सभी प्रमुख अंतर्राष्ट्रीय मुद्दों पर सहमति हो गयी थी। इन मुद्दों में शामिल थे – परमाणु अप्रसार संधि (NPT), वियतनाम में अमरीका का युद्ध और साम्यवादी चीन की भूमिका जब परमाणु अप्रसार संधि (NPT) पर सन् 1968 में हस्ताक्षर होने लगे थे तब फ्रांस और भारत ने इस संधि पर इस आधार पर हस्ताक्षर करने से इंकार कर दिया था क्योंकि ये संधि भेदभावपूर्ण थी। सन् 1966 और 1969 के बीच भारतीय परमाणु ऊर्जा आयोग (AEC) और फ्रेंच परमाणु ऊर्जा आयोग (CEA) के बीच प्लूटोनियम आधारित प्लूटोनियम ब्रीडिंग रिएक्टर टेक्नोलॉजी पर समझौता किया गया जिसके कारण नई दिल्ली को 2 फ्रेंच रिएक्टरों के लिए रिएक्टर का डिजाइन मिलने में मदद मिली और साथ ही दक्षिणी फ्रांस स्थित 'कदारास' में भारतीय कर्मियों को प्रशिक्षण पाने का अवसर मिला। व्यापक अर्थ में देखें तो इस समझौते के कारण ही भारत को कनाडा द्वारा सप्लाई किए गए 'साइरस' रिएक्टर के लिए उस समय यूरेनियम पाने में मदद मिली थी जिसका इस्तेमाल असैनिक कार्यों के लिए किया जाना था और इसकी री-प्रोसेसिंग ट्राम्बे (महाराष्ट्र) में की गई।

18 मई, 1974 में भारत ने प्रथम परमाणु विस्फोट किया जिसे नई दिल्ली ने (भारत) 'शांति के लिए परमाणु विस्फोट' का नाम दिया इस विस्फोट में ट्राम्बे के साइरस रिएक्टर के प्लूटोनियम का इस्तेमाल किया गया जिसके कारण कनाडा, ऑस्ट्रेलिया और जापान ने नाराजगी प्रकट की और अमरीका स्तब्ध रह गया तथा सोवियत संघ ने कोई प्रतिक्रिया व्यक्त नहीं की। फ्रांस की प्रतिक्रिया से भारत को बहुत राहत मिली। फ्रेंच परमाणु ऊर्जा आयोग (CEA) ने 23 मई, 1974 को परीक्षण के कई दिनों के बाद भारतीय परमाणु ऊर्जा आयोग (AEC) को इस महान् वैज्ञानिक उपलब्धि के लिए बधाई का तार भेजा। फ्रेंच राजदूत जीन डेनियल जुर्गेन्सन ने नई दिल्ली से लिखा "भारत इस बात को लेकर बहुत प्रसन्न है कि फ्रांस ने हर प्रकार के अमैत्रीपूर्ण निर्णय से बचने का प्रयास किया।" फ्रेंच परमाणु ऊर्जा आयोग (CEA) के तत्कालीन प्रशासक आन्द्रे जिराद ने बधाई संदेश का बचाव करते हुए कहा "40 के दशक से ही भारतीय परमाणु ऊर्जा आयोग (AEC) और फ्रेंच परमाणु ऊर्जा आयोग (CEA) को उबारने के लिए पेरिस की प्रशंसा की और अनुचित ढंग से अड़ंगे लगाने और 'नव उपनिवेशवाद' के लिए वाशिंगटन की आलोचना की।[30]

सन् 1992 में परमाणु अप्रसार संधि (NPT) पर फ्रांस द्वारा हस्ताक्षर किए जाने के बाद भी तारापुर रिएक्टर की ईंधन सप्लाई में फिर से बाधा आ गई। लेकिन

भारत-फ्रांस परमाणु नजदीकियों के दिन अभी भी समाप्त नहीं हुए थे। जनवरी, 1998 में फ्रांस के राष्ट्रपति याक सिराक ने उच्च स्तरीय शिष्टमंडल के साथ भारत का दौरा किया। इस शिष्टमंडल में फेमाटोन (अब AREVA) के मुख्य कार्यकारी अधिकारी (CEO) भी शामिल थे। सन् 1998 में भारत के परमाणु परीक्षण के बाद याक शिराक ने सार्वजनिक तौर पर भारत का समर्थन किया था और अमरीकी पाबंदियों का विरोध भी किया। एक बार फिर पेरिस ने भारत का समर्थन किया और वाशिंगटन ने सन् 1974 की तरह ही भारत पर पाबंदियां लगा दी।

6 सितम्बर, 2008 में परमाणु सप्लायर ग्रुप द्वारा भारत को असैन्य परमाणु व्यापार करने की छूट देने के कुछ समय बाद फ्रांस वह पहला देश था जिसने भारत के साथ 30 सितम्बर, 2008 को असैन्य परमाणु सहयोग समझौते पर हस्ताक्षर किए। यह समझौता भारत की ओर से परमाणु ऊर्जा आयोग के अध्यक्ष अनिल काकोडकर व फ्रांस की ओर से विदेश मंत्री बर्नार्ड काउचर ने भारतीय प्रधानमंत्री डॉ. मनमोहन सिंह व फ्रांसीसी राष्ट्रपति निकोलस सरकोजी की उपस्थिति में हस्ताक्षर किए। और यह समझौता अमरीकी सीनेट द्वारा अमरीका-भारत असैन्य परमाणु समझौते के अनुमोदन से पहले ही सम्पन्न हो गया था। उसके बाद जब परमाणु सप्लायर ग्रुप (NSG) ने घोषणा की कि वह उन देशों को परमाणु ईंधन एनरिच और रिप्रोसेस करने की टेकनोलॉजी सप्लाई नहीं करेगा। जिन्होंने परमाणु अप्रसार संधि पर हस्ताक्षर नहीं किए हैं तो फ्रांस ने घोषणा कर दी कि परमाणु सप्लायर ग्रुप (NSG) की यह घोषणा भारत के साथ किए गए द्विपक्षीय परमाणु सहयोग पर लागू नहीं होगी। दूसरे शब्दों में, जब अमरीका परमाणु सप्लायर ग्रुप (NSG) द्वारा दी गयी छूट को लागू करने के लिए अनेक तरह की पहल कर ही रहा था तब लगता है कि फ्रेंच कम्पनियां भारत के परमाणु बाजार पर अपना नियंत्रण करने के लिए अमरीकी कम्पनियों से कहीं आगे बढ़ गयी थीं। परमाणु देयता पर नई दिल्ली और वाशिंगटन के बीच हुए समझौते के दौरान हाल ही में दिए गए पुनः आश्वासनों के बावजूद वेस्टिंग हाउस और जनरल इलेक्ट्रिक जैसी अमरीकी कम्पनियों की भारत के परमाणु ऊर्जा बाजार में निवेश की संभावना कम ही लगती है दूसरे शब्दों में भारत और फ्रांस के बीच मध्य शक्तियों की अनुरूपकता ने शीतयुद्ध को तो झेल ही लिया था और यह भावना और भी मजबूत होती जा रही है।

नई दिल्ली और पेरिस के बीच मध्य शक्तियों की अनुरूक्ता का दायरा इस कारण से भी बढ़ रहा है कि फ्रांस ने यूरोप के बाहर के परमाणु टेक्नोलॉजी के भागीदारों के साथ उस टेक्नोलॉजी का व्यापार करने का मन बना लिया है जहाँ अभी यह भी सिद्ध नहीं हुआ कि यह प्रौद्योगिकी, अर्थक्षम भी है या नहीं। शीतयुद्ध

के अधिकांश समय में परमाणु संबंधी सुरक्षा उपायों के संबंध में फ्रेंच उदासीनता के कारण वाशिंगटन के साथ विदेश नीति को लेकर मतभेद भी बढ़े लेकिन भारतीय और फ्रेंच भौतिक विज्ञानियों के बीच संबंध गहरे होते चले गये। भारत की दृष्टि से फ्रेंच परमाणु ऊर्जा आयोग (CEA) ने सन् 1974 में उस समय भी जब कोई भी परमाणु ऊर्जा आयोग भारत की मदद के लिए तैयार नहीं था। न केवल प्रौद्योगिकीय मदद की बल्कि सक्रिय रूप में प्रोत्साहन भी दिया। भारत और फ्रांस के बीच अधिकांशतः परमाणु सहयोग उन क्षेत्रों में था जिनमें बेरिलियम और फास्ट ब्रीडर रिएक्टर जैसी उस समय की बिना परीक्षण की गयी प्रौद्योगिकियाँ शामिल थी। इसलिए भारत द्विपक्षीय सहयोग के माध्यम से संयुक्त अनुसंधान करने और सीखने का अवसर मिला अन्यथा नई दिल्ली को 1963 के तारापुर के लिए अमरीकी-भारत करार जैसी तैयारशुदा परियोजनाओं से तकनीकी जानकारी मिलने की बहुत कम संभावना रहती फिर भी साधनों की भिन्नता के बावजूद नई दिल्ली को लगभग बराबरी के आधार पर पेरिस के साथ सहयोग करने का अवसर मिला। नव-उपनिवेशवादी शोषण का कभी कोई खतरा नहीं रहा। फ्रांस के रूप में भारत को ऐसा सहयोग मिला जिसमें सहानुभूति और सहयोग की भी भावना थी। सौभाग्यवश यह भावना अभी भी कायम है।[31]

भारत-फ्रांस के मध्य छह परमाणु रिएक्टरों पर सहमति

भारत दौरे पर आए फ्रांस के राष्ट्रपति फ्रांस्वा ओलांद ने भारत में छह परमाणु रिएक्टर लगाने की घोषणा की। उन्होंने नई दिल्ली में प्रधानमंत्री नरेन्द्र मोदी से बातचीत के बाद साझा प्रेस कांफ्रेंस में ये बाते कहीं। दोनों नेताओं के बीच सुरक्षा, सैन्य सहयोग से लेकर, चरम पंथ से निपटने और परमाणु ऊर्जा जैसे मुद्दों पर बातचीत हुई। उसके बाद दोनों नेताओं ने साझा प्रेस कांफ्रेंस को संबोधित किया। उनकी यात्रा तथा बातचीत की मुख्य बातें निम्न हैं–

1. फ्रांस भारत में छह परमाणु रिएक्टर लगाएगा जिसका इस्तेमाल बिजली उत्पादन में हो सकेगा।

2. भारत फ्रांस से 36 लड़ाकू विमान राफेल खरीदेगा। इस बारे में सिर्फ वित्तीय मुद्दों पर बात बाकी है।

3. फ्रांस भारत में स्मार्ट सिटी बनाने में मदद करेगा वह भारत को सौर ऊर्जा के क्षेत्र में भी सहायता प्रदान करेगा।

4. ओलांद ने कहा कि भारत के अंतरिक्ष कार्यक्रम में फ्रांस की दिलचस्पी है पहले से चल रहे सहयोग को और मजबूत किया जाएगा।

5. फ्रांस के राष्ट्रपति में कहा कि फ्रांसीसी कम्पनियां भारत में मेक इन इंडिया कार्यक्रम में शामिल होंगी। वे यहां निवेश करेंगी और तकनीक लाएंगी।
6. भारत को सुरक्षा मामलों में फ्रांस मदद करेगा, फ्रांसीसी और भारतीय सेना के बीच सहयोग बढ़ेगा।
7. फ्रांस भारत के साथ खुफिया जानकारी की अदला-बदली करेगा, चरमपंथी गतिविधियों में शामिल होने के लिए विदेश जाने से रोकने में फ्रांस भारत की मदद करेगा।
8. भारतीय कम्पनियों को फ्रांस में व्यापार करने में हरसंभव मदद दी जाएगी।
9. मोदी ने भारत-फ्रांस सैन्य सहयोग पर जोर दिया और भारत आने के लिए ओलांद का शुक्रिया अदा किया।[32]

भारत-अमेरिका परमाणु असैन्य सहयोग समझौता

भारत-अमेरिका के मध्य परमाणु असैन्य सहयोग समझौते पर हस्ताक्षर 8 अक्तूबर, 2008 को हुए। भारत-अमेरिका के मध्य असैन्य परमाणु सहयोग समझौते का पूरा नाम "Agreement for cooperation between the Government of India and the Government of United State of Americca concerning peaceful uses of Nuclear Energy" इसके बाद अमेरिकी विदेश मंत्री कोंडालिजा राइस व भारतीय विदेश मंत्री प्रणव मुखर्जी ने 11 अक्तूबर, 2006 को वाशिंगटन में हस्ताक्षर किए तथा करार को एक कानूनी रूप मिला। भारत-अमेरिका परमाणु करार को सम्पन्न करने से पूर्व NSG, IAEA, अमरीकी संसद, हाईड एक्ट आदि संस्थाओं से कड़े संघर्ष के बाद सहमति मिली।[33]

अमरीका ने भारत के साथ 2008 में ऐतिहासिक असैन्य परमाणु समझौता करके भारत का वैश्विक परमाणु अलगाव समाप्त किया था जिससे भारत में परमाणु बिजलीघर के निर्माण का रास्ता खुल गया। लेकिन किसी परमाणु दुर्घटना की स्थिति में दायित्व से आपूर्तिकर्त्ता के परिरक्षण हेतु कानून पारित करने की भारत की अनिच्छा से इस क्षेत्र का व्यापार बाधित हो गया। आज भारत अपनी ऊर्जा सुरक्षा, रणनीतिक विकास और निवेश को सुनिश्चित करने के लिए संयुक्त राज्य अमरीका के प्रति अपने स्पष्ट झुकाव को परिलक्षित कर रहा है। अमरीका भारत को युद्ध के लिए हथियार और शांति के लिए निवेश दोनों प्रदान करने की स्थिति में है। उपयोगिता के इस संयोजन ने अन्य किसी भी देश की तुलना में संयुक्त राज्य अमरीका को भारत के लिए अधिक महत्वपूर्ण बना दिया है। भारत और अमरीका

असैन्य परमाणु और रक्षा सहयोग, आतंकवाद का मुकाबला एवं साइबर सुरक्षा, स्वच्छ ऊर्जा, व्यापार और बौद्धिक सम्पदा अधिकार, द्विपक्षीय निवेश संधि और 'मेक इन इंडिया, स्मार्ट सिटी और शहरी बुनियादी ढांचा योजना, डिजीटल भारत और वीजा मुद्दे आदि ऐसे महत्वपूर्ण क्षेत्र हैं जिनमें भारत एवं संयुक्त राज्य अमरीका को काफी काम करने की जरूरत है।

21वीं सदी में भारत में अप्रैल, 2000 से सितम्बर, 2016 तक 300 अरब अमरीकी डॉलर का प्रत्यक्ष विदेशी निवेश आया है जिससे पता चलता है कि भारत वैश्विक आर्थिक संकट के बीच सुरक्षित निवेश गंतव्य के रूप में उभरा है इसमें से करीब 33 प्रतिशत FDI भारत में मॉरीशस के रास्ते आया है। इसके पीछे प्रमुख कारण भारत का मॉरीशस के साथ दोहरा कराधान बचाव करार होना था। अप्रैल, 2000 से सितम्बर, 2016 के बीच भारत में मॉरीशस के रास्ते 101.76 अरब डॉलर का FDI आया है। इस अवधि में कुल FDI 310.36 अरब डॉलर रहा। इस प्रकार 21वीं सदी में भारत दुनिया के सामने उभरा है। भारत का अमरीका के साथ असैन्य परमाणु समझौता होने तथा NSG व IAEA से छूट मिलने के बाद भारत 2016 तक लगभग 12 देशों के साथ समझौता हो चुका है। भारत और अमरीका के बीच द्विपक्षीय व्यापार 2005 में 37 विलियन अमरीकी डॉलर के मुकाबले 2015-16 में 109 विलियन अमरीकी डॉलर पर पहुँच गया। भारत व अमरीका के बीच व्यापार और निवेश का विवरण इस प्रकार है–[34]

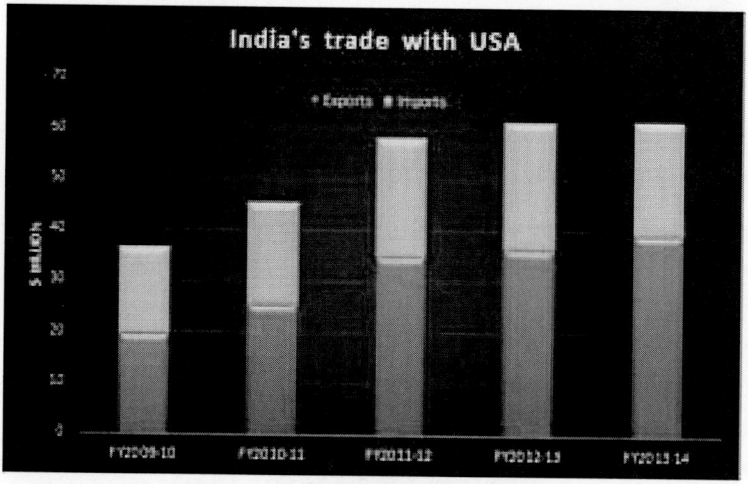

मानचित्र संख्या 4.5

भारत का यू.एस.ए. के साथ व्यापार

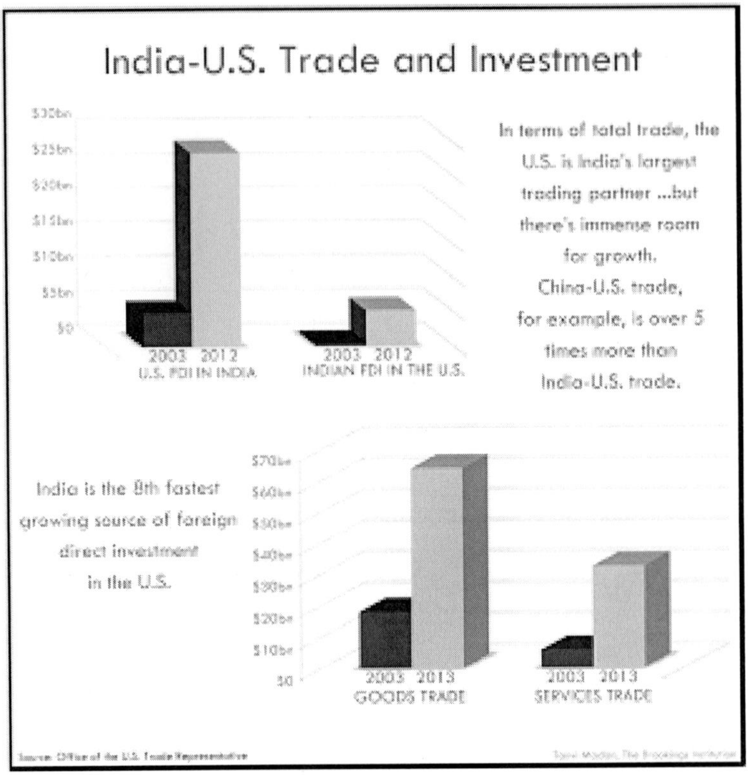

मानचित्र संख्या 4.6

भारत और यू.एस.ए. के साथ व्यापार और निवेश की सूची

भारत रूस परमाणु ऊर्जा समझौता

भारत-रूस के मध्य परमाणु असैन्य सहयोग समझौता 5 दिसम्बर, 2008 को सम्पन्न हुआ जब भारत-रूस वार्षिक शिखर सम्मेलन वार्ता के दौरान रूस के राष्ट्रपति दमित्री मेदवेदेव 4-6 दिसम्बर, 2008 को भारत यात्रा पर आए। राष्ट्रपति भवन में औपचारिक स्वागत के पश्चात् प्रधानमंत्री डॉ. मनमोहन सिंह व रूसी राष्ट्रपति दमित्री मेदवेदेव ने असैन्य परमाणु करार पर हस्ताक्षर किए तथा 10 अन्य क्षेत्रों में सहयोग करने पर सहमति हुई। रूस 2035 तक भारत में कम से कम 12 परमाणु रिएक्टर लगाएगा और उसने यहाँ अत्याधुनिक हैलीकॉप्टर के विनिर्माण पर भी सहमति जताई है। मोदी ने कहा कि इन रिएक्टरों में सुरक्षा के विश्व स्तरीय उच्चतर मानक अपनाए जाएंगे। मोदी-पुतिन बातचीत के दौरान भारत रूसी

डिजाइन वाले परमाणु बिजलीघरों के लिए कुडनकुलम के अलावा किसी नई जगह की तेजी से पहचान करने पर सहमति दी। रक्षा क्षेत्र में सहयोग पर प्रधानमंत्री मोदी ने कहा कि विभिन्न नई रक्षा परियोजनाओं पर भी चर्चा हो जिससे हमारे रक्षा संबंधों को 'मेक इन इंडिया' समेत भारत की अपनी प्राथमिकताओं को बल मिल सके।[35]

असैन्य परमाणु समझौते के अनुसार रूस 12 परमाणु संयंत्र बनाएगा जिसमें 6 कुडनकुलम में और 6 अन्य स्थान पश्चिमी बंगाल के हरिपुर में बनेंगे। रूस के प्रधानमंत्री ने कहा कि भारत हमारा पुराना मित्र है। पुतिन ने कहा कि रूस भारत का प्रमुख सैन्य जोड़ीदार बना रहेगा और दोनों देशों के बीच विशिष्ट सामरिक साझेदारी का और आगे विकास किया जाएगा। 16वें भारत रूस शिखर सम्मेलन के लिए भारतीय प्रधानमंत्री नरेन्द्र मोदी की मास्को यात्रा से तीन चीजें सामने आयी– पहला, आर्थिक साझेदारी पर जोर देते हुए द्विपक्षीय संबंधों को और व्यापक बनाना। दूसरा, भारत-रूस रणनीतिक गठजोड़ में बदलाव करके विक्रेता खरीददार के बजाय रिश्तों को साझेदारी के स्तर पर ले जाना। तीसरा, यह कि विदेश नीति में बदलावों के बावजूद भारत-रूस संबंधों को और दृढ़ करना। सम्मलेन में मोदी की 'मेक इन इंडिया' परियोजना को इस सम्मेलन में तब बड़ा बल मिला जब कामोर 226 हेलीकॉप्टर को भारत में बनाने के लिए दोनों पक्षों के बीच सहमति बनी। इसके तहत रूस 60 तैयार हैलीकॉप्टर भारत को देगा और 140 हेलीकॉप्टरों का निर्माण भारत में होगा। मेक इन इण्डिया के तहत रक्षा क्षेत्र में यह पहली परियोजना है। रक्षा क्षेत्र की कई कम्पनियों के CEO जिनमें भारत की रिलायंस और टाटा कम्पनियां मेक इन इंडिया परियोजना में अहम् भागीदार हैं। इसके अलावा भारतीय परमाणु ऊर्जा विभाग और रूसी राज्य परमाणु ऊर्जा निगम मिलकर भारत में 12 परमाणु रिएक्टर बनाएंगे।[36]

भारत-कजाखिस्तान के मध्य परमाणु ऊर्जा समझौता

23-26 जनवरी, 2009 को कजाखिस्तान के राष्ट्रपति नूर सुल्तान नजर वायेव ने भारत की यात्रा की तथा भारत के 60वें गणतंत्र दिवस के औपचारिक कार्यक्रम में मुख्य अतिथि के बतौर भारत आए। इस यात्रा के दौरान भारतीय राष्ट्रपति प्रतिभा देवीसिंह पाटिल व कजाखिस्तान के राष्ट्रपति नूर सुल्तान नजर वायेव की उपस्थिति में द्विपक्षीय सहयोग के लिए 24 जनवरी, 2009 को भारत-कजाखिस्तान परमाणु असैन्य सहयोग समझौते पर हस्ताक्षर किए। इसमें पारस्परिक प्रत्यर्पण संधि भी शामिल है। कजाखिस्तान इस प्रकार का समझौता करने वाला फ्रांस-अमरीका व रूस के बाद चौथा देश है। विश्व में कजाखिस्तान यूरेनियम भण्डार की दृष्टि से

दूसरे स्थान पर है। इस समझौते से भारत में हो रही ईंधन की कमी को पूरा किया जाएगा।

जुलाई, 2015 में प्रधानमंत्री नरेन्द्र मोदी ने कजाखिस्तान यात्रा के दौरान वहाँ के राष्ट्रपति नूर सुल्तान नजर वायेव के साथ द्विपक्षीय वार्ता की और व्यापार, ऊर्जा, रक्षा तथा, रेलवे, यूरेनियम आपूर्ति, खेल तथा सजायाख्ता कैदियों को लेकर पांच समझौते किए। यूरेनियम समझौता भारत को अगले दो दशकों में अपने परमाणु ऊर्जा उत्पादन को 4560 मेगावाट से 14 गुना अधिक बढ़ाने के लिए विदेशी परमाणु तकनीक और परमाणु ईंधन की आवश्यकता है। मोदी की यात्रा के दौरान विश्व के सबसे बड़े यूरेनियम उत्पादक देश कजाखिस्तान से 2015 से 2019 के बीच भारत को परमाणु ईंधन के लिए 5000 टन यूरेनियम की आपूर्ति का समझौता हुआ। भारत ने कजाखिस्तान से असैन्य परमाणु सहयोग को बढ़ाने पर यह दूसरा बड़ा समझौता किया है। कजाखिस्तान पहले से ही एक समझौते के तहत भारत को यूरेनियम की आपूर्ति कर रहा है। मध्य एशिया में भारत का सबसे बड़ा आर्थिक साझेदार कजाखिस्तान है लेकिन दोनों के आर्थिक संबंध बेहद कमजोर रहे हैं। भारत ने आर्थिक संबंधों को बढ़ाने के लिए साथ मिलकर काम करने की बात कही। हाइड्रो कार्बन क्षेत्र में सहयोग पर कजाखिस्तान ने भारतीय निवेश के लिए अतिरिक्त ब्लॉक देने पर विचार करने की बात कही। भारत ने कैस्पियन सागर में भरात के ओवीएल तथा काजमुनाईगा के पहले उत्खनन का भी उल्लेख किया।[37]

भारत-नामीबिया के मध्य परमाणु ऊर्जा समझौता

भारत व नामीबिया के मध्य असैन्य परमाणु सहयोग समझौता 31 अगस्त, 2009 को हुआ। समझौते पर भारतीय प्रधानमंत्री डॉ. मनमोहनसिंह व नामीबिया के राष्ट्रपति हिफिकेपुन्ये पोहाम्बा के मध्य हुआ। पोहाम्बा अपने देश के उच्चस्तरीय शिष्टमण्डल के साथ पांच दिन की यात्रा पर अगस्त सितम्बर, 2009 को आए। संचार, खनन, ऊर्जा व रक्षा क्षेत्रों में सहयोग संवर्द्धन के साथ राजनयिक व अधिकारिक पासपोर्ट धारकों के लिए वीजा की अनिवार्यता समाप्त करने के लिए सहमति पत्र पर हस्ताक्षर किए। इस प्रकार नामीबिया भारत के साथ असैन्य परमाणु ऊर्जा समझौता करने वाला पांचवां देश बना।

भारत के राष्ट्रपति प्रणव मुखर्जी ने जून, 2016 में नामीबिया की यात्रा की वह पहले राष्ट्रपति हैं जिन्होंने नामीबिया का दौरा किया। नामीबिया दुनिया का पांचवां सबसे बड़ा यूरेनियम उत्पादक राष्ट्र है। प्रधानमंत्री मोदी को विदेशों में तवज्जो मिलने के बाद एक अच्छी खबर सामने आई कि राष्ट्रपति प्रणव मुखर्जी को जून,

2016 में नामीबिया दौरे पर वहां के नेताओं ने भारत को यूरेनियम पूर्ति को लेकर हरसंभव प्रयास करने का वादा किया है। नामीबिया के नेताओं ने भारतीय राष्ट्रपति प्रणव मुखर्जी को भरोसा दिलाया है कि वे इस बात का कानूनी अध्ययन करेंगे कि भारत को उसके शांतिपूर्ण असैन्य परमाणु जरूरतों के लिए यूरेनियम की आपूर्ति को कैसे संभव बनाया जा सकता है। प्रणव मुखर्जी ऐसे पहले भारतीय राष्ट्रपति हैं जिन्होंने यूरेनियम जैसे प्राकृतिक संसाधनों से समृद्ध नामीबिया का दौरा किया है नामीबिया के वर्तमान राष्ट्रपति हेज जीननोब ने मुखर्जी से कहा कि उनकी सरकार यूरेनियम आपूर्ति पर भारत के अनुरोध पर कानून एवं अन्य बहुपक्षीय पहलुओं का अध्ययन करेगी ताकि भारत की शांतिपूर्ण ऊर्जा जरूरतों में नामीबियाई यूरेनियम का प्रयोग हो सके।[38]

नामीबिया दुनिया का पांचवां सबसे बड़ा यूरेनियम उत्पादक राष्ट्र है। तीन अफ्रीकी देशों की यात्रा के आखिरी पड़ाव के तहत नामीबिया पहुंचे मुखर्जी ने पूर्व नामीबियाई राष्ट्रपति सामनुजोका से मुलाकात की और देश के विद्यार्थियों से भी वे मुखातिब हुए। राष्ट्रपति ने उपनिवेशवाद के खिलाफ पूर्व में किए गए संघर्ष का हवाला दिया और दोनों देशों के बीच संबंधों को मजबूत करने के लिए वर्तमान और भविष्य पर ध्यान केन्द्रित करने की बात कही। मुखर्जी ने जिक्र किया कि किस तरह भारत ने अपनी आजादी को उस वक्त तक अधूरा समझा जब तक अफ्रीकी देशों ने उपनिवेशवादी ताकतों से मुक्ति नहीं पा ली। उन्होंने इस सिलसिले में दक्षिण अफ्रीका में महात्मा गांधी की सक्रिय भूमिका का जिक्र किया। नामीबिया के विकास में भागीदार बनने की भारत की इच्छा का इजहार करते हुए राष्ट्रपति प्रणव मुखर्जी ने एक व्यापारिक केन्द्र की स्थापना और उद्योग, व्यापार व निवेश की निगरानी करने के लिए दोनों देशों की संयुक्त व्यापार परिषद के गठन का वादा किया। इसी परिप्रेक्ष्य में प्रणव मुखर्जी ने यह भी रेखांकित किया कि 54 देशों के अफ्रीकी महाद्वीप की संयुक्त राष्ट्र विशेषकर सुरक्षा परिषद में एक भी आवाज नहीं है। उन्होंने संकेत दिया कि अगर भारत सुरक्षा परिषद का स्थायी सदस्य बनना है तो वह इस अफ्रीका महाद्वीप के इस शून्य को भरने की कोशिश करेगा।[39]

भारत-मंगोलिया परमाणु असैन्य सहयोग समझौता

15 सितम्बर, 2009 को भारत और मंगोलिया ने द्विपक्षीय संबंधों को व्यापक आधार देते हुए परमाणु ऊर्जा सहयोग समझौता किया जिससे भारत के परमाणु बिजली संयंत्रों के लिए यूरेनियम मिलने का मार्ग प्रशस्त हुआ। असैन्य परमाणु सहयोग के लिए भारत से समझौता करने वाला मंगोलिया छठा देश है। भारत यात्रा पर आए मंगोलिया के राष्ट्रपति साख्यिगिन एल्बेगदोर्ज और भारतीय प्रधानमंत्री डॉ. मनमोहनसिंह

के बीच विचार-विमर्श के बाद परमाणु सहयोग सहित पांच करारों पर हस्ताक्षर हुए। परमाणु करार पर मंगोलिया की परमाणु ऊर्जा एजेंसी के उपप्रमुख दामदिनुसुरेन और भारत की ओर से परमाणु ऊर्जा विभाग के अतिरिक्त सचिव ए.पी. जोशी ने हस्ताक्षर किए। भारत-अमरीका परमाणु सहयोग समझौते के बाद परमाणु सामग्री आपूर्तिकर्त्ता देश समूह ने भारत पर लगे प्रतिबंधों को हटा दिया। प्रतिबंध हटने के बाद भारत अब तक फ्रांस, अमरीका, रूस, कजाखिस्तान, नामीबिया, मंगोलिया से परमाणु सहयोग समझौता कर चुका है। अन्य करारों में चिकित्सा सहयोग और सांख्यिकी आंकड़ों का अध्ययन तथा सांस्कृतिक आदान-प्रदान शामिल हैं।[40]

इस समझौते के तहत ही मंगोलिया के राष्ट्रपति साख्यिगिन एल्बेगदोर्ज ने भारत के सुरक्षा परिषद में स्थायी सदस्यता के दावे का प्रबल समर्थन किया। दक्षिण-पश्चिम और पूर्व में चीन से घिरे वर्ष 1206 में चंगेज खां द्वारा स्थापित मंगोल साम्राज्य 1911 में स्वतंत्र राष्ट्र बना था। सोवियत खेमे से अलग मंगोलिया से संबंध बनाने वाले पहले देशों में भारत भी शामिल था। मंगोलिया के साथ खनिज के क्षेत्र में सहयोग की व्यापक संभावनाएं हैं क्योंकि वह एक खनिज संपन्न देश है जहां कोयला, तांबा, रेयर अर्थ्स व यूरेनियम के बड़े भण्डार हैं। भारत-मंगोलिया के बीच असैन्य परमाणु समझौता पहले से अस्तित्व में है जिसमें मंगोलिया के कानून के तहत खनन की अनुमति मिलने के बाद भारत को यूरेनियम सप्लाई होने लगेगी। भारत-मंगोलिया अपने संबंधों को अधिक सुदृढ़ बनाने हेतु पारस्परिक रूप से एक-दूसरे देशों की यात्रा भी कर रहे हैं इसी परिप्रेक्ष्य में भारत के प्रधानमंत्री श्री नरेन्द्र मोदी मई, 2015 को मंगोलिया की राजधानी उलान बटोर पहुंचे तो वे मंगोलिया की यात्रा करने वाले भारत के पहले प्रधानमंत्री बन गए। मंगोलिया के प्रधानमंत्री चेम्ड सेखानबिलग के साथ प्रतिनिधि मंडल स्तर की वार्ता के दौरान दोनों देशों के बीच 13 समझौतों पर हस्ताक्षर किए गए जिनमें हवाई सेवा और साइबर सुरक्षा समझौते भी शामिल हैं। इन 13 समझौतों के अलावा भारत ने मंगोलिया को एक अरब डॉलर ऋण देने की घोषणा भी की।

भारत के विदेश मंत्रालय एवं मंगोलिया के विदेश मंत्रालय के बीच सहयोग के लिए हुए समझौता ज्ञापन के तहत द्विपक्षीय संबंधों के सभी पहलुओं विशेषकर राजनीतिक, आर्थिक, व्यावसायिक, वैज्ञानिक, प्रौद्योगिकी एवं सांस्कृतिक सहयोग पर विशेष ध्यान केन्द्रित किया। इस समझौते ने उस मौजूदा समझौते का स्थान लिया जो 17 सितम्बर, 1996 को किया गया था। नवीन एवं नवीकरणीय ऊर्जा के क्षेत्र में समझौता ज्ञापन के तहत जानकारियों एवं कर्मियों के आदान-प्रदान के तौर-तरीकों, उपकरणों के हस्तान्तरण एवं संयुक्त शोध या तकनीकी परियोजनाओं, अक्षय ऊर्जा,

संसाधनों के निर्धारण आदि के माध्यम से सौर ऊर्जा एवं पवन ऊर्जा पर ध्यान देने के उद्देश्य से किया गया है।[41]

भारत-अर्जेन्टीना परमाणु असैन्य सहयोग समझौता

भारत व अर्जेन्टीना के मध्य 14 अक्तूबर, 2009 को असैन्य परमाणु समझौते पर भारतीय प्रधानमंत्री डॉ. मनमोहन सिंह व अर्जेन्टीना की राष्ट्रपति क्रिस्टीना फर्नाडो डी किरचनेर की उपस्थिति में भारतीय विदेश मंत्रालय के सचिव विवेक काटजू और अर्जेन्टीना के विदेश मंत्री जॉर्ज तलाना ने परमाणु ऊर्जा के शांतिपूर्ण उपयोग के लिए सहयोग करने के करार पर हस्ताक्षर किए।[42]

भारत-कनाडा असैन्य परमाणु सहयोग समझौता

6 सितम्बर, 2008 को जैसे ही परमाणु आपूर्तिकर्त्ता समूह ने भारत को असैन्य परमाणु कारोबार की अनुमति दी तथा अन्तर्राष्ट्रीय परमाणु ऊर्जा एजेंसी (IAEA) से सहमति मिली वैसे ही तुरन्त प्रभाव से 34 साल के भारत का एक परमाणु वनवास समाप्त हुआ। विश्व के NSG देशों ने भारत के साथ परमाणु कारोबार करने की पारस्परिक प्रतिस्पर्द्धा बढ़ गई। इसी का परिणाम है कि अमरीका से पहले फ्रांस ने भारत से परमाणु असैन्य सहयोग समझौता 30 सितम्बर, 2008 को किया। इसी कड़ी में कनाडा के प्रधानमंत्री स्टीफन हार्पर एवं भारतीय प्रधानमंत्री डॉ. मनमोहनसिंह ने भारत व कनाडा के बीच असैन्य परमाणु सहयोग समझौते पर हस्ताक्षर किए। यह हस्ताक्षर पोर्ट ऑफ स्पेन में हुए सम्मेलन जहाँ दोनों देशों के प्रधानमंत्री चोगम शिखर सम्मेलन के सिलसिले में उपस्थित हुए तथा 28 नवम्बर, 2009 को इस समझौते पर हस्ताक्षर किए इससे पहले स्टीफन हार्पर की 16-18 नवम्बर, 2009 की भारत यात्रा के दौरान इस समझौते पर दोनों के मध्य वार्ता हुई लेकिन हस्ताक्षर नहीं हो सके। इस प्रकार भारत-कनाडा से ऐसा समझौता करने वाला 8वां देश बन गया।[43]

42 वर्षों के अंतराल के पश्चात् कनाडा से 250 टन यूरेनियम की पहली खेप भारत को दिसम्बर, 2015 में प्राप्त हुई। इसका उपयोग भारत के परमाणु ऊर्जा संयंत्रों में विद्युत उत्पादन के लिए ईंधन के रूप में किया जाएगा। वर्ष 1974 के प्रथम पोकरण परमाणु परीक्षण के पश्चात् कनाडा ने भारत को यूरेनियम आपूर्ति बंद कर दी थी। दोनों देशों के बीच लम्बी बातचीत के पश्चात् असैन्य परमाणु सहयोग समझौते पर हस्ताक्षर 2008 में हुए तथा इसका क्रियान्वयन अप्रैल 2015 में शुरू हुआ जिसके तहत् यूरेनियम आपूर्ति के लिए सहमति दोनों देशों में बनी थी। इस सहमति के पश्चात् कनाडाई कम्पनी कैमेको के साथ अगले 5 वर्षों में 2730 टन यूरेनियम

भारतीय परमाणु ऊर्जा विभाग को उपलब्ध कराने के लिए अनुबन्ध अप्रैल, 2015 में किया गया था 262 मिलियन डॉलर के इस सौदे के तहत यूरेनियम की पहली खेप भारत को दिसम्बर, 2015 में प्राप्त हुई। यूरेनियम आपूर्ति हेतु कैमेको के साथ परमाणु ऊर्जा विभाग का यह अनुबंध 2020 तक के लिए है। उल्लेखनीय है कि भारत में विद्युत की कुल 281423 मेगावाट स्थापित क्षमता में नाभिकीय ऊर्जा की स्थापित क्षमता 5800 मेगावाट ही है जो कुल स्थापित क्षमता का 2.9 प्रतिशत है सन् 2032 तक नाभिकीय क्षमता की स्थापित क्षमता 27500 मेगावाट करने का सरकार का लक्ष्य है देश में नाभिकीय विद्युत के कुल 21 रिएक्टर हैं। वर्तमान में 7 विभिन्न केन्द्रों पर कार्यरत हैं तथा निर्माणाधीन रिएक्टरों में से 6 अन्य अगले 4 वर्षों में शुरू होने की संभावना है।[44]

तालिका संख्या 4.4

भारत में नाभिकीय ऊर्जा केन्द्र : कार्यशील केन्द्र एवं रिएक्टरों की संख्या

केन्द्र	*रिएक्टर्स व क्षमता*	*कुल क्षमता (मेगावाट)*
कैगा (कर्नाटक)	220 × 4	880
काकरापार (गुजरात)	220 × 2	440
कलपक्कम (तमिलनाडु)	220 × 2	440
नरौरा (उत्तरप्रदेश)	220 × 2	440
रावतभाटा (राजस्थान)	100 × 1200 × 1220 × 4	1180
तारापुर (महाराष्ट्र)	160 × 2 540 × 2	1440
कुडनकुलम (तमिलनाडु)	1000 × 1	1000
योग	**(कुल 21 रिएक्टर)**	**5780**
	निर्माणाधीन रिएक्टर	
कलपक्कम (तमिलनाडु)	500 × 1	500
काकरापार (गुजरात)	700 × 2	1400
रावतभाटा (राजस्थान)	700 × 2	1400
कुडनकुलम (तमिलनाडु)	1000 × 1	1000
योग	**(6 रिएक्टर)**	**4300**

उपर्युक्त 6 रिएक्टरों में विधुत उत्पादन विभिन्न चरणों में 2027 तक शुरू होने की संभावना है।

भारत-कनाडा असैन्य परमाणु सहयोग समझौते में बाधक मुद्दा

1974 के बाद कनाडा में भारत के परमाणु कार्यक्रम के बारे में एक नकारात्मक दृष्टिकोण बना हुआ है। भारत परमाणु अप्रसार सन्धि (NPT) हस्ताक्षरकर्ता नहीं है। जबकि कनाडा परमाणु अप्रसार सन्धि का मजबूत समर्थक है। कनाडा की परमाणु अप्रसार नीति के निम्न दो उद्देश्य हैं– (क) अधिक प्रभावी और व्यापक अन्तर्राष्ट्रीय अप्रसार व्यवस्था को बढ़ावा देना (ख) यह सुनिश्चित करना कि कनाडा के परमाणु निर्यात का सैन्य उद्देश्यों के लिए उपयोग नहीं किया जाए।

वास्तव में, भारत ने जब 1974 में परमाणु परीक्षण किया, तो यह आरोप लगाया गया था कि 'सायरस रिएक्टर' में उपलब्ध सामाग्री (जिसे भारत को कनाडा द्वारा प्रदान किया गया था) को परमाणु विस्फोट के लिए इस्तेमाल किया गया है इससे कनाडा की परमाणु अप्रसार नीति के दूसरे उद्देश्य का उल्लघंन माना गया और देशों के बीच परमाणु सहयोग टूट गया। कनाडा भारत को समय-समय पर NPT और CTBT पर हस्ताक्षर करने के लिए कहता रहता है, जिसके लिए भारत तैयार नहीं है इसके अलावा, कनाडा ने भारत के मिसाइल कार्यक्रम के खिलाफ अभियान चलाया। इसलिए भारत के परमाणु और मिसाइल कार्यक्रम दोनों देशों के बीच असहमति के प्रमुख मुद्दे व क्षेत्र रहे हैं।[45]

प्रधानमंत्री नरेन्द्र मोदी की कनाडा यात्रा–अप्रैल, 2015

14–17 अप्रैल, 2015 में मोदी ने कनाडा की एक सफल यात्रा सम्पन्न की। इस यात्रा की मुख्य उपलब्धि 350 मिलियन डॉलर कीमत का परमाणु करार है जिसके तहत सस्कचेवान आधारित कैमेको वर्ष 2020 तक भारत को 7 लाख पाउंड से अधिक यूरेनियम की आपूर्ति करेगी। 5 वर्षों में 7 लाख पाउंड से अधिक यूरेनियम की आपूर्ति के लिए कनाडा के साथ एक वाणिज्यिक अनुबंधन के प्रवेश करने के भारत के इस कदम से निरन्तर एवं सतत बिजली उत्पादन और देश के परमाणु ऊर्जा संयंत्रों के उच्च प्लाण्ट लोड फेक्टर को प्राप्त करने में मदद मिलेगी। इस यात्रा के दौरान भारत और कनाडा ने भारत को परमाणु ईंधन की आपूर्ति के लिए निर्णायक समझौते पर हस्ताक्षर किए। इस यात्रा के उद्देश्य में 2020 तक दोनों देशों के बीच द्विपक्षीय व्यापार 20 अरब डॉलर के स्तर तक पहुंचना भी शामिल था। मोदी ने अपनी कनाडा यात्रा के दौरान एक अहम् करार पर हस्ताक्षर किए हैं। इस नए करार के तहत अगले पांच वर्षों में भारत कनाडा से तीन हजार टन से ज्यादा यूरेनियम खरीदेगा। इसका इस्तेमाल भारत के परमाणु कार्यक्रम में किया जाएगा। यूरेनियम का यह

करार भारत ने कनाडा की कैमेको कम्पनी के साथ किया। इस करार के साथ कई अन्य समझौतों पर भी हस्ताक्षर हुए जिसमें रेलवे, नागरिक विमानन, शिक्षा एवं कौशल बढ़ाने के क्षेत्र भी शामिल हैं। प्रधानमंत्री मोदी की कनाडा यात्रा से 1.6 अरब कनाडाई डॉलर से अधिक का व्यवसाय सृजित हुआ।[46]

करार से भारत को लाभ

1. परमाणु ऊर्जा के लिए भारत की जरूरत बहुत व्यापक है और उसे अपने विकास की प्रक्रिया को सफल बनाने के लिए बहुत अधिक ऊर्जा की आवश्यकता है।
2. कनाडा के साथ एक करार करने का राजनीतिक संकेत अंतर्राष्ट्रीय स्तर पर महत्त्वपूर्ण है क्योंकि कनाडा अंतर्राष्ट्रीय परमाणु अप्रसार का समर्थन करने वाले गैर परमाणु राष्ट्रों के बीच एक प्रमुख देश है। कनाडा परमाणु अप्रसार संधि की समीक्षा से पहले इसे महत्वपूर्ण मान रहा है।
3. यह परमाणु समझौता द्विपक्षीय संबंधों में बदलाव लाने वाला साबित होगा। दोनों देशों के बीच यह संबंध उस समय ठंडे पड़ गए थे जब नई दिल्ली द्वारा 1974 के परमाणु परीक्षण के बाद ओटावा ने भारत के साथ परमाणु व्यापार बंद कर दिया था और परीक्षा में कनाड़ा के रिएक्टर डिजाइन दुरूपयोग करने का आरोप लगाया था।
4. यह समझौता दोनों देशों के बीच मजबूत राजनीतिक, आर्थिक और सामरिक संबंधों को बढ़ावा देगा जिसमें कनाडा के प्रधानमंत्री स्टीफन हार्पर के वर्ष 2009 में भारत दौरे के बाद से खास प्रगति नहीं हो पा रही थी।

करार से कनाडा को लाभ

1. भारत के असैनिक परमाणु ऊर्जा बाजार के साथ सहयोग में वृद्धि से कनाडाई कम्पनियों को दुनिया की सबसे बड़ी और सबसे तेजी से उभरती अर्थव्यवस्थाओं में से एक भारत के लिए अधिक से अधिक पहुंच के लिए लाभ प्रदान करने की अनुमति मिलेगी।
2. स्टीफन हार्पर सरकार द्वारा जारी आंकड़ों के अनुसार प्रधानमंत्री नरेन्द्र मोदी की कनाडा यात्रा से 1.6 अरब कैनेडियन डॉलर से अधिक मूल्य का व्यापार उत्पन्न हुआ है। इस समझौते से कनाडा में अधिक नौकरियों का

सृजन होगा तथा आर्थिक मंदी से पुनरुत्थान कुछ हद तक सुगम बनाया जा सकेगा।

3. दोनों देशों ने कौशल विकास, आतंकवाद का मुकाबला, नवीनता, परिवहन, शिक्षा, साइबर सुरक्षा और खनन सहित विभिन्न क्षेत्रों में सहयोग करने का फैसला किया है इससे कनाडा में निवेश चक्र में सुधार होगा।[47]

भारत-दक्षिण कोरिया परमाणु असैन्य सहयोग समझौता

भारत की 'लुक ईस्ट पॉलिसी' को मजबूती प्रदान करने के लिए भारत के राष्ट्रपति प्रतिभा देवीसिंह पाटिल ने देश के उच्च स्तरीय शिष्टमंडल के साथ 24-26 जुलाई, 2011 के बीच दक्षिण कोरिया की यात्रा की। यात्रा के दौरान उनके तथा कोरियाई राष्ट्रपति ली मियुंग बक के बीच 25 जुलाई, 2011 को बैठक हुई। बैठक के पश्चात् दोनों पक्षों ने असैन्य परमाणु सहयोग समझौते पर हस्ताक्षर किए। 25 जुलाई, 2011 को दक्षिण कोरिया की राजधानी सियोल में औपचारिक स्वागत के पश्चात् मेजबान राष्ट्रपति ली मियुंग बक के साथ जिन मुद्दों पर राष्ट्रपति प्रतिभा पाटिल की वार्ता हुई उनमें आर्थिक, सांस्कृतिक व रक्षा क्षेत्रों के अतिरिक्त शांतिपूर्ण उद्देश्यों के लिए नाभिकीय ऊर्जा के इस्तेमाल का मुद्दा भी शामिल था। नाभिकीय ऊर्जा के क्षेत्र में द्विपक्षीय सहयोग के लिए एक महत्वपूर्ण समझौते पर हस्ताक्षर इस वार्ता का मुख्य मुद्दा था। भारत की ओर से ऊर्जा सचिव श्री कुमार बनर्जी व दक्षिण कोरिया की ओर से विदेश सचिव किम सुंग स्वान ने हस्ताक्षर किए। इसके लिए सैद्धांतिक सहमति 2010 में हनोई में भारत-आसियान शिखर सम्मेलन के अवसर पर ही हो गई। नाभिकीय आपूर्तिकर्ता समूह (NSG) द्वारा 2008 में भारत के साथ परमाणु व्यापार की छूट दिए जाने के पश्चात् दक्षिण कोरिया ऐसा समझौता करने वाला 9वां देश है।[48]

दक्षिण कोरिया अपनी कुल बिजली का एक-चौथाई उत्पादन परमाणु संयंत्र के सहारे करता है साथ ही वह परमाणु बिजली संयंत्रों का निर्यात भी करता है। विदेश मंत्रालय के पूर्व सचिव संजय सिंह ने समझौते के विषय में जानकारी दी। उन्होंने कहा कि दोनों देशों ने परमाणु ऊर्जा के शांतिपूर्ण इस्तेमाल में सहयोग का द्विपक्षीय समझौते पर हस्ताक्षर किए हैं। दक्षिण कोरिया में 20 परमाणु बिजलीघर हैं जो उसकी कुल बिजली जरूरत की 35 प्रतिशत आपूर्ति करते हैं वह इस प्रौद्योगिकी को भारत जैसे तेजी से बढ़ते विकासशील देशों को आपूर्ति करना चाहता है। ज्ञात हो कि दक्षिण कोरिया परमाणु व्यापार के क्षेत्र में छठा सबसे बड़ा निर्यातक देश है। दक्षिण कोरियाई सरकार द्वारा संचालित कोरिया इलेक्ट्रिक पावर 'कॉर्प' ने

सार्वजनिक क्षेत्र की कम्पनी भारतीय परमाणु विद्युत निगम के साथ तकनीकी मामलों के आदान-प्रदान और डाटा आदान-प्रदान में सहयोग के लिए एक समझौते पर हस्ताक्षर किए थे। 1970 के दशक के मध्य और 1990 के दशक के अंत में भारत के परमाणु अलगाव का कारण बना कनाडा शांतिपूर्ण उद्देश्यों के लिए भारत के साथ परमाणु ऊर्जा समझौता करने वाला 9वां देश बन गया है। अधिकारिक आंकड़ों के अनुसार, भारत के 6 स्थानों पर परमाणु रिएक्टर संचालित हैं।[49]

भारत-ब्रिटेन के मध्य असैन्य परमाणु समझौता

11 फरवरी, 2010 को दिल्ली में ब्रिटेन ने भारत के साथ असैन्य परमाणु करार पर हस्ताक्षर किए। भारत की ओर से परमाणु ऊर्जा आयोग के अध्यक्ष श्रीकुमार बनर्जी और ब्रिटेन के उच्चायुक्त रिचर्ड स्टाग ने समझौते पर हस्ताक्षर किए। इस समझौते के द्वारा ब्रिटिश कम्पनियों को उपकरण एवं उत्पाद निर्यात करने तथा भारत में रिएक्टर डिजाइन की आपूर्ति श्रृंखला का हिस्सा बनने का अवसर प्राप्त हुआ। विदित हो कि इस समझौते को अंतिम रूप उसी समय दे दिया गया था जब फरवरी, 2010 के प्रथम सप्ताह में वाणिज्य मंत्री आनन्द शर्मा ब्रिटेन भारत संयुक्त आर्थिक व्यापार समिति में भाग लेने के लिए लंदन गए हुए थे। भारत के अंतर्राष्ट्रीय परमाणु कारोबार में भागीदारी पर लगे प्रतिबंध को परमाणु आपूर्तिकर्त्ता समूह द्वारा 6 सितम्बर, 2008 में ही हटा दिया गया था। प्रतिबंध हटाए जाने के बाद से भारत के साथ फ्रांस, अमरीका, रूस, कजाखिस्तान, मंगोलिया, अर्जेटीना, नामीबिया ने असैन्य परमाणु समझौते पर हस्ताक्षर किए हैं। इस समझौते पर हस्ताक्षर करने वाला ब्रिटेन 8वां देश हो गया है।

भारत-ऑस्ट्रेलिया के बीच परमाणु असैन्य सहयोग समझौता

केन्द्र में NDA सरकार (मोदी सरकार) बनने के बाद टोनी एबॉट सार्क देशों से इतर पहले ऐसे नेता हैं जिन्होंने भारत का दौरा किया तथा इससे परमाणु ऊर्जा संबंधी समझौते से भारत के लिए ऑस्ट्रेलिया से यूरेनियम की आपूर्ति का मार्ग प्रशस्त हुआ है। ऑस्ट्रेलिया के प्रधानमंत्री टोनी एबॉट 4-5 सितम्बर, 2014 को 2 दिन की भारत यात्रा पर आए। उनकी यह यात्रा दोनों देशों के आर्थिक, वाणिज्यिक द्विपक्षीय संबंधों को बढ़ावा देने के उद्देश्य से की गई थी जिसके चलते उनके देश के शीर्ष उद्यमियों का एक दल भी उनके साथ आए शिष्टमंडल में शामिल था तथा इसी परिप्रेक्ष्य में भारत की अपनी इस यात्रा की शुरुआत उन्होंने देश की वाणिज्यिक राजधानी मुम्बई से की। इस यात्रा के दौरान भारत व ऑस्ट्रेलिया के बीच बहुप्रतीक्षित असैन्य परमाणु सहयोग समझौते पर हस्ताक्षर सम्पन्न किए गए। ऑस्ट्रेलिया व भारत के बीच

बहुप्रतीक्षित असैन्य परमाणु सहयोग समझौते पर हस्ताक्षर ऑस्ट्रेलिाई प्रधानमंत्री टोनी एबॉट तथा भारतीय प्रधानमंत्री नरेन्द्र मोदी ने 5 सितम्बर, 2014 को द्विपक्षीय शिखर वार्ता के पश्चात् किए। इससे भारत के परमाणु ऊर्जा संयंत्रों के लिए आस्ट्रेलिया से यूरेनियम की आपूर्ति की दिशा में मार्ग प्रशस्त हुआ है। इस समझौते पर हस्ताक्षर के संकेत आस्ट्रेलियाई प्रधानमंत्री टोनी एबॉट ने भारत यात्रा के लिए रवाना होने से पूर्व ही दे दिए थे।[50]

अभी भारत के परमाणु संयंत्र करीब 4680 मेगावाट बिजली पैदा करते हैं जिसमें से 2840 मेगावाट का उत्पादन स्वदेशी यूरेनियम से होता है जबकि 1840 मेगावाट आयात किए हुए ईंधन से होता है। वर्तमान में भारत अपनी कुल ऊर्जा खपत की लगभग तीन प्रतिशत बिजली आणविक संयंत्रों के जरिए पैदा कर रहा है। भारत में झारखंड तथा आंध्रप्रदेश में यूरेनियम की खाने हैं। लेकिन वे भारत के असैन्य परमाणु कार्यक्रम को पूरा करने में सक्षम नहीं हैं। भारत 2032 तक अपनी परमाणु ऊर्जा क्षमता बढ़ाकर 63 हजार मेगावाट करने की योजना बना रहा है। लगभग 85 अरब अमरीकी डॉलर की अनुमानित लागत से लगभग 30 रिएक्टरों का निर्माण कर भारत अपने इस लक्ष्य को पूरा करने की तैयारी में है। अभी भारत 11 देशों के साथ परमाणु ऊर्जा समझौते कर चुका है। वह फ्रांस, रूस तथा कजाखिस्तान से यूरेनियम का आयात करता है। ऑस्ट्रेलिया में करीब 40 फीसदी यूरेनियम का भण्डार है और वह हर साल करीब 7 हज़ार टन यूरेनियम निर्यात करता है। एबॉट का कहना है कि इस यूरेनियम आपूर्ति के समझौते के दोनों देशों के बीच संबंध और मजबूत होंगे। यहाँ यह उल्लेख करना आवश्यक है कि विश्व में कनाडा और कजाखिस्तान के बाद यूरेनियम का तीसरा सबसे बड़ा उत्पादक देश ऑस्ट्रेलिया है जो एक साल में 7 हजार टन यूरेनियम का निर्यात करता है और चीन, जापान, ताईवान तथा अमरीका को उसके यूरेनियम की सप्लाई हो रही है। भारत द्वारा परमाणु अप्रसार संधि (Nuclear Non- Prolifiration Treaty, 1968) पर हस्ताक्षर न करने की वजह से उसने इस खनिज को बेचने से इनकार कर दिया था। वर्ष, 1998 में भारत द्वारा परमाणु परीक्षण करने के बाद पश्चिमी देशों की ओर से लगाए गए प्रतिबंधों का सामना भारत को करना पड़ा था। अमरीका की अगुवाई में ऑस्ट्रेलिया ने भी कठोरता से भारत के इस परीक्षण का विरोध किया था। उसने न केवल भारत के साथ रक्षा संबंध बल्कि नौ-सेना अभ्यास कार्यक्रमों को भी रोक दिया था। परिस्थितियां बदली और भारत-अमरीका के संबंधों में भारी बदलाव आया। तथा 2008 में अमरीका के साथ असैन्य परमाणु समझौता सम्पन्न हुआ लेकिन ऑस्ट्रेलिया के रुख में कोई परिवर्तन नहीं आया। अन्ततः भारत और ऑस्ट्रेलिया ने 2012 में यूरेनियम की बिक्री को लेकर असैन्य परमाणु सहयोग समझौते पर बातचीत शुरू

की और उसे अमलीजामा पहनाया गया। यह वार्ता उस वक्त शुरू हुई थी जब ऑस्ट्रेलिया ने ऊर्जा संकट से जूझ रहे भारत को यूरेनियम बेचने पर लम्बे समय से लगी पाबंदी हटा दी थी। भारत NPT पर दस्तख्त किए बिना ऑस्ट्रेलिया से यूरेनियम खरीदने वाला पहला देश होगा।[51]

निःसंदेह ज्यों-ज्यों भारत के साथ असैन्य परमाणु सहयोग समझौता करने वाले देशों का विस्तार होगा, भारत के लिए विदेशी परमाणु रिएक्टर और तकनीक अपनी शर्तों पर हासिल करना संभव होगा। क्योंकि विभिन्न देशों के बीच आपसी प्रतिस्पर्द्धा बढ़ेगी और जिसका लाभ अन्ततः भारत को मिलेगा। उम्मीद करें कि भारत की बहुराष्ट्रीय कम्पनियों के लिए कड़े प्रावधान वाली परमाणु बिजलीघरों में दुर्घटना की जिम्मेदारी तय करने वाली अन्तर्राष्ट्रीय संधि (CAC) संसद में पारित हो ताकि अमरीका के साथ 18 जुलाई, 2005 में निष्पन्न भारत अमरीकी असैन्य परमाणु सहयोग समझौता अस्तित्व में आए। ऑस्ट्रेलिया चीन की बढ़ती ताकत से आशंकित है इसलिए उसने भारत को यूरेनियम बेचने पर लगाए गए प्रतिबंध को हटाने का निर्णय लिया है। आस्ट्रेलिया हमारे साथ सैन्य सहयोग और सुरक्षा संधि के लिए काफी उत्सुक है। वह वर्ष 2007 में अमरीका व जापान के साथ होने वाले मालाबार नामक साझा नौसेना अभ्यास में भारत के साथ होना चाहता था लेकिन चीन की कड़ी आपत्ति के बाद उसमें खलल पड़ गया था। अब जापान से बढ़ती घनिष्ठता के बीच ऑस्ट्रेलिया भी अमरीका और भारत के साथ उस व्यवस्था से जुड़ना चाहता है जिससे प्रशांत और हिन्द महासागर पर पड़ने वाले चीनी प्रभावों को संतुलित किया जा सके। दोनों देशों का मत है कि समुद्री क्षेत्र में आवाजाही की पूरी आजादी एशिया प्रशांत इलाके के आर्थिक विकास और शांति के लिए जरूरी है। भारत ही क्यों वह अमरीका और इंडोनेशिया को भी साथ लेकर चलना चाहता है और उनसे सामरिक संबंध बढ़ाने का इच्छुक है। इसे हम निश्चित तौर पर ऑस्ट्रेलिया की चीन के विरुद्ध एक महत्वपूर्ण पहल कह सकते हैं। यह अप्रत्यक्ष तौर पर भारत के लिए भी लाभप्रद है। क्योंकि अभी, जबकि न्यूक्लियर सप्लायर ग्रुप NPT तथा CTBT पर हस्ताक्षर न करने वाले देशों को जिसमें भारत की शामिल है परमाणु तकनीक और साजो-सामान के निर्यात को रोकने पर पुनर्विचार कर रहा है। 48 सदस्यीय NSG के सदस्य बतौर ऑस्ट्रेलिया का दखल महत्वपूर्ण होगा।[52]

एशिया-प्रशान्त क्षेत्र में चीन के बढ़ते वर्चस्व से उसकी चुनौती के लिहाज से महत्वपूर्ण थी। भारत के साथ ऑस्ट्रेलिया का द्विपक्षीय रिश्ता लम्बे समय से आधा-अधूरा पड़ा रहा। इन दोनों देशों के बीच द्विपक्षीय कारोबार सालाना 15 बिलियन डॉलर का होता है जो कि बहुत ही कम है खासकर चीन के मुकाबले

जिसके साथ ऑस्ट्रेलिया साल में 150 बिलियन डॉलर का दो तरफा व्यापार करता है।

इसलिए 2016 में जहाँ दोनों देशों के बीच मुक्त व्यापार समझौते को अंतिम रूप देना प्रस्तावित है इससे निःसंदेह द्विपक्षीय व्यापार को बढ़ाने में मदद मिलेगी और 2015 के लिए निर्धारित 40 अरब डॉलर के लक्ष्य को प्राप्त करना संभव होगा। ऑस्ट्रेलिया के प्रधानमंत्री एबॉट मोदी सरकार के मेक इन इंडिया कार्यक्रम के पूरी दुनिया को दिए गए आमंत्रण से काफी प्रभावित हैं। मुम्बई में उन्होंने 30 सदस्यीय कारोबारी प्रतिनिधिमंडल को संबोधित करते हुए कहा कि "भारत ऐसा देश है जिसने बीते कुछ दशकों में अपनी प्रगति और विकास से दुनिया को चकित किया। विश्व का दूसरा सबसे अधिक जनसंख्या वाला भारत क्रय शक्ति के मामले में भी दुनिया की तीसरी सबसे बड़ी अर्थव्यवस्था है।" ऑस्ट्रेलिया के साथ भारत के लम्बे समय से अच्छे संबंधों का उल्लेख करते हुए उनका कहना था कि भारत उभरती लोकतांत्रिक महाशक्ति है। यहाँ कारोबार के पर्याप्त अवसर हैं और जिसका फायदा उनका देश उठाएगा इसलिए दोनों देश सौर ऊर्जा, खनन, कृषि, खेल, पर्यटन, विज्ञान, नव-प्रवर्तन व प्रौद्योगिकी क्षेत्र में सहयोग बढ़ाकर द्विपक्षीय संबंधों को और आगे बढ़ा सकते हैं।[53]

इस समझौते को आगे बढ़ाते हुए भारत के प्रधानमंत्री नरेन्द्र मोदी ने तीन दिवसीय 16-18 नवम्बर, 2014 को ऑस्ट्रेलिया की यात्रा की। 1986 के बाद से यानि 28 वर्ष बाद कोई भारतीय प्रधानमंत्री आस्ट्रेलिया गया। 1986 में ऑस्ट्रेलिया के तत्कालीन प्रधानमंत्री वॉब हॉक के समय प्रधानमंत्री राजीव गांधी ने आस्ट्रेलिया की यात्रा की थी। इस प्रकार प्रधानमंत्री मोदी के अधिकारिक ऑस्ट्रेलिया दौरे के राजनीतिक, आर्थिक और रणनीतिक महत्त्व हैं। भारत और ऑस्ट्रेलिया के बीच संबंधों में और तेजी लाने हेतु मोदी ने अंतर्राष्ट्रीय साझेदारी में राज्यों और शहरों की सहभागिता पर भी जोर दिया। भारत-आस्ट्रेलिया के बीच असैन्य परमाणु समझौते के लागू होने की सभी प्रक्रियाएं पूरी हो जाने पर प्रसन्नता व्यक्त करते हुए प्रधानमंत्री नरेन्द्र मोदी ने दोनों देशों के रिश्तों में इसे एक मील का पत्थर बताया।[54]

भारत-जापान परमाणु समझौता

भारतीय प्रधानमंत्री नरेन्द्र मोदी 10–11 नवम्बर, 2016 को जापान की यात्रा पर गए इस यात्रा के दौरान भारतीय प्रधानमंत्री नरेन्द्र मोदी तथा जापानी प्रधानमंत्री शिंजो एबे ने भारत-जापान संबंधों को नया आयाम प्रदान किया। भारत और जापान के लिए 11 नवम्बर, 2016 का दिन एक ऐतिहासिक उपलब्धि भरा दिन था क्योंकि इस दिन

मानचित्र संख्या 4.7

भारत का आस्ट्रेलिया के साथ व्यापार

असैन्य परमाणु करार पर दोनों देशों ने हस्ताक्षर किए। इससे नागरिक क्षेत्र में परमाणु ऊर्जा के शांतिपूर्ण उपयोग तथा व्यापार की नई संभावनाएं उत्पन्न हुई। असैन्य परमाणु करार भारत तथा जापान दोनों के लिए लाभदायक है एक तरफ भारत को ऊर्जा की कमी की समस्या से निपटने में सहायता मिलेगी तथा नई प्रौद्योगिकी उपलब्धता आसानी से होगी जिसका भारतीय अर्थव्यवस्था पर सकारात्मक प्रभाव पड़ेगा और दूसरी तरफ जापान को एक वृहत, बाजार की प्राप्ति होगी साथ ही परमाणु ऊर्जा के क्षेत्र में भारत-जापान संबंध चीन की बढ़ती भूमिका से निपटने में कारगर होंगे। भारत तथा जापान के बीच असैन्य परमाणु ऊर्जा समझौते के लिए तैयार प्रस्ताव 6 वर्षों से (सन् 2010 से) पाइपलाइन में थे जापान ने पहली बार किसी ऐसे देश के साथ परमाणु समझौते पर हस्ताक्षर किए हैं जो परमाणु अप्रसार संधि (NPT) पर हस्ताक्षर करने वाला देश नहीं है।[55]

भारत के लिए इस सम्मेलन की सबसे प्रमुख उपलब्धि 'असैन्य परमाणु सहयोग' पर ऐतिहासिक समझौता है जो पिछले 6 वर्षों से फलीभूत नहीं हो पा रहा

था। महत्वाकांक्षी विकास लक्ष्यों वाले भारत जैसे विशाल देश को अपने ऊर्जा संसाधनों के संवर्धन की सख्त आवश्यकता है। बिजली उत्पादन का भारत का वर्तमान स्तर अर्थव्यवस्था की तेजी से बढ़ती मांग को पूरा नहीं कर सकता। इसके अतिरिक्त भारत कच्चे तेल का तीसरा सबसे बड़ा आयातक और कार्बनडाईऑक्साइड की तीसरा सबसे बड़ा उत्सर्जक देश है चूंकि परमाणु ऊर्जा अपेक्षाकृत अन्य ऊर्जा संसाधनों व स्त्रोतों से सस्ती एवं किफायती है इसलिए भारत को इसका दोहन करने का हर संभव प्रयास करना होगा। वर्तमान में भारत परमाणु ऊर्जा स्त्रोतों से 2.9 प्रतिशत ऊर्जा प्राप्त करता है शेष अन्य ऊर्जा स्त्रोतों से प्राप्त करता है जो सीमित मात्रा में ही है या जिनके उत्पादन पर अत्यधिक खर्च होता है।

बिजली की आसमान छूती मांग की पूर्ति के लिए तथा ऊर्जा की नियमित आपूर्ति सुनिश्चित करने के लिए यह परमाणु ऊर्जा एकमात्र यथार्थ विकल्प है। वर्तमान में भारत की परमाणु बिजली इसके कुल बिजली उत्पादन का केवल लगभग 3 प्रतिशत है लेकिन इसकी इच्छा अगले 20 वर्षों में इसे बढ़ाकर 25 प्रतिशत तक करने की है। इस लक्ष्य को हासिल करने के लिए भारत की आगामी दशकों में लगभग 8 परमाणु रिएक्टरों के निर्माण की योजना है यदि भारत जापान की उन्नत अत्याधुनिक रिएक्टर प्रौद्योगिकियों पर भरोसा कर सकता है तो यह परमाणु बिजली उत्पादन में भारत की प्रगति में तेजी ला सकता है और जापान के साथ अपने घनिष्ठ परस्पर हितों का लाभ उठा सकता है। जापान खुद भी शांतिपूर्ण उपयोग के लिए अपनी परमाणु प्रौद्योगिकियों के निर्यात को बढ़ावा देने की प्रक्रिया में है। इसने पहले ही कई देशों के साथ समझौता कर रखा है और ब्राजील, दक्षिण अफ्रीका, सऊदी अरब, मैक्सिको एवं वियतनाम जैसे देशों के साथ असैन्य नाभिकीय समझौते पर हस्ताक्षर करने की प्रक्रिया में है लेकिन भारत के साथ सहयोग समझौते में जो देरी हुई है उसकी वजह यह है कि जापान ने अपनी परमाणु प्रौद्योगिकी को किसी भी ऐसे देश के साथ साझा नहीं किया है जो परमाणु अप्रसार संधि (NPT) का हस्ताक्षरकर्ता नहीं है बहरहाल यह दो अपवादों को नजरअंदाज नहीं करता –

1. जापान ने 1972 में फ्रांस के साथ एक समझौता किया था।
2. 1982 में चीन के साथ भी ऐसा ही समझौता किया गया था।

हालांकि फ्रांस व चीन दोनों ही उस वक्त NPT के हस्ताक्षरकर्ता नहीं थे। उन्हें NPT के तहत परमाणु शक्तियों के रूप में स्वीकृति दी गई थी जिस पर उन्होंने 1992 में हस्ताक्षर किए।[56]

भारत-जापान साझेदारी को भारत-प्रशांत क्षेत्र की शांति एवं स्थिरता में

योगदान देने वाला एक महत्वपूर्ण तत्व माना जाता है। प्रधानमंत्री नरेन्द्र मोदी की 11-12 नवम्बर, 2016 को वार्षिक द्विपक्षीय सम्मेलन में भाग लेने के लिए टोक्यो की सफल यात्रा दोनों देशों के द्विपक्षीय संबंधों में एक और उल्लेखनीय मील का पत्थर बन गया है। इस सम्मेलन के महत्व को दोनों देशों द्वारा अपनी साझेदारी को व्यापक बनाने एवं उनमें विविधता लाने के लिए किए जा रहे उनके सतत प्रयासों में देखा जाना चाहिए। दोनों नेताओं द्वारा जारी संयुक्त वक्तव्य इसका प्रमाण प्रस्तुत करता है। आज भारत जापान की वचनबद्धता न केवल आर्थिक मुद्दों पर केन्द्रित है बल्कि उनमें क्षेत्रीय सुरक्षा, सामुद्रिक मुद्दे, आतंकरोध, ऊर्जा सुरक्षा, संयुक्त राष्ट्र सुधार, जलवायु परिवर्तन आदि समेत दिलचस्पी के व्यापक क्षेत्र शामिल हैं।

भारत के लिए क्यों अहम् है परमाणु असैन्य सहयोग समझौता

भारत ने परमाणु अप्रसार संधि (NPT, 1968) पर हस्ताक्षर अब तक नहीं किए हैं। द्वितीय विश्व युद्ध के दौरान परमाणु हमला झेलने वाले जापान ने परमाणु हथियारों के प्रसार पर सख्त रुख अपनाया था। भारत ने परमाणु आपूर्ति कर्ता समूह (NSG) की सदस्यता के लिए आवेदन किया है किन्तु चीन के विरोध से उसे NSG की सदस्यता प्राप्त नहीं हुई जबकि जापान ने NSG के संदर्भ में तीव्र समर्थन किया था। जापान के साथ असैन्य परमाणु संधि के बाद भारत को बेहतर साथी मिला है। जापान से भारत अब परमाणु ईंधन तथा तकनीकी प्राप्त कर सकता है तथा अपनी ऊर्जा जरूरतों को पूरा करने में सक्षम होगा। इस समझौते से 48 देशों के परमाणु आपूर्तिकर्त्ता समूह (NSG) की सदस्यता के भारत के प्रयासों को सुदृढ़ बल मिलेगा। मोदी ने जापानी प्रधानमंत्री के साथ एक संयुक्त संवाददाता सम्मेलन में कहा कि असैन्य परमाणु समझौता स्वच्छ ऊर्जा के दोनों देशों की भागीदारी विकसित करने की दिशा में एक ऐतिहासिक कदम है। उन्होंने कहा कि परमाणु ऊर्जा के क्षेत्र में सहयोग से भारत को जलवायु परिवर्तन की चुनौतियों से निपटने में मदद मिलेगी।[57]

जापानी कम्पनियों को फायदा

असैन्य परमाणु समझौते से जापान तथा भारत के बीच आर्थिक सहयोग बढ़ेगा। जापान की कम्पनियों का निवेश भारत में होगा जापानी कम्पनी 'तोशीबा' ने भारत में 6 परमाणु संयंत्र लगाने की प्रक्रिया प्रारम्भ कर दी है। इन संयंत्रों से वर्ष 2032 तक भारत की परमाणु क्षमता 10 गुना बढ़ जाएगी। जापानी कम्पनियां दक्षिणी भारत के राज्य आंध्र प्रदेश तथा गुजरात में संयंत्रों की स्थापना की तैयारी कर रही है। भारत NSG का सदस्य बने बिना भी जापान से ईंधन तथा तकनीकी प्राप्त कर सकेगा। परमाणु ऊर्जा बाजार में जापान एक प्रमुख देश है जो अपनी कुल ऊर्जा

जरूरत का 27 प्रतिशत बिजली परमाणु ऊर्जा से प्राप्त करता है तथा वहां पर 55 परमाणु रिएक्टर वर्तमान में कार्यरत हैं। और इसके जापान के साथ परमाणु करार होने से अमरीका स्थित परमाणु संयंत्रों के निर्माताओं वेस्टिंग्स हाउस इलेक्ट्रिक कोरपोरेशन और जीई एनर्जी इंक के लिए भारत में परमाणु संयंत्र लगाना आसान हो जाएगा क्योंकि इन दोनों कम्पनियों का जापान में निवेश है। भारत के साथ परमाणु करार करने वाले अन्य देशों में क्रमशः फ्रांस, अमरीका, रूस, कजाखिस्तान, नामीबिया, मंगोलिया, अर्जेन्टीना, कनाडा, दक्षिणी कोरिया, ऑस्ट्रेलिया तथा 11वां देश जापान है।[58]

विदेश मंत्रालय के प्रवक्ता विकास स्वरूप ने इस समझौते पर ट्वीट करते हुए कहा कि "स्वच्छ और हरित विश्व के लिए एक ऐतिहासिक करार प्रधानमंत्री नरेन्द्र मोदी और प्रधानमंत्री शिजो अबे ऐतिहासिक असैन्य परमाणु समझौते के आदान-प्रदान के गवाह बने" प्रधानमंत्री नरेन्द्र मोदी ने भारत और जापान के बीच असैन्य परमाणु करार, स्वच्छ ऊर्जा साझेदारी के निर्माण को संबंधों में एक ऐतिहासिक कदम बताया है मोदी ने कहा कि भारत और जापान आतंकवाद विशेषकर सीमापार के आतंकवाद की बुराइयों से मुकाबले के लिए अपनी प्रतिबद्धता को लेकर एकजुट हैं। यह करार द्विपक्षीय आर्थिक और सुरक्षा संबंधों को भी मजबूती प्रदान करेगा क्योंकि दोनों देश चीन का मुकाबला करने के लिए कमर कस रहे हैं।

भारत-जापान संबंध तथा चीन की घेराबंदी :– भारत तथा जापान के बीच असैन्य परमाणु समझौते से एशिया में चीन का दबाव कम होगा। दक्षिणी चीन सागर में चीन का जापान सहित अन्य देशों से विवाद है। भारत की आपत्ति के बावजूद चीन पाकिस्तान के साथ रक्षा समझौते कर रहा है। चीन को घेरने के लिए जापान के साथ भारत का गठजोड़ दक्षिणी एशिया में शक्ति संतुलन बनाने में कामयाब रहेगा। ऐसी आशा की जा सकती है। भारत तथा जापान के बीच इससे पहले भी आर्थिक सहयोग तथा सुरक्षा के मुद्दे पर कई समझौते हुए हैं। एशिया में चीन के बढ़ते वर्चस्व को संतुलित करने के लिए भारत-जापान समीकरण वक्त की जरूरत है। जापान की पूंजी और टेक्नोलॉजी भारत की अर्थव्यवस्था को नए शिखर पर पहुंचा सकती है। वर्तमान समय में जापान भारत में चौथा सबसे बड़ा निवेशक है। यहां उसके निवेश को और ऊंचे पैमाने पर ले जाने के लिए प्रधानमंत्री नरेन्द्र मोदी ने जापानी कम्पनियों को आमंत्रित किया। साथ ही जापानी निवेशकों को भरोसा दिया कि भारत को दुनिया की सबसे खुली अर्थव्यवस्था बनाने के लिए सुधारों को आगे बढ़ाया जा रहा है। उम्मीद की जानी चाहिए कि आने वाले दिनों में भारत और जापान के आपसी रिश्ते और मजबूत होंगे।

जापान न्यूक्लियर एनर्जी मार्केट की एक बड़ी ताकत है। दोनों मुल्कों के बीच परमाणु करार पर बातचीत कई वर्षों से जारी थी लेकिन फुकुशिमा परमाणु संयंत्र में 2011 में हुई दुर्घटना के बाद से जापान में राजनीतिक स्तर पर इसका विरोध हो रहा था। आपत्ति का एक कारण यह भी था कि भारत ने NPT पर हस्ताक्षर नहीं किए हैं। भारत की दलील थी कि चूंकि उसके पड़ौसी चीन और पाकिस्तान परमाणु क्षमता सम्पन्न देश हैं लिहाजा वह अपनी सुरक्षा के लिए एकतरफा तौर पर परमाणु अप्रसार संधि का हिस्सा नहीं बन सकता। हाँ वह अपनी सैन्य परमाणु क्षमता का अनावश्यक इस्तेमाल नहीं करेगा। यदि भारत ने परमाणु परीक्षण किया तो जापान इस समझौते को अपनी तरफ से रद्द कर सकता है। सन् 1998 के बाद से भारत ने खुद ही परमाणु परीक्षण पर रोक लगाई हुई है। इस बारे में दोनों देशों के बीच एक अतिरिक्त दस्तावेज पर हस्ताक्षर हुए हैं। तोशीबा और मित्सुबिशी हैवी इंडस्ट्रीज जैसी जापानी परमाणु संयंत्र निर्माता कम्पनियों के लिए अपना कारोबार जापान से बाहर के देशों में फैलाना जरूरी है। 2011 में हुए फुकुशिया परमाणु हादसे के कारण घरेलू बाजार में ऐसे नए संयंत्रों की मांग बहुत कम है। भारत 2008 में अमरीका के साथ ऐसा ही असैन्य परमाणु समझौता कर चुका है। कई दशकों तक परमाणु तकनीकी के मामले में विश्व मंच पर अलग-थलग पड़ने के बाद भारत के लिए वह एक महत्वपूर्ण बिन्दु था। मोदी का मानना है कि जापान और भारत के प्रगाढ़ होते संबंधों से एशिया और विश्व स्तर पर क्षेत्रीय शक्तियों के बीच संतुलन स्थापित करने में मदद मिलेगी।[59]

भारत-वियतनाम परमाणु असैन्य सहयोग समझौता

भारत और प्रभावशाली पूर्वी एशियाई देश वियतनाम ने 10 दिसम्बर, 2016 को असैन्य परमाणु सहयोग समझौते पर हस्ताक्षर किए। इस अवसर पर प्रधानमंत्री नरेन्द्र मोदी ने इस बात पर जोर दिया कि इस समझौते से दोनों देशों के बीच समग्र रणनीतिक साझेदारी को मजबूती मिलेगी। दोनों देशों ने विमान सम्पर्क को विस्तार देने, ऊर्जा दक्षता को लेकर संयुक्त रूप से काम करने और संसदीय सहयोग को बढ़ाने के लिए तीन अन्य समझौतों पर हस्ताक्षर किए। भारतीय लोकसभा अध्यक्ष सुमित्रा महाजन और वियतनाम की नेशनल असेम्बली की अध्यक्ष गुयेन थी किम गान की मौजूदगी में इन समझौतों पर हस्ताक्षर किए गए। मोदी ने इस अवसर पर कहा कि परमाणु ऊर्जा के क्षेत्र में सहयोग को लेकर हुए इस समझौते से भारत और वियतनाम के बीच समग्र रणनीतिक साझेदारी को मजबूती मिलेगी। मोदी ने सितम्बर, 2016 में अपने वियतनाम दौरे के समय हनोई में गान से अपनी मुलाकात को भी याद किया। उन्होंने कहा कि वियतनाम की नेशनल असेम्बली की प्रथम महिला अध्यक्ष गान दुनियाभर की महिलाओं के लिए प्रेरणा की स्त्रोत हैं।[60]

भारत 1986 से ही वियतनाम को असैन्य परमाणु मामलों में सहयोग करता रहा है। वियतनाम के साथ असैन्य परमाणु समझौता ऐसे समय में हुआ है जब हाल ही में 11 नवम्बर, 2016 को जापान ने भारत के साथ एक ऐसी ही डील की है। वियतनाम के अलावा सिर्फ श्रीलंका ऐसा विकासशील देश है जिसके साथ भारत ने ऐसी एटमी डील की है। भारत ने वियतनाम को सुपरसोनिक ब्रह्मेस मिसाइलों की बिक्री करने की प्रक्रिया शुरू कर दी है। 2011 में भी वियतनाम ने भारत से ब्रह्मोस मिसाइल खरीदने की कोशिश की थी। लेकिन तब भारत ने सौदा करने से इनकार कर दिया था। अब भारत का विचार है कि इंडोनेशिया, दक्षिणी अफ्रीका, चिली और ब्राजील भी भारत से ब्रह्मोस मिसाइल खरीद सकते हैं। ब्रह्मोस 290 किमी की दूरी तक स्थित ठिकानों को निशाना बना सकती है और इस मिसाइल पर 200 से 300 किलो वजनी बम ले जाए जा सकते हैं इससे वियतनाम की सामरिक शक्ति मजबूत होगी। चीन के दावों को खारिज करते हुए वियतनाम ने विवादित सागर क्षेत्र की सफाई का काम शुरू कर दिया है। चीन को अब याद रखना होगा कि जो वियतनाम अमरीका से लम्बे युद्ध में नहीं हारा वह चीन के दबाव में क्या आएगा। चीन के पड़ौसी देश होने के नाते भारत और वियतनाम में एटमी और मिसाइल डील को भारत की बड़ी कूटनीति माना जा रहा है।[61]

गौरतलब है कि भारत-वियतनाम के बीच सम्पन्न हुए इस असैन्य समझौते के बाद अब वियतनाम भारत को अपने नए पनडुब्बी वरूणास्त्र टॉरपीडो भी बेचने पर विचार कर रहा है। MTCR की स्थापना वर्ष 1987 में हुई थी। इसका उद्देश्य बैलेस्टिक मिसाइल तथा अन्य किसी मानवरहित आपूर्ति प्रणाली के प्रसार को सीमित करना था जिसका इस्तेमाल रासायनिक, जैव-रासायनिक हमले में हो सकता है। MTCR के सदस्य राष्ट्रों में अमरीका, फ्रांस, ब्रिटेन, जर्मनी, रूस, दक्षिण कोरिया, स्विट्जरलैण्ड और कनाडा जैसे अहम् 34 देश शामिल हैं। भारत इसका 35वां सदस्य राष्ट्र है। ध्यातव्य है कि चीन अभी तक इस समूह का सदस्य नहीं बना है।[62]

"पोकरण-प्रथम परमाणु परीक्षण व अंतर्राष्ट्रीय प्रतिक्रया"

भारत द्वारा प्रथम परमाणु परीक्षण 18 मई, 1974 को राजस्थान के जैसलमेर जिले की पोकरण तहसील के लुहारका नामक गांव के पास खेतोलाई नामक स्थान पर किया गया। यह प्रथम परमाणु परीक्षण बुद्ध पूर्णिमा के दिन किया गया था। भारत ने पोकरण में परमाणु परीक्षण कर अपना नाम परमाणु शक्ति सम्पन्न राष्ट्रों की श्रेणी में लिखा दिया तो अमेरिका में इसके विरुद्ध तीव्र प्रतिक्रिया हुई। 1 फरवरी, 1975 में अमेरिका ने पाकिस्तान को मिसाइल्स, बम वर्षक विमान व अन्य अस्त्र-शस्त्र देने का निर्णय किया, जिसके कारण भारत में अमेरिका के प्रति तीव्र रोष उत्पन्न हुआ।[63]

भारत के सामने जब बांग्लादेश की समस्या आई तथा इसके परिणामस्वरूप पाकिस्तान के पक्ष में चीनी हस्तक्षेप का खतरा सामने आया तो श्रीमती गांधी ने 'परमाणु ऊर्जा आयोग' को यह आदेश प्रदान किया कि वह एक भूमिगत परमाणु परीक्षण की तैयारी करे, जो कि शान्तिपूर्ण परमाणु विस्फोट हो, अपने परमाणु विकल्पों को सुदृढ़ता प्रदान करने का निश्चिय किया। इस कारण भारत ने प्रथम पोकरण परीक्षण किया तथा अपने स्वयं के प्रयत्नों से परमाणु क्लब में प्रवेश प्राप्त किया। तथापि श्रीमती गांधी द्वारा यह स्पष्ट रूप से तथा जोर देकर कहा गया कि पोकरण का परीक्षण पूर्ण रूप से शान्तिपूर्ण तथा नियंत्रित था। यह खदानों के विकास, बांध बनाने, बंदरगाहों का निर्माण तथा खनिजों की खोज जैसे शान्तिपूर्ण उद्देश्यों के लिए परमाणु तकनीकी को विकसित करने के लिए किया गया था। प्रथम भारतीय परमाणु परीक्षण–1974 का लगभग 14 देशों द्वारा कड़ा विरोध किया जिनमें प्रमुख रूप से अमेरिका, ब्रिटेन, कनाडा, पाकिस्तान, चीन, जापान, इटली, जर्मनी, आस्ट्रेलिया, स्वीडन, नार्वे, डेनमार्क, हालैण्ड, मैक्सिको एवं अन्य पश्चिमी देशों ने कड़ा विरोध जाहिर किया।[64]

इस विरोध के बावजूद श्रीमती गांधी ने बड़ी मजबूती से भारत जैसे सभी देशों के स्वदेशी अन्वेषणों तथा प्रयोगों द्वारा परमाणु तकनीकी विकसित करने के अधिकार का समर्थन किया। श्रीमती गांधी ने एक बार कहा था कि "भारत की परमाणु नीति पूर्णतया शान्तिपूर्ण है तथा भारत परमाणु शस्त्रों के निर्माण का विरोध करता है"।[65]

पोकरण-प्रथम विस्फोट से यह बात सिद्ध हो गई कि भारत के वैज्ञानिकों ने उच्च स्तरीय वैज्ञानिक विशिष्टता प्राप्त कर ली है। इससे एक बात और सामने आई कि भारत ने देश की प्रौद्योगिकी तथा आर्थिक विकास के प्रयोग के लिए देशी परमाणु तकनीक का विकास और उन्नति की। यह वाणिज्यिक आर्थिक लाभों के लिए उन्नत परमाणु विज्ञान तथा उन्नत तकनीक का उपयोग करने का साहसिक प्रयत्न था। अपना पहला शान्तिपूर्ण परमाणु विस्फोट करते समय भारत ने PTBT-1963 की धाराओं को पूरा सम्मान दिया तथा इसे पूर्णतया नियंत्रित विस्फोट रखा जिसने वातावरण में रेडियो धर्मिता के स्तर को नहीं बढ़ाया।

भारत के शांतिपूर्ण परमाणु विस्फोट की कई देशों द्वारा कड़ी आलोचना की गई। विशेषतया पश्चिमी शक्तियों, चीन तथा पाकिस्तान ने इसकी कड़ी आलोचना की। आलोचकों ने शान्तिपूर्ण परमाणु विस्फोट की उपयोगिता को चुनौती दी। पश्चिमी आलोचकों ने यह आरोपित किया कि शान्तिपूर्ण परमाणु विस्फोट तथा सैन्य परमाणु विस्फोट के बीच सीमा बहुत कमजोर थी अर्थात् इसमें अंतर बहुत कम है। इस कारण भारत का शान्तिपूर्ण परमाणु विस्फोट वास्तव में परमाणु प्रसार में वृद्धि

का रहा है। जिसमें सैन्य तथा असैन्य की प्रकृति की संभावना छिपी हुई है। इस तरह के संदेह पाक नेताओं ने भी व्यक्त किए जिनसे बहुतों ने तो यहां तक कह दिया कि भारत के पास परमाणु बम था बहुत से अन्य आलोचकों का तो यह कहना था कि शान्तिपूर्ण परमाणु विस्फोट से भारत की अर्थव्यवस्था तथा संसाधनों पर गहरा असर पड़ेगा। वह किसी भी प्रकार भारत के सामाजिक तथा आर्थिक विकास में सहायक सिद्ध नहीं हो सकता। लेकिन भारतीय लोगों का कहना था कि उसकी परमाणु नीति शान्तिपूर्ण नीति है। वैज्ञानिक तथा तकनीकी खोज के लिए आवश्यक है। भारत ने परमाणु खोज एवं परमाणु तकनीक के विकास के लिए शान्तिपूर्ण परमाणु विस्फोट करने के अपने अधिकार की पूर्ण वकालत की।[66]

भारत द्वारा प्रथम परमाणु परीक्षण करने का औचित्य या कारण

1. पाकिस्तान द्वारा लगातार अपनाई जाने वाली भारत विरोधी नीति तथा 1965 व 1971 में पाक द्वारा भारत पर आक्रमण करना।
2. विश्व स्तर पर परमाणु शस्त्रों की विद्यमानता, पी-5 देशों का परमाणु शस्त्रों पर एकाधिकार तथा उनके द्वारा परमाणु निःशस्त्रीकरण के उद्देश्यों का स्वीकार न किया जाना।
3. भारतीय सुरक्षा व्यवस्था व आत्मरक्षा को सुदृढ़ करने की आवश्यकता ताकि अन्य देश उस पर पाक व चीन की तरह अन्य आक्रमण न कर सकें।
4. चीन द्वारा भारत पर 1962 में आक्रमण कर हजारों वर्ग मील भारतीय (भूमि) क्षेत्र पर अधिकार कर लेना। इस प्रकार के संभावित आक्रमण की पूर्व सुरक्षा के लिए।
5. भारत के पड़ौसी देशों का भारत के प्रति भेदभाव व धोखेपूर्ण व्यवहार से उन्हें सबक सिखाने के लिए भारत ने ऐसा करना उचित समझा।
6. भारत पर NPT-1968 संधि के सम्बन्ध में बढ़ रहा दबाव व हस्ताक्षर न करने पर कुछ देशों द्वारा आर्थिक प्रतिबंध लगाने की धमकी।
7. 1960 के दशक में चीन ने अपने परमाणु कार्यक्रम को बढ़ाने के लिए 16 अक्तूबर, 1964 को पहला अपना परमाणु परीक्षण किया । जिससे भारत के समक्ष परमाणु खतरा उत्पन्न हो गया। अतः चीन के परमाणु विस्फोट

को देखते हुए भारत ने अपने परमाणु कार्यक्रमों में तेजी लाने का प्रयत्न किया। डॉ. अशोक कपूर के अनुसार दिसम्बर 1965 में प्रधानमंत्री श्री शास्त्री ने परमाणु ऊर्जा आयोग के अध्यक्ष श्री होमी जहांगीर भाभा को निर्देश दिया कि अणु शक्ति के सैन्य उपयोग की आवश्यक परियोजनाएं बनाई जायें।[67]

1962 में चीन से भारत की अपमानजनक पराजय के बाद पूरे देश में यह अनुभव किया जाने लगा कि यदि भारत के पास आज परमाणु बम होता तो चीन भारत पर आक्रमण करने का साहस नहीं करता। सैन्य विशेषज्ञ यह सुझाव भी देने लगे कि विशालकाय पारम्परिक सेना के रख-रखाव से अधिक सुविधापूर्ण परमाणु बम का निर्माण है। 1964 में चीन द्वारा अपना पहला परीक्षण किये जाने पर यह तय हो गया कि भारत की राष्ट्रीय सुरक्षा निरापद नहीं है।

प्रमुख देशों की प्रतिक्रिया

(1) **अमेरिका की प्रतिक्रिया** – जब भारत ने राजस्थान के जैसलमेर जिले के पोकरण क्षेत्र में पाकिस्तान की सीमा से लगभग 150 किमी. दूरी पर 18 मई, 1974 को प्रथम परमाणु परीक्षण किया। उस समय अमेरिका के राष्ट्रपति रिचर्ड निक्सन थे। भारत ने यह सफल परमाणु परीक्षण करके विश्व के पी-5 देशों के एकाधिकार को समाप्त कर दिया और परमाणु क्लब का छठा सदस्य बन गया। उस समय अमेरिका ने भारत की तीव्र आलोचना की तथा तीन साल के लिए आर्थिक एवं व्यापारिक प्रतिबंध लगाये। इन प्रतिबंधों का देश पर कोई असर नहीं पड़ा। किसी भी ऋण को बंद कर देने के नतीजे दो साल बाद ही आने शुरू होते हैं। लेकिन दो साल बाद क्या होगा, यह कोई नहीं जानता।[68]

1974 में पी.एल.-480 को लेकर अमेरिका ने भारत के प्रति सहानुभूतिपूर्ण व्यवहार अपनाया तथा यह मुद्दा हल भी हो गया था। अमेरिका की सहायता से तारापुर (महाराष्ट्र) में पहला परमाणु विद्युत संयंत्र स्थापित किया गया। इसमें 160-160 मेगावाट की दो इकायाँ स्थापित की गई थीं तथा 1969 में व्यावसायिक रूप से चालू हुईं। इन इकाइयों के लिए यूरेनियम की आपूर्ति अमेरिका को करनी थी लेकिन भारत द्वारा NPT-1968 की संधि पर हस्ताक्षर से इंकार करने, भारत द्वारा पोकरण-I परमाणु परीक्षण करने तथा उसी वर्ष फिर हिन्द महासागर में बढ़ती अमेरिकी नौसैनिक गतिविधियों से अमेरिका ने भी 30 वर्षीय समझौते को तोड़कर तारापुर परमाणु संस्थान

को दिये जाने वाले यूरेनियम की आपूर्त्ति रोक दी। जून 1980 में अमेरिकी राष्ट्रपति जिमी कार्टर ने तारापुर परमाणु बिजली घर के लिए समृद्ध यूरेनियम की आपूर्त्ति करने के सरकारी आदेश पर हस्ताक्षर कर दिये थे लेकिन सीनेट ने भारत को 38 टन यूरेनियम देने से इंकार कर दिया। यह इस परमाणु परीक्षण का भयानक प्रभाव था।[69]

(2) **"कनाडा की प्रतिक्रिया"** – इस परमाणु परीक्षण से सबसे अधिक आश्चर्य कनाडा को हुआ क्योंकि परीक्षण में प्रयुक्त प्लूटोनियम सायरस रिएक्टर के लिए कनाडा सरकार द्वारा दिया गया था। कनाडा के तत्कालीन प्रधानमंत्री 'ट्रडेयू' ने भारतीय प्रधानमंत्री श्रीमती इन्दिरा गांधी को चेतावनी दी कि अगर भारत इस ईंधन का प्रयोग किसी भी प्रकार के परमाणु बम के लिए करेगा तो कनाडा अपनी नाभिकीय और आर्थिक सहायता रोक देगा। विस्फोट से नाराज कनाडा का भारत के साथ अपने सभी प्रकार के नाभिकीय सहयोग देशों का यह असहयोग हमारे लिए एक वरदान साबित हुआ और हमारे वैज्ञानिकों ने उन चुनौतियों को स्वीकार करते हुए स्वावलम्बन व स्वाभिमान का मार्ग अपनाया।[70] इस पर कनाडा ने भारत पर आर्थिक, व्यापारिक, तकनीकी प्रतिबंध लगाये। यद्यपि भारत ने इस विस्फोट को शान्तिपूर्ण एवं विकल्प खुले रखने वाला कहा लेकिन कनाडा ने यह घोषणा की कि वह भविष्य में भारत को तब तक परमाणु प्रौद्योगिकी में सहायता नहीं देगा, जब तक भारत अपने परमाणु संयंत्रों को अंतर्राष्ट्रीय निरीक्षण एवं नियंत्रण के लिए नहीं खोल देता है।

(3) **पाकिस्तान की प्रतिक्रिया** – भारत से 1971 की लड़ाई में पराजित होने के बाद पाकिस्तान के तत्कालीन प्रधानमंत्री जुल्फिकार अली भुट्टो ने 1974 में कहा–"हम घास खाकर गुजारा कर लेंगे लेकिन बम अवश्य बनाएगे।"[71] लेकिन जब भारत ने 1974 में परमाणु परीक्षण किया तो पाकिस्तान ने इसके प्रति आलोचनात्मक रुख अपनाते हुए अपने परमाणु परीक्षण कार्यक्रम को शीघ्र परीक्षण करने की आज्ञा प्रदान की। पाक के राजनीतिक नेताओं का कट्टरपन इस कदर है कि यदि पाक परमाणु बम बना लेता है तो वह भारत के खिलाफ किसी भी सीमा तक जा सकता है।

(4) **"चीन" की प्रतिक्रिया** – जैसे ही भारत ने पोकरण में 1974 में परमाणु विस्फोट किया वैसे ही चीन ने कड़े शब्दों में अपनी प्रतिक्रिया जाहिर करनी शुरू कर दी और कहा कि भारत दक्षिण एशिया के देशों को डरा

धमका कर उस क्षेत्र का 'दादा' बनना चाहता है। चीन ने भारत के परमाणु परीक्षण पर विरोध प्रकट करते हुए पाकिस्तान को सैनिक एवं तकनीकी सहायता देनी शुरू कर दी।[72]

(5) **"आस्ट्रेलिया"** – आस्ट्रेलिया ने भी भारतीय परीक्षण का विरोध करते हुए भारत को परमाणु सामग्री एवं तकनीकी देने से इंकार किया और विश्व के देशों द्वारा लगाये जा रहे आर्थिक प्रतिबंधों को उचित ठहराया। भारत के परमाणु कार्यक्रम को रोकने की धमकी दी ताकि भारत परमाणु परीक्षण के संबंध में आगे और कोई कदम न बढ़ाए। इस प्रकार से आस्ट्रेलिया ने भारत की आर्थिक घेराबंदी की तथा परमाणु प्रसार को रोकने को कहा।

(6) **"जापान"** – भारत द्वारा 1974 में किए गए परमाणु परीक्षणों की सम्पूर्ण विश्व में व्यापक प्रतिक्रिया हुई है। पोकरण परीक्षण से अमेरिका व जापान जैसे राष्ट्रों को अधिक नाराजगी हुई है। इन देशों ने भारत पर अनेक प्रकार के आर्थिक प्रतिबंध लगाने की घोषणा की है। विश्व बैंक, अंतर्राष्ट्रीय मुद्रा कोष, विश्व सहायता कोष जैसी अन्य एजेंसियाँ ने भी भारत पर ऐसे ही आर्थिक प्रतिबंध लगाये क्योंकि इनमें जापान अमेरिका आदि विकसित देशों का ही वर्चस्व है।[73]

(7) **"नार्वे"** – नार्वे ने भारत के विरोध में अपने उच्चायुक्त सम्बन्ध विच्छेद कर लिए। तथा भारत को किसी भी प्रकार की विश्व बैंक व संस्थाओं से सहायता देने से मना किया। विश्व स्तर पर भारत की कड़े शब्दों में निन्दा की। उसने यह भी कहा कि भारत विश्व के देशों में परमाणु प्रतिस्पर्धा को बढ़ा रहा है जो विश्व शान्ति के लिए घातक है।

(8) **"न्यूजीलैण्ड"** – न्यूजीलैण्ड ने भारत से अपने उच्चायुक्त वापस बुला लिए और भारत को किसी भी तरह की आर्थिक सहायता देने से मना कर दिया।[74] भारत का आर्थिक एवं तकनीकी विकास रोकने का पूरा प्रयास किया।

पोकरण–II परमाणु परीक्षण व अंतर्राष्ट्रीय प्रतिक्रिया

भारत ने सर्वप्रथम परमाणु परीक्षण 18 मई, 1974 को राजस्थान के पोकरण में किया था इसके 24 वर्ष बाद 11 व 13 मई, 1998 को 3 व 2 परमाणु परीक्षण किए। द्वितीय पोकरण परीक्षण की सबसे महत्त्वपूर्ण बात यह है कि भारत के प्रथम व द्वितीय दोनों परीक्षण के दिन का चुनाव बुद्ध पूर्णिमा को किया। 11 मई, 1998 को इसी पोकरण में 3 भूमिगत परीक्षण किये। भारत ने इसे पूर्ण रूप से गोपनीय रखा। यह जो तीन

परीक्षण किये गए थे मूल रूप से फिजन डिवाइस, लो-ईल्ड डिवाइस और धर्मो-न्यूक्लीयर डिवायर्स से युक्त रहे थे। इन परीक्षणों से रेडियो धार्मिता नहीं फैलती है। उस समय विश्व स्तर पर भारत के द्वारा किये गए परमाणु परीक्षण की व्यापक आलोचना विश्व के अनेक राष्ट्रों ने की। इस परीक्षण के बाद प्रधानमंत्री अटल बिहारी वाजपेयी जी ने कहा कि "मैं इस सफल परीक्षण में योगदान देने वाले वैज्ञानिकों और इंजीनियरों को बधाई देता हूँ"[75] हम परमाणु नीति की पुनः समीक्षा करेंगे और परमाणु हथियार बनाने के विकल्प इस्तेमाल करेंगे। इस संदर्भ में पूर्व रक्षामंत्री कृष्ण चन्द्र पंत ने कहा– "राजस्थान के पोकरण में किए गये 3 भूमिगत परमाणु परीक्षण साहसिक और ऐतिहासिक कदम है इनसे देश की शक्ति बढ़ेगी। परमाणु परीक्षणों के लिए देश वाजपेयी जी का ऋणी है। भारत ने यह परमाणु परीक्षण सही समय पर करके उपयुक्त कदम उठाया है।"

भारत ने 13 मई, 1998 को पुनः दो परमाणु परीक्षण किये। इस तरह अब तक कुल छः परमाणु परीक्षण करके विश्व को चकित किया। इस बार किया जाने वाला परीक्षण उप-क्रान्तिक डिजाइन का था, जिसका सफल परीक्षण किया गया। इस पर वाजपेयी जी ने कहा– हमारे पास बड़ा बम है जिसके लिए आवश्यक निर्देशन व नियंत्रण प्रणाली भी हमारे पास है। हम इन हथियारों का उपयोग कभी भी किसी पर हमला करने के लिए नहीं करेंगे। हमारे इरादे पहले भी शान्तिपूर्ण थे अब भी हैं और भविष्य में भी रहेंगे। हम प्रतिबंधों के आगे नहीं झुकेंगे।[76] इस बार किये गये परमाणु परीक्षणों से फिर अंतर्राष्ट्रीय स्तर पर भारत को संदेह की दृष्टि से देखा गया।

परमाणु परीक्षण के बाद देश में आत्मगौरव की एक नई लहर उत्पन्न हुई। एक नया विश्वास जागा। अब हम विश्व मंच पर एक शक्ति सम्पन्न राष्ट्र के रूप में खड़े हो गए हैं। स्वतन्त्रता प्राप्ति के इन 60 वर्षों के बाद यह प्रथम अवसर था जब सारी दुनिया हमारे शक्ति स्वरूप को देख आश्चर्यचकित हुई। दुनिया को अब तक यह अंदाजा रहा है कि भारत जनबाहुल, बहुधर्मी, बहुरंगी, चित्र-विचित्र देश है। यह अंतर्विरोधों की चारदीवारी में बंटा-बिखरा मुल्क है। यहां की मुख्य जीवनधारा क्षीण है। वह प्रचंड वेग से प्रवाहमान नहीं है। इस कारण उसकी एकता उस कच्चे सूत की डोर है जिसे एक झटके में ही तोड़ा जा सकता है। भिन्न-भिन्न स्वरों का शोर मौके-बेमौके उठता रहता है।

जब भारत ने द्वितीय पोकरण परमाणु परीक्षण किया तो विश्व में तीव्र प्रतिक्रिया उत्पन्न हुई। पोकरण से भारतीय प्रधानमंत्री अटल बिहारी वाजपेयी ने "जय जवान, जय किसान" नारा नए सिरे से लगाया। 1965 के भारत पाक युद्ध के दौरान हमारे दूसरे प्रधानमंत्री लाल बहादुर शास्त्री के इस नारे ने भारतीय अभियान के तारों को

झंकृत कर दिया था। इस नारे में अटल बिहारी वाजपेयी ने एक नई जय जोड़ी है 'जय विज्ञान'। यानी अब नारा है "जय जवान, जय किसान, जय विज्ञान"। इस नारे की घोषणा प्रधानमंत्री अटल बिहारी वाजपेयी जी ने 20 मई, 1998 को की।[77] इस नारे से एक मजबूत राष्ट्र, एक खुशहाल राष्ट्र और एक उन्नत राष्ट्र का ही बिम्ब बनता है। इसलिए प्रधानमंत्री के इस नारे से किसी को एतराज नहीं हो सकता।

यह तथ्य ध्यान देने योग्य है कि भारत के परमाणु विस्फोटों के तुरन्त बाद संसार भर में तीव्र प्रतिक्रिया हुई। अमेरिका, न्यूजीलैण्ड, कनाडा, जापान, जर्मनी, आस्ट्रेलिया, नार्वे, हालैण्ड, स्विट्जरलैण्ड, चीन, पाक, ब्रिटेन और पश्चिमी देशों ने भारत के साथ प्रत्येक प्रकार के आर्थिक एवं राजनीतिक संबंध तुरन्त तोड़ने का फैसला लिया। किसी ने भी भारत की सुरक्षा परिस्थिति को समझने की कोशिश नहीं की। ताज्जुब की बात तो यह है कि भारत द्वारा किए गए परमाणु विस्फोटों का विरोध वे देश ही कर रहे हैं जो स्वयं परमाणु शक्ति सम्पन्न हैं। जिनके शस्त्रागार में सारी मानवता को क्षणों में तबाह कर देने वाले परमाणु बमों के ढ़ेर लगे हैं। और जो अभी भी अपने परमाणु कार्यक्रम को जारी रखे हुए हैं। या फिर उन देशों ने भारत का विरोध किया है जिनको अपनी सुरक्षा के लिए बड़े देशों की ओर परमाणु संरक्षण उपलब्ध होने का आश्वासन प्राप्त है।[78]

भारत द्वारा पोकरण द्वितीय परीक्षण करने का औचित्य/कारण

मार्च 1998 में जब बी.जे.पी. के नेतृत्व वाली एन.डी.ए. सरकार ने सत्ता संभाली तो भारतीय परमाणु नीति को समय की आवश्यकता के अनुसार बदलने का फैसला किया गया। ऐसा परिवर्तन कई तत्वों के आधार पर आवश्यक समझा गया।

1. भारत के सीमावर्ती देश पाकिस्तान ने गुप्त रूप से परमाणु बम तैयार कर लिया था।
2. पाकिस्तान द्वारा गौरी मिसाइल का परीक्षण, जो परमाणु शस्त्र छोड़ने के काम आ सकती है।
3. पाकिस्तान द्वारा लगातार अपनाई जाने वाली भारत विरोधी नीति ।
4. चीन की बढ़ रही परमाणु शक्ति।
5. चीन तथा उत्तरी कोरिया का पाकिस्तान के साथ बढ़ रहा परमाणु सहयोग।
6. परमाणु सम्पन्न देशों द्वारा भारत पर NPT व CTBT के सम्बन्ध में बढ़ रहा दबाव।

7. भारत द्वारा NPT व CTBT पर हस्ताक्षर न करने पर कुछ देशों द्वारा आर्थिक प्रतिबंध लगाने की धमकी।
8. विश्व स्तर पर परमाणु शस्त्रों की विद्यमानता, पी-5 देशों का परमाणु शस्त्रों पर एकाधिकार तथा उनके द्वारा परमाणु निःशस्त्रीकरण के उद्देश्य को स्वीकार न किया जाना।
9. भारत की सुरक्षा व्यवस्था को दृढ़ करने की आवश्यकता।
10. अमेरिका, चीन, ब्रिटेन तथा फ्रांस द्वारा पाकिस्तान के परमाणु शस्त्र कार्यक्रम की अनदेखी तथा परमाणु मुद्दे के सम्बन्ध में भारत को पाकिस्तान के समान स्थिति देना।
11. भारत के कश्मीर प्रान्त में पाक द्वारा चलाए जा रहे आतंकवाद का सामना करने की आवश्यकता।
12. दक्षिण एशिया क्षेत्र को अमेरीका और चीन द्वारा परमाणु शस्त्र विहीन बनाने का प्रयास।
13. अमेरिका द्वारा अन्य देशों विशेषकर रूस द्वारा भारत पर परमाणु नीति के सम्बन्ध में दबाव डालने के प्रयास।
14. भारत में बीजेपी द्वारा सदैव अपने घोषणा पत्र में परमाणु परीक्षण करने का वायदा।

इन सभी तथ्यों को सामने रखते हुए बीजेपी गठबंधन NDA सरकार ने परमाणु शस्त्र निर्माण करने की नीति को अपनाना आवश्यक समझा तथा इसके लिए परमाणु परीक्षण करने का निर्णय लिया।[79]

विश्व के विभिन्न देशों की प्रतिक्रिया

(1) "अमेरिका" – अमेरिकी राष्ट्रपति बिल क्लिंटन ने प्रतिबंध लगाते हुए कहा कि "हमारे कानूनों में सख्त प्रावधन है और हम इसे लागू करने वाले हैं।"[80] सच्चाई तो यह है कि अमेरिका के महाबली क्लिंटन और उनके इशारों पर नाचने वाली बहुराष्ट्रीय कम्पनियों ने हिन्दुस्तान का नीम, हल्दी और बासमती चावल 1997 से लूटने के लिए जिन हथकंडों का इस्तेमाल किया, उन सब से हम भली-भाँति परिचित हैं। अमेरिका ने भारत पर आर्थिक, व्यापारिक, राजनीतिक व तकनीकी सम्बन्ध तुरन्त तोड़ने के फैसला किया। किसी ने भी भारत की सुरक्षा परिस्थिति को समझने की कोशिश नहीं की। अमेरिका ने भारत के खिलाफ आर्थिक प्रतिबंध लगा

दिया। इसका उल्टा प्रभाव यह हुआ कि इससे भारतीय चरित्र को नया संकल्प, नए संस्कार व नया आत्मबल प्राप्त हुआ। जिसकी भारत को अत्यन्त आवश्यकता थी। आज विश्व के अधिकांश देश अमेरिकन डालर को स्वर्ण मानकर उसकी कीमत बढ़ाने में परोक्ष रूप से सहायक हो रहे हैं। यदि अमेरिका डालर के स्थान पर विश्व की कोई अन्य मुद्रा, प्रमुख मुद्रा बन जाए तो उसी डालर को कोई चार रुपये में भी नहीं पूछेगा। अतः भारत को यह प्रयास करने होंगे कि वह अपने यहां ऐसी वस्तुओं के उत्पादन को बढ़ावा दे जो विश्व के सभी देशों में मांगी जायें। इसके साथ ही पेट्रोलियम उत्पादक देशों से नये सम्बन्ध बनाए। अमेरिकी विदेश विभाग के प्रवक्ता जेम्स कबिन ने इस परीक्षण पर प्रतिक्रिया व्यस्त करते हुए कहा कि "यदि भारत CTBT पर हस्ताक्षर करने की इच्छा जाहिर करे तो उसके विरुद्ध पाबंदी नहीं लगाई जाएगी।

अमेरिका के राष्ट्रपति बिल क्लिंटन ने भी कहा– मैं भारत का आह्वान करता हूँ कि आगे परीक्षण नहीं करे तथा सी.टी.बी.टी. संधि पर बिना शर्त हस्ताक्षर करने की घोषणा करे। मैं भारत के पड़ौसियों को भी आह्वान करता हूँ कि वे भारत का अनुसरण नहीं करें। हथियारों की खतरनाक होड़ के रास्ते पर नही आए। मैं नही मानता कि ऐसे परीक्षण अपेक्षाकृत सुरक्षित 21वीं सदी की और ले जाने में सक्षम होंगे।[81]

(2) "ब्रिटेन" – 11 एवं 13 मई 1998 के इन विस्मयकारी विस्फोटो के बाद जैसा कि हम या पूरी दूनिया में हंगामा मच गया। सबसे पहले तीखी प्रतिक्रिया ब्रिटेन और अमेरिका की तरफ से आयी। ब्रिटेन ने इसकी कड़े शब्दों में न केवल आलोचना की बल्कि उसने आनन फानन में यूरोपीय कम्यूनिटी की आपात बैठक बुलायी। इस बैठक में भारत के विरूद्ध संगठित कार्यवाही करने का फैसला किया गया।[82]

(3) जर्मनी – भारत के परमाणु वैज्ञानिकों ने इन विस्फोटो के जरिये साबित कर दिया कि भारत जो अनेक अंतराष्ट्रीय मंचों पर यह बात करता रहता है कि वह परमाणु क्षमता सम्पन्न है वह कोई हवा-हवाई दावा नहीं है। गौरतलब है कि (पिछले साल) 1997 में पश्चिम के तमाम वैज्ञानिकों ने यह शक किया था कि महज एक परीक्षण के जरिये भारत को परमाणु सम्पन्न राष्ट्र नही माना जा सकता। जर्मनी में भारत के विरूद्ध कड़ी कार्यवाही की। जर्मनी ने भारत को एक अरब डालर की सहायता के लिए 12 मई 1998 को तय बैठक में रद्द कर दिया। इस प्रकार से जर्मनी ने किसी भी प्रकार की आर्थिक मदद न करने का फैसला लिया। इसी दौरान जर्मनी की और से 30 करोड़ की सहायता राशि मिलने वाली थी उसे रोक दिया गया।[83]

(4) "जापान" – जर्मनी के बाद कड़े रूख का प्रदर्शन जापान की तरफ से हुआ हालांकि उसने तुरन्त कोई आर्थिक प्रतिबंध नहीं लगाया। लेकिन उसने कड़े शब्दों में विकसित देशों को आह्वान किया कि उन्हें भारत के विरुद्ध आगामी बैठक में व्यापार और आर्थिक प्रतिबन्ध निश्चित करने चाहिए। इस प्रकार भारत को एक खरब तैतीस अरब येन के ऋण के बारे में जापान ने रोक लगा दी।

(5) "चीन" – चीन ने भी कड़ी प्रतिक्रिया तो दर्ज की लेकिन उस तरह की नहीं जैसी कि उससे आशंका थी। चीन ने यही कहा कि यह एक गलत कदम है जब पूरी दुनिया में परमाणु अस्त्रों के खिलाफ माहौल बन रहा है उस समय भारत ने यह विस्फोट करके माहौल को गलत दिशा में मोड़ा है। एशिया प्रशान्त अध्ययन संस्थान की चीनी अकादमी के निदेशक 'सुन रिहाई' ने कहा, "भारत ने परमाणु परीक्षण कर विश्व ग्राम की अवधारणा को ठेस पहुँचाई है चीन को भारत के इस कृत्य की निंदा करनी चाहिए। भारत ने चीन के खतरे की आड़ में यह परीक्षण किया है अब वह समय बीत चुका है जब परमाणु शक्ति सम्पन्न होने से अंतर्राष्ट्रीय समुदाय का समर्थन हासिल किया जा सकता है।[84]

(6) "रूस" – रूस ने अपेक्षा से कहीं ज्यादा कड़ी टिप्पणी की है। रूस के राष्ट्रपति बोरिस येल्तसिन ने कहा कि उनके मित्र देश भारत ने रूस को नीचा दिखाया है लेकिन राष्ट्रपति की इस कड़ी टिप्पणी के तुरन्त बाद रूसी विदेश मंत्री येवागिनी प्रीमाकोल ने साफ किया कि इस सबके बावजूद रूस नहीं चाहता कि भारत के विरुद्ध अंतर्राष्ट्रीय प्रतिबंध लागू किये जायें।

(7) "पाकिस्तान" – भारतीय उपमहाद्वीप में पाकिस्तान को कड़ी आलोचना करनी थी। पाकिस्तान के विदेश मंत्री गौहर अयूब खान ने कहा कि भारत ने विश्व और विशेषकर पाकिस्तान को परमाणु शस्त्रों की होड़ को उकसाने का काम किया है। पाकिस्तान ने भारत के विरुद्ध अंतर्राष्ट्रीय स्तर पर आलोचनात्मक वातावरण उत्पन्न कर आग में घी डालने का काम किया तथा जितना प्रयास उसने किया वह भारत के विरुद्ध विश्व के देशों में आर्थिक प्रतिबंध के लगाने का किया ताकि भारत का आर्थिक एवं तकनीकी विकास अवरुद्ध हो सके।

(8) "फ्रांस" – 1998 के परीक्षण के बाद जी-8 के देशों द्वारा सामूहिक रूप से यह निर्णय लिया गया कि भारत को दिये जाने वाले अंतर्राष्ट्रीय कर्जों का वे विरोध करेंगे। लंदन में 12 जून, 1998 को जी-8 के देश, जिनमें अमेरिका, रूस, कनाडा, इटली, जर्मनी, जापान, इंग्लैण्ड और फ्रांस शामिल है, के विदेश मंत्रियों की बैठक हुई। जो फ्रांस व अमेरिका के विशेष आह्वान पर बुलाई गई थी इसका प्राथमिक

उद्देश्य फ्रांस के विदेश मंत्री ने कहा कि भारत को अंतर्राष्ट्रीय वित्त संस्थाओं से मिलने वाले कर्जों को रोका जाये। फ्रांस ने यह भी कहा कि "वह अपनी चिंता जाहिर करता है और इस क्षेत्र में संयम के लिए कहता है।" फ्रांस ने भारत के पक्ष में रहकर कार्यवाही के तहत प्रतिबंध के लिए अमेरिका को चेतावनी दी।

(9) "स्वीडन" – स्वीडन के प्रधानमंत्री ने भी भारत की कड़े शब्दों में निंदा की तथा भारत पर आर्थिक एवं राजनीतिक प्रतिबंध लगाने की बात की। स्वीडन प्रधानमंत्री गोस्टन प्रेसोन ने भी कहा कि "इस विस्फोट से हमें दुःख हुआ है। उनका देश पूरी तरह इसे अस्वीकार करता है भारत ने परमाणु परीक्षण करके एक गम्भीर जोखिम उठाया है।"

(10) "कनाडा" – कनाडा ने तो भारत के साथ प्रत्येक प्रकार के आर्थिक, राजनीतिक एवं तकनीकी सम्बन्ध तुरन्त तोड़ने का फैसला ले लिया। किसी भी तरह से भारत की सुरक्षा परिस्थिति को समझने की कोशिश नहीं की।[85]

(11) "इटली" – इटली ने जी-8 के देशों के माध्यम से भारत पर कड़े आर्थिक प्रतिबंध लगाये तथा भारत की विश्व मंच पर आलोचना की। इटली ने विदेशी एवं बहुराष्ट्रीय कम्पनियों से भारत में निवेश न करने को कहा।

(12) "डेनमार्क" – डेनमार्क ने भारतीय परमाणु परीक्षण की विश्व स्तर पर कड़े शब्दों में निन्दा की तथा विभिन्न संस्थाओं से मिलने वाले ऋण को भारत को न देने की वकालत की। ताकि भारत उस धन का गलत उपयोग न कर सके। इस प्रकार से उसने आर्थिक एवं कूटनीतिपूर्ण प्रतिबंध लगाये।

(13) "आस्ट्रेलिया" – आस्ट्रेलिया ने भारतीय परमाणु परीक्षण पर गहन चिंता वक्त की। अंतर्राष्ट्रीय वित्त संस्थान, विश्व बैंक, मुद्रा कोष तथा एशियाई विकास बैंक से किसी देश को कर्ज मिलता हो तो वह उस आधार पर मिलता है कि इन संस्थाओं के सदस्य देशों में से कितने देश उसका समर्थन करते हैं जिनकी मतदान क्षमता सामूहिक रूप से 50 प्रतिशत से उपर हो। इस संदर्भ में आस्ट्रेलिया, डेनमार्क और नींदरलैण्ड जैसे देशों ने भी भारत को ऋण न देने की वकालत की तथा आर्थिक प्रतिबंध लगाने की कोशिश की। आस्ट्रेलिया ने यह भी कहा कि "हम नाराजगी व्यक्त करते हैं, भारत सजा पाने लायक है।"

(14) "नीदरलैण्ड" – नीदरलैण्ड ने परमाणु परीक्षण के विरोध में भारत से आर्थिक एवं राजनीतिक सम्बन्ध तोड़ लेने की धमकी दी तथा अपने उच्चायुक्तों को भी भारत से बुलाने की धमकी दी।

(15) "नार्वे" – 11-13 मई, 1998 में भारत द्वारा पांच परमाणु परीक्षण किये गये। इस प्रसंग में नार्वे ने भी विकसित देशों के साथ मिलकर भारत के विरुद्ध तीव्र प्रतिक्रिया व्यक्त की तथा आर्थिक प्रतिबंध लगाकर देश को इस प्रकार से आतंकित करने का प्रयास किया है। तथा भारत की आर्थिक, राजनीतिक और तकनीकी घेराबंदी का प्रयास किया।[86] नार्वे के विकास और मानवाधिकार मंत्री एच.एफ. जानसन ने संसद में कहा कि "नार्वे परीक्षणों और अन्य देशों के साथ संभावित संयुक्त कार्यवाही पर भी विचार करेगा।"

1998 में भारत द्वारा किये गए परमाणु परीक्षण के सम्बन्ध में प्रमुख व्यक्तियों की प्रतिक्रिया

"जापान भारत को करीब तीन करोड़ डालर की सहायता रोक कर दण्डित करेगा————।"

–रयूतारो हाशिमोतो, प्रधानमंत्री–जापान

"भारत के विरुद्ध इस कार्यवाही से अमेरिका की प्रमुख कम्पनियों और वित्तीय संस्थाओं को भारत में अपनी उपस्थिति के बारे में फिर से सोचना पड़ेगा।"

–कार्ल इंदर फर्थ, अमेरिका की सहायक विदेश मंत्री

"अमेरिका का भारत को गलत ठहराना अनुचित है।"

–'जिम्मी कार्टर, परमाणु परीक्षण पर अमेरिकी प्रतिक्रिया

"अमेरिका की तरह हम भी अपने हितों की रक्षा के आकांक्षी हैं उसे यह बात समझनी चाहिए।"

–अटल बिहारी वाजपेयी, अमेरिका द्वारा आर्थिक प्रतिबंधों के संदर्भ में

"यह इस दशक की सबसे बड़ी खुफिया भूल है।"

–जान पाइक, अमेरिका खुफिया विशेषज्ञ

"प्रधानमंत्री ने यह नहीं कहा कि 1974 का परमाणु परीक्षण शान्तिपूर्ण था, उन्होंने तो इसे सिर्फ परीक्षण कहा।"

–पी.के.अय्यर, परमाणु ऊर्जा आयोग के पूर्व अध्यक्ष

"परमाणु परीक्षण राष्ट्रीय सुरक्षा का मसला है इसका राजनीतिकरण नहीं किया जाना चाहिए।"

–अर्जुन सिंह, परमाणु परीक्षण के बाद

"अग्नि मिसाइल नाभिकीय हथियार ले जाने में सक्षम है पर समय आने पर फूल भी ले जा सकती है।"

–ए.पी.जे. अब्दुल कलाम, मिसाइल के बारे में पूछे जाने पर कहा

"परमाणु शक्ति वाले देश खुद तो परमाणु छतरी की छाया में बैठे हैं और हमसे कहते हैं कि धूप में बैठो।"

–जसजीत सिंह, निदेशक, रक्षा अध्ययन एवं विश्लेषक संस्थान

"प्रतिबंध लगाने और हमें अलग-थलग करने से पैदा होने वाला मंच राष्ट्रवाद किसी के भी हित में नहीं है।"

–इंद्र कुमार गुजराल, भारत पर लगे आर्थिक प्रतिबंध पर

"विश्व में पांच परमाणु शक्तियां पहले ही हैं और छठी भी हो जाए तो कुछ बुरा नहीं होगा।"

–लार्ड केनेट, ब्रिटिश सांसद, भारत के परमाणु परीक्षण के बाद

"अब वक्त आ गया है कि पाकिस्तान को उसके किए का सबक सिखा दिया जाना चाहिए।"

–फारूक अब्दुल्ला, गृह मंत्रालय की एक उच्च स्तरीय बैठक में

आर्थिक प्रतिबंधों का जो असर पड़ेगा वह तो पड़ेगा ही, साथ ही इन देशों की लामबंदी से भी भारत को कई तरह के नुकसान हो सकते हैं। अभी जैसे डब्ल्यू टी. ओ.में एक मुकदमा है लाइसेंसिंग के मामले में। बहुत संभव है कि भारत वह केस हार जाए और बहुत सारी चीजें ओ.जी.एल. के दायरे में आ जाएं। इसका परिणाम यह होगा कि बहुत-सी उपभोक्ता वस्तुएं देश में बेरोकटोक आयात होने लगेंगी और देश की औद्योगिक दर घटने लगेगी।

–अरूण गोयल, विदेश व्यापार मामलो के विशेषज्ञ

अब भारत को अपनी अर्थव्यवस्था मजबूत करने की जरूरत है। यह इसलिए जरूरी है कि किसी देश की सामरिक शक्ति पर अर्थव्यवस्था का काफी असर पड़ता है और भारत को अपनी आर्थिक स्थिति मजबूत करने पर खास ध्यान देना होगा।

–एन.के.सिंह, पूर्व विदेश सचिव

प्रतिबंधों से अमेरिका व दूसरे मुल्कों को भारत के मुकाबले ज्यादा नुकसान होगा। भारत में प्रतिभा की कमी नहीं है और हम विकसित राष्ट्रों की तुलना में ज्यादा उच्च तकनीक विकसित कर सकते हैं।

–प्रो. यू.आर.राव, अंतरिक्ष आयोग के सदस्य

भारत पर जो आर्थिक प्रतिबंध लगाए गए हैं, उनको लेकर हम बिल्कुल चिन्तित नहीं हैं। उन प्रतिबंधों की वजह से हमारे सामने कोई बड़ी समस्या भी नहीं खड़ी होगी। अभी मामला गरम है पर चार-पांच महीने में सब ठण्डा पड़ जाएगा। वैसे भी अमेरिका भारत के खिलाफ लम्बे समय तक आर्थिक प्रतिबंध जारी रखकर अपने लिए मुश्किलें क्यों मोल लेगा?

–"प्रमोद महाजन, प्रधानमंत्री के राजनीतिक सलाहकार"

अमेरिका, जापान और जर्मनी की सम्मिलित मदद तो अब हमे नहीं मिलेगी। इसके अलावा चूँकि इन देशों का प्रभाव मुद्राकोष व विश्व बैंक जैसी संस्थाओं पर भी है। अतः वहां भी हमें धक्का लगेगा। यही नहीं बहुराष्ट्रीय कम्पनियां अब तक भारत में निवेश करने को तत्पर रहती थी वह भी यहां आने के लिए पुनर्विचार करेंगी।[87]

–प्रो. टी.टी. पाउलोस, जवाहर लाल नेहरू विश्वविद्यालय

भारत ने परमाणु परीक्षण करके अन्तर्राष्ट्रीय सहमति का उल्लंघन किया है।

– यू.एन.ओ के महासचिव कोफी अन्नान

भारतीय परमाणु परीक्षण के बारे में विश्व की राय

1. अमेरिका – हमारे कानूनों में सख्त प्रावधान है और हम इसे लागू करने वाले हैं।

   कार्यवाही – प्रतिबंध लगाया।

2. कनाडा – हम भारत से अपना परमाणु हथियार कार्यक्रम छोड़ने को कहते हैं।

   कार्यवाही – भविष्य में मदद की बात खत्म।

3. स्वीडन – यह अफसोसजनक और खतरनाक है कि भारत परमाणु हथियारों पर धन खर्च करे।

   कार्यवाही – सभी मदद बंद।

4. फ्रांस – अपनी चिंता जाहिर करता है और क्षेत्र में संयम के लिए कहता है।

   कार्यवाही – अमेरिका को प्रतिबंध के खिलाफ चेताया।

5. रूस – भारत ने परीक्षण कर हमें शर्मिंदा किया है।

   कार्यवाही – कोई प्रतिबंध नहीं पर पहले की तरह खुला समर्थन भी नहीं।

6. जर्मनी – हम सावधानी से देखेंगे कि अमेरिका किस तरह का प्रतिबंध लगाता है।

कार्यवाही – मदद पिछले साल के स्तर पर बन्द।

7. चीन – हमें गहरा धक्का लगा और हम कार्यवाही की भर्त्सना करते हैं।

कार्यवाही – कुछ स्पष्ट नहीं।

8. जापान – यह काफी अफसोसजनक है कि भारत ने परीक्षण किया।

कार्यवाही – अनुदान रोका, ऋण वार्ता रद्द।

9. आस्ट्रेलिया – हम अपनी नाराजगी जाहिर करते हैं कि भारत सजा पाने लायक है।

कार्यवाही – सभी मदद और सरकारी यात्राएं रद्द कीं।[88]

संदर्भ ग्रंथ सूची

1. चेलानी ब्रह्मा, ''डील से मिलेगी ऊर्जा', हिन्दूस्तान, 23 जुलाई 2008, पृ. 2
2. ''भारत में परमाणु ऊर्जा : विद्युत उत्पादन का महत्वपूर्ण स्त्रोत'' सामयिक आलेख 'सिविल सर्विसेज क्रानिकल' नवम्बर 2008, पृ. 9
3. ''भारत का परमाणु ऊर्जा कार्यक्रम'' अरिहन्त समसामयिकी महासागर'' सितम्बर 2008, पृ. 38
4. ऊर्जा तकनीकी', 'सिविल सर्विसेज टाइम्स' सितम्बर, 2009, पृ. 90-91
5. 'भारत का परमाणु कार्यक्रम : परमाणु से ऊर्जा' अरिहन्त समसामयिक महासागर, सितम्बर 2008, पृ. 43
6. चेगप्पा राज, नये परमाणु युग का आगाज, इण्डिया टुडे, 22 अक्तूबर, 2008, पृ. 23
7. अन्तर्राष्ट्रीय क्रानोलोजी, फरवरी 2011, पृ. 15
8. राय सुब्रत घोष, इकोनोमिक्स एण्ड पोलिटिकल वीकली; इण्डियन न्यूकिलियर डील एण्ड स्टेपस; मई 2010, पृ. 18
9. 'ऊर्जा तकनीकी' 'सिविल सर्विसेज टाइम्स', सितम्बर 2009, पृ. 91
10. रामचन्द्र आर., डील एण्ड डिबेफ फ्रोन्ट लाइन, 24 अगस्त 2007, पृ. 5-6
11. 'ऊर्जा आत्मनिर्भरता की ओर भारत का परमाणु कार्यक्रम', अरिहन्त समसामयिक महासागर, सितम्बर , 2009 पृ. 42
12. उपरोक्त, पृ. 43

13. उपरोक्त, पृ. 43
14. 'ऐसे मिलती है परमाणु से ऊर्जा पावर फण्डा', अरिहन्त समसामयिकी महासागर, सितम्बर 2008
15. 'चेगप्पा राज एण्ड शुक्ला सौरभ ' ''भारत-अमेरिका सम्बन्ध का दौरा'' 'इण्डिया टुडे' मार्च 2006, पृ. 38-39
16. 'चेगप्पा राज एण्ड शुक्ला सौरभ' ''भारत-अमेरिका सम्बन्ध का दौरा'' 'इण्डिया टूडे' मार्च 2006, पृ. 38-39
17. rediff,http://arunsmile.rediffiland.com/blogs/2008/07/23/Nuclear-Agreement-between-India-us.
18. http:www.decanherald.com/content/oct 11, 2008
19. चेलानी ब्रह्मा, ''विवाद का एक नया विधेयक'' प्रतियोगिता दृष्टि, अप्रैल, 2010, पृ. 24-25.
20. यादव लक्ष्मी शंकर, 'परमाणु ऊर्जा कितनी लाभदायक व नुकसानदेह' अरिहन्त समसामयिक महासागर, नव. 2008, पृ. 50-51.
21. उपरोक्त, पृ. 53
22. द्विवेदी सतीश, 'भारत अमेरिका संबंध – पृष्ठभूमि एवं वर्तमान परिदृश्य', अरिहन्त समसामयिकी, दिसम्बर 2010, पृ. 52.
23. घई, यू.आर.व घई, के.के., भारतीय विदेश नीति, न्यू एकेडेमिक पब्लिशिंग कम्पनी, माई हीरा गेट, जलंधर, 2007, पृ. 188
24. मिश्रा, नीलकमल, 'NSG भारत-अमरीका करार की अंतिम बाधा', सिविल सर्विसेज टाइम्स, जून 2008, पृ. 46
25. चेगप्पा, राज, 'नए परमाणु युग का आगाज' इंडिया टुडे, 22 अक्तूबर, 2008, पृ. 23
26. ओझा, नीरज, 'भारत–फ्रांस परमाणु रिएक्टर निर्माण समझौता', 15 जून, 2016, www. ssgcp. com>भारत-फ्रांस परमाणु
27. भारत-फ्रांस के बीच 16 समझौते www. allexamgurublog. com > 2016 / 01
28. भारत और फ्रांस संबंध iasmoon.com> भारत–और–फ्रांस——
29. कुमार, संजय, 'भारत–फ्रांस संबंध : व्यापार को मिलेगा https://m.facebook. com>permalink
30. भारत-फ्रांस संबंध– Wikiwand www. wikiwandcom>भारत-फ्रांस
31. मल्होत्रा, विजय कुमार, 'मध्य शक्तियों की अनुरूपताः भारत, फ्रांस और परमाणु टेक्नोलॉजी, https:// casi.sarupennce and nuctear teach 29 जून, 2015
32. 'भारत में छह परमाणु रिएक्टर लगाएगा फ्रांस' 25 जनवरी, 2016 www bbc. com/ hindi/i nuclear-reactors pm

33. भारत अमेरिका रक्षा समझौता m. jagranjunction.com>2016/08/31

34. 21वीं सदी में भारत में आया 300 अरब khabar. ndtv. com/new 1st century 1633759

35. 'रूस के साथ परमाणु करार', राजस्थान पत्रिका, 6 दिसम्बर, 2008, पृ. 1

36. पाण्डेय, विजन कुमार, 'नए संदर्भ में भारत-रूस संबंध', प्रतियोगिता दर्पण, अप्रैल, 2016, पृ. 113

37. सिद्धार्थ, वर्धराजन, 'इण्डो कजाखिस्तान सिविल न्यूक्लियर डील' द हिन्दू, 28 जनवरी, 2009, पृ. 13

38. 5000 टन यूरेनियम का एक और समझौता – Drishti /ias www. hindi.drishtiias. com<current affair

39. सिंह, पदम, "भारत की परमाणु नीति और भारत-अमरीका संबंध" अर्जुन पब्लिशिंग हाउस, नई दिल्ली, 2014, पृ. 246

40. भारत को नामीबिया ने असैन्य यूरेनियम उपलब्ध कराने—— www report 4 india. com< 2016@06@17>भारत

41. 'भारत मंगोलिया में परमाणु ऊर्जा समझौता' hindi coaljunction in > post – 2381

42. भारत-मंगोलिया के बीच 13 समझौते, भारत एक अरब डॉलर का ऋण देगा। www.hindi.drishtiiescom>current affairs

43. सिंह, पदम, 'भारत की परमाणु नीति और भारत-अमरीका संबंध', अर्जुन पब्लिशिंग हाऊस, नई दिल्ली, 2014, पृ. 247

44. सिंह, पदम, 'भारत की परमाणु नीति और भारत-अमरीका संबंध', अर्जुन पब्लिशिंग हाउस, नई दिल्ली, 2014, पृ. 244

45. 42 वर्षों के अंतराल के पश्चात् कनाडा से यूरेनियम की खेप भारत को प्राप्त हुई, प्रतियोगिता दर्पण, फरवरी, 2016, पृ. 33

46. भारत एवं कनाडा परमाणु समझौते पर हस्ताक्षर, सिविल सर्विसेज टाइम्स, जून 2015, पृ. 15

47. मोदी की कनाडा यात्रा, प्रतियोगिता दर्पण, जून 2015, पृ. 27

48. भारत एवं कनाडा परमाणु समझौते पर हस्ताक्षर, सिविल सर्विसेज टाइम्स, जून, 2015, पृ. 14

49. चौहान, अरूण, 'दक्षिण कोरिया से परमाणु समझौता', राजस्थान पत्रिका, 26 जुलाई, 2011, पृ. 8

50. 'भारत का दक्षिण कोरिया से परमाणु समझौता' webdunia hindi.webdunia com> news> headlines....

51. मिश्रा, मनोज कुमार, 'भारत-ब्रिटेन के मध्य असैन्य परमाणु करार पर हस्ताक्षर (f origin- m jagranjosh.com भारत व 25 अक्तूबर, 2010

52. पाण्डेय, गिरीश चन्द्र, 'भारत-आस्ट्रेलिया संबंधों में मील का पत्थर : यूरेनियम समझौता', प्रतियोगिता दर्पण, दिसम्बर, 2014, पृ. 88

53. न्यूज एजेंसी, दिल्ली, 'भारत-आस्ट्रेलिया परमाणु समझौता', राजस्थान पत्रिका, 6 सितम्बर, 2014, पृ. 1

54. 'भारत और जापान के बीच हुई असैन्य परमाणु संधि' m.dw. com भारत-और जापान के ब——

55. 'भारत और जापान ने ऐतिहासिक सिविल परमाणु समझौते पर हस्ताक्षर किए' Paisa khabarindiatv.com>article>india.....

56. पाण्डेय, गिरीशचन्द्र, 'आस्ट्रेलिया के साथ संबंधों में आशा का नया संचार', प्रतियोगिता दर्पण, अप्रैल, 2015, पृ. 90

57. 'भारत-जापान संबंधों के नए आयाम', अरिहन्त समसामयिकी महासागर, जनवरी, 2017, पृ. 90

58. 'भारत ने जापान के साथ ऐतिहासिक असैन्य परमाणु समझौता किया।' satyogran. scroll. in/art n nuctear-pact treaty

59. विलियम्स, मुकेश, 'भारत-अमरीका-जापान प्रेम त्रिकोण और चीन' googleweblignt. com/ 2 india- china japan

60. 'भारत और जापान ने किए ऐतिहासिक असैन्य परमाणु करार पर हस्ताक्षर' google weblight. com/ ve signed a landmar 11 नवम्बर, 2016

61. 'भारत और जापान के बीच हुई असैन्य परमाणु संधि' m-dw. com/hi/%.Eo% A Eo% A4% AA % EO %A

62. भारत और प्रभावशाली पूर्वी एशियाई देश वियतनाम us—— politic splaned.in> article [kcjs Hkk——

63. 'भारत-वियतनाम के रिश्तों का अर्थ', 12 दिसम्बर, 2016 https:// www punjab kesari com> editorial

64. 'भारत-वियतनाम असैन्य परमाणु समझौता', 10 दिसम्बर, 2016 www. hindi. drishtijas.com>current affair

65. घई यू.आर .व घई, के.के., भारतीय विदेश नीति, न्यू एकेडेमिक पब्लिशिंग कम्पनी, माई हीरा गेट, जलंधर, 2007 (पृ. 546)

66. वही (पृ. 547)

67. सिंह, जसजीत, भारतीय परमाणु शस्त्र, प्रभात प्रकाशन, दिल्ली 1999 (पृ. 171)

68. राष्ट्रीय सहारा, 15 मई, 1998 (पृ 01)

69. रत्तु, डॉ. कृष्ण कुमार – भारतीय परमाणु परीक्षण और निरस्त्रीकरण प्वाइंट पब्लिशर, जयपुर, 1999 (पृ. 13)

70. दीक्षित, जे.एन., भारतीय विदेश नीति, प्रभाव प्रकाशन, दिल्ली, 1999 (पृ. 390)

71. रत्तु, डॉ. कृष्ण कुमार – भारतीय परमाणु परीक्षण और निःरस्त्रीकरण, प्वाइंटर पब्लिशर, जयपुर, 1999 (पृ. 201)

72. रत्तु, कृष्ण कुमार – भारतीय परमाणु परीक्षण और निःरस्त्रीकरण, प्वाइंटर पब्लिशर, जयपुर, 1999 (पृ. 70)

73. गौतम, बी.डी.एस., प्रतिबन्धों के प्रहार का प्रभाव, 'माया' 15 जुलाई, 1980 (पृ. 87)

74. संवाददाता, दैनिक जागरण, 13 जुलाई, 1974 (पृ. 6)

75. संपादकीय,'पोकरण में तीन परमाणु परीक्षण', राजस्थान पत्रिका, 12 मई, 1998 (पृ. 1)

76. संपादकीय–भारत के दो और परमाणु धमाके, हिन्दुस्तान, 14 मई, 1998 (पृ. 1)

77. रत्तु, डॉ. कृष्ण कांत भारतीय परमाणु परीक्षण और निःशस्त्रीकरण, पाइन्टर पब्लिशर्स जयपुर, 1998 (पृ. 80)

78. बही (पृ. 48)

79. घई यू.आर. व घई के.के., 'भारतीय विदेश नीति', न्यू एकेडेमिक पब्लिकिंग कम्पनी, माई हीरा गेट, जलंधर, 2007 (पृ. 552

80. रत्तु,कृष्ण कुम ार, भारतीय परमाणु परीक्षण और निःस्त्रीकरण, पाइन्टर पब्लिशर्स, जयपुर, 1998 (पृ. 114)

81. नेमा, डॉ .जी.पी. एवं त्रिपाठी, डॉ. डी.सी. भारत एवं विश्व, 2006 (पृ. 59)

82. दुबे, शालिनी, भारत की परमाणु नीति पोकरण विस्फोट आदि पब्लिकेशन 2007 (पृ. 87)

83. Jayaraman T., Jurney from Pokhran II and Reaction Economic and Political Weekly, Dec. 23, 2006, p. 5216

84. त्रिपाठी, नेमा एण्ड भारत एवं विश्व कॉलेज बुक डिपो, जयपुर 2006 (पृ. 87)

85. अर्थ संवाददाता प्रतिबंधों के प्रहार का प्रभाव 'माया' 15 जुलाई, 1998 (पृ. 86-87)

86. गौतम, बी.डी.एस. पोकरण में परमाणु परीक्षण भारत की महाशक्ति, माया 31 मई, 1998 (पृ. 4)

87. रत्तु कृष्ण कुमार, भारतीय परमाणु परीक्षण और निःस्त्रीकरण, पॉइन्टर पब्लिशर, 1998 (पृ. 86-193)

88. उपरोक्त (पृ. 13)

5 विश्व मंच व भारत यूरोपीय संघ संबंध

यूरोपीय संघ ने विश्व के विभिन्न देशों के साथ स्वतंत्र कूटनीतिक संबंध स्थापित किए हैं तथा उसे विश्व की महत्वपूर्ण संस्थाओं जैसे संयुक्त राष्ट्र संघ, परमाणु ऊर्जा आपूर्तिकर्ता समूह (NSG), प्रक्षेपास्त्र प्रौद्योगिकी नियंत्रण व्यवस्था (MTCR), आस्ट्रेलिया समूह, वेसेनार व्यवस्था, G-8, G-20, NATO, विश्व व्यापार संगठन (WTO), जलवायु परिवर्तन तथा आतंकवाद आदि में स्वतंत्र प्रतिनिधि प्राप्त है। वैश्वीकरण के वर्तमान युग में जहां नियम आधारित वैश्विक अर्थव्यवस्था के साथ देशों की राष्ट्रीय अर्थव्यवस्थाओं का तेजी से एकीकरण हो रहा है वहीं राष्ट्रों के बीच अन्य संबंधों की तुलना में आर्थिक रिश्तों का महत्व बहुत बढ़ गया है। भारत और यूरोपीय संघ समकालीन वैश्विक मुद्दों पर विश्व मंच पर विचार-विमर्श कर एक राय व्यक्त करते हैं। इनमें से प्रमुख मुद्दे इस प्रकार हैं– दोहा अंतर्राष्ट्रीय व्यापार वार्ताओं का शीघ्र समापन, जलवायु परिवर्तन वार्ताओं को संयुक्त राष्ट्र संघ के फ्रेमवर्क में शीघ्र समापन, जलवायु परिवर्तन वार्ताओं का संयुक्त राष्ट्र संघ के फ्रेमवर्क के अन्तर्गत ही पूरा करना, अंतर्राष्ट्रीय मुद्राकोष में सुधारों को प्रभावी बनाना, पूर्ण निःशस्त्रीकरण को बिना किसी भेदभाव के आगे बढ़ाना तथा वैश्विक वित्तीय असंतुलन को दूर करना।

सुरक्षा परिषद में भारत की दावेदारी तथा यूरोपीय संघ

संयुक्त राष्ट्र संघ की सुरक्षा परिषद में स्थायी सदस्यों में विस्तार का मामला सबसे पहले भारत द्वारा 20वीं सदी के अंतिम दशक में 1992 में UNO के विशेष शिखर सम्मेलन में प्रभावी तरीके से उठाया गया था लेकिन आज 24 वर्षों के बाद भी 21वीं सदी में सुरक्षा परिषद के लोकतांत्रीकरण पर एक राय नहीं बन सकी। इस संबंध में महासभा द्वारा गठित कार्यदल ने 1996 में अपनी रिपोर्ट प्रस्तुत की जिसमें इस मुद्दे पर राष्ट्रों के मध्य आम सहमति बनाने का सुझाव दिया गया था। इसी तरह UNO के महासचिव बुतरस बुतरस घाली ने 2005 में 'इन लार्जर फ्रीडम' नामक रिपोर्ट में सुरक्षा परिषद् की सदस्य संख्या 15 से बढ़ाकर 24 किए जाने का प्रस्ताव

दिया गया लेकिन इस प्रस्ताव पर भी आम सहमति नहीं बन सकी। इसका प्रमुख कारण यह है कि सुरक्षा परिषद् के स्थायी सदस्य तथा कुछ अन्य देश सुरक्षा परिषद् में सुधार का विरोध कर रहे हैं। सुरक्षा परिषद् के स्थायी सदस्यों में ब्रिटेन, फ्रांस, यूरोपीय संघ के सदस्य देश भी है तथा तीसरा स्थानीय सदस्य देश रूस यूरेशिया में आता है जो यूरोप तथा एशिया दोनों महाद्वीपों का प्रतिनिधित्व करता है। सुरक्षा परिषद् के अन्य दो स्थायी सदस्य देश अमरीका व चीन हैं। अमरीका, रूस, फ्रांस और ब्रिटेन तो भारत की स्थायी सदस्यता का प्रत्यक्ष-अप्रत्यक्ष रूप से समर्थन करते हैं लेकिन चीन द्वारा भारत के प्रति कोई राय व्यक्त नहीं की जाती है। इस कारण भारत ईयू (यूरोपीय संघ) से पारस्परिक घनिष्ठ संबंध स्थापित कर 21वीं सदी में भारत विश्व मंच पर UNO की सुरक्षा परिषद् में अपना समर्थन जुटाकर अपनी स्थायी सदस्यता हेतु प्रबल दावेदारी प्रस्तुत कर रहा है।[1]

आज 21वीं सदी में UNO की सुरक्षा परिषद् की स्थायी सदस्यता के प्रबल दावेदारों में G-4 समूह प्रमुख हैं। G-4 समूह के नेताओं ने इस बात पर जोर दिया है कि सुरक्षा परिषद को और अधिक प्रतिनिधित्वपूर्ण, न्यायसंगत व प्रभावी बनाने की जरूरत है ताकि हाल के वर्षों में बढ़े वैश्विक संघर्ष व संकट को पहले से बेहतर तरीके से हल किया जा सके। उनका मानना है कि 21वीं सदी में अंतर्राष्ट्रीय समुदाय की वास्तविकता को प्रदर्शित कर इस लक्ष्य को हासिल किया जा सकता है। संयुक्त राष्ट्र संघ के सदस्य देश अंतर्राष्ट्रीय शांति व सुरक्षा बनाए रखने के लिए पहले से ज्यादा इच्छुक हैं। G-4 नेताओं ने इस बात पर चिंता जाहिर की है कि 2005 के वैश्विक सम्मेलन में सुरक्षा परिषद् में प्रारंभिक सुधार का सभी देश व सरकार के नेताओं ने निर्विरोध समर्थन किया था लेकिन तब से लेकर अब तक इस दिशा में कोई खास प्रगति नहीं हुई। सुरक्षा परिषद् में सुधार संयुक्त राष्ट्र में सम्पूर्ण सुधार की दिशा में एक जरूरी कदम है। G-4 अर्थात् भारत, जर्मनी, जापान, ब्राजील की स्थायी सदस्यता का विरोध कर रहे देशों में 'कॉफी क्लब' का नाम लिया जाता है। G-4 की स्थायी सदस्यता का विरोध करने वाले संगठन को 'कॉफी क्लब' (Coffee Club) कहते हैं। इस कॉफी क्लब का गठन इटली के नेतृत्व में 1990 में हुआ। कॉफी क्लब के सदस्य देश इटली, स्पेन, कनाडा, अर्जेन्टीना, तुर्की, दक्षिणी कोरिया, पाकिस्तान, मैक्सिको, मिस्र आदि समेत आज 21वीं सदी में लगभग 50 देश शामिल हो गए हैं। इनका मानना है कि सुरक्षा परिषद् का विस्तार करने से असमानता बढ़ेगी।[2]

वर्तमान में स्थायी सदस्यता हेतु चार प्रबल दावेदार हैं– भारत, जर्मनी, जापान, ब्राजील जो विभिन्न मंचों पर अपनी सदस्यता की दावेदारी प्रस्तुत कर रहे

हैं वहीं दूसरी ओर 'कॉफी क्लब' के देश इनकी स्थायी सदस्यता का विरोध कर रहे है। उदाहरण के लिए इटली तथा स्पेन जर्मनी की स्थायी सदस्यता का विरोध कर रहे हैं, अर्जेन्टीना तथा मैक्सिको ब्राजील की सदस्यता का विरोध कर रहे हैं, दक्षिणी कोरिया जापान की सदस्यता का विरोध कर रहा है तथा पाकिस्तान भारत की सदस्यता का विरोध कर रहा है। चीन भी जापान की सदस्यता का विरोध कर रहा है जबकि भारत के बारे में उसकी स्थिति अस्पष्ट है। भारत का सबसे तीव्र विरोध पाकिस्तान द्वारा किया जा रहा है उधर स्थायी सदस्यों में चीन ने खुलकर भारत का समर्थन अभी तक नहीं किया है जबकि रूस, अमरीका, ब्रिटेन तथा फ्रांस भारत की स्थायी सदस्यता की दावेदारी का खुलकर समर्थन कर चुके हैं। विकीलीक्स द्वारा जारी किये गए दस्तावेजों से स्पष्ट है कि अमरीका ने भी कभी भारत की स्थायी सदस्यता के दावे को गम्भीरता से नहीं लिया है फिर भी G-4 के देश विभिन्न अंतर्राष्ट्रीय मंचों पर सुरक्षा परिषद में सुधार का मामला गत 25 वर्षों से उठा रहे हैं। इस मुद्दे को गुटनिरपेक्ष आंदोलन, इब्सा, ब्रिक्स, सार्क, आसियान, यूरोपीय संघ आदि सभी में प्रभावशाली ढंग से उठाया जा चुका है। इस विचित्र स्थिति में सुरक्षा परिषद् में भारत की स्थायी सदस्यता का मामला अभी अधर में लटका हुआ है। इन विचित्र परिस्थितियों का ही सामना करने के लिए भारत ने 21वीं सदी में 2000 से यूरोपीय संघ से वार्षिक शिखर सम्मेलन आयोजित कर अपना समर्थन जुटाया है गत एक दशक के दौरान वैश्विक मंच पर भी बदलती हुई परिस्थितियों में भारत के प्रति विश्व के विकसित देशों के समूह G-7, यूरोपीय संघ, WTO, UNO की महासभा, NSG, G-20 तथा NATO का रुख भारत के प्रति सकारात्मक हो रहा है। सन् 2016 में इटली से भारत का मछुवारों का मुद्दा सुलझने पर उसने भी भारत का समर्थन किया है जो कॉफी क्लब का संस्थापक नेतृत्वकर्ता सदस्य देश है जिससे वैश्विक मंच पर भारत को स्थायी सदस्यता मिलने की आशा बढ़ती है।[3]

20वीं शताब्दी के उत्तरार्द्ध दशक में सन् 1992 में सुरक्षा परिषद् के सुधार का प्रश्न UNO के एजेन्डे में शामिल था। 1991 में सोवियत संघ के विघटन तथा शीतयुद्ध की समाप्ति के बाद संयुक्त राष्ट्र संघ को विश्व की बदलती हुई परिस्थितियों में सार्थक बनाए रखने के लिए 1992 में सदस्य देशों का एक शिखर सम्मेलन हुआ था। इसी सम्मेलन में भारत के तत्कालीन प्रधानमंत्री नरसिंहराव ने सुरक्षा परिषद् के विस्तार व सुधार की बात कही थी। भारत संयुक्त राष्ट्र संघ का संस्थापक सदस्य देश है तथा विश्व का सबसे बड़ा लोकतंत्र है। भारत अब तक संयुक्त राष्ट्र संघ की सुरक्षा परिषद् का अस्थायी सदस्य देश 7 बार 1950-51, 1955-56, 1972-73, 1977-78, 1984-85, 1991-92, 2011-12 में चुना जा चुका है। सन् 2010 में भारत को अस्थायी सदस्यता के चुनाव में विश्व के राष्ट्रों का

अभूतपूर्व समर्थन प्राप्त हुआ है इन चुनावों में भारत को 187 मत मिले जो अस्थायी सदस्य के रूप में सुरक्षा परिषद् के अस्थायी सदस्य का चुनाव लड़ने वाले देशों को प्राप्त मतों में सर्वाधिक है। यह संयुक्त राष्ट्र संघ की कुल सदस्य संख्या के 98 प्रतिशत से अधिक का प्रतिनिधित्व करता है और चयन के लिए आवश्यक 125 मतों से काफी अधिक हैं। संयुक्त राष्ट्र में भारत की उम्मीदवारी के प्रति इस प्रकार के व्यापक समर्थन से इस बात का पता चलता है कि 21वीं शताब्दी में विश्व मंच तथा अंतर्राष्ट्रीय समुदाय के बीच भारत को किस प्रकार का समर्थन प्राप्त है। भारत सरकार की ओर से संयुक्त राष्ट्र संघ के उन सभी सदस्य देशों को तहेदिल से धन्यवाद ज्ञापित किया गया। भारत का उन देशों के प्रति कहना है कि हम अशांत पड़ौस में रह रहे हैं। सुरक्षा परिषद में हमारी तात्कालिक प्राथमिकताओं में शामिल होगी– अफगानिस्तान, मध्य-पूर्व और अफ्रीका सहित हमारे निकटस्थ और विस्तारित पड़ौस में शाति और स्थिरता लाना, सामूहिक विनाश के हथियारों की पहुंच, अराजक तत्वों तक होने पर रोक लगाने सहित अन्य प्रकार के आतंकवाद का मुकाबला करने और संयुक्त राष्ट्र के शांति रक्षा अभियानों को सुदृढ़ बनाना मुख्य केन्द्रीय भाव है।[4]

21वीं सदी में सुरक्षा परिषद् में भारतीय स्थायी सदस्यता का दावा तथा आधार

भारत ने UNO की सुरक्षा परिषद् में स्थायी सदस्यता के लिए वैश्विक मंचों तथा क्षेत्रीय संगठनों में अपनी प्रबल दावेदारी प्रस्तुत की है। जिसके 21वीं सदी में भारत ने निम्न आधारभूत तर्क प्रस्तुत किए हैं–

1. विश्व परिदृश्य तथा परिवर्तित परिस्थितियों में आवश्यक– संयुक्त राष्ट्र संघ की स्थापना 24 अक्तूबर, 1945 में आज से 70 वर्ष पूर्व हुई थी। तब विश्व के पांच बड़े P-5 व शक्तिशाली राष्ट्रों को सुरक्षा परिषद् की स्थायी सदस्यता प्रदान की गई थी जिन्हें आज 21वीं सदी में वैश्विक मंच पर P-5 राष्ट्रों की संज्ञा दी जाती है। तब से लेकर अब तक राष्ट्रों की शक्ति तथा क्षमताओं में व्यापक परिवर्तन हो चुके हैं। अतः परिवर्तित परिस्थिति में सुरक्षा परिषद् वर्तमान विश्व की वास्तविकताओं का प्रतिनिधित्व नहीं करती है। आज भारत 21वीं सदी में अपने आर्थिक व तकनीकी विकास के कारण विश्व की 8वीं सबसे बड़ी अर्थव्यवस्था बन गया है। यदि क्रय शक्ति समतुल्यता की दृष्टि से सकल राष्ट्रीय उत्पादन की गणना की जाए तो अमरीका, चीन तथा जापान के बाद भारत विश्व की चौथी सबसे बड़ी अर्थव्यवस्था है। अमरीका व चीन क्रमशः यूरोपीय संघ के सबसे बड़े प्रथम व दूसरे व्यापारिक साझीदार हैं यदि यूरोपीय संघ को एक अलग अस्तित्व के रूप में लिया जाए तो इसकी जनसंख्या चीन और भारत के बाद विश्व की तीसरी बड़ी

जनसंख्या होगी। विकासशील और गरीब देशों को दी जाने वाली सरकारी विकास सहायता की दृष्टि से यूरोपीय संघ की महत्वपूर्ण भूमिका है इसे एक विडम्बना ही कहा जाएगा कि जहां यूरोपीय संघ के 28 देशों में ब्रिटेन और फ्रांस जैसी छोटी अर्थव्यवस्था वाले देश सुरक्षा परिषद् के स्थायी सदस्य हैं तथा जी-4 देश भारत, ब्राजील, जर्मनी, जापान जैसे देश इसकी स्थायी सदस्यता से वंचित हैं अतः बदलती वैश्विक परिस्थितियों तथा सुरक्षा परिषद् को प्रभावी बनाने के लिए 21वीं सदी में इस गंभीर विसंगति को दूर करना अति आवश्यक है। भारत के इस कार्य में यूरोपीय संघ के देशों को साथ लेकर चलना बहुत आवश्यक है क्योंकि वैश्विक मंचों पर ईयू के देशों की अग्रणी भूमिका है चाहे कोई भी अंतर्राष्ट्रीय या क्षेत्रीय मंच लें जैसे WTO, G-7, G-20, NSG, NATO, आस्ट्रेलियन समूह वासेनार आदि।[5]

2. भारत का संयुक्त राष्ट्र संघ के सिद्धान्तों में विश्वास– भारत एक शांतिप्रिय देश है। विश्व शांति इसकी विदेश नीति का मुख्य उद्देश्य है। शक्तिपूर्ण साधनों द्वारा शांति, शांतिपूर्ण सहअस्तित्व, शीतयुद्ध तथा सुरक्षा संधियों में शामिल न होना, साम्राज्यवाद, उपनिवेशवाद तथा नव-उपनिवेशवाद, प्रजाति पार्थक्य विरोध एवं सभी राष्ट्रों के साथ मैत्री तथा सहयोग को प्रोत्साहित करना भारतीय विदेश नीति के प्रमुख सिद्धांत हैं। संयुक्त राष्ट्र संघ के घोषणा पत्र में सभी राष्ट्रों ने अंतर्राष्ट्रीय संबंधों के विकास द्वारा विश्व शांति, मैत्री तथा सहयोग व युद्धहीन भूख, बीमारी, बर्बरता, असमानता तथा हिंसा से विहीन विश्व की स्थापना के लिए सामूहिक प्रयत्न करने की प्रतिबद्धता का वर्णन किया गया है। UNO के घोषणा पत्र तथा भारत की विदेश नीति के लक्ष्यों तथा उद्देश्यों में पूर्ण रूप से सुसंगतता पाई जाती है। इन्हीं विचारधारात्मक समानताओं के कारण भारत ने सदैव संयुक्त राष्ट्र संघ की गतिविधियों में पूर्ण रुचि से तथा सक्रिय भाग लिया है।

भारत UNO का संस्थापक देश है तथा उसने सदैव संयुक्त राष्ट्र संघ के सिद्धान्तों में विश्वास व्यक्त किया है। भारत अपनी स्वतंत्रता से आज 21वीं शताब्दी के दूसरे दशक तक राष्ट्रों की समानता, संप्रभुता तथा मानवाधिकारों का समर्थक है। साथ ही भारत विवादों के शांतिपूर्ण समाधान का पक्षधर है। भारत ने अपने संविधान के नीति निर्देशक तत्वों के अन्तर्गत भी शांति व सुरक्षा के इन सिद्धान्तों को शामिल किया है। 1954 में भारत द्वारा प्रतिपादित पंचशील के सिद्धान्त तथा भारत की गुटनिरपेक्षता की नीति संयुक्त राष्ट्र संघ के आधारभूत सिद्धान्तों के अनुकूल है। भारत अंतर्राष्ट्रीय मामलों में छल-कपट के बजाय निष्ठा व ईमानदारी से एक जिम्मेदार राष्ट्र की भूमिका का निर्वाह करता रहा है। भारत द्वारा इस प्रकार की वैदेशिक रणनीति का प्रबल समर्थन यूरोपीय संघ के देशों द्वारा किया जाता रहा

है जो संयुक्त राष्ट्र संघ की महासभा तथा सुरक्षा परिषद् में वैश्विक मंच के रूप में महत्वपूर्ण भूमिका निभाते हैं इसलिए वैश्विक मंचों पर भारत का यूरोपीय संघ के देशों व शक्तिशाली देशों के साथ कदम से कदम मिलाकर वैश्वीकरण की भूमिका को प्रबलता प्रदान करना आवश्यक है। वाशिंगटन पोस्ट की एक रिपोर्ट के अनुसार 1955 में अमरीका तथा सोवियत संघ द्वारा भारत को चीन के स्थान पर सुरक्षा परिषद् की स्थायी सदस्यता देने का प्रस्ताव दिया गया था लेकिन भारत ने सैद्धांतिक पक्ष अपनाते हुए स्थायी सदस्यता लेने से मना कर दिया था क्योंकि भारत उस समय साम्यवादी चीन को स्थायी सदस्य बनाने हेतु प्रयासरत था।[6]

3. विश्व शांति में भारत का योगदान– विश्व शांति एवं सुरक्षा ही UNO का आधारभूत उद्देश्य है। जैसाकि विदित है प्रमुख अंतर्राष्ट्रीय मंच व संगठनों द्वारा 21वीं शताब्दी में जैसे कि यूरोपीय संघ, विश्व व्यापार संगठन, G-8, G-20 आसियान व सार्क संगठनों द्वारा भी इस उद्देश्य की पूर्ति हेतु विश्व मंच पर आवाज उठाई जाती है। आजादी के बाद भारत ने सन् 2016 तक संयुक्त राष्ट्र संघ के उद्देश्यों की पूर्ति में महत्वपूर्ण भूमिका निभाई है। 1953 में भारत की विजयलक्ष्मी पण्डित संयुक्त राष्ट्र महासभा की अध्यक्ष चुनी गई। भारत ने कोरिया युद्ध 1950–53 तथा हिन्द–चीन समस्या में मध्यस्था करके शांति स्थापित करने में महत्वपूर्ण भूमिका निभाई थी। भारत ने उपनिवेशवाद तथा रंगभेद नीति का निरन्तर विरोध किया तथा गुटनिरपेक्ष आंदोलन के माध्यम से वैश्विक मंचों पर गरीब देशों की समस्याओं को उनके हितार्थ प्रबल रूप से उठाया तथा नेतृत्व प्रदान किया। 1985 में संयुक्त राष्ट्र में भारत के तत्कालीन प्रधानमंत्री राजीव गांधी ने परमाणु निःशस्त्रीकरण की एक व्यापक योजना प्रस्तुत की। 21वीं सदी के भारत सार्वभौमिक एवं पूर्ण निःशस्त्रीकरण, मानवाधिकार, आतंकवाद, जलवायु परिवर्तन आदि चुनौतियों के समाधान में महत्वपूर्ण भूमिका निभा रहा है। इस कारण विश्व शांति में भारत का योगदान वैश्विक परिदृश्य पर सुरक्षा परिषद् में भारत की स्थायी सदस्यता हेतु एक मजबूत तथा प्रबल आधार प्रस्तुत करता है।[7]

4. भारत विश्व का सबसे बड़ा लोकतंत्र– विकसित तथा विकासशील देशों में भारत विश्व का सबसे बड़ा लोकतांत्रिक देश है तथा जनसंख्या की दृष्टि से चीन के बाद भारत दूसरा सबसे बड़ा देश है। आकार की दृष्टि से भारत विश्व का सातवां बड़ा देश है। जहां तक लोकतंत्र का संबंध है भारत में 16 बार शांतिपूर्ण तरीके से सत्ता परिवर्तन हो चुका है जिसका विकसित देशों के समूह G-7, यूरोपीय संघ के देशों द्वारा प्रबल समर्थन किया जाता है। भारत विधि के शासन व लोकतंत्र का प्रबल पक्षधर है जो विश्व शांति के लिए आवश्यक है। यूरोपीय संघ के भी लगभग

सभी देशों में लोकतांत्रिक प्रणाली ही अपनाई जाती है। भारत ने विश्व के अन्य देशों में भी लोकतंत्र की बहाली का समर्थन किया है। एशिया व अफ्रीका के स्वतंत्र कई देश अपने यहां लोकतंत्र की रक्षा नहीं कर पाए हैं। यह सर्वत्र स्वीकार हो चुका है कि लोकतंत्र ही विश्व शांति व सुरक्षा की सबसे बड़ी गारंटी है जिसका भारत प्रबल समर्थक है। इस आधार पर भी भारत को UNO की सुरक्षा परिषद् में स्थायी सदस्यता प्रदान की जा सकती है।

5. भारत की आर्थिक तकनीकी प्रगति तथा विश्व मामलों में भारत की भूमिका– गत 23 वर्षों में भारत ने तीव्र आर्थिक व तकनीकी उन्नति की है। तथा भारत की गणना आज 21वीं सदी में विश्व की उभरती हुई आर्थिक शक्तियों में की जा रही है। भारत ने गत दो दशकों में औसतन 7 प्रतिशत की विकास दर अर्जित की है यदि मुद्रा की क्रय शक्ति क्षमता को आधार बनाया जाए तो भारत, अमरीका, चीन तथा जापान के बाद विश्व की चौथी बड़ी शक्ति है। भारत अभी भी विकासशील देशों का सशक्त प्रतिनिधि है तथा अल्प विकसित देशों के विकास के लिए महत्वपूर्ण साझेदारी निभा रहा है। आज भारत विश्व में प्रमुख वैश्विक मंचों तथा संगठनों में महत्वपूर्ण भूमिका निभा रहा है, उनका सदस्य बन रहा है, सदस्य बनने हेतु प्रयासरत है। ये सभी मुद्दे भारत की वैश्विक स्तर पर पहचान कायम करते हैं जैसा कि गत दिनों में 27 जून, 2016 को मिसाइल प्रौद्योगिकी नियंत्रण व्यवस्था (MTCR) का भारत 35वां सदस्य बना। जबकि चीन गत 12 सालों से इसकी सदस्यता हेतु प्रयासरत था लेकिन उसे अभी तक इसकी सदस्यता नहीं मिल पाई है। ऐसे ही अन्य अंतर्राष्ट्रीय संगठन NSG, वासेनार व्यवस्था तथा आस्ट्रेलियन समूह आदि का सदस्य बनने के लिए भारत प्रयासरत है जिसका अधिकांश विकसित, विकासशील देश तथा यूरोपीय संघ के देशों द्वारा समर्थन किया गया लेकिन कुछ कानूनी अड़चनों व चीन जैसे संकीर्ण सोच वाले देशों द्वारा भारत का समर्थन न दिए जाने के कारण भारत NSG का सदस्य नहीं बन सका। आज वैश्विक मंच पर 21वीं शताब्दी में 2008 में अमेरिकी राष्ट्रपति जॉर्ज डब्ल्यू. बुश ने भारत को अप्रत्यक्ष रूप से परमाणु शक्ति सम्पन्न राष्ट्र का दर्जा दिया। आज विश्व में शक्ति संतुलन बनाए रखने के लिए अमरीका जैसे विकसित देश तथा यूरोपीय संघ के देशों द्वारा भारत को तरजीह दिया जाने लगा है क्योंकि एशिया महाद्वीप में भारत एक उभरती हुई विश्व अर्थव्यवस्था है।[8] तथा विकसित देशों द्वारा अपने माल की खपत हेतु भारत एक अच्छा बाजार मिल रहा है। इसी कारण हम देख रहे हैं कि यूरोपीय संघ के अधिकांश देश भारत से सम्पर्क बढ़ाकर व्यापारिक संबंध स्थापित कर रहे हैं। वैसे तो यूरोपीय संघ देशों से भारत के प्राचीनकाल से ही व्यापारिक संबंध रहे हैं। विकसित तथा यूरोपीय संघ के देश विश्व स्तर पर अपनी मांगें मनवाने तथा

आतंकवाद, जलवायु परिवर्तन, परमाणु अप्रसार, निःशस्त्रीकरण जैसे अंतर्राष्ट्रीय मुद्दों पर आम सहमति बनाने हेतु भारत के माध्यम से उन शत्रु देशों पर दबाव बना रहा है, जिसका भारत प्रबलता से व पूर्ण क्षमता से निस्तारण करने में योगदान कर रहा है।

भारत की इस बढ़ती हुई वैश्विक भूमिका के लिए आवश्यक है कि अब UNO की सुरक्षा परिषद् में उसे उचित स्थान प्राप्त हो। इसके साथ ही भारत वर्तमान विश्व के प्रमुख संगठनों जैसे– G-20, ब्रिक्स, इब्सा, सार्क, आदि का प्रमुख सदस्य है तथा विश्व व्यवस्था के प्रबन्धन में महत्वपूर्ण भूमिका निभा रहा है। भारत गुट-निरपेक्ष आंदोलन के द्वारा भी वैश्विक मंचों पर विश्व में अपनी महत्वपूर्ण भूमिका अदा कर रहा है तथा विश्व में शक्ति संतुलन बनाने तथा लोकतांत्रिक मूल्यों को साकार रूप देने में प्रतिष्ठित भूमिका निभा रहा है।[9] निष्कर्षतः हम कह सकते हैं कि 21वीं सदी में भारत प्रमुख अंतर्राष्ट्रीय संगठनों का सदस्य बन कर तथा NSG सदस्य देशों से परमाणु असैन्य समझौता कर अपनी ऊर्जा आवश्यकताओं को पूर्ण कर पंख लगाएगा। जैसा कि विदित है कि जो देश भारत से परमाणु असैन्य समझौता नहीं करना चाहते थे वे भी देर-सवेर कानूनी अड़चनों में संशोधन कर समझौता कर रहे हैं। भारत अब तक NSG के 48 सदस्य देशों में से 13 देशों से परमाणु असैन्य सहयोग समझौता कर चुका है तथा ऐसे ही अन्य NSG सदस्य देश जैसे यूरोपीय संघ के देश समझौता करने की कतार में लगे हुए हैं। इससे जाहिर होता है कि भारत विश्व मंच पर अपनी आवाज एवं सक्षमता प्रकट कर चुका है।

भारत के लिए सुरक्षा परिषद् की सदस्यता का महत्व

UNO के चार्टर के अध्याय 5 में सुरक्षा परिषद् के गठन का वर्णन है। यह सुरक्षा परिषद का कार्यकारी अंग है तथा विश्व शांति व सुरक्षा के लिए मूल रूप से उत्तरदायी है। UNO के मूल चार्टर में सुरक्षा परिषद् के 11 सदस्य थे जिसमें 5 स्थायी तथा 6 अस्थायी सदस्य थे। 1965 में UNO के चार्टर को संशोधित करके अस्थायी सदस्यों की संख्या 6 से बढ़ाकर 10 कर दी गयी। अतः वर्तमान में इसमें 5 स्थायी तथा 10 अस्थायी सदस्य है जब UNO की स्थापना की गयी थी तब इसके सदस्यों की संख्या 51 थी जो कि वर्तमान 21वीं शताब्दी में UNO का लोकतांत्रीकरण का रूप नहीं है क्योंकि वर्तमान समय में UNO के सदस्यों की संख्या 193 हो चुकी है जो कि इस तर्क से सिद्ध होता है कि UNO की सुरक्षा परिषद का विस्तार किया जाना चाहिए तथा इस अंतर्राष्ट्रीय संगठन की प्रासंगिकता को बनाए रखने हेतु उसका उचित रीति से लोकतांत्रीकरण किया जाना आवयश्क है अन्यथा यह भी अंतर्राष्ट्रीय संगठन विश्व मंच पर अपनी साख खत्म कर चुका होगा। इस

अंतर्राष्ट्रीय संगठन के सशक्त दावेदारों में भारत भी एक प्रमुख देश है। भारत के अलावा G-4 के देश व अफ्रीका के देश भी प्रमुख हैं। इसके स्थायी 5 देश सदस्य हैं तथा अस्थायी सदस्यों का चुनाव महासभा द्वारा दो-तिहाई बहुमत से, दो वर्ष के लिए किया जाता है। 10 अस्थायी सदस्यों में 5 एशिया, अफ्रीका के देशों से एक पूर्वी यूरोप से, दो दक्षिण अमरीका से तथा शेष 2 पश्चिमी यूरोप व अन्य देशों से होते हैं।[10]

परिषद् के 5 स्थायी सदस्यों को वीटो प्राप्त है। इसका तात्पर्य यह है कि किसी भी महत्वपूर्ण मुद्दे पर फैसला लेने के लिए इन पांचों देशों सहित सुरक्षा परिषद के कुल 9 सदस्यों का समर्थन प्राप्त होना आवश्यक है। सुरक्षा परिषद के निर्णय दो-तिहाई बहुमत से लिए जाते हैं। यदि इन पांचों में से कोई सदस्य सहमत नहीं है तो सुरक्षा परिषद उस महत्वपूर्ण प्रश्न पर कोई फैसला नहीं ले सकती। गैर-महत्वपूर्ण प्रश्नों पर सुरक्षा परिषद किसी भी 9 सदस्यों की सहमति से फैसला ले सकती है। यहां यह उल्लेखनीय है कि कौन-सा महत्वपूर्ण है अथवा नहीं। यह फैसला करना भी सुरक्षा परिषद् का काम है तथा इसे महत्वपूर्ण प्रश्नों की श्रेणी में रखा गया है। इस प्रकार सुरक्षा परिषद् के स्थायी सदस्यों को दो बार वीटो की शक्ति का प्रयोग करने का अधिकार होता है। प्रथम बार यह फैसला करने के लिए कि अमुख प्रश्न महत्वपूर्ण है या गैर-महत्वपूर्ण है तथा दूसरी बार उस प्रश्न पर सुरक्षा परिषद् की कार्यवाही का विचार करते समय। इसे ही दोहरा वीटो या 'दोहरा निषेधाधिकार' कहा जाता है। इस प्रकार से भारत के सुरक्षा परिषद में महत्व को तीन बिन्दुओं से स्पष्ट किया जा सकता है–

1. शांति स्थापित करने वाले ढांचों को सशक्त करना
2. शांति के मूलभूत आधारों को मजबूत करने में तथा
3. शांति स्थापना की प्रत्यक्ष कार्यवाही में योगदान देने में और वैश्विक मुद्दों जैसे– आतंकवाद, पर्यावरण, जलवायु परिवर्तन, परमाणु निःशस्त्रीकरण तथा मानवाधिकार जैसे मुद्दों पर आम सहमति बनाने हेतु।

यूरोपीय संघ की एनएसजी में भूमिका एवं भारत

यूरोपीय संघ प्रमुखतया यूरोप में अवस्थित 28 स्वतंत्रत सदस्य देशों का आर्थिक और राजनीतिक संगठन है। इसका प्रमुख उद्देश्य समग्र यूरोपीय आर्थिक, राजनीतिक हितों का बेहतर प्रबन्ध करना है। यूरोपीय संघ का कुल क्षेत्रफल 43,24,782 वर्ग किमी. तथा इसकी कुल जनसंख्या 49,97,94,855 है। यूरोपीय संघ का क्षेत्र पूरा यूरोप नहीं है। चूंकि कुछ यूरोपीय देश जैसे स्विट्जरलैण्ड, नॉर्वे एवं सोवियत रूस

इसका हिस्सा नहीं है। कुछ सदस्य राष्ट्रों की भूमि क्षेत्र भी यूरोप का हिस्सा होते हुए भी संघ के भौगोलिक नक्शे में शामिल नहीं है। उदाहरण के तौर पर चेनल एवं फरोर द्वीप के हिस्से। वर्तमान में यूरोपीय संघ के 28 सदस्य देश जो हैं वे सभी के सभी देश परमाणु आपूर्तिकर्ता समूह (Nuclear Suppliers Group NSG) के वर्तमान में 48 सदस्यों में शामिल हैं। भारत के यूरोपीय संघ के देशों से प्राचीनकाल तथा वर्तमान समय में घनिष्ठ संबंध रहे हैं। इस कारण भारत वर्तमान समय में भी यूरोपीय संघ के देशों से घनिष्ठ संबंध बनाए रखना चाहता है। आज भारत अपनी वैश्विक परिस्थितियों तथा परमाणु ऊर्जा को ध्यान में रखते हुए यूरोपीय संघ से संबंध बनाए हुए है। सन् 2000 से वर्तमान समय तक भारत-यूरोपीय संघ के मध्य 13 शिखर सम्मेलन आयोजित किए जा चुके हैं। इन शिखर सम्मेलनों का प्रमुख उद्देश्य भी भारत व यूरोपीय संघ के देशों के मध्य राजनीतिक, आर्थिक, सांस्कृतिक तथा व्यापारिक संबंधों को प्रगाढ़ता प्रदान करना ही है।[11]

आज भारत परमाणु आपूर्तिकर्ता समूह (NSG) का सदस्य बनना चाहता है ताकि वह अपनी भावी परमाणु ऊर्जा आवश्यकताओं की पूर्ति कर सके। इसके लिए वह वैश्विक मंच पर NSG देशों का समर्थन प्राप्त करने हेतु यूरोपीय संघ के देशों को साथ लेकर विश्व मंच पर अपना समर्थन जुटाना चाहता है क्योंकि NSG के 48 सदस्य देशों में 5 देश संयुक्त राष्ट्र सुरक्षा परिषद के सदस्य देश हैं और शेष देश यूरोपीय संघ व अन्य महाद्वीपों से संबंधित है। यूरोपीय संघ के 28 देशों में से दो देश UNO की सुरक्षा परिषद् के स्थायी सदस्य हैं जो भारत का NSG सदस्यता हेतु प्रबल समर्थन कर रहे हैं इसके अलावा NSG के 48 देशों में से 38 देशों ने भारत की NSG सदस्यता हेतु प्रबल समर्थन किया है शेष 10 देशों ने भारत की सदस्यता का विरोध किया। इनमें से चीन ने भारत का प्रबल विरोध किया।

दुनिया का दूसरा सबसे ज्यादा आबादी वाला देश भारत सबसे तेजी से बढ़ती अर्थव्यवस्था वाले देशों में से एक है। वर्तमान वैश्विक परिदृश्य में भारत को एक बड़ी शक्ति के रूप में देखा जाने लगा है और इसे भविष्य की महाशक्ति माना जाता रहा है। यह अन्तर्राष्टीय स्तर पर भारत का बढ़ता हुआ प्रभाव ही है जिसने इसे वैश्विक मामलों में मुख्य भूमिका प्रदान कर दी है। विश्व के अनेक देशों के साथ भारतीय संबंधों का एक लंबा इतिहास रहा है और भारत को विकासशील देशों का मुखिया भी माना जाता है। भारत संयुक्त राष्ट्र संघ और NAM जैसे अन्तर्राष्ट्रीय संगठनों के संस्थापक सदस्यों में से एक है। वर्तमान में भारत इन दोनों संगठनों के अलावा कई अन्य अन्तर्राष्ट्रीय संगठनों जैसे WTO, G-8, सार्क, G-20, G-77 आदि का सक्रिय सदस्य भी है। शीतयुद्ध के दौरान भारत ने तटस्थ विदेश नीति

अपनाई और खुद को अमरीका व तत्कालीन सोवियत संघ की अगुवाई वाले दोनों शक्ति गुटों से अलग रखा। हालांकि जैसे-जैसे समय बीतता गया, सोवियत संघ के साथ भारत के संबंध गहरे होते गए और सोवियत संघ से बड़ी मात्रा में सैन्य सहायता उपलब्ध होने लगी। शीतयुद्ध के समाप्त होने से दुनिया के बहुत से देशों की विदेश नीति प्रभावित हुई। भारत भी इससे अछूता नहीं रहा। 90 के दशक के उत्तरार्द्ध में कई देशों खासकर पश्चिमी देशों के साथ भारत के संबंधों में अप्रत्याशित सुधार हुआ और राजनीतिक व आर्थिक स्तर पर अमरीका, चीन, यूरोपीय संघ, जापान, इजरायल, लेटिन अमरीका तथा आसियान देशों के साथ भारत के संबंध तेजी से बढ़े। वर्ष 2006 में अमरीकी राष्ट्रपति जॉर्ज डब्ल्यू. बुश की भारत यात्रा के दौरान भारत के साथ हुए असैन्य परमाणु समझौते और अक्तूबर 2008 में इसके कानून बन जाने की घटना ने भारतीय विदेश नीति की सफलता और सार्थकता सिद्ध कर दी। इसके साथ ही भारत का NSG देशों से सम्पर्क सूत्र के रूप में तथा परमाणु ऊर्जा की आपूर्ति के रूप में मार्ग प्रशस्त हुआ। इसके अलावा अफ्रीकी यूनियन, राष्ट्रमण्डल देशों, IAEA संगठन के देशों तथा अरब जगत के साथ भी भारत के संबंध प्रगाढ़ हुए।[12]

अंतर्राष्ट्रीय परमाणु ऊर्जा एजेंसी (International Atomic Energy Agency - IAEA)

अंतर्राष्ट्रीय परमाणु ऊर्जा अभिकरण (IAEA) संयुक्त राष्ट्र संघ (UNO) का विशिष्ट अभिकरण है इसकी स्थापना 29 जुलाई, 1957 में की गई।। वर्तमान में अन्तर्राष्ट्रीय परमाणु ऊर्जा अभिकरण के महानिदेशक हैं और वर्तमान में इसके कुल सदस्यों की संख्या 151 है। यह एजेंसी नाभिकीय ऊर्जा के क्षेत्र में विश्व का एक प्रमुख सहयोगी मंच है। 1957 में इसका गठन शांति के लिए परमाणु नारे के साथ किया गया था। यह एजेंसी सदस्य राष्ट्रों तथा कई भागीदार देशों के साथ मिलकर विश्व भर में सुरक्षित तथा शांतिपूर्ण नाभिकीय प्रौद्योगिकी को प्रोत्साहित करती है। इसका 35 सदस्यीय बॉर्ड ऑफ गवर्नस भी है।

- IAEA सचिवालय ऑस्ट्रिया के विएना इंटरनेशनल सेंटर में स्थित है।
- इसके परिचयात्मक तथा क्षेत्रीय कार्यालय जेनेवा (स्विट्जरलैण्ड), न्यूयॉर्क (USA), टोरन्टो (कनाडा) तथा टोकियो (जापान) में स्थित है।
- इस एजेंसी के महासचिव हैं साथ ही इसके 6 अन्य महासचिव भी हैं।
- IAEA तीन प्रमुख क्षेत्रों में कार्य करता है– सुरक्षा, विज्ञान तथा प्रौद्योगिकी सुरक्षा उपाय तथा प्रकाशन।

परमाणु आपूर्तिकर्ता समूह का उद्भव एवं विकासशील राष्ट्रों पर परमाणु परीक्षण की निगरानी

स्वतंत्रता के बाद 10 अगस्त, 1948 को डॉ. एच.जे. भाभा की अध्यक्षता में परमाणु ऊर्जा आयोग (AEC) की स्थापना की गयी जिसका उद्देश्य भारत में नाभिकीय ऊर्जा के क्षेत्र में अनुसंधान, विकास तथा अनुप्रयोग कार्यों का विकास करना था। सन् 1954 में नाभिकीय ऊर्जा विभाग (Department of Atomic Energy - DAE) की स्थापना की गई। परमाणु ऊर्जा आयोग (Atomic Energy Commission - AEC) अपनी नीतियों का क्रियान्वयन इसी विभाग द्वारा करता है। DAE के अधीन आज पांच शोध केन्द्र, चार पब्लिक सेक्टर अंडरटेकिंग्स, तीन इण्डस्ट्रियल ऑर्गेनाइजेशन हैं। यह सात शोध संस्थाओं की सहायता भी करता है।

परमाणु आपूर्तिकर्ता समूह (Nuclear Suppliers Group) का उद्भव तथा विकास

परमाणु आपूर्तिकर्ता समूह (NSG) एक बहुराष्ट्रीय संस्था है जिसका उद्देश्य आणविक शस्त्रों के उपयोग में आने वाले पदार्थों के निर्यात पर नियंत्रण स्थापित कर आणविक हथियारों के प्रसार पर नियंत्रण लगाना है। इसके साथ ही यह संस्था इन पदार्थों की सुरक्षा तथा बचाव के लिए विशेष कदम उठाती है आज से लगभग 42 साल पहले 18 मई, 1974 ई. में भारत द्वारा पोकरण में प्रथम परमाणु परीक्षण किए जाने के पश्चात् संयुक्त राज्य अमरीका की पहल पर इसका गठन लंदन सप्लायर क्लब (London Suppliers Club - LSC) के रूप में किया गया। भारत द्वारा PTBT पर हस्ताक्षर किए जाने क बाद 1968 की परमाणु अप्रसार संधि (NPT) के फलस्वरूप गैर परमाणु क्षमता सम्पन्न राष्ट्रों की परमाणु तकनीक के हस्तान्तरण का रास्ता खुल गया। बशर्ते कि ऐसे राष्ट्र इस तकनीक का प्रयोग अस्त्रों के विकास में न करने का संकल्प लें। इस बात को समझते हुए संधि के अन्तर्गत हस्तान्तरित तकनीकी का प्रयोग आणविक अस्त्रों के निर्माण के लिए हो सकता है। इस संधि पर हस्ताक्षर करने वाले अनेक परमाणु आपूर्तिकर्ता राष्ट्रों ने इस बात की आवश्यकता पर बल दिया है कि परमाणु तकनीक अथवा आपूर्ति के संबंध में कुछ ऐसे दिशा-निर्देश दिए जाने चाहिए जो सभी पर एक समान रूप से लागू हों तथा जिनमें इस बात का विस्तृत उल्लेख हो कि इन राष्ट्रों के साथ परमाणु व्यापार कैसे, कितना और किन परिस्थितियों में होना चाहिए? इन राष्ट्रों ने 1971 में संयुक्त रूप से एक समिति का गठन किया जिसे जैंगर समिति (Jainger Committee) के नाम से जाना जाता है जो इन पदार्थों एवं तकनीक के आयात से पहले IAEA के

निगरानी उपायों को लागू करें ऐसे साजो–सामान तथा तकनीकों की सूची को ट्रिगर लिस्ट नाम दिया गया है। यही नहीं जैंगर समिति ने प्रतिबंधित वस्तुओं की जो सूची तैयार की उसमें प्लूटोनियम आधारित हथियारों को भी शामिल किया गया।

सन् 1974 में भारत द्वारा किए गए परमाणु परीक्षण से सिद्ध हो गया कि शांतिपूर्ण उपायों के नाम पर प्राप्त की गयी परमाणु तकनीक एवं आपूर्ति का उपयोग परमाणु अस्त्रों के विकास के लिए किया गया। इसके प्रत्युत्तर में जैंगर समिति के बहुत से सदस्यों ने यूरोपीय संघ के प्रमुख देश फ्रांस के इस प्रस्ताव का जोरदार समर्थन किया कि गैर NPT राष्ट्रों के साथ परमाणु व्यापार पर कुछ हद तक नियंत्रण रखा जाना चाहिए। इन्हीं प्रयासों के फलस्वरूप अस्तित्व में आए राष्ट्रों के समूह को NSG नाम दिया गया, जिसका कार्य परमाणु व्यापार को नियंत्रित करना था। इस समूह ने मूलतः जैंगर समिति द्वारा बनाई गई नियंत्रित व्यापार के तहत आने वाली वस्तुओं की सूची में तकनीक को भी शामिल कर लिया। इस प्रकार समूह ने यह भी फैसला लिया कि परमाणु व्यापार पर यह नियंत्रण केवल गैर NPT राष्ट्रों पर ही नहीं अपितु उन राष्ट्रों के साथ परमाणु व्यापार के संदर्भ में भी लागू होगा जो इस संधि के सदस्य भी हैं।[13]

लंदन क्लब (London Club)

न्यूक्लियर सप्लायर ग्रुप (NSG) को लंदन क्लब भी कहा जाता है क्योंकि सभी समझौते लंदन में किए गए थे। 42 साल पहले भारत द्वारा पोकरण में किए गए प्रथम परमाणु परीक्षण के बाद अमरीका के नेतृत्व में लंदन सप्लायर्स क्लब का गठन किया गया था। इसके प्रारम्भिक सदस्य 7 थे जिनमें प्रमुख : अमरीका, सोवियत रूस, इंग्लैण्ड, फ्रांस, जर्मनी, जापान और कनाडा। 1976–77 में सदस्यों की संख्या बढ़कर 15 हो गयी। चीन NSG का सदस्य 2004 में बना। 2005 में इसके सदस्यों की संख्या 45 हो गयी। वर्तमान में 2016 तक NSG के सदस्य देशों की कुल संख्या 48 हो गयी। इस संगठन के अंतिम तीन सदस्य– आइसलैण्ड, मैक्सिको और सर्बिया बने हैं। भारत तथा अमरीका के बीच होने वाला असैन्य परमाणु समझौते से इस समूह यानि NSG पर दबाव बना हुआ है कि भारत को निर्यात होने वाली परमाणु सामग्री पर प्रतिबंध को समाप्त करे और अन्ततः 6 सितम्बर, 2008 को NSG द्वारा भारत को सहमति भी प्राप्त हो गयी। इससे पूर्व अंतर्राष्ट्रीय परमाणु ऊर्जा एजेंसी (IAEA) से भारत को अनुमति भी मिल गयी। इस कारण अब भारत यूरोपीय संघ के देशों का समर्थन प्राप्त कर NSG की सदस्यता प्राप्त करना चाहता है इस हेतु भारत कूटनीतिक रणनीति के द्वारा NSG का समर्थन प्राप्त कर उसकी सदस्यता प्राप्त करने हेतु प्रयासरत है।

खाड़ी युद्ध 1990 के पश्चात् ऐसे पदार्थों की सूची में उन पदार्थों का नाम भी जोड़ा गया है जिनका प्रयोग नागरिक एवं सैन्य दोनों उद्देश्यों के लिए किया जा सकता था। यह सूची 1992 में बनकर तैयार हुई जिस पर 26 देशों ने अपनी अनुमति दे दी। लंदन क्लब के गठन का उद्देश्य ऐसे देशों को परमाणु प्रौद्योगिकी सामग्री और उपकरण निर्यात करने पर प्रतिबंध लगाना था जो अपनी समग्र परमाणु गतिविधियां अंतर्राष्ट्रीय परमाणु ऊर्जा एजेंसी की निगरानी में नहीं लाते हैं। लंदन सप्लायर क्लब का निशाना विशेषतौर पर भारत ही था। अमरीका के तत्कालीन राष्ट्रपति जिम्मी कार्टर ने मोरारजी देसाई सरकार पर निगरानी के दायरे में आने का दबाव भी डाला। परमाणु ऊर्जा विभाग और कुछ बड़े नौकरशाहों के दबाव के कारण भारत निगरानी से बच गया। 1980 में जब इंदिरा गांधी फिर से सत्ता में आयी तो भारत का पूर्ण निगरानी में आने का सवाल ही नहीं रह गया था। उस समय तक भारत को पता चल गया था कि चीन की मदद से पाकिस्तान भी संवर्धित यूरेनियम आधारित परमाणु हथियार विकसित कर रहा है।

अमरीका को अफगानिस्तान में रूस के खिलाफ मुजाहिदीन अभियान में पाकिस्तान के सहयोग की जरूरत थी इसलिए उसने पाक को बम बनाने के प्रयासों की अनदेखी कर दी। यही नहीं जैंगर समिति ने प्रतिबंधित वस्तुओं की जो सूची तैयार की उसमें प्लूटोनियम आधारित हथियारों को भी शामिल किया गया। परिणामस्वरूप यूरेनियम आधारित परमाणु बम बनाने के लिए पाकिस्तान को पाश्चात्य देशों से प्रौद्योगिकीय उपकरण और सामग्री हासिल होती रही। यूरेनियम संवर्धन तथा दोहरे इस्तेमाल वाली प्रौद्योगिकी को निर्यात प्रतिबंध के दायरे में तब लाया गया जब यूरेनियम संवर्धन पर आधारित सद्दाम हुसैन की परमाणु प्रसार कोशिशों का खुलासा हो गया। इस दौरान लंदन क्लब का नाम बदलकर नाभिकीय आपूर्तिकर्ता समूह किया गया। उस समय तक पाक चीन से परमाणु प्रौद्योगिकी हासिल कर चुका था। इसके बाद 1992 में चीन और फ्रांस ने परमाणु अप्रसार संधि पर हस्ताक्षर किए।[14]

न्यूक्लियर सप्लायर ग्रुप क्या है? (What is Nuclear Suppliers Group - NSG)

1974 में भारत के द्वारा किए गए परमाणु परीक्षण के बाद न्यूक्लियर सप्लायर ग्रुप का गठन किया गया। NSG में 48 देशों को रखा गया है जो परमाणु हथियार और परमाणु प्रौद्योगिकी के व्यापार को संचालित करता है। इस ग्रुप में मौजूदा सभी देश एक दूसरे से परमाणु हथियारों व प्रौद्योगिकी में लगने वाले सामान का आयात निर्यात कर सकते हैं। उन्हें किसी भी लाइसेंस की जरूरत नहीं होगी लेकिन ग्रुप यह

सुनिश्चित करता है कि यह समान मानवहित के लिए उपयोग में लाया जाए न कि किसी हथियार या तोप के लिए। ग्रुप के मेम्बर इस परमाणु सप्लाई का उपयोग अपने देश की आर्मी में भी नहीं कर सकते हैं। 48 देशों के समूह में 5 परमाणु हथियार सम्पन्न देश हैं जिसमें यूनाइटेड स्टेट ऑफ अमेरिका (USA), यूनाइटेड किंगडम, फ्रांस, चीन व रूस है। बाकी 43 देश परमाणु अप्रसार संधि पर हस्ताक्षर करने वाले देश हैं। यह अमरीका के साथ असैन्य परमाणु करार था। 2008 में यह निष्कर्ष निकाला गया कि NSG के सदस्य के रूप में भारत के आवेदन को मान्यता दी जाए। भारत ने परमाणु आपूर्तिकर्ता सदस्य देशों की सदस्यता हेतु आवेदन 12 मई 2016 को किया। NSG ग्रुप में मौजूदा अगर कोई भी देश किसी देश की सदस्यता का विरोध करता है तो उसे इसमें शामिल नहीं किया जा सकता क्योंकि NSG में कोई भी निर्णय सर्वसम्मति से लिए जाते हैं।[15]

NSG गाइडलाइन (Nuclear Suppliers Group Guidelines)

NSG गाइडलाइन का उद्देश्य यह सुनिश्चित करता है कि शांतिपूर्ण उद्देश्यों के लिए परमाणु व्यापार, परमाणु हथियारों या अन्य परमाणु विस्फोटक उपकरणों का आयात-निर्यात हो। साथ ही यह सुनिश्चित करता है कि अन्तर्राष्ट्रीय व्यापार और परमाणु क्षेत्र में नए प्रयोगों में कोई परेशानी न आए। सप्लायर्स को एक ट्रिगर लिस्ट बनानी होगी, जिसमें न्यूक्लियर ट्रांसफर से जुड़े दिशा-निर्देश होंगे। इसमें भौतिक सुरक्षा, सुरक्षा उपायों, संवेदनशील निर्यात पर विशेष निमंत्रण, संवर्धन सुविधाओं के निर्यात के लिए विशेष व्यवस्थाओं के बारे में बताना होगा।[16]

तालिका संख्या 5.1
NSG सदस्य देशों की सूची

1. अर्जेंटीना	13. फ्रांस	25. माल्टा	37. स्पेन
2. ऑस्ट्रेलिया	14. ग्रीस	26. न्यूजीलैण्ड	38. दक्षिण अफ्रीका
3. ऑस्ट्रिया	15. आयरलैण्ड	27. नीदरलैण्ड	39. दक्षिण कोरिया
4. बेलारूस	16. आइसलैण्ड	28. नॉर्वे	40. चेकोस्लोवाकिया
5. बेल्जियम	17. इटली	29. पोलैण्ड	41. तुर्की
6. ब्राजील	18. जापान	30. पुर्तगाल	42. हंगरी
7. बुल्गारिया	19. कनाडा	31. रोमानिया	43. अमेरिका
8. चीन	20. कजाखिस्तान	32. रूस	44. बेलारूस
9. डेनमार्क	21. क्रोएशिया	33. स्वीडन	45. साइप्रस
10. जर्मनी	22. लाटविया	34. स्विट्जरलैण्ड	46. ब्रिटेन
11. एस्टोनिया	23. लिथुआनिया	35. स्लोवाकिया	47. कनाडा
12. फिनलैण्ड	24. लक्जेमबर्ग	36. स्लोवेनिया	48. चेक गणराज्य

भारत को NSG की सदस्यता क्यों चाहिए?

अभी भारत में न्यूक्लियर रिएक्टर को चलाने के लिए पर्याप्त मात्रा में यूरेनियम उपलब्ध नहीं है। देश में न्यूक्लियर रिएक्टर बढ़ाने के लिए हमें नियमित रूप से यूरेनियम का आयात चाहिए। अभी NSG का मेम्बर न होने की वजह से भारत बहुत से उत्पादों का आयात नहीं कर पाता है। अभी सिर्फ ऑस्ट्रेलिया व कनाडा के पास यह अधिकार है कि वह यूरेनियम NSG मेम्बर से अलग दूसरे देशों को भी दे सकता है। अगली पीढ़ी के रिएक्टरों की प्रौद्योगिकी के लिए यूरेनियम अधिक मात्रा में चाहिए। इसके लिए रूस व फ्रांस से भी बात की गई। लेकिन NSG ग्रुप द्वारा उन्हें ये अधिकार नहीं दिया गया है। कुछ महत्वपूर्ण बिन्दु निम्न हैं–

1. NSG की सदस्यता भारत को परमाणु शक्ति सत्यापित करेगी।
2. NSG की सदस्यता UNSC (United National Security Council) में भारत की दावेदारी मजबूत करेगी क्योंकि UNSC के सभी सदस्य और बाकी G-4 सदस्य NSG के सदस्य हैं।
3. भारत के पास यूरेनियम बहुत कम मात्रा में है और हमने देखा है कि NSG सदस्य देश आपस में ही नाभिकीय सामग्री का आयात-निर्यात करते हैं। इस प्रकार NSG की सदस्यता मिलने से भारत यूरेनियम जैसी नाभिकीय सामग्री का आयात कर सकेगा।
4. इससे भारत को स्वच्छ ऊर्जा का लक्ष्य पाने में मदद मिलेगी तथा 2030 तक 40 प्रतिशत बिजली गैर-परम्परागत ईंधन से मिल सकेगी।
5. क्षेत्र को विस्तार मिलेगा तथा परमाणु ऊर्जा निर्यात करने तथा न्यूक्लियर तकनीकी बेचने में सक्षम होगा।
6. साउथ एशिया में हम चीन की बराबरी पर आ जाएंगे। इससे हमारे NSG देशों से प्रगाढ़ संबंध स्थापित होंगे।[17]

NSG सदस्यता से भारत को होने वाले फायदे

जिस पद्धति का प्रयोग दवाई बनाने में होता है भारत अब न्यूक्लियर पावर प्लाण्ट बनाने में कर सकेगा। NSG का हिस्सा बनने के बाद भारत को दूसरे देश की अत्याधुनिक प्रौद्योगिकी से सीखने को मिलेगा जिससे भारत की प्रौद्योगिकी विकसित होगी। परमाणु केन्द्र द्वारा बिजली का उत्पादन आसान व अधिक मात्रा में होगा। मेम्बर बनने के बाद भारत को यह सुनिश्चित करना होगा कि वह उस ऊर्जा का

उपयोग अच्छे व स्वस्थ स्त्रोतों के लिए करेगा। यूरेनियम का नियमित आयात होने लगेगा। NSG मेम्बर को न्यूक्लियर रिएक्टर निर्यात किए जा सकते हैं। नवीनतम प्रौद्योगिकी के उपयोग के साथ भारत परमाणु ऊर्जा उपकरणों के उत्पादन का व्यावसायीकरण कर पाएगा। इससे आर्थिक व रणनीतिक लाभ होगा जैसे अभी भारत श्रीलंका से न्यूक्लियर एनर्जी के बारे में ट्रेनिंग देता है साथ ही उससे जुड़े उत्पाद का निर्यात करता है। अगर भारत को न्यूक्लियर पावर के लिए एडवांस टेक्नोलॉजी मिल जाती है तो विकसित नए न्यूक्लियर बनेंगे जिसे हम बांग्लादेश, श्रीलंका आदि को बेच सकते हैं। बांग्लादेश वर्तमान में विद्युत उत्पादन के लिए रूसी रिएक्टर खरीदने को देख रहा है। मिसाइल उपकरण का निर्माण आसान हो जाएगा। साथ ही भारत खुद इसे निर्मित करके अंतरिक्ष में छोड़ भी सकता है। उपग्रह छोड़ने की आजादी अभी तक भारत के पास नहीं है। न्यूक्लियर टेस्ट की आजादी से अपना खुद का पावर प्लाण्ट होगा जहां उद्योग और प्रोद्योगिकी संबंधित विकास मुमकिन हो जाएगा इससे मेक इन इण्डिया कैम्पेन को बड़ा फायदा मिलेगा। भारत को NSG मेम्बरशिप मिलने से पाकिस्तान का इस समूह में आना नामुमकिन हो जाएगा। यही वजह है कि चीन भारत की जगह पाकिस्तान के समर्थन में खड़ा है। चीन बोल रहा है भारत ने NPT पर हस्ताक्षर नहीं किया है जिससे इस ग्रुप का वह मेम्बर बनने के लायक नहीं है। चीन पावरगेम खेल रहा है वह चाहता है भारत बाहर रहे जिससे विकसित टेक्नोलाजी का प्रयोग भारत न सीख पाए।[18]

भारत के NSG सदस्य बनने में मुख्य अड़चनें

1. भारत NPT का गैर हस्ताक्षरकर्ता (Non-Signatory) देश है जो कि NSG में सदस्यता का प्रमुख पैमाना है।
2. भारत को एक नए अंतर्राष्ट्रीय परमाणु ऊर्जा एजेंसी (IAEA) रक्षा समझौते पर हस्ताक्षर करना होगा क्योंकि NSG में सदस्यता के बाद बहुत से आपूर्ति नियम आसान हो जाएंगे।
3. NSG की सदस्यता से भारत की Multi Alignment विदेशी नीति को झटका लगेगा क्योंकि 2005 में देखा गया था कि भारत ने IAEA में ईरान के नाभिकीय प्रोग्राम के खिलाफ वोट किया था।
4. भारत को अपने नाभिकीय सिद्धान्त में संशोधन करना पड़ेगा जो इसकी Minimum Credible Deferrence की नीति पर विपरीत असर डालेगी।
5. चीन और अन्य 9 देश भारत के पक्ष में नहीं हैं क्योंकि भारत NPT का हिस्सा नहीं है।[19]

भारत की NSG सदस्यता का विरोध करने वाले देश

NSG के 48 देशों में से 38 देशों ने भारत की सदस्यता का समर्थन किया जबकि शेष देशों ने विरोध किया जिनमें प्रमुख निम्न हैं– चीन, स्विट्जरलैण्ड, दक्षिण अफ्रीका, नॉर्वे, ब्राजील, ऑस्ट्रिया, न्यूजीलैण्ड, आयरलैण्ड तथा तुर्की। भारत के आवेदन पर विचार करने के लिए 48 सदस्यीय NSG की दो दिवसीय बैठक 9-10 जून, 2016 को ऑस्ट्रिया की राजधानी विएना में हुई। इसमें चीन ने भारत की दावेदारी का प्रबल विरोध किया।

चीन के विरोध का प्रमुख कारण– संवेदनशील परमाणु तकनीक के प्रसार पर नियंत्रण रखने वाले परमाणु आपूर्तिकर्ता देशों के समूह NSG में भारत के प्रवेश का विरोध करने वाले चन्द देशों का नेतृत्व चीन कर रहा है। 9-10 जून, 2016 विएना में भी चीन ने भारत की सदस्यता का विरोध करने वाले देशों की अगुवाई की जिनमें तुर्की, न्यूजीलैण्ड, आयरलैण्ड, दक्षिण अफ्रीका और आस्ट्रिया ने चीन के रुख का समर्थन किया। चीन हमेशा से NSG में भारत की सदस्यता का विरोध करता रहा है। उसका कहना है कि केवल परमाणु अप्रसार संधि (Non Proliferation Treaty - NPT) पर हस्ताक्षर करने वाले देशों को ही इस समूह की सदस्यता मिलनी चाहिए। चीन का यह भी कहना है कि यदि किसी तरह की रियायत देकर भारत को NSG की सदस्यता दी जाती है तो पाकिस्तान के विदेश मंत्री सरताज अजीज ने दक्षिण कोरिया जैसे देशों को फोन पर बातचीत कर कहा कि NSG सदस्यता के मामले में देशों को भेदभाव रहित रुख अपनाना चाहिए जिससे भारत और पाकिस्तान में भेद न किया जाए। वैसे पाकिस्तान के ट्रेक रिकॉर्ड को देखते हुए बहुत से यूरोपीय संघ व NSG देशों ने शामिल करने का विरोध किया क्योंकि पाकिस्तान के परमाणु कार्यक्रम के जनक कहे जाने वाले वैज्ञानिक अब्दुल कादिर खान ने ही परमाणु कार्यक्रम से जुड़े रहस्य उत्तरी कोरिया और ईरान जैसे देशों को बेच दिए थे।[20]

NSG में भारत की सदस्यता का समर्थन करने वाले देश

NSG के वर्तमान 48 देशों में से चीन सहित 10 विरोधी देशों को छोड़कर 38 देशों ने भारत का प्रबल समर्थन किया है। इन प्रबल समर्थक देशों में अमरीका, फ्रांस आदि प्रमुख हैं।

MTCR में भारत की सदस्यता तथा यूरोपीय संघ

सन् 2008 में अमेरिका से हुए असैन्य परमाणु करार के बाद से ही भारत अत्याधुनिक

मिसाइल, परमाणु और अन्तरिक्ष की तकनीकी से जुड़े 4 समूहों एनएसजी, एमटीसीआर, ऑस्ट्रेलिया ग्रुप और वेसनार व्यवस्था का सदस्य बनने की कोशिश में जुटा है। इस हेतु भारत इन समूहों के देशों को अन्तर्राष्ट्रीय स्तर पर अपनी उज्जवल छवि प्रकट कर घनिष्ट सम्बन्ध स्थापित कर रहा है। इन चारों समूहों में यूरोपीय संघ के 28 देशों की भी अहम् भूमिका है। भारत ने यूरोपीय संघ के देशों का समर्थन जुटाने हेतु चार साल के लम्बे अन्तराल के बाद 30 मार्च, 2016 में ब्रूसेल्स में 13वें शिखर सम्मेलन में भाग लिया तथा पारस्परिक सम्बन्धों को गति प्रदान की। 13वें भारत यूरोपीय संघ शिखर सम्मेलन में भारत की ओर से प्रधानमंत्री नरेन्द्र मोदी ने भाग लिया। वर्तमान समय में यूरोपीय संघ का प्रमुख देश फ्रांस एमटीसीआर की शर्तों और जिम्मेदारियों को स्वीकार करने सम्बन्धी सूचना संगठन के संचालक का अहम् उत्तरदायित्व सम्भाल रहा है। भारत के आवेदन पर सदस्य देशों द्वारा आपत्ति करने की दस दिनों की समय सीमा थी, 6 जून, 2016 को पूरी हो गई। जब 7 जून, 2016 को भारतीय प्रधानमंत्री ने वाशिगंटन में अमेरिका राष्ट्रपति बराक ओबामा से मुलाकात की, इस लिहाज से 34 सदस्यीय एमटीसीआर का सदस्य बनने की सभी औपचारिकताएं पूरी कर चुका था।

भारत औपचारिक तौर पर मिसाइल प्रौद्योगिकी नियंत्रण व्यवस्था का सदस्य बन गया। भारत के विदेश सचिव एस. जयशंकर ने दिल्ली में यूरोपीय संघ तथा MTCR के सदस्य देश फ्रांस, नीदरलैण्ड और लक्जेमबर्ग के राजदूतों की उपस्थिति में एमटीसीआर में शामिल होने वाले दस्तावेज पर हस्ताक्षर किए तथा 27 जून, 2016 को भारत MTCR का पूर्ण सदस्य बन गया। इसके बाद सियोल MTCR की पूर्ण बैठक में भारत NSG सदस्य की हैसियत से शामिल हुआ। चीन ने भी भारत से पहले मिसाइल प्रौद्योगिकी नियंत्रण व्यवस्था (Missile Technology Control Regine - MTCR) की सदस्यता प्राप्त करने हेतु सन् 2004 में आवेदन किया था। लेकिन पाकिस्तान, सऊदी अरब तथा कुछ अन्य देशों के साथ उसकी कमजोर नियति प्रक्रियाओं के सम्बन्ध में उठती रही आपत्तियों के कारण उसे प्रवेश से रोका जाता रहा है।

भारत ने हेग संविधान को भी माना : भारत ने MTCR की सदस्य प्राप्त करने हेतु जून 2016 में एमटीसीआर की पूरक 'हेग कोड ऑफ कंडक्ट अंगेस्ट बैलेस्टिक मिसाइल प्रोलिफरेशन' पर भी हस्ताक्षर किये। इसके तहत सदस्य देशों को बैलेस्टिक मिसाइल, अन्तरिक्ष यान आदि के परीक्षण प्रक्षेपण से पहले सूचना और सालाना जानकारी देनी होती है। MTCR में 2002 में बैलेस्टिक मिसाइल के अप्रसार के हेग समझौते को लागू किया गया इसकी सूची–1 के तहत 300 और 500

किलो से ज्यादा विस्फोट ले जाने वाली मिसाइल के निर्यात पर पाबन्दी है। निगरानी और हथियारों से लैस मानव रहित ड्रोन सिस्टम के बेचने पर भी रोक है।[21]

प्रक्षेपास्त्र प्रौद्योगिकी नियंत्रण व्यवस्था

इसे संक्षिप्त रूप में एमटीसीआर भी कहते हैं कई देशों का यह एक अनौपचारिक संगठन है जिसके पास प्रक्षेपास्त्र व मानव रहित विमान (ड्रोन) से सम्बन्धित प्रौद्योगिकी क्षमता है और जो इस फैसले को रोकने के लिए नियम स्थापित करते हैं। जून 2016 से पूर्व इसमें 34 देश शामिल थे। 27 जून, 2016 को भारत इसका 35वां पूर्ण सदस्य देश बन गया है। MTCR की स्थापना सन् 1987 में की गई। प्रारम्भ में इसमें G-7 के 7 देश– कनाडा, फ्रांस, जर्मनी, इटली, ब्रिटेन, जापान तथा अमेरिका इसके संस्थापक देश थे। एम.टी.सी.आर. का उद्देश्य, परमाणु जैविक और रासायनिक हमला करने में सक्षम बैलेस्टिक मिसाइल और मानव रहित यानों की बिक्री को रोकना है। वर्तमान में इसमें 35 देश हैं उनमें नियम बाध्यकारी नहीं हैं। वे स्वेच्छा से इसके नियमों का पालन करते है। इसके तहत सदस्य देशों को तकनीक हस्तान्तरण आसान होता है।[22] MTCR में भारत की सदस्यता को लेकर इटली विरोध कर रहा था। इटली के विरोध की मुख्य वजह उसके दो नौसैनिकों पर भारत में चल रहा हत्या का मुकदमा था लेकिन नौसैनिकों के इटली लौटने के फैसले के बाद इटली का रवैया भी नरम हुआ और भारत की राह आसान हो गयी।

नियंत्रण (Control) : गैर-सदस्यों को प्रक्षेपास्त्र व ड्रोनों से सम्बन्धित प्रौद्योगिकी खरीदने व बेचने दोनों में कठिनाइयां होती हैं। सदस्यों में यह आपसी नियम है कि यदि एक सदस्य किसी देश को तकनीक का उपकरण देने से मना कर दे तो हर अन्य सदस्य भी उस देश को मना कर देता है। अतः इसमें निर्णय सर्वसम्मति से लिया जाता है।

MTCR की सदस्यता का प्रावधान : इस संगठन में सम्मिलित होने के लिए यह आवश्यक है कि कोई भी वर्तमान सदस्य प्रस्तावित देश के लिए आपत्ति न जतलाये। अगर कोई भी सदस्य देश प्रस्तावित देश के आवेदन पत्र पर आपत्ति जतलाता है या आपत्ति उठाता है तो उसको सदस्य नहीं बनाया जा सकता। क्योंकि MTCR में निर्णय प्रक्रिया पूर्ण रूप से सर्वसम्मति पर आधारित होती है। सन् 2015 में भारत की सदस्यता पर इटली ने रोक लगा दी थी, हालांकि 2016 में भारत के विरुद्ध कोई आपत्ति न आने से उसकी सदस्यता का मार्ग सरल हो गया। चीन ने 2004 में MTCR की सदस्यता हेतु अर्जी रखी थी लेकिन पाकिस्तान, सऊदी अरब और कुछ अन्य देशों के साथ उसकी ढीली-ढाली निर्यात प्रक्रियाओं के सम्बन्ध में उठती रही आपत्तियों के कारण उसे रोका जाता रहा है। यह भारत के लिए अच्छा

रहा अन्यथा चीन MTCR का सदस्य होता तो NSG में भारत की सदस्यता की तरह यहां भी चीन विरोध करता और भारत MTCR का सदस्य भी नहीं बन पाता। MTCR में भारत की एन्ट्री को एक ऐसे अवसर के तौर पर देखा जाएगा जिससे भारत चीन को ब्लैकमेल करके NSG में सदस्यता ले सकता है अब भारत के पास मौका होगा कि वह चीन को MTCR में प्रवेश दे या न दे।[23]

MTCR के वर्तमान सदस्य देश[24]

27 जून, 2016 तक निम्नलिखित 35 देश इसके सदस्य हैं। भारत MTCR का 35वां सदस्य देश है। जो 27 जून, 2016 का सदस्य बना।

तालिका संख्या 5.2

MTCR **के वर्तमान सदस्य देशों की सूची**

1	फ्रांस	1987	13	स्पेन	1990	25	आइसलैण्ड	1993
2	इटली	1987	14	ऑस्ट्रेलिया	1990	26	ब्राजील	1995
3	जर्मनी	1987	15	ऑस्ट्रिया	1991	27	रूस	1995
4	इंग्लैण्ड	1987	16	फिनलैण्ड	1991	28	दक्षिण अफ्रीका	1995
5	अमेरिका	1987	17	न्यूजीलैण्ड	1991	29	पोलैण्ड	1997
6	कनाडा	1987	18	स्वीडन	1991	30	तुर्की	1997
7	जापान	1987	19	ग्रीस	1992	31	यूक्रेन	1998
8	बेल्जियम	1990	20	आयरलैण्ड	1992	32	चेक गणराज्य	1998
9	डेनमार्क	1990	21	पुर्तगाल	1992	33	दक्षिण कोरिया	2001
10	नीदरलैण्ड	1990	22	स्विट्जरलैण्ड	1992	34	बुल्गारिया	2004
11	लक्जेमबर्ग	1990	23	अर्जेन्टीना	1993	35	भारत	2016
12	नार्वे	1990	24	हंगरी	1993			

MTCR में शामिल होने से भारत को फायदे

अमेरिका के सहायक विदेश मंत्री (साउथ एण्ड सेंट्रल एशिया) निशा बिस्वाल ने कहा, कि भारत इस समूह में आने की शर्तें पूरी करता है अमेरिका राष्ट्रपति बराक ओबामा ने भारत की एन.एस.जी. दावेदारी का भी जोरदार समर्थन किया है। भारत परमाणु और मिसाइल तकनीकी के हस्तान्तरण और नियंत्रण से जुड़े चार अहम् समूहों में शामिल होने की कोशिश गत एक दशक से कर रहा है जिसमें

एन.एस.जी. तथा एम.टी.सी.आर. प्रमुख समूह हैं। भारत का एम.टी.सी.आर. में प्रवेश सदस्यता प्राप्त होने से क्या लाभ होगा इसके प्रमुख मायने निम्नलिखित हैं[25]:-

1. MTCR की स्थापना 1987 में हुई थी इसका उद्देश्य बैलेस्टिक मिसाइल और दूसरे मानव रहित डिलिवरी सिस्टम के प्रसार को सीमित करना था जिसका प्रयोग कैमिकल बॉयोलॉजिकल और न्यूक्लियर अटैक में हो सकता है।
2. इस समूह में दुनिया के मिसाइल निर्माता देश हैं इसका उद्देश्य 500 किलो वजन ले जाने वाले और कम से कम 300 किमी. दूरी तक मार करने वाले मिसाइल के निर्यात या किसी तरह के व्यापक नरसंहार के हथियारों की डिलीवरी पर अंकुश लगाना है। इसके सदस्य देशों को बैलेस्टिक मिसाइल से सम्बन्धित निर्यात नियंत्रण नीति लागू करनी होती है।
3. भारत अब हाई-एण्ड मिसाइल तकनीक और निर्मित हो रहे ड्रोन खरीद सकता है तथा शान्तिपूर्ण उद्देश्यों के लिए संवेदनशील तकनीक दूसरे देशों को दे सकेगा।
4. रूस के साथ मिलकर भारत सुपर सोनिक क्रूज मिसाइल ब्रह्मोस का निर्माण भी करता है। अब इसे अन्य देशों को बेचने की उम्मीद की जा सकती है। भारत सदस्य देशों से अत्याधुनिक मिसाइल तकनीक प्राप्त करेगा।
5. एम.टी.सी.आर. में अमेरिका, ब्रिटेन, जर्मनी, रूस, साउथ कोरिया, स्विट्जरलैण्ड और कनाडा जैसे 34 अहम् देश शामिल हैं भारत का 35वां नम्बर होगा। इस ग्रुप में चीन का अभी प्रवेश भी नहीं है।
6. एम.टी.सी.आर. में एंट्री से भारत का प्रेडेटर जैसे निगरानी ड्रोन खरीदने का सपना पूरा हो जाएगा।
7. एम.टी.सी.आर. के सदस्य देश ही एन.एस.जी. के कोर ग्रुप के सदस्य हैं। इस तरह से एम.टी.सी.आर. में भारत की एंट्री से एन.एस.जी. के लिए भारत एक कदम और आगे बढ़ा है तथा समूह में भारत की दावेदारी और अधिक प्रबल हुई है।
8. अमेरिका दौरे से पहले भारत ने एन.एस.जी. के लिए स्विट्जरलैण्ड से समर्थन प्राप्त कर लिया था मैक्सिको से भी समर्थन की पूरी उम्मीद है और अमेरिका ने तो भारत का खुलकर समर्थन किया है।

9. भारत ने वेस्टिंगहाउस के 6 परमाणु रिएक्टर (AP-1000) पर काम शुरू करने का वादा किया है।
10. एम.टी.सी.आर. में आने पर किसी देश को हथियार बेचने से पहले उसका मकसद और इच्छाओं को ध्यान में रखना होगा।
11. परमाणु अप्रसार के मामले में भारत की छवि पहले से और अधिक बेहतर होगी। अन्तरिक्ष से जुड़ी तकनीक भी भारत दूसरे देशों से प्राप्त कर सकेगा।

आस्ट्रेलिया समूह

आस्ट्रेलिया समूह एन.एस.जी. की तर्ज पर ही बना एक गैर औपचारिक समूह है जिसे एजी के नाम से भी जाना जाता है। यह रासायनिक व जैविक हथियारों पर नियंत्रण के लिए बनाया गया है, जिसका उद्देश्य निर्यातकर्ता राष्ट्रों या इससे संबंधित व्यापार से जुड़े हुए अन्य राष्ट्रों को जैविक तथा रासायनिक हथियारों के प्रसार सम्बंधित खतरे से बचाने की दिशा में कार्य करना है। इस समूह के सभी सदस्य देश कैमिकल बेपन कन्वेशन तथा बायोलॉजिकल वेपन कन्वेशन के भी सदस्य हैं यह समूह विश्व को जैविक तथा रासायनिक हथियारों से मुक्त करने के प्रति समर्पित है। वर्तमान में इसके 40 राष्ट्र एवं यूरोपीय संघ इस समूह के सदस्य हैं जिसमें 28 यूरोपीय संघ के सदस्य भी शामिल हैं।

1980 के पूर्वार्द्ध में संयुक्त राष्ट्र के एक निरीक्षण दल ने इस बात का पता लगाया कि इरान इराक युद्ध में इराक द्वारा 1925 के जेनेवा प्रोटोकॉल के नियमों के विरुद्ध रासायनिक हथियारों का प्रयोग किया गया और इराक ने इन हथियारों के निर्माण के लिए आवश्यक तकनीक एवं सामग्री गैर कानूनी रूप से प्राप्त की जिसके फलस्वरूप अनेक राष्ट्रों से अपने देश से ऐसे रसायनों के निर्यात पर प्रतिबंध लगा दिया जिनका उपयोग रासायनिक हथियारों के निर्माण में किया जा सकता है। इस समूह की नींव 1985 मे ब्रूसेल्स में आयोजित एक बैठक में पड़ी। आज भारत यूरोपीय संघ के देशों के समर्थन से इस वैश्विक अन्तर्राष्ट्रीय मंच का सदस्य बनना चाहता है। भारत को यह सदस्यता यूरोपीय संघ से मधुर संबंधों से ही मिल सकती है।[26]

वासेनार व्यवस्था जो पारम्परिक हथियारों पर नियन्त्रण से जुड़ी तकनीक व कारोबार पर निगरानी व सहयोग से जुड़ी हुई है, वर्तमान में इसके 41 सदस्य देश हैं जिसमें 27 यूरोपीय संघ के सदस्य देश हैं तथा विश्व के विकसित देश इसमें शामिल हैं। भारत भी सन् 2008 से इस संघ का सदस्य बनना चाह रहा है जिसका अधिकांश देश समर्थन कर रहे हैं। चीन जैसे कुछ देश विरोधी हैं।

अंतर्राष्ट्रीय मंच पर जी-8 में भारत-यूरोपीय संघ की उपादेयता

जी-8 एक अंतर्राष्ट्रीय मंच है जो विश्व की उभरती समकालीन समस्याओं तथा आर्थिक विकास, संकट प्रबंधन, वैश्विक सुरक्षा, ऊर्जा एवं आंतकवाद जैसे वैश्विक मुद्दों पर सदस्य देशों का ध्यान केन्द्रित करता है। जी-8 समूह विश्व के सर्वोच्च सम्पन्न औद्योगिक देशों का समूह है जिसमें फ्रांस, जर्मनी, इटली, यूनाइटेड किंगडम, जापान, संयुक्त राज्य अमरीका, कनाडा एवं रूस को शामिल किया गया है। विश्व मंच पर भारत भी अपनी बातों को सशक्त ढंग से प्रस्तुत करने हेतु जी-8 देशों के सदस्य देश के रूप में अपनी उपस्थिति दर्ज करता है। भारत के अलावा अन्य आउटरीच सदस्यों में ब्राजील, चीन, मैक्सिको और दक्षिणी अफ्रीका प्रमुख हैं। यह समूह विश्व के आठ प्रमुख औद्योगिक देशों को उच्चतम स्तर पर परामर्श और नीति समन्वय के लिए एकजुट करता है। इस समूह का मुख्य उद्देश्य प्रमुख आर्थिक और अन्तर्राष्ट्रीय राजनीतिक विषयों पर विचार-विमर्श करना तथा भावी रणनीति को विकसित करना है। ये देश दुनिया के सबसे अधिक औद्योगिक गतिविधियों वाले देश हैं। जी-8 का पहला शिखर सम्मेलन 15-17 नवम्बर, 1975 में पेरिस फ्रांस के नजदीक रेमबोनीलेट में आयोजित किया गया था। वर्तमान जी-8 सदस्य देशों का वैश्विक निर्यात 49 प्रतिशत, औद्योगिक आउटपिट में 51 प्रतिशत और अन्तर्राष्ट्रीय मुद्राकोष की परिसम्पत्तियों में 49 प्रतिशत हिस्सेदारी है। 24 मार्च, 2014 को रूस को यूक्रेन में क्रीमिया संकट में संलग्न होने के चलते समूह की सदस्यता से निलम्बित कर दिया है। यूरोपीय आयोग भी जी-8 की बैठकों में शामिल होता है।[28]

जी-8 समूह के गठन की प्रक्रिया नवम्बर, 1975 में शुरू हुई। जब फ्रांस के तत्कालीन राष्ट्रपति वेलारी गिस्कार्ड डी इंस्टेंग और जर्मन के तत्कालीन चांसलर व्हेलमेट शिमड्र ने तेल के बढ़ते मूल्यों से उत्पन्न संकट पर विचार करने के लिए संयुक्त राज्य अमरीका, ब्रिटेन, इटली और जापान को चेट्अऊ ऑफ रेमब्यूलेट (फ्रांस) की बैठक में सम्मिलित होने का निमंत्रण दिया। यह समूह जी-8 के नाम से विश्व के सबसे विकसित सरकारों के साथ मिलकर बना था। सन् 1976 में एक अन्य सदस्य कनाडा को सैन जुआन में आयोजित बैठक में शामिल किया गया है। इस सात देशों के समूह को औपचारिक रूप से जी-7 का नाम दिया गया। जो आज 21वीं शताब्दी में आर्थिक विकास, मुद्रास्फीति, बेरोजगारी, आतंकवाद जैसी व्यापक समस्याओं तथा विकसित देशों की अनेक अन्य समस्याओं पर विचार करने के लिए एक अन्तर्राष्ट्रीय मंच बन गया। बाद में इसने राजनीतिक विषयों पर भी चर्चा करना शुरू कर दी। मई, 1977 में लंदन में आयोजित शिखर सम्मेलन में यूरोपीय संघ

का एक प्रमुख अंग यूरोपीय समुदाय आयोग के अध्यक्ष ने भी हिस्सा लिया। जुलाई, 1984 में नेपल्स (इटली) में आयोजित 20वें शिखर सम्मेलन में रूस को समूह के 'आदि सदस्य' (Proto Member) के रूप में सम्मिलित किया गया। डेनबर (संयुक्त राज्य अमरीका) शिखर सम्मेलन, 1997 में रूस एक पूर्णकालिक सदस्य बन गया तथा जी–7 का नाम अब जी–8 हो गया। लेकिन रूस सिर्फ राजनीतिक वार्ताओं में भाग लेता है। आर्थिक मामलों में इसकी कोई भूमिका नहीं है। जी–8 का न कोई मुख्यालय है और न ही इसके लिए सदस्य राष्ट्रों द्वारा किसी प्रकार के बजट का कोई प्रावधान है। इसका पूरा खर्च वही देश उठाता है जो इसका आयोजन करता है और आयोजनकर्ता राष्ट्र ही इसका अध्यक्ष भी होता है।[29]

समूह–8 के अन्तर्गत सदस्य राष्ट्र यूरोपीय संघ का प्रतिनिधित्व भी करते हैं लेकिन इसे एक सदस्य या मेजबान के रूप में अभी शामिल नहीं किया गया है क्योंकि जी–8 समूह में 4 देश यूरोपीय संघ के मजबूत तथा सशक्त भागीदारी निभाने वाले देश जर्मनी, इटली, फ्रांस, ब्रिटेन शामिल हैं। जिन देशों से भारत के 15वीं शताब्दी से ही प्राचीनतम संबंध है, उस रीति का पालन करते हुए भारत आज भी 21वीं शताब्दी के इन चार यूरोपीय संघ के देशों से आर्थिक, राजनीतिक, व्यापारिक, सांस्कृतिक रूप से घनिष्ठ संबंध बनाए हुए है जैसा कि विदित है सन् 2000 से भारत–यूरोपीय संघ के मध्य शिखर वार्ताओं का दौर जारी है जिसमें अपने पारस्परिक मतभेदों को भुलाकर आपसी विकास तथा समस्याओं पर ध्यान केन्द्रित कर उन्हें सुलझाने पर बल दिया जाता है तथा अन्तर्राष्ट्रीय समस्याओं पर विचार–विमर्श कर विश्व का ध्यान वैश्विक मंचों पर आकर्षित करता है जिससे कि वैश्विक समस्याओं पर प्रबल जनसमर्थन प्राप्त कर उनका निस्तारण किया जा सके। आज प्रमुख वैश्विक समस्याओं में पर्यावरण प्रदूषण, जलवायु परिवर्तन, आंतकवाद, जैविक हमले, महामारी, परमाणु शस्त्रों का प्रसार आदि मुद्दों पर एकमत राय करने हेतु ये देश एकजुट हैं जिससे इन समस्याओं का निस्तारण भी संभव है। भारत भी अपने पड़ौसी देशों से विशेषकर पाकिस्तान, चीन से आंतकवाद जैसी गतिविधियों से पीड़ित है।[30]

जी–8 की स्थापना मूलतः आर्थिक मुद्दों पर विचार करने के लिए की गई थी। अतः यह अन्तर्राष्ट्रीय वित्तीय विषयों तथा प्रासंगिक बहुपक्षीय वित्तीय संस्थाओं विशेषकर अन्तर्राष्ट्रीय मुद्रा कोष के कार्य से घनिष्ठ रूप से जुड़ा हुआ है। जी–8 सदस्यों का विश्व बैंक, और अनेक अन्य आर्थिक संस्थाओं पर अत्यधिक वर्चस्व है तथा वे इन संस्थाओं की ऋण पद्धति को परिवर्तित कर सकते हैं। यह समूह मुक्त बाजार व्यवस्था, सरकारी अनियंत्रण पूरे विश्व की राजकोषीय और मौद्रिक नीति में

पारदर्शिता की वकालत करता है। अन्तर्राष्ट्रीय आर्थिक और मौद्रिक संस्थाओं पर बल देता है तथा अन्तर्राष्ट्रीय व्यापार में डब्ल्यू.टी.ओ. को मजबूत करने का पक्षधर है। इसी अर्थव्यवस्था को मुक्त बाजार अर्थव्यवस्था में परिवर्तन करने की प्रक्रिया में जी-8 की भूमिका अग्रणी रही है। इस कारण भारत भी जी-8 के सदस्य देशों से बराबर सम्पर्क बनाए हुए है तथा अपने समर्थ मुद्दों को वैश्विक मंच पर जी-8 देशों द्वारा प्रस्तुत करता रहा है। जो भारत की एक प्रमुख उपलब्धियों में एक है चाहे एन.एस.जी. सदस्यता का मुद्दा लें या सुरक्षा परिषद् की स्थायी सदस्यता का इन सभी मुद्दों में देर सवेर भारत को वैश्विक मंच के रूप में तरजीह दिया जाना आवश्यक हो जाएगा। इसमें यूरोपीय संघ के देशों की भी मुख्य भूमिका रहेगी।[31]

जर्मनी और फ्रांस के वर्चस्व वाले 28 सदस्यीय यूरोपीय संघ में अन्ततः होता वही है जो बिग ब्रदर यानि अमरीका चाहता है जैसाकि यूक्रेन संकट में सुनने में आया कि सबसे अधिक अमरीका ही चाहता है कि रूस को जी-8 से बाहर रखा जाए। जी-8 शिखर सम्मेलन मूलरूप से अमरीका और उसके घनिष्ठ मित्र देशों कनाडा, ब्रिटेन, जर्मनी, इटली, फ्रांस और जापान का गुट है एवं यह उन समस्याओं और संकटों पर विचार करने के लिए साल में एक बार बैठक करता है जिनका इन देशों की नजर में भारी अन्तर्राष्ट्रीय महत्व है। सम्मेलन के निर्णय न तो किसी संधि समझौते जैसे बाध्यकारी होते हैं और न ही वैसा कोई औपचारिक महत्व रखते हैं इसलिए भारत ने भी जी-8 में अमरीका की बिग ब्रदर जैसी नीति को ध्यान में रखकर सन् 2008 में अमरीका से बहुप्रतीक्षित एवं महत्वपूर्ण परमाणु असैन्य सहयोग समझौता किया और उसी का परिणाम है कि अमरीका के बाद जी-8 के तीन देशों से परमाणु असैन्य सहयोग समझौता कर चुका है जो कि भारत की भावी ऊर्जा जरूरतों तथा विकास की आवश्यकताओं की पूर्ति करेगा। सन् 2014 में अमरीका तथा जी-8 के सदस्य देशों ने रूस को यह कहकर बाहर कर दिया कि वह पूर्वी यूक्रेन के रूसी भाषी इलाके में अलगाववाद को हवा दे रहा है और क्रीमिया का अपने भीतर विलय कर अन्तर्राष्ट्रीय कानूनों की अनदेखी कर रहा है जबकि मूल समस्या यह थी कि यूरोपीय संघ के देश यूक्रेन को जल्द से जल्द अपने संघ में और अमरीका उसे अपने सैन्य गठबंधन में घसीटना चाहता था ताकि वहां अमरीका, रूस की नाक के नीचे परमाणु रॉकेट तैनात कर सके।

जी-8 के 41वें शिखर सम्मेलन के दौरान जर्मनी के तीन पूर्व जीवित चांसलर हेल्मुट श्मिट, हेल्मुट कोल और गेरहार्ड श्रीरडर किसी न किसी बहाने कई बार कह चुके हैं कि इस शिखर सम्मेलन में रूसी ही नहीं, चीनियों और भारतीयों को भी होना चाहिए। ये दोनों राष्ट्र भी इतने शक्तिशाली हो गए हैं कि यदि हम दुनिया को

व्यवस्थित करना चाहते हैं तो उन्हें बहुत देर तक बाहर नहीं रख सकते। जर्मनी के इन तीनों चांसलरों का कहना है कि यूक्रेन को 2014 के प्रारम्भ में यूरोपीय संघ और नाटो में घसीटने का जो नौसिखापन दिखाया गया उसका यही परिणाम होना था जो आज सबके सामने है। तीनों का मत है कि रूस को अलग-अलग करके यूक्रेन तो क्या यूरोप की किसी भी समस्या का स्थायी हल नहीं निकल सकता लेकिन यूरोपीय राजनेता इन तीनों वयोवृद्ध पूर्व चांसलरों को सठिया गया मानकर उनकी बातों पर ध्यान नहीं देते। जर्मन चांसलर का कहना था कि विभिन्न देश अपने विकास का रूप अब बदल रहे हैं। अकेले विकास और विकास की राह के बदले गुणवत्ता का सवाल अहम् होता जा रहा है। उनका कहना था कि चीन सहित सभी देश अब पहले की तुलना में धीमी विकास दर के साथ बढ़ रहे हैं इसलिए विकास गति ही अब 21वीं सदी में जी-8 की सदस्यता की कसौटी नहीं रही। उन्होंने यह कहा तो नहीं किन्तु अपनी बातों में हल्का-सा इशारा जरूर किया कि एक लोकतांत्रिक देश होने के नाते चीन की अपेक्षा भारत जी-8 के देशों को अधिक स्वीकार्य हो सकता है। फिलहाल इन देशों को समझना है कि भारत अभी अपनी राय तय करने में व्यस्त है।[32]

निष्कर्षतः आज विश्व परिदृश्य में भारत की अहम् भूमिका है इस भूमिका को स्वीकार करते हुए जी-8 के देशों को भी भावी भविष्य में इसके विस्तार हेतु इसमें भारत को निहायती तौर पर शामिल किया जाना आवश्यक है। जैसा कि इस मत की पुष्टि हेतु जर्मनी के तीन पूर्व चांसलर हेल्मुट श्मिट, हेल्मुट कोल और गेरहार्ड ने अपने विचार जापान में आयोजित 41वें शिखर सम्मेलन के पूर्व व्यक्त किए थे। भारत भी अपने इस बहुप्रतीक्षित और मंत्रमुग्ध करने वाले लक्ष्य की पूर्ति हेतु यूरोपीय संघ व जी-8 के देशों से लगातार निकट सम्पर्क सूत्र बनाए हुए है और वैश्विक मंचों पर भारत विकसित व विकासशील देशों का नेतृत्व करने के लिए उत्साहित है। भारत में वे सब क्षमताएं व गुणवताएं विकसित हो रही हैं जो जी-8 देशों के लिए आवश्यक हैं। साथ ही जी-8 के देश भी भारत की वैश्विक भूमिका को देखते हुए समर्थन दे रहे हैं और जिसमें दोनों का ही पारस्परिक हित निहित है।

वैश्विक मंच : जी-20 में भारत और यूरोपीय संघ

21वीं शताब्दी में अन्तर्राष्ट्रीय स्तर पर वैश्विक मंचों का नेतृत्व करने में महत्वपूर्ण भूमिका जी-20 की है जो कि विश्व की 20 प्रमुख अर्थव्यवस्थाओं के वित्त मंत्रियों और केन्द्रीय बैंक के गवर्नर्स का एक प्रमुख अन्तर्राष्ट्रीय संगठन है जिसमें 19 देश और यूरोपीय संघ शामिल हैं। यूरोपीय संघ का प्रतिनिधित्व यूरोपीय परिषद् के अध्यक्ष और यूरोपीय केन्द्रीय बैंक द्वारा किया जाता है। वर्तमान जी-20 उस मूल जी-20

से विकसित हुआ है जो सितम्बर 1999 में 1997 के पूर्वी एशियाई संकट के बाद 19 मुख्य अर्थव्यवस्थाओं तथा यूरोपीय संघ के वित्त मंत्रियों तथा सेन्ट्रल बैंक के गवर्नर के मंच के रूप में स्थापित किया गया था। मंच का सृजन उभरती हुई तथा विकासशील अर्थव्यवस्थाओं के साथ परामर्श व समन्वय को बढ़ाने के लिए 7 प्रमुख औद्योगिक देशों कनाडा, फ्रांस, जर्मनी, इटली, जापान, यूके तथा अमरीका की पहल पर सृजित किया गया था और यह महसूस किया गया था कि इसमें से कुछ प्रमुख देश वैश्विक आर्थिक मुद्दों से संबंधित चर्चाओं और निर्णयों में शामिल नहीं है। यद्यपि अन्तर्राष्ट्रीय वित्तीयन प्रणाली में उनका प्रभाव बढ़ रहा था। इस अन्तर्राष्ट्रीय मंच जी-20 में यूरोपीय संघ के कुछ सदस्य देश व्यक्तिगत रूप से भी भाग लेते हैं। इस संगठन का मुख्य उद्देश्य वैश्विक अर्थव्यवस्थाओं में प्रणालीबद्ध महत्वपूर्ण औद्योगिक और विकासशील अर्थव्यवस्थाओं को एक साथ लाने के लिए महत्वपूर्ण मुद्दों पर चर्चा की जाती है।[33]

25 सितम्बर, 1999 को अमरीका की राजधानी वाशिंगटन डीसी में सात प्रमुख देशों के संगठन जी-7 ने एक नया संगठन बनाने की घोषणा की। इसका मुख्य उद्देश्य औद्योगिक देशों के साथ-साथ उभरते बाजारों को आपस में जोड़ना था। इस अन्तर्राष्ट्रीय संगठन जी-20 में उभरती आर्थिक शक्तियों में भारत और चीन विशेष नाम हैं। इसके सदस्य देश हैं– चीन, अमरीका, दक्षिण अफ्रीका, अर्जेन्टीना, ऑस्ट्रेलिया, मैक्सिको, फ्रांस, कनाडा, सऊदी अरब, कोरिया, ब्राजील तथा यूरोपीय संघ। ये देश विश्व के आर्थिक उत्पादन के 85 प्रतिशत भाग तथा जनसंख्या के 60 प्रतिशत भाग का प्रतिनिधित्व करते हैं। जी-20 की पहली बैठक दिसम्बर, 1999 में जर्मनी स्थित बर्लिन में हुई थी। यह संगठन 75 फीसदी व्यापार पर भी कंट्रोल करता है। सितम्बर, 1999 में जी-7 देशों के वित्त मंत्रियों ने जी-20 का गठन कर एक ऐसे अन्तर्राष्ट्रीय मंच के तौर पर किया जो अंतर्राष्ट्रीय वित्तीय स्थिरता को बनाए रखने के साथ ब्रेटन वुड्स संस्थागत प्रणाली की रूपरेखा के भीतर आने वाले व्यवस्थित महत्वपूर्ण देशों के बीच अनौपचारिक बातचीत एवं सहयोग को बढ़ावा देता है। जी-20 का समूह अपने सदस्यों के अंतर्राष्ट्रीय आर्थिक सहयोग और कुछ मुद्दों पर निर्णय करने के लिए प्रमुख वैश्विक मंच है। इसमें 19 देश और 28 देशों का समूह यूरोपीय संघ शामिल है। जी-20 के नेता वर्ष में एक बार बैठक करते हैं। इसके अलावा वर्ष के दौरान देशों के वित्त मंत्री और केन्द्रीय बैंक के गवर्नर वैश्विक अर्थव्यवस्था को मजबूत बनाने, अन्तर्राष्ट्रीय वित्तीय संस्थानों में सुधार लाने, वित्तीय नियमन में सुधार लाने और प्रत्येक सदस्य देश में जरूरी प्रमुख आर्थिक सुधारों पर चर्चा करने के लिए नियमित रूप से बैठक करते रहते हैं। इन बैठकों के अलावा

वरिष्ठ अधिकारियों और विशेष मुद्दों पर नीतिगत समन्वय पर काम करने वाले कार्य समूह के बीच वर्षभर चलने वाली बैठकें भी होती हैं।[34]

जी–20 की शुरुआत 1999 में आए वित्तीय संकट के बाद वित्त मंत्रियों और सेन्ट्रल बैंक के गवर्नरों की बैठक के तौर पर हुई थी। वर्ष 2008 में जी–20 के नेताओं का पहला शिखर सम्मेलन आयोजित किया गया और समूह ने वैश्विक वित्तीय संकट का जवाब देने में महत्वपूर्ण भूमिका निभाई थी। इसकी निर्णायक व समन्वित कार्यवाही ने उपभोक्ता और व्यापार में भरोसा रखने वालों को शक्ति दी और आर्थिक सुधार के पहले चरण का समर्थन किया। वर्ष 2008 के बाद से अब तक इस वैश्विक मंच जी–20 के नेता 11 बार बैठक कर चुके हैं। जी–20 शिखर सम्मेलन में रोजगार के सृजन और मुक्त व्यापार पर अधिक जोर देने के साथ वैश्विक आर्थिक विकास को समर्थन देने के उपायों पर फोकस जारी है। प्रत्येक जी–20 अध्यक्ष हर वर्ष कई अतिथि देशों को आमंत्रित करता है। वैश्विक मंच जी–20 वित्तीय स्थिरता बोर्ड, अन्तर्राष्ट्रीय श्रम संगठन, अन्तर्राष्ट्रीय मुद्रा कोष, आर्थिक सहयोग एवं विकास संगठन, संयुक्त राष्ट्र संघ, विश्व बैंक और विश्व व्यापार संगठन के साथ मिलकर काम करता है। कई अन्य संगठनों को भी जी–20 की प्रमुख बैठकों में हिस्सा लेने के लिए आमंत्रित किया जाता है। वैश्विक मंच जी–20 का 11वां शिखर सम्मेलन 4–5 सितम्बर, 2016 को चीन के हांगझाउ शहर में आयोजित किया गया था। चीन में आयोजित बीस सबसे बड़ी अर्थव्यवस्थाओं वाले देशों का जी–20 शिखर सम्मेलन वर्ष 2016 में आयोजित किया गया। जो इस वैश्विक संगठन का 11वां शिखर सम्मेलन है। इस शिखर सम्मेलन में 20 सदस्य देशों के अलावा मेहमान प्रतिनिधि के रूप में 8 देश भी शामिल हुए। ये देश हैं– मिस्र, चाड़, कजाखिस्तान, लाओस, सेनेगल, स्पेन, सिंगापुर और थाईलैण्ड। वैश्विक संगठन जी–20 के वर्ष 2016 तक 11 शिखर सम्मेलनों का विवरण इस प्रकार से है[35] :–

इस प्रकार के अन्तर्राष्ट्रीय संगठन जी-20 का आगामी 12वां शिखर सम्मेलन 7-8 जुलाई, 2017 को हैम्बर्ग में होगा व 2018 में 13वां शिखर सम्मेलन ब्यूनर्स आयर्स में होना है तथा 14वां शिखर सम्मेलन 2019 में भारत में संभावित है।

वैश्विक मंच : जी-20 की प्रबंधन व्यवस्था

जी-20 की अध्यक्षता एक प्रणाली के तहत हर वर्ष बदलती है जो समय के साथ क्षेत्रीय संतुलन को सुनिश्चित करता है। अनौपचारिक राजनीतिक मंच की अपनी प्रकृति को दर्शाते हुए जी-20 का कोई स्थायी सचिवालय नहीं है। इसके बजाय अन्य सदस्यों के साथ जी-20 एजेन्डा पर परामर्श और वैश्विक अर्थव्यवस्था में हुए विकास

तालिका संख्या 5.3

जी-20 के सदस्य देशों की सूची

क्रम	तिथि	स्थान
1.	14-15 नवम्बर, 2008	वाशिंगटन, अमेरिका
2.	2 अप्रैल, 2009	लंदन, यूनाइटेड किंगडम
3.	24-25 सितम्बर, 2009	पीटसबर्ग, अमेरिका
4.	26-27 जून, 2010	टोरन्टो, कनाडा
5.	11-12 नवम्बर 2011	सियोल, दक्षिण कोरिया
6.	3-4 नवम्बर, 2011	रूस, फ्रांस
7.	18-19 जून, 2012	लॉस कॉबोस, मैक्सिको
	5-6 सितम्बर 2013	सेंट पीटसबर्ग, रूस
8.	5-6 नवम्बर, 2014	ब्रिसबेन, ऑस्ट्रेलिया
9.	15-16 नवम्बर, 2015	अंतालियो, तुर्की
10.	4-5 सितम्बर, 2016	हांगझाऊ, चीन

पर प्रतिक्रिया देने के लिए उन्हें एक साथ लाने की जिम्मेदारी जी-20 के अध्यक्ष की होती है। निरन्तरता सुनिश्चित करने के लिए अध्यक्षता को वर्तमान तत्काल अतीत और भविष्य के मेजबान देशों से बनी तिकड़ी का समर्थन मिलता है जैसे कि वर्ष 2015 में जी-20 की अध्यक्षता तुर्की ने की थी तुर्की के मेजबान वर्ष के दौरान जी-20 तिकड़ी के सदस्य थे– तुर्की, आस्ट्रेलिया और चीन। वार्षिक शिखर सम्मेलन की तैयारी वरिष्ठ अधिकारियों के जिम्मे होती है जिन्हें शेरपा कहा जाता है और जी-20 के नेताओं का प्रतिनिधित्व करते हैं। जी-20 नेतृत्व शिखर सम्मेलन की तैयारी में ऑस्ट्रेलिया कई बैठकें आयोजित कर रहा है जिनमें वित्त मंत्रियों, व्यापार, रोजगार मंत्रियों, शेरपाओं, वित्तीय उपाध्यक्षों तथा विषम विशिष्ट कार्यदलों की बैठकें शामिल हैं।[36]

11वें शिखर सम्मेलन की मुख्य बातें

1. जी-20 शिखर सम्मेलन का मुख्य एजेन्डा जलवायु परिवर्तन है।
2. इस सम्मेलन में अमरीकी राष्ट्रपति बराक ओबामा और चीनी राष्ट्रपति शी जिनपिंग ने 2015 में पेरिस में हुए संयुक्त राष्ट्र जलवायु परिवर्तन संधि को स्वीकार करने की अहम् घोषणा की।

3. जी–20 देशों के वैश्विक व्यापार को बढ़ावा देने के लिए साझा नीति तय की गई तथा कर चोरी के खिलाफ लड़ने के बारे में कहा गया।
4. राजकोषीय प्रोत्साहन और नवाचार के आर्थिक विकास को बढ़ावा देना तथा भगोड़े आर्थिक अपराधियों को सुरक्षित पनाह नहीं देना।
5. जी–20 शिखर सम्मेलन में पहली बार विकास के एंजेडे को 2030 तक अमल और अफ्रीकी व अल्प विकसित देशों में औद्योगीकरण को सामूहिक रूप से बढ़ावा देने पर जोर दिया गया।
6. इस सम्मेलन में आंतकवाद और आंतकवाद के वित्त पोषण के खिलाफ सख्त व्यवस्था बनाने की अपील की गई।
7. जी–20 देशों के नेताओं ने भ्रष्टाचार के मामलों में वांछित लोगों पर कार्यवाही के उच्च स्तरीय मानदण्डों पर सहमति जताई।
8. इस सम्मेलन में ही भ्रष्टाचार के खिलाफ जी–20 कार्य योजना 2017–18 बनाई गई।
9. 11वें शिखर सम्मेलन में भारत के प्रधानमंत्री नरेन्द्र मोदी ने काले धन का मुद्दा भी उठाया जो आज भी पूरी दुनिया के लिए एक भयंकर समस्या बना हुआ है। नीति आयोग के अध्यक्ष डॉ. अरविन्द पनगड़िया भारत के शेरपा थे।
10. वैश्विक अर्थव्यवस्था के जी.डी.पी. में वर्ष 2018 तक 2 प्रतिशत के अतिरिक्त वृद्धि करने का लक्ष्य रखा गया तथा दिशा में सतत काम करने की प्रतिबद्धता व्यक्त की।
11. जी–20 के शिखर सम्मेलन में शरणार्थी समस्या पर भी विचार–विमर्श किया गया तथा सभी देशों को इसका बोझ बांटना चाहिए की अपील की गयी। शरणार्थी समस्या का राजनीति समाधान खोजने पर भी बल दिया गया।[37]

इस प्रकार सम्मेलन में वैश्विक आंतकवाद के खिलाफ संयुक्त कार्यवाही करने और आंतक के वित्तीय स्रोतों को समाप्त करने का संकल्प व्यक्त किया गया। आंतकवाद की वैश्विक चुनौती से निपटने के लिए आपस में समन्वय बनाने, सूचनाओं के आदान–प्रदान करने तथा आंतकवादियों को जड़ से समाप्त करने को कहा गया। निष्कर्षतः जी–20 के माध्यम से वैश्विक मंच पर भारत को महत्वपूर्ण स्थान मिला है तथा भारत के यूरोपीय संघ के प्रमुख देश जर्मनी, फ्रांस, इटली और

ब्रिटेन से घनिष्ठ तथा माधुर्य सम्बन्ध स्थापित हुए हैं। जी-20 समूह आंतकवाद के सभी रूपों का एकजुट होकर मुकाबला करने के लिए प्रतिबद्ध है। भू-राजनीतिक परिस्थितियों में परिवर्तन से शरणार्थियों की संख्या बढ़ने के साथ आंतकवाद और संघर्षों से वैश्विक परिदृश्य भी जटिल हुआ है।

नाटो में यूरोपीय संघ तथा भारत को नाटो देश जैसा दर्जा

द्वितीय विश्व युद्ध के पश्चात् विश्व रंगमंच पर अवतरित हुई दो महाशक्तियों सोवियत संघ व अमरीका के बीच शीतयुद्ध का प्रखर विकास हुआ। फुल्टन भाषण व ट्रूमैन सिंद्धात के तहत जब साम्यवादी प्रसार को रोकने की बात कही गई तो प्रत्युत्तर में सोवियत संघ ने अंतर्राष्ट्रीय संधियों का उल्लंघन कर 1948 में बर्लिन की नाकेबंदी कर दी। इसी क्रम में यह विचार किया जाने लगा कि एक ऐसा संगठन बनाया जाए जिसकी संयुक्त सेनाएं अपने सदस्य देशों की रक्षा कर सकें। मार्च, 1948 में ब्रिटेन, फ्रांस, बेल्जियम, नीदरलैण्ड तथा लक्जेमबर्ग ने ब्रूसेल्स की संधि पर हस्ताक्षर किए। इसका उद्देश्य सामूहिक सैनिक सहायता व सामाजिक सहयोग था। साथ ही संधिकर्ताओं ने यह वचन दिया कि यूरोप में उनमें से किसी देश पर आक्रमण हुआ तो शेष सभी चारों देश हर संभव सहायता देंगे। इसी पृष्ठभूमि में बर्लिन की घेराबंदी और बढ़ते सोवियत प्रभाव को ध्यान में रखकर अमरीका ने स्थिति को स्वयं अपने हाथों में लिया और सैनिक गुटबंदी की दिशा में पहला अतिशक्तिशाली कदम उठाते हुए उत्तरी अंटलाटिक संधि संगठन अर्थात् नाटो की स्थापना की। संयुक्त राष्ट्र संघ के चार्टर के अनुच्छेद 15 में क्षेत्रीय संगठनों के प्रावधानों के अधीन उत्तर अटलांटिक संधि पर हस्ताक्षर किए गए। उसकी स्थापना 4 अप्रैल, 1949 को वाशिंगटन में हुई थी जिस पर 12 देशों ने हस्ताक्षर किए थे। ये देश थे– फ्रांस, बेलज्यिम, लक्जेमबर्ग, ब्रिटेन, नीदरलैण्ड, कनाडा, डेनमार्क, आइसलैण्ड, इटली, नार्वे, पुर्तगाल और संयुक्त राज्य अमेरिका। शीतयुद्ध की समाप्ति से पूर्व यूनान, टर्की, पश्चिमी जर्मनी, स्पेन भी सदस्य बने और शीतयुद्ध के बाद भी नाटो की सदस्य संख्या का विस्तार होता रहा। 1999 में मिसौरी सम्मेलन में पोलैण्ड, हंगरी, और चेक गणराज्य के शामिल होने से सदस्य संख्या 19 हो गयी। मार्च, 2004 में 7 नए राष्ट्रों को इसका सदस्य बनाया गया। फलस्वरूप सदस्य संख्या बढ़कर 26 हो गयी। इसके बाद दो सदस्यों को शामिल किए जाने के पश्चात् वर्तमान में इसके सदस्यों की संख्या 28 हो गयी है। इस संगठन का मुख्यालय बेल्जियम की राजधानी ब्रूसेल्स में है।[38]

नाटो जैसे संगठन में वर्तमान 21वीं सदी में 28 देशों में से यूरोपीय संघ के 21 देश शामिल हैं। 28 देशों के इस यूरोपीय संघ के देशों से भारत के निकट सम्पर्क

हैं जिनका वैश्विक मंचों पर भारत का समर्थन व हितों पर बल दिया जाता है इसलिए आज यूरोपीय संघ के 21 सदस्य देशों व अन्य देशों अमरीका सहित भारत को नाटो सदस्य देश जैसा दर्जा दिए जाने की कोशिश की जा रही है। गठन के शुरुआत के कुछ वर्षों में यह संगठन एक राजनीतिक संगठन से अधिक नहीं था लेकिन कोरियाई युद्ध ने सदस्य देशों के प्रेरक का काम किया और दो अमरीकी सर्वोच्च कमांडरों के दिशा-निर्देशन में एक एकीकृत सैन्य सरंचना निर्मित की गई। लार्ड इश्मे इसके पहले नाटो महासचिव बने जिनकी संगठन के उद्देश्य पर की गई टिप्पणी ''रुसियों को बाहर रखने, अमरीकियों को अंदर और जर्मनों को नीचे रखने खासी चर्चित रही।'' यूरोपीय और अमरीका के बीच रिश्तों की तरह ही संगठन की ताकत घटती-बढ़ती रही। इन्हीं परिस्थितियों में फ्रांस स्वतंत्र परमाणु निवारक बनाते हुए नाटो की सैनिक सरंचना से 1966 से अलग हो गया। 1989 में बर्लिन की दीवार गिरने के बाद संगठन का पूर्व की तरफ बाल्कन हिस्सों में विस्तार हुआ और वारसा संधि से जुड़े हुए अनेक देश 1999 और 2004 में इस गठबंधन में शामिल हुए। 1 अप्रैल, 2009 को अल्बानिया को एशिया के प्रवेश के साथ गठबंधन की सदस्य संख्या बढ़कर 28 हो गई। संयुक्त राज्य अमरीका में 11 सितम्बर, 2001 के आंतकवादी हमलों के बाद नई चुनौतियों का सामना करने के लिए नाटो नए सिरे से तैयार कर रहा है जिसके तहत सैनिकों की और इराक में प्रशिक्षकों की तैनाती की गई। इसी कड़ी में 2001 में भारतीय संसद पर हमला और मुम्बई में 2008 में हुई आंतकवादी हमले और यूरोपीय संघ के प्रमुख देश फ्रांस के पेरिस में 22 मार्च, 2016 में हुए हमलों को देखते हुए आज यूरोपीय संघ व नाटो देश भारत को भी इस संघ में नाटो देशों जैसा दर्जा देकर नाटो के उद्देश्य को और अधिक प्रबल व मजबूत बना रहे हैं। इसी तथ्य से यह सत्य साबित होता है कि आज 21वीं सदीं में वैश्विक व क्षेत्रीय मंचों पर भारत की अहमियत बढ़ रही है।[39]

बर्लिन प्लस समझौता नाटो और यूरोपीय संघ के बीच 16 दिसम्बर, 2002 को बनाने का एक व्यापक पैकेज है जिसमें यूरोपीय संघ को किसी अन्तर्राष्ट्रीय विवाद की स्थिति में कार्यवाही के लिए नाटो परिसम्पत्तियों का उपयोग करने की छूट दी गयी है बशर्ते नाटो इस दिशा में कोई कार्यवाही नहीं करना चाहता हो। नाटो के सभी सदस्यों की संयुक्त सैन्य खर्च दुनिया के रक्षा व्यय का 70 प्रतिशत से अधिक है जिसका संयुक्त राज्य अमरीका अकेले दुनिया के कुल सैन्य खर्च का आधा हिस्सा खर्च करता है और ब्रिटेन, फ्रांस, जर्मनी और इटली 15 प्रतिशत खर्च करते हैं। इस संदर्भ में आज यूरोपीय संघ के द्वारा अपनी स्वयं की एक नई सेना बनाने की चर्चा एक बार फिर से जोर पकड़ रही है ताकि यूरोपीय देशों की रक्षा मजबूती से की जा सके। यूरोपीय आयोग के अध्यक्ष ज्यां-क्लोंद जुंके ने यूरोपीय संसद में अपने

वार्षिक संबोधन 2016 में इस मुद्दे को काफी जोर-शोर से उठाया था। उनके अनुसार यूरो संघ से ब्रिटेन के बाहर निकलने के बाद यूरोपीय सुरक्षा की समस्या को हल करने का एक तरीका यूरो संघ के सदस्य देशों की सेनाओं का एकीकरण करना हो सकता है। जर्मनी की चांसलर एंजेला मर्केल, फ्रांस के राष्ट्रपति ओलांद तथा यूरो संघ के अन्य अनेक राजनीतिज्ञों ने भी यूरोपीय सेना बनाने के उनके इस विचार का समर्थन किया।[40]

भारत को नाटो देश जैसा दर्जा एवं अमरीका

21वीं सदी में भारत-अमरीका संबंध मधुरता तथा विस्तार की ओर बढ़ रहे हैं। इस परिप्रेक्ष्य में अमरीका तथा भारत के कई राष्ट्रीय व अन्तर्राष्ट्रीय मुद्दे हैं। इन्हीं में प्रमुख आंतकवाद, परमाणु ऊर्जा, पर्यावरण, जलवायु, व्यापारिक व आर्थिक संबंध प्रमुख हैं। भारत-अमरीका संबंधों की वजह से आज भारत यूरोपीय संघ तथा नाटो जैसे संगठन देशों से निकट सम्पर्क सूत्र में जुड़ने जा रहा है। अमरीका ऐसी महाशक्ति है जो अपने फायदे के लिए जितनी सिद्दत से अन्तर्राष्ट्रीय नियम कायदों को वैश्विक मंच पर बनवाता है उतनी ही आसानी से उनमें रदोबदल करने के लिए राजी भी हो जाता है। अमरीका के लिए राष्ट्रीय हित सर्वोपरि है। इसी से उसकी नैतिकता परिभाषित होती है। इतिहास गवाह है कि उनके राष्ट्रीय हित भी अलग-अलग दौर में बदलते रहे हैं। इसलिए जो बातें उसके राष्ट्रीय हितों से मेल नहीं खाती, उसमें उसे कोई नैतिकता नहीं दिखती। भारत को संयुक्त राष्ट्र सुरक्षा परिषद का स्थायी सदस्य बनाने में अमेरिका को अपना कोई राष्ट्रीय हित नहीं दिखा। इसलिए नैतिक और तार्किक मांग दरारों से अटकी पड़ी है लेकिन जब बात अमरीकी व्यापारिक हितों की हो तो उसका रवैया बेहद उदार और लचीला हो जाता है।

2008-09 में परमाणु करार को लेकर भारत के प्रति अमरीका ने ऐसी ही उदारता दिखाई थी तब अमरीका ने एक ओर भारत की परमाणु नीति के अप्रसार से जुड़े पहलुओं को मान्यता दी तो दूसरी ओर उसका इरादा परमाणु ऊर्जा उत्पादन से जुड़ी अमरीकी कम्पनियों के लिए भारत को एक प्रमुख व्यापारिक संभावनाओं के रूप में पेश करने का भी। इसलिए तब अमरीका ने भारत को परमाणु अप्रसार संधि से जुड़े होने के बावजूद वो सहूलियत दी थी जो किसी गैर एन.पी.टी. देश को नहीं मिली और इसी कारण भारत-अमरीका परमाणु असैन्य सहयोग समझौते को ऐतिहासिक सहयोग समझौते की संज्ञा दी। अब भारत को नाटो के सदस्य देशों जैसा दर्जा देने की तैयारी है परमाणु करार की तरह इसके लिए भी अमरीकी कांग्रेस से मंजूरी लेने के लिए बाकायदा एक प्रस्ताव पेश किया गया है।

इस प्रस्ताव को अमरीका ने भारत रक्षा तकनीक और साझेदारी कानून संशोधन के लिए पेश किया। इसमें भारतीय मामलों की उपसमिति के उपप्रभारी सांसद जॉर्ज हेल्डिंग ने पेश किया ताकि भारत को नाटो देशों जैसे साझेदारी की तरह हथियारों और रक्षा तकनीकी खरीदारी में बराबरी का दर्जा दिया जा सके। प्रस्तावित संशोधन को कांग्रेस की मंजूरी मिलने के बाद अमरीका की नजर में भारत को उन 28 देशों के समकक्ष माना जाएगा जो नाटो संधि से परस्पर जुड़े हुए हैं जिन्हें अमरीका से रक्षा तकनीक और हथियार आदि खरीदने में कम झंझट झेलना पड़ता है। कहने को तो यह बातें भारत अमरीका रक्षा सहयोग और आपसी हितों को बढ़ावा देने के इरादे से की जा रही हैं लेकिन इसका वास्तविक उद्देश्य अमरीकी रक्षा उद्योग को सहूलियत देने का ज्यादा है और भारत को दोस्ती का तोहफा देने का कम। भारत से दोस्ताना ताल्लुकात रखने को लेकर अमरीका की नजर हमेशा व्यावसायिक ही रही है इसलिए अमरीका हमारे तमाम विरोधों के बावजूद पाकिस्तान को सैनिक सहायता देता रहा है। अभी सितम्बर–अक्तूबर 2016 में अमरीका से सूचना मिली है कि उसने पाकिस्तान को आठ फाइटर लड़ाकू विमान देने का फैसला कर लिया है।[41]

यह कौन नहीं जनता कि लडाकू विमानों से पाकिस्तान अपने आंगन में फलफूल रहे आंतकवाद से लड़ेगा या वक्त आने पर भारत के खिलाफ ही उसका प्रयोग होगा। इससे बड़ा हास्यास्पद और क्या हो सकता है कि एक ओर अमेरिका दुनिया से विश्व मंच से आंतकवाद मिटाने की बात करता है और दूसरी ओर पाकिस्तान में चल रहे आंतकवादी कारखानों को कुपोषण से बचाने के लिए वहां की सरकार को 70 करोड़ डॉलर की फौजी मदद देता है। यह कोई अनोखी बात नहीं थी। अमरीकी दोगलेपन के किस्सों से इतिहास भरा पड़ा है लेकिन इसमें भी कोई शक नहीं कि भारत को नाटो देशों जैसा दर्जा देने की पहल यह बताती है कि पुराना दौर अब नहीं रहा है। अमेरिकी रक्षा सचिव एस्टन कार्टर भारतीय दौरे पर आए और निश्चित तौर पर भारत अमरीका रक्षा सहयोग के नाम पर दोनों देशों के नाम पर कई संवेदनशील करार करेंगे ताकि अमरीका के रक्षा उपकरणों और हथियारों के निर्माण से जुड़ी कम्पनियों को नया व्यवसाय मिल सके। अमेरिकी व्यापार और कमाई बढ़ सके। इसलिए एस्टन कार्टर के भारत आगमन के पहले आर्म्स एक्सपोर्ट कन्ट्रोल एक्शन में संशोधन किया जा रहा है। वस्तुतः भारत में हथियार खरीदने की प्रक्रिया में कई बार अमेरिकी कम्पनियों को झटका झेलना पड़ा। भारतीय रक्षा खरीद के लिए होने वाले ग्लोबल टेंडरों में अमेरिकी कम्पनियां अक्सर पिछड़ जाती हैं क्योंकि इजरायल, फ्रांस, रूस तथा तमाम यूरोपीय निर्माताओं के मुकाबले अमेरिकी सामान की हल्की क्वालिटी का दाम ज्यादा होता है।

इस कारण अमेरिका ने अपनी हथियार निर्माता कम्पनियों की मदद करने के लिए कानून को संशोधित करने का रास्ता चुना है। अमेरिकी कम्पनियों की यह शिकायत थी कि उन्हें भारत से सौदा करते वक्त अपने ही देश में बहुत सारी मंजूरी की जरूरत पड़ती है। इस प्रक्रिया में काफी वक्त लगता है। लिहाजा अमरीकी सरकार इस समस्या को खत्म करवाए। इसी जरूरत को पूरा करने के लिए संसदीय समिति ने प्रस्ताव रखा कि भारत को नाटो जैसे मित्र देश का दर्जा दिया जा सकता है। नाटो का हिस्सा नहीं होने के कारण भारत ऐसी हैसियत का हकदार नहीं हो सकता। इसलिए अब कानून बनाकर भारत का स्टेप्स बदला जा रहा है और अमेरिका की नजर में उसकी हैसियत ऊंची हुई है। वस्तुतः गत एक दशक में भारत और अमेरिका के बीच आर्थिक सहयोग ने नई ऊंचाइयां हासिल की हैं। अमरीका अच्छी तरह से जानता है कि पाकिस्तान को लगातार मिल रही अमरीकी सैनिक सहायता को लेकर बहुत नाराजगी व्यक्त की जाती है इसलिए अमरीकी कांग्रेस में संशोधन लाते वक्त सांसद जॉर्ज होल्डिंग ने ऐसी बातें भी कही जिससे भारत खुश हो सके। जॉर्ज होल्डिंग ने पाकिस्तान को लड़ाकू विमान देने के ओबामा प्रशासन के फैसले पर विरोध जताया कि मैं नहीं जानता कि ऐसी बिक्री से हमारी राष्ट्रीय सुरक्षा का दक्षिण एशिया की सुरक्षा या हमारे साझेदारों में से किसे फायदा होगा। प्रश्न यह भी है कि पाकिस्तान ने ऐसा क्या आचरण किया है कि जिससे यह माना जाए कि उसे अमरीकी करदाताओं के पैसों से मदद करना जरूरी है इसलिए मैंने हमेशा ऐसे रक्षा सौदों का विरोध किया।

अमेरिकी बयानबाजी जो भी हो लेकिन जमीनी हकीकत किसी से छिपी नहीं है। ऐसा नहीं है कि भारतीय राजनीतिकारों को अमेरिका के दोमुंहेपन का एहसास नहीं है। इस कारण नाटो के सदस्य देश जैसे दर्जे को लेकर भारत ने कोई उत्साह नहीं दिखाया। वैसे भी नाटो की असली ताकत उस समझौते में है जो कहता है कि किसी भी नाटो देश पर होने वाला हमला सभी सदस्य देशों पर हमला माना जाएगा। अब चूंकि भारत नाटो का सदस्य नहीं है इस कारण नाटो का दर्जा हमारे लिए तोहफा नहीं हो सकता। यह विशुद्ध रूप से अमेरिका अपना हित साधने के लिए ही कर रहा है। वस्तुतः इससे हमें कोई नुकसान भी नहीं है। फायदा सिर्फ इतना हो सकता है कि परमाणु करार के बाद इस दर्जे से पाकिस्तान कुछ विरोधी तेवर दिखाए।[42]

नाटो की स्थापना के कारण व उद्देश्य

1. द्वितीय विश्व युद्ध के बाद सोवियत संघ ने पूर्वी यूरोप से अपनी सेनाएं हटाने से इंकार कर दिया और वहां साम्यवादी शासन की स्थापना का

प्रयास किया। अमरीका ने इसका लाभ उठाकर साम्यवादी विरोधी नारा दिया और विश्व व यूरोपीय देशों को साम्यवादी खतरे से सावधान किया। फलतः यूरोपीय देश एक ऐसे संगठन के निर्माण हेतु तैयार हो गए जो उनकी सुरक्षा करे।

2. द्वितीय विश्व युद्ध के दौरान पश्चिमी यूरोपीय देशों ने अत्यधिक नुकसान उठाया था। अतः उनके आर्थिक पुनर्निर्माण के लिए अमेरिका एक बहुत बड़ी आशा थी। ऐसे में अमेरिका द्वारा नाटो की स्थापना का उन्होंने समर्थन किया। नाटो की स्थापना का प्रमुख उद्देश्य सोवियत संघ के पश्चिमी यूरोप में तथाकथित विस्तार को रोकना तथा युद्ध की स्थिति में लोगों को मानसिक रूप से तैयार करना।
3. नाटो यूरोप पर आक्रमण के समय अवरोध की भूमिका निभाएगा तथा पश्चिमी यूरोप के देशों को एकसूत्र में संगठित करना मुख्य उद्देश्य था।
4. नाटो का एक प्रमुख उद्देश्य सैन्य तथा आर्थिक विकास के लिए अपने कार्यक्रमों द्वारा यूरोपीय राष्ट्रों के लिए सुरक्षा क्षेत्र प्रदान करना।
5. इस प्रकार नाटो का उद्देश्य स्वतंत्र विश्व की रक्षा के लिए साम्यवाद के प्रसार को रोकने के लिए और यदि संभव हो तो साम्यवाद को पराजित करने के लिए अमेरिका की प्रतिबद्धता माना गया।

नाटो की भूमिका व प्रभाव

1. नाटो के स्वरूप व उसकी भूमिका को उसके संधि प्रावधानों के परिदृश्य में समझा जा सकता है। संधि के प्रारम्भ में ही कहा गया है कि हस्ताक्षरकर्ता राष्ट्र सदस्य देशों की स्वतंत्रता, ऐतिहासिक विरासत, वहां के लोगों की सभ्यता, लोकतांत्रिक मूल्यों, व्यक्तिगत स्वतंत्रता और कानून के शासन की रक्षा की जिम्मेदारी लेंगे। एक दूसरे के साथ सहयोग करना इन राष्ट्रों का कर्तव्य होगा। इस तरीके से यह संधि एक सहयोगात्मक संधि का स्वरूप लिए हुए थी।
2. सोवियत संघ ने नाटो को साम्राज्यवादी और आक्रामक देशों के सैनिक संगठन की संज्ञा दी और इसे साम्यवाद विरोधी स्वरूप वाला घोषित किया।
3. संधि प्रावधान के अनुच्छेद 5 में कहा गया कि संधि के किसी एक देश या एक से अधिक देशों पर आक्रमण की स्थिति में इसे सभी हस्ताक्षरकर्ता

देशों पर आक्रमण माना जाएगा और संधिकर्ता सभी राष्ट्र एकजुट होकर सैनिक कार्यवाही के माध्यम से इस स्थिति का मुकाबला करेंगे।

4. इतिहास में पहली बार पश्चिमी यूरोप की शक्तियों ने अपनी कुछ सेनाओं को स्थायी रूप से एक अन्तर्राष्ट्रीय सैन्य संगठन की अधीनता में रखना स्वीकार किया।

5. द्वितीय महायुद्ध से जीर्ण-शीर्ण यूरोपीय देशों को सैन्य सुरक्षा का आश्वासन देकर अमरीका ने इससे दोनों देशों को ऐसा सुरक्षा क्षेत्र प्रदान किया जिसके नीचे वे स्वतंत्र होकर अपने आर्थिक व सैन्य विकास कार्यक्रम पूरा कर सकें।

6. पश्चिमी यूरोप की सुरक्षा के तहत बनाए गए नाटो संगठन ने पश्चिमी यूरोप के एकीकरण को बल प्रदान किया। इसने अपने सदस्यों के मध्य अत्यधिक सहयोग की स्थापना की। इस प्रकार नाटो के गठन से अमरीकी पृथक्करण की नीति समाप्त हुई।

7. नाटो के गठन ने शीतयुद्ध को बढ़ावा दिया। सोवियत संघ ने इसे साम्यवाद के विरोध में दर्ज और प्रत्युत्तर में वारसा पैक्ट नामक सैन्य संगठन बनाकर पूर्वी यूरोपीय देशों में अपना प्रभाव जमाने की कोशिश की।

8. नाटो ने अमरीकी विदेश नीति को भी प्रभावित किया। उनकी वैदेशिक नीति के खिलाफ किसी भी तरह के वाद प्रतिवाद को सुनने के लिए तैयार नहीं रही और नाटो के माध्यम से अमेरिका का यूरोप में अत्यधिक हस्तक्षेप बढ़ा।

9. यूरोप में अमेरिका के अत्यधिक हस्तक्षेप ने यूरोपीय देशों को यह सोचने के लिए बाध्य किया कि यूरोप की सामाजिक, आर्थिक समस्याओं का समाधान यूरोपीय दृष्टिकोण से हल किया जाना चाहिए। इस दृष्टिकोण ने यूरोपीय समुदाय अर्थात् यूरोपीय संघ के गठन का मार्ग प्रशस्त किया।[43]

वैश्विक मंच : विश्व व्यापार संगठन तथा भारत

1947 में अपनी स्वतंत्रता के बाद से, भारत ने अधिकांश देशों के साथ सौहार्दपूर्ण संबंध बनाए रखा है। वैश्विक मंचों पर भारत सदा सक्रिय रहा है। 1990 के बाद आर्थिक तौर पर भी भारत ने विश्व को प्रभावित किया है सामरिक तौर पर भी भारत

ने अपनी शक्ति को बनाए रखा है और विश्व शांति में यथासंभव योगदान करता रहा है। पाकिस्तान व चीन के साथ भारत के संबंध कुछ तनावपूर्ण अवश्य हैं, किन्तु रूस के साथ सामरिक संबंधों के अलावा भारत का इजरायल, फ्रांस व यूरोपीय संघ के साथ विस्तृत रक्षा व्यापार, परमाणु ऊर्जा तथा पर्यावरण से संबंधित संबंध है। भारत के विश्व के अधिकतर देशों के साथ औपचारिक राजनयिक संबंध हैं। जनसंख्या की दृष्टि से यह दुनिया का दूसरा बड़ा देश है। भारत दुनिया का सबसे बड़ा लोकतंत्रात्मक व्यवस्था वाला देश भी है और इसकी अर्थव्यवस्था विश्व की बढ़ती अर्थव्यवस्थाओं में से एक है।

भारत विश्व व्यापार संगठन का प्रारम्भिक सदस्य रहा है। भारत ने अपने तथा विकासशील देशों के हितों की रक्षा के लिए विश्व व्यापार संगठन में वैश्विक स्तर पर महत्वपूर्ण भूमिका निभाई है। भारत ने कृषि, श्रम, पर्यावरण, मानव अधिकार एवं सब्सिडी एवं विकासशील देशों के पक्ष में वैश्विक जनमत तैयार किया है। भारत ने विश्व व्यापार संगठन एवं भूमण्डलीकरण का विरोध नहीं किया है बल्कि भारत ने भूमण्डलीकरण के सर्वसमावेशी बनाने पर बल दिया। भूमण्डलीकरण केवल विकसित देशों के लाभ के लिए संचालित नहीं होना चाहिए बल्कि इसका लाभ सभी देशों को प्राप्त होना चाहिए।

भूमण्डलीकरण की प्रक्रिया को आगे बढ़ाने के लिए विश्व व्यापार संगठन की 1 जनवरी, 1995 को स्थापना की गई। जैसा कि वैश्विक मंच के तौर पर भारत ने 1950 के दशक में अफ्रीका और एशिया में यूरोपीय उपनिवेशों की स्वतंत्रता का समर्थन किया और गुट निरपेक्ष आंदोलन में एक अग्रणी भूमिका निभाई, उसी प्रकार से आज भारत 21वीं सदी में वैश्विक मंच पर विकसित व विकासशील देशों के मध्य WTO के जरिए विकासशील देशों का नेतृत्व कर महत्वपूर्ण भूमिका निभा रहा है।[44]

विश्व व्यापार संगठन का गठन वर्तमान वैश्विक अर्थव्यवस्था में बढ़ते व्यापार के नियम व प्रबन्धन के लिए किया गया है। 2015 के अंत तक इस वैश्विक संगठन में 164 देश सदस्य बन चुके हैं। इस संगठन का मुख्य उद्देश्य देशों के मध्य आपसी विचार-विमर्श के द्वारा अंतर्राष्ट्रीय व्यापार के मार्ग में आने वाली बाधाओं को दूर कर व्यापार का विस्तार करना तथा विश्व की जनता के जीवन स्तर को ऊँचा उठाना था। आज भारत इस वैश्विक मंच विश्व व्यापार संगठन में यूरोपीय संघ के सदस्य देशों तथा अमरीका के सहयोग से विकासशील देशों के पक्ष में व्यापार व निवेश संबंधी नियमों का निर्माण करवाता है। भारत का यह प्रभाव ही वैश्विक मंचों पर महत्वपूर्ण भूमिका का परिचायक है क्योंकि विश्व व्यापार संगठन में अमरीका, यूरोपीय संघ, चीन, ब्राजील, दक्षिण अफ्रीका तथा भारत के प्रतिनिधियों द्वारा

महत्वपूर्ण भूमिका निभाई जाती है। इन वैश्विक वार्ताओं में विकसित तथा विकासशील देशों के मतभेद खुलकर सामने आते हैं। अमरीका तथा यूरोपीय संघ के देशों द्वारा जहां विकसित और धनी देशों का प्रतिनिधित्व किया जाता है वहीं भारत, ब्राजील, चीन, दक्षिण अफ्रीका तथा विकासशील देशों के संगठन जी-33 द्वारा विकासशील व गरीब देशों का प्रतिनिधित्व किया जाता है। विकसित तथा विकासशील देशों के मध्य मतभेद का मुख्य मुद्दा इन वैश्विक वार्ताओं में कृषि वार्ताओं में कृषि उत्पादों में दी जाने वाली निर्यात सब्सिडी को समाप्त करना है।

विकासशील देश लम्बे समय से कृषि उत्पादों में दी जाने वाली निर्यात सब्सिडी को समाप्त करने की मांग कर रहे हैं। इसका कारण यह था कि विकसित देश अपने कृषि उत्पादों को सब्सिडी प्रदान कर अंतर्राष्ट्रीय बाजार में सस्ता कर देते थे जिससे विकासशील देशों के कृषि उत्पादों को बाजार की उपलब्धता नहीं हो पाती थी। इस सब्सिडी के समाप्त होने के बाद गरीब व विकासशील देशों के कृषि उत्पाद भी अंतर्राष्ट्रीय बाजार में विकसित देशों के कृषि उत्पाद में भागीदारी कर सकेंगे। इस कारण से विश्व व्यापार संगठन के निदेशक ने कृषि उत्पादों पर सब्सिडी की समाप्ति को विश्व व्यापार संगठन की भारत व विकासशील देशों के लिए एक महत्वपूर्ण उपलब्धि बताया। वर्ष 1996 की सिंगापुर तथा वर्ष 1998 की जेनेवा बैठक में भारत ने महज अपनी उपस्थिति दर्ज कराई। यद्यपि व्यापार एवं प्रशुल्क पर सामान्य समझौते की उरूग्वे चक्र की वार्ताओं में भारत ने अनेक मुद्दों पर आपत्ति व्यक्त की जिनमें व्यापार से संबंधित बौद्धिक सम्पदा अधिकार एवं व्यापार से संबंधित निवेश के उपाय का मुद्दा प्रमुख था क्योंकि भारत के अनुसार इससे विकसित देशों को लाभ होगा तथा विकासशील देश घाटे में होंगे। इन आपत्तियों के बावजूद कराकास समझौते पर भारत ने हस्ताक्षर किए व विश्व व्यापार संगठन का सदस्य बना।[45]

भारत के द्वारा विश्व व्यापार संगठन के मंच पर सक्रिय भूमिका की शुरुआत की गई और विकासशील देशों के साथ आपसी सहयोग के द्वारा संगठन के मंच पर विद्यमान भेदभावकारी मुद्दों का विरोध किया गया। सिएटल बैठक से भारत ने पर्यावरण एवं श्रम जैसे मुद्दों को व्यापार से जोड़ने का भारी विरोध किया। भारत ने व्यापार संबंधी बौद्धिक सम्पदा अधिकार एवं व्यापार संबंधी निवेश के उपाय, सिंगापुर मुद्दे तथा क्रियान्वयन मुद्दों पर आपत्ति उठाई। भारत ने ब्राजील, इंडोनेशिया जैसे विकासशील देशों के साथ मिलकर विकसित देशों द्वारा दी गई कृषि सब्सिडी का विरोध किया। वर्ष 2001 की दोहा विकास वार्ता तथा वर्ष 2003 की कानकुन बैठक में कृषि सब्सिडी के मुद्दे पर भारत ने प्रभावी विरोध दर्ज कराया।

दोहा विकास वार्ता को लेकर विकसित देशों ने भारत पर आरोप लगाया कि भारत दोहा विकास वार्ता पूर्ण होने में बाधा उत्पन्न कर रहा है।

विकसित देशों की आलोचना के विरोध में भारत ने यह तर्क दिया कि वह विकासशील देशों के हितों के संरक्षण के लिए रचनात्मक भूमिका का निर्वाह कर रहा है। भारत ने इस वैश्विक मंच के माध्यम से भेदभावकारी नीतियों का विरोध किया न कि वार्ता को विफल बनाने का प्रयत्न किया। वर्ष 2008 में जेनेवा में आयोजित लघु मंत्रीस्तरीय वार्ता भी विफल रही जिसका एक कारण कृषि क्षेत्र में सब्सिडी और कृषि क्षेत्र में दी जा रही विशेष सुरक्षा प्रणाली है। भारत के अनुसार कृषि क्षेत्र में भारत की खाद्य सुरक्षा ग्रामीण विकास से जुड़ी हुई है। भारत के सकल घरेलू उत्पाद में सेवा क्षेत्र का लाभ लगभग 51 प्रतिशत है आईटी तथा सॉफ्टवेयर के क्षेत्र में भारत ने उल्लेखनीय प्रगति दर्ज की। भारत की मांग है कि प्राकृतिक वस्तुओं के आदान-प्रदान पर विकसित देशों द्वारा लगाए गए प्रतिबंध ढीले होने चाहिए। चूंकि भारत एक विकासशील देश है। अतः उसके विकास में विकसित तथा यूरोपीय देशों की विकास सहायता का महत्वपूर्ण योगदान रहा है।[46]

एंटीडंपिंग एवं भारत– परम्परागत रूप में भारत टैक्सटाइल का एक बड़ा निर्यातक है। ईयू विश्व का सबसे बड़ा कृषि वस्तुओं का आयातक है और इस संबंध में उसे विकासशील देशों का योगदान मिलता है। अमरीका ईयू का सबसे बड़ा व्यापारिक भागीदार है। परन्तु विकसित देशों की डंपिंग विरोध नीतियों के कारण भारतीय निर्यात अत्यधिक प्रभावित हुआ। विश्व व्यापार संगठन की वर्ष 2004 की वार्षिक रिपोर्ट में कहा गया है कि सर्वाधिक डंपिंग विरोधी नीतियों का प्रयोग अमरीका ने किया जबकि दूसरी ओर यूरोपीय यूनियन तथा चीन एवं अमरीका ने भारत पर ये आरोप लगाया कि भारत डंपिंग नीतियों का प्रयोग कर रहा है। भारत के अनुसार, विश्व व्यापार संगठन के विवाद निस्तारण तंत्र में सुधार करने की आवश्यकता है क्योंकि विवाद निस्तारण की वैधानिक लागत बहुत ज्यादा है, जिससे विकासशील देशों की स्थिति अशक्त हो जाती है। एक समूह के रूप में विकासशील देश व्यापार वार्ताओं में शुरू से विकसित देशों की ऊँची कृषि सब्सिडी का मुद्दा उठाते रहे हैं। लेकिन विकसित देश अपनी कृषि सब्सिडी को बहुत ऊँचे स्तर पर बनाए रखते हुए भी विकासशील देशों के लिए सब्सिडी पर कृषि के सकल घरेलू उत्पाद के 10 प्रतिशत की अधिकतम सीमा थोपने में अब तक कामयाब रहे हैं। यह सत्य है कि ताकतवर देशों का शुरू से ही ये दबाव रहा है कि भारत समेत दुनिया का कोई भी देश अपनी कुल खेतीहर उपज के 10 प्रतिशत से ज्यादा रकम अपने किसानों को सब्सिडी के रूप में न दे। उनका मानना है कि ऐसा करने पर बाजार में अनावश्यक

विकृति पैदा होती है। हालांकि विकासशील और गरीब देशों में दी जाने वाली कृषि सब्सिडी का विरोध सबसे अधिक अमरीका, यूरोपीय संघ और कनाडा करते रहे हैं जो खुद अरबों डॉलर की घरेलू और निर्यात सब्सिडी देते हैं।

विश्व व्यापार संगठन एक वैश्विक संस्था है जिसकी सदस्यता के लाभ और हानि दोनों हैं। भारत के द्वारा अपने राष्ट्रीय हितों को बेहतर तरीके से पूर्ण करने के लिए विश्व व्यापार संगठन के साथ अपनी प्राथमिकताओं को निर्धारित करना चाहिए। इसलिए प्रश्न यह नहीं है कि इस विश्व संस्था का सदस्य रहा जाए या नहीं बल्कि कहीं अधिक महत्वपूर्ण यह है कि संगठन में रहते अपने हितों को कैसे वैश्विक मंच पर बेहतर तरीके से पूर्ण किया जाए। वैश्विक स्तर पर भारत ने विश्व व्यापार संगठन में आधिपत्यवादी नीतियों का विरोध किया। इस संगठन का पूर्ण लाभ उठाने के लिए हमें अपनी आधारभूत संरचनाओं का विकास करना होगा तथा सरकारी नियमों को ज्यादा सरल एवं पारदर्शी बनाना होगा जिससे विश्व व्यापार में भारत की भूमिका और हिस्सेदारी में प्रभावी वृद्धि हो।[47]

आज वैश्विक परिदृश्य पर विकसित व यूरोपीय संघ के देशों का भारत के प्रति सकारात्मक रुख हुआ है क्योंकि आज अमरीका व ईयू देशों से भारत के संबंध घनिष्ठ व प्रगाढ़ हो रहे हैं जिससे ये देश भी भारत को वैश्विक मंच पर उभरती हुई शक्ति के रूप में तवज्जो दे रहे हैं और भारत भी वैश्विक मंचों के माध्यम से अपना विश्व जनमत बना रहा है और विकासशील देशों का नेतृत्व भी कर रहा है। इस प्रकार वैश्विक मंच के माध्यम से भारत के ईयू से आर्थिक, राजनीतिक व सांस्कृतिक संबंध प्रगाढ़ हो रहे हैं।

विश्व जलवायु सम्मेलन तथा भारत-ईयू

जलवायु परिवर्तन व आतंकवाद 21वीं शताब्दी में विश्व की सबसे बड़ी चुनौतियां हैं। विश्व समुदाय इसके समाधान के लिए निरन्तर प्रयासरत है लेकिन वांछित सफलता अभी तक नहीं मिली है। जलवायु परिवर्तन की समस्या के समाधान के लिए संयुक्त राष्ट्र संघ के तत्वाधान में सदस्य देशों के मध्य बातचीत का सिलसिला 1992 से चल रहा है। इन सम्मेलनों में भारत विकसित देशों के विरुद्ध विकासशील देशों का नेतृत्व कर रहा है और वैश्विक मंचों पर अमरीका व यूरोपीय देशों का समर्थन जुटाकर अपने तथा विकासशील देशों के अनुकूल नियमों का निर्धारण करवा रहा है।

जलवायु परिवर्तन की चुनौतियां विश्व पर्यावरण के बढ़ते तापमान का परिणाम हैं तापमान बढ़ने के कारण जलवायु चक्र अनियमित हो जाता है जिसके परिणामस्वरूप,

सूखा, अतिवृष्टि, बाढ़, चक्रवात, आदि समस्याएं उत्पन्न होती हैं। कृषि उत्पादन प्रभावित होता है। यह प्रभाव उन देशों में अधिक है जहां कृषि उत्पादन वर्षा पर निर्भर है। तापमान की वृद्धि के कारण ऐसी बीमारियाँ भी जन्म ले सकती हैं जो मानव तथा कृषि दोनों के लिए घातक हैं। जलवायु परिवर्तन का दूसरा घातक परिणाम यह है कि विश्व के तापमान में वृद्धि के कारण ध्रुवों पर जमी बर्फ पिघल जाएगी तथा विश्व के समुद्रों का जल स्तर बढ़ जाएगा। इसका परिणाम यह होगा कि समुद्र तट पर स्थित देश व बस्तियां जलमग्न हो जाएंगी। जलवायु परिवर्तन की समस्या के समाधान के लिए UN के तत्वाधान में वैश्विक प्रयास किए जा रहे हैं। जलवायु परिवर्तन की समस्या एक ऐसी जटिल समस्या है जिसका समाधान सभी देशों के सहयोग व समन्वय के बिना नहीं हो सकता है। पर्यावरण की समस्या को देशों की सीमाओं में नहीं बांधा जा सकता है। एक देश में पर्यावरण के प्रदूषण का प्रभाव दूसरे देशों पर भी पड़ता है।[48]

जलवायु परिवर्तन की चुनौती अत्यन्त गंभीर है लेकिन वे इसके समाधान के लिए किसी माकूल समझौते पर सहमत क्यों नहीं हो पा रहे? इसका मूल कारण यह है कि विश्व के विभिन्न देश विकास के विभिन्न स्तरों से गुजर रहे हैं तथा वे अपने निजी हितों के हिसाब से इस समस्या का समाधान करना चाहते हैं। इस मूल समस्या के कारण जलवायु परिवर्तन के समाधान के मार्ग में कई बाधाएं आती रही हैं। प्रथम, विकासशील व गरीब देश मानते हैं कि जलवायु परिवर्तन की समस्या के लिए ऐतिहासिक दृष्टि से विकसित देशों का तीव्र आर्थिक विकास उत्तरदायी है। अतः इन देशों की इस समस्या के समाधान में अधिक योगदान देना चाहिए। विकसित देश वर्तमान में इस बात के लिए तैयार नहीं हैं। दूसरा, जलवायु परिवर्तन की चुनौती से निपटने के लिए क्लीन एनर्जी के साधनों का विकास जरूरी है। इसके लिए तकनीकी तथा वित्तीय संसाधनों की आवश्यकता है। गरीब व विकासशील देशों के पास ये संसाधन उपलब्ध नहीं हैं। तीसरा, भारत व चीन जैसे देश अपने को विकासशील देशों की श्रेणी में गिनते हैं तथा विकासशील देशों की ही तरह जलवायु परिवर्तन के बाध्यकारी उपायों से मुक्ति पाना चाहते हैं, लेकिन विकसित देश इस तर्क को स्वीकार नहीं करते तथा भारत व चीन से भी अपनी तरह बराबर के योगदान की अपेक्षा रखते हैं। भारत इन वार्ताओं में निरन्तर विकासशील देशों का पक्ष प्रस्तुत करता रहा है, उक्त तथा अन्य ऐसी ही बाधाओं के कारण गत 23 वर्षों में विश्व समुदाय इस समस्या का कोई स्थायी समाधान खोजने में असफल रहा।

यह बात सत्य है कि विकसित देशों को जलवायु परिवर्तन के उपायों में अधिक योगदान देना चाहिए। भारत तथा चीन जैसे उभरती अर्थव्यवस्था वाले देश भी अपनी

जिम्मेदारी से नहीं बच सकते। वर्तमान में चीन विश्व का सबसे बड़ा कार्बन उत्सर्जक देश है। इसमें दूसरा स्थान अमरीका, तीसरा स्थान यूरोपीय यूनियन के देशों तथा चौथा स्थान भारत का है। अमरीका तथा अन्य विकसित देश यह चाहते हैं कि यदि गरीब देशों को छोड़ भी दिया जाए तो भी भारत तथा चीन को अन्य देशों के समान ही बराबर की जिम्मेदारी उठानी चाहिए। इस प्रकार भारत पर विश्व समुदाय का कार्बन कटौती हेतु दबाव बढ़ रहा है। भारत को शीघ्र ही कार्बन उत्सर्जन में कटौती की योजना को अंतिम रूप देना होगा। यूरोपीय यूनियन तथा चीन ने अपनी योजनाओं की घोषणा कर दी है। यदि भारत ऐसा नहीं करता है तो विश्व मंच पर भारत अलग-थलग पड़ जाएगा। इस कार्य हेतु भारत वैश्विक मंचों पर अमेरिका तथा ईयू देशों का समर्थन प्राप्त कर अपने हितों के अनुकूल कानून निर्माण तथा कार्यवाही हेतु जनसमर्थन जुटा रहा है। इस हेतु काफी कुछ हद तक अमरीका व यूरोपीय विकसित देश भारत तथा विकासशील देशों के समर्थन में एक राय व्यक्त कर भी रहे हैं। यह प्रभाव भारत का वैश्विक उभरती हुई शक्ति तथा विकासशील देशों के समर्थन का ही परिणाम है इस प्रकार से वैश्विक मचों पर भारत का दबदबा बढ़ा है।[49]

संदर्भ

1. Peral, Luis and Sakhuja, Vijay 'The EU-India Partnership Time to go Strategic', 2012, p. 222
2. वाजपेयी, अरूणोदय, सुरक्षा परिषद में भारत की दावेदारी, प्रतियोगिता दर्पण, जनवरी 2017, पृ. 71
3. संयुक्त राष्ट्र सुरक्षा परिषद की स्थायी सदस्यता और————— m.punjabkesari.in7news>article-399226
4. वाजपेयी, अरूणोदय, सुरक्षा परिषद में भारत, प्रतियोगिता दर्पण, मई, 2016, पृ. 63
5. घई, यू.आर. एंड के.के., भारतीय विदेश नीति, न्यू एकेडेमिक पब्लिकेशन कम्पनी, जलन्धर, 2007, पृ. 585-586
6. संयुक्त राष्ट्र सुरक्षा परिषद् के लिए चुने जाने पर mea.gov.in>in-focus-article-hi>press+.........
7. दत्त वी.पी., बदली दुनिया में भारत की विदेशी नीति (भाग-2) हिन्दी माध्यम कार्यान्वयन निदेशालय, दिल्ली विश्वविद्यालय, दिल्ली, 2003, पृ. 450-451
8. घई, यू.आर. एण्ड के.के. 'अन्तर्राष्ट्रीय राजनीति : सिद्धान्त और व्यवहार' न्यू एकेडेमिक पब्लिकेशन कम्पनी, जलन्धर, 2013, पृ. 429
9. वाजपेयी, अरूणोदय, सुरक्षा परिषद में भारत की दावेदारी, प्रतियोगिता दर्पण, जनवरी, 2017, पृ. 72

10. भारत कब बनेगा सुरक्षा परिषद का स्थायी सदस्य m.dailyhunt.in>news>india>hindi<b.........
11. European Union – https://hi.wikipedia.org/s/2mu
12. सम्पादक, 'बदलाव के दौर से गुजरते कूटनीतिक रिश्ते', अरिहन्त समसामयिकी महासागर, दिसम्बर, 2008, पृ. 41
13. चेलानी, ब्रह्मा, 'एकतरफा कानून तथा NSG', हिन्दूस्तान, 10 अक्तूबर, 2008, पृ. 3
14. सिंह, पदम, 'भारत की परमाणु नीति और भारत–अमरीका संबंध', अर्जुन पब्लिशिंग हाउस, 2014, पृ. 232–33
15. वर्मा, निखिल कुमार, 'क्या है परमाणु आपूर्तिकर्ता समूह', 28 मई, 2016, googleweblight.com/........... roup-history-146443—-
16. पूर्वोक्त
17. NSG में भारत की सदस्यता के मायने, 30 जून, 2016 googleweblight.com/?....fix-n%lc=en-IN&s=1.....
18. विभूति, 'न्यूक्लियर सप्लायर ग्रुप के भारत को फायदे', 13 जून, 2016, googleweblight.com/.... ngs-benefits-india-h.....
19. NSG में भारत की सदस्यता के मायने, 30 जून, 2016 googleweblight.com/?....fix-N&Lc-en-IN&S=1......
20. चीन ने NSG में भारत को शामिल करने का विरोध किया, 12 जून, 2016, www.hindi.drishtias....indias.entry.into.nsg
21. MTCR में शामिल हुआ भारत, हिंदी न्यूज, आजतक, खबरे देश, 27 जून, 2016
22. प्रक्षेपास्त्र प्रौद्योगिकी नियंत्रण व्यवस्था, http://googleweblig..
23. China and Multilateral Export Control Machanism. Ministry of Foreign Affairs of the People's Republic of China, 27 May, 2010
24. MTCR-Missile Technology Control Regine. http://hi.wikipedia.org>wiki
25. MTCR- Membership Eleven Benefit. gogleweblight.com for membership elev., 27 June, 2016
26. सिंह पदम, भारत की परमाणु नीति और भारत-अमरीका संबंध, अजफ्रन पब्लिशिंग हाउस, नई दिल्ली, 2014, पृ. 241
27. Wassenaar Arrangement –wikipedia http://en.m.wikipeida.org.wiki.wass
28. जी-8 और जी-20 क्या है : इनके कार्य और सम्मेलन, जागरण जोश, http://www.jagranjosh.com/general-knowledge-affairs-daily
29. जी-7, शिखर सम्मेलन 2016, http://www.hindi.drishtiias.com/current affairs-daily.......

30. आठ देशों का समूह जी–8, http://www.vivacepanorama.com/g8-forum
31. जी–7 के शिखर सम्मेलन के बारे में रूस का नजरिया, http://www.hind.drishtiias.com/current
32. यादव, राम, जी–7 शिखर सम्मेलन : बातें है बातों का क्या, Satyagarh.scroll.in 7 article 79-7-summid
33. जी–8 और जी–20 क्या है : इनके कार्य और सम्मेलन, जागरण जोश, http://www.jagranjosh.com/general-knowledge-affairs-daily
34. नरुला, बी.सी., अन्तर्राष्टीय संगठन, अजफ्रन पब्लिशिंग हाउस, नई दिल्ली, 2009, पृ. 91
35. जी–20 का 11वां शिखर सम्मेलन : चीन में, प्रतियोगिता दर्पण, नवम्बर 2016, पृ. 16
36. जी–20 विकिपीडिया, http://m/wikipedia.org>wiki>G-20
37. जी–20 का 11वां शिखर सम्मेलन : चीन, सिविल सर्विस टाइम्स, दिसम्बर, 2016, पृ. 110
38. नाटो – विकिपीडिया
39. Member States of Nato-Wikipedia. http://en.m.wikipeid.org.>wiki>member
40. The Founding of Nato/History Today., www.history today.com.founding.nato
41. सिंह, मुकेश कुमार, भारत को नाटो देश जैसा दर्जा देने से अमरीका को क्या फायदा होगा
42. पूर्वोक्त
43. नाटो विकिपीडिया http://googlewebling........25 EO%25au%25BE%........
44. मिश्रा, राजेश, "भूमण्डलीकरण के दौर में भारतीय विदेश नीति" गोल्डन पिकॉक पब्लिकेशन, नई दिल्ली, 2016, पृ. 315
45. वाजपेयी, अरूणोदय, "दोहा व्यापार वार्ताएं : विकास का संकट, प्रतियोगिता दर्पण, मार्च 2016, पृ. 70
46. शंकर, रवि, "विश्व व्यापार संगठन में भारत को मिली बड़ी सफलता", प्रतियोगिता दर्पण, फरवरी, 2015, पृ. 90
47. वाजपेयी, अरूणोदय, "दोहा व्यापार वार्ताएँ" : विकास का संकट, प्रतियोगिता दर्पण, मार्च, 2016, पृ. 71
48. वाजपेयी, अरूणोदय, जलवायु परिवर्तन : फैसले की घड़ी, प्रतियोगिता दर्पण, मार्च 2015, पृ. 66
49. राज. विवेक. एस., 'जलवायु परिवर्तन की चुनौती, पेरिस समझौता, सिविल सर्विसेज, टाइम्स, फरवरी, 2016, पृ. 6–7

6 यूरोजोन संकट व भारत

आजकल प्राचीन यूरोपीय देश ग्रीस तीव्र आर्थिक संकटों से घिरा हुआ है। वैसे ग्रीस का आर्थिक संकट तीन साल पुराना है लेकिन पिछले डेढ़ साल से इस संकट में ठहराव आ गया था। यूरोपीय सेंट्रल बैक के चेयरमैन ने यह कहा था कि हम यूरो को किसी भी कीमत पर गिरने नहीं देंगे। वर्ष 2001 में जब यूरोजोन के सभी मुल्कों ने एक करेंसी (यूरो) अपनाई, तब सभी देशों का अच्छा विकास हुआ था प्रारम्भिक सात साल तक एक करेंसी का कदम सफल रहा। लेकिन ज्योंहि अमेरिका में आर्थिक मंदी आयी तो यूरोप में सारे वित्तीय संस्थान बहुत सतर्क हो गए। पहले जब सारे देश एक साथ आये थे तो उनकी छवि वैश्विक बाजार में एक सकारात्मक बनी थी तब बाहरी देशों से यूरोजोन में बड़ी मात्रा में निवेश आने लगा था। ब्याज दरें भी यहां कम हो गई थी। ज्यों ही ब्याज दरें कम हुई तो उधारी बढ़ने लगी, वहां की सरकारें भी अन्तर्राष्ट्रीय बाजार से उधार लेने लगीं। सभी मानकर चल रहे थे कि इन अर्थव्यवस्थाओं के जुड़ने से सभी देशों को लाभ होगा। आज यूरोजोन क्षेत्र में 19 सदस्य देश मौजूद हैं।

ग्रीस (यूनान) की ऐतिहासिक पृष्ठभूमि

प्राचीन यूनान के नगर राज्यों में दो नगर सबसे महत्वपूर्ण थे स्पार्टा और एथेंस। जिनमें परस्पर प्रतिद्वान्दिता चल रही थी। स्पार्टा के लोगों का सामाजिक जीवन कठोर अनुशासन में बंधा था और वहां सैन्य मूल्यों की प्रधानता थी उन्होंने राजनीति चिन्तन के क्षेत्र में कोई प्रत्यक्ष योगदान नहीं किया। स्पार्टा मैदानी इलाके में बसा था और वहां की अर्थ व्यवस्था मुख्यतः व्यापार पर आधारित थी। एथेन्स की आबादी में वहां के नागरिकों के अलावा वहां रहने वाले अन्य देशी और दास सम्मिलित थे। आबादी के दो-तिहाई से ज्यादा लोग दास थे जिन्हें कोई भी अधिकार प्राप्त नहीं थे। एथेन्स में लोकतंत्र प्रचलित था परन्तु वहां राजनीतिक अधिकार केवल नागरिकों या स्वतत्रजनों को ही प्राप्त थे। इनमें भी स्त्रियों को कोई अधिकार प्राप्त नहीं थे। वहां के लोगों के जीवन में अनुशासन का नितांत अभाव था और राजनीतिक प्रतिस्पर्धा में स्वार्थी तत्वों का प्रचलन था। सुकरात, प्लेटो, अरस्तू जैसे दार्शनिक यहीं

जन्मे जिन्होंने राजनीति से जुड़ी समस्याओं पर चिन्तन-मनन करके राज्य के उद्धार का रास्ता दिखाया। ये विचारक स्पार्टा में प्रचलित संस्थाओं और वहां के अनुशासन से अत्याधिक प्रभावित हुए।

यूनानी नगर एथेन्स पश्चिमी सभ्यता का उद्‌गम स्थल है। विश्व में लोकतंत्र की शुरुआत यहीं से प्रारम्भ हुई। पश्चिमी दर्शन व साहित्य की नीव यहीं रखी गई, राजनीति विज्ञान का ज्ञान, गणित के प्रमुख सिद्धान्तों की खोज, ओलम्पिक गेम्स, और थिएटर का जन्म इसी शहर में हुआ। आज पश्चिम की जो सभ्यता है वह ग्रीक सभ्यता ही कहलाती है। इसीलिए कहा जाता है कि यह ऐसा शहर है जिसने पश्चिम को जीना सिखाया। वहां का एक्रोपैलिश (एथेन्स का दुर्ग) शहर के सबसे ऊंचे स्थान पर है वहां ग्रीक शासकों ने कई धर्म स्थल बनवाए थे इसलिए उसे पवित्र पहाड़ी माना जाता है। वह एक विशाल धर्मस्थल देवी अथीनों के नाम पर बनाया गया था वे बुद्धि, हुनर और युद्ध की देवी होने के साथ-साथ एथेन्स शहर की इष्टदेवी मानी गई। मान्यता है कि बादाम का पेड़ अथीना देवी ने ही इस शहर को दिया था आज विश्व में बादाम का तीसरा बड़ा उत्पादक देश ग्रीस है। ग्रीस में प्रतिवर्ष 1.75 करोड़ लोग आते हैं ज्यादातर पर्यटक होते हैं यह संख्या वहां की कुल आबादी 1.11 करोड़ से कहीं अधिक है। सर्वप्रथम ओलम्पिक खेल 776 ई.पू. में ओलम्पिया में हुए थे। लेकिन पहले मार्डन ओलम्पिक खेल 1896 में कराए गए थे उसके बाद 2004 में फिर एथेन्स में ही ओलम्पिक खेल कराए गये थे।[1]

ग्रीस की राजधानी एथेन्स की वैश्विक पहचान है। वहा प्राचीन सभ्यताओं को महसूस किया जा सकता है आधुनिकता भी इतनी है कि लोग इसे मॉडर्न एथेन्स भी कहते हैं। पश्चिमी साहित्य, संस्कृति, कला, विज्ञान दर्शन और राजनीति चिन्तन के मूल स्त्रोतों की तलाश के लिए हमें प्राचीन यूनानी चिन्तन की ओर मुड़कर देखना होगा। ज्यामिति का मूल प्रवर्त्तक यूक्लिड तीसरी शताब्दी ई.पू. यूनान में पैदा हुआ। ज्योमिति की तर्क प्रणाली से वैज्ञानिक चिन्तन के विकास में बहुत सहायता मिली। फिर जो राजनीतिक प्रश्न आज भी मानव जाति के लिए चिंता के विषय बने हुए हैं ऐसे अनेक प्रश्नों के उत्तर खोजने के लिए हमें सुकरात, प्लेटो और अरस्तू के महान युग की ओर लौटना पड़ेगा। तर्क बुद्धि और सत्ता न्याय और विधि के शासन की समस्याओं की जितनी गहरी छानबीन प्राचीन यूनानी चिन्तन में की गयी है उतनी और कहीं नहीं की गई। वस्तुतःसम्पूर्ण पश्चिमी राजनीति चिन्तन की बुनियाद प्राचीन यूनानी 'पोलिस' अर्थात् नगर राज्य की जीवन-शैली में निहित है। राजनीति के अंग्रेजी पर्याय 'पॉलिटिक्स' शब्द की व्युत्पत्ति भी इसी 'पोलिस' से हुई है।

प्राचीन यूनानी महाकवि होमर के जमाने में– अर्थात् 700 ई.पू. से पहले

तक-राजतंत्र की संस्था इन नगर राज्यों के राजनीतिक संगठन की मुख्य प्रणाली थी। प्राचीन यूनानी जगत छोटे-छोटे नगरों का समूह था जो यूनान की घाटियों और उनके निकटवर्ती तट-प्रदेश एवं द्वीप समूह तक फैले थे। वहां पर्वतों, घने जंगलों और समुद्र ने भूमि को ऐसी अनेक घाटियों और द्वीपों में बांट रखा था जिनकी रक्षा करना सरल था, परन्तु समुद्री मार्ग से ये आपस में जुड़े हुए भी थे इन नगरों का जीवन एक ही समाज व्यवस्था से जन्मा था अतः इनकी सामाजिक और राजनीतिक संस्थाएं बहुत कुछ एक जैसी थी। यूनानी लोगों की मुख्य अभिरुचि दर्शनशास्त्र में थी। इसके अन्तर्गत वे सृष्टि को नियंत्रित करने वाले नियमों का पता लगाना चाहते थे। एक पुराने यूनानी दार्शनिक ने तो यहां तक कहा कि यदि उसे सृष्टि के कारण मूलक नियमों का पता लगाने का अवसर मिले तो इसके बदले वह फारस का सम्राट बनने के प्रस्ताव को ठुकरा देगा। यूनानी लोग सृष्टि को सृजनात्मक तर्कबुद्धि की रचना मानते थे अतः इसके सही-सही ज्ञान के लिए इसको नियंत्रित करने वाले नियमों का पता लगाने के लिए आतुर थे लेकिन आज वर्तमान समय में यूनान ग्रीस की स्थिति कुछ बदली हुई है। वह आर्थिक संकट के भंवर जाल में फंसा हुआ है। यूरोजोन से निकलने वाला है। वित्तीय संस्थाओं का आर्थिक व राजनीतिक दबाव बना हुआ है। 11 लाख करोड़ रुपये से भी ज्यादा के कर्ज तले दबा ग्रीस 21वीं सदी का पहला घोषित दिवालिया देश बनने की कगार पर है। ग्रीस पर कुल ऋण भार 323 विलियन यूरो है जिसे चुकाना बड़ा कठिन काम लग रहा है। 2001 में ग्रीस यूरोजोन से जुड़ा, आशा व्यक्त की कि वह कर्ज हासिल कर लेगा लेकिन उसका यह निर्णय भारी पड़ा।[2]

ग्रीस का आर्थिक संकट 2008 से शुरू होता है। 2008 में ग्रीस की अर्थव्यवस्था संकट में थी और सरकार के लिए वित्तीय घाटे की भरपाई करना मुश्किल होता जा रहा था इस संकट से बाहर जाने के लिए ग्रीस ने अंतर्राष्ट्रीय मुद्रा कोष और यूरो बैंक से भारी आर्थिक सहायता प्राप्त की। ग्रीस की आर्थिक स्थितियों को रेटिंग एजेन्सियों ने नकारात्मक श्रेणी में डाल दिया इससे ग्रीस और भी अधिक आर्थिक संकट में फंसता चला गया। 2011 में विकास दर तीव्र गति से गिरने लगी। 2012 तक ग्रीस में बेरोजगारी 33 फीसदी के स्तर पर आ गयी। यूनान की बड़ी-बड़ी कम्पनियों ने भी स्वयं को दिवालिया घोषित करना शुरू कर दिया इससे बाहर निकलने के लिए यूनान ने भारी आर्थिक सहायता लेनी शुरू कर दी। जब यूरोजोन में यूरोपीय संघ के देश शामिल हुए तो उनके सामने यह शर्त रखी गयी थी कि किसी भी देश पर उसकी जीडीपी का 66 फीसदी सार्वजनिक ऋण नहीं होना चाहिए लेकिन वर्तमान स्थिति ग्रीस की यह बन गयी है कि ग्रीस पर उसकी अर्थव्यवस्था का दोगुना ऋण हो गया है। वर्तमान समय में यूनान पर 320 अरब यूरो का कुल

ऋण हो चुका है जिसमें यूरोजोन के सदस्य देशों द्वारा दिया गया 52.9 अरब का सहायता ऋण, अंतर्राष्ट्रीय मुद्रा कोष (IMF) द्वारा लगभग 32 अरब, यूरोपीय केन्द्रीय बैंक (ECB) द्वारा लगभग 25 अरब और यूरोपीय बेलआउट फंड (EFSF) का करीब 140 अरब यूरो ऋण है। यूरोपीय सेन्ट्रल बैंक के सचिव ने कहा था कि हम यूरो को किसी भी कीमत पर गिरने नहीं देंगे। वर्ष 2001 गें जब यूरोजोन के सभी देशों में एक करेंसी (साझा मुद्रा) यूरो अपनाई तब सभी देशों का अच्छा विकास हुआ। प्रारम्भिक सात साल तक एक करेंसी का कदम सफल रहा लेकिन ज्योंहि अमरीका में 2008-09 में आर्थिक मंदी आई तो यूरोप में सारे वित्तीय संस्थान बहुत सतर्क हो गये। पहले जब सभी देश एक साथ आए थे, तो उनकी वैश्विक बाजार में एक सकारात्मक तथा उज्ज्वल छवि थी तब बाहरी देशों से यूरोजोन में बड़ी मात्रा में निवेश आने लगा था ब्याज की दरें भी यहाँ कम हो गई ज्योंहि ब्याज की दरें कम हुई तो उधारी बढ़ने लगी। वहाँ की सरकारें भी अन्तर्राष्ट्रीय बाजार से उधार लेने लगी। सभी मानकर चल रहे थे कि इन अर्थव्यवस्थाओं के जुड़ने से सभी देशों को फायदा होगा।

आज दिवालिया मशीन में तब्दील हो चुकी यूरो मुद्रा का प्रचलन किसी भी दृष्टि से गलत नहीं था। दरअसल मौद्रिक एकीकरण का उद्देश्य यह था कि यूरोजोन की 19 अर्थव्यवस्थाएं ग्लोबल इकॉनॉमी के इस दौर में मजबूती के लिए नजदीक आ जाएं और साझा मुद्रा (यूरो) के माध्यम से अमरीका व डॉलर के वर्चस्व को चुनौती दी जा सके। वर्ष 2000 में यूरोजोन में शामिल होने वाले दक्षिण यूरोपीय देश यूरोजोन में प्रवेश के योग्य नहीं थे फिर भी उन्हें वित्तीय अनुशासन के मापदण्ड में ढ़ील देकर यूरोजोन का सदस्य बनाया गया। यूरोजोन में शामिल हुए दक्षिण यूरोप के कमजोर देशों को एक ऐसी अर्थव्यवस्था मिली जिसमें मुद्रास्फीति की कोई समस्या नहीं थी और बैंकों से सस्ती ब्याज दरों पर ऋण मिल रहा था। यही से चार्वाक दर्शन 'कर्ज लेकर घी पीने' की शुरुआत हुई जिसमें यूनान, स्पेन, पुर्तगाल अग्रणी रहे और आज वहीं पर गहरा संकट है।[3]

चार्वाक दर्शनः कर्ज लेकर घी पियो (Eat Drink and be Marry)

ऋण लेकर घी पीने के दुष्परिणाम सबसे पहले यूनान में दिखाई दिए। विकसित एवं धनी देशों में गिना जाने वाला यूनान 2000 से 2007 तक यूरोजोन की सबसे तेज दौड़ती (4.2 प्रतिशत विकास दर) अर्थव्यवस्थाओं में से एक था लेकिन 2008 की मंदी ने यूनान के दो सबसे बड़े उद्योगों (पर्यटन व सीपिंग) को तहस-नहस कर दिया और सरकार का राजस्व बुरी तरह घट गया। घाटा घटने के बावजूद यूनान के ऋण लेने की संस्कृति हावी रही और अपना वित्तीय सच दुनिया से छिपाता रहा

जिसके परिणामस्वरूप यूनान का वित्तीय घाटा जीडीपी के 13.5 फीसदी के स्तर तक पहुंच गया जबकि यूरोपीय संघ के नियमों के मुताबिक इसे 3 फीसदी ही रहना चाहिए। भारी राजकोषीय घाटे और ऋणजाल से निकलने के लिए मुद्रा का अवमूल्यन एक कारगर हथियार माना जाता रहा है लेकिन यूनान के साथ सबसे बड़ा संकट यही रहा है कि उसके मुद्रा प्रवाह का नियंत्रण यूरोपीय केन्द्रीय बैंक (ECB) के हाथ में है इस कारण यूनान व यूरो को बचाने के लिए यूरोपीय संघ को आगे आना पड़ा। वास्तव में एक-दूसरे से जुड़ी अर्थव्यवस्था में बाजार का विश्वास डिगना एक बड़ी समस्या है। इसी विश्वास को बनाए रखने के लिए अन्तर्राष्ट्रीय मुद्रा कोष (IMF) और यूरोपीय संघ ने 110 अरब रुपये के प्रथम राहत पैकेज को मंजूरी दी। लेकिन शर्त यह भी रखी गयी कि यूनान फिजूलखर्ची से बचेगा और अपनी आमदनी बढ़ाने की दिशा में काम करेगा, श्रम कानूनों में बदलाव, करों में बढ़ोतरी, सरकारी खर्चों में कटौती और पेंशन योजनाओं में सुधार करना अहम् शर्तें थी। श्रम कानूनों में बदलाव का मतलब है कि यूनान ऐसा माहौल बनाए जिससे कम्पनियां अपना उत्पादन बढ़ा सकें और वस्तुओं की कीमतें कम हो सकें। श्रम कानूनों में बदलाव का अर्थ है कि लोगों को पहले से वेतन कम मिलेगा और श्रम अधिक करना पड़ेगा। करों में बढ़ोतरी के फैसले का असर लोगों पर दोहरी मार की तरह पड़ेगा। कमाई कम और कर अधिक यानि आर्थिक बोझ का बढ़ना। पेंशन में कटौती से लोगों की जीवनशैली पर असर पड़ेगा। इसके अलावा यूनान को सरकारी परिसम्पत्तियां बेचनी पड़ेंगी लेकिन इन शर्तों का पालन करना यूनान के लिए आसान नहीं है।

2008-09 में अमरीका में पैदा हुए आर्थिक संकट में अमरीका तो भले ही निकल गया लेकिन यूरोजोन पर रह-रहकर इसका असर दिखाई दे रहा है। इस क्षेत्र में भी यूरोजोन में दूर के संकेत मिलने लगे थे हालांकि बाद में एकजुट होकर के स्थिरता कायम कर ली गई लेकिन अब फिर से 2015 में यूनान के बाहर होने के आसार पैदा होने लगे हैं जल्द ही वहाँ पर चुनाव होने हैं और प्रमुख विपक्षी दल यूरोजोन से बाहर निकलने की बात को जोर-शोर से उठा रहे हैं। इसका प्रभाव वैश्विक बाजार पर भी दिखने लगा है 2008 में अमरीका मंदी के बाद यूनान में जब नई सरकार आई तो उसने कहा कि वहाँ जितना राजकोषीय घाटा बताया जा रहा है वह उससे कहीं अधिक है यह निर्धारित 3 फीसदी की बजाय 7 से 8 फीसदी हो गया था। यह खबर आते ही यूरोजोन और बाहरी देशों के वित्तीय संस्थानों में उथल-पुथल मच गयी और इससे यूनान में बाहर का निवेश आना कम हो गया जो पुराना निवेश वापस लौटाना था उसके भुगतान में मुश्किल आने लगी। यूनान से पहले भी ऐसे कई देश थे जहाँ ऐसा संकट आम था लेकिन वे अंतर्राष्ट्रीय मुद्रा कोष (IMF) से ऋण लेकर अपनी मुद्रा का अवमूल्यन कर लेते थे लेकिन यूनान के साथ

संकट यह है कि इसकी मुद्रा भी यूरो थी जो बाकी देशों के साथ भी जुड़ी हुई थी इसलिए उसका अवमूल्यन नहीं किया जा सकता था। यूनान को जब बाजार से पैसा नहीं मिल रहा था तो यूरोपीय सेंट्रल बैंक, अन्तर्राष्ट्रीय मुद्रा कोष और यूरोपीय कमीशन ने मिलकर मदद की। यही समस्या स्पेन, पुर्तगाल जैसे देशों में भी आना शुरू हो गयी थी। इससे यह प्रतीत होने लगा था कि एकल मुद्रा की स्थिति में बदलाव लाना पड़ेगा। इसको देखकर एक सुरक्षा फंड बनाया गया। IMF जब ऋण देता है तो कुछ शर्तें लगाता है ये प्रमुख शर्तें निम्न हैं :

(1) सरकारी खर्चों में कटौती

(2) श्रम कानूनों में बदलाव

(3) करों में बढ़ोतरी

(4) पेंशन योजनाओं में सुधार करना।

(5) सब्सिडी का बोझ घटाना

इस प्रकार से ये सभी शर्तें यूनान को भी अपनानी थी लेकिन ऐसी नीतियों के साथ कोई सरकार ज्यादा दिन सत्ता में नहीं रह सकती जिसका परिणाम यह हुआ कि वहाँ एक अति वामपंथी (सिरीजा पार्टी) राजनीतिक दल की सरकार बनी। यह दल बड़ी वित्तीय संस्थानों की आर्थिक नीतियों के खिलाफ है। इसने कहना शुरू कर दिया कि हम यूरो से बाहर नहीं निकलेंगे। हालांकि यह कोई वैधानिक प्रावधान कहीं नहीं है कि कोई देश यूरोजोन से बाहर कब और कैसे हो सकता है। यूनान की अर्थव्यवस्था यूरोजोन के अन्य देशों से अलग है। यूनान की सरकार वामपंथी है। लेकिन उसके बावजूद उसने यूरोजोन से बाहर निकलने की बात नहीं कही। उसे मालूम है कि अगर वे यूरोजोन से बाहर निकलेंगे तो सारी समस्या यूनान की हो जाएगी। अभी ये समस्या पूरे यूरोजोन की है।[4]

यूरोजोन क्या है?

यूरोप के 28 देशों का एक संगठन यूरोपीय संघ है। वर्ष 2002 में इस संघ के ग्रीस सहित वर्तमान में 19 देशों ने संयुक्त रूप से अपनी मुद्रा यूरो बनाई। इस यूरो मुद्रा को साझा तौर पर चलाने वाले समूह को यूरोजोन पुकारा जाता है। यूरोपीय संघ का यूरो मुद्रा अपनाने वाला 19वां देश लिथुआनिया है। इसने यूरो मुद्रा 1 जनवरी, 2015 को अपनाई। सम्पूर्ण यूरोपीय संघ का एक साझा बैंक, अन्तर्राष्ट्रीय न्यायालय, यूरोपीय परिषद, यूरोपीय आयोग और यूरोपीय संसद है। यूरोपीय संघ मिले-जुले बाजार के तौर पर कार्य करता है और यहाँ वस्तुओं और सेवाओं का बिना किसी

रोक-टोक के आदान-प्रदान होता है। यूरोपीय संघ के देश साइप्रस ने ग्रीस को संकट से उबरने में आर्थिक सहायता दी थी लेकिन ग्रीस के संकट से नहीं उबरने के कारण वह खुद भी आर्थिक संकट में फंस चुका है ऐसा ही यूरोपीय संघ के अन्य देशों के साथ भी होने का डर सता रहा है खासतौर पर तब से जबसे ग्रीस में जीत के प्रबल दावेदार अलेक्सिस सिप्रास ने यूरोपीय संघ छोड़ने के संकेत दिए हैं।

1980 व 90 के दशक में दुनिया भर में यह सोच तेजी से उभरी कि राजनीतिक मतभेदों से हटकर आर्थिक संबंधों को प्राथमिकता दी जाए। इसी का परिणाम रहा कि कई क्षेत्रीय आर्थिक संगठन विश्वपटल पर उभरे जैसे सार्क, नाप्टा। इस दिशा में एक प्रमुख पड़ाव मैस्ट्रिच संधि रही। 9-10 दिसम्बर, 1991 को यूरोपीय आर्थिक समुदाय के तत्कालीन 12 देशों ने मैस्ट्रिच (नीदरलैण्ड) में आयोजित शिखर सम्मेलन में आम सहमति के बाद यूरोप के राजनीतिक, आर्थिक एवं मौद्रिक एकीकरण हेतु एक संधि पर हस्ताक्षर किए और यही संधि साझी मुद्रा (यूरो) के उदय की नींव बनी। 1 नवम्बर, 1993 ये लागू मैस्ट्रिच संधि ने राजनीतिक एवं आर्थिक एकीकरण के उद्देश्यों की पूर्ति के लिए यूरोपीय संघ को जन्म दिया। यूरोपीय संघ के नेताओं को यह आभास था कि विविधतापूर्ण अर्थव्यवस्थाओं का मौद्रिक एकीकरण अथवा साझी मुद्रा का चयन आसान काम नहीं है। इसीलिए उन्होंने इसके लिए कड़ी शर्तें रखी।[5]

(1) मुद्रा स्फीति की दर पर नियंत्रण

(2) निम्न ब्याज दर

(3) सरकारी ऋण का जीडीपी के 60 प्रतिशत से अधिक न होना

(4) वार्षिक बजट धारा का 3 प्रतिशत से अधिक न होना।

दक्षिण यूरोप की कमजोर अर्थव्यवस्थाओं को इन मानकों पर खरा न उतरने पर भी यूरोजोन में प्रवेश दिया गया लेकिन यह शर्त रखी गयी कि वे कठोर राजकोषीय नीतियों का पालन करके शीघ्र ही वित्तीय अनुशासन को हासिल कर लेगी। ब्रिटेन और डेनमार्क को यूरो अपनाने से छूट दी गई जबकि स्वीडन ने जनमत संग्रह के माध्यम से 2003 में यूरो को नकार दिया। 1 जनवरी, 1999 से यूरो मुद्रा इलेक्ट्रानिक माध्यमों में और 1 जनवरी, 2002 से भौतिक रूप (कागजी और सिक्कों) में प्रचलन में आई तथा कानूनी मान्यता हासिल की। यूरो मुद्रा का प्रतीक चिन्ह • बैंक रोड EUR है। यूरोपीय संघ के 28 देशों में से 19 देशों ने वर्तमान में अधिकारिक रूप से यूरो मुद्रा अपनाई है जिन्हें सामूहिक रूप से यूरोजोन कहा जाता है। इसमें शामिल देश हैं–

1. आस्ट्रिया
2. बेल्जियम
3. साइप्रस
4. फिनलैण्ड
5. फ्रांस
6. जर्मनी
7. ग्रीस
8. आयरलैण्ड
9. इटली
10. लक्जेमबर्ग
11. माल्टा
12. नीदरलैण्ड
13. पुर्तगाल
14. स्लोवेनिया
15. स्लोवाकिया
16. स्पेन
17. लिथुआनिया
18. एस्टोनिया
19. लाटविया

इसके अलावा 5 अन्य यूरोपीय देशों में अधिकारिक सहमति या बिना सहमति के भी प्रचलन में हैं। अमरीकी डॉलर के बाद यूरो दुनिया में दूसरी सबसे सुरक्षित रखने वाली और प्रचलन में रहने वाली मुद्रा है। यूरो नाम अधिकारिक रूप से 16 दिसम्बर, 1995 में अपनाया गया। वैश्विक बाजार में इसे यूरोपियन करेंसी यूनिट के स्थान पर सम मूल्य पर 1 जनवरी, 1999 को जारी किया गया। 1 यूरो का मूल्य स्तर 71.99 रुपये है। यूरोपीय संघ की मुद्रा स्फीति 3.1 है। यूरोपीय संघ के सबसे अधिक प्रचलित सिक्के 1, 2, 5, 10, 20, 50 सेन्ट, •1 •2 हैं। यूरोजोन के सबसे अधिक प्रयोग होने वाले बैंक नोट •S, •5ए •10ए •20ए •50 हैं तथा सबसे कम प्रयोग होने वाले बैंक नोट •100, •200, •500 हैं।

यूरो मुद्रा प्रतिदिन 33.2 करोड़ यूरोपियनों द्वारा प्रयुक्त होता है इसके अतिरिक्त दुनियाभर में 17.5 करोड़ वे लोग भी यूरो का इस्तेमाल करते हैं जो यूरो से जुड़े हैं।[6]

लाटविया यूरोजोन का 18वां देश बना

यूरोपीय संघ का लाटविया देश यूरोजोन में शामिल होने वाला 18वां देश बन गया है। इससे पूर्व यूरोजोन में 17 देश शामिल थे। लाटविया 1 जनवरी, 2014 को यूरोजोन का सदस्य बना और यूरो मुद्रा अपनाई। 23 सालों में यूरो लाटविया की चौथी मुद्रा है। इससे पहले यहां प्रचलित तीन मुद्राओं में सोवियत रूबल, वर्ष 1991 में देश की स्वतंत्रता प्राप्ति के बाद शुरू की गई। लाटवियाई रूबल तथा वर्ष 1940 में सोवियत कब्जे के पहले लाटविया में इस्तेमाल की जाने वाली मुद्रा 'लाट' शामिल है 1 दिसम्बर, 2002 में कोपेनहेगन में आयोजित यूरोपीय संघ सम्मिट में लाटविया

को औपचारिक रूप से वर्ष 2004 में ईयू में शामिल होने के लिए आमंत्रित किया गया सितम्बर, 2003 में लाटवियाई जनमत संग्रह में यूरोपीय संघ की सदस्यता हेतु समर्थन में दृढ़ता से मतदान किया गया तथा मार्च, 2004 में लाटविया 10 अन्य देशों के साथ यूरोपीय संघ में शामिल हो गया। ईयू में शामिल होने वाले ये देश करीब 100 मिलियन की जनसंख्या का प्रतिनिधित्व करते हैं। जून, 2005 में वहाँ की संसद ने यूरोपीय संघ के प्रस्तावित संविधान को अनुमोदित किया। 1 दिसम्बर, 2007 में 'शेंजेन क्षेत्र' को विस्तारित करके एस्टोनिया, चेक गणराज्य, लिथुआनिया, हंगरी, लाटविया, माल्टा, पोलैण्ड, स्लोवाकिया और स्लोवेनिया को शामिल किया गया। इसके बाद मई, 2008 में लाटवियाई संसद ने यूरोपीय संघ की लिस्बन संधि को मंजूरी दे दी। 20 जनवरी, 2013 में 1 जनवरी, 2014 को यूरोजोन में शामिल होने के लिए लाटविया के आवेदन का यूरोपीय आयोग द्वारा अनुमोदन किया गया। इसके बाद ही लाटविया 1 जनवरी, 2014 में यूरोजोन में शामिल हो गया। लाटविया में इस भूतपूर्व सोवियत गणराज्य के करीब आधे नागरिकों ने मुद्रा परिवर्तन का विरोध भी किया तथा वहां सात वर्षों में सर्वाधिक मूल्य वृद्धि की संभावना है इस पूर्वी यूरोपीय देश की आबादी मात्र 2 मिलियन है तथा वर्ष 2004 से यूरोपीय संघ मुक्त बाजार का सदस्य है।[7]

लाटविया यूरोजोन में शामिल क्यों हुआ?

वर्ष, 2004 में नाटो और यूरोपीय संघ में शामिल होने के बाद लाटविया का यूरोजोन में प्रवेश देश के राजनीतिक नेतृत्व के लिए एक स्वाभाविक कदम के रूप में देखा गया। जिससे पश्चिमी एकीकरण को गहनता मिली है ऐसे पश्चिमी एकीकरण की उस समय से अपेक्षा की जा रही थी जब लाटविया एवं उसके बाल्टिक पड़ौसी देश एस्टोनिया और लिथुआनिया 1990 के दशक के प्रारम्भ में सोवियत संघ से अलग हुए थे। लाटविया के लिए यूरोजोन में शामिल होने के कई लाभ हैं जिनमें यूरोजोन को निर्यात करते समय कम लेन-देन तथा विनिमय लागत दर शामिल है लाटविया अपने सामान का 30 प्रतिशत यूरोजोन में ही निर्यात करता है। यूरोजोन में लाटविया की सदस्यता देश की व्यापक बाह्य वित्त पोषण आवश्यकताओं और विदेशी विनिमय ऋण के उच्च स्तर से आर्थिक खतरे को भी कम करेगी। इसके अतिरिक्त यूरोजोन में शामिल होने पर लाटविया अधिक प्रत्यक्ष विदेशी निवेश (FDI) को भी बेहतर ढंग से आकर्षित करेगा। ऐसा कुछ हद तक इसलिए होगा क्योंकि अन्य यूरोजोन देशों के साथ व्यापार करने की लागत कम हो जाएगी और यूरोपीय आधार की खोज करने वाली कम्पनियों के लिए लाटविया एक आकर्षक देश बन जाएगा तथा अर्थव्यवस्था को संकट के समय समर्थन मिलेगा। लाटविया की प्रति व्यक्ति आय 6800 यूरो है।

उसकी मुद्रास्फीति 2.3 प्रतिशत तथा उसकी बेरोजगारी दर 12.2 प्रतिशत है जबकि यूरोजोन में शामिल देशों की प्रति व्यक्ति आय 25700 यूरो है।[8]

विश्लेषकों का मानना है कि यूरोजोन में शामिल होने से लाटविया को आर्थिक विकास के लिए यूरोपीय संघ का मजबूत आधार मिलेगा और चीन, अमेरिका, कनाडा तथा जापान जैसे देशों के साथ भी व्यापार में सुविधा हासिल होगी क्योंकि यूरोपीय संघ के साथ इन देशों का आपसी निवेश और मुक्त व्यापार समझौता है यूरोजोन में शामिल होने से लाटविया की मुद्रा का अवमूल्यन हो सकता है जिससे उसका निर्यात बढ़ने का अनुमान है। तीन बाल्टिक देशों में लाटविया यूरो अपनाने वाला दूसरा देश है। यूरोपीय संघ ने इस शर्त पर लाटविया के आवेदन का समर्थन किया कि वह महंगाई व कर्ज को कम करेगा। लाटविया का यूरोजोन में शामिल होना कर्ज संकट का दबाव घटने का संकेत है।[9]

लिथुआनिया यूरो अपनाने वाला 19वां देश बना

पूर्वी यूरोपीय बाल्टिक राष्ट्र लिथुआनिया भी 1 जनवरी, 2015 से यूरोजोन का सदस्य हो गया है। 1991 में पूर्व सोवियत संघ से विघटित होकर स्वतंत्र राष्ट्र के रूप में अस्तित्व में आए इस देश ने यूरोप की एकीकृत मुद्रा यूरो को अपनी अधिकारिक मुद्रा के रूप में अपना लिया इससे तीन बाल्टिक देश एस्टोनिया, लाटविया व लिथुआनिया अब यूरोजोन के सदस्य हो गये हैं एस्टोनिया ने 10 जनवरी, 2011 से तथा लाटविया ने 1 जनवरी, 2014 से यूरो मुद्रा को अपनाया था। ये तीनों देश यूरोपीय संघ तथा नाटो के सदस्य 2004 में बने थे। यूरोपीय संघ के सभी सदस्यों ने निर्धारित शर्तें पूरी करने के बाद यूरो को ही अपनी मुद्रा के रूप में अपनाया है। डेनमार्क व ब्रिटेन को इससे छूट प्राप्त है। वर्तमान में ब्रिटेन 5 जुलाई, 2016 को यूरोपीय संघ से अलग भी हो गया है। लिथुआनिया ने ये सभी शर्तें पूरी करने के पश्चात् यूरो अपनाने के लिए आवश्यक कानून अप्रैल, 2014 में पारित कर लिया था तथा 1 जनवरी, 2015 से यूरोजोन में इसे शामिल करने के प्रस्ताव को यूरोपीय परिषद में मंजूरी जुलाई, 2015 में प्रदान कर दी। लिथुआनिया, जिसे अधिकारिक रूप में लिथुआनिया गणराज्य के नाम से जाना जाता है, उत्तरी यूरोप में स्थित एक देश है यह स्वीडन व डेनमार्क के पूर्व में तथा बाल्टिक सागर के दक्षिणी-पूर्वी किनारे पर स्थित है। लिथुआनिया तीन बाल्टिक गणराज्यों में सबसे बड़ा है। इसकी जनंसख्या लगभग 30 लाख तथा क्षेत्रफल 65 हजार वर्ग किमी है। द्वितीय विश्व युद्ध के बाद इसका सोवियत संघ में विलय कर दिया गया था। 11 मार्च, 1990 को लिथुआनिया सोवियत संघ से अपनी स्वतंत्रता की घोषणा करने वाला पहला बाल्टिक राज्य बना। 1 सितम्बर, 1991 में लिथुआनिया ने संयुक्त राष्ट्र संघ की सदस्यता

ग्रहण की। 1 मई, 2004 को लिथुआनिया ईयू में शामिल हुआ जिसके तुरन्त बाद 28 जून, 2004 को लिथुआनिया ERM II (European Exchange Rate Mechanism-II) में शामिल हुआ जिसके साथ ही लिथुआनिया की मुद्रा 'लिटास' (Litas) यूरो के सापेक्ष विनिमय दर के दायरे में आ गई लेकिन जून, 2014 में यूरोपीय आयोग व यूरोपीय केन्द्रीय बैंक के अनुमोदन के बाद लिथुआनिया 1 जनवरी, 2015 में यूरोजोन का 19वां सदस्य देश बना।[10]

- 4 जून, 2014 को यूरोपीय कमीशन तथा यूरोपीय केन्द्रीय बैंक द्वारा प्रकाशित रिपोर्ट के अनुसार लिथुआनिया ने मैस्ट्रिच मापदण्डों' को पूरा कर लिया है और वह 1 जून, 2015 से यूरो को अपनी मुद्रा के रूप में अपनाने हेतु योग्य है।
- 23 जुलाई, 2014 को ब्रूसेल्स में यूरोपीय संघ के मंत्रियों की परिषद की बैठक में लिथुआनिया को यूरो क्षेत्र के 19वें सदस्य के रूप में अनुमति देने संबंधी आवश्यक वैधानिक प्रावधानों को अंगीकृत कर लिया।
- यूरोपीय सेन्ट्रल बैंक द्वारा किसी भी देश को यूरोजोन का सदस्य बनने के लिए जारी मापदण्डों, मानकों या शर्तों में से मुख्य निम्नलिखित हैं:–
    1. सरकारी घाटा जीडीपी के तीन प्रतिशत से अधिक नहीं होना चाहिए।
    2. सरकारी ऋण जीडीपी के 60 प्रतिशत से अधिक नहीं होना चाहिए।
    3. मूल्य स्थिरता बनी रहे।
    4. मुद्रास्फीति कम रहे।[11]
- लिथुआनिया ने यूरोजोन में शामिल होने का प्रथम प्रयास मार्च, 2016 में किया था लेकिन लिथुआनिया में मुद्रास्फीति की ऊंची दर तथा आर्थिक स्थिति कमजोर होने के कारण यूरोजोन की सदस्यता नहीं दी गई थी।
- पुनः फरवरी, 2013 में लिथुआनिया द्वारा यूरोजोन में शामिल होने की योजना बनाई गई। अप्रैल, 2013 में लिथुआनिया में इस संबंध में एक सर्वेक्षण का आयोजन किया गया जिसमें देश के 41 प्रतिशत लोग यूरोजोन में शामिल होने के पक्ष में और 55 प्रतिशत लोग विपक्ष में थे।
- यूक्रेन के मुद्दे पर रूस के बढ़ते हस्तक्षेप को देखते हुए लिथुआनिया किसी भी आर्थिक संकट से बचने के लिए यूरोजोन का सदस्य बनना चाहता था। इस संबंध में लिथुआनिया सभी मानकों को पूरा करता है।
- लिथुआनिया ERM- II (European Exhange Rate Mechanism –II) का

सदस्य वर्ष 2004 से ही है तथा वर्ष 2014 में लिथुआनिया की मुद्रास्फीति की दर भी 3 प्रतिशत के आस-पास रही है।

- उल्लेखनीय है कि एकल मुद्रा यूरो का औपचारिक सृजन 1999 में हुआ था जबकि भौतिक रूप से (नोट व सिक्कों के रूप में) यह मुद्रा वर्ष 2002 में अस्तित्व में आई। वर्ष 1999 में ही यूरो संघ के 11 सदस्य देशों (ऑस्ट्रिया, बेल्जियम, फिनलैण्ड, फ्रांस, जर्मनी, आयरलैण्ड, इटली, लक्जेमबर्ग, नीदरलैण्ड, पुर्तगाल व स्पेन) के द्वारा इसे अधिकारिक मुद्रा के रूप में अपना लिया गया।
- वर्ष 2002 में यूरो के भौतिक रूप से अस्तित्व में आने के समय यूरोपीय संघ के कुल 15 सदस्य थे जिनमें से 12 ने यूरो को अधिकारिक मुद्रा मान लिया था। ग्रीस 2001 में यूरो क्षेत्र में शामिल होने वाला 12वां देश था।
- वर्ष 2002 तक यूरो न अपनाने वाले (अभी भी यूरो क्षेत्र से बाहर) यूरोपीय संघ के शेष तीन देश थे– ब्रिटेन, डेनमार्क। इन दोनों देशों में मैस्ट्रिच संधि के तहत स्वयं को वैधानिक रूप से बाहर रखा हआ है) एवं स्वीडन जो वैधानिक बाध्यता के होते हुए भी स्वघोषित रूप में यूरो क्षेत्र के बाहर है।
- वर्ष 2004 में भूतपूर्व पूर्वी ब्लॉक एवं पूर्व युगोस्लाविया के 10 राष्ट्रों के यूरोपीय संघ में शामिल होने के बाद यूरो क्षेत्र में भी नए सदस्यों के शामिल होने की प्रक्रिया आगे बढ़ी।
- इन 10 राष्ट्रों (स्लोवेनिया, साइप्रस, माल्टा, स्लोवाकिया, एस्टोनिया, पोलैण्ड, चेक गणराज्य, हंगरी, लाटविया एवं लिथुआनिया) में से स्लोवेनिया 1 जनवरी, 2007, साइप्रस व माल्टा 1 जनवरी, 2008, स्लोवाकिया 1 जनवरी, 2009 को, एस्टोनिया 1 जनवरी 2011 को तथा लाटविया 1 जनवरी, 2014 को यूरो क्षेत्र में शामिल हुए।
- वर्ष 2007 में बुल्गारिया और रोमानिया तथा 2013 में क्रोएशिया के यूरोपीय संघ में शामिल होने के साथ यूरोपीय संघ के सदस्य देशों की संख्या 28 हो गई।
- जनवरी, 2015 में लिथुआनिया के यूरो क्षेत्र में शामिल हो जाने के बाद यूरोपीय क्षेत्र के मात्र 9 देश हैं जो यूरो क्षेत्र से बाहर हैं।
- इन प्रदेशों में से डेनमार्क (यद्यपि यह ERM-II से जुड़ा है) और ब्रिटेन के अतिरिक्त शेष 7 देश वैधानिक रूप से यूरो क्षेत्र में शामिल होने के लिए बाध्य हैं, फिर भी ERM-II में शामिल होना स्वैच्छिक है।

- स्वीडन व चेक गणराज्य ने अब तक यूरोजोन में शामिल होने का प्रयास नहीं किया है। जबकि अन्य 5 राष्ट्र बुल्गारिया, हंगरी, क्रोएशिया, पोलैण्ड एवं रोमानिया निर्धारित मानकों को पूरा न कर पाने के कारण यूरोजोन में शामिल नहीं हो पा रहे हैं।
- 1 जनवरी, 2015 से लिथुआनिया की मौद्रिक नीति यूरोपीय केन्द्रीय बैंक के अनुसार होगी। वर्तमान में ERM-II के तहत लिथुआनिया की मुद्रा लिटास का मूल्य एक यूरो के सापेक्ष 3.4528 है।[12]

मानचित्र संख्या : 6.1

यूरोपीय संघ में यूरोजोन का मानचित्र

तालिका संख्या : 6.1
यूरोजोन सदस्य देशों की सूची[13]

क्र.सं.	देश	राजधानी	यूरो जोन के सदस्य बने
1.	ऑस्ट्रिया	वियना	1 जनवरी, 1999
2.	बेल्जियम	ब्रूसेल्स	1 जनवरी, 1999
3.	फ्रांस	पेरिस	1 जनवरी, 1999
4.	जर्मनी	बर्लिन	1 जनवरी, 1999
5.	लक्जेमवर्ग	लक्जमबर्ग	1 जनवरी, 1999
6.	नीदरलैण्ड	एक्सटर्डम	1 जनवरी, 1999
7.	पुर्तगाल	लिस्बन	1 जनवरी, 1999
8.	आयरलैण्ड	डब्लिन	1 जनवरी, 1999
9.	इटली	रोम	1 जनवरी, 1999
10.	फिनलैण्ड	हेलसिंकी	1 जनवरी, 1999
11.	स्पेन	मेड्रिट	1 जनवरी, 1999
12.	यूनान	एथेन्स	1 जनवरी, 2001
13.	स्लोवेनिया	ल्जुब्लजना	1 जनवरी, 2007
14.	साइप्रस	निकोसिया	1 जनवरी, 2008
15.	माल्टा	वलेत्ता	1 जनवरी, 2008
16.	स्लोवाकिया	ब्रातिस्लावा	1 जनवरी, 2009
17.	एस्टोनिया	तल्लिन	1 जनवरी, 2011
18.	लाटविया	रीगा	1 जनवरी, 2014
19.	लिथुआनिया	विल्नुअस	1 जनवरी, 2015

तालिका संख्या : 6.2
गैर-यूरोजोन (यूरोपीय संघ) सदस्य देशों की सूची

1.	ब्रिटेन	लंदन
2.	स्वीडन	स्टॉकहोम
3.	डेनमार्क	कोपनहेगन
4.	चेक गणराज्य	प्राग
5.	हंगरी	बुडापेस्ट
6.	पोलैण्ड	वारसा
7.	बुल्गारिया	सोफिया
8.	रोमानिया	बुखारेस्ट
9.	क्रोएशिया	जग्रेव

यूरोजोन संकट व अंतर-सरकारी संधि

स्थापना के समय से ही ईयू को यूरोपीय एकीकरण तथा यूरोजोन एकीकरण की मिसाल माना जाता था, लेकिन आज ये भारी-भरकम सरकारी कर्ज, समृद्धि में जारी गिरावट तथा डांवांडोल आर्थिक स्थिति के कारण आलोचना का शिकार बन गए हैं। इसी कारण इसके संगठित अस्तित्व पर सवालिया निशान लग गए हैं। इस संकट से निजात पाने के लिए वैश्विक स्तर पर विभिन्न बेलआउट पैकेज यूरोपीय देशों को दिए गए, लेकिन स्थिति लगातार गम्भीर होती जा रही है। इसी स्थिति से निजात पाने के लिए यूरोजोन के 17 देशों के मध्य एक नई अन्तर्सरकारी संधि पर हस्तक्षर हुए हैं जिसमें वृहत्तर वित्तीय समन्वयन तथा बजटीय अनुशासन पर जोर दिया गया है। इस संधि का मुख्य उद्देश्य यूरोजोन के मौजूदा सरकारी संकट का दीर्घकालीन समाधान निकालना है।

इस समझौते की नींव जर्मनी की चांसलर एंजिला मर्केल तथा फ्रांसीसी राष्ट्रपति निकोलस सरकोजी द्वारा लाए प्रस्ताव से रखी गई है। इसमें यूरोपीय यूनियन में लागू संधि में आमूल बदलाव लाने का प्रयत्न किया गया है, लेकिन ब्रिटिश प्रधानमंत्री डेविड कैमरून ने इस समझौते को नकार दिया। समझौते में ब्रिटेन के शामिल न होने के कारण यूरोप तथा ब्रिटेन अलग-अलग धुरी पर खड़े दिखाई दे रहे हैं। ब्रिटेन ने यह कहकर कि इस समझौते से ब्रिटेन को कोई खास फायदा नहीं होने वाला इसके प्रति नकारात्मक रवैया अपनाया है। ब्रिटेन ने लिस्बन संधि का विरोध किया क्योंकि उसका मानना था कि वित्तीय लेन-देन संबंधी करों की योजना में उसे कोई छूट नहीं दी गई। इसी विरोध से बचाव के लिए फ्रांस तथा जर्मनी ने इस संधि के समानान्तर एक नई संधि का प्रस्ताव पेश किया परन्तु अर्थशास्त्रियों के अनुसार इस समझौते से अधिक आशा नहीं की जा सकती, क्योंकि यह यूरोपीय देशों की संकट में फंसी समृद्धि की विकट समस्या का समाधान निकालने के लिए पर्याप्त नहीं है।

इस समझौते में मुख्यतः सरकारी मितव्ययिता तथा सरकारी कर्ज चुकाने की बातें कही गई जो बिना समृद्धि के विकास के संभव नहीं। इसी कारण इसे समेकित समाधान नहीं माना जा रहा है। इस समझौते के तहत 6 गैर-यूरोपीय देशों सहित 23 देशों के शामिल होने की संभावना थी जो कि भविष्य की एक मुद्रा की नींव मानी जा सकती है। ब्रिटेन इस समझौते में शामिल नहीं हुआ, अतः अगले तीन माह में समझौते का मसौदा तैयार करने का भी उसने समर्थन नहीं किया। उसका मानना था कि वह यूरोजोन का सदस्य नहीं है। यूरोप के 17 देश नया बेल आउट फण्ड भी जारी करने पर सहमत हुए तथा यूरोपीय स्थायित्व तंत्र को जुलाई, 2012 तक

के लिए टाल दिया गया यूरोपीय समुदाय के देश इस आर्थिक संकट से निपटने के लिए अन्तर्राष्ट्रीय मुद्रा कोष को 200 अरब यूरो भी प्रदान करने को सहमत हुए।

नई संधि में मितव्ययिता पर अधिक ध्यान दिया गया जबकि यूरोपीय देशों की आर्थिक समृद्धि में वृद्धि व निरन्तरता का अभाव आर्थिक गिरावट का मूल कारण है जिसके कारण क्रेडिट एजेन्सी 'स्टैण्डर्ड एण्ड पुअर्स' ने भी यूरोजोन के लगभग 15 देशों की क्रेडिट रेटिंग घटाने की संभावना बताई इसमें फ्रांस तथा जर्मनी की '**एएए**' रेटिंग की समस्या की गम्भीरता को भांपते हुए जर्मनी की चांसलर एंजेला मर्केल ने सक्रियता दर्शाते हुए स्थिति गम्भीर होने पर रोक लगाई। इससे संयुक्त यूरोपीय संगठन की कोशिशों को सशक्त होने का मौका मिलेगा।

यूरोपियन स्टेबिलिटी मैकेनिज्म (ESM)

यूरोजोन के ऋण में डूबे देशों को बचाने के लिए यूरोपीय संघ ने 700 अरब यूरो का भारी भरकम पैकेज तैयार किया। इस पैकेज का इस्तेमाल इन देशों के वित्तीय स्थायित्व के लिए किया गया। नए राहत कोष को यूरोपियन स्टेबिलिटी मैकेनिज्म (यूरोपीय स्थिरता प्रणाली) का नाम दिया गया। यह मौजूदा 440 अरब यूरो वाली अस्थायी बेलआउट व्यवस्था की जगह पर आया जिसकी समय सीमा 2013 में हो रही थी। ऐसे में ईयू के वित्तमंत्रियों ने प्रस्तावित बेल आउट फंड से मदद के लिए कड़ी शर्तें तय की हैं। ईयू चाहता है कि ग्रीस पहले वित्तीय स्थायित्व के लिए कदम उठाए तभी मदद की अगली किस्त राहत पैकेज जारी की जाए। ईयू यूरोपीय जोन की वित्तीय स्थिरता को लेकर काफी गंभीर है।[14]

यूरोजोन व ग्रीस में आर्थिक संकट

यूरोपीय संघ के 28 देशों में यूनान एक विकसित देशों की श्रेणी में आता है यदि वह अंतर्राष्ट्रीय मुद्रा कोष (IMF), यूरोपीय सेंट्रल बैंक (ECB), तथा यूरोपीय कमीशन त्रिगुट का ऋण देने में असमर्थ होता है तो वह 21वीं शताब्दी का दिवालिया विकसित देश होगा। ऐसा अक्सर विकासशील देशों के साथ तो होता है लेकिन विकसित देशों के साथ बहुत कम होता है। IMF और यूरो बैंक का ग्रीस पर लगभग 240 अरब यूरो यानि करीब 280 अरब डॉलर का ऋण है। गम्भीर आर्थिक संकट से जूझ रहा ग्रीस यूरोपीय संघ की शर्तों के मुताबिक ऋण चुकाने के लिए अपनी मौद्रिक नीति को अपना नहीं सकता और उसे राजकोषीय नीति ही बनाने का अधिकार है। बढ़ते राष्ट्रीय ऋण, बेरोजगारी से निपटने के लिए यूनान की सीरिजा पार्टी के प्रमुख एलेक्सिस सिप्रास ने मौद्रिक नीति अपनाने की बात की है। इसके लिए उन्होंने ऋण के समझोते से मुकरने की बात भी कही। इस कारण इन बातों

से ये संकेत आने लगे थे कि यूनान यूरोजोन से अलग हो सकता है। यूनान को अब तक आर्थिक संकट से उबरने के लिए यूरोपीय संघ, यूरोपीय सेंट्रल बैंक और अंतर्राष्ट्रीय मुद्रा कोष द्वारा दो बार मई, 2010 में 110 अरब यूरो का राहत पैकेज दिया गया तथा दूसरा राहत पैकेज दिसम्बर, 2013 को कठोर शर्तों के साथ 130 अरब यूरो का राहत पैकेज दिया गया। तीसरी बार जब यूनान में आर्थिक संकट गहराया तो ग्रीस ने फिर हाथ फैलाए। इस पर यूरोपीय संघ व अन्य संस्थाओं द्वारा अन्ततः राहत पैकेज देते हुए कठोर शर्तें लागू करने को कहा। जनवरी, 2015 से मार्च, 2016 तक 8.2 अरब यूरो का ऋण देने पर सहमति बनी।

यूनान पर आर्थिक संकट के प्रमख कारण[15]

1. सन् 2001 में यूनान यूरोजोन से जुड़ा। उसे उम्मीद थी कि वह सदस्य देशों से ऋण हासिल कर लेगा, पर उसका यह फैसला उस पर भारी पड़ा।
2. सन् 2004 में एथेन्स में ओलम्पिक खेल हुए, यूनान को यूरोजोन से भारी ऋण मिला और उसने इन खेलों में 12 अरब डॉलर खर्च कर डाले।
3. सन् 2005 में देश का राजकोषीय घाटा बढ़ गया तब तत्कालीन सरकार ने 5 खातों में हेराफेरी कर आंकड़ों में देश की आर्थिक स्थिति अच्छी बताई।
4. ग्रीस के डिफॉल्ट होने की नींव 1999 में यहां आए विनाशकारी भूकम्प को भी कहा जा सकता है। इस भूकम्प से देश का ज्यादातर हिस्सा तबाह हो गया था और लगभग 50 हजार इमारतों का पुनर्निर्माण करना पड़ा था। यह सारा काम सरकारी धन खर्च करके किया गया था।
5. मई, 2010 में यूरोजोन, यूरोपीय सेंट्रल बैंक और अंतर्राष्ट्रीय मुद्रा कोष ने ग्रीस को डिफाल्ट से बचाने के लिए 110 अरब यूरो का राहत पैकेज दिया, यही नहीं, 2013 तक उसकी वित्तीय जरूरतें भी पूरी की तथा ग्रीक के सामने सुधार को लागू करने की शर्त भी रखी गई।
6. अभी ग्रीस की अर्थव्यवस्था कुछ रफ्तार पकड़ ही रही थी कि संसदीय चुनाव के बाद वहाँ वामपंथी सिरीजा पार्टी इन वादों के साथ सत्ता में आ गयी कि सरकार बनते ही बेलआउट की शर्तों को ठुकरा दिया जाएगा इससे जनता की मुश्किलें और बढ़ गयी। यूरोजोन के देशों ने एक बार फिर ग्रीस को राहत देते हुए टेक्नीकल एक्सटेंशन दिया लेकिन कोई

राहत नहीं मिली। ग्रीस के सामने फिर से नई मुसीबत है और दुनिया ग्रीस संकट से उबरने की दुआ कर रही है।

तालिका संख्या : 6.3

ग्रीस पर कुल ऋण भार

52.9 अरब यूरो	यूरोजोन के सदस्य देशों द्वारा दिया गया सहायता ऋण
32.1 अरब यूरो	अंतर्राष्ट्रीय मुद्रा कोष (IMF) द्वारा
25.0 अरब यूरो	यूरोपीय केन्द्रीय बैंक द्वारा
141.8 अबर यूरो	यूरोपीय बेल आउट फंड (EFSF) द्वारा
10.9 अरब यूरो	ग्रीस के अन्य बैकों द्वारा दिया गया
4.3 अरब यूरो	बैंक ऑफ ग्रीस
57.7 अरब यूरो	अन्य
64.9 अरब यूरो	जर्मन शेयर बाजार
321.7 अरब यूरो	कुल ऋण भार यूनान पर

तालिका संख्या : 6.4

यूरोपीय यूनियन के अन्य देशों पर ऋण भार : एक नजर

देश	ऋण
यूनान	170%
इटली	135%
पुर्तगाल	135%
आयरलैण्ड	110%
साइप्रस	100%
स्पेन	90%
फ्रांस	90%
ब्रिटेन	80%
जर्मनी	60%

(2014 की चौथी तिमाही में देशों की जीडीपी की तुलना में ऋण प्रतिशत में)

11 लाख करोड़ रुपये से भी ज्यादा ऋण भार तले दबा यूनान 21वीं सदी का पहला घोषित दिवालिया देश बनने की कगार पर है। यूनान को 30 जून, 2015 को ऋण की पहली किस्त के रूप में 12 हजार करोड़ रुपये चुकाने थे जो कि वह नहीं चुका पाया। इसके पहले यूनान को संकट से बचाने के लिए 30 जून, 2015

को आखिरी पेशकश सामने रखी गयी जिसे यूनान ने स्वीकार नहीं किया इस कारण 5 जुलाई, 2015 को यूनान में बेल आउट के पक्ष–विपक्ष में जनमत संग्रह हुआ।

करीब 11.14 लाख करोड़ रुपये की राशि यूनान की कुल जीडीपी की 170 फीसदी है। यूनान में यूरो संकट तब शुरू हुआ जब 20 फरवरी, 2015 को यूरोपीय यूनियन के अधिकारियों के साथ यूनान ने ऋण जुटाने की कोशिश की थी। यूनान ने 7 अरब यूरो का ऋण मांगा था पर यूनियन ने उसकी ये मांगें ठुकरा दी। इस कारण यूनान के तत्कालीन प्रधानमंत्री एलेक्सिस सिप्रास ने वेबसाइट पैकेज की शर्तों को अस्वीकार कर यूरोपीय संघ पर ब्लैकमेल करने का आरोप लगा दिया और इसके बाद यूनान में 5 जुलाई, 2013 को जनमत संग्रह का आव्हान किया। इस घटनाक्रम को देखें तो जो बेलआउट पैकेज ग्रीस को मिलने वाला था उसकी नई किस्त के लिए खास शर्तें लगा दी गई। ग्रीस में 25 फीसदी बेरोजगारी है तथा 50 फीसदी युवा बेरोजगार हैं उसका कहना है कि इन शर्तों को मानने पर ग्रीस अर्थव्यवस्था पर ज्यादा नकारात्मक असर पड़ेगा। यदि ग्रोथ नहीं होगी तो वह पैसा वापस कैसे लौटा पाएंगे। इस मुद्दे को लेकर यूरोजोन में ग्रीस से वार्ता की गई। वस्तुस्थिति यह है कि यह एक खेल खेला जा रहा है। यूनान का मानना है कि बाकी देश यूनान को यूरोजोन से नहीं निकलने देंगे वरना यूरोपीय प्रोजेक्ट पर सवालिया निशान लग जाएगा। भले ही ग्रीस छोटी अर्थव्यवस्था हो पर उसके संकट मात्र से ही दुनिया के बाजार गिर रहे हैं। मुद्राओं पर फर्क पड़ गया तो उसके बाहर निकल जाने पर क्या हाल होगा? यूरोप व अमरीका के अर्थशास्त्रियों का भी यही कहना है कि यदि ग्रीस को यूरोजोन से निकाला गया तो इसका बहुत नकारात्मक असर होगा हालांकि अब ये अहसास होने लगा है कि शेष यूरो करेंसी वाले देशों ने आखिरकार मन बना लिया है कि ग्रीस को यूरोजोन से निकाल देना चाहिए। उनका यह भी मानना है कि बार-बार ग्रीस को जो ढील (राहत पैकेज) दी जा रही है उससे स्पेन, पुर्तगाल जैसे मुल्क भी इन परिस्थितियों का फायदा उठाने लगेंगे। इसलिए अन्य देशों ने मिलकर पिछले कुछ वर्षों से ऐसा सिस्टम बना लिया है ताकि ग्रीस के बाहर हो जाने पर यूरोजोन पर कम से कम असर पड़े।[16]

ग्रीस को पहला बेलआउट पैकेज

यूनान को पहला राहत पैकेज यूरोजोन संकट से उबरने के लिए मई, 2010 में यूरोपीय सेंट्रल बैंक व अंतर्राष्ट्रीय मुद्रा कोष ने 110 अबर यूरो का राहत पैकेज दिया। यूनान का यह संकट देश के वित्तीय हिसाब में सरकारी फर्जीवाड़े के आंकड़ों से निकला है। घाटा छिपाकर ऋण लेते रहे ग्रीस का सच (जीडीपी के अनुपात में 180 फीसदी ऋण) 2009 में यूरोपीय समुदाय की वित्तीय जांच में जाकर खुला था।

110 अरब यूरो के पैकेज और यूरोपीय केन्द्रीय बैंक की तरफ से यूनान के ब्रांडों की खरीद के साथ यूनान को बचाने के लिए जो एक साल का समय मिला वह पूरा हो चुका है। इस दौरान यूनान के हालात सुधरने की बजाय बिगड़े हैं। परिणामतः IMF व यूरोपीय समुदाय ने मदद की आखिरी किस्त रोक ली और तब से ग्रीस की सांसे उखड़ने लगी हैं। ग्रीस को 29 जून, 2011 तक सहायता पैकेज के 12 अरब यूरो मिलने थे लेकिन उससे पहले यूनान को यह दिखाना था कि उसके पास आगामी एक साल का खर्च चलाने के लिए संसाधन हैं परन्तु इन दोनों ही पैमानों पर ग्रीस कंगाल है लेकिन ग्रीस ने पिछले एक साल में उसका उलटा करते हुए IMF आदि से मिले सहायता पैकेज से ऋण का भार और बढ़ा लिया है। ग्रीस का 2011 का ताजा राजकोषीय घाटा 10.28 अरब यूरो के आस-पास था मंदी भरपूर थी व राजस्व शून्य था। यूनान में लगातार बढ़ते कर्ज संकट के मूडीज और फिच के बाद प्रसिद्ध रेटिंग एजेन्सी स्टैण्डर्ड एण्ड पुअर ने भी 14 जून, 2011 को यूनान की क्रेडिट रेटिंग चार पायदान नीचे ढकेल दी जिसके बाद यूनान अब क्रेडिट रेटिंग के मामले में पाकिस्तान, जमैका और इक्वाडोर से भी नीचे पहुंच गया है ग्रीस की मौजूदा क्रेडिट रेटिंग सीसीसी हो गई है जबकि ये पहले बी थी। स्टैण्डर्ड एण्ड पुअर्स की रेटिंग पर ग्रीस अब सबसे निचले स्तर पर है। यूनान को दिवालिया होने से बचाने के लिए यूरोपीय यूनियन IMF मिलकर उसके कर्ज की रिस्टकचरिंग कर रहे हैं वहीं ग्रीस सरकार भी खर्चों की कटौती करने का बिल वहाँ की संसद में पास कराने की कोशिश में है इसके पहले मूडीज ने ग्रीस की रेटिंग एक पायदान घटाकर सीएए 1(CAA-I) कर दी थी। फिच ने भी ग्रीस की रेटिंग B+ कर दी थी। रेटिंग घटाए जाने के साथ ग्रीस के 10 वर्षीय ब्राण्ड के लिए उधारी लागत बढ़कर 17 प्रतिशत से अधिक हो गयी जिससे ग्रीस की सरकार के लिए पूंजी बाजार से धन जुटाना असंभव हो गया।

ग्रीस को दूसरा बेलआउट पैकेज

ग्रीस को दूसरा राहत पैकेज दिसम्बर, 2013 को कठोर शर्तों के साथ दिया गया। यह राहत पैकेज कुल 130 अरब यूरो का था। ग्रीस को यूरोपीय संघ व अंतर्राष्ट्रीय मुद्रा कोष ने फिजूलखर्ची कम करने को कहा जिससे अर्थव्यवस्था पटरी पर लौट सके। इस कारण ग्रीस ने निजीकरण कार्यक्रम शुरू किया लेकिन उसे चेतावनी दी गई कि अन्तर्राष्ट्रीय मुद्राकोष और धन नहीं देगा क्योंकि ग्रीस ये गारण्टी नहीं दे सकता कि वो अगले 12 महीनों तक कर्ज चुकाने लायक बना रहेगा।

यूरोपीय संघ ने ग्रीस को चेतावनी दी है कि वह अपने देश में शीघ्र व्यय में कटौती संबंधी प्रभावी कदम उठाए। वर्तमान में ग्रीस के सिर पर लगभग 327 अरब

यूरो का कर्ज है। अन्तर्राष्ट्रीय मुद्रा कोष का कहना है कि मामूली बहुमत के सहारे टिकी ग्रीस सरकार ने अगर समय रहते कदम नहीं उठाए तो आर्थिक संकट 17 देशों के यूरोजोन और उसके आगे तक फैल सकता है।[17]

ग्रीस को तीसरा बेलआउट पैकेज

जब यूनान 2015 तक पुराने कर्ज को नहीं चुका पाया तो उस पर यूरोपीय सेंट्रल बैंक, और IMF का भरोसा उठ गया और अपने ऋण वापस मांग लिए, जिसे यूनान को 30 जून, 2015 को चुकाना था इस ऋण को चुकाने के लिए 20 फरवरी, 2015 को यूरोपीय यूनियन के अधिकारियों के साथ ग्रीस ने ऋण जुटाने की कोशिश भी की थी। उसने 7 अरब यूरो का ऋण मांगा था पर यूरोपीय संघ ने अस्वीकार कर दिया। यह कहना मुश्किल था कि 30 जून, 2015 के बाद यूरो का अन्य देशों की मुद्रा पर क्या प्रभाव पड़ेगा लेकिन यह निश्चित था कि यदि ग्रीस को बेलआउट पैकेज नहीं मिलना तो यूरो का लड़खड़ाना पक्का था और इसका लाभ डॉलर को मिलेगा। यूनान 11 अगस्त, 2015 को अन्तर्राष्ट्रीय ऋणदाताओं, यूरोपीय आयोग, यूरोपीय केन्द्रीय बैंक, यूरोपीय स्थायित्व प्रणाली और अंतर्राष्ट्रीय मुद्राकोष के साथ तीसरे बेलआउट समझौते पर राजी हो गया। यह सहमति 18 घंटे की मेराथन वार्ता के बाद सम्पन्न हुई। इस वार्ता में ग्रीस सरकार की ओर से वित्तमंत्री यूक्लिड साकालोटोस और आर्थिक मंत्री जियोर्गोस स्टथाकिस ने हिस्सा लिया। समझौते के प्रमुख बिन्दु हैं :–

1. इस वार्ता में नया निजीकरण कोष, ऊर्जा को नियमन से मुक्त करना और गैर निष्पादित ऋण जैसे विवादित मुद्दे पर समझौता।

2. जहाजरानी कम्पनियों के लिए कर संरचना में बदलाव, जेनेटिक दवाओं की कीमतें घटाना, सामाजिक कल्याण प्रणाली की समीक्षा, वित्तीय अपराध रोकथाम दस्ते को मजबूत करना तथा पहले सेवानिवृत्त कार्यक्रम से निजात पाना।

3. 2016 तक द्वीपों के लिए टैक्सकर छूट समाप्त करना, आर्थिक सहयोग और विकास संगठन द्वारा प्रस्तावित उत्पाद बाजार सुधार लागू करना और ऊर्जा बाजार को नियमन से मुक्त करना जैसे कदम मुख्य रूप से शामिल थे।

4. इसके साथ ही निजी अध्यापन मूल्य वर्धित कर (वैट) बढ़ाकर 23 फीसदी किया जाएगा और बीफ पर वैट की दर 23 फीसदी से घटाकर 13 फीसदी की जाएगी।

5. इस प्रकार से जनवरी, 2015 से मार्च, 2016 तक 8.2 अरब यूरो का ऋण देने पर सहमति बनी।
6. 22 जुलाई, 2016 तक न्यायिक सिस्टम को सुधारना होगा। राजनीतिक दबाव कम कर फाइनेंशियल सेक्टर को मजबूत करना होगा।
7. सरकारी वेतन तथा पेंशन कम करने होंगे और इसे राजनीति से मुक्त करना होगा।
8. यूनान अन्तर्राष्ट्रीय मुद्रा कोष से आर्थिक मदद मार्च 2016 तक जारी रखने की अपील करेगा।[18]

यूरोजोन व यूनान में जनमत संग्रह

11 लाख करोड़ रुपये से भी ज्यादा की धनराशि तले दबा ग्रीस 21वीं सदी का पहला विकसित दिवालिया देश है जो अंतर्राष्ट्रीय मुद्रा कोष, यूरोपीय केन्द्रीय बैंक तथा यूरोपीय संघ जैसी संस्थाओं का ऋण चुकाने में असमर्थता प्रकट कर चुका है। 30 जून, 2015 तक इंटरनेशनल मॉनिटरी फण्ड (IMF) के 12 हजार करोड़ रुपये चुकाने थे। यह ऋण की पहली किस्त थी जो यूनान नहीं चुका पाया। अब ऋण चुकाने की समय सीमा बढ़ाना भी मुश्किल है यदि समय सीमा बढ़ती भी है तो यह 5 जुलाई, 2015 से अधिक नहीं होगी। 5 जुलाई, 2015 को ग्रीस में बेलआउट पैकेज के पक्ष–विपक्ष में जनमत संग्रह हुआ। प्रधानमंत्री एलेक्सिस सिप्रास ने इससे पहले ही ग्रीस के नागरिकों से अपील की कि वे बेलआउट पैकेज के विरोध में मतदान करें। सिप्रास का कहना था कि इससे ग्रीस को आर्थिक संकट से निपटने में बेहतर समाधान में मदद मिलेगी। उन्होंने चेतावनी दी कि ऐसा न होने पर वे पद पर नहीं बने रहेंगे।

यूनान में जनमत संग्रह

अपने सबसे मुश्किल आर्थिक संकट के दौर से गुजर रहा ग्रीस क्या इससे बाहर निकल पाएगा? वह यूरोजोन से बाहर होगा या दुनिया की अर्थव्यवस्था किस तरफ जाएगी? इन सवालों का जवाब 5 जुलाई, 2013 को मिला। आज ग्रीस में जनमत संग्रह के जरिए वहां की जनता सारी स्थिति साफ कर देगी। ग्रीस में मतदाताओं ने सुबह 7 बजे से रात 7 बजे तक ऐतिहासिक जनमत संग्रह प्रक्रिया में हिस्सा लिया। यह जनमत संग्रह अंतर्राष्ट्रीय कर्जदाताओं की शर्तों के संदर्भ में हो रहा था। इस मतदान से ही यह तय हुआ कि क्या ग्रीस पर दिवालिया होने का खतरा टलेगा या फिर वह यूरो क्षेत्र से बाहर होगा।

85 लाख लोगों ने डाले वोट यूनान में

समाचार एजेंसी टीएएसएस के अनुसार ग्रीस के आंतरिक मामलों और प्रशासनिक सुधारों के मंत्रालय ने बताया कि इस जनमत संग्रह में ग्रीस के लगभग 85 लाख लोगों ने अपने मताधिकार का प्रयोग किया।

यदि इस मतदान में 40 प्रतिशत पंजीकृत मतदाता हिस्सा लेते हैं तो ही यह वैध समझा जाएगा। सभी मतदान केन्द्र सुबह ही खुल गए इस जनमत संग्रह में युवा और बुजुर्ग, सभी उम्र के मतदाताओं ने हिस्सा लिया। अंतर्राष्ट्रीय मुद्रा कोष के अनुसार ग्रीस का ऋण अस्थायी है। ग्रीस को ऋण राहत के लिए सुधार कदमों को अपनाने की जरूरत है इसके साथ ही 2018 तक 50 अरब यूरो यानि 35 अरब डॉलर नए वित्तीय पैकेज की जरूरत है।

पीएम सिप्रास ने की कर्जदाताओं की शर्तें न मानने की अपील

इससे पहले ग्रीस के प्रधानमंत्री एलेक्सिस सिप्रास ने नागरिकों से जनमत संग्रह में नहीं के पक्ष में मतदान करने को कहा। उनका कहना है कि इससे कर्जदाताओं के साथ कर्ज संबंधी वार्ता से सरकार को मजबूती मिलेगी। उन्होंने एक वार्ता में कहा था कि उन्हें विश्वास है कि 5 जुलाई, 2015 के जनमत संग्रह के बाद 48 घंटे के भीतर इस संकट का अंत हो जाएगा हालांकि उन्होंने यह भी कहा था कि ऐसे नतीजे ग्रीस को यूरोजोन क्षेत्र के बाहर कर सकते हैं।

'यश' और 'नो' करेगा भविष्य का फैसला

ज्ञातव्य है कि अगर ग्रीस में बहुमत 'यश' पर वोटिंग करता है तो यूरोपीय यूनियन ग्रीस को बेलआउट पैकेज दे सकता है। जिसके बाद देश पर गहराया संकट फिलहाल टल जाएगा हालांकि 'नो' को बहुमत मिलने पर उसके लिए मुसीबत खड़ी हो सकती है। ऐसी स्थिति में ग्रीस यूरोजोन से बाहर तो हो ही जाएगा साथ ही उसे और अधिक बर्बादी के कगार पर लाकर खड़ा कर देगा। हालांकि तमाम ओपीनियन पॉल भी यही संकेत दे रहे थे कि ग्रीस के लोग खुद को यूरोजोन से बाहर नहीं होने देना चाहते क्योंकि शर्त मानने से इनकार करने पर उनके लिए मुश्किलें बढ़ जाएंगी।

क्या होंगे 'नो' (NO) कहने के नुकसान

अगर जनमत में 'नो' को बहुमत मिलता है तो ग्रीस को यूरोजोन से बाहर होना पड़ेगा इससे यूरोप को भी करीब एक हजार अरब यूरो का नुकसान उठाना होगा।

अगर 'यस' (YES) कहा तो क्या होंगे फायदे

अगर जनता 'यस' को बहुमत देती है तो ग्रीस का आर्थिक संकट टल जाएगा हालांकि देश में राजनीतिक संकट गहरा जाएगा क्योंकि वहां के प्रधानमंत्री को इस्तीफा देना पड़ सकता है या फिर राष्ट्रपति उन्हें बर्खास्त कर मध्यावधि चुनावों का एलान भी कर सकते हैं।

ग्रीस ने कर्जदाता देशों पर लगाया गंभीर आरोप

ग्रीस के वित्तमंत्री मानिस बरोफकीस ने भी कर्जदाता देशों पर उनके देश के साथ 'आतंकवादी जैसा व्यवहार' करने का आरोप लगाया। वरोफकीस ने स्पेन के एक अखबार अलमुंडों को बताया कि वे लोग ग्रीस के साथ जो कर रहे हैं उसका नाम आंतकवाद है। ब्रूसेल्स एण्ड ट्रोइका आज जो चाहते हैं वह जीतने के लिए मतदान करें ताकि वे ग्रीस को जलील कर सकें। उन्होंने अन्तर्राष्ट्रीय मुद्रा कोष, यूरोपीय केन्द्रीय बैंक एवं यूरोपीय संघ के संदर्भ में कहा क्योंकि उन्होंने हमारे बैंकों को बन्द कराने पर ध्यान केन्द्रित कर रखा है। यह लोगों में भय पैदा करने के लिए है और भय फैलाने को आतंकवाद कहा जाता है।[19]

जनमत संग्रह का परिणाम

यूनान में जनमत संग्रह 5 जुलाई, 2015 को हुआ जिसमें IMF और यूरोपीय देशों की कर्ज चुकाने की शर्तों के खिलाफ 61.31 फीसदी वोट पड़े पक्ष में 38.69 फीसदी वोट पड़े। ग्रीस के कुल 98.34 लाख वोटरों में से 62.5 फीसदी ने वोट डाले। एक महत्वपूर्ण घटना के तहत यूनानवासियों ने 5 जुलाई, 2015 को हुए जनमत संग्रह में यूनानी अर्थव्यवस्था को बचाने के लिए यूरोपीय संस्थाओं द्वारा प्रस्तावित मदद को अस्वीकार कर दिया उल्लेखनीय है कि यूनान में इस बहुचर्चित जनमत संग्रह का आयोजन इसलिए किया गया था ताकि देश के वर्तमान आर्थिक संकट में तीन एजेंसियों द्वारा आर्थिक मदद को देश स्वीकार करे अथवा नहीं। इस मुद्दे पर देशवासियों की राय ली जा सके। आर्थिक बेलआउट पैकेज की घोषणा 23 जून, 2015 को यूरोपीय संघ (EU), अंतर्राष्ट्रीय मुद्रा कोष (IMF) तथा यूरोपीय केन्द्रीय बैंक (ECB) ने की जिसके बाद 27 जून, 2015 को यूनानी प्रधानमंत्री एलेक्सिस सिप्रास ने इस विषय पर जनमत संग्रह कराने की घोषणा की थी। इन तीनों एजेंसियों की आर्थिक मदद के प्रस्ताव को यूनानी मतदाताओं ने 38.69 फीसदी के मुकाबले 61.31 मत से खारिज कर दिया। सिप्रास के नेतृत्व वाली सिरिजा पार्टी इस जनमत संग्रह में 'No' यानि आर्थिक मदद को अस्वीकार करने के विकल्प को चुनने के लिए प्रचार कर रही थी। उल्लेखनीय है कि यूनान की सरकार पिछले कई महीनों

से अपने ऋणदाताओं के साथ वार्ता में जुटी थी लेकिन इसका कोई सार्थक परिणाम नहीं निकला। देश के वाणिज्यिक बैंक उस समय बंद कर दिए गए थे जब यूरोपीय केन्द्रीय बैंक ने यूनान को और आपातकालीन ऋण देने से मना कर दिया था। अब माना जा रहा है कि इस जनमत संग्रह में नकारात्मक उत्तर सामने आने के बाद यूरोपीय संघ से यूनान की विदाई हो सकती है तथा यूनान को अपनी अलग मुद्रा जारी करने के लिए मजबूर होना पड़ सकता है। हालांकि देश की वर्तमान स्थिति को देखते हुए नई मुद्रा जारी करना आसान नहीं होगा।[20]

यूनान के जनमत संग्रह में त्रिगुट की भूमिका

ग्रीस के नागरिकों ने यूरोपीय कमीशन (EC), यूरोपियन सेन्ट्रल बैंक (ECB), अन्तर्राष्ट्रीय मुद्रा कोष (IMF) के त्रिगुट द्वारा प्रस्तावित किए गए बेलआउट पैकेज को भारी बहुमत से नकार दिया। ग्रीस में जो जनमत संग्रह हुआ उससे यह अनुमान लगाना ठीक नहीं है कि वह अब यूरोजोन से अलग हो जाएगा। वास्तव में यह जनमत संग्रह यूरोपीय संघ के बेलआउट पैकेज पर था या उसकी शर्तों को मानना न मानने के संदर्भ में था। ग्रीस पर उसकी अर्थव्यवस्था से दोगुना ऋण हो गया है। यह ऋण यूरोपीय सेन्ट्रल बैंक, अन्तर्राष्ट्रीय मुद्रा कोष तथा यूरोपीय संघ (त्रिगुट) द्वारा दिया गया है। यूरोपियन सेंट्रल बैंक के सदस्य देशों की ओर से खराब आर्थिक हालात से निपटने के लिए ग्रीस को कड़े उपाय करने के लिए कहा गया। उसे सरकारी खर्चों में मितव्ययता करते हुए कटौती के लिए, मूल्य वर्धित कर लगाने, पेंशनरों की मिलने वाली पेंशन में कमी के साथ रक्षा बजट में अगले एक साल के दौरान ही 40 करोड़ डॉलर की कटौती करने को कहा गया इसी प्रकार के अनेक कड़े कदम जो देश के आर्थिक और सामाजिक हालात पर प्रभाव डालने वाले हैं, उन्हें स्वीकार किया जाए या नहीं किया जाए, इस पर ग्रीस में जनमत संग्रह हुआ। ग्रीस की हालत निःसंदेह बेहद खराब है। वह आर्थिक दबावों के बीच ही यूरोपीय संघ में शामिल हुआ यह बात भी सही है कि उसके राजनेताओं को तब अर्थव्यवस्था के आंकड़ों में घपलेबाजी की और इसी का परिणाम वह आज भोग रहा है। उसे जर्मनी ने करीब 68 अरब और फ्रांस ने 44 अरब डॉलर का ऋण दे रखा है। अब इन दोनों देशों के करदाताओं का कहना है कि आखिर उनके धन का लाभ कोई ओर देश लंबे समय तक क्यों उठाए? पुर्तगाल, स्पेन, इटली आदि खराब अर्थव्यवस्था वाले देश जो यूरोपीय संघ के कड़े आर्थिक उपायों को अपनाकर अर्थव्यवस्था सुधारने में लगे हैं। यूरोपीय संघ का कहना है कि यदि ये देश इन कड़े उपायों को लागू कर सकते हैं तो ग्रीस क्यों नहीं कर सकता। एक बात जरूर है कि यूरोपीय संघ ने जब से अपनी मौद्रिक नीति बनानी शुरू की है और इसके सदस्य

देश यूरो को ही अपनी मुद्रा के रूप में इस्तेमाल कर रहे हैं, तब से लाभ में जर्मनी सहित चंद देश ही हैं और ग्रीस, पुर्तगाल, स्पेन आदि देशों की तो हालत खराब ही हुई है। उनका घाटा तो लगातार बढ़ता ही गया है। ग्रीस से कहा जा रहा है कि अपने आर्थिक ढांचे में वह बदलाव लाए लेकिन ग्रीस ऐसा कर पाने में विफल रहा है। इस जनमत संग्रह के बहाने वह यूरोपीय संघ के सदस्य देशों को देश की प्रजातांत्रिक परिस्थिति बताना चाहता है और कहना चाहता है कि जो कड़े उपाय करने को कहा जा रहा है, उनमें लचीलापन लाया जाए। अन्य सदस्य देशों को जो छूटें मिलती हैं वे उसे भी मिलें। उन पर पुनर्विचार किया जाए। ग्रीस इस जनमत संग्रह के आधार पर यूरोजोन से अलग होने की बात बिल्कुल भी नहीं कर रहा है। यूरोपीय संघ के देशों की परेशानी यह है कि यदि ग्रीस को ही विशेष छूट दी तो अन्य कमजोर अर्थव्यवस्था वाले सदस्य देश भी अपने लिए छूटें चाहेंगे। ऐसा कर पाना लाभ की अर्थव्यवस्था वाले देशों के लिए कठिन होगा।

ग्रीस ऐसा पहला देश है जो विकसित होने के बावजूद आई एम एफ का ऋण नहीं चुका पाया है। आमतौर पर ऐसा विकासशील देशों के साथ ही होता रहा है। हालांकि ग्रीस खराब अर्थव्यवस्था के दौर से गुजर रहा है और उसके सामने यूरोजोन से अलग होने का विकल्प है लेकिन वह इतनी जल्दी उसे अपनाएगा नहीं। इस बात में कोई दो राय नहीं कि यूरोजोन से अलग होकर ग्रीस के आर्थिक संकट से निकलने की संभावना अधिक है क्योंकि वह स्वतंत्र मौद्रिक नीति बना सकेगा। इसके बाद वह अपनी पुरानी मुद्रा छाप सकेगा और उसका अवमूल्यन भी कर सकेगा। यूरोजोन में रहते हुए स्वतंत्र मौद्रिक नीति नहीं बना पाता मुद्रा नहीं छाप पाता और सबसे बड़ी बात ग्रीस की मुद्रा की विनिमय दर समान ही रहती है। यूरोजोन से हटने पर ग्रीस शुरुआती स्तर पर वह घाटे में जरूर रहेगा लेकिन घाटे की स्थिति से वह ऊबर आएगा लेकिन प्रश्न यही है कि उस परिस्थिति में वहां की सरकार की विश्वसनीयता पर प्रश्नचिन्ह लगेगा।[21]

लोकतांत्रिक प्रणाली तथा ब्लैकमेल नहीं होगा यूनान

ग्रीस के मतदाताओं ने 61.31 फीसदी से अधिक मतों से अपने ऋणदाताओं को कड़ा संदेश दिया है कि वे उन पर थोपे जाने वाले कड़े उपायों को स्वीकार नहीं करेंगे। देश पर यूरोपीय संघ के कड़े उपायों को लागू करने के दबाव को माना जाए या नहीं इस पर हुए जनमत संग्रह को ग्रीस के प्रधानमंत्री एलेक्सिस सिप्रास ने ऐतिहासिक बताते हुए कहा कि लोकतंत्र को ब्लैकमेल नहीं किया जा सकता। सिप्रास का मानना है कि वे इस जनमत संग्रह के परिणाम के आधार पर यूरोपीय संघ के नेताओं के सामने अपनी बात को मजबूती से रख सकेंगे। ग्रीस के मतदाता

अच्छी तरह से जानते हैं कि वे किस बात के लिए वोट कर रहे हैं। उनका मंतव्य बिल्कुल स्पष्ट है कि यूरोजोन से अलग नहीं होना है लेकिन यूरोपीय संघ के द्वारा लादी जा रही शर्तों को भी स्वीकार नहीं करना है। वे इस जनमत संग्रह के परिणाम के आधार पर यूरोपीय संघ के कड़े उपायों को ढीला करने पर बात करनी होगी। यह बात जरूर है कि ग्रीस बहुत अधिक छूट चाहता है। वह कम से कम 20 साल तक पुनर्भुगतान करने की चाहत रखता है। इसका असर पुर्तगाल, स्पेन, इटली जैसे उन देशों पर भी पड़ सकता है जो आर्थिक संकट से जूझ रहे हैं।[22]

यूरोजोन संकट का भारतीय अर्थव्यवस्था पर प्रभाव

ग्रीस निःसंदेह गंभीर आर्थिक संकट के दौर से गुजरा लेकिन इसका असर भारतीय अर्थव्यवस्था पर कुछ भी नहीं पड़ने वाला। हम बेकार में ही घबराए हुए थे। ग्रीस के साथ हमारा कोई लंबा-चौड़ा व्यापारिक रिश्ता नहीं है और हमारे वाणिज्यिक संबंधों पर इसका कोई असर नहीं पड़ने वाला है। यूरोप में हमारा व्यापार जर्मनी, फ्रांस और ब्रिटेन के साथ अधिक रहता है। इसके बाद स्पेन और इटली का नम्बर आता है। यदि ग्रीस का संकट स्पेन, इटली को भी लपेटे में ले ले तभी कुछ हद तक असर पड़ सकता है लेकिन इसकी गुंजाइश बहुत कम है। ग्रीस की परेशानी और तेल की गिरती कीमतों को भारतीय शेयर बाजार से जोड़कर देखना ठीक नहीं है। पिछले दिनों शेयर बाजार में आई गिरावट को ग्रीस के आर्थिक संकट से जोड़कर देखा गया लेकिन अब शेयर बाजार में सुधार भी देखने को मिला है। इसका सीधा-सा अर्थ यह है कि ग्रीस के आर्थिक हालात का भारत पर व्यापक असर नहीं पड़ने वाला है। अलबता तेल की कीमतों का कुछ असर जरूर है लेकिन वह भी आठ या नौ देशों पर जिनकी अर्थव्यवस्था तेल पर आधारित रहती है। भारत को तो तेल की गिरती कीमतों से लाभ ही होना है। जहां तक यूरो के सापेक्ष हमारे रुपये का सवाल है तो यह समूची भौगोलिक अर्थव्यवस्था में मुद्राओं के संतुलन बनाने का समय है। हमारे लिए तब तक संकट खड़ा नहीं होता जब तक कि जर्मनी, फ्रांस और ब्रिटेन की अर्थव्यवस्थाएं प्रभावित नहीं होती क्योंकि यूरोप में हमारा उनके साथ व्यापार अधिक होता है। तेल की गिरती कीमतों का असर यदि मध्य पूर्व के देशों की अर्थव्यवस्था पर पड़ता है तो वहां रोजगारों में कमी आती है। खासतौर पर निर्माण कार्य क्षेत्र में रोजगार की कमी होती है। वहां के लोगों की खरीद प्रभावित होती है। वहां से भारत में आने वाला धन कम हो जाता है। इसी आधार पर हम कह सकते हैं कि भारत में तेल की गिरती अंतर्राष्ट्रीय कीमतों का कुछ असर है, अन्यथा यह असर कहीं नहीं है।[23]

इस प्रकार से ग्रीस संकट का भारत पर पड़ने वाले प्रभाव को निम्न बिन्दुओं के आधार पर समझ सकते हैं –

1. ग्रीस संकट से भारत के निर्मात पर प्रभाव पड़ सकता है

इंजीनियरिंग निर्यातकों का निकाय EEPC इंडिया का कहना है कि यूनान में आर्थिक संकट गहराने से भारत में इंजीनियरिंग निर्यात प्रभावित हो सकता है क्योंकि यूरोपीय संघ इस प्रकार के निर्यात के लिए सबसे बड़ा गन्तव्य स्थल है। EEPC इंडिया का कहना है कि ग्रीस संकट का भारत पर कोई सीधा प्रभाव नहीं पड़ने वाला है लेकिन ऐसी आशंका है कि उभरते बाजारों से पूंजी बाहर जाएगी। भारत को सावधान रहने की जरूरत है। नकदी संकट से जूझ रहा ग्रीस कर्ज के भुगतान के लिए 30 जून, 2015 की समय-सीमा का पालन करने में असफल रहा है, जो विकट समस्या है। वर्ष, 2015 के अप्रैल-मई में यूरोपीय संघ को भारत से सिर्फ इंजीनियरिंग निर्यात 1.86 अरब डॉलर रहा जो एक वर्ष पूर्व इसी अवधि में 1.89 अरब डॉलर था। EEPC इंडिया के चेयरमैन अनूप शाह ने कहा हमें ब्रिटेन, इटली, तुर्की और फ्रांस से भी अप्रत्यक्ष प्रभाव झेलना पड़ सकता है। इससे चालू वित्त वर्ष के पहले 2 महीने नकारात्मक वृद्धि हुई है। ग्रीस ने आश्चर्यजनक कदम उठाते हुए ऋण प्रोत्साहन के मामले में शर्तों पर जनमत संग्रह करने का निर्णय किया है ऐसी स्थिति से यूनान के यूरोपीय सहयोगी ऋण देने के लिए सभी दरवाजे बंद कर सकते हैं। उद्योग मंडल एसोचैम के महासचिव डी एस रावत ने कहा कि रिजर्व बैंक तथा वित्त मंत्रालय को खराब होती वैश्विक स्थिति पर नजर रखने की जरूरत है और इसका भारत के पूंजी प्रवाह तथा मुद्रा की विनिमय दर पर असर पड़ सकता है।[24]

2. सॉफ्टवेयर और इंजीनियरिंग एक्सपोर्ट होंगे प्रभावित

भारत के वित्त सचिव राजीव महर्षि ने कहा कि ग्रीस में आर्थिक संकट के कारण भारत से पूंजी बाहर जा सकती है और सरकार इस स्थिति से निपटने के लिए RBI से परामर्श कर रही है। उद्योग एवं सरकारी अधिकारियों ने बताया है कि ग्रीस जबरदस्त आर्थिक संकट का सामना कर रहा है इस कारण भारत के सॉफ्टवेयर और इंजीनियरिंग एक्सपोर्ट पर बुरा असर पड़ सकता है। भारतीय कम्पनियों के इंजीनियरिंग प्रोडक्ट का सबसे बड़ा मार्केट यूरोपीय यूनियन है। ग्रीस संकट के बाद इंजीनियरिंग एक्सपोर्ट पर असर पड़ेगा।

3. यूनान संकट से भारतीय रुपये में गिरावट

अर्थशास्त्रियों का कहना है कि फाइनेंशियल मार्केट में अस्थायी उतार-चढ़ाव देखने को मिलेंगे। यदि ग्रीस बाहर निकलता है तो रुपये में गिरावट आ सकती है। स्टॉक मार्केट में भारी गिरावट ग्रीस चिन्ता के कारण भारत के स्टॉक मार्केट में 2.2 फीसदी की गिरावट आई। बीएसई सेंसेक्स और निफ्टी करीब ढाई सप्ताह के अपने निचले स्तर पर पहुंच गया। भारतीय अथॉरिटीज का कहना है कि संकट से पैदा किसी भी

स्थिति से निपटने के लिए वे योजना बना रहे हैं। लेकिन अर्थशास्त्रियों का कहना है कि ग्रीस संकट के कारण पैदा होने वाली किसी भी स्थिति से निपटने के लिए अथॉरिटीज अच्छे से तैयार है। वित्त सचिव राजीव महर्षि ने कहा कि यूरोप में यदि ग्रीस के संकट की वजह से ब्याज दरों में बढ़ोतरी होती है तो जाहिर है कि इससे अन्य देश भी प्रभावित होंगे। उनका इशारा था कि यदि यूरोप में ब्याज दरें बढ़ी तो विदेशी निवेशक भारतीय शेयर बाजार से पैसा निकाल सकते हैं हालांकि उन्होंने इस बात को कई बार दोहराया कि ग्रीस संकट का सीधा असर भारत पर नहीं पड़ेगा। उनके मुताबिक यूरोपीय बाजारों में निवेशकों का रूझान बढ़ने और भारतीय बाजारों से पूंजी निकालने के चलते अप्रत्यक्ष असर देखने को मिलेगा।

ग्रीक संकट पर अरविंद सुब्रमणियन के विचार

ग्रीस का संकट बहुत बड़ा नहीं है लेकिन इस अर्थ में भारी हो जाता है कि यह पहला मौका है जब एक विकसित देश अंतर्राष्ट्रीय मुद्राकोष का डिफाल्टर हुआ है। हमारे देश को लेकर भी आशंकाएं जताई जा रही थी उनका निराकरण स्टॉक मार्केट की गतिविधियों से हो गया है। भारत इस संकट से भली-भांति सुरक्षित है लेकिन विदेशी निवेश की निकासी हुई तो रुपये पर असर पड़ सकता है। मुख्य आर्थिक सलाहकार अरविन्द सुब्रमणियन ने कहा कि यह एक नाटक है जो अभी कुछ समय तक चलेगा। हम कम से कम तीन तरीकों से बहुत अच्छी तरह सुरक्षित हैं–

1. हमारी वृहत आर्थिक स्थिति काफी मजबूत है और भारत दूसरी अर्थव्यवस्थाओं के मुकाबले काफी आगे है।
2. हमारे पास विदेशी मुद्रा भण्डार है जिस पर यूनानी संकट का गंभीर संकट नहीं होगा।
3. हमारी अर्थव्यवस्था अब भी निवेश का आकर्षक स्थान है और विदेशी रेटिंग एजेंसियों की नजरों में भारत काफी चढ़ा हुआ है।

यूनान संकट पर RBI गवर्नर रघुराम राजन के विचार

भारतीय रिजर्व बैंक के गवर्नर रघुराम राजन ने कहा कि यूनान के ऋण संकट का भारत पर सीमित असर पड़ेगा क्योंकि हमारा उसके साथ बहुत कम सीमित जुड़ाव है। यूनान की स्थिति में तेजी से बदलाव हो रहा है और इसलिए उसका असर भी सीमित ही पड़ेगा उन्होंने कहा कि भारत में न सिर्फ अच्छी वृहत् आर्थिक नीति है बल्कि यह पूरी दुनिया की तुलना में तेजी से बढ़ने वाली अर्थव्यवस्था भी है। भारत का विदेशी मुद्रा भंडार पहले की तुलना में बेहतर स्थिति में है और उन्हें पूरा भरोसा है कि शुरुआती उतार-चढ़ाव के बाद अब जो स्थिति है वह भारत के पक्ष में होगी।[25]

4. ग्रीक संकट का भारत के कमोडिटी निर्यात पर प्रभाव

ग्रीस संकट की वजह से यों तो दुनियाभर के कमोडिटी बाजार में कच्चे तेज और सोने चांदी की कीमतों पर असर पड़ रहा है लेकिन इन कमोडिटी के अलावा भारत से ग्रीस की कई कमोडिटियों का निर्यात होता है और वहां मंदी गहराने की स्थिति में भारत से कई कमोडिटियों का निर्यात प्रभावित हो सकता है।

भारत में ज्वार उत्पादों यानि ग्वारगम, ग्वार चूरी और कोरमा का जितना निर्यात होता है उसका करीब एक से डेढ़ फीसदी हिस्सा ग्रीस को भी जाता है लेकिन मंदी की वजह से वहां निर्यात कुछ धीमा पड़ा है। वित्त वर्ष 2013-14 के दौरान भारत से ग्रीस को 8563 टन ग्वारगम का एक्सपोर्ट हुआ था जो वित्त वर्ष 2014-15 में घटकर 6378 टन रह गया। ग्रीस के अलावा यूरोजोन के कई बड़े देश जर्मनी व इटली भी भारत से बड़ी मात्रा में ग्वारगम के उत्पादों की खरीद करते हैं। वर्ष 2014-15 के दौरान जर्मनी ने भारत से 19,116 टन ग्वार उत्पाद खरीदे थे और इटली ने इस दौरान भारत से 18,695 टन ग्वार के उत्पादों का आयात किया था। अगर यूरोप में मंदी गहराती है तो भारत का निर्यात प्रभावित हो सकता है।

ग्वारगम के अलावा ग्रीस भारत से बासमती की खरीद भी करता है हालांकि बासमती की खरीद सीमित मात्रा में ही होती है। साल 2014-15 के दौरान ग्रीस ने भारत से 1748 टन बासमती की खरीद की जबकि साल 2013-14 के दौरान ग्रीस ने भारत से 1590 टन बासमती की खरीद की थी ग्वार व बासमती के अलावा भारत से ग्रीस को मूंगफली, सोयाबीन, फल, प्याज, सब्जियाँ व अन्य कई कमोडिटियों का निर्यात भी होता है लेकिन ये बेहद सीमित मात्रा में है। वर्ष 2014-15 के दौरान भारत से ग्रीस को कुल एक्सपोर्ट 12031 टन रहा है जो वर्ष 2013-14 के मुकाबले करीब 27 फीसदी कम है।

5. ग्रीस संकट से भारत में आयात होगा महंगा

ग्रीस संकट गहराने से डॉलर की मांग में इजाफा हुआ है जिसका दबाव रुपये पर दिखाई दे रहा है। ग्रीस संकट के दौरान अमरीकी डॉलर की अपेक्षा रुपया 20 पैसे कमजोर होकर 63.84 के स्तर पर बंद हुआ। आयातकों और बैंकर्स के द्वारा डॉलर में खरीददारी से रुपये में और अधिक गिरावट आ सकती है फॉरेक्स एक्सपर्ट के अनुसार ग्रीस के डिफाल्ट होने पर रुपये में और अधिक गिरावट देखी जा सकती है। घरेलू बाजार में कोई मजबूत संकट नहीं होने से भी रुपये पर असर स्पष्ट दिख रहा है। मानना है कि अगर रुपया 65 के नीचे जाता है तो बाजार के लिए समस्या और बढ़ जाएगी इसका स्पष्ट प्रभाव आयात पर पड़ेगा जो पहले की अपेक्षा मंहगा

हो जाएगा डॉलर के मजबूत होने और रुपये के कमजोर होने से क्रूड ऑयल के आयात को उछाल आएगा। भारत अपनी क्रूड ऑयल जरूरत का करीब 80 फीसदी आयात करता है। अमरीका में क्रूड के उत्पादन में कमी और डॉलर इंडेक्स में आए इजाफे से भी क्रूड पर दबाव देखा जा सकता है। 2014-15 में भारत का क्रूड आयात 6,87,369 करोड़ रुपए का रहा था।

6. ग्रीस संकट से भारत में गोल्ड के दाम में हो सकता है इजाफा

ग्रीस संकट बढ़ने से दुनियाभर के शेयर बाजारों में भारी गिरावट देखने को मिली है। ऐसे में निवेशक सुरक्षित निवेश के रूप में सोने में निवेश की तरफ अपना मन बना रहे हैं जिससे सोने की मांग में अचानक तेजी आई है। वैश्विक बाजार में सोने के भाव 10 डॉलर तक बढ़ गए हैं वहीं घरेलू बाजार में सोने में एक फीसदी तेजी दिखी। बाजार के विशेषज्ञों के अनुसार अगर ग्रीस संकट का हल नहीं निकलता है तो सोना कम अवधि में 1200 डॉलर प्रति औसत स्तर को पार कर जाएगा। इससे सोने का आयात भी महंगा होगा जिससे देश का ट्रेड डेफिसिट और बढ़ेगा और भुगतान संतुलन की स्थिति में ज्यादा गिरावट देखी जाएगी। वित्त सचिव राजीव महर्षि ने स्वीकार किया है कि ग्रीस संकट की वजह से भारतीय बाजार से विदेशी निवेशक पैसा निकाल सकते हैं।[26]

7. ग्रीस संकट का भारतीय अर्थव्यवस्था पर प्रभाव

अन्तर्राष्ट्रीय मुद्रा कोष के ऋण के पुनर्भुगतान पर ग्रीस की चूक जो कि उन्नत अर्थव्यवस्था में यह पहली घटना हो सकती है, का प्रभाव निश्चित रूप से वैश्विक और भारतीय दोनों अर्थव्यवस्थाओं पर पड़ेगा। यूरोप भारत का सबसे बड़ा व्यापारिक भागीदार है। वर्ष 2014-15 में 129 बिलियन अमरीकी डॉलर का व्यापार पंजीकृत हुआ था। यूरोपीय संघ के प्रमुख व्यापारिक भागीदारों-ब्रिटेन, जर्मनी, फ्रांस और इटली के साथ 97 बिलियन अमरीकी डॉलर का व्यापार होता है। इस संकट से भारत से यूरोपीय संघ को होने वाले निर्यात को असर पड़ेगा क्योंकि यहां से यूरोपीय संघ को सबसे ज्यादा इंजीनियरिंग सामानों का निर्यात होता है। वर्ष 2015 के अप्रैल-मई माह में यूरोपीय संघ को भारत से सिर्फ इंजीनियरिंग निर्यात 1.86 अरब डॉलर रहा जो वर्ष 2014 के इसी अवधि में 1.89 अरब डॉलर था। यूरोप अमरीका के बाद भारतीय आईटी कम्पनियों के लिए दूसरा सबसे बड़ा आउटसोर्सिंग बाजार है। यूरोप में कोई भी संकट भारतीय निर्यात अर्थव्यवस्था को प्रभावित करेगा। ग्रीस संकट के कारण सबसे बड़ा भय पूंजी प्रवाह का है। इससे पूंजी का प्रवाह भारत से बाहर जा सकता है, ब्याज दरें बढ़ सकती हैं, पूंजी बाजार में उतार-चढाव की स्थिति बन सकती है।[27]

8. ग्रीस संकट व क्रूड ऑयल पर भारत में प्रभाव

पूरी दुनिया की राजनीति और अर्थव्यवस्था की धुरी तेल है। इसके आसपास ही सब कुछ घूमता है। द्वितीय विश्वयुद्ध के बाद से ही तेल की अहम् भूमिका रही है। कुछ वर्षों से तेल को हथियार की तरह इस्तेमाल किया गया है। सऊदी अरब ने ईरान के खिलाफ तो अमरीका ने रूस के खिलाफ कहीं न कहीं सभी ने तेल का खेल खेला। यह हकीकत है कि ईरान और रूस कमजोर हो गया तथा अमरीका व सऊदी अरब जीते। अब तेल फ्री फॉल हो गया है एक तो सटोरियों की भूमिका बढ़ गयी है दूसरी ओर निवेशक घबरा गये हैं। वे सस्ते तेल पर बोली लगा रहे हैं। ग्रीस संकट के दौरान 80 फीसदी लोग तेल पर 40 डॉलर से नीचे बोली लगा रहे हैं। तेल भंडारों पर निवेश करने वाली कम्पनियों ने निवेश बंद कर दिया है इससे तेल के नए भंडार तलाशने का काम थम गया है।

भारत में धारणा बन रही है कि तेल की कीमतें हमारे लिए अच्छी हैं लघु अवधि में तो अच्छा है लेकिन दीर्घ अवधि में तेल की कम कीमतें अच्छा संकेत नहीं है। बहुत महंगा तेल भी खराब है और सस्ता तेल होने से हमारी सरकार की नीतियां बिल्कुल बदल जाएंगी सरकारी खर्च बढ़ जाएगा। सारी नीतियां और योजनाएं रिएडजस्ट हो जाएंगी। ग्रीस संकट के दौरान हुई तेल की कम कीमतों को हमें एक अवसर की तरह देखना चाहिए। वैकल्पिक ऊर्जा को प्रोत्साहित करने में ध्यान लगाए और तकनीक को बढ़ावा दे। ग्रीक संकट की धुरी यह तेल ही है तेल को हथियार के रूप में इस्तेमाल किया गया तो पहले से कमजोर यूरोजोन पर दोहरी मार पड़ेगी। तेल को बाजार जरूर चलाता है पर उसके पीछे भी एक वैश्विक राजनीति का बाजार है। अब वैश्विक ताकतों के एक साथ आने का समय आ गया है। इस संकट को रोकना होगा अगर नहीं रोका गया तो वैश्विक अर्थव्यवस्था व भारत में ज्यादा अस्थिरता आ जाएगी। 2008 से ज्यादा बड़ा संकट देखने को मिल सकता है। इस संकट की शुरुआत तेल से हुई न कि वाल स्ट्रीट से। इस वैश्विक संकट से निपटने हेतु, वैश्विक धरातल पर सभी देश अलग-अलग दिखाई दे रहे हैं। सभी बड़े वैश्विक देशों को साथ मिलकर सामूहिक योजना बनानी होगी। उन्हें तेल पर एक संतुलन स्थापित करना होगा।[28]

ग्रीस संकट के बारे में 10 अहम् बातें

1. ग्रीस के खजाने में कितना धन?

राजकोषीय सुधारों के बदले बेलआउट पैकेज के बिना वामपंथी सिरिजा सरकार दिवालिया हो जाएगी। अंतर्राष्ट्रीय मुद्रा कोष को मई, 2015 में कर्ज की किस्त देने

के लिए किसी तरह 1 अरब यूरो जुटाने में ग्रीस सफल हो गया था लेकिन 30 जून, 2015 में आईएमएफ, यूरोपीय केन्द्रीय बैंक और छोटी अवधि के खर्चों के लिए जाने वाली किस्त को ग्रीस पहले ही स्थगित कर चुका। सरकार ने अस्पतालों समेत सार्वजनिक क्षेत्र के निकायों की विशेष कोष सरकार के हवाले करने को कह दिया है। ग्रीस के शहर थिसअलोनिकी के मेयर ने पहले ही कई लाख यूरो सौंप दिए हैं लेकिन अन्य कस्बे और शहर धन देने से इनकार कर रहे हैं। यूरोपीय संघ और आईएमएफ के विशाल बेलआउट पैकेज की 7.2 अरब यूरो की अंतिम किस्त का जारी होना इस समझौते पर ही टिका है।

2. क्या ग्रीस कर्ज चुका सकता है?

ग्रीस की सरकार से जो संकेत मिल रहे हैं उससे ऐसा लगता नहीं और उसका बहुत सीधा-सा कारण था– कर्ज की कई बड़ी-बड़ी किस्तों के लिए बहुत कम समय जून, 2015 के शुरुआत में ही सिप्रास सरकार ने घोषणा कर दी थी कि वो जून में दी जाने वाली चार किस्तों को एक साथ महीने के अंत में देगी ताकि इसके लिए जरूरी 105 अरब यूरो का इंतजाम किया जा सके लेकिन जून में ही 6 लाख सरकारी कर्मचारियों की तनख्वाह, 26 लाख लोगों की पेंशन और अन्य सामाजिक कल्याण वाले कार्यक्रमों के भुगतान के लिए 2.2 अरब यूरो की जरूरत है। इसके अलावा सिप्रास सरकार ने 4 हजार सरकारी कर्मचारियों को फिर से नौकरी पर बहाल कर दिया जिनसे पिछली सरकार ने पीछा छुड़ा लिया था। EU और IMF से 240 अरब यूरो के बेलआउट पैकेज की 7.2 अरब यूरो की अंतिम किस्त ग्रीस के लिए बहुत अहम् थी क्योंकि उसे पिछली किस्त अगस्त, 2014 में मिली थी। इसके बावजूद कई अरब यूरो वाले तीसरे बेलआउट पैकेज की उसे फिर जरूरत पड़ने वाली है। सबसे बड़ा संकट है ग्रीस के सुधार पैकेज पर ऋणदाताओं की सहमति का।

3. कर्ज न चुका पाने से ग्रीस यूरो से बाहर चला जाएगा?

यदि सरकार कर्ज देने में नाकाम रहती है तो ग्रीस को यूरोपीय केन्द्रीय बैंक से धन मिलना बंद हो सकता है क्योंकि यूरोपीय केन्द्रीय बैंक ही देश के बैंकिंग तंत्र और सरकार को टिके रहने में मदद कर रहा है असल में देश के बैंकों को 84 अरब यूरो के इमरजेन्सी लिक्विडिटी असिस्टेंस (ELA) पर भरोसा है यह ऐसा फंड है जिसे ECB की अनुमति पर देश के बाकी बैंक ग्रीक सेन्ट्रल बैंक से निकाल सकते हैं। यदि 30 जून, 2015 तक IMF की कर्ज की किस्त नहीं दी गई तो IMF मुखिया क्रिश्चियन लेगार्ड की घोषणा के अनुसार धन जुटाने के लिए समय-सीमा नहीं बढ़ाई जाएगी और ग्रीस दिवालिया हो जाएगा।

4. क्या आ सकता है नकदी संकट?

लेकिन यह चक्कर यही खत्म नहीं होता अगर ग्रीस 20 जुलाई, 2015 तक यूरोपीय केन्द्रीय बैंक को कर्ज की किस्त नहीं जमा करता है तो इसका बैंकिंग तंत्र को मिलने वाली नकदी को ECB रोक देगा। यदि नकदीकी अकाल हो गया तो एथेन्स सरकार दिवालिया हो जाएगी और देश यूरो से बाहर हो सकता है। कई अरब यूरो पहले ही ग्रीस के बैंकों से निकाले जा चुके हैं और ऐसी स्थिति में रफ्तार और बढ़ सकती है तथा सरकार को इस बार प्रतिबंध लगाना पड़ सकता है। लंदन स्कूल ऑफ इकॉनॉमिक्स के प्रोफेसर इयान बेग कहते हैं "दिवालिया होने का सबसे बड़ा नुकसान यह है कि अंतर्राष्ट्रीय बाजार में यह सालों तक अछूत माना जाएगा जैसा साल 2002 में अर्जेंटीना के साथ हुआ था।"

5. ग्रीस के पास क्या विकल्प है?

विकल्प 1. समझौता नहीं होता है, आईएमएफ और ईसीबी को भुगतान नहीं दिया जाता है। ईसीबी ग्रीस को नकदी देना बंद कर देता है। नकदी निकालने पर पाबंदी और यूरो से बाहर।

विकल्प 2. अंतिम समय में ग्रीस का कर्जदाताओं के साथ समझौता हो जाता है और वह दिवालिया होने से बच जाता है।

विकल्प 3. समझौता नहीं हो पाता लेकिन दोनों पक्ष एक नयी समय-सीमा के लिए सहमत हो जाते हैं।

संकट एक नजर में

320 अरब यूरो के कर्ज का पहाड़
240 अरब यूरो है यूरोपीय बेलआउट पैकेज के
56 अरब यूरो, जर्मनी ने दिया कर्ज
170 प्रतिशत ग्रीस के जीडीपी का है कर्ज
25 प्रतिशत जीडीपी में गिरावट (2010 में)

6. ग्रीस यूरोजोन से बाहर होने के कगार पर है?

जैसे-जैसे समय सीमा नजदीक आयी दोनों पक्षों की ओर से कड़ी बयानबाजी का दौर चरम पर पहुंच गया। सट्टेबाज और व्यापारी ग्रीस के यूरो से बाहर आने की संभावना को 30 प्रतिशत से अधिक मानते हैं। दोनों पक्ष ही नहीं चाहते कि यूरो से ग्रीस बाहर जाए लेकिन यूरोपीय संघ के नेता ग्रीस से पेंशन और श्रम मामलों को

लेकर कड़े सुधार की मांग कर रहे हैं जबकि सिरिजा सरकार खर्चों में कटौती के खिलाफ वादे पर ही जीत कर आई। कुछ रिपोर्टों में कहा गया है कि यूरोपीय अधिकारी बेलआउट की यूरोपीय संघ के हिस्से की किस्त को मार्च, 2016 तक ही समय सीमा के लिए बढ़ाने पर विचार कर सकते हैं या कर्जदाता ग्रीस के यूरोजोन से बाहर निकलने से रोकने के लिए बेलआउट भी शेष 7.2 अरब यूरो की किस्त जारी करने के लिए कोई रास्ता निकाल सकते हैं।

7. क्या है समझौते की मुख्य अड़चनें

1. ग्रीस पेंशन खर्चों या सरकारी कर्मचारियों की तनख्वाहों में कटौती नहीं करेगा क्योंकि दो-तिहाई पेंशन भोगी गरीबी रेखा के आसपास हैं।
2. कर्जदाताओं का कहना है कि उनका लक्ष्य जल्दी रिटायरमेंट योजना है न कि निजी पेंशन में कटौती।
3. कर्जदाता पेंशन खर्च में जीडीपी के 1 प्रतिशत की कटौती चाहते हैं जो कि जीडीपी का 16 प्रतिशत है। ग्रीस का कहना है कि जीडीपी में बहुत गिरावट आई है इसलिए यह अनुपात बहुत ज्यादा है।
4. यूरोपीय संघ के अधिकारियों का कहना है कि बजट बचत में इस साल 1 प्रतिशत, अगले साल 2 प्रतिशत और 2018 में 3.5 प्रतिशत के लक्ष्य पर सहमति हो गयी है लेकिन ग्रीस का कहना है कि जब तक हर चीज पर सहमति न बने तब तक किसी भी चीज पर सहमति नहीं है।
5. कर्जदाता चाहते हैं कि सामानों और सेवाओं पर अतिरिक्त वैट लगाया जाए जबकि ग्रीस का कहना है कि दवाओं और बिजली पर टैक्स नहीं बढ़ाया जाएगा।
6. ग्रीस को शिकायत है कि कर्जदाताओं का ध्यान टैक्स चोरियाँ पर शिंकजा कसने की बजाय टैक्स बढ़ाने पर है जबकि IMF का कहना है कि एथेंस किसी विश्वसनीय सुधार पर राजी नहीं है।

8. दिवालिया होने के बाद भी यूरोजोन में बना रह सकता है ग्रीस?

ऐसा होना संभव नहीं दिखता लेकिन समझौते बगैर भी ऐसी व्यवस्था हो सकती है कि ग्रीस यूरोजोन से जुड़ा रह सके। कुछ अर्थशास्त्रियों का मानना है कि ग्रीस के लिए सबसे उचित विकल्प है– बेहतर प्रबन्ध वाला दिवालियापन यानि कर्ज की अदायगी में समय और शर्तों की अधिक छूट हासिल करना। इस स्थिति में ग्रीस

नकदी निकालने पर कड़ी पाबंदियों के साथ यूरोजोन में बना रह सकता है यूरोपीय केन्द्रीय बैंक के वाइस प्रेसीडेंट विटोर कोंटासियों ने अप्रैल में कहा था कि अगर ग्रीस दिवालिया भी हो जाता है तो कोई ऐसा कानून नहीं है जो उसे यूरोजोन से बाहर निकाल सके।

9. यूरोपीय केन्द्रीय बैंक को कितना होगा नुकसान?

एक ओर विचार चल रहा है कि यदि सरकार के पास नकदी खत्म हो जाए तो वो यूरो के समानान्तर एक मुद्रा का चलन शुरू कर दे और सरकारी कर्मचारियों को क्रेडिट नोट से भुगतान करे। ग्रीस के दिवालिया होने का मतलब है यूरोपीय केन्द्रीय बैंक को भारी नुकसान उठाना पड़ेगा। जिसने ग्रीक बैंकों को 110 अरब यूरो दे रखा है और ग्रीस सरकार ने ब्राण्ड खरीदने पर 20 अरब यूरो खर्च किए हैं।

10. जर्मनी को नुकसान

हालांकि केन्द्रीय बैंक इसकी भरपाई करने के लिए मुद्रा छाप सकता है लेकिन जर्मनी के लिए यह किसी भारी आपदा से कम साबित नहीं होगा लेकिन इस गणित से भी ज्यादा कुछ दांव पर लगा है। यूरो विरोधी आंदोलन झेल रही कई यूरोपीय सरकारें ग्रीस की स्थितियों पर बहुत घबराहट के साथ नजर रख रही हैं।[29]

यूरोपीय संघ एवं ब्रेग्जिट (European Union and Brexit)

यूरोपीय संघ मुख्यतः यूरोप में स्थित 28 देशों का एक राजनैतिक एवं आर्थिक मंच है जिसमें आपस में प्रशासकीय साझेदारी होती है जो संघ के सभी राष्ट्रों पर लागू होती है इसका अभ्युदय 1957 में रोम की सन्धि द्वारा यूरोपीय आर्थिक परिषद के माध्यम से 6 यूरोपीय देशों की आर्थिक भागीदारी से हुआ था उस समय से इसके सदस्य देशों की संख्या में लगातार वृद्धि होती रही लेकिन अचानक 23 जून, 2016 को ब्रिटेन में हुए जनमत संग्रह से भयानक भूकम्प आया, जिससे ब्रिटेन यूरोपीय यूनियन से अलग हो गया। 1993 में मैस्ट्रिच सन्धि द्वारा इसके (EU) आधुनिक वैधानिक स्वरूप की नींव रखी गयी। दिसम्बर 2007 में लिस्बन समझौता हुआ जिसके द्वारा इसमें और व्यापक सुधारों की प्रक्रिया 1 जनवरी, 2008 से शुरू की गयी। वर्ष 1957 में 6 देशों के सहयोग से अस्तित्व में आया। यूरोपीय यूनियन के 6 संस्थापक सदस्य देश-फ्रांस, जर्मनी, इटली नीदरलैण्ड, लक्जेमबर्ग तथा बेल्जिमय थे। आज इसमें 28 सदस्य देश शामिल हैं। वर्ष 1957 में यूरोपीय यूनियन की स्थापना हुई थी तो ब्रिटेन इसमें शामिल नहीं होना चाहता था लेकिन बाद में सन् 1973 में ब्रिटेन यूरोपीय यूनियन में शामिल हो गया।

हालांकि ब्रिटेन परम्परागत रूप से यूरोपीय यूनियन को लेकर संशयवादी रहा है। ब्रिटेन आज भी पाउण्ड को ही अपनी मुद्रा के रूप में प्रयोग करता है। जबकि ईयू के बाकी देश यूरो का प्रयोग करने लगे हैं।

ब्रिटेन में 23 जून, 2016 को यूरोपीय यूनियन को लेकर जनमत संग्रह हुआ और जल्द ही 24 जून, 2016 को परिणाम आ गये। इस जनमत संग्रह के परिणाम का असर पूरी दुनिया में दिखाई दिया। वास्तव में मीडिया में 'ब्रेग्जिट' टर्म बेहद लोकप्रिय है। ब्रिटेन के भीतर पहली बार यूरोपीय यूनियन से बाहर रहने को लेकर चर्चा उस वक्त शुरू हो गयी जब ग्रीस आर्थिक संकट में फंस चुका था। ग्रीस व इटली के गम्भीर संकट का असर यूरोपीय यूनियन के अन्य देशों पर भी पड़ रहा था ब्रिटेन यूरोप का बेहद अहम् देश है। अन्य यूरोपीय देशों के मुकाबले वह आर्थिक व सामरिक रूप से काफी मजबूत है। ब्रिटेन की सीधी पहुंच अमेरिका के व्हाइट हाउस तक है इस तरह से देखा जाये तो उसकी पहचान एक सक्षम देश के रूप में है वहां के लोग नहीं चाहते थे कि दूसरे देशों की गलतियों के वजह से उसे नुकसान उठाना पडें।[30]

विशेषज्ञों की माने तो ब्रिटेन के लोग अपने सांस्कृतिक पहचान को लेकर बेहद सजग रहते हैं। ब्रिटेन वासियों को ऐसा महसूस हो रहा है कि उन्हें यूरोपीय यूनियन में रहने से पहचान का संकट पैदा हो गया है तथा वहां आने वाले शरणार्थियों की संख्या में भी लगातार वृद्धि हो रही है। यूरोपीय यूनियन के अन्य देशों के मुकाबले ब्रिटेन में काफी कम शरणार्थियों को स्वीकार किया है उधर शरणार्थी बेहत कम वेतन में काम करने को तैयार हैं। यूरोपीय यूनियन के अन्य सदस्य पोलैण्ड और रोमानिया जैसे देशों के नागरिकों के ब्रिटेन आने से वहां राजकोष पर बोझ बढ़ा है ऐसे हालात में रोजगार को लेकर संकट की स्थिति पैदा हो सकती है।[31]

यूरोपीय संघ तथा ब्रिटेन में जनमत संग्रह

यूरोपीय यूनियन 28 देशों का एक राजनीतिक एवं आर्थिक साझेदारी का एक संगठन है। इसकी शुरुआत द्वितीय विश्व युद्ध के बाद आर्थिक सहयोग के उद्देश्य की गई थी। ऐसा समझा जाता रहा है कि जो देश आपस में व्यावसायिक तौर पर साझेदारी रखते हैं वह एक दूसरे के खिलाफ युद्ध से बचते हैं इस समूह के बनने के बाद इसके सदस्य देशों की जनता और सामान की आवाजाही बिना किसी रोकटोक के होती है यही वजह है कि जब हम यूरोप घूमने जाते हैं जो ट्रेन पकड़कर एक देश से दूसरे देश जा सकते हैं। इस समूह के 19 देशों के बीच व्यापार के लिए यूरो मुद्रा चलती है। इसके अलावा पर्यावरण, परिवहन, ग्राहक अधिकारों को लेकर भी एक ही नियम लागू रहता है।

ब्रिटेन की जनता ने एक जनमत द्वारा यूरोपीय यूनियन से बाहर जाने का निर्णय लिया। इस कार्य हेतु ब्रिटेन में 23 जून, 2016 को जनमत संग्रह हुआ और 24 जून, 2016 को ब्रिटेन की जनता ने परिणाम स्पष्ट कर दिया इस परिणाम से यूरोपीय संघ में रहने के पक्षधर और ब्रिटेन को इससे अलग देखने वाले लोग दो खेमों में बट गया। दोनों खेमे पूरी ताकत से प्रचार में जुट गये। ईयू के समर्थक लेबर पार्टी की सांसद जो. काक्स की हत्या के बाद प्रचार तीन दिन तक बन्द रहा।

ब्रिटेन में ब्रेग्जिट पर प्रथम बार जनमत संग्रह – ब्रिटेन यूरोपीय संघ के बाहर रहने के मुद्दे पर 1974 के संसदीय चुनावों के बाद जीती लेबर पार्टी इस बात पर जनमत संग्रह का वादा किया था कि ब्रिटेन ईयू का सदस्य रहेगा या नहीं। 1975 में तत्कालीन प्रधानमंत्री हेराल्ड विल्सन ने जनमत संग्रह करवाया था। 1975 के जनमत संग्रह में 67 फीसदी ब्रितानियों ने ईयू में बने रहने के पक्ष में मतदान किया तथा 31.5 फीसदी मत ईयू के खिलाफ थे। अर्थात् 1975 में जनमत संग्रह में 1/3 ईयू के पक्ष में थे। इस प्रकार से इस मुद्दे पर 2016 में नया जनमत संग्रह कराने की क्या आवश्यकता हुई। इस बार वर्ष 2013 में कंजरवेटिव पार्टी के प्रधानमंत्री डेविड कैमरान ने इस मुद्दे पर जनमत संग्रह कराने का समर्थन किया था और कहा था कि यदि 2015 के चुनावों में पार्टी सत्ता में आती है तो वर्ष 2017 से पहले देश में इस पर जनमत संग्रह करवाया जाएगा।[32]

ब्रिटेन में ब्रेग्जिट पर दूसरी बार जनमत संग्रह-2016 – कंजरवेटिव पार्टी के ब्रिटिश प्रधानमंत्री डेविड कैमरान ने इस मुद्दे पर जनमत संग्रह कराने का समर्थन किया। अपने वादे के अनुसार 23 जून, 2016 को डेविड कैमरान ने जनमत संग्रह करवाया तथा परिणाम भी उनकी आशा के विपरीत आया जिसके कारण उसने अपना प्रधानमंत्री पद से भी त्याग पत्र दे दिया। 23 जून, 2016 को लाये गए जनमत संग्रह प्रस्ताव में केवल दो ही सवाल थे– ईयू में रहना है या इससे बाहर निकलना है इसे लेकर देश भर में अलग-अलग अभियान चलाने पड़े यू.के.आई.पी. (UKIP) के अलावा सभी दल कंजरवेटिव लेबर और ग्रीन पार्टी इस मुद्दे पर बंट गये जबकि प्रधानमंत्री डेविड कैमरान ईयू में बने रहने के अपने रुख पर अडिग रहे। कंजरवेटिव पार्टी के सांसद व लन्दन के पूर्व मेयर बोरिस जानसन यूरोपीय यूनियन से बाहर जाने के पक्ष में थे इसके साथ ही स्काटिस्ट सोशलिस्ट पार्टी ईयू के पक्ष में थी और लेबर पार्टी के कुछ सांसद प्रमुख जरमी कार्बिन ईयू में रहने के समर्थक थे।[33]

जनमत संग्रह-2016 का परिणाम

ब्रिटेन में लोगों ने यूरोपीय संघ से अलग होने का समर्थन किया इस मुद्दे पर हुए

जनमत सग्रह में ईयू से अलग होने का 51.9 प्रतिशत लोगों ने, जबकि 48.1 प्रतिशत ने ईयू के साथ रहने का समर्थन किया। इस जनमत संग्रह में 46,501,241 कुल वोटर थे जिसमें 72 प्रतिशत कुल वोट पड़े। 16,141,241 वोटरों ने ईयू में रहने का समर्थन किया तथा 17,410,742 वोटरों ने ईयू को छोड़ने का समर्थन किया। इस जनमत संग्रह में 26,033 वोट रद्द माने गये तथा इस संग्रह में 12 लाख भारतीय वोटर भी शामिल थे।[34]

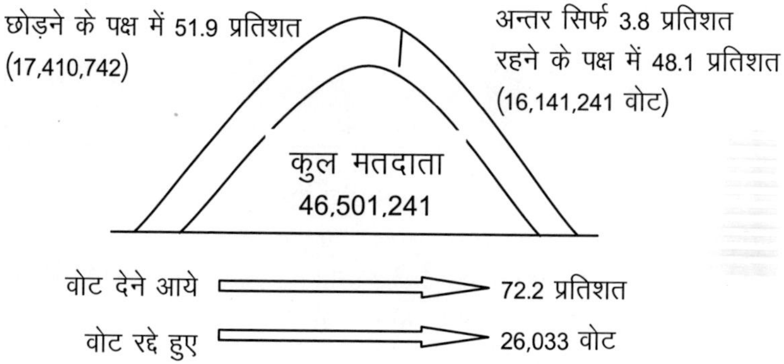

तालिका संख्या : 6.5

58 प्रतिशत बुजुर्गों ने कराया अलग

उम्र	*ईयू के साथ*	*विरोध में*	*आबादी*
18–24	64	24	60 लाख
25–49	45	39	2.0 करोड़
50–64	35	49	1.05 करोड़
65 से ऊपर	33	58	1.0 करोड़

यूरोपीय यूनियन से ब्रिटेन के अलग होने को लेकर यूके के क्षेत्रों की प्रतिक्रिया मिली-जुली-सी रही। इंग्लैण्ड और वेल्स जैसे इलाकों ने जहां छोड़ने को लेकर साथ दिया। वहीं स्काटलैण्ड और आयरलैण्ड इसके विरोध में मतदान किया।[35]

ब्रेग्जिट क्या है :– ब्रिग्जिट शब्द जिन दो शब्दों से मिलकर बना है उसका अर्थ है 'Br' ब्रिटेन (Britain) और एक्जिट (Exit) का अर्थ है 'बाहर'। यूरोपीय संघ में बने रहने के पक्षधर रिमेन और बाहर होने के समर्थकों को 'लीव' कहा गया है। ब्रिटेन की जनता ने 23 जून, 2016 को जनमत संग्रह द्वारा यह निर्णय लिया कि

तालिका संख्या : 6.6

ब्रिटेन में हुए जनमत संग्रह की सूची

साथ छोड़ेंगे	*वोट*	*वोटिंग*	*साथ रहेंगे (वोटिंग)*	*वोट*
53.4%	15,188,406 वोट	इंग्लैण्ड (वोटिंग 73%)	46.6%	13,266,996 वोट
44.2%	349,442 वोट	उत्तरी आयरलैण्ड (वोटिंग 62.9%)	55.8%	440,437 वोट
38.0%	1,018,322 वोट	स्कॉटलैण्ड (वोटिंग 672%)	62.0%	1,661,191 वोट
52.5%	854,572 वोट	वेल्स वोटिंग (71.7%)	47.5%	772,347 वोट

वह यूरोपीय संघ में शामिल रहेगा या उसे छोड़ बाहर रहेगा। इस जनमत संग्रह से आये परिणामों से वहां की जनता ने 51.9 प्रतिशत मतों से ईयू से बाहर रहने का निर्णय लिया तथा विरोध में 48.1 प्रतिशत मत पड़े इस प्रकार इंग्लैण्ड यूरोपीय यूनियन से 24 जून, 2016 को आये परिणामों के आधार पर अलग हो गया है। वर्तमान में यूरोपीय संघ में 27 देश ही शामिल हैं। इस प्रकार लगभग 51.9 ब्रिटिश जनता का कहना था कि देश को ईयू से बाहर निकल जाना चाहिए।

ब्रेग्जिट की सच्चाई क्या है?– हजारों सालों से ब्रिटेन की विदेश नीति यही रही है कि यूरोप में जो राजा थे, वे एकत्रित न हो पायें क्योंकि उनको यह भय था कि यदि ये कभी एकत्रित हो जाएंगे तो ये सब मिलकर हमारे छोटे-सी द्वीप पर हमला कर देंगे। ब्रिटेन की कोशिश यही रहती थी कि कम से कम दो गुट हर वक्त यूरोप में बना रहें। परन्तु 1950 के दशक में यूरोप के एकीकरण का प्रस्ताव आया और जल्दी ही कई देश इससे जुड़ने लगे। ब्रिटेन भी जुड़ा मगर यह उसके व्यवहार के विपरीत था तभी से वह यूरोपीय संघ से बाहर आने के फिराक में था यूरोपीय संघ हर छोटी से छोटी बात का निर्णय लेता है। उदाहरण के तौर पर यदि कोई व्यक्ति गाड़ी लेना चाहता है तो कौन-से डिजाइन की गाड़ी इस्तेमाल करेंगे, से लेकर उसके लिए क्या 'पर्यावरण कानून' होंगे। यह सारा निर्णय यूरोपीय संघ ही करता है। इसलिए ऐसा देश (ब्रिटेन) जो वर्षों से लोगों पर राज करता आया है वह किसी के दबाव में रहकर काम क्यों करे, अपना हर निर्णय क्यों बदले, उसके कामों में कोई दूसरा बाधा क्यों डाले, यह भाषा कई वर्षों से जनता में जाग रही थी।

ब्रिटेन की प्रगति एक तरह से रुकी हुई थी। मैन्युफैक्चरिंग इंडस्ट्री काफी

दिनों से सुस्त पड़ी थी। लोगों को घुटन महसूस हो रही थी लोगों को लगने लगा था कि यूरोपीय यूनियन की राजधानी ब्रूसेल्स ही ब्रिटेन के अन्दरूनी और बाहरी मामलों के सभी निर्णय ले रहा है। इसलिए ब्रिटेन की जनता में एक ऐसी सोच उत्पन्न हो रही थी कि शायद इससे अलग हो जाने में ही ब्रिटेन की भलाई है। ब्रिटेन ने एक जमाने में Commonwealth of Nation (राष्ट्रमण्डल) बनाया था। Commonwealth of Nation (राष्ट्रमण्डल) 53 स्वतन्त्र राज्यों का एक संघ है जिसमें सारे राज्य अंग्रेजी राज्य का हिस्सा थे अभी के समय में राष्ट्रमण्डल भी अधिक सक्रिय नहीं रहा। जिन आर्थिक उद्देश्यों से इस राष्ट्रमण्डल का निर्माण हुआ था, ब्रिटेन को इन देशों से उतना आर्थिक फायदा नहीं रहा, जितना होना चाहिए। भले ही ब्रिटेन की इन देशों में विनिवेश की गति बरकरार रही हो मगर कुछ देश एक या दो प्रोडक्ट से अधिक ब्रिटेन को एक्सपोर्ट नहीं करते थे। पिछले चार सालों से ब्रिटेन में राष्ट्रमण्डल को ब्रेग्जिट करने की चर्चा हो रही थी लेकिन इतने महत्वपूर्ण निर्णय में भी यूरोपीय यूनियन का शिंकजा था।[36]

यूरोपीय यूनियन तथा आर्टिकल-50 :– लिस्बन समझौता-2007 के आर्टिकल-50 के अनुसार, ब्रिटेन में जनमत संग्रह के बाद यूनियन से अलग होने के लिए दो साल का समय होता है यानी ब्रिटेन त्वरित प्रक्रिया शुरू करेगा तो भी 2018 तक वह यूरोपीय यूनियन से अलग हो पाएगा। इसके तहत सदस्य देशों को संघ छोड़ने का अधिकार है।

ब्रिटेन का यूरोपीय यूनियन से ब्रेग्जिट होने के प्रमुख कारण :– ब्रिटेन इस कई सालों पुराने यूरोपीय संघ से अलग क्यों हुआ इसके पीछे काफी मुद्दे और कारण रहे हैं जिस वजह से ब्रिटेन यूरोपीय यूनियन से अलग होने के लिए 23 जून, 2016 को जनमत संग्रह किया। जनमत संग्रह के परिणाम से 52 प्रतिशत जनता चाहती थी कि ब्रिटेन को यूरोपीय यूनियन से अलग हो जाना चाहिए ईयू के नियमों से खुद को बांधे जाने की वजह से ब्रिटेन कई मामलों में पीछे रह गया था ब्रिटेन का आरोप है कि ईयू ने व्यापार से जुड़े सख्त नियम खड़े कर दिये है और करोड़ों पाउण्ड की सालाना सदस्यता फीस देने के बदले ब्रिटेन को कुछ खास हासिल नहीं हो रहा था।

(1) ब्रिटेन में प्रवासियों की बढ़ती संख्या :– ब्रिटेन के यूरोपीय यूनियन से अलग होने की जड़ में प्रवासी ही सबसे बड़ा मुद्दा था। ब्रिग्जिट प्रवासियों की इस समस्या को राजनीतिक रूप से बचने की मुहिम बन गई। पिछले दस साल में दूसरे देशों से ब्रिटेन में आकर बसने वालों की बढ़ती संख्या से स्थानीय लोग प्रसन्न नहीं थे। ईयू से अलग होने वालों को एक बहुत ही मजबूत नारा यह मिला

कि यदि ब्रिटेन ईयू से हटता है तो हर सप्ताह राष्ट्रीय स्वास्थ्य योजना के लिए 350 मिलियन पाउण्ड की राशि ब्रिटेन उपयोग कर सकेगा। इस जनमत संग्रह में यूके इंडिपेंडेंस पार्टी यानी UKIP के प्रमुख नाइजल फराज ने प्रवासियों के मुद्दे को बहुत जोर-शोर से उठाया था। ये मुददा ब्रिटेन की संस्कृति उसकी पहचान और राष्ट्रीयता से जुड़ता चला गया। यहां तक की लोगों ने प्रधानमत्री डेविड कैमरन की बातें सुननी बन्द कर दी।

यूरोप के कुछ देशों में शरणार्थियों के आगमन की समस्या भी एक चिंता का विषय बनी हुई है। 2015 में सीरिया, अफगानिस्तान और इराक जैसे देशों से कई लाख शरणार्थियों ने यूरोप के देशों में शरण ली है ऐसे में यूरोपीयन यूनियन के सदस्य भी इस संकट से अछूते नहीं हैं। वैसे भी काम और बेहतर जीवन के कारण कई एशियाई यूरोप में ब्रिटेन को ही बसने के लिए उपयुक्त जगह मानते हैं, ऊपर से शरणार्थियों के आवेदनों से भी ब्रिटेन की जनता के मन में यह भय बन गया है कि उनके हिस्से की नौकरियां और लाभ बाहर से आने वाले लोगों के साथ उन्हें बांटने होंगे। ऐसी स्थिति में वह ईयू से अलग होकर प्रवासियों को लेकर भी अपने स्वयं के नियम तैयार करने के पक्ष में है। यूरोप के प्रवासियों का ब्रिटिश अर्थव्यवस्था में योगदान उन पर होने वाले खर्च से ज्यादा है। 20 वर्ष पहले कोई नहीं सोचता था कि बाहरी लोगों का आना या नस्लभेद देश के सबसे महत्वपूर्ण मुद्दे होंगे। गत वर्ष 2015 के एक शोध में 45 प्रतिशत लोगों ने इमीग्रेशन (प्रवास) को देश की प्रमुख समस्या बतायी। वर्तमान में (2016) ब्रिटिशवासियों का मानना है कि बाहरी लोगों का आना कम होना चाहिए। इस प्रकार से पूर्वी यूरोप के लाखों मजदूरों के आने से डरी ब्रिटिश जनता का यूरोपीय संघ से अलग होने का फैसला था।[37]

ब्रेग्जिट से ईयू तक के टूटने का खतरा है। ब्रेग्जिट से वैश्वीकरण पर संकट मंडराता दिख रहा है। अमरीका में डोनाल्ड ट्रंप के चुनाव जीतने और जापान के सैन्यकरण का संविधान संशोधन पारित कर देने पर भारत एकमात्र ऐसा देश होगा, जिसकी भूमिका दुनिया में सबसे महत्वपूर्ण होगी, विश्व के देश वर्तमान वैश्वीकरण दर्शन और अमरीका व यूरोप द्वारा थोपी गयी जीवनशैली को चुनौती देते नजर आएंगे। अर्थ से अधिक आव्रजन का मुद्दा वैश्वीकरण के लिए नुकसानदायक साबित होगा। ब्रेग्जिट दुनिया को पहली चेतावनी है।

(2) ब्रिटेन का अपनी सीमाओं पर पूर्ण आधिपत्य न होने की समस्याः– ब्रिटेन के लिए ईयू छोड़ने की कई वजहों में से एक यह भी थी कि वह अपनी सीमाओं पर पूरी तरह अपना अधिकार चाहता था। वह अपने देश में बाहर से आकर काम करने वाले लोगों की संख्या भी कम करना चाहता था। प्रमुख बात

यह है कि ईयू के तहत सदस्य देशों की जनता के एक देश से दूसरे देश में आने-जाने पर कोई रोक नहीं लगा सकता। इस कारण ब्रिटेन की जनता इस विचार से बहुत खुश नहीं है और वह चाहती है कि जीवन यापन के लिए बाहर से आए लोगों की संख्या कम से कम हो सके। यूरोपीय संघ ने नागरिकों की एक दूसरे देश में आवाजाही आसान बना दी है। ईयू में आने के बाद ब्रिटेन में विदेशियों की संख्या में तेजी से बढ़ी है। विदेशियों की आबादी ब्रिटेन में 1994 में 40 लाख से बढ़कर 2014 में 80 लाख हो गई। आर्थिक संकट के बाद कई यूरोपीय देशों के नागरिक रोजगार की तलाश में ब्रिटेन चले गये।

जब 2015 में डेविड कैमरन पूर्ण बहुमत से चुनाव जीतकर आए, तो उन्हें लगा कि वे जनता में लोकप्रिय हैं यदि जनमत संग्रह करा दिया जाए, तो वे जीत जाएंगे और अति दक्षिणी पंथी नेताओं की हवा निकल जाएगी लेकिन कैमरन के जमकर 'रिमेन इन ईयू' का प्रचार करने के बावजूद नाइजल का 'लीव ईयू' कैपेन इंग्लैण्ड और वेल्स में कामयाब रहा। नाइजल को 2014 में टाइम्स समाचार पत्र ने ब्रिटेन का सबसे प्रभावशाली नेता माना था। आंकड़ों की अगर बात की जाए तो लगभग 12 लाख ब्रितानी नागरिक दूसरे यूरोपीय देशों में रह रहे हैं जबकि तीन लाख गैर-ब्रितानी यूरोपीय नागरिक ब्रिटेन में रह रहे हैं ऐसा इसलिए है कि अभी यूरोपीय नागरिकों के कहीं भी आने-जाने में कोई रुकावट नहीं है। यूरोपीय नागरिकों को संघ के किसी भी देश में जाकर नौकरी करने की स्वतन्त्रता रही है इसका सभी को लाभ मिला। इससे ब्रिटेन वासी नाराज हैं।[38]

(3) आतंकवाद का मुद्‌दा :– ब्रिटेन के यूरोपीयन संघ से अलग होने के प्रमुख कारणों में प्रवासियों की समस्या कमजोर अर्थव्यवस्था तथा यूरोप में हुए आतंकवादी हमलों से तो ब्रिटेन में यूरोपीय संघ से अलग होने का भाव प्रबल हो गया था। यूरोपीय संघ में पूर्वी यूरोप के लगभग दर्जन भर देश आ मिले हैं इन देशों का जीवन स्तर पश्चिमी यूरोपीय देशों के मुकाबले बहुत नीचा था। संघ में मिलने वाली छूट का फायदा उठाकर लाखों पूर्वी यूरोपीय मजदूर ब्रिटेन में भर गए ब्रिटेन के अपने मजदूरों के रोजगार छिनने लगे, जीवन स्तर गिरने लगा और अपराध बढ़ने लगे। आतंकियों को ब्रिटेन में डेरा जमाने की सुविधा मिल गई। यूरोपीय संघ के कानून को ब्रिटिश व्यापार खेती, कारखानों और मछली-संग्रह आदि पर लागू करने पर ब्रिटेन को काफी नुकसान होने लगा था। ब्रिटेन इस संघ का दूसरा सबसे मालदार और शक्तिशाली देश है। वह सांस्कृतिक दृष्टि से अपने आप को सर्वश्रेष्ठ समझता है यदि वह यूरोपीय संघ पर निर्भर रहा है तो यूरोपीय संघ भी उस पर निर्भर रहा है। उसका 45 प्रतिशत व्यापार संघ के साथ होता है।[39]

ब्रेग्जिट पर प्रमुख नेताओं की क्रिया-प्रतिक्रिया[40]

ब्रेग्जिट के परिणामों से यूरोप में भूकम्प आ गया क्योंकि परिणाम उम्मीद के विपरीत आए, इसको लेकर किए गए ज्यादातर सर्वे गलत साबित हुए परिणाम के बाद यूरोपीय यूनियन के मजबूत सशक्त देश फ्रांस ने लगातार तीन आपात बैठकें की। फ्रांस के राष्ट्रपति फ्रांस्वा ओलांद ने फोन पर जर्मनी के चासंलर एंजेला मर्केल और यूरोपीय यूनियन के अध्यक्ष डोनाल्ड टस्क से लम्बी वार्ता की। ओलांद ने कहा "यह यूरोप के लिए सबसे कठिन वक्त है हमें एकजुटता दिखानी होगी।" एंजेला मर्केल ने कहा कि "वे जल्दबाजी में किसी नतीजे पर ना पहुंचे।" मर्केल ने ऐसा बयान यूरोपीय संघ के बिखराव को रोकने के लिए दिया। ब्रिटेन की स्कॉटलैण्ड नेशनल पार्टी (SNP) की नेता निकोला स्टरजियोन ने कहा कि ''परिणामों से स्पष्ट है कि स्कॉटलैण्ड की जनता यूरोपीय यूनियन में अपना भविष्य देख रही है। ऐसे में हमारी सरकार जल्द ही स्कॉटलैण्ड की आजादी के लिए दूसरे जनमत संग्रह का ऐलान करेगी।''

''कोई भी यूरोप के कमजोर देशों को मदद या सब्सिडी नहीं देना चाहता था हम ब्रिटेन के साथ नए सिरे से जुड़ने के लिए तैयार हैं।''

ब्लादिमीर पुतिन (रूस के राष्ट्रपति)

''यूरोप अब पहले जैसा नहीं रहा, यूनियन के बाकी देशों के लिए यह अग्निपरीक्षा का समय है। यह एकजुटता दिखाने का वक्त है।''

फ्रांस्वा ओलांद (फ्रांस के राष्ट्रपति)

''भारत, ब्रिटेन और यूरोपीय संघ दोनों के साथ संबंधों को महत्व देता है और आगामी वर्षों में संबंधों को मजबूत करने का प्रयास करेगा।''

विकास स्वरूप (विदेश मंत्रालय प्रवक्ता)

''ब्रिटेन का यूरोपीय संघ से अलग होना, न केवल यूरोपीय संघ विसर्जन की शुरुआत हो सकता है, बल्कि पश्चिमी सभ्यता के विनाश का प्रारम्भ हो सकता है।''

डोनाल्ड टस्क, यूरोपीय संघ के अध्यक्ष

ब्रिटेन-ईयू का तलाक कराने वाले UKIP के प्रमुख नाइजल फराज ने कहा ''मेरा काम पूरा हुआ।''

''राजनीति में आने का मेरा मकसद पूरा हुआ ब्रिटेन को यूरोपीय यूनियन से बाहर करना था, मेरा काम पूरा हो गया।

नाइजल फराज, UKIP प्रमुख

"मुझे नहीं लगता कि मैं कभी भी इस तरह का जादू चाहती थी स्कॉटलैण्ड के अलग होने का खतरा पैदा हो गया है।"

जे. के. राउलिंग

"यह जश्न मनाने का वक्त नहीं है और न ही विभाजित होने का नफरत का भी नहीं यह बदलाव का समय है।"

गैरी लिनेकर, पूर्व फुटबॉलर

"यह सुखद अलगाव है। ब्रिटेन के लोगों ने गलत फैसला किया है। इससे उसे सामारिक, आर्थिक स्तर पर नुकसान ही होगा।"

द इकॉनामिस्ट

"ब्रिटेन के यूरोपीय संघ से अलग होने के फैसले से ब्रितानी सरकार के गिरने का खतरा पैदा हो गया है। ब्रिटेन के इस कदम से कई देश और यूरोपीय यूनियन से बाहर जा सकते हैं। इससे यूनियन बिखर सकती है।"

द वाशिंगटन पोस्ट

"यूरोपीय संघ के बिना ब्रिटेन एक कमजोर देश साबित होगा यूरोपीय संघ से अलग होने की सूरत में दुनियाभर में ब्रिटेन का दबदबा कम हो जाएगा।"

सिडनी मॉर्निंग हेराल्ड

"ब्रिटेन के यूरोपीय संघ से बाहर निकलने को दुनिया के लिए सुनामी की चेतावनी की तरह बढ़ा–चढाकर पेश किया जा रहा है जबकि इस मामले में शांत रहने की जरूरत है।"

आनंद महिन्द्रा, महिंद्रा एण्ड महिंद्रा समूह चेयरमैन

"भारत को ब्रेग्जिट और अगले 6 महिने के दौरान अमेरिकी ब्याज दर में बढ़ोतरी नहीं होने का फायदा हो सकता है क्योंकि यूरो क्षेत्र में दिक्कतें होगी, अमेरिकी ब्याज दर में बढ़ोतरी में देरी होगी और भारतीय रणनीति में वित्तीय निवेशकों के लिए अनिवार्य निवेश होगा।"

राणा कपूर, यश बैंक के सीईओ

"भारतीय सरकार ब्रिटेन में काम कर रही कम्पनियों की मदद करेगी ताकि वे ब्रेग्जिट के बाद यूरोपीय संघ के साथ पहले की तरह व्यापार कर सके।"

जयन्त सिन्हा, केन्द्रीय वित्त राज्यमंत्री

"ब्रेग्जिट को लेकर हौवा न खड़ा किया जाए। यूके का तीसरा बड़ा फॉरेन

डायरेक्ट इन्वेस्टर भारत है। ब्रेग्जिट के बाद भारतीय कम्पनियाँ यहाँ से अपनी पूंजी निकाल सकती हैं।''

रघुराम राजन, पूर्व RBI गवर्नर

''ब्रिटेन का यूरोपीय संघ से अलग होना एक बहुत बड़ा झटका है जनमत संग्रह के पहले चल रहे प्रचार से मुझे लग रहा था कि मुकाबला भले ही कितना ही संघर्षपूर्ण हो लेकिन ब्रिटेन के मतदाता खुद को अनिश्चितता के दौर में झोंकने के बजाय संघ में बने रहने की सुरक्षा चुनेंगे।''

डेविड कैमरन, ब्रिटिश प्रधानमंत्री

ईयू से अलग होने पर ब्रिटेन पर प्रभाव

अन्ततः ब्रिटेन यूरोपीय संघ से अलग हो गया है। ध्यान देने वाली बात यह है कि इस जनमत संग्रह ने ब्रिटेन को दो भागों में विभाजित कर दिया। इस विभाजन के अतिरिक्त उसका भौगोलिक विभाजन भी चिन्तित करने वाला है। एक ओर जहां इंग्लैण्ड और वेल्स ने ईयू का विरोध किया है दूसरी ओर स्काटलैण्ड और आयरलैण्ड ने इसके पक्ष में वोट किया है। इन दोनों के अतिरिक्त लंदन ने भी ईयू के लिए हां में 60 प्रतिशत मत दिए हैं। ब्रिटेन के 12 में से 9 क्षेत्रों ने ईयू में न रहने का फैसला किया। ब्रिटेन का यह भौगोलिक विभाजन इसके राजनीतिक विभाजन का जोखिम पैदा करता है।

ब्रेग्जिट में न पक्ष ही क्यों जीता?– यद्यपि यूरोपीय संघ को हाँ या ना कहना केवल आर्थिक संघ या आर्थिक मुद्दों का प्रश्न था लेकिन एक वास्तविक मुद्दा आव्रजन का भी था जो आर्थिक दृष्टिकोण से अधिक व्यापक है जाने माने डिजीटल मीडिया, बॉक्स मीडिया के अनुसार जनमत संग्रह में सात अहम् मुद्दों को शामिल किया गया यथा –

1. ईयू से ब्रिटेन की अखण्डता को खतरा है।
2. यह यूके पर अनावश्यक नियमों का भार लाद रहा है।
3. ईयू केवल व्यापारिक हित साध रहा है और मूलभूत सुधारों पर ध्यान नहीं है।
4. ईयू भले ही अच्छा है लेकिन यूरो किसी आपत्ति से कम नहीं है।
5. ईयू बड़ी संख्या में आव्रजन की अनुमति देता है लेकिन ईयू से बाहर ब्रिटेन एक समानुपातिक तौर पर ही आव्रजन की अनुमति देता है।

6. वित्तीय नुकसान की समस्या।
7. कारोबार तथा व्यापारिक समस्या का होना।

देखने में ये सात तर्क अलग दिखे लेकिन ये कही न कहीं ब्रितानियों की संवेदनशीलता से जुड़े हैं। वर्ष 2008 के आर्थिक संकट के बाद से आव्रजन ब्रिटेन के लिए एक अहम् मुद्दा बन गया। 'वाक्स' के मुताबिक 2015 में ब्रिटेन में 3,33,000 नये लोग समाहित हो गये। 'वाक्स' के अनुसार अमेरिका और अन्य देशों की तरह अब ब्रिटेन में भी आव्रजन राजनीतिक मुद्दा बन गया है। राजनीतिक पार्टियों ने आव्रजन के खिलाफ यह अभियान छेड़ रखा है कि दक्षिण पूर्वी यूरोप से यहां आकर बसे आव्रजकों के कारण ब्रिटिश कामगारों के वेतन में भारी कटौती हुई है। कुछ मतदाताओं को इन अप्रवासी आव्रजकों के देश की सीमित सार्वजनिक सुविधाओं का उपयोग करने पर आपत्ति है। हालांकि यूरोपीय संघ को 2012 में यूरोप में 'शान्ति, लोकतंत्र व मानवाधिकार' के लिए शान्ति का नॉबेल पुरस्कार दिया गया था। दशकों संघर्ष के बाद ईयू का मौजूदा स्वरूप 1992 में अस्तित्व में आया। ब्रिटेन ने ईयू के गठन के वक्त 19 अरब डालर का योगदान दिया था। ब्रेग्जिट के पक्षधर कहते हैं कि यह पैसा ब्रिटेन को वापस मिले। इस प्रकार से ब्रिटेन के ईयू से अलग होने पर ये प्रमुख प्रभाव देखे जा सकते हैं–

(1) विखण्डन का खतरा :– उत्तरी आयरलैण्ड और स्काटलैण्ड के लोग जनमत संग्रह के परिणामों से दुःखी हैं दोनों प्रान्त यूरोपीय संघ में बने रहना चाहते थे। ब्रेग्जिट वोट के बाद यह हो सकता है ये दोनों देश भी 'यूके' से अलग होने की मांग उठाने लगें। ब्रेग्जिट के समर्थक इस समय जरूर आजादी का अहसास कर रहे होंगे लेकिन वे जल्द ही देखेंगे कि यह छदम आजादी है इससे देश और निर्धन हो जाएगा इतना ही नहीं यूनाइटेड किंगडम टूट भी सकता है।

(2) वित्तीय नुकसान की भी समस्या :– लन्दन को अब तक अन्तर्राष्ट्रीय वित्तीय राजधानी माना जाता रहा है यूरोपीय संघ की सदस्यता की वजह से दूसरे कई देश लन्दन को वित्तीय खिड़की के तौर पर इस्तेमाल करते थे। ब्रेग्जिट के कारण इस खिड़की के बंद होने के आसार बन गए हैं। लंदन के ज्यादातर बड़े वित्तीय संस्थान जर्मन शहर फ्रैंकफर्ट आने की तैयारी में है। इससे बहुत से लोगों की नौकरिया भी जाएंगी लंदन में बैंकिंग सेक्टर की विदाई का मतलब होगा हजारों नौकरियों की कटौती, इससे कई छोटी-छोटी नौकरियां जाएंगी। ब्रेग्जिट हो जाने के बाद यूके को यूरोपीय संघ के भीतर सरल व्यापार की सुविधा नहीं होगी।

(3) कारोबार पर असर :– ब्रिटेन में करीब 800 भारतीय कम्पनियां हैं।

ब्रिटेन के ईयू के बाहर होने पर इन 800 कम्पनियों के कारोबार पर भी असर पड़ेगा। क्योंकि इनमें अधिकतर ब्रिटेन में रहकर ओपन यूरोपीय मार्केट (Open European Market) में बिजनेस करती हैं। इसमें भारत की टाटा मोटर्स भी शामिल है। पूर्व से ही जूझ रही ब्रिटिश अर्थव्यवस्था को अब नए बाजार खोजने होंगे और वहां यूरोपीय संघ से संघर्ष करना होगा। जहां तक व्यापार की बात है तो ईयू के साथ रहने पर ब्रिटेन को व्यवसाय में ज्यादा फायदा होता क्योंकि ऐसे में पैसे के साथ-साथ लोगों और सामान को एक दूसरे देश तक पहुंचाने में आसानी होती ईयू से अलग होने पर अब ब्रिटेन उन 28 देशों का हिस्सा बनकर नहीं, अपने दम पर और अपनी शर्तों पर व्यापार कर पाएगा।

(4) आवाजाही पर प्रभाव :–ब्रेग्जिट के बाद अब यह आशंका है कि यूरोप के देश अपने रास्ते ब्रिटेन के लोगों के लिए बंद कर सकते हैं अब तक लोग यूरोप के एक-दूसरे देश में बिना किसी रुकावट या वीजा के आवागमन कर रहे थे। भारतीय कम्पनियों को भी यूरोप में घुसने के लिए नए रास्ते बनाने होंगे।

(5) कच्चे तेल के दाम बढ़ने का असर होगा :– ब्रिटेन के यूरोपीय संघ से अलग होने के फैसले के साथ ही पाउण्ड की स्थिति डालर के मुकाबले कमजोर हो गई है। डालर की मजबूती के साथ रुपये की कीमत गिर गई है, कच्चे तेल की खरीद डालर में होने से कच्चा तेल भी मंहगा हो जाएगा, इससे पेट्रोल और डीजल के दाम भी बढ़ेंगे।

(6) ब्रेग्जिट का अन्य ईयू देशों पर प्रभाव :– ब्रिटेन के जनमत संग्रह के परिणाम का प्रभाव यूरोप के अन्य देशों पर होना भी स्वाभाविक है। गत कुछ वर्षों से जिस तरह से शरणार्थियों की संख्या में वृद्धि हुई उसे देखते हुए ब्रिटेन में भी दक्षिणपंथी संगठन काफी उग्र होने लगा था। इस समस्या से निजात पाने हेतु यूरोपीय संघ से अलग होने की वकालत कर रहे थे ऐसी ही स्थिति हॉलैण्ड में भी बनी। ऑस्ट्रिया में भी दक्षिणपंथी इसी बात पर सहमत हैं कि वे सत्ता के काफी नजदीक तक पहुंच गए। वहाँ की संसद में उनकी संख्या में काफी बढ़ोतरी हुई। इसी तरह से फ्रांस में भी दक्षिणपंथी आवाजें तेज हो रही है। गत चुनाव में इन दक्षिणंपथी पार्टियों को सीटें भी काफी मिली थी। वे अपने घोषणा-पत्र में कह भी चुके हैं कि अगले चुनाव में यूरोपीय संघ से अलग होना एक मुद्दा हो सकता है। जर्मनी में भी कुछ ऐसा ही हाल है कि वहां यूरोपीय संघ के अलग होने को लेकर स्वर तेज हो रहे हैं तात्कालिक रूप से इस तरह का फैसला यूरोपीय संघ से जुड़े अन्य देश भले ही नहीं लेकिन उनके खतरे की घंटी जरूर बन चुकी है। अब यूरोपीय संघ के छिन्न-भिन्न होने के आसार बन गए लगते हैं।[41]

यूरोपीय संघ में जर्मनी का बढ़ता वर्चस्व तथा ब्रिटेन

ब्रिटेन संयुक्त राष्ट्र (UNO) की सुरक्षा परिषद का स्थायी सदस्य होने के साथ नाटो के संस्थापक सदस्यों में से एक है। सभी जानते हैं कि दोनों विश्व युद्ध में ब्रिटेन की अहम् भूमिका रही है। यूरोपीय समुदाय को विश्वयुद्ध के दुष्परिणाम के बाद फिर खड़ा करने और जर्मनी को फिर बड़ी सैन्य शक्ति बनने से रोकने में भी ब्रिटेन की अहम् भूमिका रही है लेकिन आज यूरोपीय संघ में जर्मनी के बढ़ते दबदबे से ब्रिटेन नाराज है। संघ में यदि जर्मनी और फ्रांस को छोड़ दें तो अन्य देशों की तुलना में इसकी अर्थव्यवस्था काफी मजबूत है। यही वजह रही है कि जनमत संग्रह के परिणाम 23 जून, 2016 के बाद ब्रिटेन से ज्यादा अन्य देशों के बाजारों में जबर्दस्त गिरावट देखने को मिली। कई देशों के बाजार तो 10–10 फीसदी से अधिक टूट गए।

ब्रिटेन में जनमत संग्रह का नतीजा 'ब्रेग्जिट' के रूप में दुनिया के सामने आया। इस परिणाम से न सिर्फ सभी को चौकाया बल्कि एक देश को भी बांट दिया। इस अनहोनी घटना को रोकने के लिए न केवल ब्रिटेन के प्रधानमत्री डेविड कैमरन बल्कि अमरीका, जर्मनी, फ्रांस जैसे देश लगे हुए थे लेकिन ब्रिटेन के लोगों ने तय कर लिया था कि ''अभी नहीं तो कभी नहीं''। वर्षों से प्रवासियों की समस्या से जूझ रहे यूरोपीय संघ और कमजोर अर्थव्यवस्था ने लोगों में रोष भर दिया था आतंकवादी घटना तथा जर्मनी का ईयू में बढ़ते वर्चस्व ने भी ब्रिटेन को यूरोपीय संघ से अलग होने का भाव प्रबल कर दिया था। हालांकि जनमत संग्रह से पूर्व के कई सर्वे से झुकाव तो यूरोपीय संघ में रहने का था लेकिन परिणाम रहा एकदम विपरीत प्रश्न यह है कि ब्रिटेन को यूरोपीय संघ से अलबिदा कहना क्यों पड़ा? क्या संघ में बने रहने का आर्थिक बोझ ब्रिटेन सहन नहीं कर पा रहा था या फिर संघ में जर्मनी और फ्रांस के मुकाबले में उसका प्रभुत्व कमजोर हो रहा था या फिर टर्की से घुसपैठ की आशंका। जिस ब्रिटेन के राज में कभी सूरज अस्त नहीं होता था उस ब्रिटेन के नागरिकों ने यूरोपीय संघ से अलग होने का फैसला लिया तो सोच–समझकर ही लिया होगा।[42]

द्वितीय विश्वयुद्ध के बाद दुनिया के देशों में राष्ट्रीयता की तीव्र बयार बह रही थी। ऐसे हालात में 1950 के दशक की शुरुआत में यूरोपीय संघ का गठन हुआ तब से लेकर अब तक का सफर इस संगठन के लिए बहुत आसान नहीं रहा। जहां तक ब्रिटेन का प्रश्न है तो, वहां इस यूरोपीय संघ परियोजना को लेकर बेचैनी भी उतनी ही पुरानी थी जितना कि यह संगठन है। लेकिन अब ब्रूसेल्स के शक्तिशाली स्तर के बाद से अन्य 27 सदस्य देशों में भी असन्तोष बढ़ने लगा है। खासतौर पर ग्रीस

और पुर्तगाल पर अप्रवास संबंधी भारी-भरकम नीतियां लादने के बाद से इसमें और बढ़ोतरी हुई है। ऐसा संदेश भी जाने लगा है कि यूरोपीय संघ जर्मनी नियन्त्रित करने लगा है जो उनके कानूनों और सम्प्रभुता को समाप्त कर रहा है लेकिन इस जनमत संग्रह का व्यापक अर्थ यदि समझे तो यह समझ में नहीं आता कि अगर ब्रिटेन यूरोप के साथ नहीं तो यह है क्या? आखिरकार यूरोप में ब्रिटेन की अहमियत केवल भौगोलिक नहीं है। ब्रिटेन यूरोप में भौगोलिक मानचित्र भर नहीं है। वह पश्चिम का मुख्य है, उसका विचार और उसका दर्शन है। वह यूरोप में विशिष्ट और गौरवर्णी नस्लीय साम्राज्य का केन्द्र है। यूरोपीय संघ में तो ब्रिटेन की टक्कर के दो ही देश हैं फ्रांस और जर्मनी।

यूरोपीय संघ से ब्रिटेन की निकासी ने भारत सहित दुनिया के अनेक देशों को संकट में डाला है। मंदी के दौर में गुजर रही अर्थव्यवस्था को यह 23 जून, 2016 की घटना गहरे घाव दे गई है। दुनियाभर के शेयर बाजारों में कोहराम मच गया तो ब्रिटेन के पाउण्ड में 31 साल की सबसे बड़ी गिरावट देखने को मिली। डालर के मुकाबले भारतीय रुपया भी 72 पैसे लुढ़क-कर चार महीने के न्यूनतम स्तर पर पहुंच गया। भारतीय शेयर बाजार भी धड़ाम होकर औंधे मुंह गिरा। पाउण्ड के गिरने से डालर की मांग बढ़ने का सीधा असर आयात पर पड़ेगा, जो महंगा होगा। लोकतंत्र की विशेषता भी यही है कि इसमें बहुमत का सम्मान किया जाता है। ब्रिटेन का यूरोपीय संघ से अलग होना उसके, यूरोपीय संघ, भारत और दुनिया के लिए कितना फायदेमंद या नुकसानदेह होगा समय बताएगा लेकिन इतना तय है कि ब्रिटेन की जनता के फैसले ने एक बार तो दुनिया में भूचाल ला ही दिया। साथ ही ये सोचने को भी मजबूर कर दिया है कि क्या संगठन के दूसरे शेष 27 देशों में से कोई और भी ब्रिटेन का अनुसरण करेगा। लगभग 51 करोड़ की आबादी वाला यह संगठन दुनिया के दूसरे देशों के लिए उदाहरण पेश कर रहा था। संघ ने यूरोपीय कमीशन, यूरोपीय काउसिंल के साथ यूरोपीय संसद का भी गठन किया।[43]

ब्रेग्जिट का भारत पर प्रभाव

यूरोपीय संघ से ब्रिटेन का बाहर निकल जाना ब्रिटेन का अपना अन्दरूनी मामला है। इसका प्रभाव जरूर विश्व और भारत पर पड़ेगा। ब्रिटेन एक बहुत बड़ी अर्थव्यवस्था है और एक बहुत पावरफुल देश भी है। ब्रेग्जिट भारतीय अर्थ व्यवस्था के लिए भी चिंताजनक बताया जा रहा है। क्योंकि ब्रिटेन में 800 भारतीय कम्पनियां हैं जो ज्यादातर यहां रहकर ओपन यूरोपियन मार्केट में बिजनेस करती हैं। इससे ब्रिटेन में 1.1 लाख लोगों को रोजगार मिला है अब जबकि ब्रिटेन ईयू से बाहर हो चुका है इस स्थिति में इन भारतीय कम्पनियों के व्यापार पर तो असर होगा। हालांकि

भारतीय कम्पनियां और अर्थव्यवस्था बेहद मजबूत हालात में है और खुद आर.बी.आई. के गवर्नर रघुराज राजन ने कहा है कि ब्रेग्जिट को लेकर हव्वा न खड़ा किया जाए। यूके का तीसरा बड़ा फारेन डायरेक्ट इन्वेस्टर (FDI) भारत है। ब्रेग्जिट के बाद भारतीय कम्पनियां यहां से अपनी पूंजी निकाल सकती हैं तो ब्रिटेन में व्यवसाय की कमी हो सकती है। ब्रिटेन की सबसे बड़ी चिन्ता पाउण्ड करेन्सी गिरावट को लेकर है क्योंकि पाउण्ड 31 साल के सबसे निचले स्तर पर आ चुका है। इससे डालर में वृद्धि होना निश्चित है। डालर का मूल्य बढ़ने से आयात अपने आप महंगा हो जाएगा जिसकी वजह से कच्चे तेल की कीमत में वृद्धि होगी और भारत में पेट्रोल-डीजल के भाव बढ़ जाएंगे।

भारतीय वाणिज्य मंत्रालय की रिपोर्ट के अनुसार 2015-2016 में ब्रिटेन के साथ भारत का द्विपक्षीय व्यापार 14.02 अरब डालर यानी 945 अरब रुपये का रहा है। जिसमें 5.19 अरब डालर का आयात और 8.83 अरब डालर का निर्यात हुआ था। भारत को इस कारोबार में 3.64 अरब डालर का लाभ हुआ विशेषज्ञों की माने तो ब्रिटेन के ईयू से अलग होने से उसके आयात में 25 प्रतिशत की कमी आ सकती है।

1. Brexit का यदि सबसे अधिक असर पड़ेगा तो वह असर टाटा मोटर्स, टाटा स्टील व आई टी कम्पनियों पर पड़ेगा। ब्रिटेन में भारत की जिन कम्पनियों का सबसे ज्यादा निवेश है उनमें टाटा शामिल है। टाटा मोटर्स के स्वामित्व वाले जगुआर लैंड-रोवर्स व टाटा स्टील का ब्रिटेन के बाजार में मजबूत हिस्सेदारी है ये कम्पनियां वहां पौंड में कमाएंगी। ब्रेग्जिट के बाद पौण्ड की वैल्यू वैसे गिर रही है तो इन कम्पनियों के फायदे पर जोरदार झटका लगेगा।

2. मॉरिशस और सिंगापुर के बाद ब्रिटेन भारत में तीसरा सबसे बड़ा निवेशक है यदि ब्रेग्जिट के बाद ब्रिटेन की अर्थव्यवस्था कमजोर होती है तो उसके निवेश में भी कमी आ सकती है। आखिर क्यों कोई देश कमजोर देश में इन्वेस्ट करना चाहेगा?

3. पौण्ड (ब्रिटेन की मुद्रा) के कमजोर होने से डालर मजबूत बनेगा। ऐसी परिस्थितियों में रुपये का डालर के मुकाबले कमजोर होने की आशंका होगी। यह सब सिर्फ शोर्ट-टर्म के लिए होगा लान्ग-टर्म में भारत को कोई नुकसान नहीं होगा।

4. ब्रिटेन के ईयू से बाहर जाने का असर भारतीय अर्थ-व्यवस्था पर भी

पड़ेगा। सबसे बड़ी चिन्ता यूरो मुद्रा के कमजोर होने की है अगर यूरो कमजोर होता है तो डालर मजबूत होगा इसका असर भारतीय मुद्रा रुपये पर भी पड़ेगा। रुपये के कमजोर होने की आशंका बढ़ जाएगी। उधर यूरोपीयन यूनियन के देशों में भारत के ब्रिटेन से अच्छे सम्बन्ध हैं। ब्रिटेन के रास्ते अन्य देशों में भारत व्यापार कर सकता है उसकी सम्भावनाएं भी कम हो जाएंगी।[44]

जनमत संग्रह का भारतीय राज्यों पर प्रभाव

जनमत संग्रह के नतीजों से भारत में सबसे ज्यादा निराशा दो राज्यों के लोगों को हुई है ये राज्य हैं गोवा और पुडुचेरी। ब्रिटेन के सांख्यिकी कार्यालय के आंकड़ों के अनुसार वहां लगभग 20 हजार गोवा के लोग हैं जिनके पास पुर्तगाल का पासपोर्ट है और जो ब्रिटेन में काम कर रहे हैं। पुर्तगाल के पासपोर्ट की वजह से वे ब्रिटेन में मुक्त काम करते आ रहे हैं। लेकिन अब उनकी मुश्किलें बढ़ जाएंगी। उसी तरह फ्रांस का उपनिवेश रह चुका पुडुचेरी दूसरा ऐसा भारतीय राज्य है, जहां काफी लोगों के पास फ्रांस का पासपोर्ट है जिसकी वजह से रोजगार के लिए उनका ब्रिटेन आना जाना स्वतन्त्र रूप से जारी है इनके लिए भी अब मुश्किलें बढ़ने वाली हैं लेकिन भारतीय छात्रों को इसका फायदा मिलेगा। ब्रिटेन के यूरोपीय संघ से अलग हो जाने की सूरत में अब भारत के छात्रों के लिए पढ़ाई के अवसर बढ़ेंगे, क्योंकि ब्रिटेन पर यूरोपीय छात्रों के लिए कोई बाध्यता नहीं रह जाएगी। ब्रिटेन के यूरोपीय संघ से बाहर हो जाने की सूरत में भारत में चिन्ताएं बढ़ना स्वाभाविक है। ऐसा होने पर नौकरियों के लिए यूरोप जाने वालों पर सीधा असर पड़ेगा। भारत के अलग–अलग हिस्सों से नौकरियों के लिए बड़े पैमाने पर लोग यूरोप और खास तौर पर ब्रिटेन जाते रहे हैं। पंजाब में इसका चलन दूसरे राज्यों की तुलना में काफी ज्यादा है। यूरोपीय संघ से रोजगार के लिए ब्रिटेन जाने वाले लोगों को अब अपना अधिकार गवाना भी पड़ सकता है।

स्कॉटलैंड के लीडर कह रहे है कि एक और जनमत संग्रह की जरूरत है। इसके मायने हैं कि वे अप्रत्यक्ष रूप से इंग्लैण्ड से अलग होने की वकालत कर रहे हैं इस तरह की भावनाएं पैदा होना और ब्रिटेन में टूट बढ़ना भारत के लिए नकारात्मक होगा व हमारी साझेदारी जरूर प्रभावित होगी। हमारा काफी कुछ दाव पर है क्योंकि दोनों देश मजबूत साझेदार बन रहे हैं। भारत की 800 से अधिक कम्पनियां ब्रिटेन में रहकर यूरोपीय संघ से कारोबार करती रही हैं। कुछ व्यक्तियों का दावा है कि ब्रिटेन के ईयू से अलग होने के बाद भारत के सम्बन्ध और अधिक प्रगाढ़ होंगे, भारत और अन्य राष्ट्रमण्डल देशों के लोगों के लिए बेहतर वीजा नियम

बनाए जा सकेंगे। लेकिन यह तो भविष्य के गर्भ में छिपा है। अब लोगों को ब्रिटेन के पीछे ग्रेट लिखने में हिचकिचाहट होगी क्योंकि जनमत संग्रह ने इसे वैश्वीकरण के दौर में नन्हा इंग्लैण्ड बना दिया है।

यूरोपीय देशों में ब्रिटेन में भारतीयों ने बड़ी मात्रा में निवेश कर रखा है। ब्रिटेन में निवेश के मामले के अमरीका और फ्रांस के बाद भारतीय तीसरे स्थान पर हैं यही वजह थी कि ब्रिटेन के यूरोपीय संघ में रहने के मुद्दे पर भारत ने भी कहा था कि वह ब्रिटेन को यूरोप के दरवाजे के तौर पर देखता है और इस कारण चाहता है कि यूरोपीय संघ में ब्रिटेन बना रहे। ऐसी स्थिति के प्रारम्भिक दौर में तो भारत की अर्थव्यवस्था पर प्रभाव पड़ेगा लेकिन दीर्घकाल में सम्भलकर चले तो स्थितियों पर काबू पाया जा सकता है। टाटा जैसी भारतीय कम्पनियाँ ब्रिटेन को आधार देश बनाकर यूरोप के अन्य देशों में कारोबार करती हैं। कहने में यह है कि यूरोपीय संघ से अलग होने पर भारतीय कम्पनियां अन्य देशों में अपने कार्यालय खोलकर काम कर लेंगी लेकिन वास्तविकता यह है कि अंग्रेजी भाषा के कामकाज भारतीयों के लिए सरल रहता है। जर्मन और फ्रांसीसी भाषा में काम करने के लिए वहां की भाषा सीखना और नए सिरे से काम करना काफी महंगा साबित हो सकता है इस कारण से हमें सकारात्मक सोच बनाए रखना आवश्यक है।[45]

ब्रेग्जिट के बाद ईयू की एकता हेतु प्रमुख प्रयास

5 जुलाई, 2016 को ब्रिटेन में हुए जनमत संग्रह के परिणामों के आधार पर ब्रिटेन के यूरोपीय संघ से अलग होने पर शेष यूरोपीय संघ के देशों ने ईयू की एकता हेतु एक महत्वपूर्ण प्रयास किया है जिसमें यूरोपीय संघ के प्रत्येक देश के नागरिक की उम्र 18 वर्ष होने पर उनके 18वें जन्मदिन पर विशेष तोहफा दिए जाने की घोषणा की। यह घोषणा ब्रिटेन के यूरोपीय संघ से बाहर निकलने के बाद यूरोपीय एकता को बनाए रखने के लिए की गई। इस तोहफे में किशोर को मुफ्त इंटरेल पास मिलेगा। इसकी मदद से किशोर पूरे यूरोपीय संघ में मुफ्त रेल यात्रा कर सकेंगे। यूरोपीय संसद में लंबी चर्चा के बाद आयोग ने इस प्रस्ताव को मंजूरी दे दी। आयोग को उम्मीद है कि यूरोपीय संघ के देशों में घूमने-फिरने से सांस्कृतिक मेल-मिलाप बेहतर होगा। किशोरों में एक-दूसरे का सम्मान करने और मिल-जुलकर साथ रहने का भाव भी बढ़ेगा।

यूरोपीय संघ की परिवहन आयुक्त वियोलेटा बुल्क ने फ्री इंटरेल टिकट के फैसले का स्वागत किया है। 18वें जन्मदिन पर मुक्त रेल यात्रा का टिकट अक्तूबर, 2017 से मिलने लगेगा। यूरोपीय संघ में युवाओं के मुफ्त आवागमन के लिए 5

करोड़ यूरो का बजट बनाया गया है। परिवहन आयुक्त को लगता है कि 5 करोड़ यूरो में हर किसी को 18वें साल में मुफ्त रेल पास देना संभव नहीं होगा। अतिरिक्त फंडिंग की संभावना भी तलाशी जा रही है। यूरोपीय संघ के नेताओं को लगता है कि ब्रेग्जिट के बाद यूरोप में उभरती आशंकाओं को युवाओं के मेल-मिलाप से खत्म किया जा सकता है। यूरोपीय संघ में फिलहाल यू.के. समेत कुल 28 देश हैं। अगले साल यूके के बाहर होने के बाद संघ में 27 देश बचेंगे ये देश हैं– ऑस्ट्रिया, बेल्जियम, बुलगारिया, क्रोएशिया, साइप्रस, चेक गणराज्य, डेनमार्क, एस्टोनिया, फिनलैण्ड, फ्रांस, जर्मनी, ग्रीस, हंगरी, आयरलैण्ड, इटली, लाटविका, लिथुआनिया लक्जेमबर्ग, माल्टा, नीदरलैण्ड, पोलैण्ड, पुर्तगाल, रोमनिया, स्लोवाकिया, स्लोवेनिया, स्पेन और स्वीडन बेचेंगे।

ब्रेग्जिट के बाद फ्रांस और नीदरलैण्ड जैसे देशों में भी यूरोपीय संघ के विरोधियों का राजनीतिक कद बढ़ने लगा है। 2015 के शरणार्थी संकट के बाद संघ के भीतर नफरत भरे अपराध भी बढ़े हैं।[46]

यूक्रेन संकट : नए शीतयुद्ध की आहट

1991 में सोवियत संघ के विभाजन के बाद अलग होने वाले गणतंत्रों में यूक्रेन व जॉर्जिया सबसे बड़े देश हैं। यह यूक्रेन रूस की पश्चिम सीमा में स्थित एक स्वतंत्र देश है। यह यूरेशिया क्षेत्र के केन्द्र में स्थित है। इसके पूर्व में रूस की सीमाएं तथा पश्चिम में पूर्वी यूरोप की सीमाएं लगती है अतः रूस की दृष्टि से यह क्षेत्र सामाजिक महत्व का है। यूक्रेन की स्थिति रूस तथा पूर्वी यूरोप के मध्य एक बफर राज्य की है। यूक्रेन 1991 में रूस से अलग हुआ था 1992 में उसका नया लोकतांत्रिक संविधान लागू किया गया। यूक्रेन की आबादी मिश्रित प्रजाति की है। इसकी 45 मिलियन जनसंख्या में यूक्रेनी प्रजाति की संख्या 77 प्रतिशत है तथा रूसी प्रजाति के लोगों की संख्या 17 प्रतिशत है शेष जनसंख्या अन्य प्रजाति की है। यूक्रेन की वर्तमान सरकार यूरोपीय देशों के साथ घनिष्ठ संबंधों की पक्षधर है। यूक्रेन यूरोपीय यूनियन के साथ पश्चिमी देशों के सैनिक संगठन नाटो (NATO) की भी सदस्यता प्राप्त करना चाहता है। रूस यूक्रेन की इस नीति का विरोधी है क्योंकि उसका मानना है कि उसके पड़ोसी देश यूक्रेन में नाटो सेनाओं की उपस्थिति उसकी सुरक्षा व सामरिक हितों के लिए घातक है। इसके पूर्व पूर्वी यूक्रेन स्थित पोलैण्ड व चेक गणराज्य में अमरीका द्वारा मिसाइल प्रतिरक्षा प्रणाली स्थापित करने का प्रयास किया गया। अब अमरीका व यूरोपीय संघ के देश यूक्रेन को यूरोप की आर्थिक व सैन्य व्यवस्था से जोड़कर उसे अपने प्रभाव क्षेत्र में लेना चाहते हैं तथा रूस अपने सामरिक हितों की रक्षा के लिए पश्चिम देशों की इस चाल का विरोध कर रहा है। इन विरोधी

हितों के चलते यूक्रेन में राजनीतिक संकट गहरा गया है तथा वह गृहयुद्ध की चपेट में आ गया है। यूक्रेन के गृहयुद्ध में एक पक्ष पश्चिमी देशों द्वारा समर्थित है तथा दूसरा पक्ष रूस द्वारा समर्थित है। यूक्रेन के राष्ट्रवादी नेता प्रारम्भ से ही पश्चिमी देशों के साथ यूक्रेन के संबंधों को मजबूत करने की वकालत करते रहे हैं। 2004 में यूक्रेन की सत्ता पर अतिराष्ट्रवादी तत्वों का कब्जा हो गया इसे यूक्रेन के इतिहास में 'ऑरेंज क्रांति' (Orange Revolution) के नाम से जाना जाता है।[47]

यूक्रेन में टकराव के प्रमुख कारण

यूक्रेन में टकराव यूरोपीय संघ अथवा रूसी नेतृत्व वाले यूरोपीय संघ में शामिल होने संबंधी मुद्दे को लेकर हुआ। यूक्रेन के राष्ट्रपति यानुकोविच यूरोपीय संघ के साथ संधि करने वाले प्रथम राष्ट्रपति थे। लेकिन बाद में पुतिन के इशारे पर उन्होंने अपना दृष्किोण बदला । इसके पीछे उनकी मंशा यूक्रेन में ऐसे जनतंत्र की स्थापना का विरोध करना था जिससे उनके भ्रष्ट शासन पर कोई आंच आए जबकि विपक्ष चाहता था कि यूक्रेन सरकार रूस से पुरानी मित्रता की परवाह न कर यूरोपीय संघ के साथ समझौता करे। वह समझौता व्यापार एवं सहभागिता समझौता था। यूक्रेन के लोग यूरोपीय देशों की जनतांत्रिक व्यवस्था से प्रभावित हैं और उन्होंने देखा था कि किस तरह सोवियत प्रभाव में रहे– पोलैण्ड, हंगरी, लिथुआनिया, लाटविया एस्टोनिया जैसे बाल्टिक गणराज्य यूरोपीय संघ में शामिल होकर अपने लोगों का जीवन स्तर बेहतर करने में सक्षम हुए। उनका मानना था कि यूक्रेन के यूरोपीय संघ में शामिल होने से उसे मुक्त बाजार, विशाल पूंजी उद्वार व्यवस्था के साथ जुड़ने का अवसर प्राप्त होगा इसलिए विक्टर यानुकोविच के अपने निर्णय पर अड़िग रहने से यूक्रेन वासी यूक्रेनियन्स सड़क पर उतर आए। जबकि यूरोपीय संघ की मौजूदा वस्तुस्थिति सर्वथा भिन्न है क्योंकि यूरोपीय संघ के 28 देशों में से कुछेक देशों को छोड़ दें तो अभी वहां विश्वव्यापी मंदी मौजूद है। ब्रिटेन जैसा देश यूरोपीय संघ से बाहर निकलना चाहता है ऐसी स्थिति में यूक्रेन की सरकार रूस को छोड़कर ईयू के साथ जाती है तो पहले कदम पर ही उसे आर्थिक संकट का सामना करना पड़ेगा क्योंकि रूस जो आर्थिक मदद दे रहा है वह रोक दी जाएगी। पूर्व सोवियत संघ के प्रभाव वाले पूर्वी यूरोप के देशों का यूरोपीय संघ में विलय रूस के लिए भी चिन्ता की बात है। क्योंकि ईयू पर अमेरिका का प्रभाव है और अमेरिका रूस के खिलाफ जिस तरह की भू सामरिक तैयारी कर रहा है वह रूस के लिए चुनौती है।

रूस व अमेरिका के बीच 1997 में एक समझौता हुआ था जिसके अन्तर्गत यूक्रेन ने रूस को 10 वर्ष के लिए पट्टे के आधार पर यूक्रेन के प्रायद्वीप क्रीमिया रूसी नौसैनिक अड्डे की स्थापना की अनुमति प्रदान की थी बाद में इस पट्टे की

अवधि 2017 तक बढ़ा दी गयी लेकिन अतिराष्ट्रवादी तत्व इस पट्टे की अवधि 2017 के आगे बढ़ाने के लिए तैयार नहीं थे। सन् 2010 में यूक्रेन में रूस समर्थक उदारवादी सरकार की स्थापना हुई जिसके अन्तर्गत विक्टर यानुकोविच यूक्रेन के राष्ट्रपति बने। उन्होंने पश्चिमी समर्थक (यूरोपीय संघ व अमरीका) नीति को बदलकर रूस समर्थक नीति का अनुसरण किया। उन्होंने सत्ता में आने के बाद क्रीमिया में नौसैनिक सुविधा प्रदान करने वाले समझौते की अवधि 2017 के बाद 25 वर्ष तक आगे बढ़ा दी जिसका राष्ट्रवादी नेताओं द्वारा विरोध किया गया। यूक्रेन व यूरोपीय संघ के साथ एसोसिएशन समझौते का प्रस्ताव काफी समय से लंबित था। इस समझौते के द्वारा यूक्रेन न यूरोपीय समुदाय के अहम्, व्यापक व घनिष्ठ संबंधों की आधारशिला रखी जानी थी। इसके समर्थक राष्ट्रवादी नेताओं का मानना था कि इस समझौते से यूक्रेन यूरोपीय अर्थव्यवस्थाओं से जुड़ जाएगा तथा उसका तीव्र आर्थिक विकास होगा लेकिन यूक्रेन की रूस समर्थक विक्टर यानुकोविच ने इस समझौते पर हस्ताक्षर करने से मना कर दिया। परिणामतः यूक्रेन के राष्ट्रवादी नेताओं द्वारा यानुकोविच के विरुद्ध विद्रोह प्रदर्शन आयोजित किए गए। दूसरी तरफ रूस ने यूक्रेन सरकार के निर्णय का समर्थन करते हुए उसे आर्थिक सहायता प्रदान करने की घोषणा की। धीरे-धीरे सरकार विरोधी प्रदर्शन उग्र होते गए तथा 16 जनवरी, 2014 को विरोध प्रदर्शनों ने हिंसक रूप धारण कर लिया। प्रदर्शनकारियों ने यूक्रेन सरकार के निर्णय का समर्थन करते हुए उसे आर्थिक सहायता प्रदान करने की घोषणा की। धीरे-धीरे सरकार विरोधी प्रदर्शन उग्र होते गए तथा 16 जनवरी, 2014 को विरोध प्रदर्शनों ने हिंसक रूप धारण कर लिया। प्रदर्शनकारियों ने यूक्रेन की राजधानी कीव के मुख्य मैदान सहित कार्यालयों पर कब्जा कर लिया।[48]

हिंसक गतिविधियों के बीच ही यूरोपीय संघ द्वारा यूक्रेन की सरकार व विपक्षी समूह के बीच समझौता कराने का प्रयास किया गया। इस दौरान सितम्बर, 2014 में राष्ट्रपति के नए चुनाव भी कराए जाने थे लेकिन यूक्रेन के उग्रवादी समूह ने तत्काल ही यानुकोविच पर पद छोड़ने का दबाव बनाया तथा 21 फरवरी, 2014 को यानुकोविच ने अपने पद से त्यागपत्र दे दिया तथा उन्होंने रूस में शरण प्राप्त की। अगले ही दिन 22 फरवरी, 2014 को विपक्षी पक्षों द्वारा समर्थित एलेक्जेंडर तुर्चीनेव ने राष्ट्रपति पद ग्रहण किया तथा रूस ने दबाव में दिए गए यानुकोविच के त्यागपत्र को अलोकतांत्रिक व अवैध बताया।

क्रीमिया का रूस में विलय तथा क्रीमिया स्प्रिंग

जब क्रीमिया में यूक्रेन की सरकार विरोधी आंदोलन चला तो रूसी सैनिकों की उपस्थिति में वहां के रूसी भाषा-भाषी लोगों द्वारा यूक्रेन से अलग होकर रूस में

शामिल होने के लिए जनमत संग्रह की मांग जोर पकड़ने लगी। पश्चिमी देशों द्वारा विशेषकर यूरोपीय संघ के देशों द्वारा क्रीमिया में इस तरह के जनमत संग्रह को अवैध बताया गया। उन्होंने रूस को यूक्रेन के आंतरिक मामलों में हस्तक्षेप न करने की चेतावनी भी दी।.क्रीमिया यूक्रेन से अलग होने के पूर्व एक स्वायत्तशासी क्षेत्र था जिसकी संसद व सरकार में रूसी जाति के लोगों का ही बहुमत था। उल्लेखनीय है कि क्रीमिया की 60 प्रतिशत आबादी रूसी है तथा शेष अन्य प्रजाति के लोग हैं। पूर्व सोवियत संघ के समय यह रूसी प्रांत का अंग था लेकिन 1954 ई. में इसे सोवियत संघ के यूक्रेन प्रांत में शामिल कर दिया गया था। 1991 में यूक्रेन की स्वतंत्रता के समय से ही यह उसका एक स्वायत्त भाग रहा है क्रीमिया का सामरिक महत्व उल्लेखनीय है। लम्बे समय से यह रूस के 'ब्लैक सी' नावेल फ्लीट का घर रहा है। ब्लैक सी के माध्यम से ही रूस भूमध्य सागर तक पहुंच सकता है। अतः रूस की सुरक्षा की दृष्टि से क्रीमिया अत्यन्त महत्वपूर्ण है। यह स्वाभाविक है कि रूस क्रीमिया की अवहेलना नहीं कर सकता और न ही वह इसे रूस विरोधी ताकतों के हाथ में सौंप सकता है।

जब क्रीमिया में यूक्रेन से अलग होने की मुहिम तेज हुई तो रूस को उसको समर्थन प्राप्त था। क्रीमिया की प्रांतीय संसद में एक प्रस्ताव पारित कर वहां जनमत संग्रह का फैसला किया। इस जनमत संग्रह में यह फैसला किया जाना था कि क्रीमिया रूस के साथ जाएगा अथवा यूक्रेन के एक स्वायत्तशासी प्रांत के रूप में रहेगा। यूक्रेन के विरोध तथा यूरोपीय संघ के देशों की धमकी के बावजूद 16 मार्च, 2014 को क्रीमिया में जनमत संग्रह का आयोजन किया गया। आशा के अनुरूप ही इस जनमत संग्रह में 95 प्रतिशत लोगों ने यूक्रेन से अलग होकर रूस में शामिल होने की इच्छा व्यक्त की। क्रीमिया की प्रांतीय सरकार ने रूस से उसे अपने साथ मिलाने का अनुरोध किया। क्रीमिया के प्रस्ताव पर रूस की संसद में विचार किया गया तथा सर्वसम्मति से क्रीमिया को रूस में मिलाने का निर्णय लिया गया। अंततः 21 मार्च, 2014 को क्रीमिया विधिवत यूक्रेन से अलग होकर रूस में शामिल हो गया। क्रीमिया के इस अलगाववादी आंदोलन को अरब स्प्रिंग की तर्ज पर 'क्रीमिया स्प्रिंग' के नाम से जाना जाता है।[49]

यूरोप में यूक्रेन संकट व भारत

यूक्रेन संकट की शुरुआत विक्टर यानुकोविच के नेतृत्व वाली सरकार द्वारा 21 नवम्बर, 2013 को यूरोप के साथ होने वाले व्यापार एवं सहभागिता समझौते (Trade and Association Agreement) रद्द करने एवं उसकी जगह रूस के साथ और प्रगाढ़ संबंध स्थापित करने के बाद हुई। यूक्रेन की यानुकोविच सरकार द्वारा रूस

से नजदीकियां बढ़ाने से यूक्रेन का वह वर्ग नाराज हो गया जो रूस से दूरी रखना चाहता है और पश्चिमी देशों से नजदीकी बढ़ाने के पक्ष में है। उपरोक्त समझौता रद्द करने के बाद यूक्रेन के अतिराष्ट्रवादी, दक्षिणपंथी एवं चरमपंथी तत्वों ने यूक्रेन की राजधानी कीव में बड़े पैमाने पर हिंसक विरोध प्रदर्शन शुरू कर दिए। मामला बिगड़ता चला गया तथा परिस्थितियां विपरीत होती चली गईं। फरवरी, 2014 में यूक्रेन की संसद द्वारा राष्ट्रपति को अपदस्थ कर दिया गया। उपरोक्त समझौते के लिए उन्होंने पहले सैद्धांतिक सहमति दी थी लेकिन बाद में उन्होंने रूस से व्यापारिक संबंध खराब होने की आशंका के आधार पर इस समझौते से इंकार कर दिया था। हिंसक प्रदर्शन और गतिविधियां यूक्रेन की राजधानी कीव के इंडिपेंडेन्स स्क्वायर पर हो रही थीं जिसे 'मैदान' भी कहा जाता है इस हिंसक प्रदर्शन को रोकने के लिए विक्टर यानुकोविच ने विरोध प्रदर्शन विरोधी कानून भी बनाया जिसे बाद में निरस्त कर दिया गया।

हिंसा समाप्त करने के लिए बढ़ते अंतर्राष्ट्रीय दबाव के बीच विक्टर यानुकोविच तथा विरोधी दल के नेताओं के बीच फरवरी, 2014 में एक समझौता किया गया जिसमें जल्द चुनाव करवाने, एक नया संविधान बनाने तथा मिली-जुली सरकार बनाने की बात कही गयी थी लेकिन संसद ने जल्दी ही राष्ट्रपति को अपदस्थ कर दिया। नई गठित अंतरिम सरकार ने यानुकोविच की गिरफ्तारी का आदेश जारी कर दिया। उन्हें विरोध प्रदर्शनों में भाग लेने वाले लोगों की बड़ी संख्या में हत्या का दोषी ठहराया गया। इन परिस्थितियों में विक्टर यानुकोविच देश छोड़कर रूस चले गये। यानुकोविच को रूस समर्थक नेता माना जाता रहा है लेकिन अपने शासनकाल के दौरान उन्होंने विदेश नीति के संदर्भ में यूरोपीय संघ व रूस के बीच संतुलन स्थापित करने का प्रयास किया था। रूस अभी भी यानुकोविच को यूक्रेन का वैध राष्ट्रपति मानता है। फिलहाल ओलेक्सेंडर तुर्चिनोव को अंतरिम राष्ट्रपति नियुक्त किया गया है। यूक्रेन के वर्तमान घटनाक्रम से यह अंदाजा लगाना मुश्किल नहीं है कि अक्षम्य शासन, राजनीतिज्ञों की आपसी प्रतिस्पर्द्धा, बड़े पैमाने पर भ्रष्टाचार एवं आर्थिक गतिहीनता आदि के कारण 2004 में हुई 'ऑरेंज क्रांति' की छाया से यूक्रेन अभी भी पूरी तरह नहीं निकल पाया है। यूक्रेन के दक्षिण एवं पूर्वी भागों में जहां रूसी भाषी लोग रहते हैं वे भावनात्मक रूप से रूस से जुड़े हैं। वहां उनके खिलाफ हिंसात्मक घटनाएं हो रही हैं। रूस ने इस तरह की घटनाओं को रोकने के लिए अपनी सेना को चौकन्ना रहने को कहा है। दूसरी तरफ अमरीका रूसी भाषी लोगों के साथ हो रहे हिंसात्मक घटनाक्रम को रोकने के लिए संयुक्त राष्ट्र के नेतृत्व में अंतर्राष्ट्रीय निगरानी मिशन की तैनाती की मांग कर रहा है जिसे रूस ने अब तक गंभीरता से नहीं लिया है।[50]

यूक्रेन एवं रूस के बीच बढ़ते तनाव के बीच यूक्रेन के वर्तमान प्रधानमंत्री आरसेनी याल्सेंयुक द्वारा रूस से 'बुडापेस्ट समझौता' ज्ञापन का सम्मान करने की अपील की गई थी। यह समझौते ज्ञापन 1994 में यूक्रेन द्वारा परमाणु हथियारों के अप्रसार संबंधी समझौता पर हस्ताक्षर करने संबंधित है। यूक्रेन के अलावा इस समझौता ज्ञापन पर रूस, यूनाइटेड किंगडम तथा अमरीका द्वारा हस्ताक्षर किए गए थे। इसके माध्यम से यूक्रेन को सुरक्षा का आश्वासन दिया गया था। उसकी स्वतंत्रता, संप्रभुता का सम्मान करने तथा रूस समर्थित नागरिकों के बीच विवाद बढ़ता गया।

रूस द्वारा क्रीमिया का विलय (Annexation of Crimea by Russia)

बढ़ती हिंसा के बीच यूक्रेन के क्रीमिया क्षेत्र में रूसी भाषी लोग यूक्रेन से अलग होने तथा रूस में शामिल होने के लिए विरोध प्रदर्शन करने लगे हैं और हिंसक घटनाएं भी घटने लगी हैं। 16 मार्च, 2014 को यूक्रेन में जनमत संग्रह कराया गया जिसमें क्रीमिया के लोगों से पूछा गया था कि क्या वे रूस में विलय करना चाहते हैं या वे ज्यादा स्वायत्तता के साथ यूक्रेन में ही रहना चाहते हैं। जनमत संग्रह में शामिल 95.5 प्रतिशत लोगों ने रूस में विलय का समर्थन किया। रूस के राष्ट्रपति ब्लादिमीर पुतिन ने क्रीमिया के लोगों की इच्छाओं का सम्मान करते हुए विलय से संबंधित आदेश पत्र पर 21 मार्च, 2014 को हस्ताक्षर कर दिए। यूक्रेन समर्थक क्रीमियाई लोगों ने इस जनमत संग्रह का बहिष्कार किया। यूरोपीय संघ ईयू एवं अमरीका ने इस जनमत संग्रह का बहिष्कार किया। यूरोपीय संघ एवं अमरीका ने इसे अवैध बताया और इसकी निन्दा की। यूरोपीय संघ ने इसके परिणाम को मानने से इनकार कर दिया। अमरीका ने क्रीमिया के जनमत संग्रह पर कहा कि यह यूक्रेन के संविधान तथा अन्तर्राष्ट्रीय कानून का उल्लंघन है तथा इसे रूसी सैनिकों के दबाव में कराया गया है तथा यह यूक्रेन की संप्रभुता एवं अखंडता पर चोट के समान है। रूसी सेनाओं ने फरवरी, 2014 में ही क्रीमिया को अपने नियंत्रण में ले लिया था। अमरीका का कहना था कि रूस को पूर्वी यूक्रेन में एक अन्तर्राष्ट्रीय निगरानी मिशन का समर्थन करना चाहिए। रूस द्वारा प्रत्युत्तर न देने के बाद रूस पर अमरीका के नेतृत्व में आर्थिक एवं कूटनीतिक प्रतिबंध लगाए गए जिन्हें 28 अप्रैल, 2014 को और कठोर बना दिया गया और इसके अन्तर्गत रूसी राष्ट्रपति ब्लादिमीर पुतिन से नजदीकी रखने वाले राजनीतिज्ञों से राजनयिकों, सेना अधिकारियों एवं उद्योगपतियों पर कठोर आर्थिक प्रतिबंध लगा दिए गए। उनके अमरीका आने पर पाबंदी लगा दी गई और उन्हें वीजा जारी करना बंद कर दिया। रूस को विकसित देशों के समूह G-

8 से निष्कासित कर दिया गया। G-8 की बैठकें जून, 2014 में रूस के 'सोची' में होने वाली थी लेकिन अब इस समूह G-7 की बैठक ब्रूसेल्स में आयोजित करने का निर्णय हुआ। क्रीमिया में 58 प्रतिशत लोग रूसी भाषी हैं शेष यूक्रेन तथा तातार हैं। तातारों को सोवियत संघ के नेता जोसेफ स्टालिन द्वारा मध्य एशिया निर्वासित कर दिया गया था। और वे सोवियत संघ के विघटन के बाद ही यूक्रेन वापस लौट सके थे। वे अब भी यूक्रेन के साथ ही रहना चाहते हैं। क्रीमिया 1954 तक सोवियत संघ का हिस्सा था। 1954 में सोवियत संघ के नेता निकिता ख्रुश्चेव ने इसे यूक्रेन को उपहार स्वरूप दे दिया था तब यूक्रेन सोवियत संघ में ही शामिल था।[51]

क्रीमिया के अलावा दक्षिणी पूर्वी शहर दानेतस्क, स्लोविर्यास्क, खारकिव लुहांस्क में भी विरोध प्रदर्शन जारी है। स्लोविर्यास्क को भी रूसी समर्थक लोगों ने अपने नियंत्रण में ले लिया है। इसके अलावा भी यूक्रेन के कई शहरों में विरोध प्रदर्शन जारी है। यूक्रेन के घटनाक्रम से अमरीका एवं रूस शीतयुद्ध के बाद एक बार फिर आमने-सामने खड़े दिखाई दे रहे हैं। अमरीका और यूरोपीय संघ के देश रूस पर कई तरह के प्रतिबंध लगा रहे हैं लेकिन जिस मात्रा में अमरीका प्रतिबंध लगाना चाहता है, यूरोपीय संघ उसके पक्ष में नहीं है क्योंकि यूरोपीय संघ के देश तेल, गैस जैसी आवश्यक सामग्रियों के मामले में रूस पर निर्भर हैं। यूरोपीय संघ एवं रूस के बीच सालाना 460 बिलियन डॉलर से ज्यादा का व्यापार होता है जबकि अमरीका एवं रूस के बीच मात्र 38 बिलियन डॉलर का ही व्यापार है। यूरोप अपनी आवश्यकता की 30 प्रतिशत गैस रूस से प्राप्त करता है। कुछ यूरोपीय देश तो अपनी आवश्यकता की 100 फीसदी गैस रूस से ही प्राप्त करते हैं। इन कारणों से यूरोपीय संघ प्रतिबंध के मामले में उस तरह कदम नहीं उठा रहा है जैसे– अमरीका उठा रहा है। यूरोपीय संघ के देशों का कहना है कि यूरोपीय सुरक्षा एवं सहयोग संगठन से यूक्रेन के विवादित क्षेत्रों में ज्यादा संख्या में पर्यवेक्षक भेजे जाने चाहिए। दूसरी ओर रूस का कहना है कि यूक्रेन सरकार कट्टरपंथी समूह के साथ मिलकर यूक्रेन के पूर्वी एवं दक्षिणी-पूर्वी भागों में तनाव व अस्थिरता पैदा कर रही है उसने आरोप लगाया कि पश्चिमी देश यूक्रेन में हिंसात्मक संघर्ष एवं अस्थिरता को बढ़ावा दे रहे हैं। अभी यूक्रेन में एक सैन्य निगरानी मिशन तैनात है लेकिन उसे क्रीमिया में जाने से रोक दिया गया। यूक्रेन ने यूरोपीय सुरक्षा एवं सहयोग संगठन से एक राजनयिक निगरानी मिशन भेजने की मांग भी की है।

रूस के विदेश मंत्री सरगेई लावरोव ने 16 अप्रैल, 2014 को यूक्रेन में तनाव कम करने हेतु रूस, अमरीका, यूरोपीय संघ तथा यूक्रेन के बीच जेनेवा समझौता होने की बात कही थी। जेनेवा समझौते के अन्तर्गत चार प्रमुख बिन्दुओं पर बल दिया गया था जिसमें सभी गैर-कानूनी सैन्य संगठनों को भंग करना, गैर-कानूनी रूप से

सरकारी एवं अन्य भवनों के कब्जे को समाप्त करना तथा इन भवनों को वैध स्वामियों को लौटाना, सभी सरकार विरोधी प्रदर्शनकारियों को माफी देना तथा रूसी भाषी क्षेत्रों को ज्यादा स्वायत्तता देना शामिल थे। इनके क्रियान्वय की निगरानी यूरोपीय सुरक्षा एवं सहयोग संगठन के पर्यवेक्षकों द्वारा किया जाना था लेकिन यह प्रभावी नहीं हो सका। यूरोपीय संघ के जर्मनी एवं फ्रांस जैसे सदस्य देश अब जेनेवा-II की मांग कर रहे हैं ताकि यूक्रेन संकट का जल्द-से-जल्द समाधान किया जा सके।[52]

यूक्रेन संकट में रूस का उद्देश्य

यूक्रेन में 2004 की 'ऑरेंज क्रांति' के समय से ही आर्थिक स्थिति बिगड़ी हुई है। भ्रष्टाचार, चुनिंदा धनी लोगों का एकाधिकार, लोगों के जीवन स्तर में ठहराव ने लोगों में असंतोष भर दिया। इसका फायदा पश्चिमी देशों ने उठाने का प्रयास किया। उन्होंने पूर्व सोवियत गणराज्यों तथा पूर्वी यूरोप के देशों पर आर्थिक एवं सैन्य रूप से आधिपत्य स्थापित करने का प्रयास किया जिसे यूक्रेन के दक्षिणपंथी पूंजीपतियों द्वारा समर्थन भी दिया गया। यह एक तरह से रूस को घेरने के समान था। अमरीका एवं यूरोपीय देश नाटो का विस्तार पूर्वी यूरोप के देशों तक करना चाहते हैं जिसे रूस अपने आर्थिक एवं सुरक्षा हितों के लिए खतरा मानता है। जार के समय से ही रूस इन देशों को अपने प्रभाव क्षेत्र में मानता रहा है। अमरीका एवं पश्चिमी देशों ने यूक्रेन को अपने प्रभाव में लेने के लिए अन्तर्राष्ट्रीय मुद्रा कोष से यूक्रेन द्वारा अपनी मुद्रा का अवमूल्यन न करने तथा घरेलू गैस पर सब्सिडी समाप्त न करने के आधार पर प्रस्तावित ऋण पर दिसम्बर, 2013 में रोक लगा दी। यूरोपीय संघ भी यूक्रेन के साथ आंशिक एकीकरण के बदले वहां राजनीति एवं आर्थिक सुधार करवाना चाहता है। यह एक तरह से यूक्रेन को रूस से दूर करने का प्रयास माना गया है।

यूक्रेन के क्रीमिया में रूस को कई सैन्य सुविधाएं हैं। रूस का ब्लैक सी नौसेना बेड़ा वहाँ तैनात रहता है। यहाँ तक नाटो की पहुंच से रूस के सुरक्षा एवं आर्थिक हित बाधित हो सकते हैं जिसे वह अपना वैध अधिकार मानता है। फिलहाल रूस यूक्रेन के मामले में सधा हुआ कदम उठा रहा है। जब से ब्लादिमीर पुतिन रूस के नेता के रूप में उभरे हैं उन्होंने अपनी मंशा एवं लक्ष्य स्पष्ट कर दिए हैं। वे रूस को वह मुकाम एवं सम्मान दिलाना चाहते हैं जो कभी सोवियत संघ को प्राप्त था। वे रूस का भू-राजनीतिक महत्त्व बढ़ाना चाहते हैं। इसके पहले 2008 में भी रूस ने जॉर्जिया के साथ युद्ध माध्यम से अब खाजिया एवं साउथ ओसेटिया को बलपूर्वक अलग कर दिया था। रूस अपने आस-पास ऐसा प्रभाव क्षेत्र तैयार करना चाहता है जहां यूरोपीय संघ या नाटो जैसे संगठन प्रभावी न हो। यूक्रेन व जॉर्जिया जैसे

देशों को नाटो में शामिल करने का मुद्दा अमरीका एवं रूस के बीच विवाद का कारण रहा है। रूस किसी भी कीमत पर नाटो का विस्तार अपने दरवाजे तक नहीं देखना चाहता है। इसके पहले रूस ने 2009 में पोलैण्ड तथा चेक गणराज्य में अमरीका द्वारा नाटो के साथ मिलकर मिसाइल रक्षा प्रणाली की तैनाती का विरोध किया था जिसे अमरीका के राष्ट्रपति बराक ओबामा ने स्थगित कर दिया था हालांकि रूस नाटो के विस्तार की तुलना में यूरोपीय संघ के विस्तार का कम विरोधी रहा है। फिलहाल मामला सिर्फ यूक्रेन का नहीं है बल्कि रूस अंतर्राष्ट्रीय व्यवस्था को भी एक नया आकार देना चाहता है।[53]

यूक्रेन संकट पर भारत का मत (Stand of India of Ukraine Crisis)

पिछले दशक में भारत ने अमरीका के साथ अपने संबंधों में सुधार किया। भारत अमरीका का वैश्विक सामरिक भागीदार है। दूसरी तरफ रूस भारत का हर परिस्थिति में काम आने वाला मित्र है। फिलहाल रूस भारत का विशेष एवं विशेषाधिकार प्राप्त सामरिक भागीदार है लेकिन यूक्रेन संकट के मामले में अमरीका एवं रूस आमने-सामने खड़े दिखाई दे रहे हैं। इस स्थिति में भारत का पहला प्रयास तो यही है कि दोनों देशों के साथ आपसी संबंध गंभीर रूप से प्रभावित न हों इस मामले में बहुत दिन तक चुप्पी साधने के बाद अंत में भारत ने रूस का पक्ष लिया। भारत संयुक्त राष्ट्र में क्रीमिया के जनमत संग्रह के विरुद्ध लाए गए प्रस्ताव के दौरान अनुपस्थित रहा। भारत यूक्रेन में लोकतांत्रिक प्रक्रियाओं को बढ़ावा देने के पक्ष में है ताकि यूक्रेन के सभी वर्गों की इच्छाओं को पूरा किया जा सके लेकिन भारत यूक्रेन में रूस के वैध हितों को ही मान्यता देता है। वैसे भारत किसी भी देश की एकता एवं अखण्डता में विश्वास करता है। क्रीमिया के घटनाक्रम को लेकर भारत कुछ हद तक चिन्तित भी है क्योंकि इस मामले में रूस द्वारा आत्म निर्णय के अधिकार को ही प्रवर्तित किया गया है। भारत जम्मू-कश्मीर एवं उत्तर-पूर्व राज्यों के संदर्भ में हमेशा संवेदनशील रहा है। कश्मीर में संयुक्त राष्ट्र संघ की जनमत संग्रह की मांग को भारत हमेशा अस्वीकार करता रहा है। कुछ विश्लेषकों का मानना है कि भारत रूस को समर्थन देकर अपने दीर्घकालिक लक्ष्यों को प्राप्त करना चाहता है।[54]

रूस-यूक्रेन विवाद का वैश्विक प्रभाव (World Wide Ramification of Russia-Ukraine Dispute)

1. यूक्रेन में रूस की सफलता से अंतर्राष्ट्रीय राजनीति में पश्चिमी देशों एवं विशेषकर अमरीका के प्रभाव में कमी आ सकती है।

2. रूस की आमदनी का एक बड़ा भाग यूरोप एवं यूरोपीय संघ को निर्यात किए जाने वाले तेल एवं गैस निर्यात से प्राप्त होता है। ऐसी स्थिति में यदि यूरोप से संबंध बिगड़ते हैं तो रूस की अर्थव्यवस्था में गिरावट आ सकती है।
3. संयुक्त राष्ट्र महासभा द्वारा 27 मार्च, 2014 को क्रीमिया में जनमत संग्रह को अस्वीकार करने हेतु लाए गए प्रस्ताव के पक्ष में 100 तथा विरोध में 11 देशों ने मतदान किया था। जबकि 58 देश मतदान से अनुपस्थित रहे थे। इससे स्पष्ट है कि अंतर्राष्ट्रीय समुदाय यूक्रेन संकट के मामले में विभाजित है।
4. चीन ने इस पूरे मामले पर किसी प्रकार की स्पष्ट प्रतिक्रिया नहीं दी है जिसे चीन द्वारा रूस के प्रति अप्रत्यक्ष समर्थन के रूप में देखा जा रहा है।
5. यूक्रेन संकट का एक अंतर्राष्ट्रीय प्रभाव यह भी हो सकता है कि ईरान एवं सीरिया संकट का समाधान करने हेतु अंतर्राष्ट्रीय प्रयास शिथिल पड़ सकते हैं या इसमें गतिरोध उत्पन्न हो सकता है।
6. यदि यूक्रेन में गृहयुद्ध प्रारम्भ होता है तो इसका प्रभाव उसके आस–पास के देशों पर भी पड़ सकता है जो अन्ततः क्षेत्रीय अस्थिरता का कारण बन सकता है।
7. अंतर्राष्ट्रीय मुद्रा कोष (IMF) एवं अतर्राष्ट्रीय संगठनों द्वारा यूक्रेन में आर्थिक एवं राजनीतिक सुधार के प्रयास ठप्प पड़ जाते हैं।
8. रूस तेल एवं गैस का बड़ा निर्यातक देश है और यदि यह संघर्ष बढ़ता है तो तेल एवं गैस के अंतर्राष्ट्रीय मूल्यों में वृद्धि हो सकती है।
9. यूक्रेन विश्व में मक्का एवं गेहूँ का बड़ा निर्यातक देश है। संघर्ष से इनके निर्यात प्रभावित हो सकते हैं या इनके मूल्यों में बढ़ोतरी हो सकती है।
10. यूक्रेन विश्व के प्रभावशाली अंतर्राष्ट्रीय संगठन NSG का सदस्य देश है जो NSG सदस्य देशों को असैन्य परमाणु सामग्री का आयात निर्यात करने में महत्वपूर्ण भूमिका भी निभाता है।[55]

यूक्रेन संकट का भारत पर प्रभाव (Effect of Ukraine Crisis on India)

रूस भारत का सबसे बड़ा हथियारों का आपूर्तिकर्त्ता है उसने भारत द्वारा 1974 एवं

1998 में परीक्षण के दौरान पश्चिमी देशों द्वारा लगाए गए प्रतिबंधों के दौर में भी भारत को समर्थन दिया था। 1971 के भारत-पाक युद्ध के दौरान भी उसने भारत को महत्त्वपूर्ण सहायता एवं समर्थन दिया था। हालांकि यूक्रेन से भी भारत के अच्छे संबंध रहे हैं। यूक्रेन NSG का सदस्य देश भी है इसलिए भारत NSG का सदस्य बनने हेतु सभी NSG देशों का समर्थन प्राप्त करना आवश्यक है क्योंकि NSG में निर्णय सर्वसम्मति से लिया जाता है। पिछले वर्ष ही भारत ने यूक्रेन के साथ असैन्य परमाणु सहयोग हेतु समझौता किया था। सोवियत संघ के दिनों से ही यूक्रेन एवं भारत के बीच हथियारों के कलपुर्जे आदि के क्षेत्र में सहयोग होता रहा है लेकिन जब बात यूक्रेन एवं रूस के बीच की हो तो भारतीय विदेश नीति का झुकाव स्पष्ट रूप से रूस के पक्ष में ही दिखाई देता है फिर भी भारत राजनयिक प्रयासों एवं रचनात्मक बातचीत के माध्यम से इस मुद्दे का समाधान चाहता है। भारत ने अभी तक यूक्रेन की अंतरिम सरकार को मान्यता नहीं दी है। भारत ने यूक्रेन में यूरोपीय संघ एवं अमरीका द्वारा की गई शुरुआती दखल का समर्थन नहीं किया था, सैद्धांतिक रूप से भारत किसी देश के आंतरिक, राजनीति मामलों में दखल देने के विरुद्ध है। सामरिक रूप से यदि यूक्रेन संकट के संदर्भ में अमरीका एवं रूस के बीच लम्बे समय तक गतिरोध बना रहता है तो फिर भारत को अपना पक्ष स्पष्ट करने के लिए मजबूर होना पड़ सकता है उस स्थिति में भारत-अमरीका संबंधों पर असर पड़ सकता है।

वैसे तो कहा जा रहा है कि यूक्रेन संकट का भारत पर कोई विशेष प्रभाव नहीं पड़ेगा लेकिन कई विश्लेषकों का मानना है कि इस संकट का भारतीय अर्थव्यवस्था पर नकारात्मक प्रभाव पड़ सकता है। रुपये के मूल्य एवं तेल गैस की कीमतों में परिवर्तन हो सकता है। अन्य व्यापारिक हितों पर कम ही असर पड़ने की संभावना है क्योंकि भारत-यूक्रेन के बीच मात्र 3.1 बिलियन डॉलर प्रतिवर्ष का ही व्यापार होता है। सोने के मूल्यों में वृद्धि हो सकती है हालांकि सोने के मूल्यों में बढ़ोतरी से अर्थव्यवस्था पर कोई विपरीत प्रभाव नहीं पड़ेगा। लेकिन तेल मूल्यों में बढ़ोतरी से चालू खाते के घाटे में बढ़ोतरी हो सकती है। विदेशी संस्थागत निवेशक भारतीय शेयर बाजार से पैसे वापस निकाल सकते हैं। जिससे स्टॉक एवं रुपए पर नकारात्मक प्रभाव पड़ सकता है। चूंकि यूक्रेन भारत का प्रमुख निर्यात गंतव्य नहीं है। इसलिए निर्यात पर कम ही प्रभाव पड़ने की संभावना है।

फिक्की का मानना है कि लम्बे समय तक संकट बने रहने की स्थिति से यूक्रेन में स्थित भारतीय औषध कम्पनियों पर प्रभाव पड़ सकता है क्योंकि औषधी निर्माण में काम आने वाली सामाग्रियों का यूक्रेन में आयात महंगा हो सकता है फिलहाल

इसका असर नहीं देखा जा रहा है। 2012 और 13 के दौरान भारत ने यूक्रेन के साथ अपने कुल 3.18 बिलियन डॉलर के व्यापार में 154 मिलियन डॉलर यानि लगभग 30 प्रतिशत निर्यात औषधियों का ही किया था। यूक्रेन स्वतंत्र राष्ट्रों के राष्ट्रमंडल में रूस के बाद भारत का दूसरा सबसे बड़ा व्यापारिक भागीदार है। कुछ लोगों का तो यह भी मानना है कि यदि यूक्रेन में लम्बे समय तक संकट बना रहता है तो विशेषकर भारत के गेहूँ निर्यात को लाभ मिल सकता है क्योंकि यूक्रेन विश्व का एक बड़ा गेहूँ निर्यातक देश है। संकट की स्थिति में भारत अपने विशाल गेहूँ के भण्डार का निर्यात करने में सक्षम होगा क्योंकि यूक्रेन से गेहूँ का निर्यात महंगा हो सकता है।[56]

यूक्रेन संकट का रूस पर प्रभाव

1. अमेरिका और यूरोपीय संघ ने रूस के खिलाफ वित्तीय, सैनिक और ऊर्जा क्षेत्र में सख्त प्रतिबंध लगाने का फैसला किया। इन प्रतिबंधों का लक्ष्य रूस पर आर्थिक दबाव डालना और यूक्रेन संकट में उसके हस्तक्षेप को रोकना है। वित्तीय सेवाओं के अलावा हथियारों की खरीद बिक्री पर रोक और दोहरे इस्तेमाल के सामानों पर आयात निर्यात पर प्रतिबंध शामिल होगा। साथ ही तेल उद्योग में संवेदनशील तकनीकों के निर्यात पर भी रोक लगेगी।

2. रूस और यूरोपीय देशों के बीच भविष्य में हथियारों की, सैनिक सामाग्रियों की खरीद-फरोख्त नहीं होगी इसी तरह जिस तकनीकी का असैनिक और सैनिक दोनों ही इलाकों में इस्तेमाल संभव है उन्हें रूस को नहीं बेचा जाएगा।

3. यूक्रेन संकट के कारण G-8 शिखर सम्मेलन जून, 2014 में रूस के प्रमुख शहर सोची में रूस द्वारा मेजबानी की जानी थी, लेकिन इस संकट के कारण G-8 की मेजबानी अमेरिका व यूरोपीय संघ द्वारा छीन ली गयी और उसे G-8 से बाहर कर दिया तथा फिर इस संगठन का नाम G-7 कर दिया गया तथा इसकी बैठक ब्रूसेल्स में आयोजित की गई। इस प्रकार से क्रीमिया के रूस में विलय के कारण रूस को G-8 से हाथ धोना पड़ा।

4. यूक्रेन संकट के कारण रूस तथा पश्चिमी देशों के मध्य तनाव का वातावरण उत्पन्न हो गया। जो 21वीं शताब्दी में नए शीतयुद्ध की दस्तक दे रहा है। इस युद्ध में चीन व भारत सरीखे देश भी अप्रत्यक्ष रूप से रूस को समर्थन दे रहे हैं। इससे ऐसा प्रतीत होता है कि बदलती हुई

परिस्थितियों में रूस पुनः अपनी खोई हुई प्रतिष्ठा प्राप्त करना चाहता है। दूसरी तरफ पश्चिमी देश रूस की बढ़ती हुई ताकत व उसके पश्चिमी विरोधी दृष्टिकोण से चिन्तित है। पूर्व में भी अमरीका के विरोध के बावजूद रूस ने अमरीका की गुप्त सूचनाएं लीक करने वाले एडवर्ड स्नोडन को अपने यहां शरण प्रदान कर चुका है।[57]

संदर्भ ग्रंथ सूची

1. न्यूज एजेंसी, 'एथेंस, जिसने पश्चिम को जीना सिखाया', दैनिक भास्कर, 2 जुलाई, 2015, पृ. 6
2. पूर्वोक्त
3. दुबे, रमेश, 'यूरोजोन में बढ़ती मुसीबतें', अरिहन्त समसामयिकी, सितम्बर, 2011, पृ. 61-62
4. सचदेवा प्रो. गुलशन, 'घबराए दुनिया के बाजार', राजस्थान पत्रिका, 30 जून, 2015, पृ. 10
5. यूरोजोन संकट क्या है, दैनिक भास्कर M.Bhaskar.com... National
6. EURO wikipedia- https://hi. m. wikipedia org wiki यूरो
7. 'लाटविया यूरोजोन में शामिल होने वाला 18वां देश' सिविल सर्विसेज टाइम्स, मार्च, 2014, पृ. 22-23
8. लाटविया यूरोजोन का 18वां देश, प्रतियोगिता दर्पण, मार्च, 2014, पृ. 22
9. 'लाटविया यूरोजोन का 18वां सदस्य बना', 1 जनवरी, 2014, googleweblight.com
10. लिथुआनिया में यूरो मुद्रा अपनाई, प्रतियोगिता दर्पण, मार्च 2015, पृ. 24
11. लिथुआनिया होगा यूरोक्षेत्र का 19वां सदस्य देश', 9 सितम्बर, 2014 www.ssgcp.com7 fyFkqvkfu;k gks———-
12. लिथुआनिया के लिए यूरो सुरक्षा की गारंटी, 3 जनवरी, 2015 m.dw.com7 fyFkqvkfu;k—— ds——fy————
13. http:// en. wikipedia. org/wiki/European-union, the free encyclopedia
14. European debt crisis-wikipedia, https://en-m. wikipedia.org wiki Euro
15. सचदेवा प्रो. गुलशन, 'यूरोप में उपजा संकट', राजस्थान पत्रिका, 9 जनवरी, 2015, पृ. 8
16. एथेंस/पत्रिका, ग्रीस संकट से डगमगाई दुनिया की अर्थव्यवस्था, राजस्थान पत्रिका, 30 जून, 2015, पृ. 15
17. News Agency, Delhi, "Greece crisis and world economy", Times of India, 2 July, 2015, p. 1

18. एथेंस/पत्रिका, 'यूनान तीसरे बेलआउट पैकेज पर सहमत', राजस्थान पत्रिका, 12 अगस्त, 2015, पृ. 9
19. कुमार संदीप, संग्रह में 85 लाख लोग करेंगे ग्रीस का भविष्य तय', रविवार, 5 जुलाई, 2015 Khabar, ndto. com/ne referendum 778292
20. Greece referendu, googleweblight.com/ KAVQJ&c=enIN&s
21. पंत प्रो. मनोज, 'निर्णय राजनीतिक होगा, आर्थिक नहीं', राजस्थान पत्रिका, 8 जुलाई, 2015, पृ. 6
22. देसाई नितिन, 'अब ब्लैकमेल नहीं होगा यूनान', राजस्थान पत्रिका, 8 जुलाई, 2015, पृ. 6
23. जैन, प्रो. राजेन्द्र के., 'अभी जारी है 'ग्रीकसर्कस', राजस्थान पत्रिका, 8 जुलाई, 2015, पृ. 6
24. कुमार धर्मेन्द्र 'गहराया ग्रीस संकट, भारत पर क्या होगा आनद', अमर उजाला, 30 जून, 2015, www. amarujala. com business archives
25. एजेंसी/नई दिल्ली, 'ग्रीस संकट से भारत सुरक्षित, रुपये पर असर संभव', दैनिक भास्कर, 7 जुलाई, 2015, पृ. 9
26. ग्रीस संकट से दुनिया में हलचल–भारतीय अर्थव्यवस्था पर असर, 30 जून, 2015, www newsstracklive com news greece
27. मिश्रा, मनोज कुमार, 'ग्रीस संकट और भारत पर इसका प्रभाव' 2 जुलाई, 2015, m. jagranjosh. com search
28. तनेजा, नरेन्द्र, 'इस संकट की धुरी तेल', राजस्थान पत्रिका, 9 जनवरी, 2015, पृ. 8
29. किर्बी पॉल, 'ग्रीस संकट के बारे में 10 अहम् बातें। बीबीसी न्यूज, 21 जून, 2015 (www. bbc. com. international 2015/06)
30. यूरोपीय संघ–विकिपीडिया https// hi- wikipedia. org/5/2mu
31. सिंह, मिथिलेश कुमार, 'ब्रेक्जिट का हव्वा और ईयू की प्रासंगिकता' Brexit and European Union, Britain Economy, Hindi Article, Mithilesh-Hindi Editorial, fgUnh ys[k] Freelance. June, 2016
32. गुरुमूर्ति एस., ब्रेग्जिट दुनिया की पहली चेतावनी', राजस्थान पत्रिका, 27 June, 2016, पृ. 8
33. पूर्वोक्त
34. एजेंसी/लंदन, अंग्रेजों का 15 अगस्त, दैनिक भास्कर, 25 जून, 2016, पृ. 1
35. लंदन/पत्रिका, 'प्रवासी मुद्दे तक ही सीमित था यह जनमत', राजस्थान पत्रिका, 25 जून, 2016, पृ. 2
36. लोचन, संसार, ब्रिटेन के यूरोपीय यूनियन से बाहर जाने पर चर्चा; http:// www. sansar Lexhan. in/explanation-of brexit britain exits-european union hind/ 3 जुलाई, 2016

37. कौशिक नरेश, 'आखिर यूरोप से रूठ गया ब्रिटेन', राजस्थान पत्रिका, 25 जून, 2016, पृ. 12

38. हैदर सलमान, 'भारत से रिश्तों पर होगा नकारात्मक असर', राजस्थान पत्रिका, 25 जून, 2016, पृ. 12

39. कल्पना, ब्रेग्जिट रिजल्ट क्या है ये ब्रेग्जिट का मामला', http:// Bhaskar. ndtv. com/news/file-facts/brexit-why-britain-voted-to-leave-eu-1422872

40. एजेंसी / लंदन / पेरिस / बर्लिन, 'ईयू के बिखरने के संकेत मिले', दैनिक भास्कर, 25 जून, 2016, पृ. 14

41. कौशिक नरेश, 'आखिर यूरोप से रूठ गया ब्रिटेन', राजस्थान पत्रिका, 25 जून, 2016, पृ. 12

42. गुरुमूर्ति, एस., यूरोपीय संघः जर्मनी के बढ़ते जा रहे दबदबे से घबराया ब्रिटेन, राजस्थान पत्रिका, 27 जून, 2016, पृ. 8

43. वैदिक, वेदप्रताप, 'एकजुट यूरोप का सपना भंग करता ब्रिटेन, दैनिक भास्कर, 25 जून, 2016, पृ. 10

44. लोचन संसार, 'ब्रिटेन के यूरोपीय संघ से बाहर जाने पर चर्चा', http:// www. sansar Lochan. in/explanation-of brexit britian-exits-european-union-hind/ 3 जुलाई, 2016

45. पाण्डेय, विजन कुमार, 'ब्रिटेन से अलग यूरोपीय संघ का प्रभाव', प्रतियोगिता दर्पण, दिसम्बर 2016, पृ. 82

46. 18वें जन्मदिन पर तोहफा देगा यूरोपीय संघ m.dw.com/hi/18%EO....../ AU%BF%EO%/.......

47. वाजपेयी, डॉ. अरूणोदय, 'यूक्रेन संकटः नए शीतयुद्ध की आहट', प्रतियोगिता दर्पण, जुलाई 2014, पृ. 54

48. पाण्डे, गिरीशचन्द्र, 'गहराते यूक्रेन संकट के बीच भारत', प्रतियोगिता दर्पण, अगस्त, 2014, पृ. 96

49. वाजपेयी, डॉ. अरूणोदय, 'क्रीमिया रूस में शामिल', प्रतियोगिता दर्पण, जुलाई 2014, पृ. 55

50. Uk rain-risis and India, May, 28]2014 google wblight com crisis and India &ei=

51. यूक्रेन संकट का ईयू पर प्रभाव Google https://www. google. cc wser & % EO% A4% A

52. यूक्रेन पर समझौता, संदेह कायम google weblight. com/o/iii html? m% 3DI &e

53. यूक्रेन संकट पर भारत रूस के साथ google weblight. com/ Eo % 25 A4 2595@25

54. सिंह, डॉ. संतोष कुमार यूक्रेन संकट तथा भारत, 28 मई, 2014 google weblight. com/ crisis and india& ei =

55. यूक्रेन संकट क्या है Google search https:// www. google ́e A4 % EO% As % 8

56. 'यूक्रेन संकट व भारत' राजस्थान पत्रिका, 25 नवम्बर, 2013, पृ. 8

57. 'यूक्रेन संकट में रूस पर प्रतिबंध लगाने पर सहमति' 14 मार्च, 2014 www. Naya India. com world-news –in hindi

7 निष्कर्ष व सुझाव

विश्व में यूरोपियन देश आर्थिक व राजनीतिक विकास की दृष्टि से अन्य देशों की तुलना में सदैव आगे रहे हैं लेकिन इन देशों के आर्थिक एकीकरण के परिणामस्वरूप यूरोपीय संघ को वर्तमान में एक स्वतंत्र वैधानिक स्वरूप प्राप्त हो गया है तथा उसे एक सामूहिक आर्थिक ब्लॉक के रूप में देखा जाता है। इसी आधार पर यूरोपीय संघ ने विश्व के विभिन्न देशों के साथ स्वतंत्र कूटनीतिक संबंध भी स्थापित किए हैं। इसी परिप्रेक्ष्य में यूरोपीय देशों के साथ भारत के संबंध प्राचीनकाल से वर्तमान समय तक सुदृढ़ बने हुए हैं।

आधुनिक काल में भारत और यूरोपीय देशों के संबंध उपनिवेशवाद व साम्राज्यवाद की परिधि में स्थापित हुए हैं। प्रमुख यूरोपीय देशों जैसे– पुर्तगाल, हॉलैण्ड, फ्रांस तथा इंग्लैण्ड ने भारत में अपने उपनिवेश स्थापित करने का प्रयास किया लेकिन पुर्तगाल तथा फ्रांस को आंशिक रूप में तथा ब्रिटेन को पूर्ण रूप से उपनिवेश स्थापित करने में सफलता प्राप्त हुई है। भारत में सबसे पहले पुर्तगालियों ने 1510 में गोवा में अपना उपनिवेश स्थापित किया। इसी प्रकार फ्रांस ने पांडिचेरी में उपनिवेशवाद की स्थापना की। भारत का शेष हिस्सा ब्रिटेन के उपनिवेशवादी शासन के अधीन था। उपनिवेशवादी व साम्राज्यवादी युग में भारत व यूरोपीय देशों के बीच जो राजनीतिक, आर्थिक व सांस्कृतिक संबंध स्थापित हुए वे पराधीनता व शोषण के संबंध थे लेकिन इस कालखण्ड का एक सकारात्मक पहलू यह है कि भारत को इस काल में विश्व अर्थव्यवस्था से घनिष्ठ रूप से जुड़ने का अवसर मिला।

यूरोपीय संघ व भारत के संबंधों की शुरुआत 1960 के दशक के पूर्वार्द्ध में हुई। भारत तत्कालीन यूरोपीय आर्थिक समुदाय के साथ राजनयिक संबंध स्थापित करने वाले प्रारंभिक देशों में था जो सीमित व्यापार तथा यूरोपीय समुदाय से विकास सहायता व अनुदान प्राप्त करने तक सीमित थे। भारत और यूरोपीय संघ के बीच द्विपक्षीय संबंधों को मजबूत करने का मौका शीतयुद्ध की समाप्ति के बाद आया। 1990 के दशक में सोवियत संघ के विघटन, नव उदारवादी सिद्धान्तों से प्रेरित वैश्वीकरण तथा निजीकरण की प्रवृत्तियाँ, भारत द्वारा आर्थिक उदारीकरण की नीति

को अपनाया जाना आदि तत्त्वों का समेकित प्रभाव यह हुआ कि दोनों के मध्य संबंधों को नए सिरे से निर्धारित करने की आवश्यकता महसूस की गई। 1994 में भारत और यूरोपीय संघ ने एक सहयोग समझौते पर हस्ताक्षर किए जिसके अन्तर्गत द्विपक्षीय संबंधों का विस्तार आर्थिक एवं व्यापार संबंधों के बाहर किया जाना था लेकिन ज्योंही 1998 में भारत ने दूसरा परमाणु परीक्षण किया तो अमरीका सहित अन्य यूरोपीय देशों ने भारत पर आर्थिक व राजनीतिक प्रतिबंध लगा दिए। इसके परिणामस्वरूप 1990 के दशक में प्रारम्भ हुए सहयोग व द्विपक्षीय संबंधों की प्रक्रिया धीमी पड़ गई। लेकिन इसके तीन वर्ष बाद ही सितम्बर, 2001 में अमरीका ने भारत के विरुद्ध लगाए आर्थिक प्रतिबन्धों को समाप्त कर दिया तथा दोनों ने एक कदम आगे बढ़कर परमाणु ऊर्जा के क्षेत्र में शांतिपूर्ण सहयोग की प्रक्रिया प्रारम्भ की।

इस बदलाव का प्रभाव भारत तथा यूरोपीय संघ के द्विपक्षीय संबंधों पर सकारात्मक रूप से पड़ा। सन् 2003 में यूरोपीय संघ ने पहली बार यूरोपीय सुरक्षा रणनीति का एक दस्तावेज तैयार किया जिसमें भारत के बढ़ते हुए राजनीतिक महत्त्व को पहली बार स्वीकार किया गया तथा भारत के साथ राजनीतिक संबंधों के विकास की वकालत की गई। इस बदलते हुए दृष्टिकोण का प्रमाण 2004 में भारत-यूरोपीय संघ के बीच हेग में सम्पन्न पांचवें शिखर सम्मेलन की सहमति के रूप में हुई। जहां दोनों ने अपने संबंधों को रणनीतिक साझेदारी के स्तर तक आगे बढ़ाने का निर्णय लिया। इस परिप्रेक्ष्य में यहाँ यह ध्यातव्य है कि भारत तथा यूरोपीय संघ के बीच नियमित रूप से वार्षिक शिखर सम्मेलनों की शुरुआत 2000 में हुई थी। तब से लेकर अब तक नियमित रूप से दोनों के मध्य आर्थिक, राजनीतिक, सामरिक व सांस्कृतिक संबंधों को विकसित करने के लिए शिखर सम्मेलनों की प्रक्रिया चल रही है। 2016 तक दोनों के मध्य 13 शिखर सम्मेलन सम्पन्न हो चुके हैं। दोनों के मध्य नियमित शिखर सम्मेलनों की व्यवस्था का महत्व इस बात में है कि भारत में संगठन के स्तर पर आसियान के अतिरिक्त केवल यूरोपीय संघ के साथ ही ऐसी व्यवस्था को लागू किया। इसका मुख्य कारण यह है कि जहाँ आसियान क्षेत्र तीव्र रूप से विकासशील है वहीं यूरोपीय संघ आर्थिक रूप से तकनीकी व विकसित क्षेत्र है।

यूरोपीय संघ में 'त्रिपक्ष' सर्वाधिक महत्त्वपूर्ण राजनीतिक समूह है और इसमें यूरोपीय संघ के निवर्तमान अध्यक्ष, वर्तमान अध्यक्ष तथा आगामी अध्यक्ष शामिल होते हैं। इस त्रिपक्ष की धारणा का विकास नवम्बर, 2009 में इंडो-ईयू शिखर सम्मेलन के दौरान हुआ। भारत और यूरोपीय यूनियन सबसे बड़े द्विपक्षीय व्यापारिक भागीदार हैं। यूरोपीय संघ भारत को अनुदान देने तथा भारत में विदेशी निवेश करने वाला

प्रमुख समुदाय है। 28 देशों का यह संगठन विश्व का सबसे बड़ा एकल बाजार है। भारत जनसंख्या की दृष्टि से विश्व का दूसरा सबसे बड़ा देश है तथा दुनिया की दूसरी सबसे तेजी से बढ़ती अर्थव्यवस्था और सूचना प्रौद्योगिकी तथा संचार क्षेत्र में भारत विश्व के अग्रणी राज्यों में से एक है। शीतयुद्धोत्तर विश्व में पूर्व-पश्चिम का विवाद अप्रासंगिक हो गया क्योंकि वैचारिक संघर्ष के बजाय आर्थिक मुद्दे प्राथमिक हो गए। भारतीय विदेश नीति में आर्थिक उदारीकरण अपनाने के बाद यूरोपीय संघ के साथ तीव्र गति से वाणिज्यिक और आर्थिक संबंधों में वृद्धि हुई। एक उदारीकृत और लोकतांत्रिक भारत के प्रति यूरोपीय संघ के देशों के दृष्टिकोण में महत्त्वपूर्ण परिवर्तन हुआ है।

भारतीय विदेश नीति के परिप्रेक्ष्य में कश्मीर मुद्दा अत्यन्त संवेदनशील रहा है और कश्मीर में पाकिस्तान द्वारा सीमा पार आतंकवाद व जैविक हमले को प्रायोजित किया गया लेकिन इस परिप्रेक्ष्य में यूरोपीय देशों ने भारत की सुरक्षा चिन्ताओं को समझने की बजाय भारत पर मानवाधिकार के उल्लंघन का आरोप लगाया। यद्यपि बदलते वैश्विक परिदृश्य तथा परिवर्तित परिस्थितियों में वर्तमान समय में यूरोपीय देशों का दृष्टिकोण बदला है।

यूरोपीय देशों ने मुम्बई बम विस्फोट की कड़ी आलोचना की और कश्मीर पर भी यूरोपीय देशों का दृष्टिकोण बदला और कारगिल संघर्ष के समय यूरोपीय देशों ने भारत का पूर्ण समर्थन किया। अब बदलते वैश्विक परिदृश्य में यूरोपीय देशों के अनुसार कश्मीर विवादित क्षेत्र न होकर भारत का अंग है। इसका समाधान द्विपक्षीय रूप में होना चाहिए। जबकि इससे पूर्व यूरोपीय संघ के देश जनमत संग्रह का समर्थन करते थे। भारत पर मानवाधिकारों के उल्लंघन का आरोप लगाना तार्किक और वास्तविक नहीं है क्योंकि भारत एक मुक्त एवं लोकतांत्रिक समाज है, जहाँ स्वतंत्र प्रेस और निष्पक्ष न्यायपालिका है। अतः मानवाधिकार के प्रति भारत पूर्णतः सतर्क है। मूल समस्या आतंकवादी गतिविधियों द्वारा उत्पन्न की जाती है।

वैश्वीकरण के वर्तमान युग में जहाँ नियम आधारित वैश्विक अर्थव्यवस्था के साथ देशों की राष्ट्रीय अर्थव्यवस्थाओं का तेजी से एकीकरण हो रहा है वहीं राष्ट्रों के बीच अन्य संबंधों की तुलना में आर्थिक रिश्तों का महत्त्व बहुत बढ़ गया है। दोनों के मध्य आर्थिक संबंधों में मुख्यतः व्यापार, निवेश तथा विकास सहायता का विशेष महत्त्व है। भारत-यूरोपीय संघ संयुक्त आयोग का एक मुख्य दायित्व दोनों के मध्य आर्थिक संबंधों को बढ़ावा देना है। इस आयोग ने व्यापार, आर्थिक सहयोग तथा विकास सहयोग तीनों ही क्षेत्रों में रिश्तों को मजबूत करने के लिए तीन अलग-अलग उपआयोगों की स्थापना की है। जहां तक व्यापार का संबंध है एक सामूहिक संगठन

के रूप में यूरोपीय संघ भारत का सबसे बड़ा व्यापारिक साझेदार समूह है। पिछले दस वर्षों में दोनों के मध्य व्यापार लगभग तीन गुना बढ़ गया है। 2010 में दोनों के मध्य कुल व्यापार 70 बिलियन यूरो तक पहुँच गया जो कि वर्ष 2000 में केवल 23 बिलियन यूरो ही था। 2009 में भारत यूरोपीय संघ का 9वाँ सबसे बड़ा व्यापारिक साझेदार है जबकि 2002 में भारत का यूरोपीय संघ के साझेदारों में 15वां स्थान था। 2010 में भारत के कुल निर्यात का 21 प्रतिशत यूरोपीय संघ को किया गया तथा भारत के कुल आयात में यूरोपीय संघ का हिस्सा 14 प्रतिशत है।

दूसरी तरफ यूरोपीय संघ के कुल निर्यात में भारत का हिस्सा 2.5 प्रतिशत तथा यूरोपीय संघ के कुल आयात में भारत का हिस्सा 2.1 प्रतिशत है। आर्थिक संबंधों का दूसरा पहलू पूंजी निवेश है भारत में 1991 के बाद विदेशी पूंजी निवेश में आशातीत बढ़ोतरी हुई है। भारत में बाहरी पूंजी निवेश में यूरोपीय संघ के देशों का निवेश लगभग 40 प्रतिशत है। इस प्रकार यूरोपीय संघ भारत में एक बड़ा निवेशक बनकर उभरा है। 2015 में यूरोपीय देशों से भारत में आयात लगभग 40 मिलियन यूरो हुआ तथा भारत से यूरोपीय देशों को निर्यात लगभग 38 मिलियन यूरो का रहा।

भारत व यूरोपीय संघ के मध्य आर्थिक क्षेत्र में संबंधों का तीसरा पहलू यूरोपीय संघ के देशों द्वारा दी जाने वाली विकास सहायता है। इसके लिए 'यूरोपीय संघ-भारत सहयोग कार्यक्रम' के अन्तर्गत यूरोपीय संघ भारत को विकास सहायता उपलब्ध करवाता है। इस कार्यक्रम के अन्तर्गत भारत में सहस्त्राब्दि विकास लक्ष्यों की पूर्ति के लिए यूरोपीय संघ के द्वारा 60 मिलियन यूरो की राशि दी गई। भारत-यूरोपीय संघ के मध्य व्यापार और आर्थिक संबंध ही मूल आधार है। दोनों देशों के मध्य 72 मिलियन अमरीकी डॉलर का द्विपक्षीय व्यापार है। यूरोपीय यूनियन भारत का सबसे बड़ा व्यापारिक भागीदार है। यूरोपीय यूनियन द्वारा भारत में आने वाली FDI अमरीका और जापान के कुल FDI से भी ज्यादा है। भारत को निर्यात करने वाले मुख्य यूरोपीय देशों में जर्मनी, इंग्लैण्ड, फ्रांस, बेल्जियम, इटली, नीदरलैण्ड, स्पेन और स्वीडन हैं। वर्ष 2007-08 में भारत-यूरोपीय यूनियन के कुल व्यापार में इन देशों का योगदान 89 प्रतिशत था। वर्ष 2006 की यूरोपीय यूनियन की अर्थव्यवस्था में सेवा क्षेत्र का योगदान 69 प्रतिशत था। वर्ष 2006 के आंकड़ों के अनुसार समूचे वैश्विक सेना व्यापार में भारत का स्थान छठा था। भारत से आगे यूरोपीय यूनियन, अमरीका, जापान और कनाडा हैं। भारत में निवेश करना चीन और ब्राजील की तुलना में ज्यादा लाभकारी है। वर्तमान में भारत-यूरोपीय यूनियन के मध्य मुक्त व्यापार समझौते पर विचार-विमर्श चल रहा है।

भारत यूरोपीय यूनियन के मध्य मुक्त व्यापार और निवेश समझौते पर

निम्नलिखित मुद्दों पर वार्ता हुई है जैसे– सेनाओं में व्यापार निवेश, सार्वजनिक खरीद, बौद्धिक सम्पदा, प्रतिस्पर्द्धी नीति तथा विवाद निस्तारण के प्रावधान हैं। भारत-यूरोपीय यूनियन के मध्य वर्ष 1980 में 4.4 बिलियन डॉलर का द्विपक्षीय व्यापार था जो वर्ष 2004 में बढ़कर 88 बिलियन यूरो हो गया तथा यह वर्तमान में द्विपक्षीय व्यापार 123 बिलियन यूरो है। यूरोपीय यूनियन के द्वारा भारत में लगभग 2.5 बिलियन यूरो का निवेश किया गया। वर्ष 2000 से अब तक के संबंधों में एक गुणात्मक परिवर्तन हुआ है क्योंकि जून, 2000 में पहली बार भारत और यूरोपीय संघ के मध्य प्रथम शिखर वार्ता का आयोजन हुआ। व्यापार और प्रशुल्क पर सामान्य समझौता और विश्व व्यापार संगठन दोनों के नियमों के अनुसार यूरोपीय बाजार में भारत को वरीयता नियम का लाभ मिला है। भारत के कुल निर्यात का 19.2 प्रतिशत भाग यूरोपीय यूनियन को निर्यात किया जाता है जबकि यूरोपीय देशों के कुल व्यापार में भारत का हिस्सा केवल 1.8 प्रतिशत है।

प्रस्तुत पुस्तक में भारत-यूरोपीय यूनियन के मध्य व्यापार संबंधित प्रमुख बाधाएं व सुझाव भी दिए गए हैं। भारत के डेयरी उत्पादों को यूरोपीय यूनियन आयात नहीं करता क्योंकि स्वच्छता व सफाई के मानकों के आधार पर इन आयातों को प्रतिबंधित किया गया है। अप्रैल, 2014 में 28 सदस्यीय यूरोपीय संघ ने भारत के अल्फांसों आमों के आयात पर अस्थायी रूप से प्रतिबन्ध लगा दिया था। संघ ने भारत से 1 मई, 2014 से चार सब्जियों अरबी, करेला, चिचिंडा व बैंगन के आयात पर प्रतिबंध लगा दिया। हालांकि यूरोपीय संघ ने भारतीय आमों के आयात पर लगा प्रतिबंध मार्च, 2016 में हटा भी लिया है लेकिन इससे भारत को नुकसान ही हुआ है। भारत से फल और सब्जियों के कुल निर्यात का 50 प्रतिशत से अधिक यूरोपीय संघ को जाता है। ब्रिटेन इसका मुख्य गंतव्य है जिसके पश्चात् नीदरलैण्ड, जर्मनी और बेल्जियम आते हैं।

भारत और यूरोपीय यूनियन के मध्य व्यापार की संभावनाएं अधिक हैं लेकिन इसमें बाधाएं भी हैं जैसे– यूरोपीय यूनियन के साथ व्यापार करने में अनेक भाषाओं की जानकारी आवश्यक है जबकि भारतीय व्यापारी अंग्रेजी भाषा के अच्छे जानकार हैं। यूरोपीय लोग अभी भी विदेशी लोगों को यूरोप में कार्य करने का समर्थन नहीं करते हैं तथा वे भारतीय वस्तुओं की गुणवत्ता पर संदेह करते हैं। यूरोपीय संघ को यह भी भय है कि भारतीय मूल के लोग कम पारिश्रमिक पर कार्य करेंगे जिससे यूरोपियों के रोजगार प्रभावित होंगे। तथा यहाँ शरणार्थियों की संख्या भी बढ़ रही है। यूरोपीय यूनियन मुक्त बाजार का समर्थक है लेकिन व्यावहारिक रूप में यूरोपीय यूनियन अत्यन्त संरक्षणवादी नीतियों का प्रयोग करता है। यूरोपीय यूनियन के द्वारा

अपने कृषि क्षेत्र की भारी सब्सिडी दी जाती है जिसे भारत जैसे विकासशील देशों के निर्यात प्रभावित होते हैं क्योंकि भारत के अधिकांश निर्यात कृषि क्षेत्र पर आधारित हैं।

यूरोपीय संघ भारत में निवेश करने वाला एक बड़ा संगठन है परन्तु चीन में किए गए निवेश की तुलना में भारत में निवेश बहुत कम है चीन में अधिक निवेश का मूल कारण चीनी मूल के लोग हैं जो विदेशों में बसे हैं। इसकी तुलना में भारत के अनिवासी भारतीय भारत में बहुत कम निवेश करते हैं। परन्तु 21वीं शताब्दी में परिस्थितियों में भारत की स्थिति सुधर रही है और यूरोपीय देशों ने भारत को महत्त्व प्रदान किया है जिसके कारण निम्न हैं–

1. गतिशील लोकतांत्रिक राजनीतिक व्यवस्था
2. बड़ा बाजार
3. उदारीकरण एवं निजीकरण की नीति
4. निष्पक्ष प्रशासनिक और वैधानिक तंत्र
5. अंग्रेजी भाषा बोलने वालों की बड़ी संख्या
6. भारत की तीव्र आर्थिक विकास दर
7. दक्षिण एशिया में उभरती हुई शक्ति

यूरोपीय संघ ने भारत पर परमाणु अप्रसार संधि तथा समग्र परमाणु परीक्षण संधि पर हस्ताक्षर करने का दबाव बनाया। ईयू के अनुसार यदि भारत इस पर हस्ताक्षर कर दे तो पाकिस्तान और इजरायल भी इन संधियों पर हस्ताक्षर कर सकते हैं परन्तु भारत ने हस्ताक्षर करने की बजाय 1998 में द्वितीय परमाणु परीक्षण किया। परिणामस्वरूप यूरोपीय संघ ने भारत पर आर्थिक प्रतिबंध लगा दिए बाद में अमेरिका व अन्य यूरोपीय देशों ने प्रतिबंध समाप्त भी कर दिए। भारत को अमरीका से असैन्य परमाणु सहयोग समझौता होने तथा NSG व IAEA से छूट मिलने पर आज 21वीं शताब्दी में यूरोपीय संघ के दो देशों-ब्रिटेन व फ्रांस तथा 11 गैर-यूरोपीय संघ देशों से परमाणु सहयोग समझौता भारत अपनी ऊर्जा आवश्यकता पूर्ति के लिए कर चुका है। यह परिवर्तन यूरोपीय देशों की भारत के प्रति बदलते नजरिए का ही परिणाम है। भारत के प्रति यूरोपीय संघ का दृष्टिकोण आज बदल रहा है। इस प्रकार से भारत और यूरोपीय यूनियन के मध्य निम्न मुद्दों पर समान दृष्टिकोण का विकास हो रहा है– वैश्विक आतंकवाद का मुकाबला, जलवायु परिवर्तन की समस्या का समाधान, ऊर्जा सुरक्षा पर सहयोग, दक्षिण एशिया में शांति और स्थायित्व निर्माण, नशीले पदार्थों की तस्करी को रोकना तथा सुरक्षा परिषद में भारत की स्थायी

सदस्यता व भारत का परमाणु क्लबों जैसे– MTCR, NSG, आस्ट्रेलिया समूह व वेसेनार व्यवस्था पर समर्थन आदि।

21वीं सदी में राजनीतिक मुद्दों पर भारत व यूरोपीय संघ के सहयोग के प्रमुख क्षेत्र हैं– आतंकवाद के विरुद्ध लड़ाई, आणविक शस्त्रों का अप्रसार, आपदा प्रबन्धन, सुरक्षा विशेषकर समुद्री डकैती से समुद्री व्यापार मार्गों की सुरक्षा, शांति स्थापना, पर्यावरण व जलवायु परिवर्तन, अमेरिका के बढ़ते वर्चस्व तथा बहुध्रुवीय विश्व में शक्ति संतुलन तथा दक्षिण एशिया के कुछ क्षेत्रीय मामलों इसी के साथ मानवाधिकार के विषय में विचार-विमर्श करने के लिए प्रतिवर्ष यूरोपीय संघ-भारत मानवाधिकार वार्ता दिल्ली में सम्पन्न होती है। शीतयुद्ध की समाप्ति के बाद दोनों पक्षों के राजनीतिक दृष्टिकोण में जो समानता पहले से विद्यमान थी वह अब महत्त्वपूर्ण हो गई है। भारत व यूरोपीय संघ प्रजातंत्र, मानवाधिकार, विधि का शासन, स्वतंत्रता तथा समानता जैसे राजनीतिक मूल्यों के प्रति समान दृष्टिकोण रखते हैं। इसके विपरीत कुछ वैश्विक मामलों में दोनों के बीच गहरे मतभेद भी हैं जैसे– अंतर्राष्ट्रीय व्यापार वार्ताओं, FTA तथा जलवायु परिवर्तन वार्ताओं में दोनों के मध्य पर्याप्त मतभेद हैं। व्यापार वार्ताओं में गतिरोध का एक प्रमुख कारण यूरोपीय संघ द्वारा अपने किसानों को दी जाने वाली सब्सिडी से कटौती देने से मना करना है। इसी प्रकार जलवायु परिवर्तन वार्ताओं में यूरोपीय संघ अपने यहाँ क्वाटो संधि के अन्तर्गत कार्बन के उत्सर्जन में बाध्यकारी कटौती के लिए तैयार नहीं है। इन दोनों मुद्दों में मतभेद में मुख्य कारण यह है कि जहाँ यूरोपीय संघ विकसित देशों का पक्ष प्रस्तुत करता है वहीं भारत विकासशील देशों का प्रतिनिधित्व करता है। कुछ वैश्विक मामलों में दोनों के मध्य एक समान दृष्टिकोण भी हैं। दोनों ही G-20 समूह के सदस्य तथा दोनों अंतर्राष्ट्रीय वित्तीय संस्थाओं को प्रभावी बनाने के लिए उनमें सुधार के पक्षधर हैं। यूरोपीय संघ के दो सदस्य-ब्रिटेन और फ्रांस संयुक्त राष्ट्र संघ की सुरक्षा परिषद के भी सदस्य हैं तथा दोनों संयुक्त राष्ट्र संघ में भारत की स्थायी सदस्यता के पक्षधर हैं। इस हेतु भारत व यूरोपीय संघ संयुक्त राष्ट्र संघ की सुरक्षा परिषद के लोकतांत्रीकरण की प्रक्रिया पर जोर दे रहे हैं।

हालांकि ब्रिटेन यूरोपीय संघ से जुलाई 2016 में अलग हो चुका है। इसका नकारात्मक असर भी कुछ हद तक भारत-यूरोपीय संघ संबंधों में देखा जा सकता है। यूरोपीय देश ब्रिटेन में भारतीय लोगों ने बड़ी मात्रा में निवेश कर रखा है। अमरीका और फ्रांस के बाद भारत ब्रिटेन में निवेश करने वाला तीसरा देश है यही वजह है कि ब्रिटेन के यूरोपीय संघ में रहने के मुद्दे पर भारत ने कहा कि वह ब्रिटेन को 'यूरोप के दरवाजे' के तौर पर देखता है। इस कारण भारत चाहता है कि ब्रिटेन

यूरोपीय संघ में बना रहे लेकिन कुछ विधि-विशेषज्ञ व कूटनीतिज्ञों का मानना था कि इसका ज्यादा असर भारत पर नहीं होगा। यूरोपीय संघ से ब्रिटेन का बाहर निकल जाना ब्रिटेन का अपनी अंदरूनी मामला है। इसका प्रभाव अवश्य ही विश्व और भारत पर पड़ेगा। ब्रिटेन एक बहुत बड़ी अर्थव्यवस्था व एक शक्तिशाली देश भी है। ब्रेग्जिट भारतीय अर्थव्यवस्था के लिए भी चिन्ताजनक है क्योंकि ब्रिटेन में 800 भारतीय कम्पनियां हैं जो ज्यादातर यहां रहकर ओपन यूरोपियन मार्केट में बिजनेस करती हैं। इससे ब्रिटेन में 1.1 लाख लोगों को रोजगार मिला है। अब जबकि ब्रिटेन ईयू से बाहर हो चुका है। इसका नुकसान ब्रिटेन को भी हो सकता है। इस स्थिति में भारतीय कम्पनियों के व्यापार पर तो असर होगा। हालांकि भारतीय कम्पनियां और अर्थव्यवस्था बेहद मजबूत हालात में है और खुद आर.बी.आई. गवर्नर रघुराज राजन ने कहा कि ब्रेग्जिट को लेकर हव्वा न खड़ा किया जाए, इससे भारत-यूरोपीय संघ संबंधों पर कोई प्रभाव नहीं पड़ेगा।

यूके का तीसरा बड़ा फारेन डायरेक्ट इन्वेस्टर भारत है। ब्रेग्जिट के बाद भारतीय कम्पनियां यहां से अपनी पूंजी निकाल सकती हैं। ब्रिटेन में व्यवसाय की कमी हो सकती है क्योंकि वह पहले से ही शरणार्थी समस्या से पीड़ित है। ब्रिटेन की सबसे बड़ी चिन्ता पाउण्ड करेन्सी गिरावट को लेकर है क्योंकि पाउण्ड 31 साल के सबसे निचले स्तर पर आ चुका है इससे डॉलर में वृद्धि होना निश्चित है। डॉलर का मूल्य बढ़ने में आयात अपने आप महंगा हो जाएगा जिसकी वजह से कच्चे तेल की कीमत में वृद्धि होगी और पेट्रोल-डीजल के भाव बढ़ जाएंगे। भारतीय वाणिज्य मंत्रालय की रिपोर्ट के अनसार 2015-16 में ब्रिटेन के साथ भारत का द्विपक्षीय व्यापार 14.02 अरब डॉलर यानि 8.83 अरब डॉलर का निर्यात हुआ। भारत को इस कारोबार में 3.64 अरब डॉलर का लाभ हुआ। विशेषज्ञों की माने तो ब्रिटेन के ईयू से अलग होने से उसके आयात में 25 प्रतिशत की कमी आ सकती है। इस कारण ब्रिटेन के यूरोपीय संघ से अलग होने के बाद नव-निर्वाचित प्रधानमंत्री थेरेसा मे ने भारत की मात्रा की और अपने स्वतंत्र द्विपक्षीय व्यापार को आगे बढ़ाने व मधुर संबंध बनाए रखने को कहा।

ब्रेग्जिट का यदि सबसे अधिक प्रभाव होगा तो वह असर टाटा मोटर्स, टाटा स्टील व आई टी कम्पनियों पर होगा। ब्रिटेन में भारत की जिन कम्पनियों का सबसे ज्यादा निवेश है उनमें टाटा शामिल है। टाटा मोटर्स के स्वामित्व वाले जगुआर लैंड-रोवर्स व टाटा स्टील का ब्रिटेन के बाजार में मजबूत हिस्सेदारी है। ये कम्पनियां वहां पौंड में कमाएंगी। ब्रिग्जिट के बाद पौण्ड की वेल्यु गिर रही है तो इन कम्पनियों के फायदे पर जोरदार झटका लगेगा। मॉरिशस व सिंगापुर के बाद

ब्रिटेन भारत में तीसरा सबसे बड़ा निवेशक है। यदि ब्रेग्जिट के बाद ब्रिटेन की अर्थव्यवस्था कमजोर होती है तो उसके निवेश में कमी आ सकती है। आखिर क्यों कोई देश कमजोर देश में इन्वेस्ट करना चाहेगा? पौण्ड के कमजोर होने से डॉलर मजबूत बनेगा। ऐसी परिस्थितियों में रुपये का डॉलर के मुकाबले कमजोर होने की आंशका होगी। यह सब केवल शोर्ट-टर्म के लिए होगा, लोंग-टर्म में भारत को कोई नुकसान नहीं होगा। ब्रिटेन के ईयू से बाहर जाने का असर भारतीय अर्थव्यवस्था पर भी पड़ेगा। सबसे बड़ी चिन्ता यूरो मुद्रा के कमजोर होने की है। अगर यूरो कमजोर होता है तो डॉलर मजबूत होगा। इसका असर भारतीय मुद्रा रुपये पर भी पड़ेगा। रुपये के कमजोर होने की आशंका बढ़ जाएगी। उधर यूरोपीय यूनियन के देशों में भारत के ब्रिटेन से अच्छे संबंध हैं। ब्रिटेन वैश्विक मंच UNO की सुरक्षा परिषद में भारत की स्थायी सदस्यता का प्रबल समर्थक है। ब्रिटेन के रास्ते अन्य देशों में भारत व्यापार कर सकता है क्योंकि 'ब्रिटेन भारत के लिए यूरोपीय देशों का प्रवेश द्वार माना जाता है।' उसकी संभावनाएं भी कम हो जाएंगी। इससे भारत-यूरोपीय संघ संबंध भी प्रभावित हो सकता है क्योंकि यूरोपीय संघ का एकमात्र देश फ्रांस ही सुरक्षा परिषद का स्थायी सदस्य रह जाएगा।

भारत-यूरोपीय संघ संबंधों को मधुर बनाने के लिए निम्न सुझाव हैं– प्रथम, ब्रिटेन के यूरोपीय संघ से अलग होने पर भी भारत को ब्रिटेन से मधुर व प्रगाढ़ संबंध बनाए रखने चाहिए क्योंकि ब्रिटेन सुरक्षा परिषद का स्थायी सदस्य देश है जिसका भारत को भावी भविष्य में समर्थन आवश्यक है। वैश्विक मंचों पर भी ब्रिटेन की अनदेखी नहीं की जा सकती क्योंकि मॉरीशस और सिंगापुर के बाद ब्रिटेन भारत में तीसरा सबसे बड़ा निवेशक है। द्वितीय, भारत-यूरोपीय संघ दोनों मिलकर संयुक्त राष्ट्र संघ का लोकतांत्रीकरण, और विश्व को बहुध्रुवीय बनाने में महत्वपूर्ण भूमिका निभा सकते हैं। यूरोपीय संघ के साथ भारत के राजनैतिक, आर्थिक व व्यापारिक संबंध मधुर होने से निकट भविष्य में अमरीकी विकल्प, चीन के बढ़ते प्रभाव तथा उससे उत्पन्न चुनौतियों का मुकाबला करने में सक्षम होंगे। तृतीय, यूरोपीय संघ के देशों की निकटता से, भारत अपने महत्वाकांक्षी लक्ष्य जैसे– मेक इन इंडिया, स्किल इंडिया, स्मार्ट इंडिया व निवेश को प्राप्त कर सकने में सक्षम होगा। इसके साथ ही भारत यूरोपीय संघ के देशों की सहयाता से अपनी ऊर्जा आवश्यकता की पूर्ति भी कर सकता है। चतुर्थ, भारत–ईयू, संबंधों से प्रमुख वैश्विक समस्याओं से निजात पाया जा सकता है जैसे– आतंकवाद, जलवायु परिवर्तन, मानवाधिकार, परमाणु प्रसार, जैविक हमले आदि।

अमरीका में सितम्बर 2001 और भारत में दिसम्बर, 2001 में संसद में

आतंकवादी हमला हुआ तब से आतंकवाद के विरुद्ध लड़ाई में आपसी सहयोग सुरक्षा का एक मुख्य मुद्दा बन गया है। 2005 की संयुक्त कार्यवाही योजना में दोनों आतंकवाद के क्षेत्र में सहयोग हेतु सहमत हुए। दोनों ने 11वें शिखर सम्मेलन के समय ब्रूसेल्स में दिसम्बर, 2010 में आतंकवाद पर एक महत्वपूर्ण संयुक्त घोषणापत्र जारी किया। सुरक्षा के संबंध में दोनों के मध्य उभरता हुआ एक प्रमुख मुद्दा समुद्री डकैती की समस्या है। समुद्री डकैती की समस्या मलक्का की खाड़ी तथा अदन की खाड़ी में अधिक गम्भीर है। इससे विश्व में अधिकांश देशों का व्यापार और यातायात प्रभावित होता है। दोनों के मध्य सहयोग के अन्य क्षेत्रों में जलवायु परिवर्तन तथा पर्यावरण, विज्ञान एवं तकनीकी, सूचना एवं जनसंचार, शिक्षा, ऊर्जा आदि प्रमुख हैं। यूरोपीय संघ ने 2007 से 2013 की अवधि के लिए विज्ञान एवं तकनीकी के विकास का 7वाँ फ्रेमवर्क कार्यक्रम प्रारम्भ किया है, इस कार्यक्रम में भाग लेने वाला भारत यूरोपीय संघ का चौथा सबसे बड़ा साझेदार है। इसके साथ ही सौर ऊर्जा तथा आणविक संलयन के क्षेत्र में सहयोग को बढ़ावा दिया जा रहा है।

भारत-यूरोपीय संघ संबंधों की प्रगाढ़ता व घनिष्ठता से भारत की सुरक्षा परिषद में स्थायी सदस्यता की दावेदारी मजबूत व प्रबल हुई है। प्रमुख वैश्विक परमाणु क्लबों में जैसे– NSG, MTCR, ऑस्ट्रेलिया समूह, वासेनार व्यवस्था आदि में भारत की दावेदारी प्रबल हुई है क्योंकि इन समूहों में अधिकांश देश यूरोपीय संघ से ही हैं। जून, 2016 में भारत MTCR का 35वाँ सदस्य भी बन चुका है। इन समूहों की सदस्यता प्राप्त होने पर भारत अपने परमाणु हथियार व तकनीकी का व्यापार अन्य देशों से कर सकता है। इसके अतिरिक्त यूरोपीय संघ अमेरिकी वर्चस्व को कम करने हेतु व विश्व को बहुध्रुवीय बनाने के लिए भारत का समर्थन चाहता है और वैश्विक शक्ति संतुलन बनाए रखने के लिए भी यूरोपीय संघ भारत को अपने पक्ष में रखना चाहता है क्योंकि आज दक्षिण एशिया में भारत चीन के बाद एक उभरती हुई शक्ति है। यूरोपीय संघ के साथ भारत की यह निकटता व प्रगाढ़ता भविष्य में अमेरिका विकल्प और चीन के बढ़ते प्रभाव व उससे उत्पन्न चुनौतियों का मुकाबला करने में सक्षम होगी।

भारत तथा यूरोपीय संघ के बीच संबंधों के प्रस्तुत विवेचन से यह स्पष्ट है कि उत्तर शीतयुद्ध काल में विशेषकर गत एक दशक में दोनों के मध्य आर्थिक, राजनीतिक, सामरिक व सांस्कृतिक संबंधों में प्रगाढ़ता आई है। संबंधों में आए इस बदलाव का मुख्य कारण भारत की उदारीकरण की नीति, दक्षिण एशिया में उभरती आर्थिक शक्ति, यूरोपीय संघ का पुनर्गठन, भारत-अमरीका संबंधों में सुधार, शीतयुद्ध का अंत, वैश्वीकरण की प्रक्रिया, वैश्विक मंचों पर भारत का बढ़ता दबदबा, आदि

हैं। आर्थिक दृष्टि से दोनों के संबंध अधिक महत्त्वपूर्ण हैं क्योंकि यूरोपीय संघ एक संगठन के रूप में भारत का सबसे बड़ा व्यापारिक साझीदार है। राजनीतिक मामलों में समान दृष्टिकोण होते हुए भी कुछ वैश्विक मामलों में दोनों के मतभेद भी हैं क्योंकि भारत इन मामलों में विकासशील देशों का पक्ष प्रस्तुत करता है। चीन की उभरती हुई आर्थिक व सैनिक शक्ति, अफगानिस्तान में आतंकवाद की समस्या आदि ऐसे मुद्दे हैं जिनके कारण भविष्य में अमरीका और यूरोपीय संघ दोनों के साथ ही भारत के संबंध अधिक गतिशील, व्यापक व प्रगाढ़ होने की संभावना है।

निष्कर्षतः यह कहा जा सकता है कि 21वीं सदी में यदि भारत व यूरोपीय संघ के बीच संबंध मधुर व प्रगाढ़ होते हैं तो वैश्विक मंचों पर यूरोपीय संघ का भारत को समर्थन मिलेगा। जैसा कि विदित है कि भारत UNO की सुरक्षा परिषद का लोकतांत्रीकरण व अपनी स्थायी सदस्यता हेतु प्रयासरत है। इन यूरोपीय देशों के समर्थन से विशेषतः फ्रांस व ब्रिटेन से भारत की सदस्यता प्रबल होती है। जर्मनी व भारत परस्पर अपनी UNO में स्थायी सदस्यता का समर्थन करते हैं। वैश्विक अंतर्राष्ट्रीय परमाणु क्लब जैसे NSG, MTCR, ऑस्ट्रेलिया समूह, वेसेनार समझौते का भारत सन् 2008 से सदस्य बनने को प्रयासरत है। भारत अभी तक MTCR को छोड़कर शेष तीन समूहों से बाहर है। जाहिर है कि जब भारत शामिल होगा तो उसकी बात भी अंतर्राष्ट्रीय नियम बनाने में सुनी जाएगी। साथ ही एक संयमित व उत्तरदायी परमाणु शक्ति सम्पन्न देश के तौर पर भारत की छवि मजबूत होगी क्योंकि इन अंतर्राष्ट्रीय समूहों में जैसे NSG के 48 सदस्य देशों में से 28 देश यूरोपीय संघ के हैं। इसी प्रकार वेसेनार समूह के 41 देशों में से 27 देश यूरोपीय संघ से हैं। यदि भारत को इन देशों का और शेष अन्य देशों का समर्थन प्राप्त होता है तो भारत को इनकी भी सदस्यता प्राप्त हो जाएगी। MTCR की सदस्यता भारत को जून, 2016 में मिल चुकी है। यह सब प्रतिफल भारत-यूरोपीय संघ संबंधों की मधुरता का ही है। यूरोपीय संघ भी वैश्विक शक्ति संतुलन बनाने, अमरीकी वर्चस्व को कम करने तथा दक्षिण एशिया में चीन को चुनौती देने हेतु भारत से आर्थिक व राजनीतिक संबंध प्रगाढ़ बना रहा है क्योंकि यूरोपीय संघ वैश्विक मंचों पर अमरीकी वर्चस्व स्वीकार नहीं करता है। साथ ही भारत यूरोपीय संघ के लिए दक्षिण एशिया में उभरता हुआ अच्छा व्यापारिक साझेदार तथा केन्द्र है। इस प्रकार भारत, यूरोपीय संघ दोनों मिलकर UNO का लोकतांत्रीकरण और विश्व को बहुध्रुवीय बनाने में महत्त्वपूर्ण भूमिका निभा सकते हैं।

संदर्भ ग्रन्थ सूची

English Books

1. Jain, R.K. (2002), India and the European Union in the 21st century, Radiant Publishers, New Delhi.
2. Sachdeva, Gulson (2014), India EU & Afghanistan Challenges Routledge Publisher, New Delhi.
3. Pearl Luis, Sakhuja Vijay (2012), The EU-India Parthership Time to Go Strategic?, Atlantic Publisher & Distributors, New Delhi.
4. Wouter Jain, Goddeeris Ideshold, Natens Bregt, (2013) 'Some Critical Issues in EU-India Free Trade Agrement Negotiations, Radient Publishers, New Delhi
5. Bava, Ummu Slama, (2006), 'India, Europe and Changing Dimensions of Security', Radient Publishers, New Delhi
6. Tripathi, Dhanjay, (2011), 'Department Role of the European Union in South Asia, v/J Books India Pvt. Ltd.
7. Gupta, K.R. (2009), 'India's International Relations' Atlantic Publishing & Distributors, New Delhi.
8. Corbett Richard, Jacobs Francis, Shackleton Michacl, (2011), 'The European Parliament' John Harper Publisher, UK.
9. Geurin, Selen Sarisoy Tamis (2011), 'On the Road, to the EU Membership : Economics Transformation of Turkey' Academic & Scientific Publisher, Belgium.
10. Clark, Stephen & Priestly Julian (2012), 'Europeans Parliament' People, Place, Politics' John Harper Publishing, UK.
11. Burton J.W. (1994), 'International Relations' A General Theory' Cambridge University Press Book Combridge.
12. Harvath, Zottan (2012), Handbook on the European Union' HVG-ORAC Publishing House Ltd., Hungary
13. John Mccormick (2002), 'Understanding the European Union: A Concise Induction', Atlantic Publishers & Distributors, New Delhi.
14. Mehta, Jagat Singh (2005), "Foreign Policy of India in the New Millennium' Atlantic Publishers & Distributors, New Delhi.
15. Sharma Atul, Mehta, P.K. (1997), 'The Meeting the Challanges of the

European Union' : Prospects of India Export, Saga Publications Pvt. Ltd., New Delhi.

16. Sazapiro, Manueal (2013), 'The European Commission' A Practical Guide', John Harper Publishing, UK.
17. Kurian, Nimi (2001), 'India-EU Economic Relations Problem and Prospects', Atlantic Publishers and Distributors, New Delhi.
18. Singh, Lalit Man (1998), 'India's Foreign Policy : Agenda for 21st Century', Atlantic Publication & Distributors, New Delhi.
19. Damodar, A.K. and Wajpei A (1990), 'Indian Foreign Policy 'Radiant Publishers, New Delhi.
20. Kapoor, Ashok (2000), 'India from Regional to World Power' Cambridge University Press, New York.
21. Kumar Surendra (2015), 'India and the World', Visdom Tree Press, New Delhi.
22. Bandoupadhyaya J. (2003), 'The Making of Indian Foreign Policy' Allied Publishers, New Delhi
23. Chatterjee, Aneek (2010), 'International Relations Today' Pearson Press, New Delhi.
24. Dubey, Muchkund (2013), 'India's Foreign Policy', Pearson Press, New Delhi.
25. Ganguly, Sumit (2010), 'India's Foreign Policy' Oxford Press, New Delhi.

Hindi Books

1. पंत, पुष्पेश, (2008), '21वीं शताब्दी में अंतर्राष्ट्रीय संबंध', टाटा मेक्ग्राव हिल्स पब्लिशिंग कम्पनी लिमिटेड, नई दिल्ली
2. दीक्षित, जे.एन. (2008), 'भारतीय विदेश नीति', प्रभात प्रकाशन, नई दिल्ली
3. यादव, आर.एस. (2005), 'भारत की विदेश नीति : एक विश्लेषण' किताब महल, इलाहाबाद
4. वर्मा, दीनानाथ, (2009), 'अंतर्राष्ट्रीय संबंध', ज्ञानदा प्रकाशन (पी.एण्ड. डी.), नई दिल्ली
5. घई, यू.आर. एण्ड के.के. (2013), 'अंतर्राष्ट्रीय राजनीति', न्यू एकेडेमिक पब्लिशिंग कम्पनी, जलन्धर
6. सूद चन्द्रशेखर, बहुगुणा निरंजना (1997), 'अंतर्राष्ट्रीय राजनीति', राधा पब्लिकेशन, नई दिल्ली

7. दत्त, वी.पी, (2009), 'बदलती दुनिया में भारत की विदेश नीति', हिन्दी माध्यम कार्यान्वयन निदेशालय, दिल्ली विश्वविद्यालय
8. मिश्रा, राजेश, (2016), 'भूमण्डलीकरण के दौर में भारतीय विदेश नीति' गोल्डन पिकॉक पब्लिकेशन, नई दिल्ली
9. पंत, पुष्पेश (2010), 'अंतर्राष्ट्रीय संगठन', मेक्ग्रा हिल एजुकेशन प्राइवेट लिमिटेड, नई दिल्ली
10. आसोपा शील के (1980), "अंतर्राष्ट्रीय विधि" राजस्थान हिन्दी ग्रन्थ अकादमी, जयपुर
11. खन्ना, वी.एन. (2014), 'अंतर्राष्ट्रीय संबधं', विकास पब्लिशिंग हाउस, नोएडा
12. वाजपेयी, अरूणोदय, (2012), 'समकालीन विश्व एवं भारत : प्रमुख मुद्दे एवं चुनौतियां, डार्लिंग किंडरस्ले (इण्डिया) प्रा. लि., पियर्सन एजुकेशन, नई दिल्ली
13. चतुर्वेदी, आर.के. (2007), 'राष्ट्रीय और अंतर्राष्ट्रीय संगठन', अरिहन्त पब्लिकेशन्स (इण्डिया) प्रा. लि. मेरठ
14. नरूला, बी.सी. (2009), 'अंतर्राष्ट्रीय संगठन' अर्जुन पब्लिशिंग हाउस, नई दिल्ली
15. नेमा, जी.पी. एण्ड त्रिपाठी, डी.सी. (2006), 'भारत एवं विश्व' अर्जुन पब्लिशिंग हाउस, नई दिल्ली
16. शर्मा प्रभुदत, (2010), 'विदेश नीतियां : सिद्धांत और व्यवहार', कॉलेज बुक डिपो, जयपुर
17. सिंह, रहीस (2013), 'वैश्विक संबंध', डार्लिंग किंडरस्ले (इण्डिया) प्रा. लि., पियर्सन एजुकेशन, नई दिल्ली
18. खन्ना, बी.एस, अरोड़ा, लिपाक्षी, (2010), 'भारत की विदेश नीति', विकास पब्लिशिंग हाउस, नोएडा
19. गौतम एस.डी. (1996), 'भारत एवं विश्व राजनीति', श्री सुनिता प्रकाशन, इन्दौर
20. चौहान, घनश्याम, (2007), 'अंतर्राष्ट्रीय राजनीति' सुमित इन्टरप्राइजेज, नई दिल्ली
21. चोपड़ा एच.एस. (1985), 'भारत और पश्चिमी यूरोप : विकासात्मक सहयोग', नई दिल्ली
22. राजाराम कल्पना (2008), 'भारतीय राजनीतिक व्यवस्था के उभरते मुद्दे', स्पेक्ट्रम बुक प्रा. लि., नई दिल्ली

23. वाघवा, एस. (2003), 'अंतर्राष्ट्रीय राजनीति के आधार', अर्जुन पब्लिशिंग हाउस, नई दिल्ली
24. शर्मा एण्ड शर्मा (2010), 'अंतर्राष्ट्रीय संगठन', अर्जुन पब्लिशिंग हाउस, नई दिल्ली
25. वीर, गौतम (2005), 'महाशक्तियों की विदेश नीतियां', विश्व भारती पब्लिकेशन, नई दिल्ली
26. सिंहल, एस. जी. (2007), 'अंतर्राष्ट्रीय राजनीति', लक्ष्मीनारायण अग्रवाल, अनूपम प्लाजा, संजय पैलेस, आगरा
27. प्रसाद, मुद्रिका (2005), 'अंतर्राष्ट्रीय संबंध', दया पब्लिकेशन, नई दिल्ली
28. प्रसाद विमल, (1997), 'भारतीय विदेश नीति का उद्गम', शिल्पी प्रकाशन प्रा. लि., नई दिल्ली
29. कुमार, अजय, जायसवाल अनुराग और दिवेदी धीरेन्द्र, (2005), 'अंतर्राष्ट्रीय संबंध' अध्ययन पब्लिशर्स एण्ड डिस्ट्रीब्यूटर्स, नई दिल्ली
30. बिस्वाल, तपन (2013), 'अंतर्राष्ट्रीय संबंध', मैकमिलन पब्लिशर्स इण्डिया लि. दिल्ली

Internet website

1. http://ec. europa. eu/comm/external relations/india/intro/summ index. htm
2. http://www. eudelindia. org/en/trade/trade. htm
3. www. eudelindi. org/en/political dialogue/milestones. htm-64 k
4. www. facebook. com/pages/Embassy-of- India-Berlin/ 147693765304239
5. https://hi.wikipedia. org/wiki
6. http://www. jagranjosh. com
7. http://www. sansarlochan. in/explanation-of-brexit-britain- exits-europena-union-hindi
8. http://www. drishtiias. com/current. affairs-daily-description G-7 sumit- in- 2016
9. http://www. vivace panorama com/98-forum
10. http://khabar. ndtv. com/news/file-facts/brexit-why-britain-voted-to-leave-eu-1422872
11. http://en. wikipedia. org/wiki/Treaty- of- Lisbon
12. http://www. mfa. gov. hu/eranyag/ NPAA/Cover. him.

13. http://europa. eu/about-eu/basic- information/ index-en. htm
14. http://www. bbc. co. uk/news/world- europe- 20664167
15. http://en. wikipedia. org/wiki/European-Union
16. www.bbc.com/hindi/i..... nuclear-reactors-pm
17. www. report india. com>2016/06/17
18. http://www. drishtiias. com/blog/description-Ukraine erisis-and- India sthash (to Nmu BE. dpuf.

Article and Report

1. Singh, Santosh Kumar, 'Ukraine Crisis and India' May 28, 2014.
2. Upadhyay Manoj Kumar, 'EU-India Energy Cooperation Promoting Renewable Source' Outlook, New Delhi, 2006.
3. Keukeleine Stephen, 'EU-India Relations and Multilateral Governance', FPRC Journal, New Delhi, Vol. 13, 2013.
4. Khandekar Gauri, 'EU-India Cooperation on Counter, Terrorism', World Focus, Sep. 2007.
5. Saran Rohit, 'India-EU Summit : Vajpayee Visit to Rome and Lisbon Raise Hope in India Circle.' 10 July, 2000.
6. Barlo Nathem, 'European Union India Trade Relations' 1 Aug, 2013.
7. Khatu Asma, 'Indo German Bilateral Trade Relations: Opportunities & Challenges' Sept. 3, 2013, Volume No. 3.
8. Kumar Sourbha, 'The Political Economy of EU-India FTA' Cuts International Occasional Paper. No. 10/2013.
9. सचदेवा गुलशन, 'यूरोप में उपजा संकट', राजस्थान पत्रिका, 9 जनवरी, 2015
10. जैन, राजेन्द्र कुमार, 'आर्थिक पटरी पर वापसी होगी कठिन', राजस्थान पत्रिका, 31 जनवरी, 2015
11. पेरिस, पत्रिका, 'भारत और फ्रांस में हुआ समझौता' राजस्थान पत्रिका, 13 अप्रैल, 2015
12. वैदिक वेदप्रताप, 'एकजुट यूरोप का सपना भंग करता ब्रिटेन', दैनिक भास्कर, 25 जून, 2016
13. गुरुमूर्ति एस. 'ब्रेग्जिट : दुनिया को पहली चेतावनी', हिन्दुस्तान, 27 जून, 2016
14. नई दिल्ली/पत्रिका, 'हमें मिला मिसाइल खरीद-बिक्री पर नियंत्रण का हक', राजस्थान पत्रिका, 20 जून, 2016

15. राज विवेक एस., 'भारत-यूरोपीय संघ संबंध', सिविल सर्विसेज टाइम्स, जून, 2015
16. Vajpeyi 'India & European Union Relation', World Focus, Feb., 2013
17. वाजपेयी अरूणोदय, 'भारत व यूरोपीय संघः संबंधों को सुधारने की कोशिश', प्रतियोगिता दर्पण, जून, 2016
18. चेगप्पा राज, '13वां भारत-यूरोपीय संघ शिखर सम्मेलन', इंडिया टुडे, अप्रैल, 2016

Journals and Magazine

1. Frontline, Delhi.
2. Spectrum India, New Delhi
3. World Focus, New Delhi
4. Asian Affair, New Delhi
5. Nuclear Power, New Delhi
6. Strategic Analysis, New Delhi
7. Strategic Digest, New Delhi
8. Economics and Political Weekly, New Delhi
9. Seminar, New Delhi
10. Asian Recorder, New Delhi
11. Foreign Affairs, New Delhi
12. The Sunday India, Delhi
13. Renewable Energy, New Delhi
14. Outlook, Delhi
15. International Studies, Delhi
16. Span, New Delhi
17. Yojana, New Delhi
18. Bharat 2015, New Delhi

Newspapers

1. Hindustan Time, Delhi
2. The Times of India, Delhi
3. The Indian Express, Delhi
4. The Tribune, Chandigarh
5. Hindustan, Delhi

6. The Hindu, Delhi
7. The Economics Times, New Delhi
8. The Sunday Observer, New Delhi
9. The Statement, New Delhi
10. Deccan Herald, Benglore
11. Telegraph, Calcutta
12. Rajasthan Patrika, Jaipur
13. Danik Bhaskar, Jaipur
14. Kurukshetra, Delhi

परिशिष्ट

परिशिष्ट–1

यूरोपीय संघ के सदस्य देशों की सूची

क्र.सं.	*देश का नाम*	*ईयू का सदस्य बना*
1.	बेल्जियम	25 मार्च, 1957
2.	नीदरलैण्ड	25 मार्च, 1957
3.	लक्जेमबर्ग	25 मार्च, 1957
4.	फ्रांस	25 मार्च, 1957
5.	इटली	25 मार्च, 1957
6.	पश्चिमी जर्मनी	25 मार्च, 1957
7.	डेनमार्क	1 जनवरी, 1973
8.	आयरलैण्ड	1 जनवरी, 1973
9.	यूनाइटेड किंगडम	1 जनवरी, 1973
10.	ग्रीस	1 जनवरी, 1981
11.	पुर्तगाल	1 जनवरी, 1986
12.	स्पेन	1 जनवरी, 1986
13.	आस्ट्रिया	1 जनवरी, 1995
14.	फिनलैण्ड	1 जनवरी, 1995
15.	स्वीडन	1 जनवरी, 1995
16.	साइप्रस	1 मई, 2004
17.	चेक गणराज्य	1 मई, 2004
18.	एस्टोनिया	1 मई, 2004
19.	हंगरी	1 मई, 2004
20.	लाटविया	1 मई, 2004
21.	लिथुआनिया	1 मई, 2004
22.	माल्टा	1 मई, 2004
23.	पोलैण्ड	1 मई, 2004
24.	स्लोवाकिया	1 मई, 2004
25.	स्लोवेनिया	1 मई, 2004
26.	बुल्गारिया	1 जनवरी, 2004
27.	रोमानिया	1 जनवरी, 2007
28.	क्रोएशिया	1 जुलाई, 2013

परिशिष्ट–2
यूरोजोन देशों का नक्शा

Map of the Euro Zone

परिशिष्ट–3

भारत-ईयू शिखर सम्मेलनों की सूची

क्र. सं	*तिथि*	*स्थान*	*देश*
1.	28 जून, 2000	लिस्बन	पुर्तगाल
2.	23 नवम्बर, 2001	दिल्ली	भारत
3.	9 अक्तूबर, 2002	कोपेनहेगन	डेनमार्क
4.	29 नवम्बर, 2003	दिल्ली	भारत
5.	8 नवम्बर, 2004	हेग	नीदरलैण्ड
6.	7 सितम्बर, 2005	नई दिल्ली	भारत
7.	13 अक्तूबर, 2006	हेलसिंकी	फिनलैण्ड
8.	30 नवम्बर, 2007	नई दिल्ली	भारत
9.	29 सितम्बर, 2008	मार्सेली	फ्रांस
10.	6 नवम्बर, 2009	नई दिल्ली	भारत
11.	10 दिसम्बर, 2010	ब्रूसेल्स	बेल्जियम
12.	10 फरवरी, 2012	नई दिल्ली	भारत
13.	30 मार्च, 2016	ब्रूसेल्स	बेल्जियम

परिशिष्ट–4

भारत–ईयू के मध्य आयात–निर्यात का विवरण (2014–15)

EU Countries Share of Total Exports of India (2015-16)

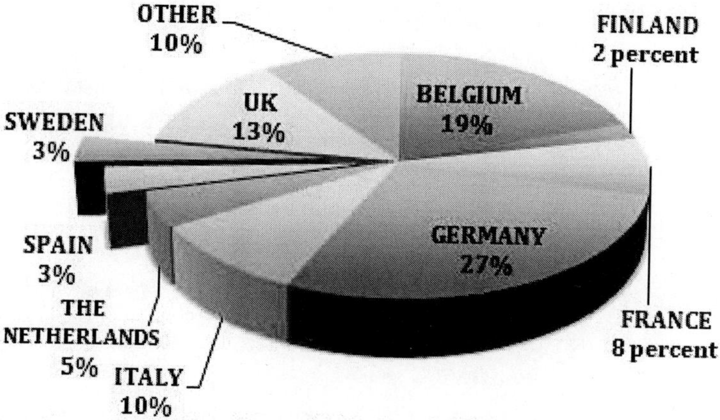

Source: Government of India, Ministry of Commerce & Industry, Department of Commerce

EU Countries' Share of Total Imports from India

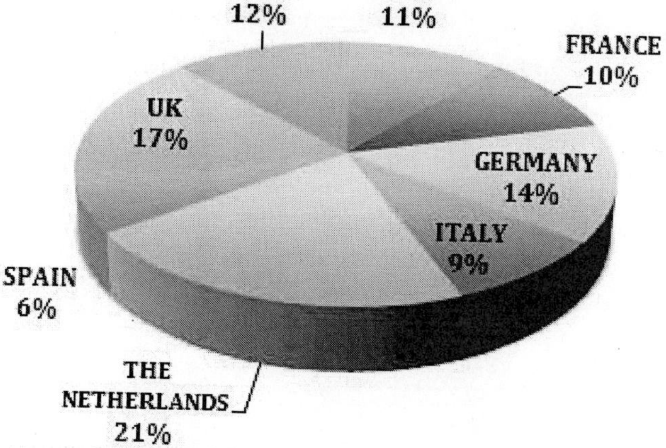

Source: Government of India, Ministry of Commerce & Industry, Department of Commerce

परिशिष्ट–5

भारत का प्रमुख देशों से असैन्य परमाणु सहयोग समझौता

क्र. स.	देश	तिथि	हस्ताक्षरकर्ता
1.	भारत–फ्रांस	30 सितम्बर, 2008	अनिल काकोडकर व बर्नाड काउचनर
2.	भारत–अमरीका	8 अक्तूबर, 2008	प्रणव मुखर्जी व कोंडोलिजाराइस
3.	भारत–रूस	5 दिसम्बर, 2008	डॉ. मनमोहन सिंह व दामित्री मेदवेदेव
4.	भारत–कजाखिस्तान	24 जनवरी, 2009	प्रतिभा पाटिल व नूर सुल्तान नजर वायेव
5.	भारत–नामीबिया	31 अगस्त, 2009	डॉ. मनमोहन सिंह व हिफिकेपुन्ये पोहाम्बा
6.	भारत–मंगोलिया	सितम्बर 2009	डॉ. मनमोहन सिंह व साजियाजिन अल्वेग दोर्जे
7.	भारत–अर्जेन्टीना	14 अक्तूबर, 2009	डॉ. मनमोहन सिंह व फर्नाडो डी किरचनेर
8.	भारत–कनाडा	28 नवम्बर, 2009	डॉ. मनमोहन सिंह व स्टीफन हार्पर
9.	भारत–दक्षिणी कोरिया	25 जुलाई, 2011	प्रतिभा पाटिल व ली म्युंग–बंक
10.	भारत–ब्रिटेन	11 फरवरी, 2010	श्रीकुमार बनर्जी व रिचर्ड स्टाग
11.	भारत–ऑस्ट्रेलिया	5 सितम्बर, 2014	नरेन्द्र मोदी व टोनी एबॉट
12.	भारत–जापान	11 नवम्बर, 2016	नरेन्द्र मोदी व शिंजो एबे
13.	भारत–वियतनाम	10 दिसम्बर, 2016	सुमित्रा महाजन व गुयेन थी किम गान